DIE GESCHICHTE DER ASTRONOMIE

Richard Learner

Die Geschichte der ASTRONOMIE

und die Entwicklung des Teleskops seit Galilei

Mit einer Einführung von
Prof. Dr. Friedrich Klemm, Forschungsinstitut des
Deutschen Museums, München

Gondrom

Lizenzausgabe für Gondrom Verlag
GmbH & Co. KG, Bindlach 1991

Die Originalausgabe unter dem Titel *Astronomy through the Telescope*
wurde entwickelt und realisiert von Harrow House Editions Ltd., London,
und erstmals veröffentlicht von Van Nostrand Reinhold Co., New York,
und Van Nostrand Reinhold Ltd., Scarborough/Ontario

Aus dem Englischen übersetzt von Anita Ehlers und Dr. Carl Freytag
Redaktion: Dr. Carl Freytag
Korrekturen und Register: Renate Schwering, Monika Wöhlken
Satz: Josef Fink GmbH, München

Gesamtherstellung: Hinweis der Druckerei CSFR

ISBN 3-8112-0879-9

Inhaltsverzeichnis

Einführung

Auf Joseph von Fraunhofers Grabstein im Südlichen Friedhof zu München setzte man 1826 die frei erfundenen, schlicht-lakonischen Worte »Approximavit sidera« (er hat uns die Sterne nähergebracht). Dieses Motto kann man – in etwas anderer Hinsicht – auch auf den Verfasser des vorliegenden Werkes über das Teleskop, seine Erfinder und die astronomischen Entdeckungen, die mit ihm gemacht werden konnten, anwenden. Es liegt gleichsam in der englischen Tradition – man denke an Arthur Eddington –, daß ein Fachgelehrter eines schwierigen Wissenschaftsgebietes ein Buch wie dieses für die große Allgemeinheit schreibt.

So ist auch Richard Learner ausgesprochener Fachmann auf dem Gebiet der astronomischen Instrumente, besonders der modernen Teleskope, und im Bereich der Astrophysik. Er lehrt am Imperial College of Science and Technology in London und arbeitet unter anderem laufend am Entwurf eines Ballon-Teleskops für ferne Infrarot-Astronomie und an Projekten für Raketen- und Satelliten-Himmelsforschung. Und noch eines: Learner vermag nicht nur das aktuelle Geschehen in seinem Themenbereich anschaulich darzustellen, sondern auch mit gutem historischen Sinn die Entwicklung von Anfang an eindringlich vor Augen zu führen.

Bestechend ist die große Zahl trefflicher Abbildungen, die das Buch bietet. Es sind weit über 250, davon ein großer Teil farbig. Diese Wiedergaben von Instrumenten, von Sterngebilden, von Porträts bedeutender Astronomen und von didaktisch vorzüglich entworfenen schematischen Darstellungen dienen hervorragend der Veranschaulichung des Textes.

Das Buch beginnt mit der Erfindung des Linsenfernrohrs Anfang des 17. Jahrhunderts. Die zentrale Figur ist hier Galileo Galilei, dem zwar wohl als eigentlicher Erfinder Jan Lippershey (1608) vorausging, der aber 1609 als erster ein selbstgebautes Teleskop zum Himmel richtete und dabei die Berge und Täler der Mondoberfläche, vier Jupitermonde, die Sonnenflecken, die Phasen der Venus und den Aufbau der Milchstraße aus einer Unzahl einzelner Sterne entdeckte. Diese Beobachtungen bereiteten ein neues Weltbild vor; sie ließen insbesondere erkennen, daß die Erde nicht wie angenommen der Mittelpunkt des Alls ist.

Über die vorteleskopische Zeit von den alten Kulturen bis zum Beginn des 17. Jahrhunderts und ihre einfachen astronomischen Hilfmittel, die doch schon zu beachtenswerten Meßresultaten führten, wird anhand zahleicher Bilder anschaulich berichtet.

Neben die alten Beobachtungen, wie den Saturn mit zwei Henkeln, wie sie Johann Hevelius 1656 zu sehen meinte, wenn auch in demselben Jahr schon Christiaan Huygens am Saturn einen Ring erkannte, werden neue Aufnahmen gestellt, so ein Bild dieses Planeten mit seinen Ringen, aufgenommen 1980 von der Raumsonde Voyager 1.

Das Teleskop fand im Laufe der Zeit durch die Verbindung mit Meßinstrumenten immer mehr Aufnahme in die Positionsastronomie. Mit Isaac Newton wurde 1668 der Weg vom Linsenfernrohr zum Spiegelteleskop beschritten, weil der große Engländer gemeint hatte, die störenden farbigen Ränder der Bilder der Linsenfernrohre würden sich auf keine Weise beseitigen lassen. Mit Interesse liest man von der Entwicklung des Spiegelteleskops, vor allem unter William Herschel, der als Konstrukteur solcher Instrumente und hervorragender astronomischer Beobachter zu wahrhaft imponierenden Leistungen kam, wie der Entdeckung des Uranus im Jahre 1781. Durch die von ihm begründete Stellarstatistik erschloß er den Aufbau unseres Milchstraßensystems.

Mittels der achromatischen Linsensysteme, die von Chester Moor Hall 1729/33 erfunden und durch John Dollond seit 1758 in die Öffentlichkeit gebracht wurden, vermochte man nun auch farbenfreie Refraktoren herzustellen. Mit didaktischem Geschick macht Learner im Bilde die Wirkung einer achromatischen Linse klar. Durch die Konstruktion achromatischer Fernrohre und die Entdeckung der nach ihm benannten Linien im Sonnenspektrum, die ihm bei der exakten Berechnung achromatischer Linsen halfen, machte sich Joseph von Fraunhofer einen Namen. Mit einem seiner Heliometer bestimmte Friedrich Bessel 1838 die erste Fixsternparallaxe. Learner wendet sich auch den Amateurastronomen und ihrem Instrumentarium zu, welche die astronomische Forschung ganz wesentlich befruchteten. Auch hier werden uns kaum bekannte Bilder vorgeführt, wie etwa das farbige Porträt von William Parsons, Earl of Rosse (gest. 1867) und die Karikatur von George Airy (gest. 1892). Unvergleichliche Fortschritte brachten der Himmelskunde die Spektroskopie und die Photographie. Hier tritt unter anderem die Spektralanalyse von G. R. Kirchhoff und Robert Bunsen (1859) in unseren Gesichtskreis. Im letzten Drittel des 19. Jahrhunderts spielten große Refraktoren eine an sich wesentliche, aber recht kurze Rolle, so das Yerkes-Teleskop (1897) mit 101 cm Öffnung, noch heute der größte Refraktor der Welt.

In den ersten Jahrzehnten des 20. Jahrhunderts begegnen uns wieder große Reflektoren, darunter 1918 das Hooker-Teleskop mit 2,50 m Öffnung auf dem Mount Wilson. Dieses Instrument, ein Fenster in eine gigantische Welt, stützte die Theorie von dem sich ausdehnenden Universum. Doch ist man noch nicht am Ende der Größenentwicklung des Spiegelteleskops. Mit Spannung liest man von dem Aufbau des sogenannten Hale-Teleskops, des großen 1948/49 in Betrieb genommenen Reflektors auf dem Mount Palomar, von 5 m Spiegeldurchmesser. Die extragalaktischen Nebel sind bevorzugtes Forschungsgebiet dieses Teleskop-Riesen. Noch vor dem Hale-Reflektor richtete man 1948 eine sogenannte Schmidt-Kamera vom Mount Palomar zum Himmel. Bernhard Schmidts Kamera-Teleskop mit großem Gesichtsfeld (zuerst 1930) suchte mit Erfolg durch eine Korrekturplatte Fehler der Fernrohrspiegel, wie Astigmatismus und Koma-Effekt, zu beheben.

Besonders willkommen wird dem Leser sein, daß Learner als hervorragender Fachmann die neueste Entwicklung der Teleskope seit etwa 1950 relativ ausführlich darstellt, und zwar auch solche, die nicht mit sichtbarem Licht arbeiten. Hier ist zunächst das Radioteleskop zu nennen, dessen Anfänge in die dreißiger Jahre zurückgehen, das aber erst später zum allgemeinen Einsatz kam. Bei diesem Instrument fängt man mit einem Parabolspiegel nicht von der Erde herrührende elektromagnetische Wellen des für die Astronomie neu erschlossenen Bereichs von etwa 1 cm bis gegen 15 m Wellenlänge auf. Dabei geht es nicht um Abbildung, sondern um eine Verzeichnung der auftreffenden Energie. Zur Vergrößerung des Gesichtsfeldes werden Radio-Interferometer-Einrichtungen verwandt, deren Wirkweise Learner sehr anschaulich darlegt. Eines der größten Radioteleskope ist das 25-m-Instrument von 1955 zu Dwingeloo in den Niederlanden. Radioteleskope hat man in Reihen aufgestellt, was die Synthese der Aperturen und eine Interferometrie auf langer Basis ermöglicht. Solche Instrumente werden unter anderem zur Untersuchung der entfernten Galaxien, insbesondere auch von Sternexplosionen verwendet. Weitere wesentliche Entwicklungen, die uns Learners Buch näherbringt, sind die Infrarot-Teleskope, die von einem Ballon aus in Höhen von 35 bis 40 km Infrarot-Aufnahmen machen. Hinzu kommt die Erforschung der Sternenwelt durch Teleskope auf Satelliten. Auch mit astronomischen Einrichtungen versehene Raketen sind anzuführen.

Der Leser wird zum Schluß seiner ereignisreichen Reise durch das All noch in die Zukunft geführt, wo die amerikanischen und europäischen Pläne für ein Riesen-Spiegelteleskop mit 25 m Öffnung erörtert werden, das aus einem Mosaik vieler kleiner Spiegel aufgebaut sein soll. Oder man denkt auch an die Aufstellung von sechs zu einem einzigen System kombinierten Einzelteleskopen mit je 10 m Öffnung in Abständen von 45 m, womit man dieselbe Lichtsammelfähigkeit wie ein 25-m-Teleskop erreichen könnte. Dieser Lösung hängt auch der Autor unseres Buches an. Mit dem vorliegenden Werk ist es ihm gelungen, ältere und neuere Geschichte und neueste Entwicklung des Fernrohrs und der damit erzielten astronomischen Ergebnisse für weite Kreise meisterhaft anschaulich darzustellen.

Prof. Dr. Friedrich Klemm
FORSCHUNGSINSTITUT DES
DEUTSCHEN MUSEUMS, MÜNCHEN

KAPITEL 1

Beobachtungen

Erste Entdeckungen am Himmel
mit dem neuerfundenen Teleskop
(1609–1670)

»Was sagt Ihr über die Hauptphilosophen unseres Gymnasiums, die mit der Hartnäckigkeit einer Natter nie, wenn ich auch tausendmal mir Mühe gab und ihnen von mir aus ein Anerbieten machte, die Planeten, den Mond oder das Fernrohr sehen wollten! Wahrhaftig ..., so haben diese die Augen gegenüber dem Licht der Wahrheit zugehalten ... Diese Gattung von Menschen glaubt ..., man müsse die Wahrheit nicht in der Welt oder in der Natur suchen, sondern in der Konfrontation der Texte ...«

Galileo Galilei, Brief vom 19. August 1610 an Johannes Kepler
(zit. nach Max Caspar und Walter von Dyck, *Johannes Kepler in seinen Briefen,* Berlin 1930)

Von einem Teleskop hören wir zum ersten Mal im Oktober 1608; seit Juli 1609 wird es in der Astronomie benutzt. Schon nach einem Jahr stritt man sich darüber, wer das neue Instrument erfunden und wer die ersten astronomischen Untersuchungen mit ihm angestellt habe. In der Geschichte der Naturwissenschaften werden diese Fragen noch heute diskutiert, aber ganz unabhängig von den Einzelheiten dieses Streits ist Galilei in der Frühzeit der Geschichte des Fernrohrs die herausragende Gestalt. Seine Vorrangstellung in der Naturwissenschaft des frühen 17. Jahrhunderts war fast unerschütterlich.

Ein Grund ist, daß Galilei der erste war, der seine Ergebnisse veröffentlichte; allerdings ist das schnelle Erscheinen seiner Flugschrift *Sidereus Nuncius* – deutsch »Der Sternbote« – im März 1610 eher ein Zeichen für sein großes Selbstvertrauen als daß sie seinen Ruhm begründet hätte. Dieses Selbstvertrauen war so groß, daß er schon nach acht Monaten glaubte, genug Beweismaterial gesammelt zu haben, um das Weltbild, das Astronomen ohne Fernrohr in 2000 Jahren aufgebaut hatten, widerlegen zu können: die Schöpfungsgeschichte der Bibel war falsch, der Philosoph Aristoteles hatte unrecht, der große griechische Astronom Ptolemäus hatte sich geirrt, sogar der heilige Thomas von Aquin glaubte an falsche Dinge, – nur Galileo Galilei hatte recht. Galilei fand für seine Ansichten nur wenig Unterstützung. Ähnlich strittige Vorstellungen waren schon von Nikolaus Copernicus, einem polnischen Domherrn, 70 Jahre früher in einem Buch beschrieben worden. Dort stand aber im Vorwort ausdrücklich, die in dem Buch enthaltenen Gedanken sollten nicht zu ernst genommen werden. Der Prager Mathematiker Johannes Kepler hatte gerade einige Berechnungen veröffentlicht, die Copernicus bestätigten, aber nur, wenn man winzige Unstimmigkeiten zwischen den Beobachtungen und der bewährten Theorie mit berücksichtigen würde. Galilei erkannte nicht nur die Bedeutung seiner neuen Beobachtungen, sondern zog aus ihnen auch sehr schnell Folgerungen. Darin liegt seine besondere Bedeutung gegenüber anderen Astronomen seiner Zeit, die ähnliche Beobachtungen anstellten, wie etwa Scheiner und Marius in Bayern, Fabricius in Holland und Harriot in England.

Das schnelle Vorgehen Galileis führte auch zu Unruhe unter seinen Kollegen an der Universität von Padua. Der Professor für Philosophie weigerte sich, durch ein Fernrohr auch nur hindurchzusehen, und der Professor für Mathematik teilte mit, daß er alle seine Mühen daransetzen würde, die neuen Ergebnisse zu widerlegen. Galilei und sein Fernrohr waren bei seiner Fakultät ohnehin nicht besonders beliebt: gleich nachdem er das neue Instrument fertiggebaut hatte, war er nach Venedig geeilt, dem damaligen Zentrum der Macht und des Wohlstands. Die Dogen von Venedig waren von den möglichen militärischen Anwendungen des Fernrohrs sehr beeindruckt und sicherten ihm eine Pro-

Galileo Galilei revolutionierte die Astronomie, indem er ein Teleskop zur Untersuchung des Himmels einsetzte. Die Folgerungen aus seinen Beobachtungen widersprachen dem Glauben seiner Zeit und führten zu umwälzenden Veränderungen in der Denkweise des 17. Jahrhunderts.

Galileis klassisches Werk, Sidereus Nuncius, *dt.* »Der Sternbote«, *wurde 1610 veröffentlicht. In ihm beschrieb Galilei seine astronomischen Beobachtungen – die vier Jupitermonde, Berge und Krater auf dem Mond und eine Vielzahl bisher unbekannter Sterne.*

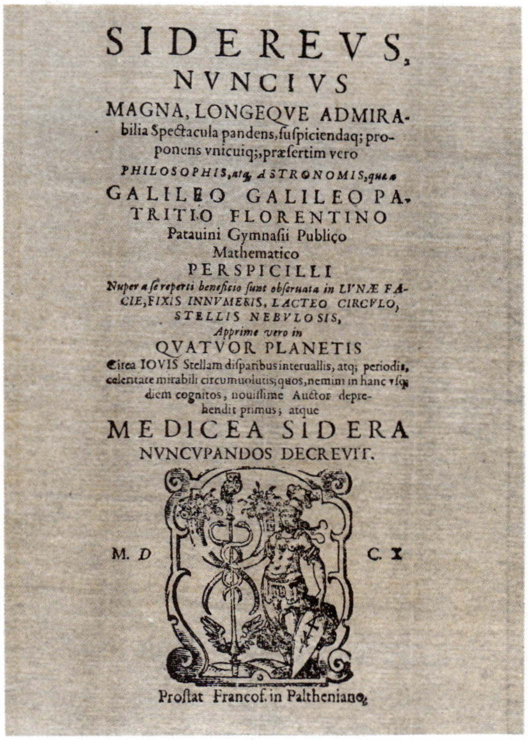

SIDEREVS,
NVNCIVS
MAGNA, LONGEQVE ADMIRA-
bilia Spectacula pandens, suspiciendaq; pro-
ponens vnicuiq;, præsertim vero
PHILOSOPHIS, atq; ASTRONOMIS, quæ à
GALILEO GALILEO PA-
TRITIO FLORENTINO
Patauini Gymnasii Publico
Mathematico
PERSPICILLI
Nuper à se reperti beneficio sunt obseruata in LVNÆ FA-
CIE, FIXIS INNVMERIS, LACTEO CIRCVLO,
STELLIS NEBVLOSIS,
Apprime vero in
QVATVOR PLANETIS
Circa IOVIS Stellam disparibus interuallis, atq; periodis,
celeritate mirabili circumuolutis; quos, nemini in hanc vsq;
diem cognitos, nouissime Auctor depre-
hendit primus; atque
MEDICEA SIDERA
NVNCVPANDOS DECREVIT.

M. D C X

Prostat Francof. in Paltheniano.

fessur auf Lebenszeit zu, verbunden mit einer Gehaltserhöhung.

Dies genügte aber nicht, um Galilei in Venedig zu halten. Er widmete sein neues Buch über astronomische Beobachtungen dem Florentiner Großherzog Cosimo II. de' Medici und nahm im Juli 1610 eine Anstellung als Hofmathematiker in Pisa an, der Stadt, in der er 1564 geboren wurde. Er war im nahen Florenz aufgewachsen und hatte seit 1581 an der Universität Pisa Medizin studiert, mußte das Studium aber aus Geldmangel ohne Abschluß aufgeben. Galilei hatte sich dann der Mathematik zugewandt und 1589 eine Anstellung als Dozent für Mathematik an der Universität bekommen. In seinen frühen Arbeiten beschäftigte er sich mit Irrtümern in den theoretischen Arbeiten der Griechen über Kraft, Energie und Impuls.

Galileis neue Stellung gab ihm 20 Jahre später bei seiner Rückkehr nach Pisa die Möglichkeit zu forschen, statt zu lehren, aber auf die Dauer erwies es sich für einen Vertreter solch strittiger Gedanken als nicht sehr klug, von der liberalen Universität Venedigs zurück in die orthodoxere Luft von Florenz gegangen zu sein.

Der Ursprung des Fernrohrs, wie es Galilei und seine Zeitgenossen benutzten, ist recht merkwürdig. Anders als die meisten technischen Geräte wurde es nicht erfunden. Seine Entstehung ging ganz anders vor sich als etwa die Erfindung der Spinnmaschine durch Samuel Crompton oder die Erfindung einer Baumwollpflückmaschine durch Eli Whitney. Im Herbst des Jahres 1608 hatte einer der Hersteller von Brillengläsern, die in der Nähe der Glasfabrik von Middelburg in Holland arbeiteten, bemerkt, daß die Linsen, die er in der Hand hielt, so etwas wie ein Fernrohr darstellten. Der Streit darüber, welcher der Optiker in Middelburg das war, dauerte 300 Jahre an; inzwischen hat man sich auf Hans Lippershey geeinigt. Weder er noch sein Rivale Zacharias Janssen stammten aus Middelburg. Lippershey kam aus Wesel in Westfalen, Janssen aus Den Haag. Janssen war nicht nur Linsenmacher, sondern auch ein durchtriebener Schurke, der spanisches Geld gefälscht hatte. Das war damals für einen Holländer ein durchaus annehmbares, ja sogar patriotisches Verhalten, da Spanien und Holland miteinander Krieg führten, aber Janssen vergaß, damit aufzuhören, als der Krieg beendet war. Da darauf harte Strafen ausgesetzt waren, verließ Janssen Middelburg Hals über Kopf.

Lippersheys Fernrohr bestand aus zwei Linsen. Am vorderen Ende war eine schwache konvexe Linse angebracht – eine Linse also, die in der Mitte etwas dicker ist als am Rand – und am Auge eine ziemlich starke

Hans Lippershey, ein holländischer Brillenhersteller, konstruierte das erste brauchbare Teleskop, indem er zwei Linsen an den entgegengesetzten Enden eines Rohrs anbrachte.

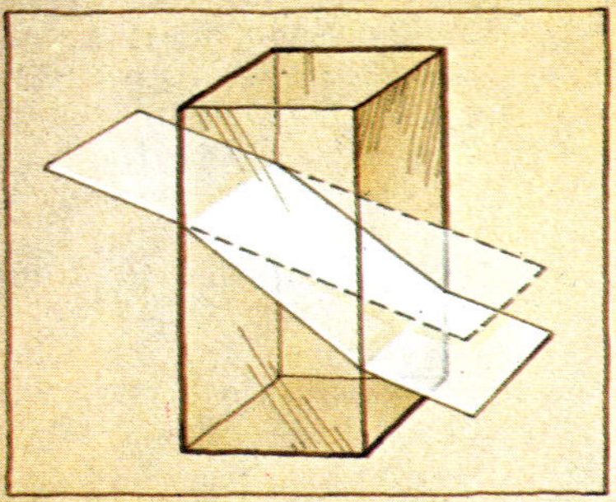

Lichtstrahlen werden an der Grenzfläche zwischen verschiedenen Stoffen, wie z.B. Luft und Glas, gebrochen. Die Abbildung zeigt, wie Licht beim Durchgang durch einen Glasblock gebrochen wird.

Eine Linse – hier ein Ausschnitt – ist ein Glaskörper ganz bestimmter Form. Die Brechungseigenschaften des Glases werden benutzt, um die Lichtstrahlen in einem bestimmten Punkt zu sammeln.

Eine konvexe oder Sammellinse ist immer in der Mitte dicker als am Rand. Sie bündelt einfallende parallele Lichtstrahlen so, daß sie im Brennpunkt (A), in einem ganz bestimmten Abstand von der Linse, zusammentreffen. Der Abstand des Brennpunkts von der Linse heißt Brennweite.

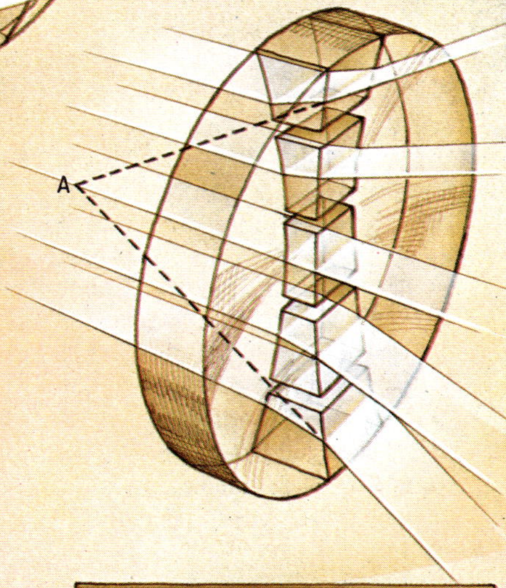

Eine konkave oder Zerstreuungslinse ist in der Mitte immer dünner als am Rand und bricht einfallende parallele Lichtstrahlen so, daß sie sich beim Durchgang zerstreuen. Die Strahlen scheinen von einem Brennpunkt (A) hinter der Linse aus herzukommen.

BRECHUNG IN DER ERDATMOSPHÄRE

Der Ort eines Sterns, wie wir ihn von der Erde aus am Himmel sehen, ist nicht sein wirklicher Ort, weil das von dem Stern kommende Licht in der nach unten dichter werdenden Erdatmosphäre gebrochen wird. Da das Ausmaß dieser Brechung heute berechnet werden kann, kann auch der Unterschied zwischen der wirklichen und der scheinbaren Position eines Sternes bestimmt werden.

konkave Linse, eine Linse, die im Gegensatz dazu in der Mitte um einiges dünner ist als am Rand. Die erste Kombination von zwei solchen Linsen ergab sich wahrscheinlich dadurch, daß jede Hand eine Linse hielt, die konvexe mit ausgestrecktem Arm und die konkave gerade vor den Augen. Die Überlieferung besagt, daß ein Lehrling Lippersheys die Wirkung dieser Anordnung der Linsen als erster bemerkte.

Konvexe Linsen waren damals schon seit etwa 300 Jahren bekannt, konkave seit 150 Jahren. Nachdem man einmal wußte, daß der Bau eines solchen Fernrohrs leicht möglich ist, konnte jeder Optiker die zwei benötigten Linsen herstellen und sie an den beiden Enden eines Blei- oder Papierrohrs anbringen; so verbreitete sich das Gerät von Middelburg aus innerhalb weniger Monate über ganz Europa. Galilei baute sich ein solches Fernrohr; in England stellte ein Gehilfe Thomas Harriots, Christopher Tooke, Dutzende solcher Geräte her; Johannes Kepler in Prag, mehr Theoretiker als Praktiker, bedauerte, daß er zwei linke Hände hatte und mußte sich ein Teleskop ausleihen, das Galilei dem Herzog von Bayern geschenkt hatte.

Lippersheys Gesuch um ein Patent auf sein neues Gerät wurde von der Regierung mit der Begründung zurückgewiesen, er habe ja gar nichts Neues getan – jeder wüßte, wie Fernrohre gebaut würden. Die Regierung ging jedoch nicht auf die Frage ein, warum es bisher noch keine Teleskope gegeben hatte, wenn doch jeder wußte, wie die zwei einfachen Linsen zusammengesetzt werden mußten. Das Teleskop war im 13. Jahrhundert von dem Universalgelehrten Roger Bacon vorausgeahnt worden. Seine Version hatte jedoch eher magische Bedeutung. Sie erlaubte es Bacon, mit seinem Gerät in Oxford zu sitzen und Dinge zu sehen, die in anderen Orten getan wurden. Das hatte noch wenig mit den optischen Geräten zu tun, wie sie im 16. Jahrhundert hergestellt wurden; die schlechte optische Qualität der Linsen machte jede Verbesserung der Vergrößerung zunichte, und man konnte noch keines dieser primitiven Geräte als Fernrohr bezeichnen.

Auf den ersten Blick betrachtet erscheinen die Linsen des Galileischen Fernrohrs eher ungeeignet für diesen Zweck. Wenn der Optiker ein Fernrohr herstellen will, das einen entfernten Gegenstand vergrößern soll, muß er als vordere Linse für das Objektiv eine konvexe Linse nehmen, die recht schwach ist und für sich genommen nur recht wenig vergrößert. Diese kombiniert er dann mit einer starken konkaven Linse, die allein genommen einen entfernten Gegenstand sogar stark verkleinert. Im 16. Jahrhundert wußte man zwar, daß zwei schwache Vergrößerungsgläser, wenn sie nahe zusammengehalten wurden, eine bessere Vergrößerung ergaben als jede der Lupen allein. Niemand hätte aber erwartet, daß die Zusammensetzung von zwei Linsen, von denen keine für sich eine gute Lupe war, eine brauchbare Vergrößerung ergeben würde. In der Tat vergrößern

Während der Spanischen Erbfolgekriege zu Anfang des 17. Jahrhunderts wurde das Teleskop von den Militärs benutzt. Dieses Gemälde von Velázquez zeigt die Übergabe von Breda an die Spanier im Jahre 1625.

die beiden Linsen, die für Galileis Fernrohr benötigt werden, nicht, wenn man sie nah aneinander hält, sondern verkleinern einen fernen Gegenstand.

Außerdem sind die beiden Linsen für Brillengläser wenig geeignet und sind deshalb auch kaum im Vorrat eines Optikers zu finden – für den Ausgleich von Sehfehlern hatten sich gerade die entgegengesetzten Typen, starke konvexe und schwache konkave Linsen, bewährt.

Lippershey selbst bekam einige Anerkennung für seine Entdeckung, daß aus einer geeigneten Kombination von Linsen ein Instrument entstehen könnte, das, wenn es auch keine Zauberkraft hat, doch recht nützlich ist. Der Rat der Provinz Zeeland empfahl sein Instrument dem Oberbefehlshaber der Holländer, Prinz Moritz, Graf von Nassau, der zu dieser Zeit den Vertrag aushandelte, der die Unabhängigkeitskriege zwischen Holland und Spanien beendete. Prinz Moritz erkannte den militärischen Nutzen des neuen Teleskops, versuchte, es geheimzuhalten und gab Lippershey den Auftrag, für 900 Kronen ein besseres Instrument herzustellen. Modern ausgedrückt vergab Moritz während der Friedenskonferenz auf Grund von Geheiminformationen einen großen Auftrag zur Entwicklung neuer Verteidigungsstrategien. Das Fernrohr funktionierte, die Geheimhaltung nicht, und bald schickten alle Delegierten dieser Konferenz Beschreibungen dieses neuen Geräts in ihre Heimat.

Schon bald entstanden Zwistigkeiten. Jacob Metius schrieb aus dem Norden Hollands, daß er der erste gewesen sei, der sich ein solches Gerät ausgedacht hatte, und in Neapel behauptete Giambattista Della Porta, daß er diesen Versuch schon vor Jahren ausgeführt habe, allerdings ohne Erfolg. Beide hatten nicht unrecht. Metius' Anmeldung zum Patent, die er 14 Tage nach Lippershey einreichte, beweist, daß er schon einige Zeit an dem Instrument gearbeitet hatte, während Porta bei seinem früheren erfolglosen Versuch wohl schlechtere und schwächere Linsen benutzt hat als Lippershey.

Was also sahen nun Galilei und die anderen durch ihr neues Instrument und warum sorgte es für soviel Aufregung? Im *Sidereus Nuncius* waren Beobachtungen zu vier Themen dargestellt. Erstens ist die Milchstraße kein gleichförmiges Lichtband, wie es dem bloßen Auge erscheint, sondern ist aus unzähligen einzelnen Sternen zusammengesetzt. Zweitens sind mit Hilfe des Fernrohrs überall am Himmel wesentlich mehr Sterne zu sehen als ohne. Die früheren Weltmodelle waren immer auf Beobachtung mit dem Auge allein begründet, so war die Beobachtung Galileis, daß die Dinge nicht immer so sind, wie sie dem Auge erscheinen, der erste Schritt in Richtung auf ein neues Weltbild. Eine weitere Beobachtung war, daß der Mond keine vollkommene Kugel ist, sondern rauh und gebirgig. Seine offensichtliche Unvollkommenheit widersprach dem damals unangefochtenen Glauben, daß die Kugel die vollkommenste Form darstellt und daß die Himmelskörper deshalb vollkommene Kugeln sein müssen.

Das letzte und wichtigste der vier Themen betraf den Planeten Jupiter, der sich als Mittelpunkt von vier Monden herausstellte, die Galilei die »Sterne der Medici« nannte. Diese vier Lichtflecken standen in scharfem Widerspruch zu dem allgemein gültigen Weltbild,

Galileis Darstellungen der Mondoberfläche, wie er sie durch sein Fernrohr sah, zeigen, daß der Mond keine vollkommen harmonische Kugel ist, wie es die alten Griechen geglaubt hatten, sondern daß er eine rauhe Oberfläche mit Tälern und Bergen hat.

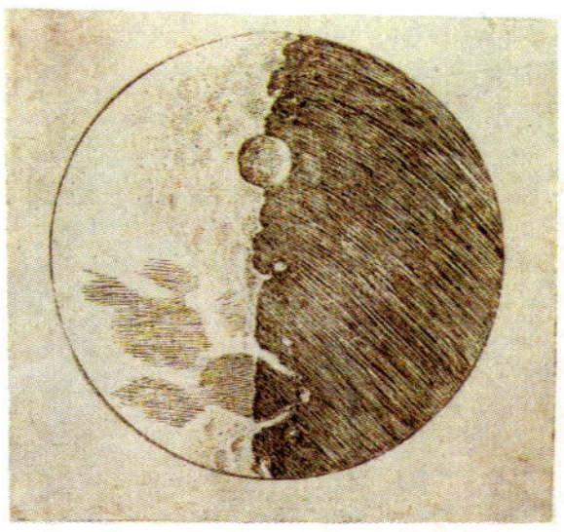

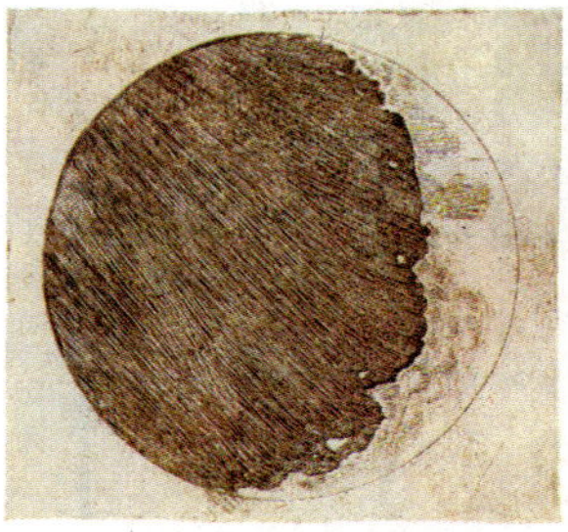

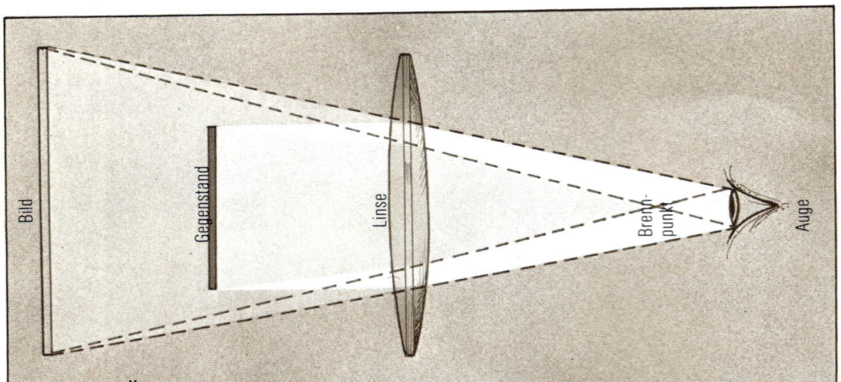

VERGRÖSSERUNG

Wenn man einen Gegenstand hinter eine konvexe Linse so stellt, daß die Entfernung von der Linse zu dem Gegenstand kleiner ist als ihr Abstand zum Brennpunkt, sieht das Auge ein Bild des Gegenstands, das vergrößert erscheint.

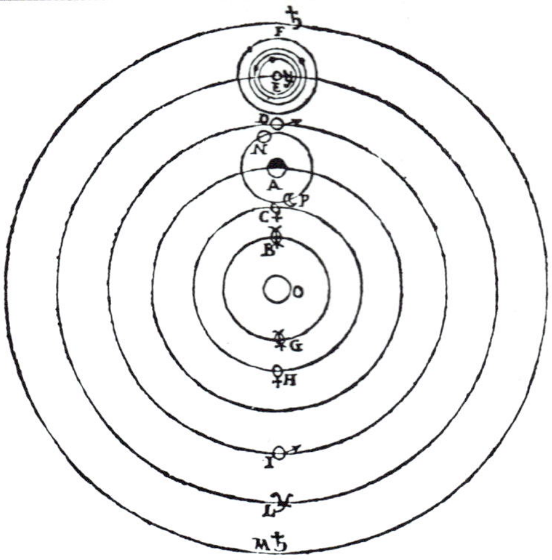

Das copernicanische Weltmodell (rechts), gezeichnet von Galilei, mit den von ihm entdeckten Jupitermonden. Copernicus behauptete, daß die Planeten sich um die zentrale Sonne drehten und zeigte, daß so die Planetenbewegungen mathematisch viel einfacher beschrieben werden konnten.

Christoph Scheiner beobachtete die Sonne mit einem Fernrohr, ohne seine Augen zu gefährden, indem er das Bild der Sonne auf einen weißen Schirm aus Papier projizierte.

Lichtstrahlen von einer entfernten Lichtquelle (A) sieht man unter einem kleinen Winkel, der Gegenstand erscheint klein und dunkel. Strahlen von einer nahen Quelle (B) sieht man unter einem viel größeren Winkel, der Gegenstand erscheint größer und heller.

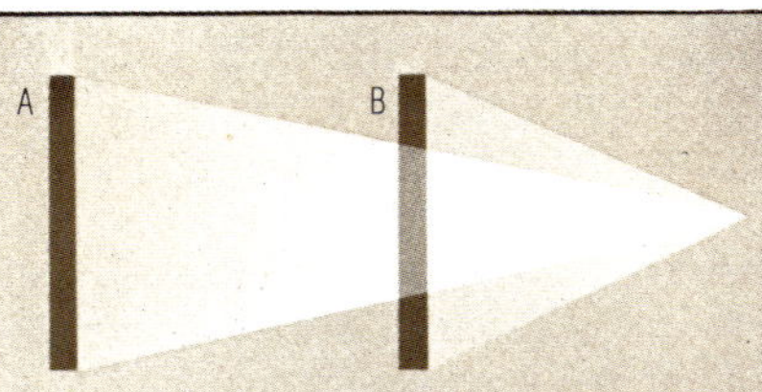

Bei einem Fernrohr wird der kleine Winkel, unter dem der Gegenstand erscheint (Y), für den Betrachter vergrößert (X).

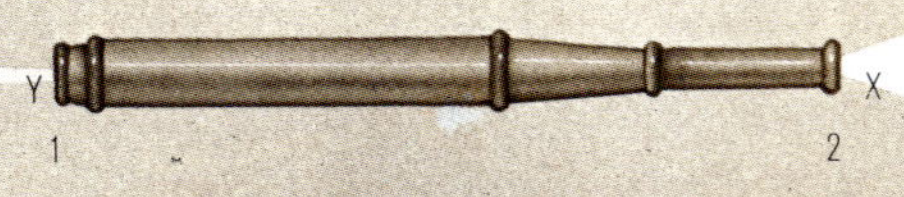

nach dem sich *alles* um die Erde drehen mußte. Die Beobachtung stand jedoch nicht im Widerspruch zu dem von Copernicus vorgeschlagenen neuen Modell, nach dem die Erde sich um die Sonne dreht; ja, sie beseitigte sogar einen störenden Widerspruch in der Theorie des Copernicus. Denn obwohl Copernicus die Sonne in den Mittelpunkt des Weltalls gesetzt hatte, mußte er zugeben, daß sich nicht alles, sonder nur *fast* alles um die Sonne drehte. Die Gegner des Copernicus betonten die Sonderstellung des Mondes sehr, der sich ja auch in der neuen Theorie um die Erde drehte. Ihr Argument beruhte darauf, daß es unmöglich sei, daß ein Mond sich auf einer ruhigen gleichförmigen Bahn bewegte, wenn der Mittelpunkt dieser Bahn nicht festlag, sondern ein Planet war, der sich seinerseits mit hoher Geschwindigkeit um die Sonne drehte. Ihrer Meinung nach würde der Mond dann zurückbleiben müssen. Die Jupitermonde zeigten, daß in der Tat eine solche gleichförmige Bewegung um ein sich bewegendes Zentrum möglich ist.

Die Jupitermonde fügten so der Theorie eines Weltalls mit der Erde im Mittelpunkt eine tödliche Wunde zu; den Todesstoß erteilte Galilei dieser Theorie bald nach seinem Umzug nach Pisa im Herbst 1610. Er untersuchte damals den Planeten Venus und fand bei ihm Phasen, die denen des Mondes glichen. Das Entscheidende dabei ist, daß die Venus, wenn die Erde im Mittelpunkt der Welt stünde, immer zwischen Erde und Sonne wäre und sich der Erde daher immer sichelförmig zeigen müßte.

Im copernicanischen Modell jedoch können Erde und Venus sich auch auf entgegengesetzten Seiten der Sonne befinden, und so kann man die Venus von der Erde aus auch voll beleuchtet sehen; etwa wie einen kleinen Vollmond.

Nachdem Galilei die Venus untersucht hatte, richtete er sein Fernrohr auf den Saturn und stand vor einem Rätsel: der Planet schien zwei Monde zu haben, aber anders als bei Jupiter bewegten sich die Monde nicht. Er fand keine Erklärung und gab seine Beobachtungen in Form eines Rätsels weiter. Er veröffentlichte nicht sein Ergebnis und auch keine Zusammenfassung seiner Beobachtungen, sondern nur ein Anagramm einer kurzen Zusammenfassung. Er schickte Kepler eine Liste von 37 Buchstaben mit dem Zusatz, daß, was immer es sei, er es zuerst gesehen habe. Die Buchstaben waren:
SMAISMRMILMEPOETALEUM
IBUNENVGTTAVIRAS.

Kepler zog die Buchstaben MARTIA heraus und versuchte, den Rest in eine Nachricht über den Mars umzuordnen. Auch die Freunde von Harriot in London versuchten sich an der Buchstabenfolge. Einer konstruierte eher verkrampfte Sätze über Jupiter (im Lateinischen ist J gleich I) über Montibus ... Martem, und über Ignis Lunarem. Ein anderer aus dieser Gruppe sah die ganze Sache etwas nüchterner: er suchte die Buchstaben GALILEO heraus und stellte den Rest zu groben Schimpfworten zusammen. Die richtige Lösung war »Altissumum planetam tergeminum observavi«, der lateinische Satz für »Ich habe beobachtet, daß der entfernteste Planet dreifach ist.«

Die letzte Entdeckung, die sich aus den Beobachtungen von 1610 ergab, waren die Sonnenflecken. Wieder einmal machten mehrere Beobachter die Entdeckung praktisch gleichzeitig. Der erste, der sie veröffentlichte, war der jüngste, der Holländer Johann Fabricius, dessen Vater David Fabricius ebenfalls Astronom war. Der Jesuit Christoph Scheiner untersuchte zunächst in Ingolstadt und dann in Rom die neuen Flekken sehr lange und sorgfältig, er mußte aber seine Ergebnisse unter einem Decknamen veröffentlichen, weil seine Vorgesetzten sicher waren, daß es diese Flecken gar nicht gab. Harriots Beobachtungen waren wahrscheinlich die ersten, aber wie so oft, hatte er sie nicht veröffentlicht. Galilei war seinerseits sicher, der erste zu sein und bog die Fakten etwas zu seinen Gunsten zurecht, als er die Geschichte »seiner« Entdeckung 20 Jahre später wiedererzählte.

Unter den frühen Beobachtern waren Scheiner am besten und Harriot am schlechtesten ausgerüstet. Scheiner baute als erster ein fest montiertes Fernrohr und stellte es so auf, daß er das Bild der Sonne auf ein Blatt Papier projizieren und damit die Sonne ohne Gefahr für die Augen beobachten konnte. Thomas Harriot, der als junger Mann Lehrer von Sir Walter Raleigh gewesen war und 1585 als Geograph auf dessen zweite Expedition nach Virginia mitgegangen war, gehörte jetzt zum Hof von Henry Percy, dem Herzog von Northumberland. Harriot beobachtete die Sonne an nebligen Vormittagen direkt durch sein Teleskop. Manchmal war er so unklug, sie auch zu beobachten, wenn es nicht neblig war. Im März 1612 verzeichnet er: »Um 12 Uhr war der Himmel völlig klar und ich sah auf der Sonne einen großen Fleck ... Eine Stunde lang konnte ich danach kaum mehr sehen.«

Wieder wurde die Theorie von der makellosen Kugelgestalt der Himmelskörper erschüttert. Noch wichtiger war, daß Fabricius und Galilei bemerkten, daß die Flecken ihre Lage von Tag zu Tag veränderten, was auf die Möglichkeit hindeutete, daß die Sonne sich um ihre Achse drehte. Bis dahin waren die Hinweise, die die Theorie der Drehung der Himmelskörper und auch der Erde um ihre Achse unterstützten, recht schwach gewesen. Man spürt schließlich die Drehung der Erde nicht, und indirekte Beweise überzeugten wenig; man konnte schon ohne Fernrohr sehen, daß der »Mann im Mond« immer die Erde ansieht. Das bedeutet, daß der Mond sich nur einmal im Monat um sich selbst dreht, und das wiederum macht es unglaubwürdig, daß die viel größere Erde sich einmal am Tag um sich selbst drehen soll.

Weihnachten 1612 war die große Welle der Entdeckungen vorüber und es entstand eine

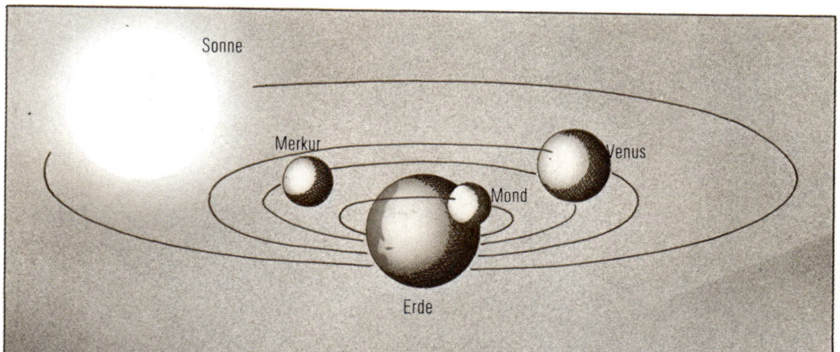

DIE PHASEN DER VENUS

Nach dem ptolemäischen Weltmodell des Sonnensystems (oben) laufen Merkur, Venus, Sonne und Mond auf Bahnen um die im Mittelpunkt ruhende Erde. Galilei bemerkte aber, daß Venus dieselben Phasen aufweist wie der Mond und widerlegte damit Ptolemäus' Theorie, weil sie als vollbeleuchtete Scheibe am Morgen- oder Abendhimmel nur gesehen werden kann, wenn Venus und Erde auf verschiedenen Seiten der Sonne stehen.

Neuere Photographien der Venus (rechts), beide im selben Maßstab, zeigen, wie die verschiedenen Phasen von der Erde aus aussehen können. Die Sichelform zeigt sich, wenn die Venus erdnah ist, die volle Phase ist sichtbar, wenn die Venus ihre größtmögliche Entfernung von der Erde hat.

Das heutige Modell des Sonnensystems (unten) ist auf das copernicanische Modell mit der Sonne im Mittelpunkt gegründet. Die Venus wird hier mit dem vollständigen Zyklus ihrer Phasen dargestellt.

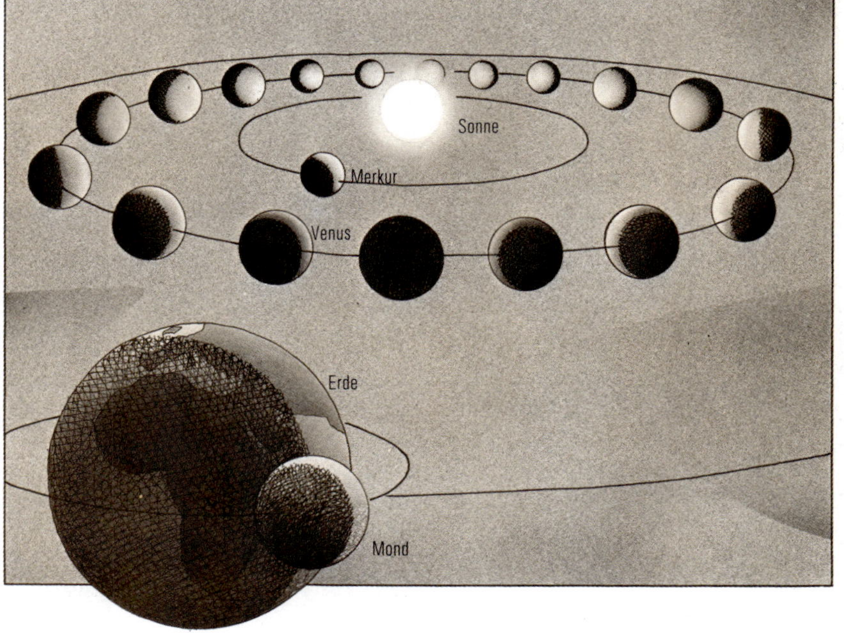

Galileis Verhandlung vor dem Inquisitionsgericht, das 1633 in Rom tagte und von Papst Urban VIII. einberufen wurde. Galilei wurde zur Strafe für seine »unausgewogene« Darstellung der Lehrmeinung über das Sonnensystem in seinen letzten Lebensjahren zu Hausarrest verurteilt. Erst 1979 erkannte der Vatikan offiziell an, daß Galileis Vorstellungen tatsächlich zutreffen.

Pause, in der über die neuen Daten nachgedacht wurde. Abgesehen von einer leidenschaftlichen Predigt gegen Galilei, 1614, für die sich der Vorgesetzte des Predigers schriftlich entschuldigte, dauerte es bis Ende 1615, bevor die staatlichen und kirchlichen Institutionen beschlossen, daß die neuen Gedanken zu verwirrend seien, und daß gegen sie etwas unternommen werden müsse. Dies geschah zuerst in Form einer entschiedenen, aber freundlichen Warnung an Galilei, er solle sich nicht in kirchliche Lehrmeinungen einmischen. Galilei vertrat die Ansicht, er habe genug Beweise, um das gesamte Kardinalskollegium überzeugen zu können und reiste dazu nach Rom. Das erwies sich als Irrtum, und im Februar 1616 wurde es ihm offiziell verboten, die Theorie des Copernicus zu vertreten. Eine Woche später wurde das Buch des Copernicus, das er 73 Jahre vorher veröffentlicht hatte, auf die Liste der verbotenen Bücher, den *Index Librorum Prohibitorum* gesetzt, auf der es bis 1835 blieb.

Heute weiß jedes Schulkind von diesem Fehlurteil, wobei Galilei als der Held erscheint und die Mitglieder der Inquisition als die Schurken. Damals war das alles viel weniger deutlich. Galilei stieß bei seiner Arbeit oft an die Grenzen seines Geräts. Die so entscheidende Beobachtung der Venus als voll erleuchtete Scheibe wurde mit einem Fernrohr gemacht, das nur ein verschwommenes Bild zeigte, dessen Durchmesser ungefähr so groß war wie der scheinbare Durchmesser des Bildes der Venus. Giorgio Abetti drückte es 1923 nach einer Untersuchung der originalen Instrumente so aus, daß Galilei die Phasen der Venus »mit der Schärfe seiner Intuition« sah.

Andere seiner Beobachtungen waren nicht so folgenschwer wie Galilei es erwartete. Daß es viel mehr Sterne gibt, als das bloße Auge sehen kann, war vom päpstlichen Astronomen Clavius bereits vorhergesagt worden, der darauf hinwies, daß die Bibel von »unzähligen« Sternen spricht (Hebräer 11, 12), weshalb es sehr viel mehr geben mußte als die wenigen Tausend, die in einer sternklaren Nacht sichtbar sind. Viele der damaligen Fernrohre waren von schlechter Qualität und auch die guten Teleskope waren schwer zu handhaben. Das Gesichtsfeld war sehr klein und die nötige Geschicklichkeit konnte nur in langer Praxis erworben werden. Wenn ein Teleskop nicht sorgfältig gebaut war, genau eingestellt und ruhig gehalten wurde, sah der Beobachter nur eine zufällige Verteilung von sich schnell bewegenden Flecken. Viele Möchte-gern-Beobachter sahen gar nichts, und sogar jene, die etwas sahen, waren manchmal unsicher. Galilei behauptete 1610, Saturn habe zwei Monde, wenige Jahre später konnte er sie nicht wiederfinden. »Verschlingt Saturn seine Kinder?« schrieb er. Es dauerte 40 Jahre, bis das Fernrohr weit genug entwickelt war, um die Saturnringe so zeigen zu können, wie sie wirklich sind und das Rätsel, das sie für Galilei darstellten, endlich erklärt werden konnte. Ein wichtiges Datum ist das Jahr 1620, als Francis Bacon in seinem *Novum Organum* die neue Erkenntnisphilosophie darstellte, die von da an für die Naturwissenschaft zur Grundlage wurde: die Wahrheit muß sich im Experiment und in der

Galileis Fernrohre waren Refraktoren, die jeweils aus einer konvexen Objektivlinse und einer konkaven Okularlinse bestanden und bis zu dreißigfach vergrößerten. Galilei begann seine Beobachtungen im Januar 1610 und hatte innerhalb von zwei Monaten nachgewiesen, daß die vier Objekte in der Nähe Jupiters keine Fixsterne waren, sondern Monde. Im Juli 1610 entdeckte er die Saturnringe, die er »Ohren« nannte, denn als solche erschienen sie ihm bei der Betrachtung durch sein Fernrohr. Am Ende dieses Jahres hatte Galilei die Phasen des Planeten Venus entdeckt und daraus geschlossen, daß Merkur und Venus sich um die Sonne drehen müssen. Die beiden hier dargestellten Fernrohre, die auf einen verzierten Halter montiert sind, werden jetzt im Museo di Storia della Scienza in Florenz in Italien gezeigt.

LINSENFERNROHRE

Galilei stellte ein einfaches Fernrohr her, indem er eine konvexe und eine konkave Linse an den entgegengesetzten Enden eines Rohrs anbrachte. 1610 stellte er die neue Erfindung einer Versammlung von Edelleuten in Venedig vor. Das Bild wird von der konvexen Objektivlinse (A) gebildet und von der konkaven Okularlinse (B) vergrößert. Da die Brennweite der Objektivlinse im Vergleich zu der der Okularlinse groß ist, entsteht ein vergrößertes Bild. Dieses Linsensystem wird heute noch in modernen Operngläsern benutzt. Es hat den Nachteil, daß das Gesichtsfeld sehr klein wird, wenn das Fernrohr stark vergrößern soll. Außerdem war Galileis Verfahren der Linsenherstellung alles andere als vollkommen, so daß sein Teleskop nur verschwommene Bilder erzeugte.

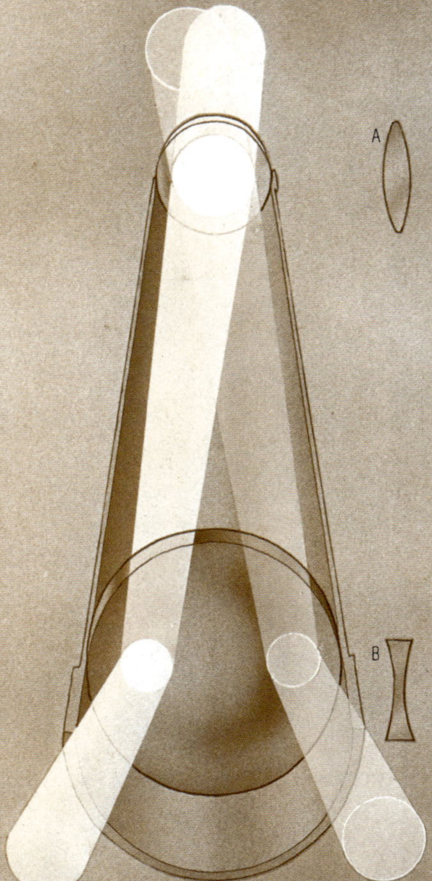

Kepler, der selbst nicht sehr geschickt in der Herstellung von Teleskopen war, schlug 1611 in seiner Dioptrice *vor, für Objektiv und Okular konvexe Linsen zu nehmen. Bei diesem Fernrohr wird das Bild durch die konvexe Objektivlinse (A) entworfen und dann durch die ebenfalls konvexe Okularlinse (B), die am anderen Rohrende angebracht ist, vergrößert. Die Verwendung von zwei konvexen Linsen hat den Vorteil, daß sich ein größeres Gesichtsfeld ergibt als bei dem Galileischen Fernrohr, aber das Bild steht auf dem Kopf; dadurch war Keplers Fernrohr nur für astronomische Zwecke geeignet. Es litt zudem unter den typischen Mängeln, die sich durch die Verwendung kugelförmiger Linsen und durch die Aufspaltung des Lichts in verschiedene Farben ergeben. Trotzdem erhielt man mit diesem Fernrohr viel schärfere Bilder als mit dem ursprünglichen Galileischen Instrument.*

Beobachtung erweisen. Vorher herrschte noch die Meinung der mittelalterlichen Scholaren vor, daß es der einzige Weg der Erkenntnis sei, über die Dinge nachzudenken und zu lesen, was andere darüber gedacht hatten. So war es fast unvorstellbar, daß ein arroganter und aufsässiger Astronom einzig auf Grund von Beobachtungen recht haben konnte.

In den nächsten 20 Jahren machte die Entwicklung nur langsam Fortschritte. Galileis Fernrohr konnte kaum mehr verbessert werden. Es wurden jedoch noch zwei wichtige astronomische Entdeckungen gemacht. Ihre Entdecker wußten damals nicht, was sie gefunden hatten, aber offensichtlich waren es weder Fixsterne noch Planeten. Simon Marius in Ansbach sah etwas, das er als eine »Kerze, die durch ein Horn hindurchscheint« beschrieb – ein Objekt, das wir heute als den Andromedanebel kennen – während Cysat, ein Schüler Scheiners, sah, daß einer der Sterne im Orion nicht ein heller Lichtpunkt, sondern ein winziger leuchtender Fleck war, der heute als Orionnebel bekannt ist. Diese weit entfernten, verschwommenen Lichtflecken sind inzwischen zu zwei der am besten untersuchten Himmelsobjekte geworden.

Während die Astronomie langsamere Fortschritte machte, ging die Entwicklung der Optik schnell voran. Das Galileische Fernrohr hat den großen Nachteil, daß das Gesichtsfeld – das ist der Himmelsausschnitt, den man durch das Fernrohr sehen kann – bei starker Vergrößerung nur sehr klein ist. Die Optik des Fernrohrs läßt das Licht von Gegenständen, die zu weit von der Achse des Teleskops entfernt liegen, nicht mehr in die Pupille des Beobachters gelangen; diese Gegenstände können nur gesehen werden, wenn das Teleskop nachgeführt wird. Kepler löste dieses Problem mit einer neuen Art Fernrohr. Er beschreibt, wie man aus zwei konvexen Linsen ein Teleskop bauen könnte, das sowohl gut vergrößert als auch ein genügend großes Gesichtsfeld hat. In Keplers Teleskop entwirft die erste Linse ein Bild des Sterns, dieses Bild wird dann mit der zweiten Linse wie mit einer Lupe betrachtet.

Ein weiterer Fortschritt in der Optik wurde 1621 gemacht, als Willebrord Snell (oder Snellius) in Leiden das Gesetz entdeckte, das die Brechung von Licht an der Grenzfläche zwischen zwei Körpern beschreibt. Dieses Gesetz wurde 1637 von René Descartes veröffentlicht. Wieder einmal war aber Harriot schneller gewesen – er hatte das Snelliussche Gesetz schon 1597 angewandt. Sir William Lower, der Thomas Harriot gebeten hatte, ihm um jeden Preis ein Fernrohr zu senden, sagte es 1610 so: »All dies und vieles andere, das ich aufzählen könnte, hätte Ihnen zu Ehren angerechnet werden sollen; und doch hat Ihre zu große Zurückhaltung Sie dieses Ruhms beraubt ... Lassen Sie sich daran erinnern, daß es durch allzulanges Zögern möglich ist, sich um die Ehre für einige der wertvollsten Entdeckungen und Forschungen zu bringen. Lassen Sie Ihr Vaterland und

René Descartes, der französische Philosoph und Mathematiker, beschäftigte sich ausführlich mit den Problemen, die bei der Verwendung von Linsen entstehen. Er führte seine Gedanken darüber in dem Buch Dioptrique *aus, das 1637 veröffentlicht wurde.*

Ihre Freunde die Befriedigung genießen, die Sie auch Euch zukommen ließen, wenn einige Ihrer auserlesenen Werke veröffentlicht würden.«

Eine andere Ursache für den Stillstand in der Entwicklung der Astronomie in den Jahren nach 1620 war, daß es ein äußerst umstrittenes Gebiet war, auf das man sich einließ. Ein Astronom zu sein erforderte kritisches und unabhängiges Denken und führte sehr schnell zu harten theologischen Konfrontationen. Dies wurde deutlich, als Galileis Freund, Maffeo Barberini, als Urban VIII. Papst wurde. Seine Wahl ermutigte Galilei, seine Ergebnisse schriftlich niederzulegen. Die Freundschaft half aber wenig. Vier Jahre später war der 72jährige Galilei in Haft und wurde zum Widerruf gezwungen. Scheiner, dem selbst die Erlaubnis versagt worden war, sein frühes Werk über Sonnenflecken zu veröffentlichen, schrieb ein Buch, in dem er Galilei angriff. Fabricius wurde ermordet, wenn auch nicht, weil er ein Astronom war, und auch Kepler wurde aus religiösen Gründen verfolgt.

Schon bevor Harriot begonnen hatte, Beobachtungen durchzuführen, wurde er in dem Streit, der dem Sturz seines ersten Arbeitgebers, Sir Walter Raleigh, folgte, des Atheismus angeklagt. Im November 1604 hatte Harriot unwissentlich den Fehler gemacht, an einem Abendessen in Syon-House bei den Percys, der Familie des Herzogs von Northumberland, teilzunehmen. Das Mahl wurde durch eine dringende Nachricht für Thomas Percy unterbrochen, die ein gewisser Guy Fawkes überbrachte. Am nächsten Tag wurde die berühmte Pulververschwörung, bei der das Parlament in die Luft gesprengt

Scheiner führte seine wichtigen Beobachtungen der Sonne an der Sternwarte in Ingolstadt durch.

Galileis Zeichnung des Orionnebels, eines Sternhaufens (oben), dessen Sterne man mit dem bloßen Auge nicht einzeln sehen kann.

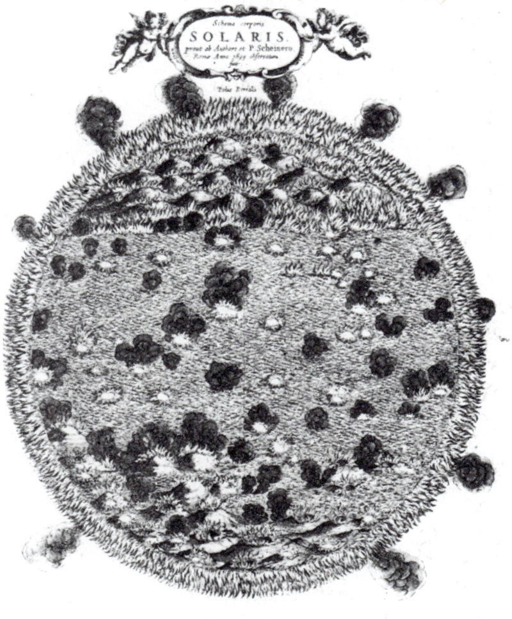

Scheiners Zeichnung der Sonne (links) zeigt die von ihm beobachteten Sonnenflecken.

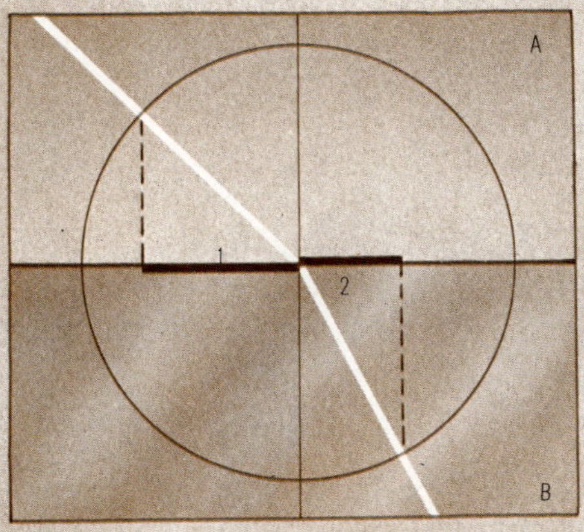

DAS SNELLIUSSCHE BRECHUNGSGESETZ

Lichtstrahlen, die von einem Stoff in einen anderen, wie z.B. von Luft (A) in Glas (B) eintreten, werden an der Grenzfläche gebrochen. Das Maß der Brechung ist für zwei bestimmte Stoffe konstant und kann als das Verhältnis der zwei Strecken 1 und 2 dargestellt werden, die man aus der Zeichnung erhält.

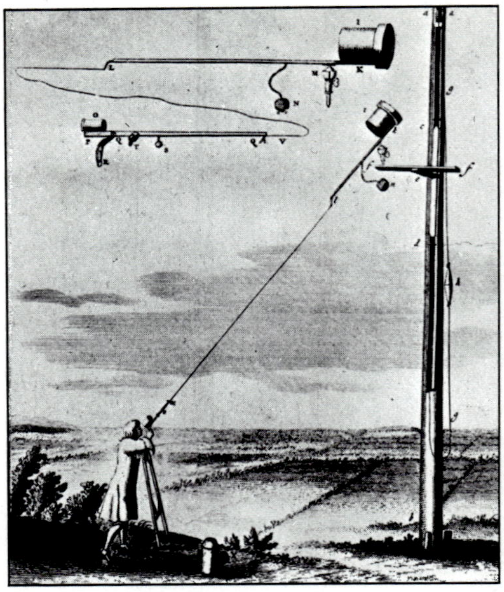

Huygens entwickelte ein Teleskop, bei dem die Objektivlinse in einem kurzen Eisenrohr montiert war, das mit einem langen Seil ausgerichtet werden konnte.

In seiner Selenographia, *die 1647 veröffentlicht wurde, zeichnete Hevelius eine Mondkarte (links).*

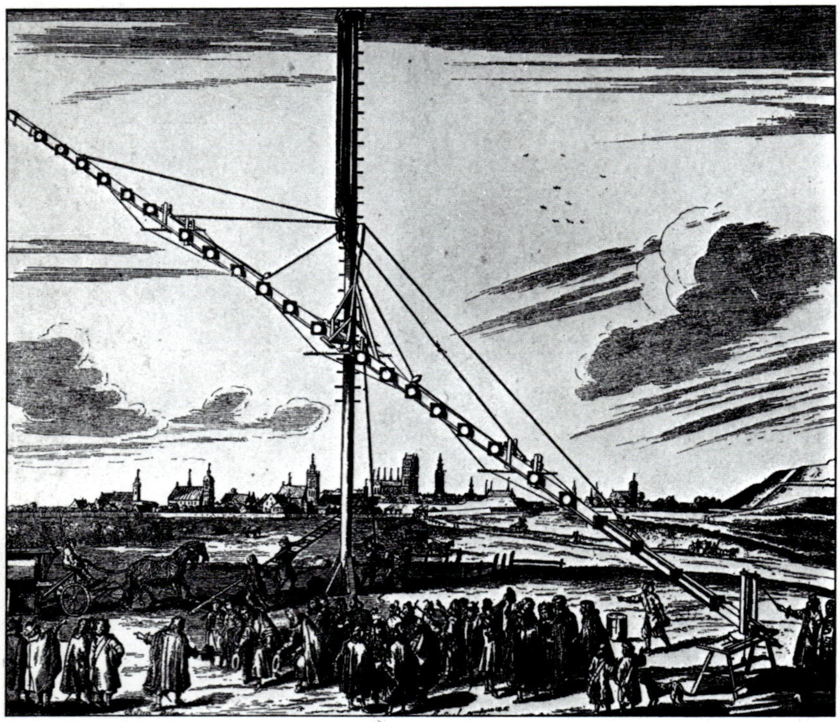

Hevelius' schwerfällige »Himmelsmaschine« von 46 m Länge wurde in Danzig aufgestellt. Sie war der Höhepunkt der Anstrengungen, die im 17. Jahrhundert unternommen wurden, um die verschwommenen Bilder des Fernrohrs durch die Verwendung einer Objektivlinse von sehr großer Brennweite wesentlich zu verbessern.

Die Genauigkeit astronomischer Messungen wurde 1657 durch die Erfindung der Pendeluhr (rechts) entscheidend verbessert. Sie wurde zuerst von Christiaan Huygens erdacht.

werden sollte, aufgedeckt und Fawkes in einem Keller voller Gewehrpulver festgenommen – und diesen Keller hatte er von Thomas Percy gemietet. Wenig später unterzeichnete Harriot einen Brief an den Staatsrat als »Euer Ehren demütiger Bittsteller; ein armer Gefangener in dem Torhaus (des Tower von London).«

Der einzige wirkliche Fortschritt in den astronomischen Beobachtungen während der Jahre nach 1620 war eine Reihe von systematischen Mondbeobachtungen durch Langren, Mathematiker und Kosmograph Philips II. von Spanien. Seine Absicht war es, eine Mondkarte zu erstellen. Ein Entwurf der Karte wurde 1628 Königin Isabella vorgelegt, aber erst 1645 veröffentlicht. Am Ende des folgenden Jahrzehnt ereignete sich wieder etwas mehr. Eine führende Gestalt war Francisco Fontana, der in Neapel arbeitete; Neapel war damals eine der drei größten Städte Europas, eine Stadt, deren Einkünfte dreimal so hoch waren, wie die von ganz England. Fontana begann damit, Keplers Teleskop für astronomische Beobachtungen zu verwenden, ein Instrument, das einfacher herzustellen und zu handhaben ist als das Galileis. Es hatte nur einen Nachteil, der seine Bedeutung als Handelsobjekt schmälerte: das entstehende Bild steht auf dem Kopf. Das macht in der Astronomie nichts aus, aber für den alltäglichen Gebrauch – z. B. für militärische Zwecke – ist das Keplersche Instrument deshalb kaum zu verwenden. Eine Variante seines Teleskops, die zwei zusätzliche konvexe Linsen (im ganzen also vier) benutzte und ein aufrechtstehendes Bild erzeugte, entstand jedoch einige Jahre später. Für die Astronomie ist dieses »terrestrische« Teleskop oder Erdfernrohr niemals zu einer Konkurrenz für das »astronomische« Teleskop oder Himmelsfernrohr geworden, weil die

Die sich immer ändernde Erscheinung des Saturn verwirrte die Astronomen der damaligen Zeit. Hevelius' Zeichnung des Planeten aus dem Jahr 1656 wird unten gezeigt. In demselben Jahr entdeckte Huygens die Ringe um den Planeten, und um 1675 hatte Cassini die Lücke zwischen den Ringen entdeckt. Eine neuere Photographie des Saturn (links), die 1980 von der Raumfähre Voyager I aufgenommen wurde, zeigt, daß die Ringe in Hunderte feiner Ringe unterteilt sind und, um das Bild noch komplizierter zu machen, daß die äußeren wie Seile verdrillt sind. Die Ringe bestehen aus kleinen Eisklumpen, ihre Entstehung ist noch immer nicht völlig geklärt.

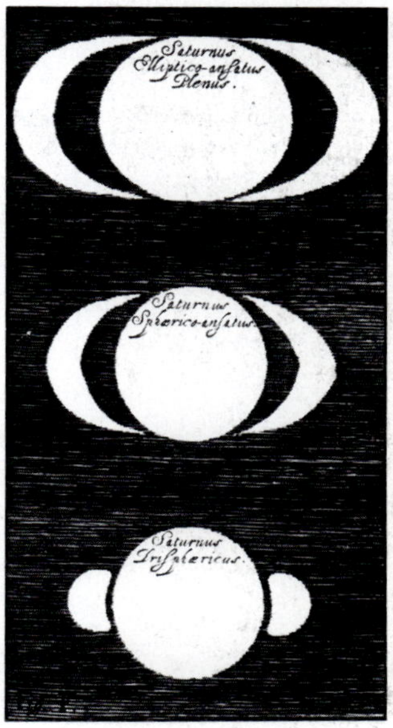

zusätzlichen Linsen die Helligkeit des beobachteten Bildes verschlechtern und ein helles Bild in der Astronomie von entscheidender Bedeutung ist.

Mit dem verbesserten Teleskop von Fontana erhielt man weit bessere Bilder als zuvor. Fontana beobachtete die Phasen des Mars (die von den verschiedenen Beleuchtungswinkeln beim Umlauf von Mars und Erde um die Sonne herrühren) und zeichnete eine verbesserte Mondkarte. Beide Beobachtungen erregten die Aufmerksamkeit anderer Forscher. Zu ihnen gehörten vor allem Johann Hevelius und Christiaan Huygens. Beide, Hevelius in Danzig, Huygens zunächst in Holland und dann in Paris, waren führend in den Bemühungen, das neue Keplersche Teleskop zu verbessern. Hevelius' Erfahrung und die optischen Theorien von Descartes und Kepler zeigten, daß Linsen mit stark gekrümmten Oberflächen schlechte Bilder ergeben. Schwache, weniger gekrümmte Linsen sind als Objektive besser geeignet. Das Ergebnis war eine Reihe von sehr langen Fernrohren. Die Länge ist nötig, weil eine konvexe Linse mit nur wenig gekrümmter Oberfläche das Licht erst in weitem Abstand von der Linse im Brennpunkt sammelt. Die ersten Teleskope von Hevelius, die er 1647 für sein Sammelwerk *Selenographia,* den ersten richtigen Mondatlas, benutzte, hatten Längen zwischen 2,5 und 3,5 m. Mit solchen Instrumenten konnte er frühere Beobachtungen wiederholen und die Entdeckung der Phasen des Merkur bestätigen, die Ionnes Zupo 1639 gemacht hatte. Zupo war einer aus einer Gruppe von etwa einem Dutzend Jesuiten, zu denen auch Scheiner, Fontana, Riccioli und Grimaldi gehörten, die für die Kirche Forschungen betrieben, um sie auf eventuell auf sie zukommende Schwierigkeiten und Verwicklungen vorzubereiten. Die Beobachtung des Merkur ist schwierig, da er sogar an seinem erdnächsten Punkt kleiner als Venus am erdfernsten erscheint und zudem gewöhnlich nur im Zwielicht der Dämmerung beobachtet werden kann. Die Beobachtungen des Merkur bewiesen ein für allemal die Überlegenheit des langen Keplerschen Teleskops.

Christiaan Huygens in Holland war der erste, der Hevelius' Arbeiten mit schwachen Linsen weiter verfolgte. Mit seinem Bruder Constantin zusammen entwickelte er Techniken zum Schleifen von Linsen mit kleiner Krümmung und entsprechend großer Brennweite. Außerdem erfand er ein verbessertes Okular, bei dem die Vergrößerung von zwei dünnen Linsen und nicht von nur einer dikken erreicht wurde. Bisher wurden zum Schleifen und Polieren von Brillengläsern grobes Metallwerkzeug, eine Stange und Schleifmaterial verwendet. Für eine konvexe Linse wurde eine Metallform so gegossen oder geschmiedet, daß eine Höhlung mit dem ungefähren Linsenradius entstand. Der Rohkörper der Linse wurde am einen Ende der Stange befestigt und mit immer feiner werdendem Schleifmaterial am Metall gerieben, bis die Linse die gewünschte sphärische Form hatte. Der Krümmungsradius der Linse wurde mit Hilfe der Länge der Stange festgelegt, deren anderes Ende beweglich in einem Sockel angebracht war.

Die gesamte Herstellung erfolgte manuell. Diese Methode ist nur bei kleinen Linsen mit mäßiger Brennweite anwendbar: eine Linse mit einer Brennweite von 3 m erfordert eine mindestens genauso lange Stange. Die Brüder Huygens entwickelten eine Schleif- und Poliermaschine, die nicht nur ohne Stange auskam, sondern auch ein Räderwerk zum Antrieb von Glaskörper und Metallform benutzte; so konnten sie Linsen mit viel größerer Brennweite herstellen.

Isaac Newton war nicht nur der Erbauer des ersten Teleskops, das Spiegel statt Linsen benutzte, sondern auch eine angesehene Autorität auf dem Gebiet der Optik. Selbst nach seinen bedeutenden Entdeckungen auf den Gebieten der Mathematik, Mechanik und Schwerkraft wurde er der französischen Akademie immer noch als »der berühmte Hersteller von Fernrohren, Monsieur Newton«, beschrieben.

Giovanni Cassini, 1625–1712, benutzte Linsenteleskope von riesiger Länge bei seiner Entdeckung der vier Saturnmonde Iapetus, Rhea, Tethys und Dione.

Die erste dieser Linsen, die in ein Fernrohr eingebaut wurde, hatte eine Brennweite von etwas über 3,5 m. Christiaan Huygens entdeckte 1655 mit diesem Instrument Titan, den ersten echten Saturnmond. Noch im selben Jahr hatte er mit einem 7-m-Fernrohr das Rätsel der Saturn-Ringe, das Galilei so beschäftigt hatte, teilweise aufgeklärt. 1656 bekräftigte er seine Beobachtungen mit einem 37 m langen Riesenfernrohr, und 1659 veröffentlichte er eine Beschreibung des Planeten als »umgeben von einem dünnen ebenen, nirgendwo befestigten Ring«. In dieser Zeit hatte er auch den Orionnebel wiederentdeckt und, bei weitem folgenreicher, ein äußerst wichtiges astronomisches Instrument, die Pendeluhr, entwickelt. Astronomen brauchen eine genaue Uhr, um die Positionen der Sterne in bezug zur Drehung der Erde aufzeichnen zu können, und diese beiden Geräte, ein gutes Fernrohr und eine gute Uhr, sind von da an immer das Grundwerkzeug der Astronomie gewesen.

Die Erfolge des verbesserten Fernrohrs führten zur Herstellung immer längerer Instrumente. Allerdings zeigten sich auch bald die Grenzen. Hevelius baute in Danzig ein Fernrohr von 46 m Länge, aber die Schwierigkeiten, die er hatte, es auf einen sich bewegenden Stern einzustellen und die Empfindlichkeit gegen Windstöße hoben jeden Gewinn auf, den die enorme Länge versprechen mochte. Huygens hatte eine neue Idee: er ersetzte das Rohr durch einen Seilzug, mit dem der Beobachter das Fernrohr richtig einstellen konnte. Mit diesem Teleskop entdeckte Huygens eine neue unliebsame Tatsache: die Qualität des Bildes wurde durch die Turbulenz in der Atmosphäre beeinflußt. Dieses Problem der Bildruhe, das im Englischen »seeing« genannt wird, macht den Astronomen noch immer Schwierigkeiten. Aus diesem Grund werden heute Sternwarten auf hohen Bergen in Chile und Arizona oder auf Inseln im Ozean wie Hawaii oder den Kanarischen Inseln gebaut, um von Luftbewegungen, Lufttrübung und störenden Einflüssen – wie etwa den Lichtern einer Stadt – möglichst wenig beeinträchtigt zu werden.

Der erfolgreichste Astronom unter den Benutzern der überlangen Instrumente war Professor Giovanni Cassini in Bologna. Mit seinem Kollegen Giuseppe Campani, der die Linsen herstellte, konnte Cassini auf den Oberflächen der Planeten Strukturen erkennen. Diese Möglichkeit löste die nächste Phase der Astronomie des Sonnensystems aus. Die Erscheinungen auf den Oberflächen schienen sich zu bewegen und zeigten damit, daß sich auch die anderen Planeten um ihre Achse drehten. Man erkannte, daß die Achsen von Venus, Mars und Jupiter etwa parallel zur Erdachse stehen. Die Beobachtung der Rotation der Venus war der Beginn eines langen Streits, der erst vor wenigen Jahren endgültig entschieden wurde, denn von der Venus konnten Astronomen seit jeher nur die umgebende dichte Wolkenhülle sehen, unter der die Oberfläche des Planeten verborgen war. Man fand weiter, daß Jupiter sich äußerst rasch um seine Achse dreht, einmal in zehn Stunden. Die neuen Fernrohre konnten die sich daraus ergebende Abplattung des Planeten zeigen, dessen Durchmesser am Äquator sieben Prozent größer ist als die Entfernung von Pol zu Pol.

Auch an anderen Orten wurde geforscht. In London führte die Wiederherstellung der Monarchie 1660 zur Gründung der Royal Society. Mehrere ihrer Mitglieder hatten ein Interesse an der Astronomie, unter anderen Christopher Wren, der eher als Architekt der St. Pauls-Kathedrale bekannt ist, und der streitbare Robert Hooke. Sie arbeiteten beide an Problemen der Linsenherstellung, und Hooke machte Beobachtungen von den Wolkengürteln des Jupiter.

Obwohl Hooke ein genialer Experimentator war, kamen die wichtigsten Anstöße für den Bau neuer Fernrohre aus einem verdunkelten Laboratorium in Cambridge. Dort führte ein Student, der gerade seine Prüfungen abgelegt hatte, Versuche durch: Isaac Newton. Er erforschte das Farbspektrum, das sich ergibt, wenn Sonnenlicht durch ein Prisma fällt. Zunächst zeigte Newton, daß die Regenbogenfarben eine Eigenschaft des Lichts und nicht des Prismas waren, und daß weißes Licht aus Licht aller Farben zusammengesetzt ist. Zweitens fand er, daß das Snellius'sche Brechungsgesetz für jede einzelne Farbe galt; daraus folgte, daß die Eigenschaften einer Linse, bei der ein Strahl weißen Lichts im Brennpunkt zusammenfällt, berechnet werden können, wenn man weiß, wie sie jede einzelne Farbe im Brennpunkt vereinigt. Drittens und letztens fand er, daß das Ausmaß, in dem die Farben in ein Spektrum zerlegt werden, von der Form des Prismas abhängt.

Wenn man ein schwaches Prisma benutzt, das den Lichtstrahl nur wenig von seinem ursprünglichen Weg ablenkt, werden die Farben des Strahls nur zu einem schmalen Spektrum zerlegt. Wenn das Prisma eine größere Ablenkung des Strahls bewirkt, dann wird auch die Farbaufspaltung größer. Er schloß, daß Ablenkung und Farbaufspaltung miteinander in Beziehung gesetzt werden können und daß die Beziehung immer dieselbe sei, ganz unabhängig von dem Material des Prismas, eine Ansicht, die sich später als falsch erwies.

Newtons Versuche führten zu zwei Schlußfolgerungen, die für Huygens' und Hevelius' Teleskope wichtig waren. Zunächst war ihren Möglichkeiten durch die Eigenschaften des Glases, das für die Linsen benutzt wurde, eine grundsätzliche Grenze gesetzt, die von der Länge des Instruments abhängt. Kein noch so einfallsreicher Bauplan oder besondere Geschicklichkeit bei der Herstellung der Linsen führten daran vorbei, daß die Länge entscheidend für eine bessere optische Leistung war. Auch würde es weniger helfen, die eine Linse im Objektiv durch mehrere weniger dicke, eng zusammenstehende Linsen zu ersetzen, noch die Linsenfläche in einer anderen Form zu schleifen. Eine Vergrößerung der Länge war die einzige Lösung, und jede Vergrößerung der Länge erschwerte die mechanischen Probleme bei der Aufstellung, beim Einstellen und Justieren nur noch mehr. Newton drückte es so aus: »Die Verbesserung des Fernrohrs, das auf der Lichtbrechung beruht, ist aussichtslos.« Newtons Ergebnisse wurden 1672 in einer neu entstandenen Form veröffentlicht, nämlich als Beitrag in einer wissenschaftlichen Zeitschrift, einer Form, die heute für die Verbreitung wissenschaftlicher Ergebnisse die übliche geworden ist. Der volle Titel der neuen Zeitschrift *Philosophical Transactions* war in deutsch: »Die philosophischen Abhandlungen der Königlichen Gesellschaft in London zur Förderung des Wissens über die Natur«. Sie wird heute noch veröffentlicht und ist bis heute in 290 Bänden erschienen.

Inzwischen war Cassini der führende Astronom in Paris geworden, wo Huygens Präsident der Akademie war. Cassini machte weiterhin wichtige Entdeckungen, dabei benutzte er Teleskope von beträchtlicher, aber nicht zu großer Länge, die er auf einem Mast und später auf einem Wasserspeicherturm der Regierung aufbaute, der auf dem Gelände der neuen Französischen Sternwarte stand. 1675 gelang es ihm, zwei Ringe des Saturn zu unterscheiden. Der in schlechteren Teleskopen nur als Ganzes erkennbare Ring ist durch eine enge dunkle Lücke geteilt, die heute noch Cassinische Trennung genannt wird. Cassini veröffentlichte 1680 eine Mondkarte, die alle früheren Bemühungen in den Schatten stellte. Auch weitere Mitglieder der Familie Cassini beteiligten sich an den Forschungen. Sein Neffe Maraldi untersuchte den Mars und entdeckte die weißen polaren Eiskappen. Cassini entwickelte eine Bezeichnungsweise, die heute noch für die Jupitermonde gebräuchlich ist; er nannte sie J-I, J-II, J-III und J-IV. Diese Bezeichnung wurde später auch zur Unterscheidung der Mitglieder der Familie Cassini verwendet. So ist Giovanni Cassini (Vater) Cassini I., Jacques war als Cassini II. der nächste Direktor, dann folgte Cäsar als Cassini III. und schließlich Jacques Dominique als Cassini IV., der mehr als ein Jahrhundert später Direktor der Sternwarte war, bis er diesen Posten aufgab, um die Familiengeschichte niederzuschreiben. Die vier großen Astonomen Cassini I. bis Cassini IV. arbeiteten in der bemerkenswert langen Zeitspanne von mehr als zwei Jahrhunderten, von 1625 bis 1845.

Die Namen, die heute für die Jupitermonde gebräuchlich sind, stellen einen Kompromiß dar. Galilei, ihr Entdecker, nannte seine »Sterne der Medici« nach einzelnen Mitgliedern der Familie der Medici, aber sein Vorschlag war für die internationale Wissenschaft zu heimatbezogen. Simon Marius schlug vor, sie nach vier Objekten der außerehelichen Betätigungen des Jupiter zu benennen – Io, Callisto, Europa und für den hellsten der Monde, den schönen Jüngling Ganymed. Ein fünfter Mond, der 1892 entdeckt wurde, wurde nach Jupiters Amme Amalthea benannt. Spätere Entdeckungen kamen zu einer Zeit, als die verbesserte astronomische Technik mit dem Schwinden der humanistischen Bildung zusammenfiel und die recht nüchtern mit Jupiter VI bis XIII bezeichneten Monde wurden sehr verspätet erst 1976 nach mythologischen Gestalten umbenannt.

Newton wies nicht nur auf die Grenzen des Fernrohrs hin, das zu seiner Zeit benutzt wurde, er schlug auch eine Lösung des Problems vor und stellte zwei neuartige Geräte her, um sein Konzept unter Beweis zu stellen. Sein Vorschlag war, einen konkaven Spiegel statt einer Linse zu benutzen, um das Licht einzufangen und zu sammeln.

Während eine einfache Linse verschiedene Farben in verschiedenen Punkten sammelt, bringt ein Spiegel alle Farben des weißen Lichts im selben Punkt zusammen. Anders gesagt beeinträchtigt die von Newton entdeckte Einschränkung der Linsen (chromatische Aberration genannt), die den farbigen Schleier um das im Fernrohr sichtbare Bild erzeugt, die von einem Spiegel erzeugten Bilder nicht.

Es hatte schon vorher Versuche gegeben, ein Teleskop mit Hilfe von Spiegeln statt mit Linsen zu bauen. Der italienische Physiker Zucchi hatte 1616 ein einfaches System erprobt, und die französischen Mathematiker Marin Mersenne und René Descartes hatten Arbeiten über die Theorie solcher Instrumente geschrieben. Der Schotte James Gregory hatte ein Teleskop entworfen, das aus zwei Konkavspiegeln bestand. Als er aber 1665 nach London gekommen war, konnte er keine hinreichend genau gearbeiteten Spiegel bekommen. Der Franzose N. Cassegrain erfand wieder ein anderes System, das einen konkaven und einen konvexen Spiegel benötigte. Newton hatte allerdings sein zweites Fernrohr gerade fertiggestellt, als Cassegrains Entwurf veröffentlicht wurde.

Newton entwarf und baute ein Fernrohr, das die Hauptschwäche des Geräts von Zucchi vermied. Weil ein Spiegel das Licht etwa in die Richtung reflektiert, aus der es kommt, muß der Beobachter in den Spiegel von oben hineinsehen und versperrt so bei einfachen Geräten mit seinem Kopf dem Licht den Weg. Newtons Lösung war, einen zweiten, kleineren Spiegel zu benutzen, der das Licht wieder zurückwirft. Dabei war Newtons Plan einfacher als der Gregorys, da sein zweiter Spiegel flach und nicht konkav war und daher leichter herzustellen war. Nach einigen Versuchen, um das beste Metall für seine Spiegel zu finden (versilbertes Glas lag noch fast 200 Jahre in der Zukunft), baute er zwei kleine Teleskope.

Diese ersten Spiegelteleskope, die je gebaut wurden, verursachten große Aufregung. Die Royal Society stellte das beste der beiden Geräte ihren Mitgliedern im Januar 1672 bei einer Versammlung vor, bei der Newton auch zum Mitglied der Gesellschaft gewählt wurde.

Newtons Fernrohr war zwar nur klein, kaum 30 cm lang, aber es eröffnete ein neues Kapitel in der Geschichte des Fernrohrs und der Astronomie. In den vorangegangenen 63 Jahren hatten die Astronomen alle Möglichkeiten des Linsenteleskops ausgeschöpft. Auf der Suche nach besseren Möglichkeiten zur Beobachtung des Himmels hatten sie die kleinen Teleskope aus Galileis Tagen immer mehr vergrößert und waren an Grenzen gestoßen, wo weitere Verbesserungen aus strukturellen noch mehr als aus optischen Gründen nicht zu erwarten waren.

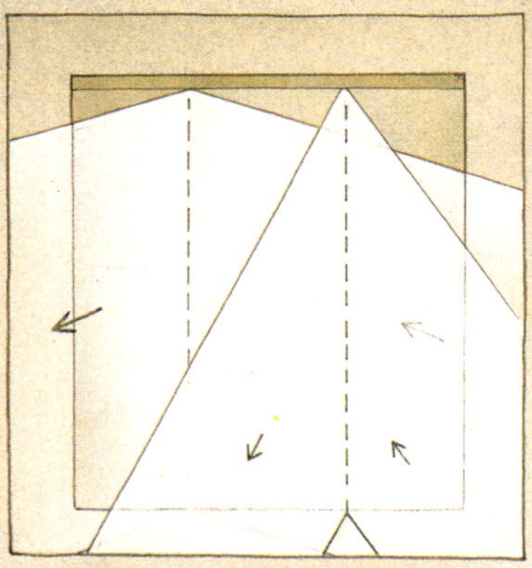

SPIEGELUNG

Ein ebener Spiegel (oben) reflektiert Lichtstrahlen in demselben Winkel, in dem sie auf die Oberfläche des Spiegels einfallen.

Eine Reihe ebener Spiegel, die entlang eines Bogens angeordnet sind, sammeln parallel einfallende Strahlen in einem Brennpunkt (B). Um Fehler durch sphärische Aberration zu vermeiden, werden Spiegel in Spiegelteleskopen parabolisch ausgebildet.

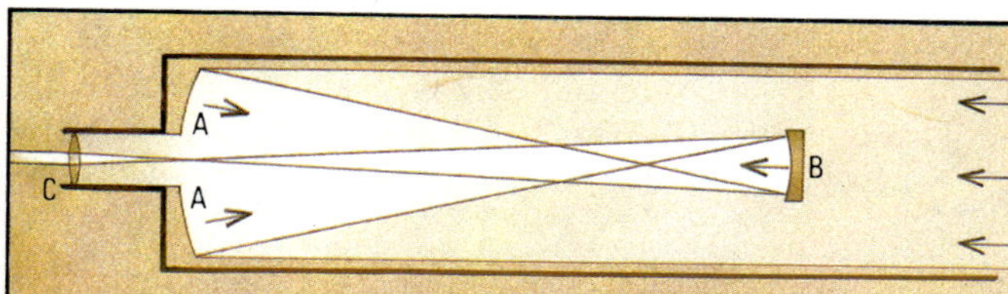

James Gregory, ein schottischer Astronom, entwarf 1663 ein Spiegelfernrohr, bei dem (oben) das einfallende Licht auf einen konkaven Hauptspiegel (A) trifft, der es auf den ebenfalls konkaven Fangspiegel (B) wirft. Der große Hauptspiegel ist in der Mitte durchbohrt, damit das Licht von (B) durch ihn hindurch zu dem Okular (C) gelangen kann, wo ein vergrößertes Bild entsteht. 1672 schlug der Franzose Cassegrain einen neuen Bauplan für ein Spiegelfernrohr vor (unten). Wie bei Gregory wird das Licht von einem konkaven Hauptspiegel (A) über einen Fangspiegel (B) auf das Okular (C) geworfen. Der Unterschied ist, daß Cassegrain einen konvexen statt des konkaven Fangspiegels von Gregory benutzte. Wegen der Schwierigkeiten, konvexe Spiegel herzustellen, gab man dem Gregory-Teleskop zunächst den Vorzug, aber später wurde das kompaktere Modell von Cassegrain häufiger benutzt.

SPIEGELTELESKOPE

Ein Spiegel hat gegenüber einer Linse den Vorzug, daß er Licht verschiedener Farben in einem gemeinsamen Brennpunkt sammeln kann und so ein schärferes Bild erzeugt. Bei einer einfachen Linse ergeben sich für die verschiedenen Farben unterschiedliche Brennpunkte, und das Bild wird unscharf.

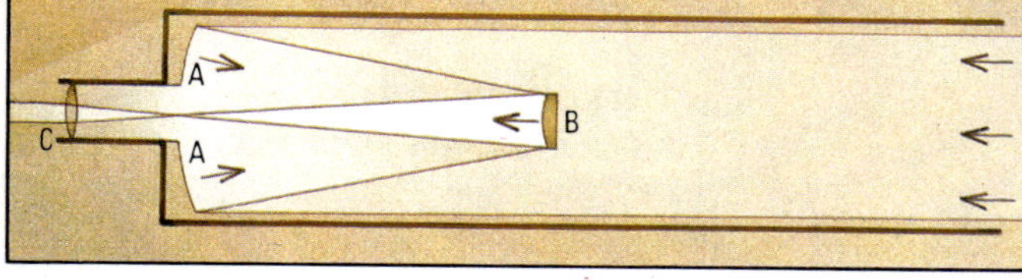

DAS NEWTONSCHE FERNROHR

Ein Problem, das sich bei kleinen Spiegelteleskopen ergibt, ist, das reflektierte Licht so einzufangen, daß dabei das einfallende Licht nicht abgeschattet wird. Isaac Newton löste das Problem, indem er den konkaven Hauptspiegel (A) dazu benutzte, das Licht auf einen kleinen flachen Fangspiegel (B) zu werfen, der vor dem Brennpunkt (C) angebracht ist. Dieser Spiegel wirft das Licht zum Okular (D) an der Seite des Rohrs.

Newtons Spiegelfernrohr erregte großes Interesse, als er es 1672 der Royal Society vorstellte. Es wurde nicht nur wegen seiner neuartigen Bauweise, sondern auch wegen seiner geringen Größe – es maß weniger als 30 cm – bewundert. Dies war eine erstaunliche Verbesserung, denn die Linsenteleskope jener Zeit, die bei einer ähnlichen Vergrößerung um das 40fache ähnliche Einzelheiten am Himmel zeigen konnten, waren mindestens einen Meter lang. Eines der Hauptprobleme der ersten Linsenfernrohre oder Refraktoren war, daß Glaslinsen die verschiedenen Farben des Lichts nicht auf einen scharf bestimmten Punkt sammeln können und deshalb ein verschwommenes Bild erzeugen. Um diesen Effekt, der chromatische Aberration genannt wird, zu vermeiden, wurde die Brennweite der Linsen so weit wie möglich vergrößert, was zu Fernrohren mit unglaublich langen Rohren führte. Dadurch, daß Newton ein Fernrohr konstruierte, das die Reflektion des Lichts an einem Spiegel benutzt, vermied er das Problem der chromatischen Aberration. Unglücklicherweise reflektierten die Spiegel des 17. Jahrhunderts Licht noch nicht sehr gut, und so wurde es zum Hauptproblem bei der Herstellung der ersten Spiegelfernrohre, ein Bild zu erzeugen, das so hell war wie eines, das eine Linse von gleicher Öffnung bieten würde.

KAPITEL 2

Daten und Schicksale

Die Astronomie vor der Erfindung des Teleskops - von Plato bis Kepler (500 v. Chr.-1630 n. Chr.)

»Wer aber zu einfältig ist, um die astronomische Wissenschaft zu verstehen, oder zu kleinmütig, um ohne Ärgernis für seine Frömmigkeit dem Copernicus zu glauben, dem gebe ich den Rat, er möge die Schule der Astronomie verlassen, ruhig nach Gutdünken philosophische Lehren verdammen und sich seinen Geschäften widmen«

Johannes Kepler, Neue Astronomie, 1609
(Übers. u. Einl. von Max Caspar, München/Berlin 1929)

Die Astronomie gab es schon lange bevor Fernrohre zur Beobachtung des Himmels benutzt wurden. Sie entstand als Wissenschaft in der Zeit zwischen 450 und 350 v. Chr. Damals hatten sich durch die Verwicklung der Perser in die Kriege zwischen den griechischen Stadtstaaten enge Berührungen zwischen der hellenistischen und der mesopotamischen Kultur ergeben. Dies hatte auch Folgen für die Astronomie, da die beiden Kulturen einen ganz unterschiedlichen Zugang zu ihr hatten. Die Assyrer und Perser hatten sich damit begnügt, die Bewegungen von Sonne, Mond, Fixsternen und Planeten zu beobachten, hatten aber nicht nach den Ursachen gesucht, die diesen Erscheinungen zugrunde liegen. Im Gegensatz dazu hatten die Griechen viel über die Hintergründe nachgedacht und weniger beobachtet.

Die dritte Hochkultur des klassischen Altertums, die der Ägypter, trug zur Astronomie weniger bei. Die Ägypter hatten schon früh einen Kalender entwickelt und eine Gruppe von 36 Sternen, die Dekane, als Zeitmarken der Nacht bestimmt. Als klar wurde, daß mit den Dekanen die Zeit nicht sehr genau bestimmt werden konnte, und daß der Kalender falsch war, unternahmen die ägyptischen Priester wenig, um das System zu verbessern, vielleicht deshalb, weil ihre Arithmetik unzulänglich war. Ihr geringes Interesse am Himmel über dem Nil wird wohl in den ägyptischen Aufzeichnungen über Sonnenfinsternisse am deutlichsten. Zwischen den Jahren 1000 v. Chr. und der Eroberung Ägyptens durch die Araber 640 n. Chr. waren in Ägypten etwa 50 Sonnenfinsternisse zu sehen, aber nur die letzte, 601 n. Chr., ist verzeichnet.

Die Verbindung von griechischer und persischer Tradition, vertieft durch die griechische Geometrie und die Arithmetik der Babylonier, führte zur Beschäftigung mit zwei Problemen: erstens der Bewegung von Sonne und Mond und zweitens der Bewegung der anderen »Planeten«. Die erste Frage hatte große praktische Bedeutung, weil die genaue Kenntnis der Bewegungen von Sonne und Mond für die Herstellung eines guten Kalenders notwendig ist.

Solange die Menschen Bauern waren und die Besteuerung einen bestimmten Prozentsatz der jeweiligen Ernte ausmachte, war ein genauer Kalender nicht so wichtig. Der Monat von Neumond zu Neumond war eine naheliegende Zeitspanne, das Jahr wurde zuerst als die Zeit von zwölf Mondmonaten gerechnet. Das sind aber nur 354 Tage und der Fehler wird schnell größer: in nur einem Jahrzehnt wird ein Frühlingsmonat zu einem Wintermonat. Die Lösung für dieses Problem war, gelegentlich dem Jahr einen 13. Monat hinzuzufügen. Die Ägypter fügten immer dann einen zusätzlich Monat hinzu, wenn die Beobachtung des Sirius, des hellsten Sterns, zeigte, daß es nötig war und erstellten später einen zweiten willkürlichen Kalender, der parallel zu dem jener Zeit schon heiligen Mondkalender lief. Auch die

Priester in Assyrien und Babylonien fügten Monate ohne erkennbares System hinzu. Die Juden waren pragmatischer und fügten den Extramonat immer dann hinzu, wenn es so aussah, als ob man das Erntefest vor der Ernte feiern mußte. Die Griechen, die damals noch keinen einheitlichen Staat hatten, sondern in Stadtstaaten organisiert waren, fügten immer dann einen Monat hinzu, wenn der Rat des jeweiligen Stadtstaates es für richtig hielt.

Dieses System erfüllte die Bedürfnisse der Menschen des Altertums, deren Leben entscheidend von der Landwirtschaft bestimmt wurde. Der erste einigermaßen genaue Kalender wurde entwickelt, nachdem das neu erfundene Geld sich weithin verbreitet hatte. Dieser genaue Kalender wurde notwendig, als man für die Arbeit in einem bestimmten Zeitraum bezahlt wurde oder die Steuern jährlich bezahlt werden mußten. Es wurde wichtig zu wissen, ob ein Jahr zwölf oder 13 Monate hat, und es konnte ein tödlicher Fehler sein, wenn der Tribut einen Monat zu spät entrichtet wurde.

Die Entwicklung des Kalenders zeigt auch, daß die Fragen nicht weniger werden müssen, wenn man den Dingen genauer auf den Grund geht. Man weiß schließlich, was ein Tag, ein Monat und ein Jahr ist. Oder nicht? Die *Ergänzungen zu den Astronomischen Ephemesiden,* heute die Hauptquelle für astronomische Daten, geben genaue Zahlen für drei verschiedene Arten von Tagen, fünf verschiedene Arten von Monaten und für vier der sieben verschiedenen Arten von Jahren an. Die einfache Definition eines Tages als die Zeit von Mittag bis Mittag ergibt ein Intervall, dessen Länge sich (wegen der Neigung der Erdachse und der sich ändernden Geschwindigkeit der Erde während eines Sonnenumlaufs) im Lauf des Jahres ändert. In ähnlicher Weise kann die Länge eines Monats von Neumond bis Neumond um mehr als einen halben Tag variieren. Sogar wenn man sich auf die Definition geeinigt hat und die Abstände genau gemessen sind, hängen Tag, Monat und Jahr nicht in einer einfachen Weise miteinander zusammen. Der »mittlere synodische Monat«, der mittlere Abstand zwischen zwei Neumonden, beträgt 29,530589 Tage, das »tropische Jahr« - das durch die Jahreszeiten definierte Jahr - hatte 1980 365,242193 Tage, und das Verhältnis dieser beiden, 12,368266, die Zahl der Monate im Jahr, ist auch nicht gerade eine hilfreich einfache Zahl.

Der erste Kalender, der Tag, Monat und Jahr so miteinander in Beziehung setzte, daß die Unstimmigkeiten erträglich blieben, wurde um 432 v. Chr. von Meton in Athen vorgeschlagen. Er stellte die Gleichung 19 Jahre = 235 Monate = 6940 Tage auf. Das Verhältnis von Monaten zu Jahren, 235/19 = 12,36842 weicht um nur 0,00016 vom exakten Wert ab, aber sowohl das Jahr als auch der Monat, die sich aus dieser Gleichung ergeben, sind etwas zu lang - der Monat um einige Minuten und das Jahr um eine halbe Stunde.

Eine der ältesten erhaltenen Sternwarten aus der Zeit vor der Erfindung des Fernrohrs ist der Turm von Palenque in Mexiko (links). Er wurde von den Astronomen der Mayas benutzt.

Die ägyptische Göttin Nut (rechts), deren Körper den Sternhimmel symbolisiert, ist von den Tierkreiszeichen umgeben.

Der Überrest einer babylonischen Weltkarte (unten) mit einem Kalender, der sowohl dem Mondmonat als auch dem Sonnenjahr Rechnung trug. Die Astronomen der Babylonier benutzten ein System, das 235 Mondmonate, die jeweils mit dem Neumond begannen, in ein sich wiederholendes Muster von 19 Sonnenjahren einordneten.

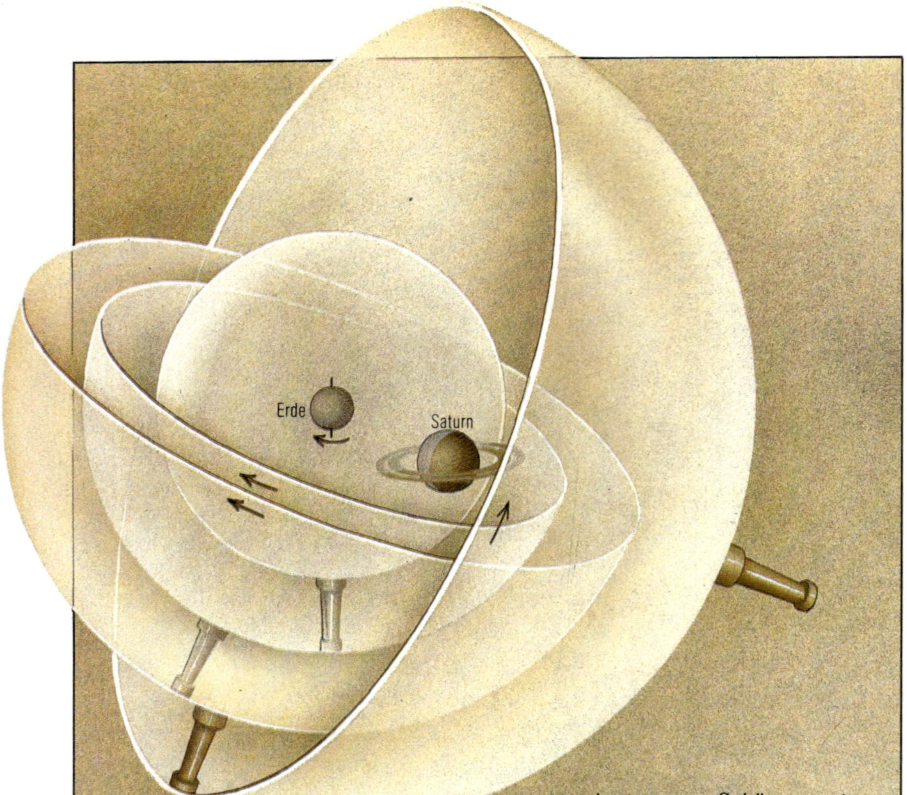

DAS MODELL DES EUDOXUS

Eudoxus glaubte, daß das Weltall durch 27 konzentrische Kugeln beschrieben werden konnte, in deren Zentrum die Erde steht. Jeder Planet war an der innersten Sphäre von vier Sphären befestigt, die zusammen seine scheinbare Bewegung reproduzierten. Jede Kugel drehte sich um eine andere Achse, die die tägliche Bewegung, die Bewegung gegenüber den Fixsternen und gelegentliche rückläufige Bewegungen des Planeten darstellten.

Obwohl die Griechen, die sich daran gewöhnt hatten, nach Olympiaden zu rechnen, Metons System nie einführten, tritt die Division durch 19 noch heute in den Regeln auf, nach denen Ostern bestimmt wird. Die Perser führten den 19-Jahre-Zyklus des Meton 383 v. Chr. ein, 50 Jahre bevor Alexander der Große die übrige griechische Kultur nach Mesopotamien brachte. Die Juden hatten schon während ihrer Gefangenschaft den babylonischen Kalender übernommen und fügten ihm später den neuen 19-Jahres-Zyklus hinzu. Dies führte zu Regeln, die das jüdische Passah-Fest bestimmten, und das Konzil von Nicäa benutzte diesen Zyklus, als es 325 n. Chr. die Regeln für die Bestimmung des Osterfestes festlegte.

Damals waren sieben Himmelskörper bekannt, die keine Fixsterne waren. Der Kalender wird durch die Bewegung von fünf dieser sieben Himmelskörper nicht beeinflußt. Die Ideen der Astrologen führten aber dazu, daß man sich für alle sieben »Planeten« interessierte. Zwei entscheidende Entwicklungen begannen zu dieser Zeit. Die erste war die Vorstellung, daß die Sterne das Leben der Menschen bestimmen und die zweite, daß man mit Hilfe der Astrologie Vorhersagen machen könnte. Zur Zeit des Assyrischen Reiches beschäftigte sich die Astrologie mit der Deutung von bestimmten Zeichen wie dem ersten Wiederauftauchen eines Planeten, nachdem er hinter der Sonne verschwunden gewesen war. Solche Zeichen kehrten immer wieder und waren nach ihrem Glauben für Herrscher und Reich von Bedeutung. Da das Jahr zwölf oder 13 Monate haben konnte und es keine klaren Vorschriften gab, die das schon vorher festlegten, waren die Möglichkeiten von Vorhersagen sehr beschränkt.

Im Altertum wurden auffallenden Sterngruppen Namen gegeben – sie wurden zu Sternbildern. Arabische Astronomen führten diese Benennung systematisch durch und benannten auch die hellsten Sterne so. Heute ist Denebola, »der Löwenschwanz«, immer noch der Name für den Stern auf der linken Seite des Sternbilds Löwe, das das arabische Gemälde zeigt (rechts).

Ein Foto mit langer Belichtungszeit (unten), das in einem Planetarium gemacht wurde, zeigt die Bahnen von Planeten. Von der Erde aus gesehen scheinen Planeten gelegentlich in ihrer Vorwärtsbewegung anzuhalten und in einer Schleife nach rückwärts zu ziehen, um dann ihre ursprüngliche Bahn von Osten nach Westen weiterzuverfolgen. Diese sogenannte Retrogradbewegung ergibt sich als eine Folge der Betrachtung der Planetenbewegung von der Erde aus, die sich mit einer anderen Geschwindigkeit ebenfalls bewegt.

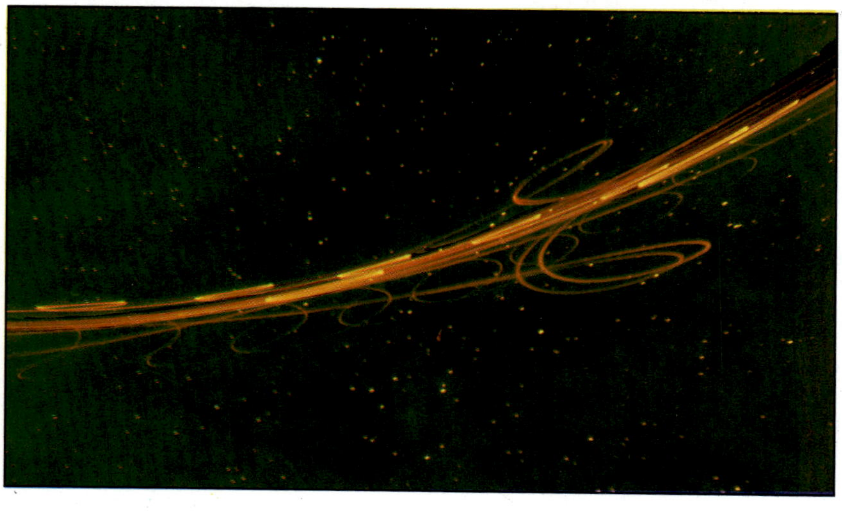

Die Bedeutung der Astrologie und auch ihr Einfluß auf die Astronomie waren gewaltig. Heute, da die Astrologie von den meisten nicht mehr ernst genommen wird, kann man sich nur schwer vorstellen, daß viele der größten Geister in der Geschichte diese Kunst bejahten und sogar förderten. Kritischen Menschen ist klar, daß ein Herrscher immer nach Rechtfertigungen für seine Entscheidungen sucht, aber da die Bedeutung der

Astrologie im Altertum und Mittelalter unbestritten ist, müssen wir uns mit ihren wichtigsten Aussagen doch kurz befassen.

Die Astrologie begann aus der Erkenntnis heraus, daß zwei der sieben »Planeten«, die Sonne und der Mond, den Menschen unmittelbar beeinflussen. Die Sonne wirkt deutlich auf unser Leben ein; sie bestimmt, wann wir arbeiten und wann wir schlafen. Der Mond scheint einen gleichermaßen offensichtlichen Einfluß zu haben - Mond, Monat und Menstruation sind alles Worte mit demselben Wortstamm. Da die hellsten »Planeten« solch unmittelbare Wirkung haben, schloß man daraus, daß die schwächeren Planeten einen subtileren Einfluß hätten. Man hat dann eine ganze Liste von Parallelen aufgestellt: Saturn, der langsamste Planet, wird mit Faulheit assoziiert. Jupiter, der hell und hoch am Nachthimmel leuchtet, steht mit Ehrgeiz in Verbindung. Der blutrote Planet Mars hat mit Krieg zu tun, und es konnte nicht ausbleiben, daß Venus, die wir sehen, wenn wir zu Bett gehen oder aufstehen, mit Liebe und Lust in Verbindung gebracht wurde. Der letzte der sieben, Merkur, ist schwer zu beobachten und bewegt sich schnell; ihn dem Gott der Diebe und des Handels zuzuordnen, war daher naheliegend. Die Art, wie Astrologen die Planeten sehen, zeigt auch, mit welch unterschiedlichem Interesse sich Astronomen und Astrologen mit den Sternen befaßten. Die Astrologen gingen davon aus, daß, wenn doch die Planeten von Gott erschaffen wurden, es dafür einen tieferen Grund gegeben haben muß, der auch mit der Menschheit zusammenhängen mußte.

Wenn die Stellung der Planeten für das Schicksal der Menschen oder der Nation bedeutungsvoll ist, wird es notwendig, auch ihre zukünftige Stellung genau zu berechnen. Der Astrologe mußte Horoskope für Zeiten stellen, für die keine Beobachtungen gemacht oder aufgezeichnet waren oder für Zeiten, die noch in der Zukunft lagen. Eudoxos, ein Schüler Platos, der in der ersten Hälfte des dritten Jahrhunderts v. Chr. lebte, war der erste, der versuchte, die grundlegenden Probleme der Planetenbewegung zu lösen. Von der Erde aus gesehen ist die Bewegung der Planeten verwickelt und unregelmäßig, aber man findet wichtige Gemeinsamkeiten, die schon die Assyrer aufgezeichnet hatten. Grundlegend für das ganze System ist die Tatsache, daß Sterne überall am Himmel stehen und auch bei Tageslicht da sind, wenn sie wegen der großen Helligkeit nicht gesehen werden können. Die Stellung der Sonne kann in Bezug auf diese Sterne beschrieben werden; sie umläuft in einem Jahr eine wohlbestimmte Bahn zwischen den Sternen, die Ekliptik. Ebenso laufen der Mond und die Planeten auf Bahnen, die sich niemals weit von der Ekliptik entfernen und dabei das enge Band des Tierkreises überstreichen.

Die Einzelheiten der Planetenbewegung sind recht verwickelt. Am auffälligsten ist, daß ein Planet in regelmäßigen Abständen seine gleichförmige Bewegung durch den Tierkreis zu unterbrechen scheint, eine Weile rückwärts läuft, wieder anhält und dann weiter vorwärts läuft. Die Abstände zwischen diesen Schleifen und die Dauer der Rückwärts- oder Retrogradbewegung ist von Planet zu Planet verschieden. Die vollständigen Wege oder Trajektorien der Planeten wiederholen sich im Gegensatz zur Bahn der Sonne nicht von Jahr zu Jahr, denn eine Schleife der Retrogradbewegung ist nie genau da, wo die vorhergegangenen und die folgenden Schleifen sind.

Um diese Beobachtungen besser erklären zu können, dachte sich Eudoxus als Hilfsmittel ein mathematisches Modell aus. Das war ein gewaltiger Fortschritt: Eudoxus' Vorgänger von Pythagoras bis Platon hatten jeweils nur philosophische Bilder des Weltalls entworfen, die für Berechnungen nicht geeignet waren. Das Modell, das Eudoxus entwarf, beruhte auf den pythagoräischen und platonischen Ideen und war stark durch den Wunsch nach einer gleichförmigen Kreisbewegung bestimmt, die mathematisch einfacher zu handhaben ist. In diesem imaginären System war jeder Planet an einer eigenen Kugelschale befestigt, die jeweils von zwei oder drei konzentrischen Schalen gestützt wurde. Umgekehrt war jede dieser Schalen so aufgehängt, daß sie sich in der nächstäußeren drehen konnte, wobei die Achsen einer jeden Schale in verschiedene Richtungen wiesen. Mit diesem Modell konnte Eudoxus die Hauptkennzeichen der Planetenbewegungen nachbilden. Es waren 27 imaginäre Schalen nötig, um das ganze Weltall darzustellen. Die Schalen waren alle fest um eine kugelförmige Erde zentriert.

Die Sphären des Eudoxus waren eine bahnbrechende Erfindung. Sie lieferten den ersten Beweis, daß eine verwickelte Bewegung als Summe mehrerer einfacher Bewegungen aufgespalten werden konnte. Diese Methode der Analyse der komplizierten Planetenbewegungen war so erfolgreich, daß all die vielen Versuche der nächsten 2000 Jahre, die Planetenbewegungen zu erklären, auf einer ähnlichen Grundlage beruhten.

Der folgende Versuch des Aristoteles war eher ein Rückschritt, weil er Eudoxus' mathematisches Weltmodell in ein physikalisches verwandelte. Er ersetzte die imaginären Sphären durch wirkliche und versuchte, die Quelle der Kraft zu finden, die dieses System bewegte. Diese, so nahm er an, müsse von der äußersten Sphäre, dem *primum mobile* kommen. Er führte zusätzliche Schalen ein, um den Antrieb von einer konzentrischen Sphäre auf die nächste zu übertragen, so daß er am Ende 55 Schalen hatte, die nicht mehr imaginär waren, sondern aus Kristall bestanden.

Die erste Phase früher Astronomie endete mit dem 3. vorchristlichen Jahrhundert, als Griechenland wieder in Kriege verwickelt war und die griechischen Philosophen Sokrates, Platon und Aristoteles an Bedeutung verloren. Die weitere Entwicklung spielte sich in der griechischen Gründung Alexandria in

Ägypten ab, wo Alexanders General Ptolemäus eine Universität und eine Bibliothek gründete, die sich schnell zum geistigen Mittelpunkt der Welt des Mittelmeers entwickelte. Zu den ersten Entwicklungen, die dieses neue Zentrum hervorbrachte, gehörten auch astronomische Instrumente, die über die einfache Sonnenuhr, das Lot und die Wasseruhr hinausgingen. Zu ihnen gehörten vor allem die Armillarien und ihre Weiterentwicklungen, das Astrolabium, die Armillarsphäre und der Quadrant. Das Armillar ist eine Art Band, ein Metallring von mehreren Zentimetern Durchmesser, auf dem zwei Instrumente beruhten – das Solstitial, ein Meßinstrument und das Äquinoktial, ein Anzeigeinstrument. Das letztere ist das einfachere der beiden; ein Metallreifen ist in einem solchen Winkel aufgestellt, daß die Ebene des Rings parallel zur Ebene des Erdäquators ist. Zweimal im Jahr, einmal im Frühling und einmal im Herbst, bildet der Schatten des Rings einen schmalen Strich. Diese zwei Zeiten markieren die Äquinoktien oder Tag- und Nachtgleichen. So einfach das Gerät ist, war es doch keine triviale Entwicklung. Wir glauben meistens, daß die Menschen früher, ohne das störende Licht der Großstädte und die Luftverschmutzung durch die Industrie, für ihre astronomischen Messungen immer einen kristallklaren Himmel hatten. Das war jedoch nicht so, besonders nicht in Alexandria und Babylon. Diese Städte liegen beide

Armillarsphären wurden auch künstlerisch gestaltet, zu Lehrzwecken entworfen, wie auf dem Beispiel unten.

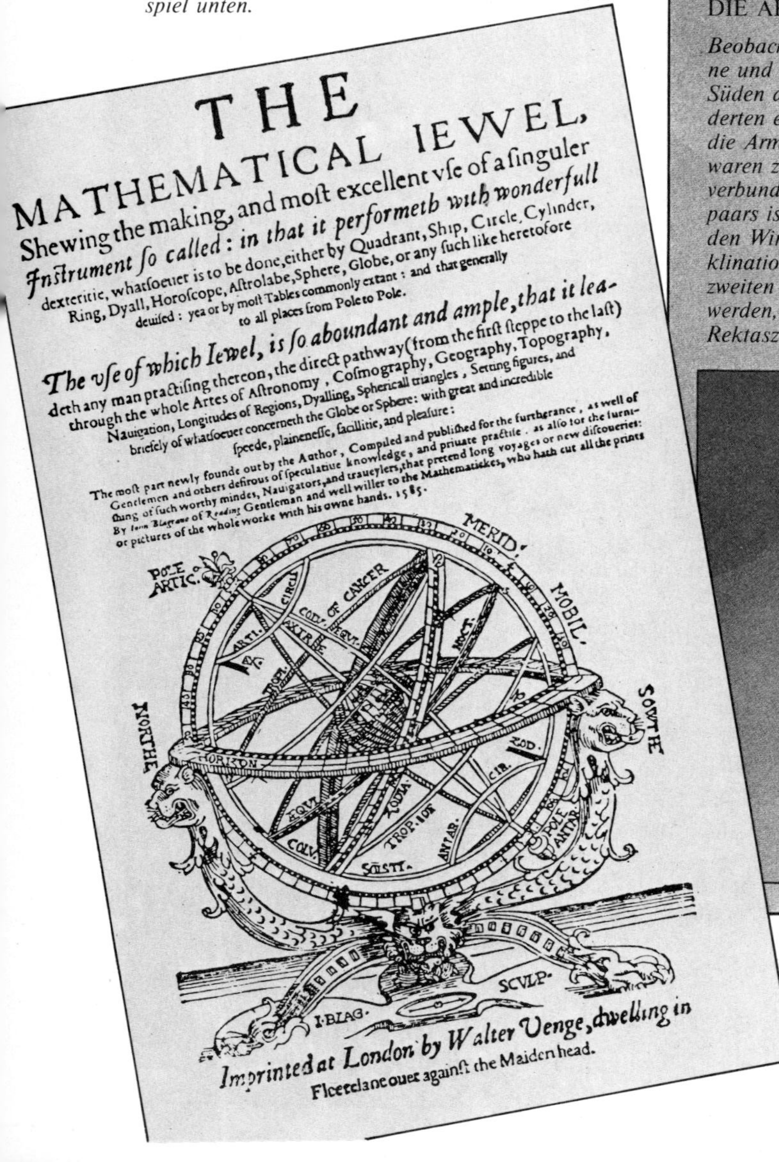

THE
MATHEMATICAL IEWEL,
Shewing the making, and most excellent vse of a singuler
Instrument so called: in that it performeth with wonderfull
dexteritie, whatsoeuer is to be done, either by Quadrant, Ship, Circle, Cylinder,
Ring, Dyall, Horoscope, Astrolabe, Sphere, Globe, or any such like heretofore
deuised: yea or by most Tables commonly extant: and that generally
to all places from Pole to Pole.

The vse of which Iewel, is so aboundant and ample, that it lea-
deth any man practising thereon, the direct pathway (from the first steppe to the last)
through the whole Artes of Astronomy, Cosmography, Geography, Topography,
Nauigation, Longitudes of Regions, Dyalling, Sphericall triangles, Setting figures, and
briefely of whatsoeuer concerneth the Globe or Sphere: with great and incredible
speede, plainenesse, facillitie, and pleasure:

The most part newly founde out by the Author, Compiled and published for the furtherance, as well of
Gentlemen and others desirous of speculatiue knowledge, and priuate practise. as also for the furni-
shing of such worthy mindes, Nauigators, and traueylers, that pretend long voyages or new discoueries:
By Iohn Blagraue of Reading Gentleman and well willer to the Mathematickes, who hath cut all the prints
or pictures of the whole worke with his owne hands. 1585.

Imprinted at London by Walter Venge, dwelling in
Fleetelane ouer against the Maiden head.

DAS ÄQUINOKTIAL-ARMILLAR

Dieses Instrument besteht aus einem Bronzering (links) in der Ebene des Himmelsäquators der Erde. Die Griechen benutzten es, um die Daten der Tag- und Nachtgleichen zu bestimmen, wenn der Schatten des Rings nur ein schmaler Strich ist.

DAS SOLSTITIAL-ARMILLAR

Winkelmessungen während des ganzen Jahres erforderten ein verbessertes Gerät, das Solstitial (rechts), das vor allem zur Bestimmung der Höhe der Sonne zur Mittagszeit benutzt wurde. Das Paar von bronzenen Ringen ist auf einer steinernen Säule befestigt und so ausgerichtet, daß die Ebene der Ringe genau in Nord-Süd-Richtung liegt. Der innere Ring ist beweglich und weist zwei gegenüberliegende Nadeln auf, die wie Kimme und Korn als Visiermarken dienen. Zur Messung wird der innere Ring so lange gedreht, bis der Schatten der oberen Nadel genau auf die untere fällt. Von der festen Skala des äußeren Rings wird der Winkel abgelesen.

DIE ARMILLARSPHÄRE

Beobachtungen der Position von Sonne und Sternen, die nicht genau im Süden der Sternwarte standen, erforderten ein vielseitigeres Instrument, die Armillarsphäre (unten). Bei ihr waren zwei Armillarien miteinander verbunden. Der innere Ring des Ringpaars ist senkrecht montiert und gibt den Winkelwert für die Höhe (die Deklination) an; er kann innerhalb der zweiten waagrechten Skala gedreht werden, die den Azimutwinkel (die Rektaszension) mißt.

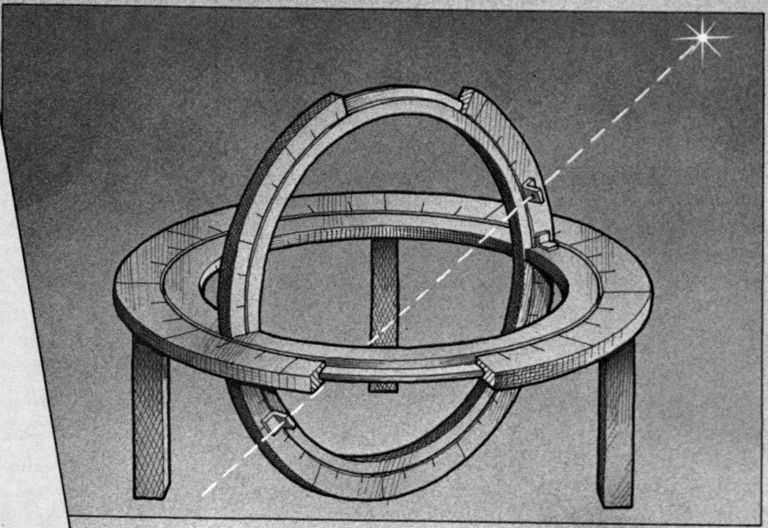

nahe an riesigen Wüsten und der Himmel ist dort, besonders in der Nähe des Horizonts, meist sehr getrübt. Wenn die Bedingungen so ungünstig sind, wie sie es z.B. für die Expedition von 1970 waren, als man eine Sonnenfinsternis am südlichen Rand der Sahara beobachten wollte, hat der Staub in der Luft dieselbe Wirkung wie eine dünne Wolkendecke und der Himmel ist am Tag eher weiß als blau. Es muß daher sehr schwierig gewesen sein, die Äquinoktien dadurch zu bestimmen, daß man die Tage suchte, an denen die Sonne genau im Osten auf und genau im Westen unterging. Daher bedeutete das Äquinoktial einen bedeutenden Fortschritt.

Das Solstitial besteht aus einem Paar von Ringen, von denen sich einer in dem anderen dreht. Der äußere Ring ist mit einer Gradeinteilung versehen und wird senkrecht aufgestellt, so daß seine Ebene in Nord-Süd-Richtung, d.h. der Meridianebene, liegt. Der innere Ring hat zwei Zeiger, die sich gegenüberliegen. Nun wird der innere Ring gedreht, bis der Schatten des einen Zeigers auf den anderen fällt, und die Position wird auf der festen Winkelskala des äußeren Rings abgelesen. Mit einem solchen Instrument kann die Ungleichheit der Zeitabstände zwischen Wintersonnenwende, Tag- und Nachtgleiche im Frühling, Sommersonnenwende, Tag-und Nachtgleiche im Herbst und der nächsten Wintersonnenwende nachgewiesen werden.

Das Solstitial ist wesentlich dadurch eingeschränkt, daß man die Höhe der Sonne am Mittag messen muß, d.h., daß es in der Meridianebene arbeiten muß. Das ist bei der Beobachtung der Sonne auch sinnvoll, weil sich dann Fehler in der Ausrichtung des Instruments am wenigsten auswirken. Leider gibt es aber auch astronomische Erscheinungen außerhalb der Meridianebene, und ein Astronom, der die Position eines Sterns bestimmen will, braucht zwei Messungen, um dessen Ort am Himmel festzulegen. Wenn er den Höhenwinkel des Sterns auf dem Meridian bestimmt, am Himmel das Äquivalent zur geographischen Breite auf der Erde, hat er noch kein Maß für das Äquivalent der geographischen Länge. In den letzten Jahrhunderten haben die Astronomen die Uhr benutzt, um aus der scheinbaren Bewegung der Sterne am Himmel diese zweite Koordinate zu berechnen, aber da die Alexandriner noch keine verläßliche Uhr hatten, mußten sie andere Hilfsmittel finden, um beide Koordinaten gleichzeitig messen zu können.

Die neue Erfindung, die dies möglich machte, war die Armillarsphäre, ein Instrument, das die Komponenten zweier Solstitiale kombiniert und die Technik der Schattenmessung durch Kimme und Korn ersetzt, entlang derer der Astronom sein Ziel anvisiert. Die beiden Ringpaare stehen im rechten Winkel zueinander und sind so montiert, daß ein Ring in der Äquatorebene liegt, die mit einem einfachen Solstitial bestimmt wird. Der innere Ring wird so eingestellt, daß der Stern oder Planet über Kimme und Korn anvisiert wird. Die beiden Skalen geben dann die beiden Winkel an. Der Winkel mit dem Himmelsäquator, die Deklination, ist das Äquivalent zur Breite. Er ist für einen Fixstern immer gleich und ändert sich für einen Planeten nur sehr langsam. Der zweite Winkel ändert sich gleichmäßig mit der Drehung der Erde, aber mit zwei Armillarsphären und zwei Beobachtern ist es möglich, die ebenfalls gleichbleibenden Unterschiede der Rektaszension, der Längendifferenz zwischen zwei Sternen, zu messen. Wie auf der Erde muß am Himmel ein Nullpunkt der Länge bestimmt werden, ein Äquivalent zum Meridian von Greenwich. Dieser ist als einer der beiden Punkte definiert, an dem die Sonnenbahn, die Ekliptik, den Himmelsäquator kreuzt. Dem Frühlingspunkt wird dabei die Rektaszension Null zugewiesen, nach Osten nimmt sie zu. Die Augenblicke dieses Durchgangs sind genauere Definitionen der Äquinoktien als wenn man von der Tag- und Nachtgleiche ausgeht.

Mit Instrumenten wie diesen begannen die alexandrinischen Astronomen Aristyllus und Timocharis um 290 v. Chr. mit astronomischen Präzisionsmessungen und stellten die Positionen der Sterne, die sie fanden, in einem Katalog zusammen. Zur selben Zeit beschrieb der Geometer Aristarch, wie die Entfernung zur Sonne durch Beobachtungen von Sonnenfinsternissen, Mondfinsternissen und der genauen Zeiten des Halbmonds bestimmt werden kann. Er erläuterte seine Methode, indem er willkürliche Zahlen heran-

Archimedes, 287–212 v. Chr., entwickelte ein Zahlsystem, das ihm den Umgang mit großen Zahlen ermöglichte. So konnte er als einer der ersten Berechnungen der ungeheuren Größe des Weltalls anstellen.

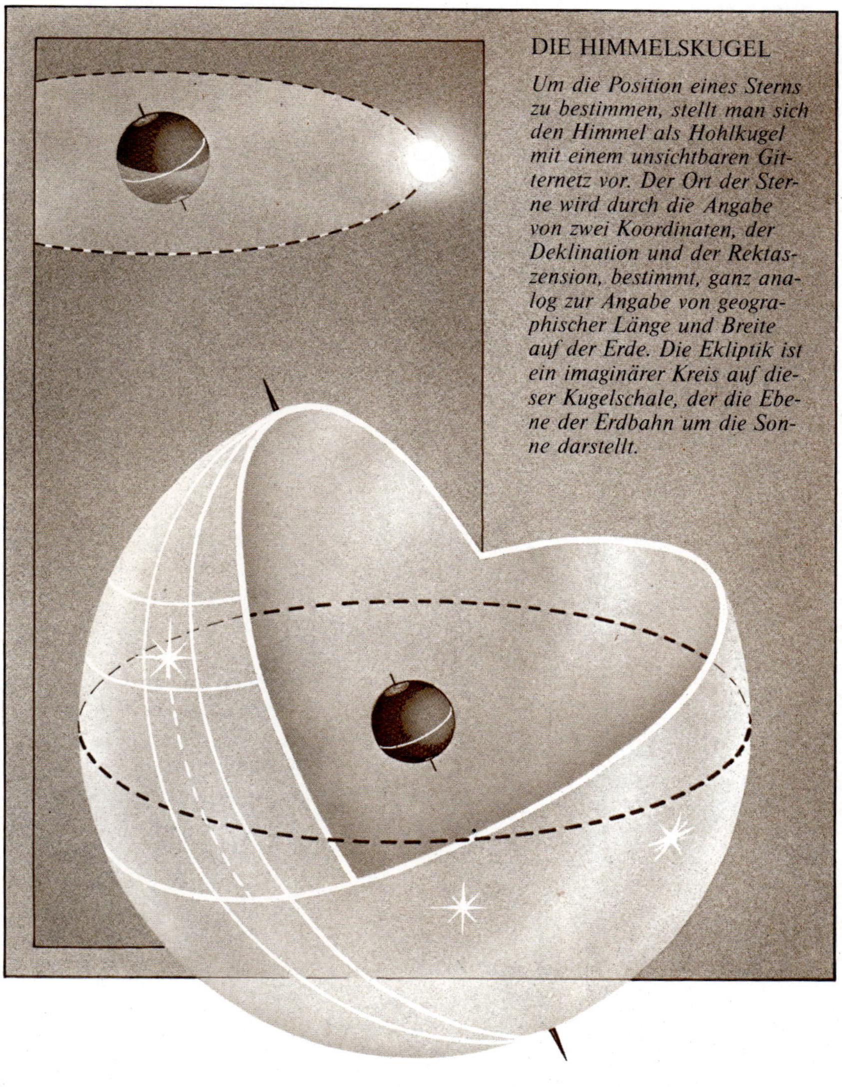

DIE HIMMELSKUGEL

Um die Position eines Sterns zu bestimmen, stellt man sich den Himmel als Hohlkugel mit einem unsichtbaren Gitternetz vor. Der Ort der Sterne wird durch die Angabe von zwei Koordinaten, der Deklination und der Rektaszension, bestimmt, ganz analog zur Angabe von geographischer Länge und Breite auf der Erde. Die Ekliptik ist ein imaginärer Kreis auf dieser Kugelschale, der die Ebene der Erdbahn um die Sonne darstellt.

Einer der größten griechischen Geometer, Apollonius von Perga, der 262 v. Chr. geboren wurde (unten), entwickelte ein einfaches Modell aus Epizyklus und Deferent, um damit die Planetenbewegung zu erklären.

zog. So setzte er den scheinbaren Durchmesser der Sonne gleich ein Grad, das Verhältnis des Radius des Schattens der Erde auf dem Mond bei einer Mondfinsternis zum Radius des Mondes gleich zwei Grad, und den Winkel zwischen Erde, Sonne und Mond gleich drei Grad. Seine groben Schätzungen ergaben, daß die Sonne größer sei als die Erde, und er sprach sich für ein Himmelssystem mit der Sonne als Zentrum aus. Diese Vorstellung galt jedoch als gottlos und wurde nicht weiter verfolgt. Als dann später Archimedes eine Schreibweise für große Zahlen entwickelte, griff er auf die Methode Aristarchs zur Bestimmung der Entfernung der Sonne zurück. Er veränderte dabei die Parameter so, daß das Weltall so groß als möglich erscheinen sollte und berechnete schließlich die Zahl der Sandkörner, die in diese Welt hineinpassen würden. Die Bedeutung dieser Arbeit lag mehr in dem Rechnen mit riesigen Zahlen als in den astronomischen Vermutungen. Mit einem Instrument, das Archimedes entwickelte, konnten der Durchmesser von Sonne und Mond in Winkelgraden gemessen werden. Dieser »Stab des Archimedes« besteht aus einem Zylinder und einem Stock. Der Zylinder wird am Stock entlang so lange verschoben, bis er die Scheibe des auf- oder untergehenden Mondes oder der Sonne genau bedeckt.

Die Arbeiten von Aristyllus und Timocharis wurden in der letzten Hälfte des 3. Jahrhunderts v. Chr. von Eratosthenes mit der Aufstellung eines zweiten Stern-Katalogs weitergeführt, der die Positionen von fast 700 Sternen angibt. Eratosthenes war ein vielseitiger Mann und trug deshalb in Alexandria, wo er Direktor der Bibliothek war, den Spitznamen »der Fünfkämpfer«. Neben der Herstellung des Sternenkatalogs bestimmte er den Umfang der Erde mit eindrucksvoller Genauigkeit. Die erste Schlußfolgerung dieser Messung war, daß Eudoxus' konzentrische Kugeln die Planetenbewegung nicht genau beschreiben konnten. In Alexandria bestanden die Möglichkeiten, sich mit diesem Problem auseinanderzusetzen, und einer der Kollegen des Eratosthenes, der »große Geometer« Apollonius von Perga, entwickelte eine neue Theorie. Sie beruhte auf der Vorstellung, daß zwei gleichförmige Kreisbewegungen entlang von Bögen mit verschiedenen Radien abliefen, dem Epizyklus (oder Epizyker) und dem Deferenten. Diese Theorie ist viel flexibler als die des Eudoxus, weil nicht mehr alle Bewegungen die Erde zum Mittelpunkt haben müssen. Etwa 225 v. Chr. zeigte Apollonius, wie die Radien und Drehgeschwindigkeiten von Epizyklus und Deferent für jeden Planeten berechnet werden konnten. Die neue Theorie fand dann sehr schnell Anerkennung.

EPIZYKLUS UND DEFERENT

Den frühen Astronomen fiel es schwer, die komplizierte Bewegung der Planeten im Rahmen ihres erdzentrierten Systems zu erklären. Zur Überwindung dieses Problems versuchten sie, zwei kreisförmige Bewegungen miteinander zu kombinieren. Der Planet bewegt sich auf dem Epizyklus, dessen Mittelpunkt sich selbst auf dem Deferenten um die Erde bewegt.

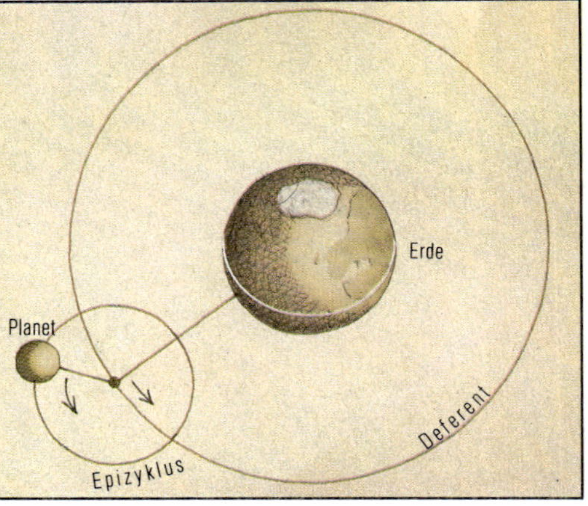

Geschichtlich gesehen sind wir jetzt in der Zeit, in der die Chinesische Mauer gebaut wurde; so ist es sinnvoll, jetzt einen Blick auf die Astronomie des Ostens zu werfen. Es scheint außer einer kurzen Berührung um 1400 v. Chr., bei der die Chinesen die Bronzeherstellung und die Schrift aus dem Westen übernahmen, keine Wechselwirkung zwischen China und den alten Kulturen des mittleren Ostens gegeben zu haben. Die Chinesen und Koreaner entwickelten in ihrer Abgeschlossenheit ihre eigene Astronomie, die auch weitgehend mit Astrologie vermischt war und in der sie ebenfalls Armillarsphären zur Messung benutzten. Das astronomische Wissen wurde im Mittelalter vergessen, und die Chinesen mußten im 16. Jahrhundert von den Europäern, meist Jesuiten, die als Missionare zu ihnen kamen, die Kenntnisse neu erlernen. Die astronomischen Aufzeichnungen, wie sie die alten Chinesen und ihre Nachbarn in Korea zusammentrugen, sind heute noch von großem Interesse, weil sie Beobachtungen vieler »neuer« Sterne – Novae und Supernovae – enthalten, unter anderem die Supernova von 1054 n. Chr., die nach ihrer Explosion den berühmten Krebsnebel hinterließ.

Inzwischen verschlechterte sich die Lage in Alexandria, und der nächste bedeutendere Astronom der alexandrinischen Schule, Hipparch, verließ Ägypten, um auf Rhodos zu arbeiten. Hipparch war zweifellos der größte praktische Astronom des Altertums; er verbesserte oder entwickelte fast alle klassischen astronomischen Messungen. Er versuchte, die Entfernung von der Erde zur Sonne mit drei verschiedenen Methoden zu bestimmen. In der Praxis ist die Methode von Aristarch nicht geeignet, weil man für eine brauchbare Messung des Halbmonds (halb dunkel, halb hell) die Werte bis auf zehn Minuten genau angeben muß. Zwei der neuen Methoden des Hipparch beruhten auf der Beobachtung der Sonnenfinsternis im März 129 v. Chr. Diese Finsternis war in der Nähe von Byzanz total, in Alexandria waren nur 80 Prozent der Sonne bedeckt. Daraus wurde die Entfernung zur Sonne mit 490 Erdradien bestimmt.

Eine andere Methode, die auf der Überlegung beruhte, daß bei größerer Nähe zur Erde die Stellung der Sonne bezüglich der Sternkonstellation anders wäre, ergab eine Schätzung ähnlicher Größenordnung. Der Wert, drei Millionen km, ist nur ungefähr ein Fünfzigstel des wahren Wertes, aber hier zeigte sich schon deutlich, daß astronomische

Entfernungen von ganz anderer Größenordnung waren als die der alltäglichen Erfahrung. Die nächste Leistung des Hipparch war es zu zeigen, daß sogar Apollonius' verbesserte Theorie der Planetenbewegung nicht zu den neuen und genaueren Messungen paßte. Er schlug indessen keine neue Theorie vor, sondern konzentrierte sich darauf, eine genaue Reihe von Messungen der Stellungen der Planeten durchzuführen.

Die größte Entdeckung des Hipparch wurde durch die Erscheinung eines neuen Sterns 134 v. Chr. ausgelöst. Es ist natürlich nicht sicher, daß der neue Stern genau zu diesem Zeitpunkt neu erschienen ist. Um solche Ereignisse für die Zukunft abzusichern, stellte Hipparch einen Katalog der Positionen aller Sterne, die er messen konnte, zusammen, in dem er für jeden Stern auch eine Abschätzung seiner Helligkeit von »erster Größe« für den hellsten bis zur »sechsten Größe« für den schwächsten hinzufügte. Er verglich seine Ergebnisse dann mit den Katalogen von Eratosthenes, Aristyllus und Timocharis. Die Messungen der Rektaszension in dem 70 Jahre alten Katalog des Eratosthenes unterschieden sich von den Messungen Hipparchs um ein Grad, während die 150 Jahre alten Messungen des früheren Katalogs um zwei Grad abwichen. Es war Hipparch klar, daß dieser Unterschied zu groß war, als daß er Meßfehlern zugeschrieben werden konnte und daher von einer Bewegung des Nullpunkts der Skala der Rektaszension herrühren müßte. Die Stellung der Sonne im Frühlingspunkt ist nicht in jedem Jahr dieselbe, sondern ändert sich langsam und gleichmäßig. Diese langsame, scheinbare Bewegung der Sonne gegenüber den Sternen verläuft in derselben Richtung wie die Bewe-

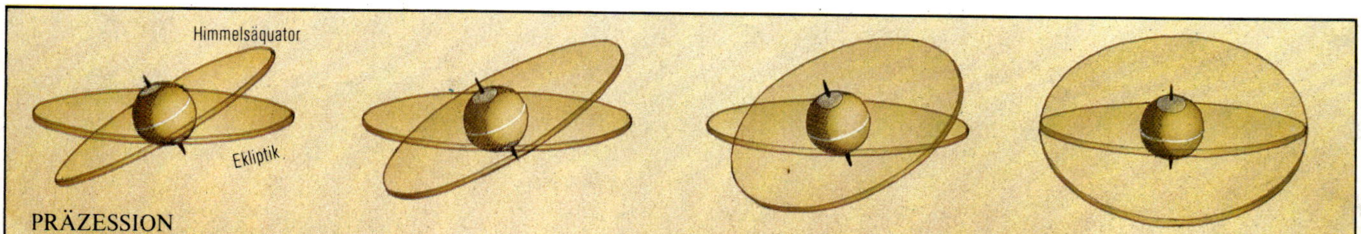

PRÄZESSION

Sonne und Mond üben Graviationskräfte auf die Erde aus, die die Richtung der Erdachse beeinflussen. Die Erdachse umkreist in 26000 Jahren einmal den Pol der Ekliptik. Folglich bewegt sich der Schnittpunkt zwischen dem Himmelsäquator und der Ekliptik, der Frühlingspunkt – der auch der Nullpunkt des himmlischen Koordinatensystems ist –, durch die Sternbilder des Tierkreises. Diese Bewegung muß bei der Messung von Sternpositionen berücksichtigt werden. Gegenwärtig weist die Achse der Erde zum Polarstern, und der Frühlingspunkt bewegt sich langsam aus dem Sternbild der Fische zum Sternbild des Wassermanns.

Der Krebsnebel (oben) ist eine sich ausdehnende Gaswolke, der Überrest einer Supernova-Explosion, die von chinesischen Astronomen im Jahre 1054 n. Chr. als ein neuer heller Stern verzeichnet wurde. Die Explosion selbst hat jedoch schon 3000 v. Chr. stattgefunden, denn das Licht hat über 4000 Jahre gebraucht, bis es die Erde erreichte.

Beobachtungen, die von frühen chinesischen Astronomen wie Chitasei Goyo (links) angestellt wurden, haben sich für die heutigen Astronomen als eine wichtige Quelle herausgestellt. Alte Aufzeichnungen und Sternkarten aus dem Orient werden zur Identifizierung von früheren Supernovae herangezogen.

gung der Sonne und Planeten im allgemeinen; die von Hipparch entdeckte Bewegung wird Präzession der Äquinoktien genannt.

Erst in den letzten 300 Jahren hat man mehr und mehr erkannt, daß astronomische Präzisionsmessungen auch militärische Bedeutung haben können. Zuvor waren sie ein Luxus, den man sich in Kriegszeiten nicht leisten konnte. Eine solche Zeit folgte auf die Hipparchs, als die Heere der Römer ein hellenistisches Königreich nach dem anderen vernichteten. In Ägypten wurde der Verfall durch unfähige Könige noch beschleunigt. Das einzige wichtige astronomische Ereignis, neben dem Stern von Bethlehem, war die Erneuerung des römischen Kalenders durch Julius Cäsar im Jahre 46 v. Chr.

Der neue Kalender wurde nach Cäsars Vornamen »Julianischer Kalender« genannt.

Der letzte große Astronom des Altertums war Claudius Ptolemäus, der in der ersten Hälfte des 2. Jahrhunderts n. Chr. in Alexandria arbeitete. Er gehörte nicht zu der erloschenen Dynastie der Ptolemäer, die im Jahre 30 v. Chr. mit dem Selbstmord der Kleopatra untergegangen war. Er faßte das astronomische Wissen seiner Zeit in seinem Hauptwerk *Mathematike Syntaxis* (Mathematisches System) zusammen, das bald *Megale Syntaxis* (Großes System) genannt wurde. Ptolemäus übernahm die Messungen der Planeten von Hipparch und erweiterte die Theorie des Apollonius, die sehr gut mit den Beobachtungen übereinstimmte. Er beschrieb zwei neue Instrumente, mit denen genauere Beobachtungen gemacht werden konnten. Schließlich verbreitete er aber auch Unwahrheiten, Unwahrheiten die so vernünftig klangen und so folgerichtig schienen, daß sie fast 2000 Jahre lang für die Wahrheit gehalten wurden. Das Ergebnis seiner Arbeiten war ein mathematisches Modell des Universums, das ptolemäische Weltsystem, das für lange Zeit die Grundlage für die astronomische Wissenschaft war.

Die wesentliche Verbesserung, die Ptolemäus an Apollonius' System der Epizyklen und Deferenten vornahm, war die Hinzufügung des Äquanten: durch dieses mathematische Hilfsmittel wurde es möglich, Bewegungen zuzulassen, die nicht die Erde als Mittelpunkt hatten. Der Mittelpunkt des Deferenten konnte einen geringen Abstand von der Erde haben, und die gleichmäßige Kreisbewegung ging um diesen neuen willkürlichen Punkt. Ptolemäus machte deutlich, daß dieses Verfahren mathematische Gründe hatte und nicht die Folge physikalischer Annahmen war. Es war nur dadurch gerechtfertigt, daß es das richtige Ergebnis lieferte. Die Berechnungen, die nötig sind, um von der Beobachtung zur Theorie zu kommen, sind sehr umständlich: für jeden Planeten müssen die Werte von zehn Parametern bestimmt werden – vier Längen, vier Winkel und zwei Winkelgeschwindigkeiten.

Die von Ptolemäus beschriebenen Instrumente sind Verbesserungen des Solstitials. Es war einmal ein Quadrant, also ein Viertelkreis mit einer Gradeinteilung, bei dem der kleinere Bogenausschnitt einen größeren Radius und dadurch größere Genauigkeit ermöglichte sowie ein parallaktisches Lineal, das aus einem geraden Balken mit einer Einteilung bestand. Dieses Lineal oder Triquetrum mißt die gerade Linie, die die Enden eines Bogens verbindet und nicht den Winkel, den der Bogen beschreibt, und ein großer Teil des Buches von Ptolemäus beschreibt die Auswertung solcher Messungen.

Ptolemäus' Hauptleistung war, daß sein Buch eine vollständige Zusammenfassung des damals bekannten Wissens war. Dazu gehörte der Katalog des Hipparch und die Aufzeichnungen der Sonnenfinsternisse durch die Babylonier, die damals schon fast ein

Julius Caesar, 100–44 v. Chr., ordnete 46 v. Chr. eine längst überfällige Reform des römischen Kalenders an. Er führte den neuen Julianischen Kalender ein, den er mit Hilfe des alexandrinischen Astronomen Sosigenes entwickelt hatte.

Jahrtausend umfaßten. Das von einem der Generäle Alexanders, Seleukos, aufgebaute Babylonische Reich hatte durch all die Jahre hindurch ununterbrochen Astronomie betrieben. Die babylonischen Astronomen bestimmten die genaue Zahl der Jahre, nach denen ein bestimmter Planet am selben Teil des Himmels wieder erschien und sich auf dieselbe Weise bewegte. Der Mars brauchte für 42 Umläufe bis auf wenige Tage genau 79 Jahre, während für die Venus acht Umläufe ziemlich genau fünf Jahre dauern. Wenn diese Zahlen bekannt sind, ist es viel leichter, Vorhersagen zu machen. Um die Position des Mars vorherzusagen, sieht man in den Aufzeichnungen nach, wo er vor 79 Jahren war und nimmt an, daß sich dieses Muster wiederholt. Die Babylonier haben sich anscheinend auf einen rein rechnerischen Umgang mit der Astronomie beschränkt: wir finden keine Versuche, die den griechischen oder alexandrinischen Modellen ähnlich sind. Für Ptolemäus waren die Aufzeichnungen der Babylonier sehr hilfreich. Er benutzte sie bei

Sonnenfinsternissen, um den Wert des Hipparch für die mittlere Entfernung der Erde von der Sonne zu verbessern. Sein Wert betrug 1210 Erdradien oder fast acht Millionen km. Mit dieser Entfernung wäre die Sonne außerhalb der größten der Kristallsphären des Aristoteles, die Mond, Merkur und Venus tragen, was das ganze Mittelalter hindurch als Beweis dafür angesehen wurde, daß Aristoteles recht hatte.

Ptolemäus' Buch war der grundlegende Text der antiken Astronomie. Kaum ein anderer Text wurde in der folgenden Zeit auch nur des Abschreibens für würdig befunden. Dies macht es schwer, die weitere Geschichte der Astronomie zu verfolgen und gibt natürlich dem Einfluß der alexandrinischen Schule viel Gewicht. Die Berechnung der Stellung eines Planeten nach der ptolemäischen Theorie erforderte erhebliche Arbeit. Es gab keine Logarithmentafeln und keine Dezimalschreibweise, die das Rechnen vereinfachen konnten, zudem mußte man die sexagesimalen Divisionen gut beherrschen, weil der Himmel ja in 360 Grad und jedes Grad in 60 Minuten unterteilt war. Als Hilfe für den arbeitenden Astronomen schrieb Ptolemäus ein weiteres Buch, das im Deutschen als *Handtafel* bekannt ist. In ihm sind die Einzelheiten der Stellung und Bewegung von Sonne, Mond und Planeten für eine Sothisperiode (die Spanne von 1461 Jahren zwischen den Zeiten, zu denen ein Kalender mit 365 Tagen dasselbe Datum für den Aufgang des Sirius angibt) angegeben. Da die Rechnung sich von 323 v. Chr. bis zu 1151 n. Chr. erstreckte, wurden diese Tafeln immer wieder abgeschrieben; von der Handtafel sind mehr Manuskripte bekannt als von dem Buch, auf dem sie beruhte.

Die astronomischen Beobachtungen des Ptolemäus sind neben seinen anderen Leistungen fast zu vernachlässigen. Er konnte die Arbeitsweise und den Zweck von Instrumenten beschreiben, er konnte Daten auswerten und die Deutung der Ergebnisse formulieren. Was er, wie es scheint, nicht so gut konnte, war, die von ihm beschriebenen Geräte zu benutzen. So stützte er sich mehr auf frühere Beobachtungen, etwa von Hipparch, oder er benutzte seine eigenen Theorien und berechnete, welches Ergebnis er hätte erhalten sollen. Das stellte er dann als ein gemessenes Ergebnis hin. Die Schwäche dieses Verfahrens ist, daß so auch falsche Messungen immer wieder als Beweis dienen. Meistens machte das nichts aus, weil die Messungen nur zur Erläuterung von Rechenmethoden benutzt wurden und auch auf den Ort Alexandria und oft auch auf einen bestimmten Tag bezogen waren. Eine Nebenwirkung dieses wenig korrekten Vorgehens des Ptolemäus war, daß sein Buch ein gewaltiges Ansehen gewann, weil Theorie und Beobachtung so gut übereinzustimmen schienen.

Nach Ptolemäus' Tod 168 n. Chr. geschah auf dem Gebiet astronomischer Forschung für lange Zeit überhaupt nichts. In den Jahren unmittelbar nach seinem Tod gab es nur wenig, das getan werden konnte. Theorie und Beobachtung stimmten überein, und das Forschungsinteresse an diesem Thema war nach der Veröffentlichung des *Megale Syntaxis* nur minimal. Als sich dann später Unstimmigkeiten ergeben hatten, waren die Menschen des östlichen Mittelmeerraums mehr daran interessiert, eine genaue Definition von Gott zu finden, als über den Lauf der Sterne nachzudenken. Während die Wandalen, Alanen, Hunnen und Goten das Weströmische Reich zerschlugen, waren die Kämpfe der Gruppen im Ostreich mehr ideologisch bestimmt, wobei die Kämpfe zwischen Arianern, Sabellianern, Monophysiten und Nestorianern nicht weniger heftig waren. Im Jahre 640 n. Chr. mischte sich ein Außenseiter in dieses Spiel der Geschichte ein: die mohammedanischen Araber nahmen nach heftigen Kämpfen Alexandria ein. Die religiösen Fanatiker zerstörten die Bibliothek vollends, die schon von den Christen schwer beschädigt worden war.

Es liegt eine gewisse Ironie darin, daß es die Nachfahren dieser Araber waren, die das Werk des Ptolemäus bewahrten und fortführten. Die erste Anregung für die arabische Astronomie scheint von Indien gekommen zu sein, wo schon lange klassische Astronomie betrieben worden war. Dieses Wissen war bereichert worden durch das, was die Hunnen bei ihren Invasionen in den Süden brachten. Die ptolemäische Astronomie gelangte während der Regierungszeit Harun ar-Raschids nach Bagdad, und im Jahre 800 n. Chr. waren die griechischen Texte ins Arabische übertragen worden. Zu den ersten Auswirkungen gehörte die Zusammenstellung einer Enzyklopädie der Astrologie durch Abu Ma'schar, die ungeheuren Einfluß erlangte, und das Schreiben eines Kommentars zur neu übersetzten *Megale Syntaxis*, die jetzt von Anu al-Abbas al Farghani *Al-majasti* genannt wurde. Mit Hilfe dieser beiden Bücher begannen die arabischen Astronomen, sich die Widersprüche anzusehen, die sich zwischen den Vorhersagen des Ptolemäus und ihren eigenen neuen Beobachtungen ergeben hatten. Am Ende des 9. Jahrhunderts hatten al Khwarizmi und Habasch, »der Rechner«, eine Reihe neuer Tabellen erarbeitet, und Thabut ibn Qurra hatte eine Theorie entwickelt, nach der die Präzession des Äquinoktium nicht eine stetige fortlaufende Bewegung, sondern eine Hin- und Herbewegung sei.

Im 10. und 11. Jahrhundert erlebte diese neue Schule der Astronomie ihre erste Blütezeit. Abu Abdullah al Battani überarbeitete die vorliegenden Theorien und arbeitete dabei die Ergebnisse von Ibn Qurra mit ein. Er stellte außerdem einen neuen und besseren Sternenkatalog zusammen. Wie Ptolemäus erfand er ein neues Instrument, den Mauerquadranten, aber anders als Ptolemäus war er auch ein geschickter Beobachter. Sein Meisterwerk, das *Opus Astronomicon,* enthält erste genaue Beobachtungen, die zeigen, daß die kürzeste Entfernung zwischen Erde und

Sonne nicht immer zur gleichen Zeit nach dem Äquinoktium erreicht wird, sondern auch durch die Präzession beeinflußt wird. Zu Beginn des 10. Jahrhunderts stellte Abd al Rahman ibn Umar, Beiname »al-Sufi«, der Weise, eine neue Liste der Fixsterne zusammen, wobei er sie zum ersten Mal nach Sternbildern ordnete. Die Sternbilder sind bis auf kleine Änderungen an den Grenzlinien heute noch so gebräuchlich wie al-Sufi sie angab.

Etwa zur gleichen Zeit war in Toledo in Spanien am anderen Ende der muselmanischen Welt eine zweite Schule der arabischen Astronomie gegründet worden. Der westlichen Schule lag die Berechnung näher als die Beobachtung, und sie bemühte sich vor allem um Verbesserungen der Theorie und um Berechnungen. Diese führten zu den Tafeln von Toledo aus dem Jahr 970 n. Chr., die 1060 n. Chr. von al-Zarquali verbessert und erweitert wurden. Beide islamische Zentren wurden durch Invasionen gestört: die Türken eroberten 1055 n. Chr. Bagdad, und die christlichen Könige von Leon nahmen 1085 n. Chr. Toledo ein. Die Spanische Schule erholte sich als erste; aus ihr gingen in der zweiten Hälfte des 12. Jahrhunderts drei Männer von Weltrang hervor. Der Hauptastronom in Toledo war al Bitruji, der Eudoxus' System der konzentrischen Sphären in einer viel ausführlicheren Form neu entwickelte, zwei bedeutende Zeitgenossen waren Ibn Ruaschd, der einen langen und detaillierten Kommentar zu den Werken von Aristoteles schrieb sowie Maimonides, der aus Spanien verbannt und ein Berater des türkischen Führers Saladin wurde.

Im Osten wurde die Astronomie nur kurz wiederbelebt und spiegelt sich im wesentlichen im Leben von nur einem Mann wieder, Nasur ed Din al Tusi. Er begann seine Laufbahn als Astronom in Bagdad und wurde später Gefangener und gezwungenermaßen der astrologische Berater des Scheichs al Jebel, des »alten Mannes der Berge«, der Anführer der Assassinen war, einer Gruppe mordlustiger islamischer Fanatiker. Al Tusi wurde von Hulagu, dem Enkel Dschingis Khans, aus der Bergfestung des Scheichs befreit und zum Berater seines neuen Beschützers. Nach einer recht dunklen Geschichte, die ihn mit der Einnahme Bagdads durch die Mongolen in Verbindung bringt, zog er sich zurück, um eine neue Sternwarte in der Nähe von Täbris zu leiten. Während seines ungewöhnlich ereignisreichen Lebens fand al Tusi Zeit, zwei neue astronomische Instrumente, den Azimut-Quadranten und das Torquetum, zu entwickeln, die letzten neuen Geräte für astronomische Beobachtungen, bevor in Mitteleuropa einige Jahrhunderte später mit der Renaissance eine neue Epoche wissenschaftlicher Entdeckungen begann.

Die technische Entwicklung während der arabischen Jahrhunderte ist stetig und folgerichtig. Ptolemäus hatte gezeigt, daß der Quadrant genauer war als das Armillar, weil bei ihm ein größerer Radius benutzt werden konnte. So waren große Quadranten besser als kleine, sie mußten nur genügend fest sein. Dies wurde dadurch erreicht, daß sie an eine Wand montiert wurden, so entstand der Mauerquadrant. Derselbe Grund, der vom Solstitial- zur Armillarsphäre führte, der Mangel an Vielseitigkeit, führte zum Azimut-Quadranten, einem Quadranten, der auf einen drehbaren Tisch montiert ist. Ein Quadrant dieser Art mißt die Winkel im bezug zu dem Ort, an dem er aufgestellt ist: die Höhe über dem Horizont und die Winkelabweichung nach Ost oder West von der Südrichtung. Jede Messung in diesem lokalen Bezugssystem muß dann durch mathematische Berechnungen in die Himmelskoordinaten, die Deklination und die Rektaszension, umgerechnet werden, bevor irgendeine weitere Arbeit möglich ist. Das Torquetum vermeidet diese Umrechnung und ersetzt sie durch vier Drehbewegungen mit den zugehörigen Skalen. Mit dem unteren Skalenpaar wird das Instrument so aufgestellt, daß mit dem oberen Skalenpaar die Himmelskoordinaten abgelesen werden können. Das recht komplizierte Torquetum wurde auch zur Überprüfung der Genauigkeit des berühmtesten der arabischen astronomischen Instrumente benutzt, dem Astrolabium.

Der Ursprung des Astrolabiums kann bis in die vorislamische Zeit zurückverfolgt werden, sicher bis auf Theon von Alexandria im 4. Jahrhundert n. Chr. und womöglich schon auf Hipparch. Es waren jedoch arabische Astronomen und Handwerker, die es weiterentwickelten und seinen Gebrauch verbreiteten. Das Astrolabium vereinigt zwei Geräte in einem: eine Seite des Geräts ist für Beobachtungen bestimmt, die andere ist ein Taschenrechner. Die Seite für Beobachtungen hat, ähnlich wie das Solstitial, Visiermarken und eine Skala.

Das Astrolabium (Seite gegenüber) wurde sowohl zur Beobachtung als auch für Berechnungen benutzt. Die gezeigte Seite diente zu Berechnungen, während Beobachtungen mit der Rückseite, die Visiermarken trug, gemacht wurden. Das Gerät konnte zur Zeitbestimmung eingesetzt werden, zur Bestimmung der Position der Sterne, zur Bestimmung der geographischen Breite und sogar zur Messung der Höhe. Seine wesentlichen Bestandteile sind die auf dem Metall wiedergegebene Karte der hellsten Sterne, in deren Mitte der Himmelspol dargestellt ist, und eingravierte Positionslinien auf der darunter liegenden Platte. Zum Gebrauch werden die Visiermarken z.B. auf einen bestimmten Stern ausgerichtet, so daß die geographische Breite oder die Zeit unter Benutzung der metallenen Sternkarte und der Skala darunter abgelesen werden konnte.

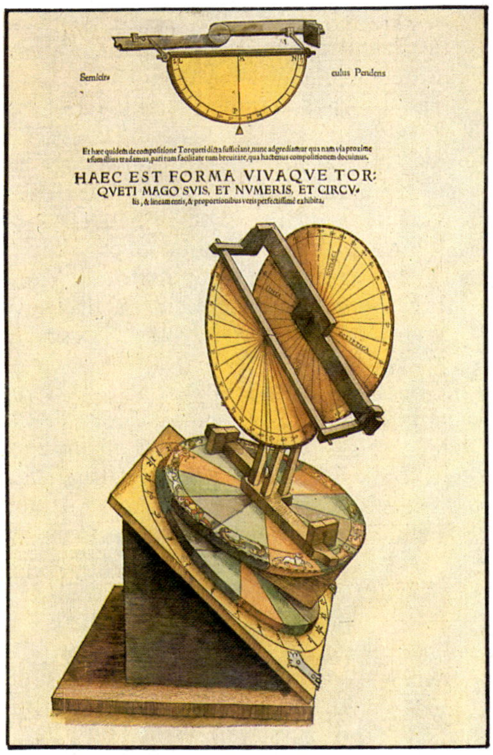

Das Torquetum (rechts) aus Peter Apians Astronomicum Caesareum *von 1540 war so hergestellt, daß Beobachtungen unmittelbar als Himmelskoordinaten abgelesen werden konnten. Es bestand aus einem Paar von Visiermarken, die an der oberen Skala befestigt sind. Darunter sind zusätzliche Marken angebracht, mit denen man das Instrument so aufstellen konnte, daß sowohl die geographische Breite des Beobachtungsorts wie auch die Neigung der Erdachse von 23½ Grad ausgeglichen werden konnten. Wenn das Torquetum richtig eingestellt ist, können von den oberen Skalen die Deklination und Rektaszension direkt abgelesen werden. So kann ein großer Teil der mühsamen Rechenarbeiten eingespart werden, die sonst zur Umrechnung auf Himmelskoordinaten nötig sind.*

Der erste, der sich mit Nachdruck gegen das hergebrachte Weltbild mit der Erde im Mittelpunkt wandte, war Nikolaus Copernicus (rechts). Bei ihm stand die Sonne im Mittelpunkt, und die Planetenbahnen am Himmel waren leicht zu erklären. Sein Modell wurde 1543, in seinem Todesjahr, veröffentlicht. Fast ein Jahrhundert später wurde es von der Kirche auf den Index, die Liste der verbotenen Bücher, gesetzt.

Im Altertum schon wußten die Menschen, daß die Planeten immer nur wenige Grade von der Ekliptik entfernt liegen, der Ebene der Erdbahn um die Sonne bzw. der scheinbaren Bahn der Sonne am Sternenhimmel. Die zwölf Sternbilder innerhalb dieses engen Bandes bilden den sogenannten Tierkreis. Sie werden hier in einer Illustration aus Regiomontanus Buch Epitom für Ptolemäus *von 1498 gezeigt (unten).*

Zum Gebrauch wird das Astrolabium am oberen Ring gehalten, so daß es vertikal hängt. Bei der Beobachtung eines Sterns visiert der Beobachter entlang der Marken, die auf einem drehbaren Arm befestigt sind und bringt sie mit dem zu beobachtenden Stern auf eine Gerade. Der auf der Skala angegebene Winkel ist der Zenitwinkel des Sterns zu dieser Zeit und bei dieser geographischen Breite. Die Bedeutung der Beobachtung liegt darin, daß von den drei wichtigen Beobachtungsgrößen - Sternposition, Zeit und geographische Breite - zwei bekannt sein müssen und dann die dritte berechnet werden kann. Ein Astronom, der die geographische Breite seiner Sternwarte und die Zeit (gewöhnlich wurde Mitternacht gewählt) kennt, kann die Position des beobachteten Sterns bestimmen. Noch wichtiger ist, daß der Benutzer des Astrolabiums, wenn er die Breite und die Sternpositionen kennt, die Zeit bestimmen kann, oder auf Reisen die geographische Breite. Dieselben Messungen können mit einem Azimut-Quadranten gemacht werden, aber dann sind noch umständliche Rechnungen erforderlich, bis man die gewünschte Antwort erhält. Für Rechnungen ist die zweite Seite des Astrolabiums vorgesehen. Diese Seite ist ein trigonometrischer Rechenschieber, 1000 Jahre älter als das moderne logarithmische Gerät, das William Oughtred um 1630 erfand. Das Astrolabium hatte eine glücklichere Geschichte als andere handliche Zeitmesser wie das Nokturnal oder die Taschensonnenuhr. Das Instrument ist nicht nur nützlich, sondern in den Händen der geschickten arabischen Handwerker wurde es auch zu einem schönen Kunstwerk. Solche teuren, repräsentativen Astrolabien waren als Geschenke sehr geschätzt.

Das nächste Entwicklungsstadium der Astronomie war wieder das Ergebnis einer militärischen Auseinandersetzung. Die Christen bekämpften die Araber auf beiden Seiten des Mittelmeers; im Westen ging es um den Besitz Spaniens, während im Osten in Kreuzzügen die Herrscher des westlichen Europas gegen Saladin aufbrachen. In beiden Fällen brachten die mitteleuropäischen Herrscher viel neues Wissen mit, das neben anderen Einflüssen zur Renaissance führte. Der erste Schritt war, dies neue Wissen in die Gelehrtensprache Latein zu übersetzen: dabei wurde der Titel von Ptolemäus' Werk *Al-majasti* in *Almagest* übersetzt, und die meisten Namen der arabischen Astronomen, die mit der Untersuchung und Weiterführung der Arbeiten von Ptolemäus zu tun hatten, verstümmelt. Abu Ma'schar wurde zu Albumazar; Al Battani zu Albategnius; Tabut Ibn Qurra zu Tobit; Al Zarquali zu Arzachael und Ibn Ruaschd zu Averrhoes. Nach der Übersetzung hatte die Einordnung des neuen Wissens in einen christlichen Hintergrund den Vorrang. Dabei waren zwei Männer, Albert von Köln und Thomas von Aquin, führend. Ihnen gelang eine Synthese von aristotelischer Philosophie und christlicher Lehre.

Die ersten unabhängigen Leistungen

erbrachte die Astronomie Westeuropas in Spanien, wo König Alfons X. von Léon und Kastilien 1252 die Erstellung eines neuen Tafelwerks unterstützte. Die »Rechner« sahen sich vor einer gewaltigen Aufgabe, die fast ein Vierteljahrhundert dauerte. Der Grund dafür war, daß sie die islamische Theorie der Planetenbewegung übernommen hatten. Diese erweiterte die Epizyklentheorie des Ptolemäus, indem sie versuchte, all den Unstimmigkeiten zwischen Theorie und Beobachtung durch das Hinzufügen von mehr und mehr Epizyklen gerecht zu werden. Für jeden dieser Epizyklen mußten Radius, Drehgeschwindigkeit, Bewegungsebene und Anfangsstellung bestimmt werden. Alfons, der das alles bezahlte, bemerkte dazu, daß er Gott eine weniger verwickelte Welt empfohlen haben würde, wenn ihn dieser während der Schöpfung um seine Meinung gebeten hätte.

Es dauerte bis in die Mitte des 15. Jahrhunderts, bevor die astronomischen Beobachtungen der Europäer eine Genauigkeit erreichten, die es mit den alten Messungen aufnehmen konnte. Georg Purbach begann an der Universität Wien mit dem Bau und der Verwendung genauerer Instrumente, und sein Schüler Johannes Müller, besser als Regiomontanus bekannt, führte die Arbeiten fort. Im 15. Jahrhundert entstand auch die letzte der großen islamischen Sternwarten. Diese neue, von Ulug-Beg in Samarkand errichtete Schule führte die Idee vom großen Quadranten an die Grenzen des Möglichen, als sie einen Bogen mit einem Radius von 18 m als Teil eines sechsstöckigen Hauses baute.

Regiomontanus beobachtete nicht nur den Himmel, sondern berechnete auch neue Tafeln. Die Benutzer der Tafeln, die Astrologen, waren immer noch sehr einflußreich. Sogar religiöse Bücher wie das berühmte Stundenbuch *Très riches Heures* des Duc de Berry enthalten astrologische Informationen. Nicht alle Astrologen jedoch machten sich allzuviel Sorgen um die Genauigkeit. Martin Luther wurde 1483 geboren, aber die Planeten standen 1484 viel günstiger, deshalb wurde stillschweigend sein Geburtsdatum auf dieses Jahr gelegt. Das große Fiasko für die Astrologie kam 1524, als fast alle Planeten und die Sonne im Sternbild der Fische standen. Dieses seltene Ereignis, das nur einmal alle 1600 Jahre vorkommt, sollte auf große Umwälzungen hindeuten, und weil die Fische ein sogenanntes Wasserzeichen sind, wurde eine Sintflut prophezeit. Sie kam nicht.

Das astronomische Hauptproblem des 16. Jahrhunderts war wieder einmal der Kalender. Der Julianische Kalender Cäsars beruht auf einem Jahr mit 365¼ Tagen. Dies ist etwas mehr als das tropische Jahr und so weicht der Kalender alle 138 Jahre um einen ganzen Tag ab. Seit dem ersten ökumenischen Konzil in Nicäa 325 n. Chr. hatte sich die Abweichung schon zu etwa zehn Tagen aufsummiert und wieder einmal stand das Osterdatum in Zweifel. 1475 lud der Papst Sixtus IV. die bedeutendsten Astronomen nach Rom ein, um sich mit diesem Problem zu beschäftigen. Auch Regiomontanus folgte der Aufforderung, reiste nach Rom, erkrankte aber an der Pest und starb. Als Papst Sixtus wenige Jahre später starb, wurde das Problem der Kalenderreform ein weiteres Jahrhundert vertagt.

Zur Zeit von Regiomontanus' Tod waren die Theorien des Aristoteles bestimmend für die Gedankenwelt der Renaissance, und die Übersetzungen entstanden jetzt unmittelbar aus dem Griechischen und nicht über den Umweg über arabische Quellen. Regiomontanus selbst hatte das Buch seines Lehrers Purbach *Theoriae Planetorum* veröffentlicht, das ausschließlich mit einer Modellvorstellung arbeitete, die wie die des Aristoteles auf festen Kristallsphären beruhte. All dies wurde nun durch die neuen Vorstellungen, die Nikolaus Copernicus entwickelt hatte, in Frage gestellt. Copernicus war ein Pole, der in Krakau Mathematik, in Bologna Astronomie, in Padua Medizin und in Ferrara Jura studiert hatte. Noch als Student in Krakau begann Copernicus mit astronomischen Arbeiten zu einer Kalenderreform. Da der Fehler des Julianischen Kalenders im Jahr nur elf Minuten beträgt, etwa die Hälfte des Fehlers, der sich aus der Präzession der Äquinoktien ergibt, war Copernicus sehr bald mit dem begrifflich sehr schwierigen Problem befaßt, was sich bewegt und was ruht. Darüber dachte er nach, ohne daß ihm allzuviel ältere Arbeiten zur Verfügung standen, weder der *Almagest* noch Purbachs neues Buch waren ihm in Krakau zugänglich. Das Ergebnis seiner Überlegungen, für deren Entwicklung und Darstellung er viele Jahrzehnte brauchte, war ein neues Bild von der Welt: Die Sonne stand im Mittelpunkt, und die Erde dreht sich sowohl einmal im Jahr um die Sonne als auch einmal am Tag um ihre eigene Achse. Dieses Weltbild wurde copernicanisches System genannt.

Copernicus' neue Theorie hatte zunächst wenig unmittelbare Wirkung. In Verona verfeinerte der Astronom Fracostoro, der zehn Jahre jünger war als Copernicus, weiter sein Modell der Kristallsphären von Aristoteles und Al Bitruji. Er benötigte 80 Sphären im Gegensatz zu den 34 um die Sonne zentrierten Epizyklen des Copernicus. Die heliozentrische Theorie Copernicus' war für Berechnungen offensichtlich einfacher, und Erasmus Reinhold, Professor in Wittenberg, brachte bald ein neues Tafelwerk heraus, die *Tabulae Prutenicae*, die auf Copernicus' Arbeit beruhten. Sie ersetzten die veralteten Alfonsinischen Tafeln, jene Tafeln, die auch Columbus auf seinen Reisen benutzt hatte.

Zu Beginn des 16. Jahrhunderts waren die Astronomen kaum weiter gekommen als die Araber im Mittelalter. Copernicus hatte zwar eigene Beobachtungen angestellt, aber für einige entscheidende Größen die Werte des Ptolemäus vorgezogen. Der erste bedeutende Forscher, der auf den Grundlagen von Regiomontanus aufbaute, war Wilhelm IV.,

Landgraf von Hessen-Kassel. Es gelang Wilhelm, drei hervorragende Techniker, Andreas Schöner als Hauptbeobachter, Jost Burgi, einen glänzenden Uhrmacher und Eberhard Baldewein, einen ehemaligen Schneider, der der Vorstand der Arbeitsgruppe wurde, auf sein Schloß in Kassel zu holen. Diese drei bauten die erste moderne Sternwarte – die erste Sternwarte mit einer drehbaren Kuppel, die erste mit einer einigermaßen genauen Uhr. Die Uhr war so genau, daß endlich bewiesen werden konnte, daß der Himmel sich wirklich gleichförmig dreht (oder die Erde, falls Copernicus recht hätte).

Die andere wichtige Neuerung in Kassel war die Entwicklung des astronomischen Sextanten. Dieses Instrument, das letzte neue Gerät der Astronomie vor der Erfindung des Fernrohrs, diente dazu, den Winkelabstand zwischen zwei Sternen zu messen. Darin unterschied es sich von allen anderen zur Verfügung stehenden Geräten, die alle die Position eines Sterns bezogen auf die jeweilige geographische Länge und Breite maßen. Wenn zum Beispiel ein Mauerquadrant ungenau eingeteilt oder ausgerichtet ist, sind die Fehler schwer zu finden. Im Gegensatz dazu kann man mit dem Sextanten die Winkelabstände von Sternen rund um den Himmel messen und mit dem Stern aufhören, mit dem die Messung begann. Dabei fällt ein etwaiger Fehler sofort ins Auge, weil die Summe aller gemessenen Winkelabstände gerade 360 Grad ergeben muß. Für den Sextanten braucht man zwei Beobachter und Wilhelm IV. und Schöner begannen gemeinsam damit, die Positionen von etwa 1000 Sternen sorgfältig zu bestimmen, um damit ein präzises Netz von Bezugspunkten für alle nachfolgenden Astronomen zu erhalten. Dieses Vorhaben wurde jedoch nicht abgeschlossen. 1575 besuchte der Däne Tycho Brahe Wilhelm IV. in Kassel. Wilhelm war so von ihm beeindruckt, daß er dem dänischen König Friedrich II. schrieb, daß Brahes einzigartiges Talent für Dänemark eine Ehre sei und der König seinem Untertan deshalb eine Sternwarte errichten lassen sollte.

Tycho Brahe war bei seinem Besuch in Kassel 29 Jahre alt und hatte sich als Astronom schon beträchtliches Ansehen erworben. Als Jurastudent in Leipzig hatte er viel mehr Interesse an Planetentafeln als an Rechtsbüchern gezeigt. 1568 hatte er Augsburg besucht und an dem Entwurf und Bau eines riesigen Azimut-Quadranten für Bürgermeister Peter Hainzel mitgearbeitet und dabei einen Sextanten von 1,5 m Größe und einen Globus für seinen eigenen Gebrauch gekauft. Mit dem neuen Sextanten konnte er in Dänemark zeigen, daß der neue Stern, der 1572 erschienen war und seither Tychos Nova genannt wird, ein Fixstern war und kein Komet. Im Jahr darauf veröffentlichte Tycho Brahe ein kleines Buch über die Nova und 1574 hielt er eine Vorlesung über Astronomie an der Universität Kopenhagen, nachdem ihm der König versichert hatte, daß es nicht unter der Würde eines stolzen Aristokraten sei, Vorlesungen zu halten. Zu der Zeit von Wilhelms Empfehlung hatte er schon Pläne geschmiedet, Dänemark zu verlassen und sich in Augsburg niederzulassen.

Friedrich II. handelte rasch und stellte Tycho Brahe auf Lebenszeit die Insel Hven (5 km lang und 3 km breit) in der Nähe der Hafenausfahrt von Helsingör zur Verfügung. Die Leihgabe ergänzte er durch die Einkünf-

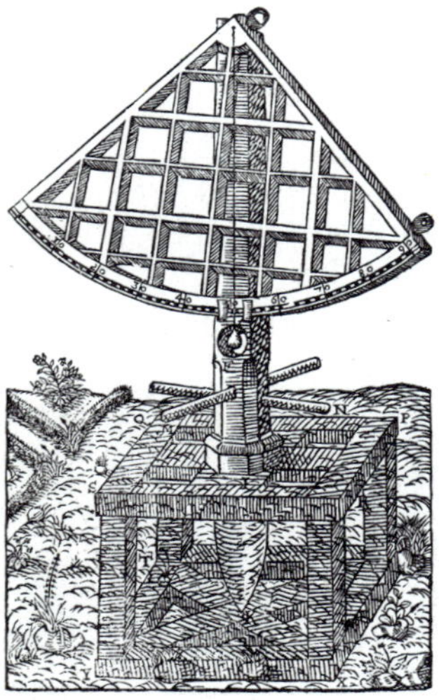

Der riesige 6-m-Quadrant (oben) wurde von Tycho Brahe im Alter von 22 Jahren für seinen Freund Peter Hainzel entworfen.

Tycho Brahe, 1546–1601, stellte eine Reihe von Messungen von bis dahin unbekannter Genauigkeit an, wobei er riesige Mauerquadranten und Sextanten benutzte.

Eine Äquatoreal-Armille Tycho Brahes mit genauer Einstellmöglichkeit der Polarachse. Zur Erhöhung der Stabilität wurde das Gerät abgestützt.

te von einem Gut in Norwegen und einer Domherrenpfründe in Roskilde, und er versprach ihm die Gelder, die nötig wären, auf der Insel eine Sternwarte zu bauen.

Das Ergebnis war beeindruckend: es entstanden gleich zwei Sternwarten, Uranienborg und Stjerneborg, ausgestattet mit nicht weniger als 28 Instrumenten – Mauerquadranten und Azimut-Quadranten, Sextanten, Triquetra, Armillarsphären – zwei von jedem und von den meisten drei. Dort war auch genug Raum für Tycho Brahe und seine Familie, für über zehn Studenten und für 20 Mitarbeiter und Helfer. Ein Ergebnis dieses großen Aufwands (in heutiger Währung etwa 50 Millionen DM) war, daß Brahe hier seinen Bemühungen um Genauigkeit mit großer Sorgfalt nachgehen konnte. Er stellte als Arbeitgeber hohe Anforderungen: das Beobachtungsprogramm war so eingeteilt, daß die Studenten ihre Beobachtungen sofort abgeben mußten, wenn sie sie gemacht hatten und es keine Gelegenheit gab, Ergebnisse mit den Kommilitonen zu vergleichen. Das wesentlich Neue war in Hven die Untersuchung der Genauigkeit der Instrumente. Dabei war die große Auswahl an Instrumenten eine große Hilfe. Verschiedene Methoden des Eichens und verschiedene Visiereinrichtungen wurden ausprobiert, während die Endergebnisse zum erstenmal als Mittelwerte von Beobachtungen mehrerer Beobachter und an verschiedenen Instrumenten hergeleitet wurden.

Heute wissen wir, daß Tycho Brahes Sextant eine Genauigkeit von 1/20 Grad erreichte. Seine späteren Arbeiten waren so genau, daß er als erster Astronom bei seinen Beobachtungen die Brechung des Sternenlichts in der Erdatmosphäre berücksichtigen mußte. Die Korrekturen betrugen dabei oft nur 1/60 Grad. Dem von Wilhelm IV. gegebenen Vorbild folgend, bestimmte Tycho Brahe 21 Standardsterne und später ein Netz von zusätzlichen 756 Sternen, deren Positionen alle sorgfältig vermessen wurden. Auf dieser Grundlage maß er die Stellung von Sonne, Mond, Planeten und mehreren Kometen, wobei er Beobachtungen an Mond und Venus, die beide bei Tageslicht sichtbar sind, dazu benutzte, die Sonne mit den Sternen in Beziehung zu setzen.

All dies hatte 1597 ein bitteres Ende. Friedrich II. war gestorben, und der neue König, Christian IV. und sein Kronrat, die wegen der hohen Kosten ihrer Kriegführung in Bedrängnis waren, hatten für ihren teuren Untertan wenig Sympathie. Der stolze und arrogante Brahe war ein ebenso schlechter Gutsherr wie er ein glänzender Astronom war. Die Pächter auf Hven beschwerten sich oft beim König über die schlechte Behandlung; das Domkapitel in Roskilde war wütend über die Art, wie Tycho Brahe seine Verpflichtungen ihnen gegenüber vernachlässigte, und die dänischen Seefahrer beschwerten sich, daß der Leuchtturm von Hven nicht

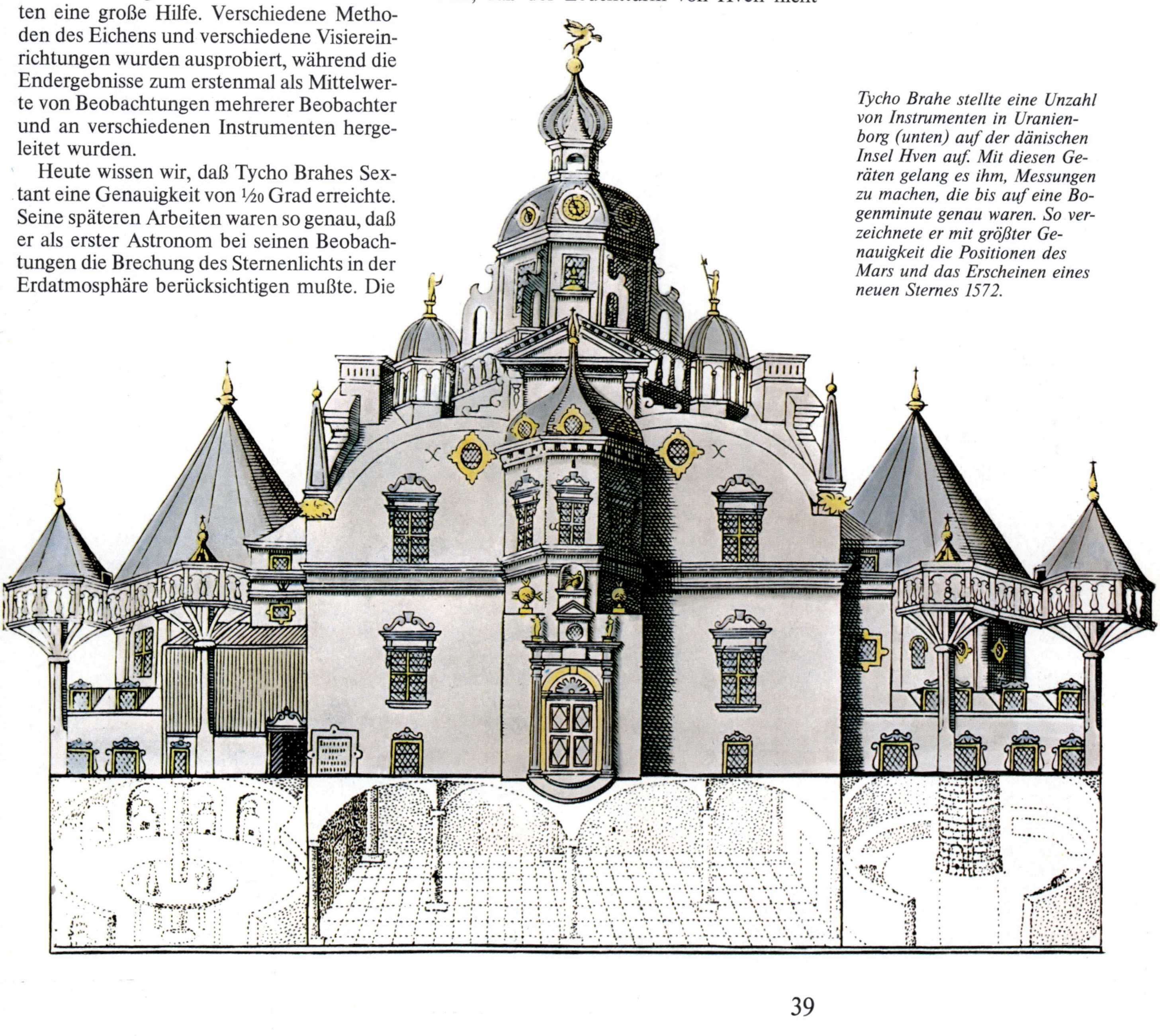

Tycho Brahe stellte eine Unzahl von Instrumenten in Uranienborg (unten) auf der dänischen Insel Hven auf. Mit diesen Geräten gelang es ihm, Messungen zu machen, die bis auf eine Bogenminute genau waren. So verzeichnete er mit größter Genauigkeit die Positionen des Mars und das Erscheinen eines neuen Sternes 1572.

Johannes Kepler, 1571–1630, fand nach einer sorgfältigen Analyse der Daten Brahes über die Positionen der Planeten, daß sie durch einfache Gesetze beschrieben werden konnten, von denen er zwei 1609 veröffentlichte (unten).

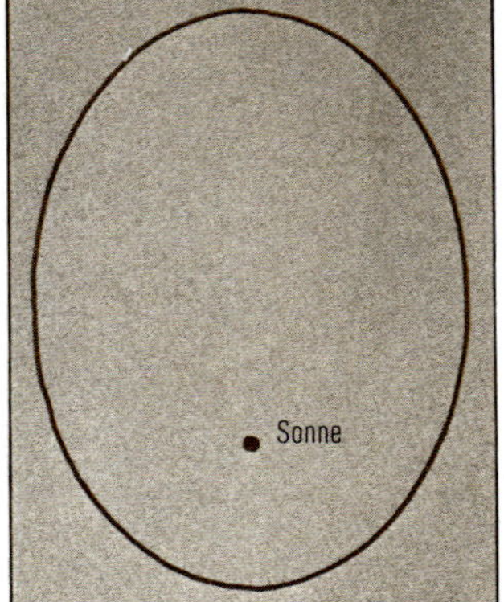

KEPLERS ERSTES GESETZ

Kepler fand, daß jeder Planet auf einer elliptischen Bahn die Sonne umläuft und sich nicht auf einer epizyklischen bewegt (oben).

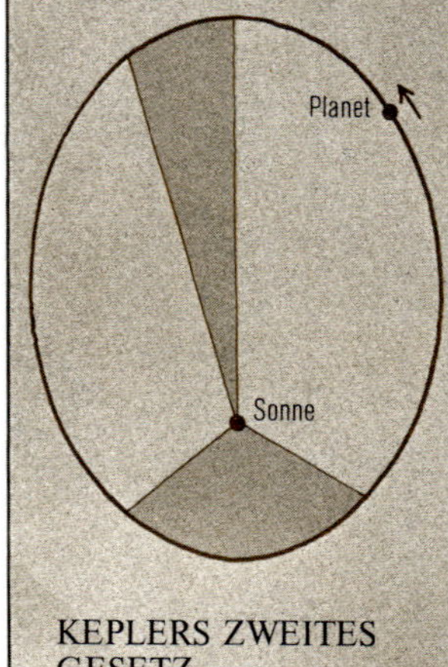

KEPLERS ZWEITES GESETZ

Kepler zeigte, daß eine Gerade, die die Sonne mit dem Planeten verbindet, in gleichen Zeiten gleiche Flächen (schattiert, oben) überstreicht.

leuchtete. Christian IV. entzog seine Unterstützung und forderte alle Güter, die Tycho Brahe zugesichert worden waren, zurück. Er ließ ihm nichts als die Herrschaft über Hven. Als der Astronom seine Instrumente nach Kopenhagen brachte, wurde es ihm untersagt, eine neue Sternwarte einzurichten. Tycho Brahe brachte all seine Instrumente und die Beobachtungsergebnisse zunächst nach Hamburg und 1599 nach Prag, wo er Hofastronom Rudolfs II. wurde. Zwei Jahre später starb er, und bald danach schenkte Christian IV. Hven seiner Geliebten und die Sternwarten verfielen.

Die letzten Jahre in Prag waren, so bitter sie auch für den immer noch reizbaren und jähzornigen Tycho Brahe gewesen sein müssen, von gewaltiger Bedeutung, weil sie ihn mit Johannes Kepler zusammenbrachten, dem Mann, der aus der Vielzahl von Beobachtungen eine neue Weltordnung entstehen lassen würde und die Grundsteine des heraufkommenden Zeitalters der Vernunft legen sollte.

Wie Tycho Brahe war auch Kepler nicht ganz freiwillig in Prag. Nachdem er in Tübingen mit Hilfe eines Stipendiums studiert hatte, war er 1594 in Graz zum Mathematiklehrer ernannt worden und hatte schon auf dem Gebiet der Optik und der Planetenbewegung gearbeitet, wobei ihm sein alter Lehrer, Michael Maestlin geholfen hatte. Er war Lutheraner und dadurch oft in die religiösen Unruhen seiner Zeit verwickelt. Mit anderen lutherischen Lehrern wurde er 1598 aus Graz verbannt, verbrachte ein Jahr in Prag, kehrte nach Graz zurück, wurde aber 1600 wieder ausgewiesen. Er kam zwei Monate vor Tycho Brahes Tod wieder in Prag an. Kepler hatte schon eine Wette abgeschlossen, daß er mit Brahes Daten in einer Woche eine Planetenbahn genau bestimmen könnte. Er erkannte dann, nachdem er von Brahe alle Daten erhalten hatte, daß es doch länger dauern würde. In der Tat vergingen fünf Jahre, bevor Kepler die erste genaue Planetenbahn bestimmt hatte, die des Mars. Er konnte jedoch ziemlich schnell zeigen, daß die Epizyklentheorie auch den einfachsten Beobachtungen widersprach. Er berechnete für den einfachen Fall, wenn Sonne, Erde und Mars in einer Linie stehen die Marsbahn aus vier solcher Oppositionsstellungen. Bei der fünften Opposition stimmte die berechnete Bahn um ein achtel Grad nicht. Diese Unstimmigkeit konnte nur wegen der großen Genauigkeit der Beobachtungen Brahes erkannt werden.

Bis 1605 hatte Kepler zwei Gesetze für die Planetenbewegung gefunden. Er entdeckte zuerst das Gesetz, das wir heute sein »zweites Gesetz« nennen – das »Gesetz gleicher Flächen«. Es besagt, daß die Verbindungslinie zwischen Sonne und Planet in gleichen Zeiten gleiche Flächen überstreicht, obwohl die Geschwindigkeit des Planeten bei seiner Bewegung um die Sonne nicht konstant ist. Keplers »erstes Gesetz« sagt aus, daß die Marsbahn und die Bahnen der anderen Planeten Ellipsen sind und mit der Sonne in einem Brennpunkt und nicht Epizyklen, wie Ptolemäus und Copernicus behaupteten. Zu dieser Zeit wurde die Aufmerksamkeit wieder durch einen neuen Stern, »Keplers Nova« in Anspruch genommen, durch die Beobachtung eines hellen Kometen, durch die fälschliche Deutung eines Sonnenfleckens als eines Durchgangs des Merkur vor der Sonne und durch einen endlosen Rechtsstreit mit den Erben Tycho Brahes über die Besitzrechte an den Meßergebnissen Brahes. Die beiden Keplerschen Gesetze wurden im Jahre 1609 in einem Buch veröffentlicht, das ebenso schwer zu lesen wie wichtig ist, Keplers *Neue Astronomie*.

Wie bei Copernicus' Buch waren auch die Auswirkungen dieser Theorie zunächst gering, und Kepler wandte sich wieder der Optik zu. 1611 veröffentlichte er sein zweites Buch über Optik, die *Dioptrik*. Dieses zweifache Interesse Keplers führte dazu, daß die Fachsprache des einen Gebiets im anderen benutzt wird, so daß wir heute noch davon sprechen, daß die Sonne in einem Brennpunkt der Planetenbahn steht. Im übrigen war 1611 ein schlechtes Jahr. Keplers Frau und sein Lieblingssohn starben, und im Jahre darauf wurden die Lutheraner aus Prag verjagt. Kepler ging nach Linz. Dort setzte er seine Arbeiten fort und entwarf sein »drittes Gesetz«, das die Umlaufzeiten der Planeten mit ihrer Entfernung zur Sonne in Zusammenhang bringt.

Kepler konnte dieses Gesetz und eine Zusammenfassung seiner bisherigen Arbeiten auf dem Gebiet der theoretischen Astronomie noch in sieben Bänden veröffentlichen, bevor er wegen seines lutherischen Glaubens wieder einmal ausgewiesen wurde. Diesmal ging er nach Ulm, wo er 1627 die Rudolfinischen Tafeln fertigstellte, die noch nach Rudolf von Prag benannt waren, der 15 Jahre vorher gestorben war. Diese ersten modernen astronomischen Tafeln enthielten als Rechenhilfe auch die inzwischen bekannten Logarithmen und Tycho Brahes genauen Sternenkatalog.

Tycho Brahes Messungen und Keplers *Neue Astronomie* stehen an der Grenze zweier Zeitalter. Sie waren der Höhepunkt von 2000 Jahren Beobachtungen mit dem bloßen Auge und lieferten die wesentlichen Daten, auf denen Newton und andere in den folgenden Jahren aufbauen konnten. Die Spuren der alten Astronomie sind noch heute zu erkennen: Zahlsysteme mit der Grundzahl 60 wie bei der Teilung der Stunde in Minuten und Sekunden gehen bis auf Babylon und noch weiter zurück. Wir haben schon gesehen, wie Ostern auf Grund von Regeln aus dem klassischen Griechenland bestimmt wird. Das Vokabular der Astrologen hat Eingang in unser eigenes gefunden: Worte wie saturnisch, martialisch und jovial werden heute noch gebraucht, wobei venerisch eher einen Abstieg erlebt hat. Die Sternbilder werden heute noch so gezeichnet wie damals, und viele Sterne haben auch heute noch arabische Namen.

KAPITEL 3

Messungen

Die Anwendung des Teleskops
zur Himmelsvermessung
(1630–1763)

»Ich habe herausgefunden oder bin eher darauf gestoßen worden ..., wie man den Abstand zwischen den schwächsten Sternen, die nur durch ein perspektivisches Glas gesehen werden können, recht leicht auf die Bogensekunde genau angeben konnte; so erhält man auch die Vergrößerungen und Verkleinerungen der Planeten mit ungewohnter Genauigkeit.«

Brief von William Gascoigne, 1640

Obwohl das Fernrohr zu einer Überfülle astronomischer Entdeckungen führte, wurde es nicht sofort für astronomische Messungen verwendet, wie sie etwa Wilhelm IV. von Hessen-Kassel und Tycho Brahe gemacht hatten. Bei vielen Astronomen, etwa bei Hevelius, bestand noch großes Mißtrauen gegenüber der Optik. Mit großen Anstrengungen war der astronomische Sextant weiter entwickelt worden, der 1620 das genaueste Instrument war, das je gebaut worden war. Im Gegensatz dazu lieferten damals die einfachen Linsen nur ein stark verzerrtes Bild, was man nachvollziehen kann, wenn man sich ein Stück kariertes Papier mit einer einfachen Lupe ansieht. Solche Verzerrungen sind bei einem Gerät, mit dem genaue Messungen gemacht werden sollen, unannehmbar. Ein anderer Grund für die zögernde Einführung der neuen Geräte war gleichermaßen politisch wie kulturell. Weite Teile Europas erlebten den Abstieg von der kulturellen Blütezeit zu Anfang des 17. Jahrhunderts zum Elend des 30jährigen Krieges, in dem in ganz Nord- und Mitteleuropa die Kriegswirren jede Art von Wissenschaft unterbanden. Die deutschen Zentren der technischen Entwicklung, Nürnberg und Augsburg, wurden beide schwer zerstört, und während Kepler in Schlesien zum Troß des Feldherrn Albrecht Wallenstein stieß, stärkte die Ausweitung des Krieges auf Norditalien die Macht der Inquisition, die bald mit den Verhandlungen gegen Galilei beginnen sollte. Die Hauptfolge war, daß weder Kepler noch Galilei Lehrer für eine neue Generation von Astronomen werden konnten.

Die beiden Länder, wo noch die Möglichkeit bestand, astronomische Forschung zu betreiben, waren England und Frankreich. Das erste war durch seine Insellage geschützt, das zweite durch die diplomatischen Schachzüge des Kardinals Richelieu. In beiden Ländern stand man vor der Aufgabe, solch gute Geräte bauen zu müssen wie sie früher aus Nürnberg und Augsburg geliefert worden waren.

Die ersten Fortschritte wurden in Frankreich gemacht, wo sich zwei verschiedene Zentren der Forschung bildeten. Eines bestand aus Amateurastronomen in der Provinz, deren Hauptinteresse die Beobachtung der Planeten war. Der bekannteste von ihnen, der wohlhabende Nicolas de Peiresc, besaß über 40 Fernrohre und setzte sie zur Erforschung der Bahnen der vier Jupitermonde ein, ein Problem, das Galilei noch nicht gelöst hatte. Die andere Gruppe bestand aus Jesuiten: 1631 entwickelte einer von ihnen, Pierre Vernier, eine Winkelskaleneinteilung, die Ablesungen größerer Genauigkeit ermöglichte. Statt einen Zeiger zu benutzen, der die Position auf einer Skala anzeigte, benutzte Vernier eine zweite kurze Skala, die sogenannte Noniusskala, die in Intervalle eingeteilt war, die etwas kleiner waren als die der Hauptskala. Damit konnte auf einem astronomischen Instrument ein Winkel mit einer Genauigkeit von 1/20 Grad abgelesen werden, auch wenn die Hauptskala nur in halbe Grade eingeteilt war.

Auch die erste Verbindung von Fernrohr und Meßinstrument (1634) war eine französische Entwicklung, die auf Jean Baptiste Morin zurückgeht. Morin war königlicher Professor der Mathematik in Paris, glaubte fest daran, daß die Erde der Mittelpunkt der Welt sei, und war überzeugt, daß Copernicus und Kepler unrecht hätten. Wenn seine eigenen Beobachtungen das schon nicht beweisen konnten, so konnte er sich immerhin auf einige Theoretiker stützen. Der französische Mathematiker René Descartes hatte überzeugend eine Theorie vorgestellt, die den Ursprung des Sonnensystems in sich drehenden Wirbeln sah, was mehr Gewicht zu haben schien als Keplers empirische Gesetze der Planetenbewegung. Sowohl Ismael Bouilleau in Frankreich als auch Seth Ward in England waren davon ausgegangen, daß die Ausgangshypothese Keplers, die Bahn des Mars könne nicht durch einen Epizyklus beschrieben werden, fraglich war. Allerdings bestätigten die Beobachtungen der Phasen des Merkur und Hinweise auf die elliptische Form der Mondbahn sehr bald, daß das System die Sonne als Mittelpunkt hat, und das Aufleben eines um die Erde zentrierten Weltbilds war nur auf kurze Zeit beschränkt.

Jenseits des Kanals in England wurde von Robert Norwood, einem »Seemann und Mathematikdozenten«, das erste Gerät für astronomische Präzessionsmessungen entwickelt. 1633 baute Norwood einen 1,5-m-Sextanten, noch ohne Linsen, und benutzte ihn, um den Unterschied in der geographischen Breite von London und York zu messen. Er maß dann sehr sorgfältig den Abstand der beiden

DER NONIUS

Die Möglichkeit, mit Hilfe des durch Pierre Vernier erfundenen Nonius auf einer Skala auch Bruchteile der Skaleneinteilung zu bestimmen, beruht auf der Fähigkeit des Auges, leicht feststellen zu können, wann zwei Markierungen genau zusammenfallen. Eine kleinere, bewegliche Skala hat Einteilungen, die nur neun Zehntel von denen der festen Hauptskala betragen (A). Bei der Ablesung gibt der Nullpunkt der beweglichen Skala den genauen Wert an, im Beispiel (B) mehr als fünf und weniger als sechs. Die erste Zahl ist daher fünf. Auf der Noniusskala ist die einzige Markierung, die sich genau mit einer Markierung der Hauptskala deckt, die Marke acht, daraus ergibt sich insgesamt die Ablesung 5.8. In Beispiel (C) ist das Ergebnis entsprechend 19.7. So wurden exakte Messungen erleichtert.

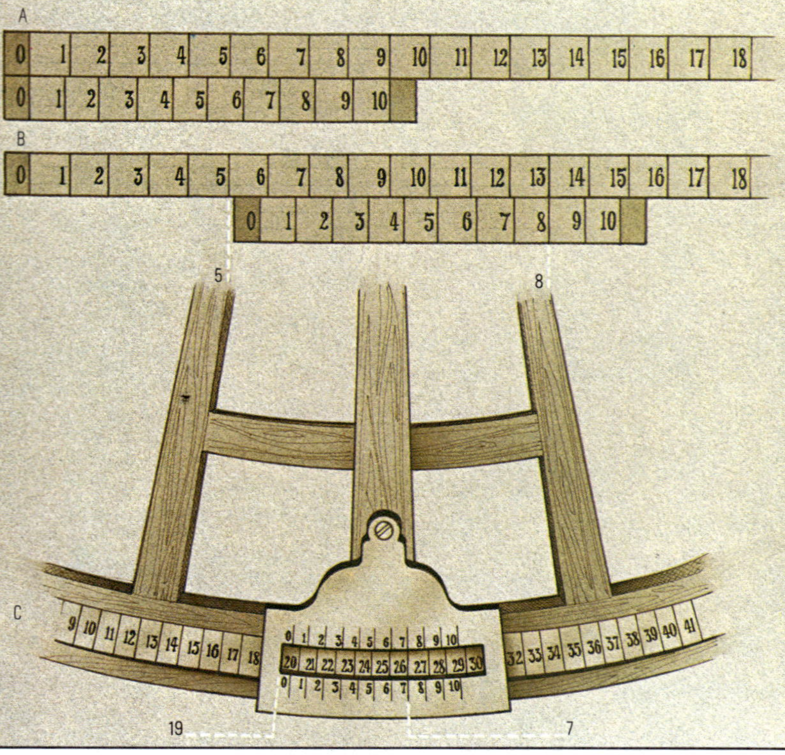

Städte und bestimmte so die Größe der Erde. Er fand, daß ein Breitengrad 111,915 km entsprach. Wir wissen heute, daß er sich mit dieser Zahl nur um etwa ein halbes Prozent irrte. Etwa zur selben Zeit kaufte oder baute eine Gruppe junger Engländer kleine Fernrohre und benutzte sie zunächst zur Beobachtung und dann zur Messung. Jeremiah Horrocks (oder Horox), damals erst 19jährig, verbesserte mit Hilfe seiner Beobachtungen Keplers Rudolfinische Planetentafeln und konnte vorhersagen, daß Venus sich am Nachmittag des 4. Dezember 1639 (nach dem Gregorianischen Kalender) von der Sonne als Schatten abheben würde. Er und sein Freund Wilhelm Crabtree bereiteten alles vor, um dieses seltene Ereignis beobachten zu können. Horrocks schrieb später einen Bericht darüber. Als noch sehr junger Kurat mußte Horrocks seinen Pflichten sorgfältig nachkommen und in jenen puritanischen Zeiten durfte ein Gottesdienst auf keinen Fall versäumt werden, was auch immer für ein besonderer Grund vorliegen möge. Am Sonntag waren unglücklicherweise mehrere lange Gottesdienste. Der zweite Gottesdienst dieses Tages schloß nur 35 Minuten vor Sonnenuntergang, und Horrocks eilte zu seinem Teleskop. »Ich nahm dann ein überaus erfreuliches Bild wahr, ein Fleck, der Gegenstand meiner lebhaftesten Wünsche gewesen war . . . trat gerade völlig auf der linken Seite in die Sonnenscheibe ein. Ich . . . widmete mich sofort mit der äußersten Sorgfalt der Aufgabe, meine Beobachtungen fortzusetzen.«

Der jüngste dieser Gruppe, William Gascoigne, hatte das Glück zu entdecken, wie Keplers Fernrohr in ein genaues Meßinstrument umgewandelt werden kann. Wie er sich in seinen Briefen erinnert, webte einmal zufällig eine Spinne ihr Netz in seinem Teleskop, gerade im gemeinsamen Brennpunkt der beiden Linsen. Dieses Fadenkreuz war damit genau an dem Ort, wo auch das Bild des Sterns oder Planeten zustandekommt und wurde damit durch das Okular genauso vergrößert wie dieses Bild. Aus diesem glücklichen Zufall ergaben sich vier wichtige Folgerungen. Erstens definiert das Fadenkreuz genau die Richtung, auf die das Fernrohr eingestellt ist, so daß ein Fernrohr zur Messung der Position am Himmel benutzt werden konnte. Zweitens können so die Ungenauigkeiten, die von der optischen Verzerrung herrühren, vermieden werden, da die Verzerrung vernachlässigbar klein ist, wenn das Objekt in der Mitte des Gesichtsfelds steht, also genau im Fadenkreuz. Drittens braucht sich das Auge, da Fadenkreuz und Bild des Sterns an derselben Stelle stehen, nicht auf nahe Visiermarken einzustellen, wie es bei früheren Instrumenten nötig war. Schließlich ermöglichte die Vergrößerung von Fadenkreuz und Bild durch das Okular die Messung viel kleinerer Winkel als mit dem bloßen Auge.

Gascoigne verbesserte seine eher zufällige Entdeckung noch. Er baute in sein Teleskop eine Kerze ein, damit er das Fadenkreuz belichten und auch bei Dunkelheit sehen konnte, und er entwickelte das erste Okularmikrometer. Dieses Gerät besteht aus einem festen Fadenkreuz und einem weiteren Faden, dessen Abstand durch das Drehen einer Schraube mit Gradeinteilung verändert werden kann. Damit konnte er die Veränderungen des scheinbaren Durchmesser eines Planeten messen, wenn er sich auf die Erde zu oder von ihr weg bewegte.

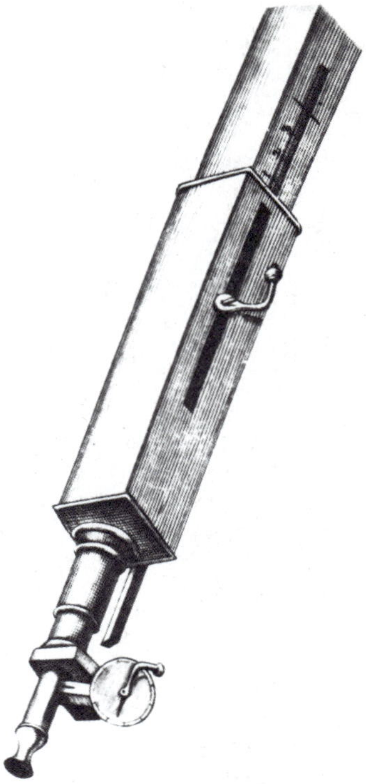

Gascoigne entwickelte das erste Mikrometer (oben) und baute es schon 1639 in sein Keplersches Fernrohr ein. Er benutzte das Gerät zur Bestimmung der Durchmesser von Mond und Planeten.

Kupferstich eines Kometen, der im Dezember 1680 am Himmel von Nürnberg beobachtet wurde. Genaue Messungen der Positionen von Kometen im 17. Jahrhundert zeigten, daß sie zum Sonnensystem gehören.

Ein Gemälde von Ford Madox Brown (über 200 Jahre nach dem Ereignis entstanden), das Crabtree bei der Beobachtung des seltenen Ereignisses eines Durchgangs der Venus vor der Sonnenscheibe am 4. Dezember 1639 zeigt. Crabtree war über den Anblick zu verblüfft, als daß er Beobachtungen machen konnte.

Im 16. und 17. Jahrhundert benutzten Seeleute den Kreuzstab oder Jakobsstab (oben), um die geographische Breite mit Hilfe von Beobachtungen des Polarsterns oder der Sonne zu messen. Die geographische Länge konnte nur sehr ungenau aus Beobachtungen des Kurses und der Geschwindigkeit des Schiffes abgeschätzt werden.

Ein allegorischer Kupferstich (unten) einer Sitzung der Académie des Sciences, die 1666 vom Sonnenkönig Ludwig XIV. gegründet worden war.

All dies endete jedoch bald. Horrocks starb nach glänzenden Erfolgen, zu denen auch der Beweis gehörte, daß die Mondbahn eine Ellipse ist, 1641 im Alter von 22 Jahren, und 1644 wurde Gascoigne, erst 24 Jahre alt, im Kampf für die Königstreuen bei Marston Moor, einer entscheidenden Schlacht des englischen Bürgerkrieges, getötet.

Obwohl Morin, Vernier und Gascoigne den Weg zu exakteren Messungen in der Astronomie gewiesen hatten, kam die nächste wichtige Gestalt weder aus England noch aus Frankreich – und machte sich auch diese neuen Entwicklungen nicht zunutze. Johannes Hevel oder Hevelius, der Sohn eines wohlhabenden Danziger Bierbrauers, hatte schon auf der Schule und später an der Universität von Leiden eifrig Astronomie studiert. Als er nach Danzig zurückbeordert wurde, um in dem Familienbetrieb mitzuarbeiten, kümmerte er sich einige Jahre lang nicht mehr um die Astronomie, 1639 wurde sein Interesse dann durch seinen alten Lehrer und durch eine Sonnenfinsternis neubelebt. Innerhalb von zwei Jahren hatte er eine Sternwarte aufgebaut, die sich schließlich über die Dächer von drei Häusern erstreckte. Obwohl Hevelius mit großem Erfolg Fernrohre zur Beobachtung einsetzte, war er fest überzeugt, daß für genaue Messungen Instrumente in der Tradition Tycho Brahes erforderlich seien. 1647 begann er mit einer großen Zahl von Sextanten und Quadranten die Arbeit an einer Revision von Brahes Katalog der Sternpositionen.

Hevelius hatte Brahe zweierlei voraus. Erstens konnte er seine Beobachtungsfernrohre mit ihrer langen Brennweite einsetzen, um herauszufinden, ob ein Stern einfach war oder aus mehreren nahe beieinanderliegenden Sternen bestand, und zweitens konnte er sich Descartes' Veröffentlichung des Snelliusschen Lichtbrechungsgesetzes zunutze machen. Mit diesem Wissen ausgestattet, konnte Hevelius seine Sextanten einsetzen, um Winkel zwischen eindeutig bestimmten Einzelsternen zu messen und dann eine um vieles bessere Korrektur dieser Winkel durchführen, die die verzerrenden Wirkungen der Lichtbrechung in der Erdatmossphäre berücksichtigte. Obwohl Hevelius sich weigerte, auch das Teleskop als Meßinstrument zu benutzen, verbesserte er die älteren Geräte doch in vieler Hinsicht. Er bemühte sich um eine Verbesserung nicht-teleskopischer Visiere, entwickelte eine von Schrauben angetriebene Feinadjustierung und eine bessere Ausbalancierung seiner Instrumente. Mit all diesen Verbesserungen – von denen keine an sich spektakulär war, die aber zusammengenommen doch einen beträchtlichen Fortschritt darstellten – konnte Hevelius um vieles genauer beobachten als Tycho Brahe. Zum erstenmal konnten Sternpositionen bis auf eine Bogenminute (1/60 Grad) genau gemessen werden. Leider war die Verbesserung nicht so groß wie Hevelius es erhofft und wie er es für seine Instrumente behauptet hatte. Er wurde in einen erbitterten Streit mit Robert Hooke um die Vor- und Nachteile der Messung mit Teleskopen verwickelt, und gerade als sie diesen Streit beendeten, traf ihn ein großes Unglück – ein Brand zerstörte sein Observatorium. Trotz aller Versuche, neu zu beginnen, hatte er die alte Begeisterung verloren und die neuerbaute Sternwarte reichte bei weitem nicht an die alte heran.

In der Mitte des 17. Jahrhunderts entstanden neue Formen der Zusammenarbeit zwischen den Wissenschaften. Die Technologie, die sich aus dem neuen experimentellen Vorgehen der Naturwissenschaft ergeben hatte, hatte sich als nützlich erwiesen. Zu den neuesten Erfindungen gehörte nicht nur das neue Teleskop und sein naher Verwandter, das Mikroskop, sondern auch das Thermometer, das Barometer, bessere Uhren und schnellere Rechenmethoden, wie die Briggschen Logarithmen und Oughtreds Rechenschieber. Es wurde schnell deutlich, daß der Strom der Erfindungen noch schneller fließen würde, wenn die Wissenschaftler einander persönlich treffen würden, um ihre Gedanken und Probleme auszutauschen. Das Ergebnis war, daß eine Flut von Stiftungen, Gesellschaften und Instituten gegründet wurden. Die erste dieser neuen Gesellschaften war jedoch nur kurzlebig. Die Akademie von Florenz, gegründet 1657, wurde schon 1667 wieder aufgelöst, und ein Mitglied, Antonio Oliva, beging im Gefängnis Selbstmord, um weiteren Nachforschungen der Inquisition zu entgehen. In England übernahm der König die Schutzherrschaft über eine Gruppe von Wissenschaftlern, die 1662 zur Royal Society wurde. Vier Jahre später gründete Ludwig XIV. von Frankreich die Académie des Sciences.

Die Bemühungen der Franzosen richteten sich darauf, eine Reihe sehr genauer Beobachtungen des Mars zu machen, aus denen die Entfernung zwischen Erde und Mars abgeleitet werden konnte. Keplers drittes Gesetz der Planetenbewegung zeigte, daß man aus einer bekannten Entfernung im Sonnensystem die anderen berechnen kann. Der erste Schritt war, wie bei Tycho Brahe, die Bestimmung eines Netzes bekannter Sternpositionen, wobei auch die Brechung in der Erdatmosphäre berücksichtigt wurde. Diese Arbeit wurde von einer kleinen Gruppe der Mitarbeiter der Akademie durchgeführt, insbesondere von Jean Picard und Adrien Auzout. Auzout, der von Gascoignes Arbeiten nichts wußte, erfand das Fadenkreuz und das Okularmikrometer aufs neue, und 1667 machten er und Picard Beobachtungen mit einem 2,7-m-Quadranten und einem 1,8-m-Sextanten, die beide mit Fernrohren ausgestattet waren. Zu den ersten Ergebnissen gehörte eine stark verbesserte Korrektur für die atmosphärische Brechung und die Erkenntnis, daß der Garten hinter der Akademie nicht der beste Platz für die Beobachtungen war, weil die umgebenden Gebäude zu große Teile des Himmels verdeckten. Dies überzeugte zusammen mit anderen wichtigen Entdeckungen der übrigen Astronomen der Akademie, wie etwa Huygens, den König davon, daß eine königliche Sternwarte gebaut werden müsse. Dieser Bau wurde 1667 begonnen und 1672 fertiggestellt. Es gab beim Bau Probleme wegen des Gegensatzes zwischen dem Architekten des Königs, Claude Perrault, und dem Hauptastronomen. Claude Perrault war ein Höfling, der sich mit den Bräuchen in Ludwigs Verwaltung bestens auskannte, während Giovanni Cassini, der Astronom, gerade aus Italien gekommen war und nur ein sehr schlechtes Französisch mit starkem Akzent sprach. Da der König die letzten Entscheidungen traf, und Cassini bei jeder Auseinandersetzung unterlag, wurde das neue Observatorium ohne große Rücksicht auf die Probleme astronomischer Beobachtungen gebaut.

Picard bestimmte die Entfernung Erde-Mars mit Hilfe der Parallaxe des Mars. Unter Parallaxe versteht man den perspektivischen Effekt, der entsteht, wenn ein Beobachter seine eigene Stellung verändert und sich dadurch nähere Gegenstände gegenüber weiter entfernten Gegenständen scheinbar verschieben. Wenn man weiß, daß der Hintergrund sehr viel weiter entfernt ist als das betrachtete Objekt, wie es ja für den Mars und die Fixsterne im Hintergrund sicher der Fall ist, und wenn man weiß, um welche Strecke sich der Beobachter bewegt, dann kann man die Entfernung zu dem Gegenstand, also etwa zum Mars berechnen. Das Ziel war also, die Stellung des Mars in bezug auf die Fixsterne im Hintergrund von zwei so weit wie möglich voneinander entfernten Orten auf der Erde zu messen. Picards erster Schritt war, die Größe der Erde zu bestimmen, so daß er die Länge der Verbindungslinie zwischen den beiden Orten, von denen aus beobachtet werden sollte, genau kannte. Wie Robert Norwood maß Picard sorgfältig die Länge einer Nord-Südverbindung, diesmal von Amiens nach Mondidier in der Nähe von Paris und bestimmte dann die geographische Breite dieser Orte. Daraus leitete er einen besseren Wert für den Radius der Erde ab und war bereit für die eigentliche Messung. Die Akademie schickte Picards Kollegen Richer mit astronomischen Instrumenten und einer Uhr nach Cayenne in Französisch-Guinea, wenige Grade vom Äquator entfernt; dies war damals die südlichste der französischen Kolonien. Die Position des Mars wurde in Cayenne und Paris sorgfältig vermessen. Richer kehrte heim und fand heraus, daß die Expedition mißlungen war. Der Unterschied zwischen den beiden Messungen war kleiner als man gehofft hatte, zu klein, um überhaupt meßbar zu sein. Cassini bewies, daß es zur Bestimmung von Planetenparallaxen nicht so gut sei, den Astronomen um die Erde zu schicken, sondern besser, die Erde dazu zu benutzen, den Astronomen an einen neuen Ort zu bringen. Er maß mit den Pariser Instrumenten die Position des Mars in bezug zu den Sternen am frühen Morgen und am späten Abend und konnte so eine geringe Winkelveränderung, etwa $\frac{1}{4}$ einer Bogenmi-

KEPLERS DRITTES GESETZ

Dieses Gesetz verknüpft die Entfernung eines Planeten von der Sonne mit der Zeit, die er für einen Umlauf braucht. »Die Entfernung« Erde – Sonne wird als »Astronomische Einheit« (AE) definiert. Sie beträgt etwa 149,5 Millionen km. Für einen anderen Planeten, etwa den Mars (unten), ist das Quadrat seiner Umlaufzeit in Jahren (1,88 × 1,88) gleich der dritten Potenz seiner Entfernung von der Sonne in AE (1,52 × 1,52 × 1,52).

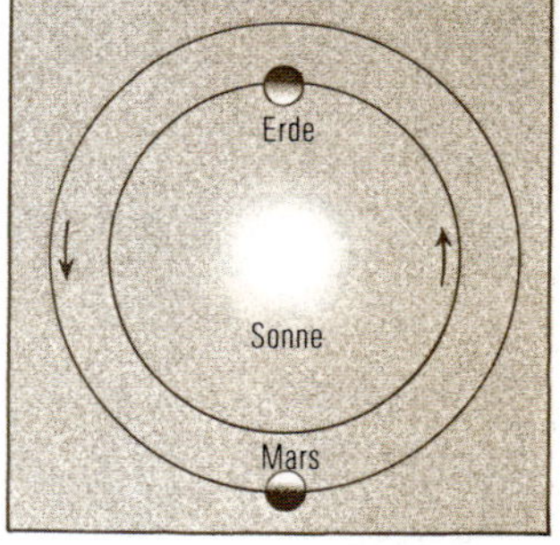

STERNPARALLAXEN

Im Lauf des Jahres bewegt sich die Erde von einer Seite ihrer Bahn (A), wo eine Parallaxenbestimmung gemacht wird, zur anderen Seite (B), wo eine zweite Messung erfolgt. Ein Vergleich der beiden Ergebnisse zeigt, daß der Winkel zwischen dem »nahen« Stern (C) und einem entfernteren Stern (D) sich ändert. Die Entfernung des ersten kann daraus abgeleitet werden.

DAS SONNENSYSTEM

Die Illustration oben zeigt die neun Hauptplaneten maßstabsgerecht und in ihrer natürlichen Reihenfolge. Rechts werden die Entfernungen der Planetenbahnen vom Mittelpunkt der Sonne gezeigt. Um einen Eindruck von dem Maßstab zu geben, sind sie der Erde überlagert worden, so daß der Mittelpunkt der Sonne im Nordpol liegt und die äußerste Planetenbahn, die zur Zeit die des Neptun ist, auf dem Äquator liegt. Die gestrichelte Linie gibt die mittlere Bahn von Pluto an. Die Planeten umlaufen die Sonne von der Nordseite ihrer Bahnen her gesehen im Gegenuhrzeigersinn.

DIE SONNE
Sie enthält 99,86 Prozent der Masse des Sonnensystems und besteht ganz aus Gas, hauptsächlich Wasserstoff und Helium. Ihre Masse, ihre Zusammensetzung und ihre Oberflächentemperatur (etwa 5500 Grad Celsius) ähneln Hunderten von Millionen von Sternen im Milchstraßensystem.

MERKUR (1)
Der sonnennächste Planet hat eine stark exzentrische Bahn. Er ist klein und wüstenartig, hat eine äußerst dünne Atmosphäre und ähnelt sehr dem Mond. Der Planet dreht sich einmal in 58,7 Tagen um seine Achse.

VENUS (2)
Die hohe Reflexionsfähigkeit der weißen Wolken, die Schwefelsäure und Kohlendioxyd enthalten und den Planeten ganz umhüllen, machen Venus zum hellsten der Planeten. Sie dreht sich vom Nordpol gesehen im Uhrzeigersinn (eine Ausnahme zur Regel) einmal in 243 Tagen um sich selbst.

ERDE (3)
Der massenreichste der inneren Planeten dreht sich in 23 Stunden und 56 Minuten um die eigene Achse. Im Gegensatz dazu dreht sich der Mond nur einmal im Monat um sich selbst und bietet deshalb der Erde immer das gleiche Gesicht.

MARS (4)
Er ist der am sorgfältigsten untersuchte Planet. Der Mars umläuft die Sonne in einer Entfernung von 230 Millionen km einmal in 687 Tagen. Er hat zwei kleine Monde, von denen der innere den Planeten in weniger als einem Marstag umläuft.

DIE PLANETOIDEN
Von den Kleinplaneten, auch Planetoiden oder Asteroiden genannt, sind die Bahnen von über 1700 bekannt, es gibt aber noch wesentlich mehr. Fast alle Planetoiden haben Bahnen, die in der Lücke zwischen Mars und Jupiter liegen.

JUPITER (5)
Der größte Planet hat einen Durchmesser, der ein Zehntel des Sonnendurchmessers beträgt. Seine Atmosphäre besteht, wie die der Sonne, hauptsächlich aus Wasserstoff und Helium. Mit einem guten Fernglas kann man die vier hellsten der zwölf Jupitermonde sehen.

SATURN (6)
Neuere Beobachtungen von der Raumfähre Voyager aus haben gezeigt, daß die Saturnringe viel komplizierter sind als es von der Erde aus erscheint. Der äußere Ring ist verdrillt und die inneren Ringe sind exzentrisch. Wie Jupiter dreht sich dieser Planet in etwa zehn Stunden um seine Achse. Seine Umlaufzeit um die Sonne beträgt 29½ Jahre. Titan, der größte der Saturnmonde, ist massereich genug, um eine Atmosphäre festhalten zu können, die hauptsächlich aus Methan und Ammoniak besteht.

URANUS UND NEPTUN (7 und 8)
Diese beiden Planeten sind sehr ähnlich. Neptun ist etwas schwerer und Uranus etwas größer. Neptun ist 4,5 Milliarden km von der Sonne entfernt und braucht für einen Umlauf knapp 165 Jahre; er ist der kältere der beiden, seine Oberflächentemperatur beträgt − 230 Grad Celsius. Uranus ist 2,9 Milliarden km von der Sonne entfernt. Beide Planeten haben eine Atmosphäre aus Methan und Wasserstoff und besitzen Monde.

PLUTO (9)
Pluto ist gegenwärtig nicht der sonnenfernste Planet. Er umläuft eine stark geneigte exzentrische Bahn einmal in 248 Jahren. Die Exzentrizität seiner Bahn ist so groß, daß er in unserem Jahrzehnt der Sonne näher steht als Neptun.

ARF

John Flamsteed wurde 1675 zum ersten Königlichen Astronomen ernannt, mit dem Auftrag, genaue astronomische Beobachtungen zu machen, die bei der Lösung des Problems der Bestimmung der geographischen Länge helfen könnten. Obwohl er seine Instrumente aus eigener Tasche bezahlen mußte, konnte er doch den ersten genauen Sternkatalog zusammenstellen, der aber erst nach seinem Tode veröffentlicht wurde.

WINKELMESSUNGEN

Das babylonische Zahlsystem, das 60 als Grundzahl hat, wird für die Minuten und Sekunden eines Winkels wie auch bei der Messung der Zeit benutzt. Die Bogenminute ist als ein Sechzigstel eines Grades, die Bogensekunde wiederum als ein Sechzigstel einer Bogenminute definiert. Eine Bogensekunde ist eine äußerst kleine Einheit, unter einem solchen Winkel erscheint ein Fußball in etwa 40 km Entfernung.

nute, feststellen. Dies war die erste Messung, die deutlich einen Effekt zeigte, der kleiner war als eine Bogenminute und den Einsatz eines Fernrohrs als Meßinstrument voll rechtfertigte.

Die Arbeiten von Picard und Richer hatten gezeigt, daß Ptolemäus' Schätzung der Entfernung von Erde und Sonne falsch war; Cassinis Ergebnis bewies, wie falsch sie war. Für die Beschreibung des Sonnensystems ergaben sich ganz neue Größenordnungen. Die gemessenen Winkel waren so klein, daß die Bogensekunde, das Sechzigstel von einem Sechzigstel eines Grades, zum festen Begriff in der Sprache der experimentellen Wissenschaft wurde. Andererseits waren die Entfernungen viel größer, als man sie sich bis dahin vorgestellt hatte: als mittlere Entfernung von der Erde zur Sonne erhielt man knapp 150 Millionen km, und Keplers drittes Gesetz besagte dann, daß der entfernteste damals bekannte Planet, Saturn, fast zehnmal so weit entfernt ist, etwa 1430 Millionen km. Da die Methode von Picard und Cassini darauf beruht, daß die Hintergrundsterne viel weiter entfernt sind als die Planeten, vergrößerte sich für die Astronomen das Weltall geradezu sprunghaft.

Die britischen Bemühungen, das Problem der Längengradbestimmung zu lösen, kamen zunächst nur schwer voran, und die entscheidenden Schritte wurden von »Freunden am Hof« und nicht unmittelbar durch den Ausschuß der Royal Society für die Längengradbestimmung unternommen. Der kritische Punkt in der Messung des Unterschieds der Längen zwischen zwei Orten ist die Zeitbestimmung. Für den Seemann ist das Problem nicht die relativ einfache Aufgabe, an dem Platz, wo er sich befindet, die Zeit zu bestimmen, sondern das viel schwierigere Problem zu wissen, wie spät es in dem Hafen ist, den er vor vielen Monaten verließ. Wenn er zum Beispiel sieht, daß die Sonne ihren Höchststand erreicht hat, dann ist es 12 Uhr mittags Ortszeit und wenn er außerdem weiß, daß es in Greenwich 6 Uhr morgens ist, dann muß er genau zu einem Viertel um die Welt herumgefahren sein. Die Zeitdifferenz ist ein Viertel des Tages, also ist der Unterschied in der geographischen Länge ein Viertel von 360 Grad und damit ist seine Postion 90 Grad östlich oder westlich von Greenwich, im obigen Beispiel östlich. Er wird sich also im Indischen Ozean befinden.

1670 gab es noch keine zuverlässigen Uhren. Robert Hooke hatte Christian Huygens' neue Pendeluhr auf einer der königlichen Yachten ausprobiert und schnell herausgefunden, daß auf einem schwankenden Schiff ein schwingendes Pendel nicht geeignet war. Wenn irdische Zeitmesser unbrauchbar waren, mußten die himmlischen Alternativen ausprobiert werden. Die Zeit für totale Sonnenfinsternisse kann im voraus genau berechnet werden. Damit kann die Position des Schiffes genau bestimmt werden, aber sie sind für einen Steuermann auf See zu selten. Die Monde des Jupiter umkreisen den Planeten so regelmäßig wie ein Uhrwerk und ihre viel häufigeren Finsternisse wären eine Lösung, wenn nicht die Fernrohre, die zu ihrer Beobachtung benötigt sind, auf einem Schiff viel zu schwerfällig und umständlich wären. Der einzig geeignete Zeitmesser war der Mond. So argumentierte Sieur de St. Pierre, ein in London ansässiger Franzose. Genau wie die Zeiger einer Uhr sich vor dem Zifferblatt bewegen, so bewegt sich der Mond vor den Sternen, und St. Pierre behauptete, daß er, wenn er die richtigen Messungen der Position des Mondes zur Verfügung hätte, die geographische Länge bestimmen könne. St. Pierres Methode war im Prinzip richtig. Er wußte nur nicht, daß es fast 100 Jahre sorgfältiger Messung und Rechnung erfordern würde, bis die Genauigkeit ausreichte, um die Methode allgemein anwenden zu können. Er wußte jedoch, seine Bekanntschaft mit der Geliebten des Königs, Louise de Keroualle, Herzogin von Portsmouth, zu nutzen. Am 15. Dezember 1674 wurde die Royal Society in einer königlichen Verfügung aufgefordert, die von St. Pierre erbetenen Daten zur Verfügung zu stellen. Zwei Monate später stellten die neun Mitglieder der Gesellschaft, denen diese Aufgabe übertragen worden war, einen Assistenten an, den 28jährigen John Flamsteed aus Derby. Flamsteed war sich ziemlich sicher, daß die Methode St. Pierres nicht taugte, aber er war bereit, die Daten zu erarbeiten, wie es der König befohlen hatte.

König Karl II. war sehr überrascht, als er erfuhr, daß diese Daten nicht sofort zur Verfügung gestellt werden konnten und daß sie nach Flamsteeds Meinung zu ungenau waren, um brauchbar zu sein. Am 4. März 1675 erließ er eine weitere Verfügung. Diese ernannte Flamsteed zum Königlichen Astronomen mit der besonderen Aufgabe, Messungen für die Lösung des Längengradproblems anzustellen. St. Pierre war unzufrieden über all die Verzögerungen, seine hartnäckigen Bitten um mehr und bessere Daten führten dazu, daß der König die Untersuchungen beschleunigte. Flamsteed berichtete dem König, welche Methode St. Pierre anwenden wollte und deutete sogar an, daß St. Pierre sie von Jean Morin gestohlen haben könnte. Er setzte dann die gemessenen Zahlen ein und gab an St. Pierres Stelle die Antwort, die das

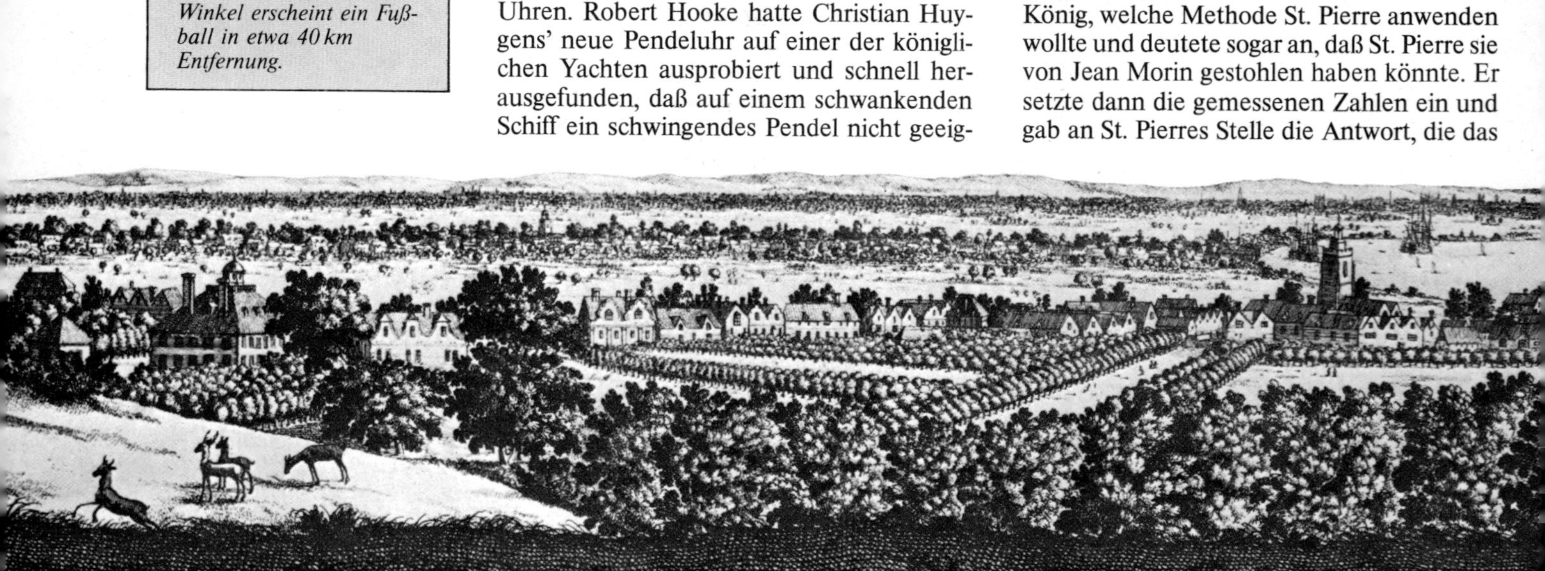

zeigte, was er vorhergesagt hatte, nämlich, daß die Methode ein Fehlschlag war. Die Messungen waren von Hevelius gemacht worden, also in ihrer Genauigkeit über jeden Zweifel erhaben. Und doch ergab sich die Länge von Danzig als 8 Grad 20′ östlich von Greenwich und nicht als die richtige Zahl von 18 Grad 40′. Der Fehler von 650 km reichte aus, die Stadt von einem Ostsee- zu einem Nordseehafen zu machen.

Man erklärte Karl II., daß noch viel sorgfältige Arbeit nötig wäre, damit diese Methode angewandt werden könnte. Es müßten nicht nur die Mondpositionen genauer bestimmt werden, sondern auch die neuen teleskopischen Instrumente eingesetzt werden, um Tycho Brahes Katalog der Hintergrundsterne mit größerer Genauigkeit neu zu erstellen. Die große Präzision ist nötig, weil der Mond sich recht langsam gegenüber den Sternen bewegt. Wenn seine Bewegung in Wirklichkeit auch sehr schnell ist, so ist die scheinbare Bewegung des Monds um die Erde doch langsamer als der Stundenzeiger sich auf einer Uhr dreht – einmal in jedem Monat, nicht zweimal am Tag. Außerdem wird die Bewegung des Mondes durch die Sonne beeinflußt, und die von Horrocks bestimmte elliptische Umlaufbahn ist nur eine erste Näherung. Es war Flamsteed klar, daß seine wahre Bewegung viel verwickelter war und Keplers Gesetze allein nicht zur Vorhersage der Bahn ausreichten. So erging 1675 eine dritte königliche Verfügung. Diese ordnete an, daß der Generalfeldzeugmeister einiges von seinem alten Geschützpulver verkaufen und mit dem Geld im Königlichen Park von Greenwich eine kleine Sternwarte bauen solle, wobei das ganze Unternehmen weniger als 500 Pfund kosten müsse.

Flamsteed hatte mit seinem Architekten mehr Glück als Cassini vor einigen Jahren. Christopher Wren war auch Professor der Astronomie gewesen. Wie Auzout und Picard hatte Wren mit Hooke das Fadenkreuz und das Okularmikrometer neu entdeckt. Im folgenden Sommer zog Flamsteed in sein neues Observatorium, das »für die Astronomie und ein bißchen für den Pomp« gebaut war, ein und begann am 19. September 1676 mit den Beobachtungen.

Flamsteed beabsichtigte, zunächst ein Netz von Bezugssternen zu vermessen, gegenüber denen die Mondbahn bestimmt werden sollte. Er hoffte, mit Hilfe von teleskopischen Visieren und sehr genauen Uhren Hevelius' Ergebnisse wesentlich verbessern zu können. Die Schwierigkeit lag darin, daß inzwischen keine Unterstützung mehr vom König kam. Flamsteed hatte eine Sternwarte, aber keine Instrumente und kein Geld für Instrumente. Die Lage wurde ihm jedoch durch Sir Jonas Moore, dem nächsten Generalfeldzeugmeister, erleichtert. Moore überredete Robert Hooke, zu einem sehr niedrigen Preis einen Mauerquadranten mit 3 m Radius zu bauen, und bezahlte den Schmiedemeister am Tower in London, Edward Sylvester, für den Bau eines eisernen 2,1-m-Sextanten. Moore kaufte der Sternwarte auch zwei Uhren, die vom berühmtesten aller englischen Uhrmacher, Thomas Tompion, hergestellt worden waren. Der Sextant stellte sich als ein sehr verläßliches Instrument heraus, ganz im Gegensatz zu Hookes Mauerquadranten, der bewies, daß ein Instrument billig oder genau, aber nur selten billig und genau sein kann. Mit diesen Hilfsmitteln begann Flamsteed ein umfassendes Programm von Messungen, an dem bei seinem Tode, 43 Jahre später, immer noch gearbeitet wurde.

Angesichts des beschränkten Haushalts, über den Flamsteed verfügte – es dauerte zwölf Jahre, bis er einen guten Mauerbogen kaufen konnte – und den bezahlte er aus eigener Tasche – ist es keine Überraschung, daß die nächsten Entwicklungen woanders stattfanden.

Picard hatte 1672 Hven besucht, um die geographische Breite von Tycho Brahes Sternwarte zu überprüfen, die inzwischen verfallen war. Er fand auch einige kleine Unstimmigkeiten, aber wichtiger war, daß er einen jungen dänischen Astronom, Ole Römer, mit nach Paris brachte. Römer hatte

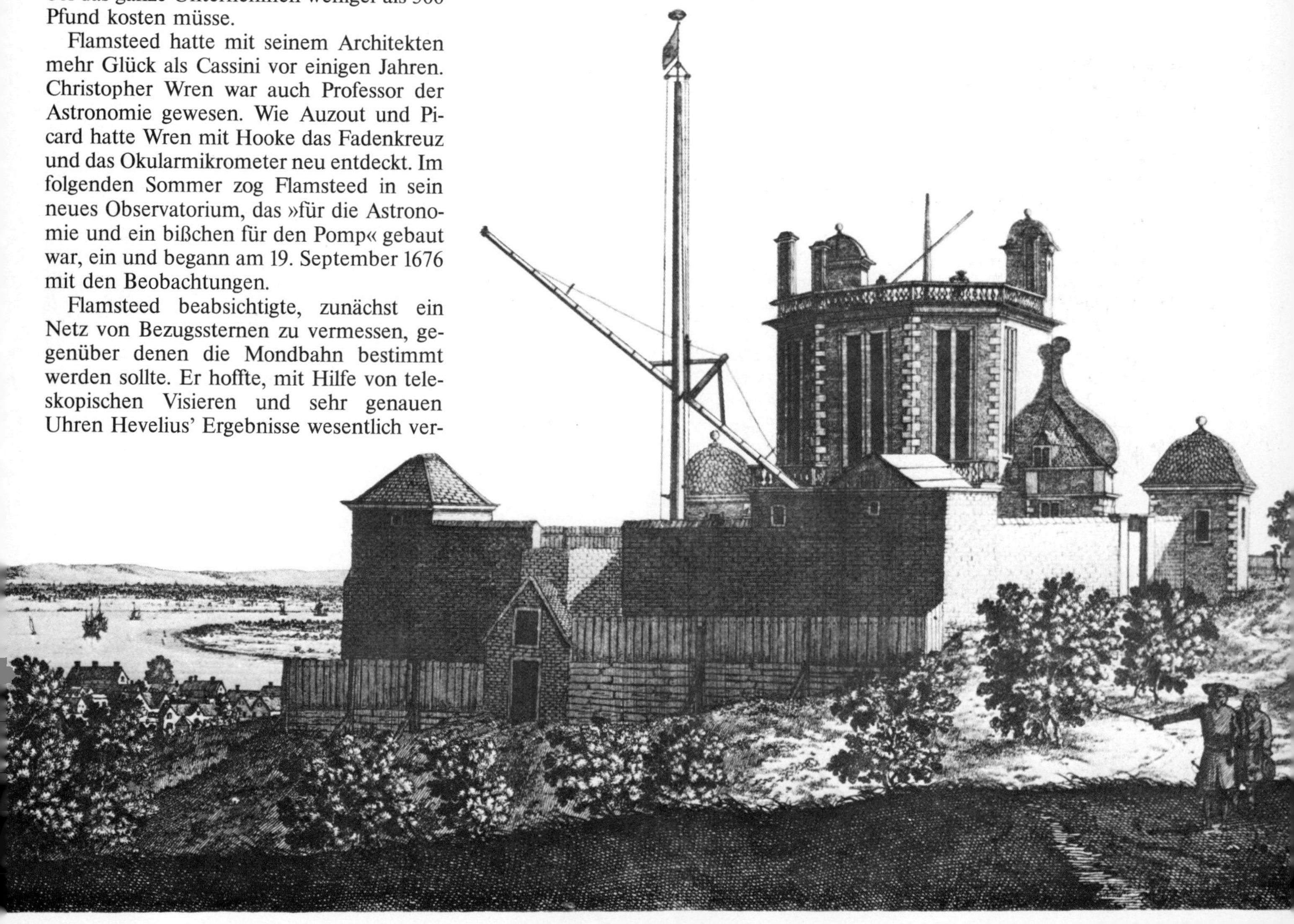

Flamsteeds Sternwarte und Haus wurden in Greenwich (bei London) errichtet. Das Material stammte von einem Wachturm des Towers von London und von dem Gefängnis, das vorher an dieser Stelle stand. Die Nähe der Sternwarte zum Fluß Themse stärkte die enge Verbindung, die sich zwischen der Sternwarte und der Admiralität entwickelte.

auch unabhängig ein Okularmikrometer erfunden, das besser war als das Auzouts, und bald in der Pariser Sternwarte eingesetzt wurde. Sein Geschick als Beobachter bewies er mit seiner sorgfältigen Untersuchung der Verfinsterungen des innersten Jupitermondes Io. Diese fanden in unregelmäßigen Abständen statt, die Abweichungen waren aber systematisch und hingen mit der Entfernung des Jupiters von der Erde zusammen. Römer schrieb diese Zeitverschiebungen zwischen den Finsternissen ganz richtig der Zeitdauer zu, die das Licht braucht, um vom Jupiter zur Erde zu kommen und leitete aus diesen Beobachtungen einen Wert für die Lichtgeschwindigkeit ab. Das war gegenüber seinem Chef Cassini nicht sehr respektvoll, der glaubte, daß die Lichtgeschwindigkeit unendlich sei.

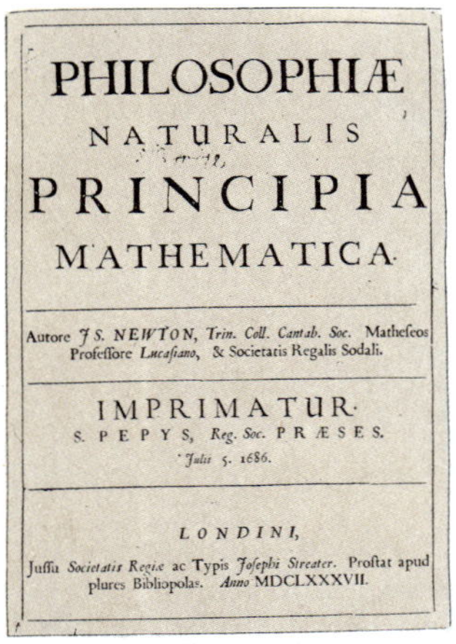
PHILOSOPHIÆ
NATURALIS
PRINCIPIA
MATHEMATICA.
Autore J S. NEWTON, Trin. Coll. Cantab. Soc. Matheseos Professore Lucasiano, & Societatis Regalis Sodali.
IMPRIMATUR.
S. PEPYS, Reg. Soc. PRÆSES.
Julii 5. 1686.
LONDINI,
Jussu Societatis Regiæ ac Typis Josephi Streater. Prostat apud plures Bibliopolas. Anno MDCLXXXVII.

Die Titelseite von Newtons Buch Philosophiae Naturalis Principia Mathematica, *das 1687 zum erstenmal veröffentlicht wurde. Es schuf eine neue Grundlage für die Astronomie, indem es die Bewegung der Planeten erklärte.*

Nicht lange danach kehrte Römer nach Dänemark zurück und wurde dort Professor für Astronomie. Damit er seine Beobachtungen fortsetzen konnte, mußte er die nötigen Instrumente selbst entwerfen und bauen lassen. Die neue Ausrüstung war ein weiterer Beweis für seine Genialität. Anders als Picard, Hooke und andere fügte Römer nicht nur dem klassischen Quadranten oder Sextanten ein Fernrohr hinzu, sondern baute auch zwei völlig neue Geräte. Das erste war ein Meridianteleskop, ein Instrument für dieselbe Aufgabe wie ein Mauerquadrant, nämlich Sterne und Planeten zu vermessen, wenn sie die Nord-Süd-Linie kreuzen. Das zweite Instrument, das er wenige Jahre später in Auftrag gab, war ein Teleskop mit äquatorialer Aufhängung. Bei beiden Instrumenten war das Teleskop in seinem Schwerpunkt aufgehängt und nicht am Objektiv, wie es beim teleskopischen Quadranten und Sextanten der Fall war. Die so gewonnene Stabilität wurde noch durch Römers Verwendung leichter, aber starker, hohler konischer Röhren statt der biegsameren zylindrischen Teleskoprohre vergrößert.

Während der Jahre nach 1680 war der Fortschritt der Astronomie in England gewaltig, wenn auch nicht als ein Ergebnis der Arbeit Flamsteeds. Edmond Halley, der zunächst erster Assistent Flamsteeds gewesen und dann Sekretär der Royal Society war, überredete Isaac Newton, seine Forschungen niederzuschreiben und bezahlte dann ihre Veröffentlichung. Das Ergebnis, die *Philosophiae Naturalis Principia Mathematica* (»Mathematische Grundlagen der Naturphilosophie«) ist ein geniales Werk. Neben vielem anderen enthält es das allgemeine Gravitationsgesetz und zeigt, daß Keplers Gesetze der Planetenbewegung direkt aus dem Gravitationsgesetz folgen. Nur wenige Zeitgenossen Newtons konnten seine Argumente nachvollziehen. Wie es fast unvermeidlich war, behauptete Robert Hooke, er habe diese Zusammenhänge schon früher erkannt, und hier hatte Hooke sogar recht; der Unterschied war, daß Hooke glaubte, Keplers Gesetze wären eine Folge des Gravitationsgesetzes, aber Newton konnte es beweisen.

Das letzte Jahrzehnt des 17. Jahrhunderts und das erste des 18. vergingen ohne besondere Ereignisse. Nach dem Tod von Picard und Huygens' Entlassung waren die Arbeiten an der Pariser Sternwarte fast zum Stillstand gekommen, während der Tod von Sir Jonas Moore Flamsteed ohne seinen Hauptgönner ließ. Das Interesse wurde wiederbelebt, als 1707 Vize-Admiral Sir Cloudesley Shovels Flotte bei den Scilly-Inseln unterging. Dieses Schiffsunglück wurde den Unzulänglichkeiten der zeitgenössischen Navigation zugeschrieben, insbesondere dem Fehlen einer brauchbaren Methode zur Bestimmung der geographischen Länge. Danach wurde als erstes gefordert, alle Messungen Flamsteeds zu veröffentlichen, so daß für jeden ein Katalog von Standardsternen zur Verfügung stand. Flamsteed legte, wie viele Wissenschaftler, Wert auf Vollkommenheit und weigerte sich, »vorläufige« Daten zu veröffentlichen – er hatte zu dieser Zeit schon fast 30 000 Messungen allein mit seinem Mauerquadranten durchgeführt. 1710 gab Königin Anne eine Verfügung heraus, mit der ein Ausschuß eingesetzt wurde, der die Königliche Sternwarte beaufsichtigen sollte und in der ausdrücklich gefordert wurde, daß die Beobachtungen eines jeden Jahres spätestens innerhalb von sechs Monaten nach Ablauf des fraglichen Jahres veröffentlicht werden mußten.

Langsam stellte nun Flamsteed seinen Katalog fertig, bis bei seinem Tode 1719 nur noch die Übersetzung des Vorworts in das Lateinische und die Kupferstiche fehlten. Das Werk, die *Historia Coelestis Britannica*, wurde 1725 veröffenlicht. Es enthielt die Positionen von fast 3 000 Sternen, gelangte aber zu keiner großen Bedeutung.

Für die geringe Resonanz auf diesen Katalog gab es drei Gründe. Der erste war, daß Flamsteed die Positionen des Mondes nicht so genau untersucht hatte, wie es für das Problem der Längengradbestimmung nötig gewesen wäre. Diese Aufgabe wurde von Edmond Halley in Angriff genommen, der nach Flamsteeds Tod 1720 zum Königlichen Astronomen ernannt wurde. Er war damals schon 64 Jahre alt und wußte, daß eine vollständige Reihe von Mondbeobachtungen 18 Jahre dauern würde. Halley wurde 86 Jahre alt und konnte so sein Vorhaben vollenden. Der zweite Grund war, daß Halley schon 1718 gezeigt hatte, daß zumindest einige der Fixsterne doch nicht an festen Plätzen standen, sondern sich bewegten: Arctur, Sirius und Aldebaran hatten nicht mehr die Positionen, die Hipparch bei ihnen gemessen hatte. Der dritte Schlag für Flamsteeds Sternkatalog war, als Samuel Molyneux und James Bradley bewiesen, daß mit Instrumenten, die nur wenig genauer waren als die von Flamsteed benutzten, ganz neue erstaunliche Ergebnisse gewonnen werden konnten.

Molyneux' und Bradleys Leistungen beruhten auf der Entwicklung eines neuen Instruments, dem Zenit-Teleskop. Dieses Fernrohr, das Hooke zuerst erdacht hatte, war so konstruiert, daß es sich in einer vertikalen Ebene bewegte und nur die Positionen der wenigen Sterne messen konnte, die den Meridian fast genau im Zenit über der Sternwarte kreuzen. Bei einem solchen Fernrohr sind die Fehler, die von der mechanischen Verzerrung und der atmosphärischen Brechung herrühren, besonders klein. Die Astronomen hofften, mit ihm Parallaxenmessungen zur Bestimmung der Entfernungen von Sternen machen zu können. Die Vorstellung war, daß die scheinbaren Positionen naher Sterne gegenüber ferneren Sternen sich ändern würden, wenn sich die Erde auf ihrer Bahn um die Sonne bewegt. Versuche, diesen Effekt zu messen, die schon Copernicus angestellt hatte, waren mißglückt, weil schon die nächsten Sterne so weit entfernt sind. Molyneux und Bradley versuchten, mit Hilfe des neuen Zenit-Teleskops die Parallaxe von Gamma Draconis zu bestimmen. Dieser Stern kreuzt in London, wo Molyneux' Haus stand, den Meridian sehr nahe am Zenit. 1725 hatten sie herausgefunden, daß die Position des Sterns sich zwischen Dezember und März um etwa 20 Bogensekunden geändert hatte, aber die Änderung war einer möglichen Parallaxenwirkung gerade entgegengesetzt. Ein neues Zenit-Teleskop, das diesmal im Haus der Tante Bradleys aufgestellt wurde, zeigte, daß diese Verschiebung bei allen Sternen in der Nähe des Zenits vorkam. Darüber hinaus stand diese Bewegung im Zusammenhang mit kleinen Veränderungen der Position des Polarsterns, die schon Picard und Flamsteed gefunden hatten, aber nicht erklären konnten.

James Bradley erkannte, daß diese kleinen Veränderungen ihren Grund in der Erdbewegung und der Endlichkeit der Lichtgeschwindigkeit hatten. Wie ein Mensch, der im Regen rennt, sich dabei nach vorn neigen muß, wenn er mit seinem Regenschirm auch seine Füße trocken halten will, so muß auch das vertikale Teleskop, das sich mit der Erde bewegt, nach »vorn« geneigt sein, wenn das Sternenlicht genau im Fadenkreuz ankommen soll. Das neue Zenit-Teleskop erwies sich als so genau, daß Bradley eine zweite, kleinere, periodische Veränderung der Sternpositionen entdecken konnte. Wieder war es nicht die erhoffte Parallaxe, sondern ein Effekt, der Nutation genannt wird und sich aus der Wechselwirkung der Mondanziehung mit der nicht ganz kugelförmigen Erde ergibt.

Es gelang Bradley trotz aller Bemühungen nicht, die Parallaxe eines Sternes zu messen. Alles, was er zeigen konnte, war, daß, wenn es einen solchen Effekt gäbe, er für seinen Lieblingsstern Gamma Draconis weniger als eine Bogensekunde betragen müsse. Das bedeutete, daß der Stern mindestens 30 Millionen km entfernt sein müsse. Und auch diese so unvorstellbar große Zahl ist nur eine untere Grenze für die Entfernung zu den Fixsternen. Es dauerte mehr als ein Jahrhundert, bevor es gelang, solche Entfernungsmessungen durchzuführen.

Das Zenit-Teleskop verringert durch seine vertikale Aufhängung die Fehler, die aus dem Durchbiegen des Rohrs herrühren könnten. Besonders helle Sterne können sogar bei Tageslicht beobachtet werden. So können selbst kleinste Veränderungen der Position im Lauf des Jahres untersucht werden.

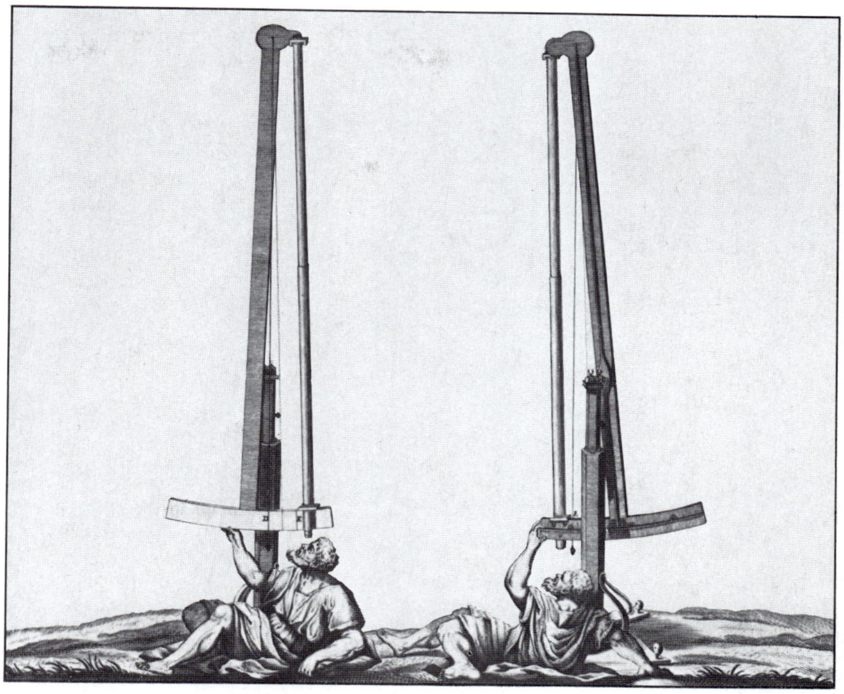

EIN FERNROHR MIT ÄQUATORIALER AUFHÄNGUNG

Bei dieser Bauart zeigt eine Achse, die Polachse (A), direkt zum Nordpol des Himmels. Die Bewegung um diese Achse kompensiert die Rotation der Erde und erleichtert damit die Beobachtung sehr. Wenn das Fernrohr benutzt wird, wird es von einem Motor mit gleichmäßiger Geschwindigkeit um die Polachse gedreht, während die andere Achse, die Deklinationsachse, für die Dauer der Beobachtung auf einen festen Wert eingestellt werden kann.

KAPITEL 4

Vom Planetensystem zur Milchstraße

William Herschel und das Spiegelteleskop (1721–1821)

»Daß die Milchstraße eine sehr ausgedehnte Schicht von Sternen verschiedener Größe ist, läßt nicht länger den geringsten Zweifel übrig; und daß unsere Sonne wirklich einer der Körper ist, die zur Milchstraße gehören, ist ebenso augenscheinlich.«

William Herschel, On the construction of the Heavens, 1785
(zit. nach E. Zinner, *Astronomie*, Freiburg-München 1951)

Als Edmond Halley 1720 Königlicher Astronom wurde, fand er in der Sternwarte von Greenwich keine Instrumente mehr vor. Die Erben Flamsteeds hatten alle Fernrohre aus der Sternwarte entfernt, weil sie die Ansicht vertraten, daß sie, nachdem Flamsteed sie aus seiner eigenen Tasche bezahlt hatte, sein Privatbesitz seien. Größere Folgen hatte, daß sie auch die Bände mit Flamsteeds Beobachtungen mitgenommen hatten, und es dauerte fast 50 Jahre, bevor die Royal Society sie wiederbekam; zu dieser Zeit waren die Messungen schon über 100 Jahre alt und zum Teil überholt.

Halley wurden 500 Pfund für den Ankauf von Instrumenten zur Verfügung gestellt. Mit 400 Pfund kaufte er ein Meridianfernrohr, einen Mauerquadranten, Steinsäulen, die zu ihrer Stütze nötig waren und zwei neue Gebäude, in denen sie aufgestellt wurden. Das erste dieser Instrumente, das Meridianfernrohr, war ein 1,5-m-Teleskop, das Hooke nachgebaut hatte und zu dem noch eine Kreuzachse und eine Präzisionsskala hinzugefügt wurden, um es in seiner Funktionsweise dem bahnbrechenden Entwurf Römers ähnlicher zu machen. Mit dem Meridianfernrohr hatte er wenig Erfolg, vielleicht, weil es in zu großer Eile gebaut worden war, um überhaupt etwas zu haben, mit dem man das Programm der Mondbeobachtungen beginnen konnte. Die Achslager waren äußerst temperaturempfindlich, und nachdem das zweite Instrument, der Mauerquadrant, fertiggestellt war, wurde das Meridianfernrohr kaum noch benutzt.

Der neue Quadrant war von George Graham gebaut worden, Tompions Nachfolger als führender Uhrmacher Londons, und enthielt alle im vorhergehenden Jahrhundert entwickelten Verbesserungen. Das Rohr hatte zusätzliche Stützen, damit es starrer und besser im Gleichgewicht war und sich der Druck auf den Drehpunkt nicht änderte, wenn das Fernrohr in der Höhe verstellt wurde. Ein Schraubenantrieb und ein Nonius wurden zum Justieren und Ablesen der Position des Teleskops auf dem Quadranten benutzt. Der neue Maßstab für Positionsmessungen, den Bradley und Molineux mit ihrem Zenit-Teleskop gesetzt hatten, war jetzt eine Genauigkeit von wenigen Bogensekunden. Eine Bogensekunde ist ein sehr kleiner Winkel: bei Halleys Quadrant mit einem Radius von 2,5 m ergibt eine Verschiebung von 0,01 cm (weniger als die Dicke dieser Seite) einen Fehler von acht Bogensekunden. Der Gesamtfehler bei der Messung einer Position am Himmel setzt sich aus vielen einzelnen Faktoren zusammen: Verzerrung des Teleskops auf Grund seiner Biegsamkeit unter seinem eigenen Gewicht, Abnutzung des Drehlagers, Temperatureinflüsse, ein langsames Verziehen des Rahmens und Ungenauigkeiten in der Eichung und Aufstellung tragen alle dazu bei. Die nötige Sorgfalt zur Verringerung dieser Fehler wird durch die Geschichte von Flamsteeds Hauptquadranten illustriert, der an einer notwendi-

Reihe wichtiger Beobachtungen benutzt wurden. Dazu gehörte vor allem die Messung der Länge eines Breitengrades in der Nähe des Äquators durch Pierre Bouguer und im Norden Lapplands durch Pierre de Maupertuis zum Vergleich mit einer ähnlichen Messung in der Nähe von Paris durch César Cassini (Cassini III.). Die Ergebnisse, die 1749 veröffentlicht wurden, zeigten, daß ein Breitengrad in Äquatornähe größer ist als in Polnähe. Dies bestätigte die These Isaac Newtons, daß die Erde auf Grund ihrer täglichen Drehung eine abgeflachte Kugel ist, also am Äquator einen größeren Durchmesser hat als von Pol zu Pol. In einem anderen französischen Experiment nahm Cassinis Assistent, Nicolas de Lacaille, einen der Sextanten Langlois' zum Kap der Guten Hoffnung mit. Dort stellte er ab 1751 einen Katalog von 10000 südlichen Sternen auf und vermaß in Zusammenarbeit mit Joseph Lalande in Berlin die Parallaxe des Mondes mit verbesserter Genauigkeit.

Obwohl Molyneux und Bradley die ersten experimentellen Hinweise erhalten hatten, daß die Erde sich um die Sonne drehte und Bouguer dafür, daß sie sich um die eigene Achse drehte und damit die Ansicht des Copernicus lange, nachdem sie schon Allgemeingut geworden war, auch durch Messungen bestätigten, gab es doch kaum Zweifel darüber, daß die damaligen Instrumente noch lange nicht vollkommen waren. Der Grund für die Begrenzung lag vor allem in den Linsen der Fernrohre, die durch die chromatische Aberration beeinträchtigt wurden, die Newton beschrieben und als nicht behebbar hingestellt hatte. Nur Linsen mit sehr kleiner Öffnung konnten für genaue Messungen eingesetzt werden: die Linse des Fernrohrs in Halleys Mauerquadranten maß nur 3,5 cm im Durchmesser und die von Lacailles Instrument in Süd-Afrika weniger als 1,5 cm. Aber sogar mit einer so kleinen Linse war das Bild eines Sterns nicht ein glänzend weißer Punkt, sondern ein kleiner gelb-grünlicher Fleck von etwa zehn Bogensekunden Größe, der von einem purpurroten Kranz umgeben war. Wenn man größere Linsen einsetzte, um auch schwächere Sterne sehen zu können, vergrößerte sich auch das verschwommene Bild, und die Genauigkeit der Messung konnte kaum gesteigert werden. Die einzig mögliche Lösung schien das Spiegelteleskop zu bieten.

In den Jahren nach 1670 hatten Newton und dann Robert Hooke Spiegelteleskope gebaut. Dabei wurden auch die Nachteile dieser Konstruktion deutlich. Ein Spiegelteleskop war sehr schwer zu bauen, brachte nur geringe Erfolge und war von nur kurzer Lebensdauer, weil die Spiegeloberfläche leicht anlief. Die Schwierigkeit der Herstellung ergibt sich aus der Tatsache, daß die Oberfläche des Spiegels um vieles genauer geschliffen werden muß als die einer Linse, wenn ein gleich gutes Bild entstehen soll. Wenn das Bild eines Sterns in einem Spiegelteleskop von 10 cm Öffnung eine Bogensekunde groß

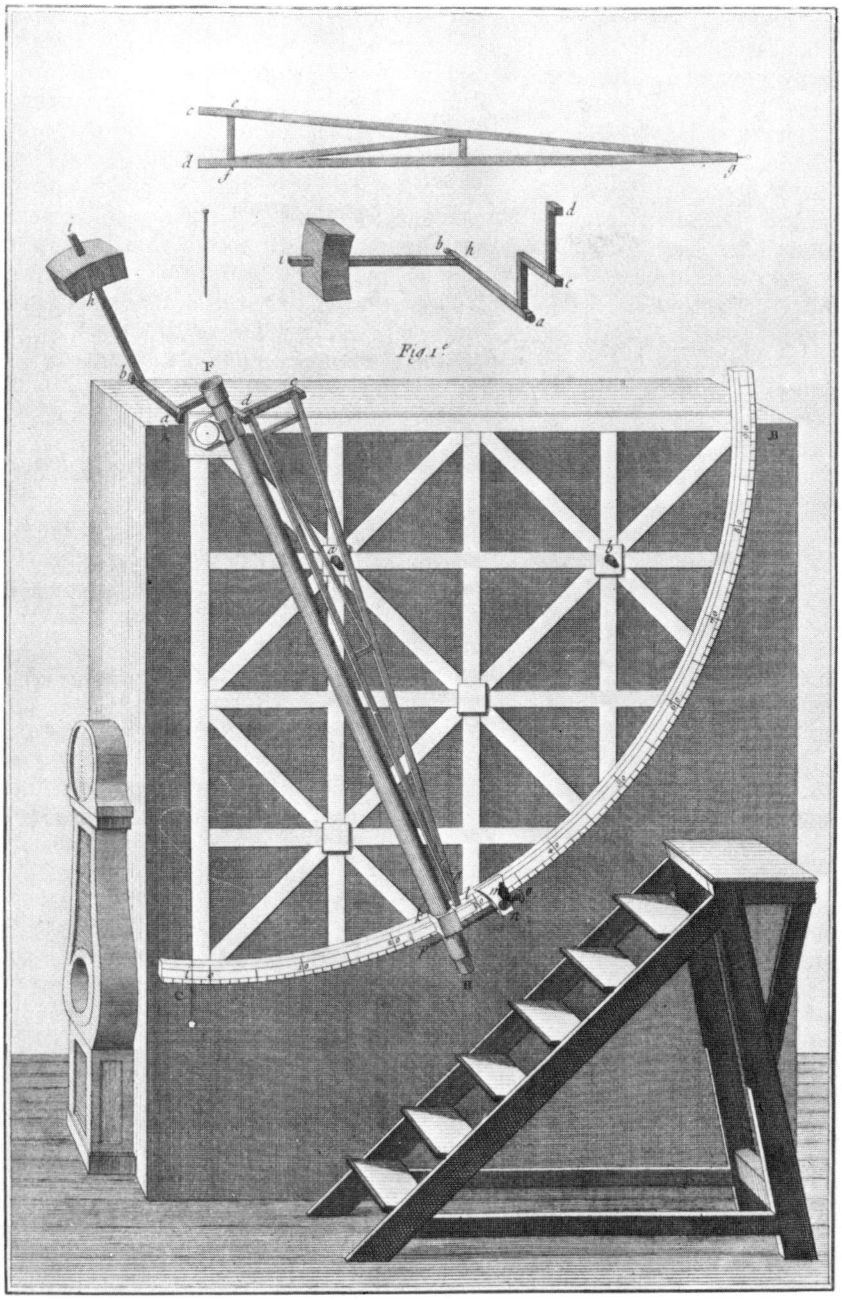

Halleys Mauerqudrant (oben) war das erste einer neuen Art von Präzisionsinstrumenten im 18. Jahrhundert.

Edmund Halley, 1656–1742, war von 1720 bis zu seinem Tode Königlicher Astronom.

gerweise schweren Mauer in der Nähe des Randes des Hügels befestigt war, auf dem die Sternwarte stand. Der ganze Aufbau mit Mauer und Quadrant hatte sich langsam um den Bruchteil eines Grades geneigt, und das genügte schon, die sorgfältige Ausrichtung des Instrumentes zunichte zu machen. Halley sorgte dafür, daß die Mauer für seinen neuen Quadranten weiter vom Rand des Hügels entfernt gebaut wurde.

Grahams Quadrant wurde zum Vorbild für eine ganze Reihe von Instrumenten, die meistens von Jonathan Sisson und John Bird, Grahams Nachfolgern, gebaut wurden. Insbesondere die Quadranten Birds wurden nicht nur für Greenwich und Oxford, sondern auch für viele europäische Sternwarten gebaut und setzten lange Zeit den Maßstab für die Präzisionsastronomie. Die stärkste Konkurrenz kam für Graham von J. Langlois in Paris, dessen Quadranten und Sextanten von den französischen Astronomen für eine sein soll, dann darf die Summe der Fehler beim Schleifen der beiden Spiegel ein Achtel der Wellenlänge des sichtbaren Lichts nicht überschreiten. Das bedeutet: kein Punkt darf auf einem dieser Spiegel von der idealen Oberfläche um mehr als etwa 40 Millionstel eines Millimeters abweichen. Nur sehr harte Stoffe können so genau geschliffen werden, und die gut reflektierenden Metalle Silber und Zinn gehören leider nicht dazu.

Die möglichen Alternativen zu Glas, harte Metalle, waren Stahl und Bronze. Aber selbst fein polierter Stahl ist ein schlechter Spiegel – es gab 1720 noch keinen Stahl, der nicht anlief, und die polierte Oberfläche rostete schnell. Bronze, eine Kupfer-Zinn-Legierung, ist vielversprechender, und es gibt eine Reihe von Mischungen, die als Spiegelmetalle geeignet sind: Sie sind hart genug, um geschliffen werden zu können und auch ziemlich gute Reflektoren. »Ziemlich gut« ist immer noch nicht gut genug: ein frisch polierter Spiegel aus Bronze wirft nur etwa 50 Prozent des einfallenden Sternenlichts zurück, während eine Linse mehr als 90 Prozent durchläßt. Das Kupfer in der Spiegellegierung führt langsam zum Aufbau einer schwarz-braunen Schicht, die alte Spiegel unbrauchbar macht. Ein Teleskop, das mit zwei Spiegeln ausgerüstet ist, die je 30 Prozent reflektieren, sammelt nur weniger als ein Zehntel des ursprünglichen Lichts im endgültigen Bild, und folglich muß ein Spiegelteleskop eine große Öffnung haben, um ein helles Bild zu liefern. Ein Instrument mit einem Hauptspiegel aus Metall von weniger als 15 cm Durchmesser ist für astronomische Beobachtungen wenig sinnvoll.

Die Herausforderung, ein Spiegelteleskop mit genügend großer Öffnung und Präzision für Bilder hoher Qualität zu bauen, wurde von John Hadley, einem Adligen aus der englischen Provinz, aufgenommen. Hadley war der Sohn des obersten Grafschaftsvorstehers von Herefordshire. Er war einfallsreich und handwerklich geschickt. Bevor er mit der Arbeit an einem Reflektor begann, war er schon wegen anderer Erfindungen zum Mitglied der Royal Society gewählt worden. Mit Hilfe seiner Brüder George und Henry baute John Hadley 1721 ein Spiegelteleskop, das er der Royal Society vorstellte. Das Teleskop war nach dem Vorbild Newtons gebaut und enthielt einen konkaven Metallspiegel von 15 cm Durchmesser und 1,5 m Brennweite. Die Gesellschaft war nicht nur von dem Fernrohr beeindruckt, sondern auch von seiner sorgfältig durchdachten Aufhängung, mit der sowohl die Höhe als auch der Azimut leicht eingestellt werden konnte. Hadley überließ das Fernrohr der Gesellschaft, die Vergleichsmessungen mit einem Fernrohr von 20 cm Öffnung und 37 m Brennweite durchführte, das eine Linse von Huygens enthielt. Hadley, Bradley und Pound führten den Vergleich durch und fanden, daß das neue Fernrohr ein genauso scharfes Bild lieferte wie das Linsenfernrohr, wenn auch weniger hell, und daß es viel einfacher zu handhaben war. Pound vermerkte auch, daß das geschlossene Rohr des Reflektors eine Benutzung während der Dämmerung erlaubte, wenn das offene Teleskop schon nicht mehr eingesetzt werden konnte. Das war ein wesentlicher Gewinn, weil es nicht nur einige zusätzliche Arbeitsstunden, sondern auch ganz neuartige Beobachtungen ermöglichte. Es erlaubte den Astronomen zum Beispiel, spezielle Untersuchungen am Merkur durchzuführen und nach Oberflächenstrukturen und möglichen Satelliten dieses kleinen Planeten zu suchen, der nur in der Dämmerung sichtbar ist.

Hadleys Erfolg überzeugte Molyneux und Bradley davon, daß sie sich auch dem Reflektor zuwenden sollten, und Molineux leitete eine lange Reihe von Tests für eine bessere Spiegelmetallverbindung. Die beste Legierung muß einen Kompromiß darstellen zwischen zu wenig Kupfer und damit zu großer Brüchigkeit und zu viel Kupfer, das zu einem schnellen Anlaufen der polierten Oberfläche führt. Andere Metalle können hinzugefügt werden, um die Reflexionseigenschaften zu verbessern. Newton hatte vorgeschlagen, Arsen hinzuzufügen, aber dies verdampft schon bei einer Temperatur, die unterhalb des Schmelzpunkts von Kupfer liegt, weshalb der Legierungsvorgang schwer zu kontrollieren ist und die Ergebnisse ungleichmäßig werden. Eine Mischung von fünf Metallen – Kupfer, Zinn, Zink, Silber und Antimon – wurde als zu teuer abgelehnt, und Molyneux entschloß sich zu einer Kupfer-Zinn-Zink-Legierung, im wesentlichen eine Mischung aus Bronze und Messing. Anders als manche ihrer Zeitgenossen, denen die Geheimhaltung wichtig war, nahmen Hadley und Molyneux viel Mühe auf sich, um ihre Methoden zu veröffentlichen; beide schrieben Artikel für Smiths richtungsweisendes Werk *Opticks*, das 1738 veröffentlicht wurde.

John Hadley baute noch eine ganze Reihe von Fernrohren sowohl nach dem Vorbild Newtons als auch Gregorys, aber er ist heute eher als der Miterfinder des Sextanten bekannt. Hier ist nicht ein astronomischer Sextant gemeint, sondern das Gerät, das in der Seefahrt zur Bestimmung der geographischen Breite benutzt wird. Der Bogenausschnitt für solche Geräte ist verschieden: Hadley nahm nur 45 Grad, weshalb sein ursprüngliches Instrument auch Oktant genannt wird. Ein Amerikaner aus den Kolonien, Thomas Godfrey, hatte ein Jahr vor Hadley eine ähnliche Navigationshilfe entwickelt und sein Gerät, das einen Winkel von 90 Grad benutzte, einen See-Quadranten genannt. Hadleys Erfindung, die in der Stadt veröffentlicht wurde, in der sowohl die Britische Marine als auch die Ost-Indische Gesellschaft ihr Hauptquartier hatten, erwies sich natürlich als die erfolgreichere. Später einigten sich die Instrumentenhersteller auf einen Winkel von 60 Grad, und das Gerät bekam damit seine jetzige Gestalt und wurde Sextant genannt.

Der erste kommerzielle Instrumentenbauer, der es wagte, ein Spiegelteleskop zu bauen, war Francis Hawksbee vom Crane Court in London. Molyneux bemerkt dazu: »Er verdient es sehr wohl, ermutigt zu werden, da er die erste Person ist, die dieses Unternehmen ohne den Rückhalt eines Vermögens gewagt hat, das eine Enttäuschung wohl verwinden könnte.« Andere Instrumentenbauer folgten diesem Vorbild bald. Mann, Scarlet und Hearne in London, Short in Edinburgh und Passemant in Frankreich versuchten sich alle daran und bald stellte sich Short als der Mann heraus, der sowohl das Geschick hatte, das nötig war, um Präzisionsinstrumente herzustellen, als auch die Verbindungen besaß, sie erfolgreich auf den Markt zu bringen.

James Short war der verwaiste Sohn eines Tischlers aus Edinburgh. Er studierte an der Universität in Edinburgh, wo er, nachdem er sein Master-of-Arts-Examen gemacht hatte, blieb, um Prediger der Kirche von Schottland zu werden. Als Student noch kam er in den Einflußbereich des Mathematikers Colin Mclaurin, und bald nachdem er 1731 seine theologischen Examen bestanden hatte, wandelte Short die Räume Maclaurins in der Universität in eine optische Werkstatt um. Seine Arbeit mit Spiegeln wurde 1736 unterbrochen, als er zum Mathematiklehrer des jungen Herzogs von Cumberland ernannt wurde und nach London umzog. Was immer der Herzog von seinem Lehrer lernte, so war es jedenfalls nicht die Liebe zu Schottland. Zehn Jahre später wurde er im Krieg gegen die Schotten zum »Schlächter von Culloden«. James Short war bald in London mit der Herstellung von Fernrohren beschäftigt, besonders solcher für den Adel. In der Mitte des 18. Jahrhunderts erfreute sich das Fernrohr eine Zeitlang großer Beliebtheit, weil es für die Zerstreuungen nach dem Abendessen sehr in Mode gekommen war, und viele der Fernrohre Shorts wurden für diesen Markt gebaut, der den Geräten gegenüber viel weniger kritisch war als die professionellen Astronomen.

Shorts Hauptbeiträge zur Entwicklung des Fernrohrs waren Verbesserungen der Schleiftechnik und der Montierung. Wenn ein Spiegelteleskop sowohl eine große Öffnung als auch – zur leichteren Handhabung – eine kurze Brennweite haben soll, dann muß der Primärspiegel keine kugelförmige, sondern eine parabolische Oberfläche haben. Diese ist wesentlich schwieriger herzustellen, und Short war der erste, der konkave Parabolspiegel in den Handel brachte. Bei seinen Arbeiten an der Aufhängung der Fernrohre achtete er besonders auf die sorgfältige Justierung der Spiegel, die bei Teleskopen nach Gregory besonders wichtig ist. Er rüstete einige seiner Instrumente mit äquatorialen Achsen aus und nicht mit Hadleys eher schwerfälligen altazimutalen Aufhängung. Short baute über 1000 kleine Fernrohre, aber auch einige Fernrohre mit großer Öffnung. Ein Fernrohr in Gregory-Bauweise mit 30 cm Öffnung wurde an Lord Thomas Spencer verkauft, ein anderes mit 45 cm Öffnung auf Befehl des Königs von Spanien gebaut. Nicht alle Fernrohre Shorts waren für wohlhabende Dilettanten bestimmt. Ein Newtonsches Fernrohr mit 24 cm Öffnung und 1,9 m Brennweite, das nach Greenwich geliefert wurde, war äußerst brauchbar und wurde zum Studium der Verfinsterungen der Jupitermonde benutzt. Diese Aufgabe erforderte ein besonders scharfes Bild und sehr gut polierte Spiegel.

Das Hauptereignis in der Astronomie in den Jahren nach 1760, als James Short auf dem Höhepunkt seines beruflichen Könnens war, stellten die zwei Durchgänge der Venus vor der Sonne dar. Diesmal war die wissenschaftliche Welt darauf besser gerüstet als 1639, als Horrocks und Crabtree das gleiche Ereignis beobachteten. Schon 1716 hatte Halley eine Liste von Orten zusammengestellt, von denen aus die beiden Vorübergänge gut beobachtet werden könnten, und er betonte die große Bedeutung dieser Erscheinung, von der er wußte, daß er sie in seinem Leben kein zweites Mal beobachten würde. Die Größe des Sonnensystems war bis dahin nur aus der Bestimmung planetarischer Parallaxen berechnet worden, eine Technik, die bis an die Grenzen der besten zur Verfügung stehenden Instrumente ging und nicht sehr genau war. Der Vorteil der Venusdurchgänge ist es, daß die Entfernung von der Erde zur Sonne aus dem Vergleich der Zeiten abgeleitet werden kann, die, von verschiedenen Breiten aus gesehen, der Planet braucht, um an der Sonne vorbeizuziehen. Der Durchgang selbst dauert etwa fünf Stunden. Um

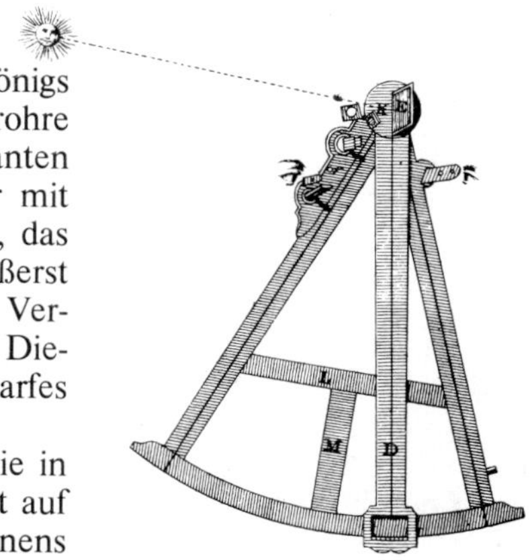

Der Oktant (oben), den John Hadley 1731 entwickelte, war der unmittelbare Vorläufer des Sextanten, wie er in der Navigation verwendet wird.

Das Spiegelteleskop (unten), das James Short baute, benutzte das System Gregorys hauptsächlich deshalb, weil konkave Spiegel viel einfacher hergestellt werden können als die für das kompaktere optische System von Cassegrain benötigten konvexen Spiegel. Das »Sucher«-Fernrohr, das über dem Hauptrohr montiert ist, hat ein größeres Gesichtsfeld und wird bei der Ausrichtung des Fernrohrs in die richtige Richtung benutzt.

möglichst gute Ergebnisse zu erhalten, müssen Beobachtungen an Orten gemacht werden, deren geographische Breiten so verschieden wie nur möglich sind. Ein sorgfältige Wahl der Beobachtungsorte ergibt Zeitunterschiede für den Durchgang von etwa einer halben Stunde, und so wurde eine Vielzahl von Expeditionen durch die wissenschaftlichen Gesellschaften jener Tage organisiert.

James Bradley, der jetzt Königlicher Astronom war, schickte seinen Stellvertreter Charles Mason, begleitet von Jeremiah Dixon, als seinen Assistenten nach Ost-Indien. Nevil Maskelyne, der später fünfter Königlicher Astronom wurde, ging nach St. Helena. Das Schiff, auf dem Mason und Dixon reisten, wurde nach einer Schlacht mit einem französischen Kriegsschiff gezwungen, in den Hafen zurückzukehren, und sie erreichten schließlich nur das Kap der Guten Hoffnung. Maskelyne fand St. Helena in Wolken wie damals Halley fast 100 Jahre früher, und das Hauptergebnis seiner Reise war praktische Erfahrung mit der Navigation auf hoher See, die ihm gut zustatten kommen sollte, als er Jahre später den ersten Nautischen Almanach veröffentlichte. Bradley beobachtete in Greenwich, während James Short »auf Befehl des Herzog von York« seine Instrumente nach Savile House brachte, wo ihm eine große Anzahl von aristokratischen Zuschauern nicht gerade dabei half, genaue Beobachtungen zu machen.

All dies stellte sich nur als eine Probe für den zweiten Vorübergang der Venus 1769 heraus. Für dieses Ereignis hatten acht Nationen etwa 150 Beobachtungen vorbereitet, und Expeditionen wurden über die ganze Erdkugel geschickt. Mason und Dixon, die gerade von ihrer berühmten Vermessung der Grenze zwischen Maryland und Pennsylvanien zurückgekommen waren, fuhren nach Irland, beziehungsweise auf eine Insel im Norden Norwegens. Captain Cook brachte Charles Green auf der *Endeavour* nach Tahiti; Joseph Dymond und William Wales fuhren in die Hudson-Bay und Maskelyne blieb in Greenwich, während sein Assistent Baylay zum Nordkap geschickt wurde. Jede Gruppe nahm einen Quadranten, eine Uhr, zwei der Spiegelteleskope Shorts, einen Kompaß, ein Barometer und ein Thermometer mit. Die Gruppe, die zur Hudson-Bay fuhr, hatte auch ein zusammenfaltbares hölzernes Observatorium dabei. George III. stellte 4000 Pfund zur Verfügung, einen so großzügigen Betrag, daß am Ende der Messungen sogar noch etwas übrig blieb.

Unter den anderen Nationen, die den Vorübergang beobachteten, scheinen die Franzosen die am wenigsten glücklichen gewesen zu sein. Guillaume le Gentil war für den Vorübergang 1761 nach Pondicherry in der Nähe von Madras geschickt worden und hatte kein Glück, weil die Stadt zu der Zeit, als er ankam, gerade von den Briten eingenommen worden war; am Tag des Vorübergangs war er noch auf See auf dem Weg nach Mauritius. Er wollte die lange Reise zurück nach Paris

DER VENUSDURCHGANG VON 1769

Die Bahn der Venus um die Sonne liegt in einer Ebene, die gegenüber der Erdbahn leicht geneigt ist. Deshalb ist es ein seltenes Ereignis, daß Erde, Venus und Sonne genau auf einer Geraden liegen und die Venus dann bei ihrem Vorübergang vor der Sonne gesehen werden kann. Dieses Ereignis ist fünfmal, 1639, 1761, 1769, 1874 und 1882 beobachtet worden. Der nächste Vorübergang oder Durchgang wird 2004 sein. Die Bedeutung dieser Vorübergänge im 18. Jahrhundert liegt darin, daß sie eine Gelegenheit boten, die Größe des Sonnensystems zu bestimmen. Der Vorübergang 1769 wurde von 151 Astronomen an 77 verschiedenen Stationen beobachtet, die über die ganze Welt verteilt waren. Die Karte (unten) zeigt, zu welchen Zeiten der Vorübergang vom 3.6.1769 auf der Welt sichtbar war.

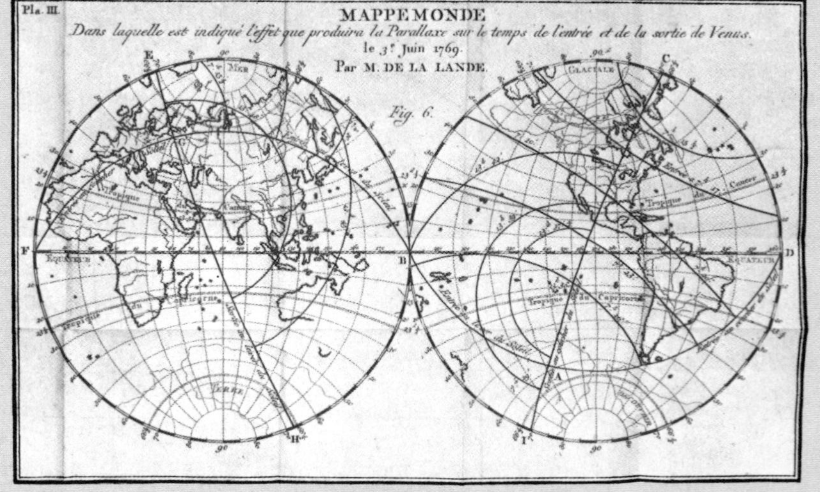

Das Schiff Endeavour (Anstrengung) 1768 beim Auslaufen aus dem Hafen von Whitby in England (links). Das Schiff sollte unter dem Kommando von James Cook die Expeditionen der Royal Society zur Beobachtung des Vorübergangs der Venus nach Tahiti bringen. Außer einer Mannschaft von fünf Offizieren und 88 Matrosen waren sechs Wissenschaftler an Bord.
Unten: Eine Ansicht ihres Bestimmungsortes auf Tahiti, der später Port Venus genannt wurde.

Der kleine Quadrant (unten), den John Bird herstellte, ist ein Beispiel für die Instrumente, die Kapitän Cook nach Tahiti mitnahm. Der Vorübergang wurde mit einem Gregory-Fernrohr beobachtet. Der Quadrant diente zur Bestimmung der geographischen Breite.

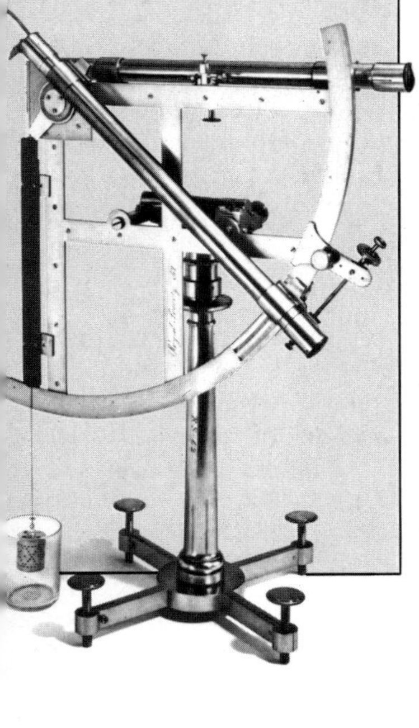

nicht ohne Ergebnisse machen, und so zog er es vor, acht Jahre lang im fernen Osten auf den nächsten Vorübergang zu warten. Diesmal erreicht er Pondicherry, aber der entscheidende Tag war bewölkt! Er mag sich mit dem Schicksal seines Kollegen Jean d'Auteroche getröstet haben, der zwar besseres Wetter, aber noch weniger Glück hatte. 1761 war d'Auteroche mit dem Schlitten quer durch das europäische Rußland gereist und hatte in Tobolsk, 500 km östlich des Ural, das Ereignis erfolgreich beobachtet. 1769 wollte er nach Westen reisen und überquerte den Atlantik mit einem kleinen Schiff, als es so aussah, daß die spanische Flotte, mit der er eigentlich reisen sollte, höchstwahrscheinlich nicht rechtzeitig für die Beobachtung des Vorübergangs ankommen würde. Ganz im Gegensatz zu Maskelyne hatte d'Auteroche zur Navigation mit Hilfe der Mondbeobachtung nur wenig Vertrauen: »Die mühsamen Berechnungen, die diese Methode erfordert, machen es zusammen mit der Genauigkeit und Aufmerksamkeit, die für die Beobachtung selbst nötig sind, für mich sehr zweifelhaft, ob das Verfahren je für den Gebrauch auf Handelsschiffen geeignet sein wird.« Als er Veracruz erreicht hatte, zog d'Auteroche mit seinen Mitarbeitern und den spanischen Begleitern im Ochsenwagen quer durch Mexiko, segelte zur Südspitze von Baja California und stelle das Fernrohr und die Uhren gerade rechtzeitig für die Beobachtungen auf. Die Reise hatte vom 18. September 1768 bis zum 19. Mai 1769 gedauert. Nach dem Vorübergang der Venus wartete die Expedition 14 Tage, um eine Mondfinsternis zu beobachten, aus der sie die geographische Länge ihrer Beobachtungsstation bestimmen wollten. Diese Wartezeit war verheerend. Die Astronomen steckten sich mit einem »epidemischen Unwohlsein« an und drei der vier starben. D'Auteroche machte die entscheidende Beobachtung der Finsternis als sterbenskranker Mann, Monsieur Pauly, sein Stellvertreter und »des Königs Ingenieur und Geograph«, steckte sich ebenfalls an, überlebte aber im Gegensatz zu d'Auteroche und konnte die wertvollen Ergebnisse zurück nach Paris bringen.

Die Ergebnisse all dieser Expeditionen waren eher enttäuschend, hauptsächlich deshalb, weil die dichte Atmosphäre der Venus das Bild des Planeten gerade in den entscheidenden Augenblicken, in dem der Vorübergang begann und endete, verformt erscheinen ließ. Die Messungen, die die verschiedenen Beobachter bei dem Vorübergang 1769 erhielten, ergaben Werte, die zwischen 143 bis 150 Millionen Kilometer für die »Astronomische Einheit«, die mittlere Entfernung von Erde und Sonne, lagen. Eine sorgfältige Analyse durch Lexell ergab 147 Millionen km als wahrscheinlichste Entfernung. Dies stellte einen bedeutenden Gewinn an Genauigkeit gegenüber den früheren Messungen von Planetenparallaxen dar, aber das Ergebnis war noch nicht annähernd so gut, wie die vielen Förderer der Expeditionen es gehofft hatten.

Die Zeit zwischen den Vorübergängen der Venus 1761 und 1769 brachte einschneidende Veränderungen in der Entwicklung des Fernrohrs. Zuerst hatte in den Jahren kurz nach 1760 Peter Dollond ein stark verbessertes Linsenteleskop entwickelt. Im folgenden Jahr hatte ein Organist und Musiklehrer in Halifax in England begonnen, sich aus Liebhaberei mit der Astronomie zu beschäftigen, und schließlich starb 1768 James Short und nahm seine geheimen optischen Methoden mit sich ins Grab. Der Organist Wilhelm Herschel übertraf ihn jedoch bald und wurde nicht nur ein überragender Erbauer von Fernrohren, sondern einer der größten astronomischen Beobachter aller Zeiten.

Herschel war im November 1738 als der zweite Sohn einer Familie von zehn Kindern in Hannover geboren worden. Sein Vater, Oboist in der Kapelle der Hannoverschen Garde, lehrte ihn, Geige und Oboe zu spielen und brachte ihm auch die Astronomie näher. 1753 wurde Wilhelm wie sein Vater Isaak und sein älterer Bruder Jakob Mitglied des Regimentsorchesters. Dieses Glück fand ein rasches Ende, als die Garde 1757 in der Schlacht von Hastenbeck von den Franzosen vernichtend geschlagen wurden. Isaak Herschel wurde Kriegsgefangener, und seine beiden Söhne gingen nach England: sie konnten nicht in ihre Heimat zurückkehren, weil die Franzosen Hannover besetzt hatten. Nach einer Reihe von Anstellungen als Musiker, meistens in Yorkshire, wurde Wilhelm Herschel 1766 Organist an der Oktagon-Kapelle in Bath, dem mondänen Badeort, in dem William Pitt, der neu ernannte Earl of Chatham, seine Gicht und die Anfänge eines Nervenzusammenbruchs zu heilen suchte.

Die Pflichten eines Kirchenorganisten waren nicht sehr beschwerlich und Herschel hatte Zeit, Musikunterricht zu geben und Konzerte zu veranstalten, die ihm den notwendigen finanziellen Rückhalt gaben, um sich immer mehr der Astronomie widmen zu können.

Zu Beginn des nächsten Jahres kaufte Herschel einen Quadranten und einige Bücher über Astronomie. Den Sommer verbrachte er damit, Linsenteleskope mit immer längerer Brennweite zu bauen, für die er die Linsen kaufte. Nacheinander baute er ein 1,2; dann ein 3,6; 4,5 und schließlich ein 9 m langes Instrument und fand das letzte »fast unmöglich zu handhaben«. Anfang September lieh er sich ein 60 cm langes Gregory-Spiegelteleskop aus, das so viel einfacher zu handhaben war, und beschloß, ein solches Gerät für sich selbst zu bauen. Am Ende des Monats hatte er von einem Bekannten das nötige Werkzeug und einige halbfertige Spiegel gekauft und folgte sorgfältig den Anweisungen, die Hadley und Molyneux in Smiths Büchern gegeben hatten, die jetzt zwar 35 Jahre alt, aber noch lange nicht veraltet waren. Das erste Fernrohr nach Gregory war kein Erfolg, aber das zweite, nach Vorlage, zeigte die Saturnringe und den Orionnebel. Die astronomischen Geräte nahmen bald das

Nevil Maskelyne, ein Londoner Kurat, der gern astronomische Berechnungen anstellte, wurde fünfter Königlicher Astronom (1765–1811), nachdem er St. Helena besucht hatte, um (ohne Erfolg) den Vorübergang der Venus 1761 zu beobachten und 1763 zu den West-Indischen Inseln gesegelt war, um John Harrisons viertes Modell einer seetüchtigen Uhr zu prüfen.

ganze Haus ein. Karoline, Herschels jüngere Schwester, beschreibt die Situation so: »Ein Tischler baut im Wohnzimmer ein Rohr, Alex (Wilhelms jüngerer Bruder) stellt in einem Schlafzimmer eine Drehbank auf, um Formen und Okulare zu drechseln, und ich muß mich damit vergnügen, aus Pappdekkeln Rohre herzustellen.« Ein Jahr später zog Herschel um. Inzwischen hatte er zwei Newtonsche Reflektoren, einen mit 11 cm Öffnung und 2 m Brennweite, einen anderen mit 23 cm Öffnung und 3 m Brennweite gebaut.

Der Mischung von Musik, Tischlern, Schleifen und Polieren am Tag folgten astronomische Beobachtungen in der Nacht. Herschels Fernrohre ergaben Bilder von unerhörter Qualität, und er begann 1777 mit einer Überprüfung aller Sterne in Flamsteeds Katalog. Die Bilder der Sterne in seinen Reflektoren hatten nur etwa ein Zehntel der Größe der Farbflecken, mit denen Flamsteed und Halley sich zufrieden geben mußten, und Herschel konnte sehen, daß viele der Sterne nicht einzelne Lichtpunkte, sondern enge Paare waren. Zur ersten Überprüfung benutzt er das 11-cm-Teleskop und erfaßte alle Sterne, die heller als von vierter Größenordnung waren. Es gab zwei Gründe für diese Überprüfung. Der erste war, die Einzelsterne, deren früher gemessene Position noch als zutreffend angesehen werden konnte, von den engen Doppelsternen zu unterscheiden, bei denen aus den früheren Messungen nur die Position der Mitte zwischen den Sternen bestimmt worden war. Herschels zweiter Beweggrund war, enge Doppelsterne zu finden, bei denen ein Stern hell und also wahrscheinlich erdnah und der andere schwach und so wahrscheinlich weit von der Erde entfernt war. Solche Kombinationen sollten eine gute Grundlage für Beobachtungen auf der Suche nach den so schwer meßbaren Sternparallaxen und damit den Abständen der Sterne sein. Atmosphärische Brechung, Bradleys Aberration des Sternenlichts und Fehler in der Aufstellung der Fernrohre würden beide Sterne gleichermaßen beeinflussen und deshalb würden kleine Unterschiede in der scheinbaren Position des nahen Sterns gegenüber dem fernen, die von der Bewegung der Erde herrührten, leichter zu finden sein. Ein Besucher im Hause Herschels zur Zeit der ersten sogenannten Durchmusterung wurde von Wilhelm ein »verteufelter Mensch« genannt – Nevil Maskelyne hatte sich mehrere Stunden lang mit Herschel unterhalten, ohne auch nur einmal seinem Gastgeber gegenüber zu erwähnen, daß er der Königliche Astronom war!

Im März 1781, kurz nach dem Umzug, war Herschel mit seiner zweiten Durchmusterung gerade beim Sternbild der Zwillinge angelangt. Am 13. März sah er im Gesichtsfeld seines Fernrohrs ein schwaches Objekt, das, anders als die Sterne in seiner Umgebung, sich deutlich als Scheibe zeigte. Während der Nacht bewegte sich die Scheibe merklich, und in der nächsten Nacht hatte sie ihre Position schon um fast eine Bogenminute verändert, genug also, um zu beweisen, daß sie zum Sonnensystem gehören mußte. Herschel meinte zunächst, die neue Erscheinung sei ein Komet und beschrieb sie als solchen in einem Brief an die beiden bedeutendsten britischen Astronomen, Maskelyne, den Königlichen Astronomen und Hornsby, den Professor für Astronomie in Oxford. Die große Überlegenheit von Herschels Teleskop wurde aus den Antworten deutlich. Hornsby konnte das neue Objekt gar nicht finden, und Maskelyne fand es zwar, konnte aber nicht messen, wie weit es sich von Herschels Bezugsternen entfernt hatte. Maskelyne konnte die betreffenden Sterne zwar sehen, aber sie waren in seinem Fernrohr so schwach, daß sie nur in totaler Dunkelheit erkennbar waren: Wenn er aber das Fadenkreuz belichtete, um messen zu können, konnte er den Stern, den er messen wollte, nicht mehr sehen.

Die Überraschung über die Leistungen von Herschels Fernrohren verwandelte sich in Erstaunen und Unglauben, als seine vorläufigen Ergebnisse von der Royal Society veröffentlicht wurden. Der Bericht enthielt eine Messung des Durchmessers des »Kometen« – fünf Bogensekunden – und wies fast nebenbei auf den Einsatz von Okularen mit gewaltiger Vergrößerung hin. Wenn es überhaupt eine Sache gab, von der die Berufsastronomen überzeugt waren und die sie ihren Amateurkollegen immer wieder erklärten, dann war es die, daß Okulare mit großer Vergrößerung zu nichts taugten. Wenn ein Teleskop mit einem Okular, das auf das 200-fache vergrößern konnte, ein unscharfes Bild ergab, dann machte ein Okular mit einer 1000-fachen Vergrößerung diesen Fleck nur fünf mal so groß. Mehr Einzelheiten waren nicht zu erkennen und das eingefangene Sternenlicht würde nur über eine größere Fläche verteilt, so daß der Fleck nicht nur größer, sondern auch weniger hell erschien. Und hier war ein Amateur aus der Provinz, der nicht nur Vergrößerungen benutzte, die völlig ungewöhnlich waren, sondern damit auch noch Entdeckungen machte!

Die Entdeckung war zunächst »neu und interessant« gewesen. Als weitere Messungen gemacht wurden und die Bahn von Herschels »Komet« bestimmt war, wurden sie als »völlig unerhört und nie dagewesen« bezeichnet. Aber es war kein Komet: Zum ersten Mal in der Geschichte war ein neuer Planet entdeckt worden. Er war fast doppelt so weit von der Sonne entfernt wie Saturn, der bis dahin der entfernteste bekannte Planet gewesen war, und brauchte für einen Sonnenumlauf 84 Jahre. Sobald seine Periode und die Entfernung bekannt waren, konnte man aus seinem Durchmesser von fünf Bogensekunden leicht ausrechnen, daß der neue Planet ein Riese war, nach Jupiter und Saturn der drittgrößte im Sonnensystem, und den vierfachen Erddurchmesser hatte. In gleicher Weise, wie Galilei die Monde des Jupiter nach dem Herrscherhaus der Medici in Florenz genannt hatte, nannte Herschel seinen Planeten »Georgium sidus«, den Georgianischen Stern, zu Ehren von König Georg III. Und ebenso wie die internationale Fachwelt Galileis Wahl abgelehnt hatte, so wurde Herschels neuer Planet bald nach Uranus benannt, dem griechischen Himmelsgott.

Als erstes nach dieser aufsehenerregenden Entdeckung wurde Herschel befohlen, sein Teleskop an den Hof zu bringen, um dem König diese neue Erscheinung vorzuführen. Herschel besuchte zunächst Maskelyne in Greenwich, wo er sein Fernrohr sowohl mit denen auf der Sternwarte als auch mit einem verglich, das Short gebaut hatte und mit dem Alexander Aubert arbeitete. Von diesem Fernrohr wurde gesagt, es sei das beste, das Short je hergestellt habe. Maskelyne und Aubert stimmten in ihrer Einschätzung der Überlegenheit von Herschels Reflektor überein und auch darin, daß es bei solchen ausgezeichneten Abbildungseigenschaften tatsächlich möglich ist, stärkere Vergrößerungen zu benutzen. Dann, nach mehreren ehrenvollen Einladungen zum Abendessen und einer Woche, in der er grippekrank war, ging Herschel nach Windsor. Der Abend des 2. Juli war klar, und nach Herschels eigenen Worten »gab mein Instrument Anlaß zu allgemeiner Zufriedenheit: der König hat sehr gute Augen und erfreute sich außerordentlich der Beobachtung mit dem Teleskop«. In der folgenden Woche bat Herschel, nachdem ihn seine Freunde dazu immer wieder angeregt hatten, den König um Unterstützung für seine astronomische Arbeit und wurde zum Hofastronomen mit einem Gehalt von 200 Pfund im Jahr ernannt, mit der Verpflichtung, Mitgliedern der königlichen Familie immer dann einen Blick durch seine Fernrohre zu ermöglichen, wenn ihnen der Sinn danach stand. Das Gehalt war weniger als die Hälfte des Einkommens, das Herschel in Bath gehabt hatte, aber noch vor Monatsende hatte er ein neues Haus in der Nähe von Windsor gemietet, den Umzug besorgt und die Fernrohre aufgestellt. Bevor er Bath verließ, fand er sogar noch Zeit, einen zusätzlichen Spiegel mit 30 cm Öffnung für ein gerade fertiggestelltes 6-mm-Teleskop zu gießen; diese Vorsichtsmaßnahme erwies sich als richtig, denn in dem folgenden kalten Winter zerbrach das Original. Mit diesen Instrumenten, die bald noch durch ein 6-m-Fernrohr mit einem Spiegel von 48 cm Durchmesser ergänzt wurden, setzte Herschel seine Durchmusterung des Himmels fort. Diesmal hatte er drei Beweggründe. Er wollte nicht nur seine Erforschung der Doppelsterne weiterführen, sondern er beabsichtigte auch, alle Nebel genau zu untersuchen und zu katalogisieren und auch die Zahl der Sterne, die in den verschiedenen Richtungen gesehen werden konnten, möglichst exakt anzugeben.

Die Arbeit an Doppelsternen nahm langsam eine andere Richtung an. Herschel fand, daß es viel zu viele enge Paare von Sternen gab, als daß die Paarbildung das Ergebnis einer zufälligen Anordnung sein konnte. Dies stellte die Grundannahme in Zweifel, daß bei zwei engbenachbarten Sternen, von denen einer hell und der andere schwach leuchtete, jeder eine andere Entfernung von der Erde hätte und sie deshalb für Parallaxenuntersuchungen eingesetzt werden könnten. Die Sterne mußten auch im Raum miteinander im Zusammenhang gesehen werden. Andererseits gab es schon Hinweise darauf, daß die Partner bei einigen Doppelsternen sich umeinander drehten. Herschels Arbeit mit Nebeln war durch eine Liste nicht-stellarer Objekte, die Charles Messier in Paris herausgebracht hatte, angeregt worden. Messier war ein Astronom, der mit besonderer Begeisterung neue Kometen entdeckte. Ein entfernter Komet ist bei seinem ersten Auftauchen daran zu erkennen, daß sein Bild weniger scharf ist als das der ihn umgebenden Sterne, und um nicht irregeführt zu werden, legte Messier ein Verzeichnis aller verschwommenen Objekte an, die er am Himmel fand und die am selben Ort blieben. Als er diese Objekte genauer untersuchte, fand Herschel, daß seine besseren Fernrohre die meisten von ihnen in Sternhaufen auflösen konnten. Er meinte anfangs, alle Nebel seien Ansammlungen von Sternen und würden als solche gesehen werden, wenn man nur hinreichend starke und genaue Teleskope zur Beobachtung hätte.

Herschels drittes Motiv, die Bestimmung der Anzahl der Sterne in verschiedenen Teilen des Himmels, war eine Forschungsrichtung, die nicht nur gute Instrumente erforderte, sondern auch eine tiefe Einsicht in die Zusammenhänge. Seine Vorstellungen vom Sonnensystem und seiner Umgebung waren ein gewaltiger Schritt in die Zukunft. Ohne zu wissen, daß Thomas Wright aus Durham etwa 25 Jahre früher ähnliche Ideen hatte, die er dann aber wieder zurücknahm, erkannte Herschel, daß die Sonne selbst innerhalb eines Sternhaufens liegen könnte. Das Erscheinungsbild der Milchstraße könnte dann durch die Annahme erklärt werden, daß sie eine flache scheibenförmige Sternansammlung ist, von der man viele Sterne sieht, wenn man in die Ebene der Scheibe hineinsieht und relativ wenige, wenn man senkrecht dazu aus dieser Ebene hinausschaut. Er nahm auch an, daß er in alle Richtungen durch die Scheibe hindurch sehen könnte und auch, daß, »alles zusammen genommen«, alle Sterne gleich hell seien. Mit diesem Denkmodell konnte Herschel seine Sternzählungen in Entfernungen umrechnen – in Vielfache der Entfernung zum Sirius, dem hellsten Fixstern – und so den ersten klaren Eindruck von der Form des Milchstraßensystems bekommen.

Diese Untersuchungen wurden in enger Zusammenarbeit zwischen Herschel und seiner Schwester Karoline gemacht, die am Fuß des Fernrohrs saß und die Aufzeichnungen machte, so daß ihr Bruder sein Auge nicht immer wieder an das Licht einer Lampe gewöhnen mußte, um selbst Notizen zu machen. Die Arbeit an diesen drei Hauptaufgaben war nicht alles. Die gute Auflösung seines Fernrohrs erlaubte es Herschel, die Rota-

Charles Messier, 1730–1817, dessen Monogramm hier gezeigt wird, stellte den ersten Katalog astronomischer Objekte zusammen, die keine Sterne waren, um ein Hilfsmittel bei seiner Suche nach neuen Kometen zu haben. Die Katalognummer mit dem Vorsatz des Buchstabens M für Messier wird heute noch als eine Abkürzung für über 100 Objekte benutzt. Dazu gehörten auch M 1, der Krebsnebel, und M 31, der Andromedanebel.

Das Portrait (unten) zeigt Herschel mit einer Zeichnung des »Georgianischen Planeten und seiner Monde«, der später »Uranus« genannt wurde.

Karoline, die Schwester und hingebungsvolle Helferin Herschels (oben), war selbst eine außerordentlich befähigte Astronomin, sowohl im Beobachten wie im Berechnen.

tionsachse des Mars zu bestimmen und Behauptungen, daß es auf der Venus Berge gäbe, zu widerlegen. Die Überlegenheit seiner Instrumente brachte ihn manchmal sogar in Verlegenheit. So schrieb er an Aubert mit der Bitte, zu bestätigen, daß der Polarstern ein Doppelstern sei, denn niemand sonst könne es sehen, und man glaubte ihm deshalb nicht.

Herschel beobachtete nicht nur, sondern vergrößerte auch das vom König gewährte Einkommen durch die Herstellung und den Verkauf von Reflektoren, meist Instrumente mit Rohren von 2 oder 3 m Länge; seine Aufzeichnungen zeigen, daß er in der Zeit zwischen 1782 und 1785 etwa 50 Fernrohre gebaut hat. Ein 2-m-Instrument kostete 65 Pfund; später trieb die durch die Napoleonischen Kriege bedingte Inflation den Preis in die Höhe, und so verzeichnete Fanny Burney's Tagebuch, daß der jüngere William Pitt für 100 Pfund ein Fernrohr gekauft hatte. Dieses Instrument konnte nach der Aufstellung in Pitts Haus in Dover nicht eingesetzt werden. Die Ursache dafür schien allerdings hier zu sein, daß man die alte Regel befolgt hatte, die Anleitung erst dann zu lesen, wenn alles andere versagt hat.

Herschel setzte seine Beobachtungen und den Instrumentenbau auch bei ungeeignetem Wetter fort. Der Winter des Jahres 1783 war ungewöhnlich kalt. Die Tinte gefror, Spiegel brachen, Karoline, die sich ja in vollständiger Dunkelheit an dem schneebedeckten 6-m-Instrument bewegen mußte, glitt aus und wurde schwer verletzt, und Wilhelm rieb sich selbst am ganzen Körper mit einer rohen Zwiebel ab, um Erkältungen vorzubeugen. Die Feuchtigkeit des Hauses, in dem die Familie wohnte, waren weder für die Gesundheit noch für die Beobachtung gut, und so zog die Familie 1785 und noch einmal 1786 um und ließ sich schließlich in Slough nieder. Dieser Ortsname deutet zwar auf ein Sumpfgebiet hin, aber das Haus dort stellte sich doch als wesentlich trockener heraus, als das in Windsor es gewesen war. Dort begann die Familie mit Hilfe einer königlichen Schenkung mit dem Bau eines Teleskops von 12 m Brennweite und 1,2 m Öffnung. Dies Instrument war also doppelt so groß wie Herschels Teleskop mit 6 m Brennweite, das damals das größte der Welt war, und wurde trotz eines früheren Fehlschlags gebaut, bei dem ein Spiegel mit 90 cm Öffnung gegossen werden sollte. Dabei brach die Form, und das geschmolzene Spiegelmetall ergoß sich über den Flur, dessen Steine wie bei einer Explosion zerbarsten. Der erste Spiegel für das neue Fernrohr wurde 1785 von einem Gießer in London gegossen. Er wog fast eine halbe Tonne, obwohl er dünner war als verlangt, und Herschel stellte eine Arbeitsgruppe zusammen, die beim Schleifen und Polieren helfen sollte. Der Spiegel wurde mit einem Eisenring mit zwölf numerierten Griffen versehen und von zwölf Männern in numerierten Schutzanzügen auf den Poliertisch gehoben. Mit Hilfe der Zahlen konnte Herschel sie leicht anweisen, in welche Richtung sie

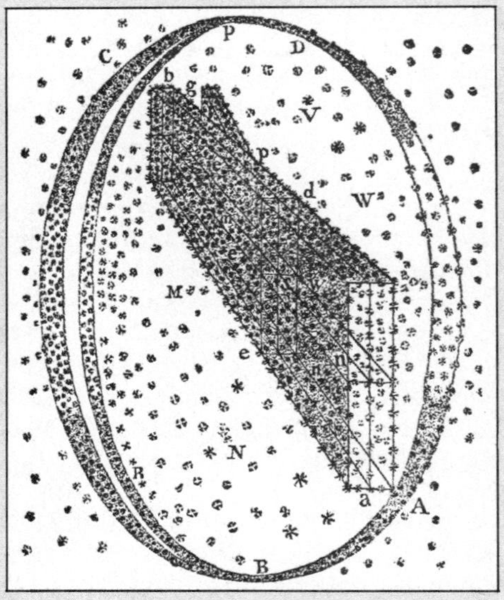

Die Milchstraße ist auf einem Viertel ihrer Länge in zwei parallele Zweige aufgeteilt. Herschels Zeichnung (oben) zeigt, wie das durch einen Spalt in einem kastenförmigen Modell der Milchstraße erklärt werden kann. Er leitete dieses Modell aus einer Zählung der Sterne in den verschiedenen Richtungen des Himmels ab und nahm an, daß die Milchstraße sich in der Richtung der größten Sterndichte weiter erstreckt als in die anderen Richtungen.

Herschel entwarf eine Reihe von Maschinen zum Polieren von Spiegeln für Fernrohre, die von kleinen, wie sie oben gezeigt werden, bis zu solchen reichten, die Spiegel von einer Tonne Gewicht polieren konnten.

Herschels größtes Fernrohr (links), das meist sein »40-Fuß-Gerät« genannt wird, wurde 1789 fertiggestellt. Aber es war kein sehr erfolgreiches Instrument, denn sein Standplatz in Slough hatte nur an etwa 100 Stunden im Jahr gute Beobachtungsbedingungen, und das Fernrohr war zu schwerfällig, um diese kurzen Gelegenheiten ausnutzen zu können. Die letzte Beobachtung mit diesem Teleskop wurde 1815 gemacht.

beim Polieren arbeiten sollten. Das Verfahren erwies sich als nicht sehr erfolgreich, und ein zweiter Guß wurde gemacht, der ebenfalls mißlang und schließlich ein dritter. Dieses letzte Gußstück war dicker und schwerer als die früheren, und es waren 24 Männer nötig, um es auf den Poliertisch zu heben. Trotz langer mühsamer Bearbeitung gab der Spiegel immer noch schlechte Bilder, und Herschel verbrachte fast ein Jahr mit der Entwicklung einer neuen Poliermaschine. Mit ihr konnte leichter und genauer gearbeitet werden als mit einer Gruppe gelangweilter Arbeiter, und am 27. August 1789 wurde der Spiegel endlich für gut genug befunden, um in das Teleskop, das man für ihn gebaut hatte, eingesetzt zu werden. Das neue Gerät wurde sofort zu einem großen Erfolg. Schon in der zweiten Nacht entdeckte er Enceladus, den sechsten Mond des Saturn, und sah die Flekken auf diesem Planeten deutlicher denn jemals zuvor.

Heutzutage würde die Vollendung des größten Fernrohrs der Welt, der bald eine Neuentdeckung und alles mögliche andere habens beweist, sofort zu einer Flut von Veröffentlichungen führen. Arbeiten über die Optik, den Bau, den Ort der Aufstellung, die Neuentdeckung und alles mögliche andere, würden verbreitet und die Fähigkeit der am Projekt beteiligten Wissenschaftler und Ingenieure und die Weisheit und das Wohlwollen ihrer Geldgeber gelobt werden. Herschel war da bescheidener. Er schrieb an Sir Joseph Banks, den Präsidenten der Royal Society und Herausgeber der *Philosophical Transactions* der Gesellschaft:

»Würden Sie es für angemessen halten, meiner Arbeit über Nebel, die gerade im Druck ist und wie ich glaube eine der letzten Aufsätze in dem Buch ist, einen Nachsatz hinzuzusetzen? –P. S. Saturn hat sechs Satelliten.
40 Fuß-Reflektor. Wm. Herschel.«

Obwohl das Riesenfernrohr einen solch großen Anfangserfolg hatte, wurde es nicht so oft benutzt wie die kleineren Instrumente. Es war schwerfällig in der Handhabung, und da der Spiegel einen hohen Kupfergehalt hatte (damit sich ein Spiegelmetall ergab, das in einem so großen Stück gegossen werden konnte) lief er sehr schnell an. Der Hauptteil der Forschungen Herschels wurde weiterhin mit dem 6-m-Teleskop und später mit einem 3-m-Gerät mit der ungewöhnlich großen Öffnung von 60 cm gemacht. Die Menge von Veröffentlichungen zwischen 1789 und 1822 war außerordentlich: einem zweiten Katalog von Nebeln 1789 folgte 1802 ein dritter; Untersuchungen des Saturn zeigten einen siebten Mond und die Umdrehungsgeschwindigkeit des Planeten. Der Arbeit an »Veränderlichen« (Sternen, deren Helligkeit veränderlich ist) folgte die Messung der Helligkeiten der Sterne. Die ersten Sternspektren wurden gemessen, weitere Doppelsterne wurden untersucht, und 1811 erkannte er, daß einige Nebel nicht Ansammlungen von Sternen, sondern wirklich feinverteilte Materie sind. Im Sonnensystem erforschte er die Größe der Venus, die Umdrehung der Jupitermonde, die Kometen von 1807 und 1811 und die Struktur der Sonne. Auch Karoline war an den Forschungen beteiligt, nicht nur, um ihrem Bruder zu helfen, sondern auch mit eigenen Untersuchungen. Sie entdeckte acht Kometen, und als Wilhelms Ergebnisse nicht mit denen Flamsteeds übereinstimmten, überarbeitete sie die Ergebnisse Flamsteeds und korrigierte die vielen Hunderte von Meßfehlern in dessen *Historia Coelestis Britannica.*

Die beiden wichtigsten späteren Untersuchungen Herschels beschäftigten sich mit der Sonne. 1800 untersuchte er die Erwärmung durch die verschiedenen Farben im Sonnenspektrum, hauptsächlich um Filter entwerfen zu können, die die Sonnenstrahlen davon abhalten sollten, die Spiegel der Teleskope zu verzerren. Er fand, daß rotes Licht eine größere Hitzewirkung hatte als grünes und daß es jenseits des roten Lichts noch ein »unsichtbares Licht« gab, das den üblichen Gesetzen der Optik gehorchte und einen großen Anteil an der Erwärmung hatte. Diese Entdeckung des Infrarot allein hätte genügt, Herschel internationales Ansehen zu verschaffen. Das andere Problem war subtiler. Wenn, wie Herschel gezeigt hatte, die Sonne ein Stern in einer riesigen Galaxis war, dann mußte sich dieses System entweder nach innen bewegen, indem die Galaxis unter der Einwirkung der Schwerkraft zusammenfällt oder sich in einer ausbalanzierten Drehbewegung befinden wie das Sonnensystem. Mit einer solchen Bewegung ist eine perspektivische Wirkung verknüpft: wenn man sich auf eine Reihe von Gegenständen wie Bäume, Straßenlampen oder was auch immer zubewegt, scheinen sie sich zu den Rändern des eigenen Gesichtsfelds hin zu bewegen, und das Umgekehrte, eine Bewegung aufeinander zu, scheint zu passieren, wenn man sich entfernt. Herschel untersuchte die Bewegung all jener Sterne, deren Verschiebung gemessen worden war und schloß, daß die Sonne sich in der Tat bewegte und daß die Bewegung auf einen Punkt im Sternbild des Herkules gerichtet war.

Herschels gesamte Laufbahn als Astronom – fast 50 Jahre vergingen zwischen seinem ersten Fernrohr in Bath bis zu seinem Tode 1822 im Alter von 84 Jahren – zeigt, wie sich fast unvermeidlich aus der Verbindung von verbesserten Meßmethoden und klarer Einsicht in die Zusammenhänge wesentliche Entdeckungen ergeben. Die Verbesserung unseres Wissens über die Einzelheiten des Sonnensystems war ungeheuer, aber der Beweis, daß die Sonne ein sich bewegender Stern im Innern unserer Milchstraße ist, bedeutet einen ganz wesentlichen Schritt in dem Verständnis des Menschen vom Weltall. Es liegt eine gewisse Ironie darin, daß Herschel niemals die Sternparallaxen maß, auf deren Suche er sich zu Beginn seiner astronomischen Karriere so überaus hoffnungsvoll gemacht hatte.

KAPITEL 5

Die Lösung eines schwierigen Problems

Der Achromat von Moor Hall bis Bessel
(1730–1840)

Es gibt in der Geschichte der Naturwissenschaften keine erstaunlichere Tatsache als Newtons blinde Überzeugung, daß alle Körper ... die roten und violetten Strahlen zu gleichen Abständen brechen würden, wenn die Brechung der mittleren Strahlen dieselbe wäre. Diese Meinung, die weder durch Versuche gestützt noch theoretisch untermauert war, scheint sich ihm gleichsam als ein Axiom eingeprägt zu haben ...
Als er – unter dem Einfluß dieser falschen Annahme – die Verbesserung des Linsenteleskops für aussichtslos erklärte, bremste er den Fortschritt auf diesem Gebiet für lange Zeit und erteilte damit zukünftigen Philosophen eine Lehre, die sie nicht eingehend genug studieren können.«

David Brewster, The Life of Sir Isaac Newton, 1831

Die Bildqualität der Linsenteleskope des 17. und frühen 18. Jahrhunderts war stark eingeschränkt, weil die Linsen die verschiedenen Farben, aus denen sich das Sternenlicht zusammensetzt, nicht in einem einzigen Brennpunkt sammelten. Dieser von der Wellenlänge des Lichts abhängige Effekt, die chromatische Aberration, stand zu den Dimensionen der benutzten Linse in Beziehung. Entweder mußte der Astronom einen Refraktor benutzen, dessen Länge etwa hundertmal so groß war wie die Öffnungsweite, oder er verwendete stattdessen das aufwendigere und weniger wirksame Spiegelfernrohr. Die Möglichkeit, ein Linsenfernrohr mit vernünftiger Öffnungsweite zu bauen, das sowohl kurz als auch wirksam war, wurde 1758 erkannt, als in London eine Linse patentiert wurde, die die Nebeneffekte der chromatischen Aberration kaum mehr aufwies.

Dieses erste Patent auf eine Linse, die ein Bild ohne farbigen Saum entwerfen konnte, wurde von John Dollond angemeldet, damals 52jährig und eine Autorität in Fragen der Optik. Vier Jahre vorher hatte Dollond zwei Briefe geschrieben, den einen an den Schweizer Theoretiker Leonhard Euler und den anderen an James Short, einen Hersteller von Fernrohren, in denen er in recht arrogantem und gönnerhaftem Ton erklärt hatte, daß jedermann, der nur die geringste Ahnung davon hatte, wissen müßte, daß die chromatische Aberration unvermeidlich ist. Als Dollond später erklärte, wie es zu seiner Meinungsänderung gekommen war, stellte er es so hin, als ob er seine Entdeckung ohne jeden äußeren Anstoß und ohne fremde Hilfe gemacht habe. Aber schon damals gab es Hinweise, daß dem nicht so war. Drei Männer im besonderen - Leonhard Euler, Samuel Klingenstierna und Chester Moor Hall - waren schon vor Dollonds Patentanmeldung dazu bereit gewesen, an der Newtonschen Auffassung deutliche Kritik zu üben.

Es entbehrt nicht einer gewissen Ironie, daß das Argument, mit dem Newton widerlegt wurde, selbst falsch war. Euler, Klingenstierna und Moor Hall »beobachteten«, daß das Linsensystem des Auges keine chromatische Aberration aufwies und schlossen daraus, daß eine korrigierte Linse, ein »Achromat«, in der Tat möglich sein müsse. Sie hatten damit unrecht. Das Auge weist sogar eine ziemlich starke chromatische Aberration auf, wie Newton wohl wußte. Und doch führte die »Beobachtung« und die Kenntnisse vom Bau des Auges zu einem neuen Gedanken. Die Linse des Auges hat optische Eigenschaften, die denen von Glas ähneln, ist aber anders als die Linsen in astronomischen Fernrohren in ein zweites brechendes Medium eingebettet, dessen optische Eigenschaften denen des Wassers ähneln. So wurde vermutet, daß eine Verbindung von Komponenten aus Wasser und Glas achromatisch sein könnte, und man ging dieser Idee nach. Wenn es im Auge eine achromatische Linse gäbe, so schloß man, mußte die Regel Newtons falsch sein, daß das Maß der Aufspaltung des weißen Lichts in seine Farben proportional zur Winkelabweichung des Lichstrahls sei. Euler, ein glänzender Mathematiker, vermutete zunächst andere Gesetzmäßigkeiten, die es möglich gemacht hätten, eine achromatische Linse aus zwei Glaskomponenten und einem wassergefüllten Raum dazwischen zu bauen. Klingenstierna war etwas vorsichtiger in seinen Annahmen. Auch er war Mathematiker und wies darauf hin, daß es Widersprüche zwischen dem Snelliusschen Brechungsgesetz und Newtons Regeln gäbe: Newton könnte entweder für ein Paar dünner Prismen, für die die Abweichungen klein wären oder für ein Paar dicke Prismen mit großen Abweichungen recht haben. Es war unmöglich, daß Newton und Snellius beide in bezug sowohl auf dünne als auch dicke Prismen recht hatten. Eulers Theorie wurde 1747 veröffentlicht. Klingenstierna sandte seine Schlußfolgerungen 1755 in einem Brief an Dollond, in dem er wärmstens empfahl, weitere Experimente anzustellen.

Der erste Vorläufer Dollonds war Chester Moor Hall. Er veröffentlichte nie etwas, hatte aber wahrscheinlich den größten Einfluß auf Dollond. Moor Hall war im Gegensatz zu Euler und Klingenstierna ein Experimentator und fand durch Versuche heraus, daß Newtons Regel falsch war. Wichtiger noch, er fand, daß bei zwei verschiedenen Glassorten, die ihm zur Verfügung standen, das Verhältnis von Aufspaltung des Lichtstrahls und Ablenkwinkel so verschieden war, daß er einen Achromaten aus festen Stoffen entwerfen konnte: Wasser war unnötig. Die zwei Glassorten waren im Handel als Kron- und Flintglas bekannt. Kronglas wurde üblicherweise für Fenster und Brillen verwandt. Das Flintglas war neu; es war eine für Tischgeschirr und Kerzenleuchter entwickelte Mischung, in der das übliche Soda-Kalk-Sand-Gemenge durch Hinzufügung von Bleioxyd verändert wurde. Diese Mischung war zuerst von George Ravenscroft 1673, sieben Jahre nach Newtons Experimenten mit Prismen, erprobt worden; während der nächsten 25 Jahre fügten die Glashersteller immer mehr

John Dollond, geboren 1706, war ein Seidenweber und wurde zu einem Fachmann für Optik. Er wurde 1761, seinem Todesjahr, zum Hofoptiker ernannt.

Bleioxyd hinzu und stellten immer schwereres Glas her (die schwersten dieser Gläser aus »Bleikristall« sind für den Gebrauch schon kaum mehr geeignet, sie sind so weich, daß sie leicht zerkratzt werden können.) Technisch waren sie wichtig, weil die optischen Eigenschaften sich von denen des Kronglases deutlich unterscheiden. Die neuen Gläser hatten einen höheren Brechungsindex als das übliche Material, so daß ein Prisma aus Flintglas die Lichtstrahlen in einem größeren Winkel brach als ein ähnliches Prisma aus Kronglas, und außerdem war die Dispersion des Flintglases größer, d.h. die Farben des Spektrums waren mit dem neuen Prisma weiter aufgefächert. Der entscheidende Punkt war, daß bei einer Vergrößerung der Ablenkung um 20 Prozent die Aufspaltung der Farben nicht um 20, wie Newton vorhergesagt hatte, sondern um 50 Prozent größer war.

Chester Moor Hall war ein ungewöhnlicher Mann, ein bescheidener Rechtsanwalt, der sich der Optik als einer Liebhaberei und nicht von Berufs wegen widmete. Er ging sehr vorsichtig vor, als er seine Gedanken überprüfen wollte und dazu die Teile für einen Achromaten mit 6 cm Öffnung, zwei Glaslinsen, entwarf und bestellte. 1733 bat er zwei verschiedene Optiker, James Mann und Edward Scarlett, ihm je eine einzelne Linse zu schleifen, eine konvexe Linse aus Kronglas und eine konkave Linse aus Flintglas. Durch einen glücklichen Umstand waren beide überbeschäftigt und überließen diese Arbeit einem anderen Optiker – und beide demselben, George Bass. Bass stellte die beiden Linsen mit demselben Durchmesser und nach derselben Form her und setzte sie, von Natur aus neugierig, zusammen, um zu sehen, welche Wirkung sich ergebe. Als erster, der eine echte achromatische Linse in der Hand hielt, hatte Bass nicht den Scharfsinn eines Geschäftsmanns, um sein Wissen ausnutzen zu können.

Um 1755, 20 Jahre danach, erzählte Bass Dollond, er wüßte, eine achromatische Linse sei möglich, denn er habe selbst einmal eine hergestellt. Diese Information und Klingenstiernas Brief überzeugten Dollond, daß er selbst experimentieren sollte, statt nur Newtons Autorität zu vertrauen. Zuerst zementierte er Glasscheiben zu einem keilförmigen Trog zusammen, den er mit Wasser füllte und in den er ein Glasprisma einsetzte. Durch viele Versuche fand er einen Winkel für den Trog, bei dem ein Lichtstrahl, der zuerst durch ein Glasprisma und dann durch einen prismenförmigen Raum voll Wasser ging, die Anordnung verließ, ohne von seinem ursprünglichen Weg abgelenkt worden zu sein. Diese Kombination, bei der die Glas- und Wasserkomponenten gleiche aber entgegengesetzte Ablenkungen ergaben, erzeugte ein deutliches Farbspektrum. Newton hatte also wirklich geirrt. Der nächste Schritt war der wichtigere: eine Anordnung von Wasser und Glasprisma zu finden, die zwar eine Ablenkung ergab, aber keine Aufspaltung in Farben. Als das erreicht war, wußte Dollond, daß nicht nur die Regeln Newtons falsch waren, sondern auch, daß die Brechungseigenschaften von Glas und Wasser zu unterschiedlich waren, um aus diesen Materialien eine brauchbare achromatische Linse herstellen zu können.

Dollond führte dann eine ähnliche Versuchsreihe durch, in der er Kron- und Flintglas verglich, und erhielt schließlich eine Kombination von drei Prismen, zwei aus Kronglas und einem aus Flintglas, die das einfallende Licht ablenkte, aber nicht in Farben zerlegte. Die Versuche waren nicht genau genug, um ihm sofort den Entwurf einer achromatischen Linse zu erlauben, aber nach vielen Versuchen gelang es Dollond dann doch, eine erste farbkorrigierte Linse herzustellen. Wie bei George Bass war auch dies eine Kombination einer konvexen Linse aus Kronglas und einer konkaven Linse aus Flintglas.

Peter Dollond, 1730–1820, dessen Geschäftskarte hier abgebildet ist, wurde 1774 Vorsitzender der »Verehrungswürdigen Gesellschaft der Brillenmacher«, ein Amt, das er noch zweimal einnehmen sollte.

Den nächsten Schritt machte John Dollonds Sohn Peter, der als erster erkannte, daß die achromatische Linse nicht nur eine interessante Spielerei ist, sondern ihrem Erfinder einen wesentlichen wirtschaftlichen Vorteil bringen könnte. Peter Dollond hatte 1750 seine eigene Optikerwerkstatt gegründet, wobei er sein eigenes kaufmännisches Geschick zur Herstellung einer Reihe von optischen Bauteilen benutzte, bei deren Entwurf er sich weitgehend auf seines Vaters Wissen und guten Ruf verließ. 1758, nachdem John Dollond seine Versuchslinsen fertiggestellt hatte, überredete Peter seinen Vater, sich die Erfindung patentieren zu lassen. Er bekam wegen des daraus entstehenden Wohlstandes den eifersüchtigen Unwillen seiner Londoner

Optiker-Kollegen zu spüren. Der Höhepunkt waren zwei erfolglose Prozesse gegen ihn, in denen das Patent in Frage gestellt wurde, im wesentlichen deswegen, weil Moor Hall zweifellos die Priorität hatte. In seiner Zusammenfassung des Beweismaterials stellte Lord Camden, der Richter im zweiten Prozeß, zwar fest, daß Moor Hall der Erfinder war, aber: »Es sollte nicht die Person sein, die ihre Erfindung in ihrem Schreibtisch verschließt, die von einem Patent Vorteile hat, sondern der, der sie zum Wohle der Allgemeinheit nutzt.«

Das Patent gab Dollond ein Monopol für die Herstellung achromatischer Linsen. Zwei große Schwierigkeiten blieben aber noch. Es war außerordentlich schwierig, gute Scheiben aus Flintglas zu bekommen, die für Linsen geeignet waren, und nach John Dollonds Tod 1761 gab es niemanden in der Firma, der die Entwürfe durch Berechnungen verbessern konnte.

Inzwischen wurde die Theorie der achromatischen Linsen nicht vernachlässigt. 1761 veröffentlichte die Royal Society eine lateinische Übersetzung von Klingenstiernas Werk, was Peter Dollond nicht gerade erfreute, und in Frankreich wiederholte Alexis Clairaut die Versuche John Dollonds und entwarf dann eine Reihe besserer Linsen. Als junger Mann hatte Clairaut Pierre Maupertuis bei einer Expedition begleitet, wo die Länge eines Breitengrades in Lappland vermessen wurde, und war maßgeblich an der Deutung der Meßergebnisse beteiligt. Er hatte später sein hohes Ansehen durch eine theoretische Untersuchung der Einflüsse von Jupiter und Saturn auf die Bahn des Halleyschen Kometen erlangt – Vorhersagen, die sich bestätigten, als der Komet 1758 wiederkehrte. Clairauts Analyse der chromatischen Aberration zeigte, daß drei Komponenten unnötig waren. Eine zweikomponentige »Doppellinse« war genauso wirksam. Zudem konnten die Krümmungen der beiden Seiten der konvexen und der Innenseite der konkaven Linse gleich sein, womit die Produktionskosten sich wesentlich verringerten. Clairaut dehnte seine Untersuchungen aus, um auch die Wirkungen der sphärischen Aberration mit einzuschließen. Wie bei den Spiegeln von Short und Herschel ist das Bild von einer einzigen Linse nicht vollkommen, wenn die Linsenoberflächen Teile einer Kugel (also sphärisch) sind, sondern sie müssen parabolisch oder hyperbolisch sein. Eine nicht-sphärische Linse ist außerordentlich schwer herzustellen. Mit einem Linsensystem aus zwei Linsen ist es möglich, die Fehler der beiden Linsen gleich aber entgegengesetzt zu machen, so daß sie sich aufheben und sich insgesamt ein ungestörtes Bild ergibt. Clairauts Entwürfe wurden 1763 von mehreren Optikern verwirklicht. Das erste von Passemant hergestellte Exemplar wurde in ein Teleskop eingebaut, das Ludwig XV. als Geschenk erhielt.

Die Anwendung der neuen achromatischen Linse für Himmels- und nicht nur für Erdfernrohre begann mit dem Durchgang der Venus vor der Sonne 1761, als Klingenstierna in Stockholm, Mayer in Deutschland und Lacaille in Frankreich die neuen Linsen, die vermutlich von Dollond geliefert wurden, für ihre Beobachtungen benutzten. Die neuen Fernrohre wurden durch diese ersten Versuche nur wenig verbessert; die hohen Erwartungen wurden durch die schlechte Qualität der Ergebnisse stark gedämpft. Die Situation verbesserte sich, als Peter Dollond sein erstes Linsensystem mit drei Komponenten dem königlichen Astronomen Maskelyne lieh. Die Linse wurde mit demselben Teleskop mit langer Brennweite verglichen, mit dem 40 Jahre früher Hadleys Spiegelteleskop überprüft worden war. Der Vergleich fiel glänzend aus, und vom 25. September 1765 an waren alle bestehenden Linsenteleskope veraltet, und das Glück Peter Dollonds war gemacht. Vor dieser neuen Entwicklung mußte eine Linse mit 10 cm Öffnung in ein Teleskop von 10 oder sogar 20 m Länge montiert werden, wenn enge Doppelsterne aufgelöst werden sollten. Jetzt konnte dieselbe Auflösung mit einer Linse von nur 105 cm Brennweite erreicht werden. So konnten die Vorteile einer handlichen Größe mit dem hohen Wirkungsgrad der Linsenoptik verbunden werden.

Die neue Art der Linse wurde fast sofort sowohl in alle astronomischen Instrumente zur Ortsbestimmung – Quadranten, Sextanten, Mauerbogen und so weiter – als auch in die »Beobachtungsfernrohre« eingesetzt. Das erste Instrument mit einer geteilten Skala wurde mit einem Objektiv nach einem Entwurf von Clairaut in Frankreich von dem Amateur M. de l'Etang hergestellt. Die Linse hatte eine Öffnung von 3,8 cm und eine Brennweite von 73 cm – recht wenig, aber trotzdem war es zehnmal so lichtstark wie Lacailles Quadrantenfernrohr, das eine ähnliche Brennweite hatte, aber eine Öffnung von nur 1,2 cm. Zur Zeit eines zweiten Venusdurchgangs war der Achromat schon weit verbreitet und wurde bei 27 der 150 erfolgreichen Beobachtungen benutzt. 15 französische Astronomen arbeiteten mit den neuen Linsen, auch der glücklose d'Auteroche, und das britische Kontingent wäre sicher noch größer gewesen, wäre die Royal Society bereit gewesen, Peter Dollonds hohe Preise zu bezahlen.

Während Maskelyne die britischen Expeditionen für den Venusdurchgang von 1769 organisierte und ausrüstete, war sein Heimatinstitut, die Sternwarte von Greenwich, Mittelpunkt von Umwälzungen. Zwei Ereignisse erforderten ein Umdenken im Observatorium. Plötzlich gab es zwei Lösungen für das Problem der Längengradbestimmung. Zuerst hatte der deutsche Mathematikprofessor Tobias Mayer eine Theorie, die auf den Arbeiten von Euler, Clairaut und d'Alembert fußte, mit Bradleys Messungen in Zusammenhang gebracht und so eine Reihe genauer Vorhersagen der Mondbahn erhalten. Endlich konnte die Methode der Mondmessung zur Bestimmung der geographischen Koordinaten benutzt werden. Dann, wäh-

Die vorhergesagte Wiederkehr des Halleyschen Kometen (der hier bei seiner Wiederkehr 1910 gezeigt wird) gab dem allgemeinen Interesse an der Astronomie in der Mitte des 18. Jahrhunderts großen Auftrieb. Bei seiner nächsten Wiederkehr 1986 wird er wohl von einem Raumfahrzeug aus beobachtet werden.

CHROMATISCHE ABERRATION

Eine einfache Linse, also eine aus einem einzigen Stück Glas hergestellte Linse, hat für jede Farbe im Spektrum eine andere Brennweite. Eine solche Linse kann bei weißem Licht kein scharfes Bild geben; dieser Effekt heißt chromatische Aberration.

Das bei einer einfachen Linse entstehende Bild eines weißen Gegenstands wird oben links gezeigt. Es hat farbige Ränder, gewöhnlich orange oder blau, die von der chromatischen Aberration der Linse herrühren. Das Ausmaß der farbigen Ränder hängt vom Durchmesser der Linse ab und wird größer, wenn die Linse größer wird. Im Vergleich dazu ergibt dasselbe Objekt mit einer achromatischen Linse ein scharfumrissenes weißes Bild (oben rechts).

ACHROMATISCHE LINSEN

Die Korrektur der chromatischen Aberration erfordert die Kombination von zwei Linsen verschiedener Glassorten. Das Ergebnis ist ein »Doublet« oder Zweilinsensystem, das das Licht in einem einzigen Brennpunkt sammelt. Die chromatische Aberration der zwei Linsen gleicht sich aus (unten).

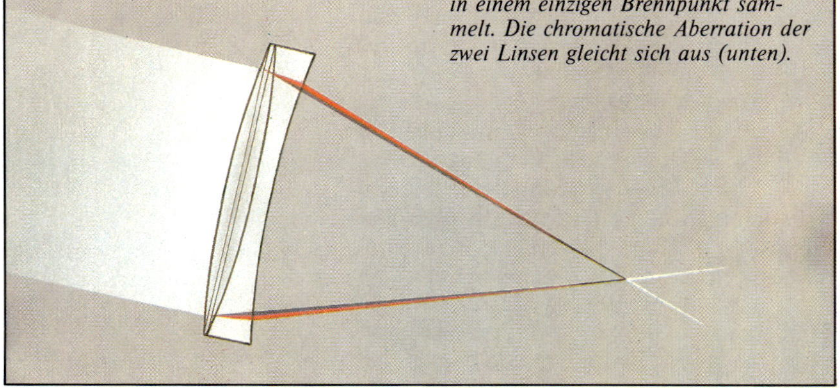

rend Maskelyne unter Benutzung der Rechenmethoden Mayers seinen ersten *Nautischen Almanach* zusammenstellte, krönte der Instrumentenbauer John Harrison sein der Zeitmessung gewidmetes Lebenswerk mit der Herstellung einer Uhr, die auch auf See mit erstaunlicher Genauigkeit die Zeit angeben konnte. Die Präzision seiner Uhr wurde bewiesen, als sie mit einem Schiff auf eine Reise nach Jamaika und zurück genommen wurde: der Fehler in der mit ihrer Hilfe bestimmten geographischen Länge war kleiner als 30 km, nach Monaten mit hohem Seegang auf dem Schiff. Dieses Ergebnis war genauer als es mit den Tafeln Mayers möglich war und war auch ohne all die Berechnungen entstanden, die bei der Mondabstandsmethode nötig waren. Das einzige Problem war die teure Fertigung und daß sie nicht in größeren Mengen hergestellt werden konnte. Als Cook auf seiner zweiten Expedition nach Tahiti segelte, nahm er eine solche Uhr mit, die dem Gerät Harrisons nachgebaut war und die überall sehr bewundert wurde. Dabei hatte sein Schiff, die HMS *Resolution,* 2750 Pfund gekostet und die Uhr 500 Pfund.

Die Sternwarte von Greenwich fand schnell zwei neue wichtige Aufgaben für die Navigation. Maskelyne stellte eine Gruppe Mathematiker zusammen, die die Vorhersagen aus Mayers Theorie für das jeweils kommende Jahr berechneten und im *Nautischen Almanach* veröffentlichten. Gleichzeitig stellte die Sternwarte einen Assistenten an, dessen Aufgabe es war, Chronometer zu testen. Dieses zweifache Vorgehen war notwendig, weil der *Almanach* für Navigatoren, die sich die neuen Uhren noch nicht leisten konnten, weiterhin unentbehrlich war. Durch diese Aufgaben wurde die Sternwarte von ihrem eigentlichen Beobachtungsprogramm abgelenkt, und die neuen achromatischen Linsen wurden nur allmählich in die Fernrohre von Greenwich eingebaut. Die langsame Umstellung ergab sich auch aus den Schwierigkeiten, die mit der Herstellung von Flintglas zusammenhingen. Das bedeutete, daß die meisten achromatischen Linsen nur kleine Öffnungen hatten und das ständige Bedürfnis der Astronomen nach »mehr Licht« nur schwer befriedigt werden konnte. Während Herschel das Spiegelteleskop verbesserte und vergrößerte, beschäftigte sich Peter Dollond gemeinsam mit seinem Bruder John vor allem damit, seine Linsen in weniger anspruchsvollen Bereichen einzusetzen. Die Arbeit der Dollonds führte zu dem traditionellen Erdfernrohr: eine achromatische Objektivlinse mit wenigen Zentimetern Öffnung wird in ein zusammenschiebbares Gehäuse montiert.

Die Mehrzahl der wenigen großen Linsen Dollonds wurden von Peter Dollonds Schwager »Honest Jesse« Ramsden in Fernrohre eingebaut. Ramsden, der 1735 in der Nähe von Halifax geboren wurde, war der Großneffe von Abraham Sharp, der 1688 Flamsteeds erfolgreichen Quadranten gebaut hatte. Seine erste Anstellung hatte er in einem

Lagerhaus für Stoffe, aber er gab die Stelle auf, um Lehrling bei einem Londoner Instrumentenbauer zu werden. 1762 machte er sich selbständig und heiratete kurz danach Peter Dollonds Schwester Sarah. Jesse Ramsdens erste astronomische Instrumente waren kleine achromatische Linsenfernrohre und bemerkenswert wegen der Art, mit der eine von James Short benutzt Montierung (eine Weiterentwicklung des Torquetum des 15. Jahrhunderts) verwendet und verbessert wurde. Sein Hauptbeitrag zur Präzisionsmechanik und insbesondere zur Astronomie war die Entwicklung eines genauen Schraubengewindes. Dieses so unwichtig klingende Problem war von grundlegender Bedeutung. Es ist außerordentlich schwierig, das genaue Muster eines Schraubengewindes herzustellen, das dann zur Herstellung der Schrauben als Vorlage dienen kann. Ramsden benötigte fast 15 Jahre, um eine Schraube so zu vervollkommnen, daß sie bis auf 0,001 mm genau eine mathematisch exakte Schraubenlinie verkörperte.

Die neue Schraube wurde als entscheidender Bestandteil in eine Maschine eingebaut, die die genaue Skaleneinteilung, die auf allen winkelmessenden Geräten, wie sie in der Astronomie und Navigation erforderlich sind, eingraviert. John Bird, der führende Hersteller von Quadranten in der Mitte des 18. Jahrhunderts, hatte seine Skalen mit den Methoden der klassischen Geometrie eingeteilt, also Winkel von 90 Grad, 60 Grad und 30 Grad konstruiert und diese Winkel dann wiederholt halbiert. Oft hatte er in einem rechten Winkel mit 96 solchen Teilungen Marken angebracht. Der Hauptvorteil der neuen Teilmaschine Ramsdens war, daß die zusätzliche Genauigkeit es erlaubte, die Skalen zu verkleinern, so daß der Sextant eines Steuermanns von einem Durchmesser von 50 cm auf handliche 25 cm reduziert werden konnte. Noch kleinere Sextanten, bis zu einem Radius von 10 cm, wurden für die Eroberer und Forscher entwickelt, die über Land reisten und kein Schiff zum Transport ihrer Geräte zur Verfügung hatten.

Die Maschine Ramsdens besaß darüber hinaus den großen Vorteil, daß sie es erlaubte, einen Vollkreis zu unterteilen. Mehrere Noniusskalen, die in Abständen um solch eine Skala herum abgelesen werden konnten, ergaben eine viel größere Genauigkeit, als sie mit dem einzigen Nonius an einem Quadranten möglich war. Aus den Ablesungen kann der Mittelwert gebildet, und damit können kleine Fehler in den Skalen und in der Lage des Drehpunkts ausgeschaltet werden. Birds Mauerbogen und Quadranten wurden durch Mauerkreise ersetzt, wo neben den neuen Skalen auch die jetzt mögliche Verringerung der Brennweiten und die größeren Öffnungen ausgenutzt wurden, die der achromatischen Linse zu verdanken sind. So ergaben sich kompakte Instrumente, mit denen sowohl schwache Sterne beobachtet als auch ihre Positionen mit hoher Genauigkeit bestimmt werden konnten.

Ramsden war nicht nur ein sorgfältiger Konstrukteur. Sein Name ist heute noch mit dem »Ramsden-Okular« verknüpft, und gelegentlich stellte seine Firma auch eigene achromatische Linsen her. (Dollond hatte Ramsden als Hochzeitsgeschenk einen Anteil am Patent gegeben.) Ramsden hatte eine Vorliebe für die Präzisionsmechanik, und dieser Leidenschaft ging er unter vollständiger Mißachtung wirtschaftlicher Überlegungen nach. Das hieß, daß er die Produktion auf halbem Wege anhielt, wenn er Ideen für ein besseres Verfahren hatte. Viele Instrumente wurden erst mit großer Verspätung fertiggestellt, ein Fernrohr für die Universität in Dublin hält da den Rekord: es wurde 27 Jahre nach der Bestellung geliefert. Der Beginn der ersten nationalen Landvermessung wurde um einige Jahre verzögert, weil Ramsden die Theodoliten nicht rechtzeitig fertiggestellt hatte. Die Königliche Sternwarte gab die Hoffnung auf und zog ihren Auftrag für ein Teleskop schon nach sechs Jahren zurück.

Der Nautische Almanach und John Harrisons seetüchtige Uhr (unten) stellten zwei Lösungen für das Problem der Seefahrer dar, die geographischen Koordinaten zu bestimmen. Der Almanach benutzt Vorhersagen der Mondpositionen, die auf der Arbeit von Tobias Mayer beruhen. Sowohl Mayer als auch Harrison bewarben sich um Preise, die der »Ausschuß der Admiralität für die Längenbestimmung« vergab. Mit einer Verzögerung von zehn Jahren wurden der Witwe Mayers 3000 Pfund und Harrison 18750 Pfund zuerkannt.

Die Instrumente, die Ramsden fertigstellte, waren von höchster Genauigkeit.

Das berühmteste der astronomischen Instrumente Ramsdens war Giuseppe Piazzis »Kreis von Palermo«, ein achromatischer Refraktor mit 1,5 m Brennweite mit einer altazimutalen Montierung. Die Bewegungen des Teleskops wurden sowohl für die Höhe als auch für den Azimut auf vollständigen Kreisskalen abgelesen. Der Aufbau war so starr wie möglich gemacht worden, wozu hohle konische und zylindrische Röhren als wesentliche Bauteile verwendet wurden. Piazzi war ursprünglich Professor für Mathematik in Palermo gewesen; als 40jähriger wurde er im Zuge der Vorbereitung der Gründung der beiden Sternwarten von Neapel und Palermo nach Paris und Greenwich geschickt, um dort Astronomie zu lernen. Er setzte die Auslieferung seines Teleskops durch, indem er Ramsdens Werkstatt regelrecht belagerte, sie fast täglich besuchte, um den Fortschritt zu überwachen, und manchmal sogar selbst mitarbeitete. Das Programm wurde durch eine Besichtigung von Herschels Spiegelteleskop unterbrochen, bei der Piazzi von der Leiter fiel und sich den Arm brach, aber schließlich war sein neues Teleskop fertig und er kehrte heim, um es auf dem Dach des königlichen Palastes von Palermo aufstellen zu lassen. Das Instrument verdeutlichte den neuen Grad an Genauigkeit, Piazzi konnte zeigen, daß die Fixsterne in der Regel nicht still stehen, sondern sich bewegen. Die Bewegungen waren äußerst gering: die »Fixsterne«, die er beobachtete, – ein Sternenpaar im Sternbild Schwan, wobei ein Stern von fünfter und der andere von sechster Größenklasse war – bewegten sich mit einer Geschwindigkeit von Bruchteilen einer Bogensekunde im Jahr. Die mittlere Geschwindigkeit der 50 hellsten Sterne (von diesen ist der Polarstern der schwächste) beträgt 0,29 Bogensekunden im Jahr. Es ist unmöglich, solch kleine Beträge zu messen, wenn das Gerät nicht äußerst stabil gebaut ist; Veränderungen um winzige Bruchteile eines Millimeters in einem Jahrzehnt genügen, um das ganze Programm scheitern zu lassen.

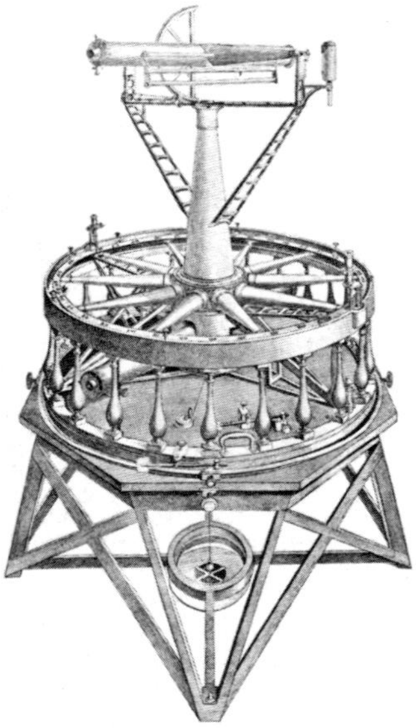

Die Genauigkeit der Teilmaschine Ramsdens und die Benutzung leichter, aber stabilerer Gerüste für die Rohre kamen der Feldvermessung ebenso wie der Astronomie zugute. Ramsdens großer Theodolit (oben) war auf einem Gerüst genau oberhalb von Bradleys Meridianteleskop in Greenwich montiert, damit die nationale Landesvermessung an einen Ort von genau bekannter Position anknüpfen konnte.

Piazzi durchmusterte wie Herschel geduldig den ganzen Himmel und maß die Positionen von 7600 Sternen jeweils mehrmals. Und wieder, wie bei Herschel, wurde diese methodische Sorgfalt belohnt, als er in der ersten Nacht des 19. Jahrhunderts auch einen neuen kleinen Planeten entdeckte. Dieser Planetoid, den er nach der klassischen Schutzgöttin Siziliens Ceres nannte, war nicht wie Uranus ein weit entfernter Riese, sondern erschien als winziger Lichtpunkt, der die Sonne auf einer fast kreisförmigen Bahn zwischen Mars und Jupiter umlief. Der Zeitpunkt der Entdeckung ist bemerkenswert. Johann Bode, der Direktor der Berliner Sternwarte und der Mann, der Herschels Planet den Namen Uranus gegeben hatte, hatte schon an Piazzi geschrieben und ihn um Hilfe bei der Suche nach einem Planeten in der Lücke zwischen Mars und Jupiter gebeten; Piazzi hatte Ceres gefunden, bevor er den Brief erhielt. (Bode war durch eine empirische Beziehung, die jetzt die Titius-Bodesche Reihe genannt wird und die Entfernungen der Planeten von der Sonne beschreibt, auf die Spur des Planetoiden gebracht worden.)

Ein anderer Gewinn, der sich aus der Entdeckung des Ceres ergab, war die internationale Aufmerksamkeit, die sich auf die von Carl Friedrich Gauß entwickelte Theorie der Fehlerberechnung richtete. Seine Arbeiten stellten die theoretischen Hilfsmittel zur Verfügung, die es ermöglichten, aus einer Reihe von notwendigerweise unvollkommenen Beobachtungsdaten zuverlässige Ergebnisse abzuleiten. Vor Gauss hatte es keine objektive Methode zur Bestimmung der experimentellen Genauigkeit gegeben und außer der groben Bestimmung eines Mittelwerts auch keine andere Art, eine Vielzahl von Beobachtungen zusammenzufassen. Gauss benutzte seine Theorie dazu, mit Hilfe von nur wenigen früheren Beobachtungen von Piazzi, die Position von Ceres vorherzusagen, nachdem der Planetoid eine Zeitlang nicht beobachtbar gewesen war, weil er am Himmel der Sonne zu nahe war. Bei der genaueren Untersuchung der Ceres gab es dann zwei wichtige Entdeckungen: Sogar Herschel hatte den Planetoiden nicht als Scheibe, sondern nur als Lichtpunkt sehen können; Ceres mußte also sehr viel kleiner sein als sogar der Mond. Zweitens war der Planetoid nicht allein. In den nächsten Jahren wurden drei weitere gefunden, deren Bahnen der von Ceres sehr ähnelten. Wilhelm Olbers, ein Arzt aus Bremen, fand zwei, Pallas und Vesta, und sein Kollege Karl Harding entdeckte Juno.

Jesse Ramsden starb gerade vor Piazzis Entdeckung des Ceres und hinterließ eine Werkstatt voller halbfertiger Instrumente und einen guten Ruf als ehrlicher und integrer Mensch. Sein Streben nach Genauigkeit hatte ihn dazu geführt, bessere Instrumente zu entwickeln und die traditionelle technische Präzision astronomischer Geräte noch zu erhöhen. Dem Ruhm seines Schwagers John Dollond als dem alleinigen Erfinder des Achromaten setzte Ramsden in aller Bescheidenheit sein ausgeglichenes Lebenswerk gegenüber. Die Aufträge, die in Ramsdens Werkstatt auf ihre Vollendung warteten, wurden von seinem Vorarbeiter, Matthew Berge, bearbeitet, und diese Politik bewährte sich, solange keine Neuerungen nötig waren. Berges Sextanten waren gute Instrumente, aber sein Versuch, ein Teleskop für Sir George Shuckburgh zu bauen, war weniger erfolgreich. Das Fernrohr für Shuckburgh basierte auf einem Dollond-Achromaten mit 10 cm Öffnung und war in seinem Bau Piazzis »Kreis von Palermo« sehr ähnlich. Die entscheidende Veränderung war, daß das neue Teleskop so konstruiert war, daß es sich entlang der ortsbezogenen Polar- und Deklinationsachse bewegen sollte statt wie das Instrument Piazzis entlang vertikaler und horizontaler Achsen (altazimutale Montierung). Dazu mußte jedoch das Gerät um einen Winkel gekippt werden. Das belastete den Rahmen ungleichmäßig, und selbst mit sechs Stützsäulen, statt der von Piazzi benutzten vier, war die Montierung noch zu nachgiebig.

Sir George Shuckburgh vermachte sein Teleskop der Königlichen Sternwarte, wo es sich als ein Danaergeschenk erwies. Der königliche Astronom berichtet 50 Jahre später, daß es 100 Pfund kosten würde, um es brauchbar zu machen. »Und wenn das erreicht ist, werden wir ein kleines unbedeutendes Fernrohr haben mit einem schwachen Aufbau und in einer Aufstellung, die schlechter ist als alles, was sich ein Astronom je vorstellen könnte.« Es war allerdings nicht Berges Fehler, daß das Teleskop in einem ehemaligen Sommerhaus aufgestellt wurde, von dem aus der größte Teil des Himmels durch die Hauptsternwarte verdeckt wurde. Es wäre sicher stabiler gebaut worden, wenn Ramsden noch gelebt hätte und die Schwierigkeiten erkannt hätte. Das Wesentliche an Shuckburghs Fernrohr war, daß es das erste große Fernrohr mit einer äquatorialen Aufhängung war, die durch die Gesamtlänge des achromatischen Refraktors möglich wurde. Mit ihm wurde eine neue Generation von Fernrohren eröffnet. Noch heute wird die geneigte Gabel, die Ramsden entwarf, als »englische Montierung« bezeichnet.

Ramsdens Tod war nicht der einzige Rückschlag, den der Bau von Fernrohren in England erlebte. Das Handwerk litt ebenso unter der Feindseligkeit, die eine ganze Reihe von Regierungen gegenüber dem Glas zeigte. Der erste Schritt war eine Steuer auf Fenster gewesen, die William Pitt als eine einfache Besitzsteuer eingeführt hatte, die der Wohlhabenheit des Hauses angepaßt sein sollte. Karoline Herschel war außerordentlich verärgert gewesen, als sie herausfand, daß das Haus, das ihr Bruder in der Nähe von Windsor gemietet hatte, 30 Fenster hatte und so außerordentlich teuer sein würde. Dann erregten Tischgeschirr und Kerzenhalter aus Glas die Aufmerksamkeit des Schatzmeisters und wurden zu steuerpflichtigen Luxusgütern erklärt. Die Steuer wurde nach dem Gewicht des benutzten Glases berechnet und nicht nach der Zahl der Gegenstände oder dem Wert, und so stellte sich unglücklicherweise das für die Optik so wichtige aber schwere Bleiglas als unwirtschaftlich heraus und wurde nicht mehr hergestellt.

Obwohl die britischen Teleskophersteller des frühen 19. Jahrhunderts gezwungen waren, mit eingeführtem Glas zu arbeiten, war ihr Können noch bewundernswert. Zu den wichtigsten Nachfolgern Ramsdens gehörten Edward Troughton und Charles Tulley. Troughton entwickelte den Mauerkreis und baute ein solches Gerät für Greenwich. Dieses Instrument und eines der zwei von ihm hergestellten Nachbauten wurden vom königlichen Astronomen John Pond im frühen 19. Jahrhundert benutzt, um Bradleys Arbeiten fortzusetzen, der die genaue Position einer kleinen Gruppe von fundamentalen Bezugssternen bestimmen wollte. Pond verbesserte die Genauigkeit des Kreises dadurch, daß er mit Hilfe eines kleinen Quecksilbersees einen vollkommen horizontalen Spiegel herstellte. Diese Technik erlaubte es, von demselben Stern unter Benutzung von zwei Kreisen zwei Beobachtungen zu machen, von denen eine nach oben und eine durch Betrachtung des Spiegelbildes in dem Quecksilberspiegel gemacht wurde. Der Spiegel ist genauer als ein Lot, wenn er nur sauber und frei von Zug gehalten wird, und Pond verbrachte eine Menge Zeit damit, die richtige Form zu finden. Der Mauerkreis war jedoch an die Grenzen seiner Möglichkeiten gekommen. In dem Maße, in dem sich die Öffnung der Fernrohre vergrößerte, wurde die schiefe Belastung des Aufhängepunktes immer störender. Ein Paar von Aufhängepunkten, einer auf jeder Seite des Rohres, waren nötig, und der symmetrische Meridiankreis trat in den Vordergrund. Troughton baute ein solches Instrument für Stephen Groombridge. Dieses Instrument, dem man seine Verwandtschaft mit Ramsdens Entwurf für Palermo ansieht, sollte wieder die Bewegungen der »Fixsterne« untersuchen.

Die Glashersteller standen vor dem technischen Problem, Glas herzustellen, dessen optische Eigenschaften innerhalb der ganzen großen Scheibe, die zur Herstellung einer

»Honest Jesse« Ramsden, 1735–1800, sitzt hier an seiner Teilmaschine. Im Hintergrund ist der »Kreis von Palermo« zu sehen, das achromatische Fernrohr, das Piazzi bei seinen Untersuchungen der Sternbewegung benutzte.

Linse mit großer Öffnung nötig war, die gleichen sind. Es genügte nicht, Sand, Pottasche und Bleioxyd zu vermischen und die Mischung in einem Ofen zu erhitzen. Wenn die Temperatur niedrig gehalten wurde, war die Schmelze zäh und die Luft, die in dem ursprünglich trockenen Pulver enthalten war, blieb in Form von kleinen Blasen in der Schmelze. In einem heißeren Ofen war die Schmelze zwar weniger zäh und die Bläschen konnten aufsteigen, leider sank aber das schwerere Bleioxyd dann gleichzeitig nach unten, und das Ergebnis war ebenso ungleichmäßig. Die Lösung wurde von dem Schweizer Pierre Guinand, der seine Laufbahn als Tischler begann, gefunden. Zuerst stellte er Uhrenkästen her, dann die Klöppel, und dann Glas. Nach einem Vierteljahrhundert, in dem er Glas herstellte, das sich von dem seiner Kollegen nicht wesentlich unterschied, wandte Guinand das Können, das er beim Gießen der Klöppel gewonnen hatte, auf seine Arbeit mit Glas an. Glockenmetall wurde während des Schmelzvorgangs gerührt, damit die Mischung gleichförmig wird, und 1798 begann Guinand nach einem Material zu suchen, mit dem Glas gerührt werden kann. Die Suche dauerte sieben Jahre. Stangen, die stark genug waren, um das rotglühende, zähflüssige Rohglas umzurühren, waren schwer zu finden. Geschmolzenes Glas wirkt auf viele Stoffe als Lösemittel, und schon eine Spur Eisen oder Kupfer an einem Metallöffel färbt das Glas dunkelbraun oder grün. Dicke Rührstäbe aus Schamotte waren nicht stark genug und brachen zu leicht ab. Die Lösung war ein Rohr aus gebranntem Ton mit einem Eisenstab im Innern.

Guinand hielt seine neue Technik geheim, aber sein guter Ruf als Hersteller eines Flintglases von hoher Qualität verbreitete sich schnell. 1805 überredete ihn ein bayerischer Rechtsanwalt, Joseph von Utzschneider, der Geldgeber einer Firma zur Herstellung von Instrumenten, nach München zu ziehen und dort seine Schmelzöfen neu aufzubauen. Er sollte ein Gehalt bekommen, eine jährliche Abfindung für seine Rechte an der Erfindung und ein Fünftel des Profits. Zwei Jahre später wurde ein neuer Kontrakt für zehn Jahre abgeschlossen mit mehr als dem dreifachen des früheren Gehalts und der Klausel, daß Guinand einen von Utzschneider bestimmten Assistenten ausbilden solle. Der Assistent war Joseph Fraunhofer, ein junger überaus begabter Mann, der die Herstellung von Linsen hoher Qualität wesentlich vervollkommnete. Joseph war das elfte Kind von Franz Fraunhofer, einem Glaser, und wurde nach dem Tod seines Vaters als 12jähriger zu dem Spiegelmacher und Zierglasschleifer P. Weichselberger in die Lehre gegeben. Bald nach seinem 17. Geburtstag machte Joseph Fraunhofer sich als Kupferstecher selbständig, hatte aber keinen Erfolg und kehrte zurück in die Glasindustrie. 1806 bot Utzschneider dem jungen Mann, den er schon einige Jahre kannte, eine Stelle an und ließ ihn ein Jahr später mit Guinand zusammenarbeiten.

JOSEPH VON FRAUNHOFER (geadelt 1824)

Josef von Fraunhofer, 1787–1826, mit seinem Spektroskop. Fraunhofer war ein bemerkenswertes technisches Genie. Während er an dem Problem arbeitete, wie die chromatische Aberration bei Linsen ausgeschaltet werden könnte – demselben Problem, das Newton zur Erfindung des Spiegelteleskops geführt hatte – machte er wichtige Entdeckungen über das Licht, die Sonne und die Sterne. Glasstaub, den er beim Schleifen der Gläser für seine Instrumente einatmete, schädigte seine Lungen und führte zu seinem frühen Tod.

Die zwei Männer kamen nicht gut miteinander aus. Eine Linse kann minderwertig sein, wenn entweder das Glas fehlerhaft ist oder sie schlecht geschliffen wird, und der 60jährige Guinand hatte es nicht gern, wenn sein junger Glasschleifer das Material kritisierte, das ihm zur Verfügung gestellt wurde. Nach zwei Jahren des Streits griff Utzschneider ein, um die Reibereien zu beenden. Das Ergebnis war, daß Fraunhofer der Juniorpartner und für die Glasfabrikation allein verantwortlich wurde. Nicht lange danach kehrte Guinand in die Schweiz zurück, um dort seine eigene Fabrik aufzubauen.

Grundlegend für alle Arbeiten Fraunhofers war seine Erfindung des Spektroskops. Newton, Dollond und Clairaut hatten alle das Verhalten von Glasprismen untersucht, indem sie mit ihnen Lichtstrahlen, meistens Sonnenstrahlen, ablenkten und aufspalteten und die Wirkungen an der Gesamtlänge des Spektrums gemessen. Fraunhofer baute ein Instrument, dem der Theodolit zugrunde lag, mit dem er die Ablenkungen an einer Skaleneinteilung ablesen konnte. Die ersten Versuche mit diesem Instrument zeigten, daß Sonnenlicht nicht ein gleichmäßiges Band von Farben ergab, bei denen die eine unmerklich mit der nächsten verschmolz, sondern eine komplizierte Mischung von hell und dunkel, bei der das helle Spektrum durch viele dunkle Linien unterbrochen war. Weitere Experimente und Verbesserungen am Spektroskop zeigten, daß die Winkel, in denen diese dunklen Linien auftraten, immer dieselben waren und genau vermessen werden konnten. Fraunhofer benannte die stärksten Linien mit Buchstaben: A im äußersten Roten und dann von B bis K am äußersten Ende des Vio-

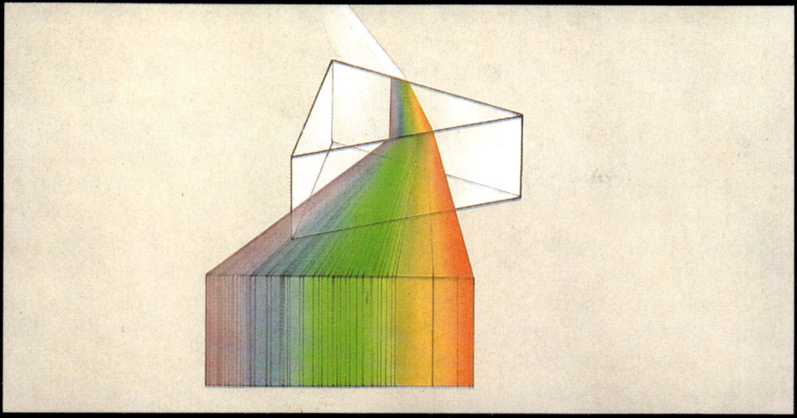

FRAUNHOFERSCHE LINIEN

In Fraunhofers Experimenten wurde ein Lichtstrahl zunächst durch einen schmalen Spalt und dann durch ein Prisma geschickt, das ihn in seine Spektralfarben zerlegte. Es stellte sich heraus, daß dieses Farbband Hunderte feiner dunkler Linien aufwies. Eine frühe Zeichnung dieser Linien wird unten wiedergegeben. 50 Jahre später wurde in diesen Linien der Schlüssel zur chemischen Zusammensetzung von Sonne und Sternen gefunden.

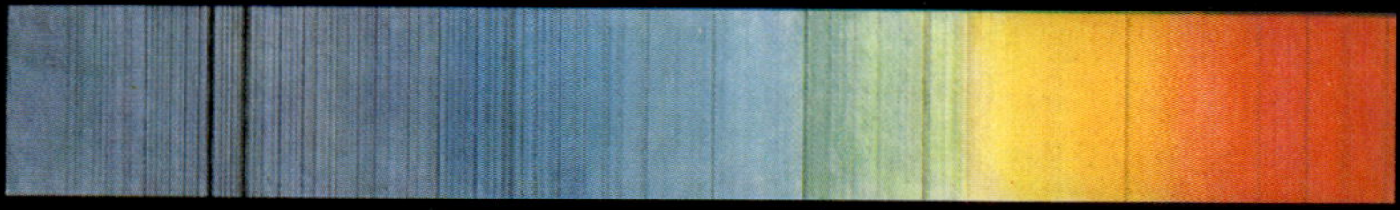

DAS HELIOMETER

Die Objektivlinse eines Heliometers (unten) ist in zwei D-förmige Hälften geteilt, die ein Doppelbild erzeugen. Damit können Veränderungen der scheinbaren Größe der Sonne gemessen werden. Dieses Heliometer war nach einem von Bessel angeregten Plan von Fraunhofer hergestellt worden; Bessel verwendete dieses Instrument, um den Abstand von Doppelsternen bestimmen zu können. Die empfindliche Schraube an dem Heliometer war mit einer Skala versehen, die mit einem Mikroskop abgelesen werden konnte. Dies machte die Messung auch kleinster Bewegungen von Sternen gegeneinander möglich. 1838 maß Bessel als Parallaxe von 61 Cygni einen Winkel, der nur 0,314 Bogensekunden betrug.

Der große Refraktor von Dorpat (rechts): Dieses Teleskop war das größte Fernrohr, das Fraunhofer fertigstellte. Die Kugeln in der Nähe des Okulars sind Bleigewichte, die mit ihrem Montierungsgestänge helfen, das Durchbiegen des Rohrs so klein wie möglich zu halten.

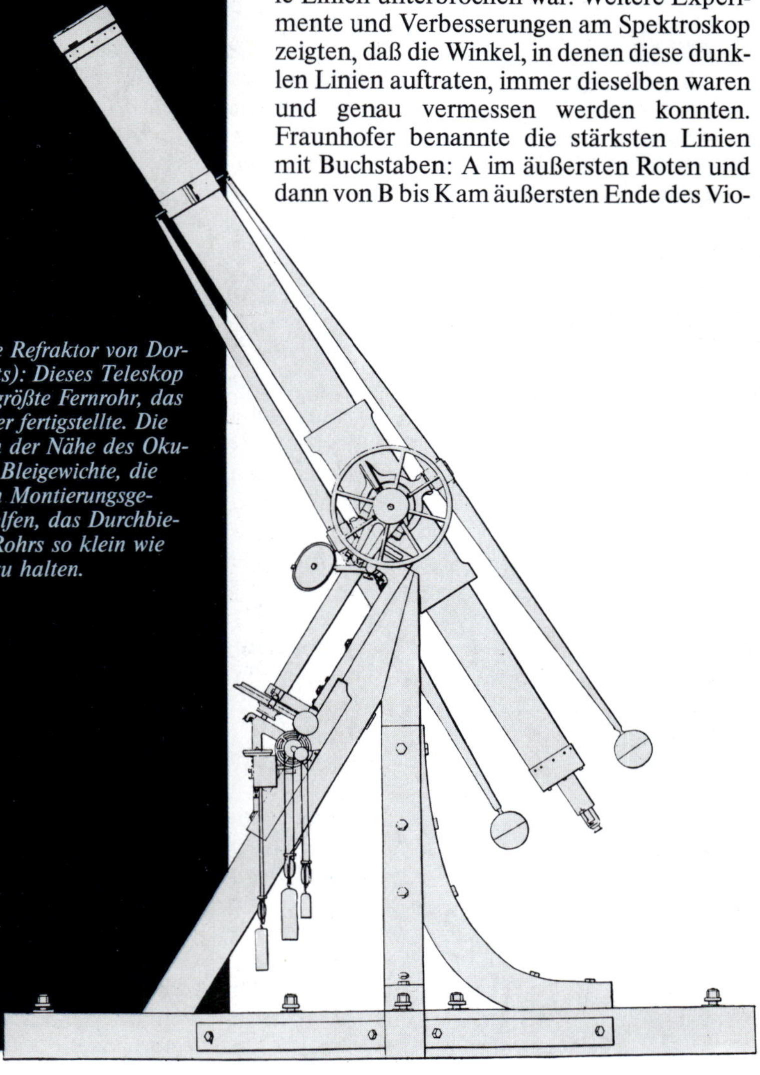

Friedrich Wilhelm Bessel, 1784–1846, der Direktor der Sternwarte in Königsberg, war ursprünglich Reederei-Angestellter gewesen, der Astronomie lernte, damit er als Navigator Reisen unternehmen könnte.

PARALLAXE, PARSEC

Parallaxemessungen sind die Grundlage aller Entfernungsbestimmungen. Die sich daraus ergebende Längeneinheit ist das Parsec, die Entfernung, von der aus Erde und Sonne unter einem Winkel von einer Bogensekunde erscheinen. Sie beträgt etwa das 206000-fache der Entfernung der Erde zur Sonne.

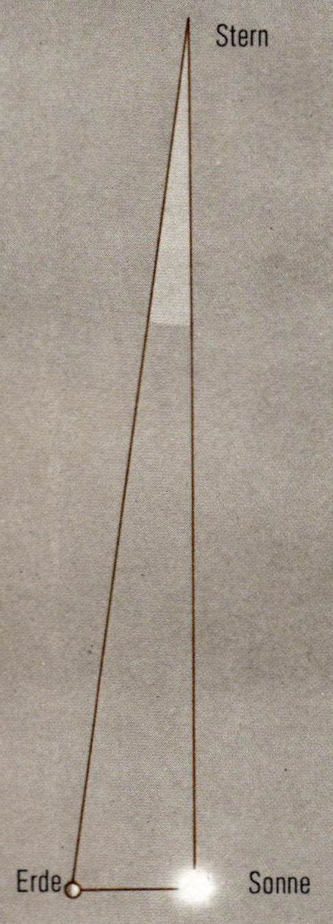

letten. Die Linien traten immer auf, weil sie eine Eigenschaft des Sonnenlichts waren. Sie waren nicht nur im Spektrum der Sonne sichtbar, sondern auch in der Himmelsstrahlung, des Lichts von Wolken und des Sonnenlichts, das vom Mond und den Planeten reflektiert wird.

Die Fraunhoferschen Linien waren auch für die Technik wichtig, weil sie bedeuteten, daß man endlich zielstrebiger an die Herstellung achromatischer Linsen gehen konnte. Bis jetzt hatte man die Veränderung des Brechungsindex einer bestimmten Glassorte nur sehr ungenau bestimmen können. Die von einem Prisma bewirkten Abweichungen konnten zum Beispiel für »Orange« oder »Blaugrün« gemessen werden, aber diese Begriffe waren schlecht definiert. Ein zweiter Beobachter könnte eine andere Meinung darüber haben, was »Orange« oder »Blaugrün« ist. Jetzt konnten die Eigenschaften genau festgelegt werden, nicht für »Orange«, sondern für die Fraunhofersche D-Linie, nicht für Blaugrün, sondern für F. Warum es diese Linien gab, war dafür nicht wichtig. Sie waren da, wohlbestimmt, und standen immer dann zur Verfügung, wenn sie gebraucht wurden.

Als Fraunhofer besseres Glas in großen Stücken zur Verfügung hatte und seine Eigenschaften besser kannte, konnte er auch bessere Linsen entwerfen. Er verbesserte außerdem die Schleif- und Prüfmethoden der optischen Werkstatt Utzschneiders. Sein Meisterwerk, das er 1826 vollendete, war der »Dorpat«-Refraktor mit 24 cm Öffnung, den er für Wilhelm Struve an der Sternwarte in Dorpat (Estland) baute. Wie viele andere der großen Teleskope Fraunhofers war es auf ein äquatoriales Achsensystem montiert, wobei er kurze, versetzte Achsen benutzte – diese Montierung wurde später die »Deutsche« genannt. Ein anderes der äußerst erfolgreichen Fernrohre Fraunhofers war das Heliometer mit 16 cm Öffnung, das er für Friedrich Bessel in Königsberg entwarf.

Das Heliometer ist ein Fernrohr, das speziell zu dem Zweck gebaut ist, Winkel in der Größenordnung des Sonnendurchmesser zu messen. Winkel im Größenbereich von einem halben Grad waren mit den herkömmlichen Instrumenten schwer zu bestimmen. Sie waren zu klein, als daß sie durch einen Vergleich der Zeigerpositionen auf den Kreisskalen abgelesen werden konnten und zu groß, um direkt im Sichtfeld des Fernrohrs mit einem Okularmikrometer gemessen zu werden. Die Lösung, die John Dollond entwickelt hatte, war, ein Teleskop zu bauen, bei dem die Linse in zwei D-förmige Hälften geschnitten und jede Hälfte in eine Gleitbahn gesetzt war. Jede Halb-Linse gibt ein vollständiges Bild, und die zwei Bilder können durch Versetzen der Linsenhälften verschoben werden, bis sich zum Beispiel die beiden Sonnenbilder gerade berühren. Die dazu nötige Versetzung der Linsenhälften ist ein Maß für den Durchmesser der Sonne.

Bessel benutzte sein Heliometer nicht für Sonnenmessungen, sondern, um einen engen Doppelstern zu untersuchen, der in Flamsteeds Katalog als Nummer 61 im Sternbild Schwan aufgeführt ist und 61 Cygni genannt wird. Piazzi hatte gezeigt, daß dieser Doppelstern sich mit ungewöhnlich großer Geschwindigkeit über den Himmel bewegt, und Bessel bestätigte dies durch eigene Schlußfolgerungen aus den Daten von Bradley. An die Stelle der alten Annahme, daß helle Sterne der Erde am nächsten wären – diese Theorie war schon durch Herschels Beobachtungen an Doppelsternen widerlegt worden – stellte Bessel die Theorie auf, daß jene Sterne, die sich schnell zu bewegen scheinen, wahrscheinlich der Erde am nächsten wären. Seine Annahme wurde bestätigt, und die Qualität der Fraunhoferschen Fernrohre bewährte sich wieder, als Bessel 1838 die Parallaxe von 61 Cygni messen konnte. Die Messungen, die sich über ein Jahr hinzogen, zeigten eine Veränderung des Winkels zwischen 61 Cygni und sich langsamer bewegenden, also mutmaßlich weiter entfernten Sternen, aus der schließlich eine Parallaxe von etwa 0,3 Bogensekunden berechnet werden konnte.

Dies war also das erste positive Ergebnis am Ende einer 300jährigen Suche nach Sternparallaxen und der Schlüssel zur Bestimmung der Entfernungen der Sterne. Bessel war der erste von drei Astronomen, die damals Parallaxen bestimmten. Wilhelm Struve bestimmte mit dem Dorpat-Refraktor und einem Okularmikrometer die Parallaxe des hellen Sterns Wega im Sternbild Leier, und Thomas Henderson maß mit Jones' Kopie des Mauerbogens von Troughton die von Alpha Centauri, dem hellsten Stern des Südhimmels.

Diese drei epochemachenden Messungen waren dem Achromat zu verdanken. Spiegelfernrohre waren für Fehler bei der Aufstellung, Bildverzerrungen und andere Probleme damals noch viel anfälliger als Linsenfernrohre, und obwohl Herschels Instrumente besser auflösten als Fraunhofers und Jones', so fehlte ihnen doch die für die Parallaxenbestimmung nötige Stabilität. Der winzige Parallaxenwinkel, den Bessel gemessen hatte, ergab die Entfernung von 61 Cygni – und die war wahrhaftig astronomisch, obwohl es einer der nahesten Sterne ist. Der Radius der Erdbahn um die Sonne erscheint unter einem Winkel von einer Bogensekunde von einem Stern aus, der 31 Trillionen km von der Erde entfernt ist, also mehr als zehntausendmal so weit wie Herschels Planet Uranus. Diese ungeheure Entfernung, ein Parsec genannt, ist jedoch kleiner als die Entfernung zum nächsten Stern und weniger als ein Drittel der Entfernung von 61 Cygni. Die Milchstraße ist ein fast völlig leerer Raum: die 100 nächsten Sterne liegen in einer Kugel, deren Durchmesser 13 Parsec beträgt und sogar das ist, wie Herschel erkannte, nur ein winziger Bruchteil des ungeheuren Himmelssystems, von dem Sonne und Erde nur verschwindend kleine Bestandteile sind.

KAPITEL 6

Linsen und Spiegel

Achromate von Merz und die Reflektoren von Lassell, Nasmyth und Rosse

»Die Entdeckung des Neptun gehört zu den glänzendsten Taten der Astronomie . . . Der Planet wurde sozusagen gefühlt durch die Anziehung, die er auf Uranus ausübt, und mit dem geistigen Auge geschaut, ehe ihn das leibliche erkannte.«

S. Newcomb, R. Engelmann, Populäre Astronomie, Leipzig 1948

Mit der Messung der Sternparallaxen begann im Jahre 1838 ein Jahrzehnt mit wichtigen astronomischen Entdeckungen, zu denen nicht nur die Berufs- und Amateurastronomen, sondern auch die Theoretiker wichtige Beiträge lieferten.

Bessels Parallaxenmessung bestätigte, daß das achromatische Fernrohr das beste Hilfsmittel des Berufsastronomen darstellte. Der Refraktor wurde schon für die laufenden Beobachtungen der Positionen von Mond und Planeten benutzt, aber jetzt zeigte die neue Entdeckung, daß er es auch auf anderen Gebieten mit dem schwerfälligen Reflektor aufnehmen konnte. Die Überlegenheit wurde durch das Werk Friedrich Struves noch unterstrichen, der 1833 von Dorpat wegzog, um das neue Kaiserlich-Russische Observatorium in Pulkowo vor den Toren von Sankt Petersburg zu errichten. Zar Nikolaus I. gründete diese Sternwarte aus dem alten Bedürfnis heraus, genaue Messungen zur geographischen Längenbestimmung anstellen zu können. Die Sternwarte in Pulkowo arbeitete jedoch im Gegensatz zu der in Greenwich nicht mit der Marine zusammen. Die wirtschaftliche Bedeutung Sibiriens nahm rasch zu, und Rußland breitete sich damals nach Zentralasien hin aus. Der Zar brauchte die Astronomie eher zur Erstellung von Landkarten als für die Navigation. Struve nahm das 20-cm-Teleskop Fraunhofers mit nach Pulkowo, was in Dorpat großes Bedauern ausgelöst hatte (wenn es auch höchst unklug gewesen wäre, solche Gefühle in Hörweite der »Dritten Abteilung« des Zaren, einer Art Geheimdienst des 19. Jahrhunderts, zu äußern).

Das neue Observatorium machte sich schnell einen Namen in der internationalen wissenschaftlichen Welt. Schon 1845 konnte Struve in einer Beschreibung der Sternwarte von neun nagelneuen Fernrohren berichten, darunter sechs von Weltrang. Viele dieser Geräte wurden für die Hauptaufgabe der Längengradbestimmung benutzt, deren Präzision sogar die von Greenwich übertraf. Struve selbst untersuchte Doppelsterne, wobei er Anregungen folgte, die ihren Ursprung in Herschels Arbeiten aus dem vorangegangenen Jahrhundert hatten und die von Felix Savary um 1820 an der Pariser Sternwarte fortgesetzt worden waren. Wiederholte Messungen der Abstände und Positionen von Tausenden von Doppelsternen bestätigten, daß bei vielen von ihnen die Sterne einander umkreisten, und Struves Beobachtungen waren genau genug, um zeigen zu können, daß die Bahnen Ellipsen waren, ähnlich den Planetenbahnen, wie sie von Kepler 200 Jahre früher beschrieben wurden.

Diese Beobachtungen waren aus philosophischer wie aus astronomischer Sicht von beträchtlicher Bedeutung. Newton hatte sein Gravitationsgesetz ein »universales« Gesetz genannt, und spätere Forschungen, besonders die von Laplace, hatten die Gültigkeit des Gesetzes innerhalb des Sonnensystems bewiesen. Es beschrieb die Bewegungen der

Planeten und ihrer Monde von der Venus bis zum kleinsten Mond des Saturn, wobei es allerdings in bezug auf Uranus und bei der Bewegung des Merkur gewisse Zweifel gab. Die Anwendung von Newtons Gesetz auf Doppelsterne, die weiter voneinander entfernt waren als Sonne und Saturn und weit außerhalb des Sonnensystems lagen, zeigte, daß dieses Gesetz überall im uns bekannten Universum galt: es war wirklich ein universales Gesetz. Heute ist es eine Grundannahme der Physik, daß alle Gesetze universal gelten, und jeder Forscher, der eine Änderung der Naturgesetze in Raum und Zeit annehmen würde, um seine Beobachtungen dadurch zu erklären, fände mit größter Wahrscheinlichkeit wenig Resonanz.

Struves hervorragende Arbeit fand Anerkennung durch den Kauf des größten je gebauten Linsenfernrohrs für Pulkowo. Merz und Mahler bauten einen Achromaten mit 38 cm Öffnung, der dann von Repsold aufgestellt wurde. Während Struve mit diesem neuen Instrument seine Doppelstern-Messungen an immer schwächeren Objekten durchführte, bemühte sich Bessel in Königsberg, die Bewegung der hellsten Sterne des Himmels zu bestimmen. 1844 berichtete er, daß Sirius sich auf einer Bahn bewegte, die eine Kombination von einer geraden Linie mit einer Ellipse sei. Sirius müsse deshalb ein Partner in einem Doppelsternsystem sein – und doch war kein Begleiter zu sehen. Diese recht kühne Behauptung über die Existenz eines »unsichtbaren Sterns« paßte gut zu Bessels Werdegang als Astronom. Er war 1810 zum Direktor der Sternwarte Königsberg ernannt worden und hatte die »Sternwarte« ohne die für die Beobachtung nötige Ausstattung gegründet. Etwa zehn Jahre lang hatte er seine Zeit und seine Kenntnisse dazu benutzt, durch Berücksichtigung der bekannten Fehler der Instrumente die Beobachtungen anderer zu korrigieren, insbesondere die von James Bradley. Dies hatte ihn zu einem tiefen Verständnis für die Beobachtungsfehler gebracht und ihm die Möglichkeiten gezeigt, die Zuverlässigkeit der Instrumente durch wohl überlegte Beobachtungsreihen mit einer anschließenden, gleichermaßen sorgfältigen logischen Analyse verbessern zu können. Als später ausgezeichnete Instrumente von Fraunhofer und anderen in Königsberg ankamen, konnte Bessel auf Grund dieser Erfahrungen Beobachtungen von beispielloser Genauigkeit machen; dazu gehört auch seine in die Geschichte eingegangene Bestimmung einer Fixsternparallaxe 1838. Der neue »Doppel«-Stern Sirius brauchte für einen Umlauf 50 Jahre; so mußte Bessel seine eigenen Daten, die sich nur über zehn Jahre erstreckten, mit der Analyse eines großen Teils der Arbeit früherer Beobachter verknüpfen.

Das Spiegelteleskop war im Gegensatz zum Linsenteleskop im frühen 19. Jahrhundert nur sehr wenig in Gebrauch.

Die fehlende Weiterentwicklung des Spiegelteleskops wurde besonders deutlich, als 1833 John Herschel das Instrument seines Vaters mit 48 cm Öffnung und 6 m langem Rohr nach Südafrika mitnahm, um dort Sternhaufen und Nebel zu beobachten, die nur auf der südlichen Halbkugel sichtbar sind. Das Fernrohr war damals 49 Jahre alt und noch immer das beste Instrument, das es gab. Die beiden von John Ramage und John Herschel benutzten Instrumente bezeichnen das Ende einer Ära: sie waren die letzten, die nach ihrer Länge und nicht nach ihrer Öffnung benannt wurden. Herschels »20-Fuß«- und Ramages »25-Fuß«-Instrumente mußten Struves »38-Zentimeter«- und Bonds »15-Zoll«-Teleskopen weichen.

Vor der Erfindung des Achromaten waren Linsenteleskope mit großer Öffnung auch immer lange Instrumente. Nachdem sich das achromatische Linsenteleskop durchgesetzt hatte, war die Länge nicht mehr so wichtig, und man konnte die Qualität eines Geräts an der Größe der lichtsammelnden Öffnung messen.

Von da an wurde die »Größe« eines Fernrohrs (und folglich das Ansehen seines Besitzers) durch die Angabe der Größe der Öffnung festgelegt. Das geht heute so weit, daß wohl jeder Benutzer des »5 Meter«-Spiegels auf dem Mount Palomar den Durchmesser des Spiegels, eben diese 5 m, kennt, aber nur wenige die Brennweite des Spiegels oder die Länge des Rohres angeben können, in dem er montiert ist. Das Spiegelteleskop wurde von drei zur selben Zeit lebenden Amateurastronomen vor dem Vergessenwerden bewahrt: einem irischen Politiker, einem schottischen Ingenieur und einem englischen Bierbrauer. Die beiden letzteren, James Nasmyth und Willian Lassell, hatten schon als Lehrlinge bescheidene Spiegelteleskope gebaut. Lassells Instrument war als das erste größere (22 cm) Spiegelteleskop, das auf einer Äquatorialachse montiert wurde, bemerkenswert; es war jedoch der Ire William Parsons, der den Bau eines Teleskops begann, das es in seiner Größe mit den Instrumenten von Wilhelm Herschel aufnehmen konnte.

William Parsons war 1800 als ältester Sohn des zweiten Earl of Rosse geboren worden. Er studierte am Trinity-College in Dublin und später in Oxford Mathematik und ging nach dem Abschluß des Studiums 1822 in die Politik. Obwohl er aus Höflichkeit Lord Oxmantown genannt wurde, gehörte er nicht dem Oberhaus an und wurde 1823 als Abgeordneter des King's County, in dem der Stammsitz der Familie lag, ins Unterhaus des Parlaments gewählt. Dies war noch vor der Parlamentsreform, und so war der Sitz mehr oder weniger ein Geschenk seines Vaters – ein undemokratisches Verfahren, das ein wenig durch die Tatsache gemildert wird, daß der zweite Earl als »einer der sehr wenigen ehrlichen Männer in der Politik Irlands« bekannt war. Das politische Leben scheint in dem jungen Lord Oxmantown weder Begeisterung noch Ehrgeiz geweckt zu haben. Er wandte seine Aufmerksamkeit vielmehr der

Ein frühes photographisches Portrait (aufgenommen von der berühmten Photographin Julia Margaret Cameron) von John Herschel, 1792–1871. Er setzte die Arbeit seines Vaters fort, und vermaß die Sterne der Südlichen Halbkugel, zeichnete Sternkarten von ihnen und katalogisierte Doppelsterne, Sterne und Nebel. Sein Name wurde öffentlich bekannt, als die New Yorker Zeitung The Sun *fälschlich berichtete, daß er durch ein gewaltiges Fernrohr vom Kap der Guten Hoffnung aus Lebewesen auf dem Mond gesehen hätte.*

Herstellung von Spiegeln für Fernrohre zu. Von Anfang an hatte er den Ehrgeiz, sehr große Spiegel herzustellen, und seine ersten Versuche bestanden darin, einen großen Parabolspiegel aus Spiegelmetall herzustellen. Die am besten reflektierende Legierung aus Kupfer und Zinn ergibt ein so hartes und brüchiges Material, daß jeder große Guß beim Erkalten zerbricht. So mußte Wilhelm Herschel Legierungen mit mehr als der wünschenswerten Kupfermenge verwenden, um wenigstens ein ganzes Gußstück zu bekommen, wenn es auch weniger als gewünscht reflektierte. Lord Oxmantown arbeitete mit einer schwierigeren aber besser reflektierenden Legierung. Er baute eine Reihe von Spiegeln, bei denen er kleine Stücke dieser Legierung auf eine Rückwand aus Messing von anderer Zusammensetzung lötete, das er selbst entwickelt hatte. In den Jahren nach 1830 baute er zuerst ein Mosaik mit 38 cm Durchmesser, dann eins mit 60 cm. Diese Spiegel wurden von einer dampfbetriebenen Maschine geschliffen und poliert, die auch den Spiegel kühlte, so daß er ungefähr bei der Temperatur bearbeitet wurde, bei der er auch benutzt werden sollte. Die Schleifmaschine und das Fernrohr, das für den 60-cm-Spiegel gebaut wurden, waren beide größer als dafür nötig und für Spiegel bis zu 90 cm geeignet. Der 60-cm-Mosaikspiegel war ein erster Erfolg. Als 1832 die große Parlamentsreform verabschiedet wurde, und das politische Leben keinen Anreiz mehr bot, gab

William Parsons, 1800–1867, der dritte Earl von Rosse (oben), baute seine Fernrohre auf dem Gebiet des Familienschlosses in Birr in Irland. Er setzte sein größtes Teleskop, mit einem Durchmesser von 180 cm, ein, um die Struktur von Nebeln zu untersuchen. Sein vierter Sohn, Sir Charles Parsons, entwickelte eine Dampfturbine (was unter der britischen Admiralität für nicht wenig Aufregung sorgte) und übernahm später Howard Grubbs Firma für optische Geräte; sie ist heute noch die führende britische Firma zur Herstellung von Fernrohren.

Rechts: Der Nebel M51 – ein modernes Foto im Vergleich mit Rosses eigener Zeichnung. Dieser Nebel liegt im Sternbild der Jagdhunde (Canes Venatici). Die Zeichnung zeigt deutlich die Spiralstruktur von M51, die Rosse als erster erkannte. Die Entdeckung erregte großes Aufsehen, weil schon Laplace angenommen hatte, daß sich das Sonnensystem aus einem solchen Wirbel gebildet hätte. In der Folgezeit wurde eine große Zahl solcher spiralförmiger Galaxien entdeckt.

Lord Oxmantown 1834 das Parlament zugunsten der Astronomie auf.

In den folgenden Jahren machte Lord Oxmantown nur langsame Fortschritte, zum Teil, weil das Land am Rande eines Bürgerkriegs stand, aber er beschleunigte die Arbeit, als seine Bemühungen um einen 90-cm-Spiegel Erfolg versprachen. 1840 war ein Mosaik dieser Größe fertiggestellt, aber das Ergebnis war enttäuschend. Die Verbindungen zwischen den Teilen störten den Schleifvorgang, und man erhielt kein scharfes Bild. Lord Oxmantown hatte schon ein Drittel seines Lebens mit der Suche nach der richgen Spiegelmetallegierung verbracht, und schließlich hatte er Erfolg. Er wandte sich von der Mosaiktechnik ab und benutzte ein neues Gußverfahren, bei dem die Wärmeleitung und die Porosität der Form, die teils aus Eisen und teils aus Sand bestand, kontrolliert werden konnte, und mit der das langsame Abkühlen eines 90-cm-Gußstücks 14 Tage dauerte. Das Ergebnis rechtfertigte alle Bemühungen von Lord Oxmantown. Dies war das erste Instrument, das handlich war und von einer optischen Qualität, die Herschels Fernrohr aus dem vorigen Jahrhundert übertraf. Unglücklicherweise war dieses Teleskop, das damals beste der Welt, an einem denkbar schlechten Platz aufgestellt. Birr-Castle, der Sitz der Earls von Rosse, liegt in einer Gegend Irlands, wo es nur zwei Arten von Wetter gibt: entweder wird es bald regnen oder es regnet bereits. Mit den Worten eines königlichen Astronomen, der den Ort einige Jahre später besuchte, wechselten die Bedingungen zwischen »verdrießlich« und »absolut widerlich«.

William Cranch Bond, 1789–1859, der erste Direktor des Harvard College-Observatoriums. Wie Flamsteed in England 1675, mußte Bond seine Sternwarte aus einem sehr kärglich ausgestatteten Institut aufbauen.

Während der kurzen Augenblicke, in denen der Himmel klar war, zeigte das Fernrohr bis dahin nie gesehene Einzelheiten in Sternhaufen und Nebeln und ermöglichte neue Beobachtungen an einer merkwürdigen Klasse von Objekten, den planetarischen Nebeln. Ein planetarischer Nebel heißt so, weil er in einem kleineren Teleskop als Scheibe erscheint und eher einem Planeten als einem Fixstern ähnelt. Der größte und bekannteste, M57 im Sternbild der Leier, ist eine Scheibe, die etwas größer als Jupiter zu sein scheint (obwohl sie weniger als ein Zehntausendstel der Helligkeit dieses Planeten hat), und das neue Teleskop zeigte, daß in seiner Mitte ein schwacher blauer Stern stand, der hundert mal schwächer leuchtete als der Nebel selbst. Die Beobachter verzeichneten jedoch mehr Regenwolken als Sterne und konnten nur wenige neue Ergebnisse erzielen. Lord Oxmantown war jedoch nicht zu erschüttern; seine Begeisterung galt mehr dem Bau von Fernrohren als ihrem Gebrauch, und während Astronomen, die ihn besuchten, sich über das Wetter beschwerten, machte er sich an den Bau eines größeren Geräts. Es sollte ein Riese mit einer Öffnung von 180 cm werden.

Als die Entscheidung gefallen war, eine Verdopplung der Öffnung zu versuchen, wurde der Bau des »Leviathans von Parsanstown« mit großem Nachdruck vorangetrieben. 1841 starb Lord Oxmantowns Vater und Lord Oxmantown wurde sein Nachfolger. Der neue Earl Rosse konnte jetzt alle Möglichkeiten seines feudalen Besitzes für den Bau seiner Teleskope nutzen. Alle Arbeiten daran wurden von dort ansässigen Arbeitern ausgeführt und hatten ungeheure Ausmaße. 1842 waren neue Brennöfen und Maschinen fertig, und fünf Versuche wurden unternommen, eine 180-cm-Rohform zu gießen. Der erste Versuch war insofern ein Erfolg, als sie nach einem sorgfältig kontrollierten Kühlvorgang von 16 Wochen in einem Stück zum Vorschein kam, aber die schwere, spröde Scheibe zerbrach später zufällig. Der zweite Guß war rauh, konnte aber nach viel Schleifarbeit benutzt werden, der dritte zersprang beim Abkühlen, der vierte mißriet gleich zu Beginn des Gußvorgangs, und erst der fünfte war wieder ein Erfolg. Für jeden Versuch benötigte man vier Tonnen Legierung, die in Schmelztiegeln und unter genauer Anweisung durch Rosse in Akkordarbeit hergestellt wurden. Zum Schmelzen wurden Arbeiter aus der ganzen Gegend gebraucht; 70 m^3 Torf wurden bei jedem Guß für die Brennöfen benötigt.

Als das neue Teleskop 1845 vollendet war, war es ein triumphaler Beweis für das Geschick, das Lord Rosse als Ingenieur, Gießer und Optiker hatte. Die Bilder, die der Spiegel erzeugte, waren so genau, daß ein Doppelstern mit einem Abstand von nur einer halben Bogensekunde aufgelöst werden konnte. Der 4-Tonnen-Spiegel wurde durch ein System von Stützen und Hebeln getragen, so daß die Verzerrung unter seinem eigenen Gewicht stark vermindert werden konnte. Das Instrument war noch weit von seiner Vollendung entfernt. Es war zwischen zwei Wänden aufgehängt und dadurch nur schwer zu benutzen; die Sicht war auf einen schmalen Ausschnitt des Himmels im Süden beschränkt. Kein Stern konnte länger als eine Stunde beobachtet werden; dieser Umstand sorgte in Verbindung mit dem schlechten Wetter dafür, daß viele Beobachtungen vereitelt wurden. Und doch wurde das Teleskop berühmt, weil es so sichtstark war, daß man zum ersten Mal bei einigen der noch geheimnisvollen Nebel eine Spiralstruktur erkennen konnte.

Eine andere Entdeckung mit diesem Riesenfernrohr war der »Krebsnebel«. Rosse wählte diesen Namen für den ersten Nebel in Merciers Verzeichnis aus dem 18. Jahrhundert, weil er fand, daß der Nebel, wenn nicht wie ein Krebs, so doch wie ein naher Verwandter eines Krebses aussah. Da der Nebel nicht im Sternbild des Krebses, sondern des Stiers liegt, ist der Name etwas irreführend, insbesondere für einen Neuling, der dieses so häufig untersuchte astronomische Objekt am Himmel finden möchte.

In einer Hinsicht führte die Entwicklung des Teleskops die Astronomen auch auf Irrwege. Die gesteigerten Möglichkeiten der Fernrohre, Licht einzufangen und die bessere Qualität der Bilder ermöglichten es den

Beobachtern, viele verschwommene »Nebel« in Einzelsterne aufzulösen. Rosse neigte sogar zu der Annahme, daß alle verschwommenen Nebel, der hellste im Orion eingeschlossen, sich als Sternhaufen herausstellen würden. In dieser Meinung unterstützte ihn William Bond, dem es endlich gelungen war, ein Observatorium in den Vereinigten Staaten mit einem erstrangigen Teleskop auszustatten.

Das neue amerikanische Teleskop war eine Antwort darauf, daß der Zar für Struve in Pulkowo den 38-cm-Refraktor gekauft hatte. Als 1843 ein aufsehenerregender Komet am Himmel erschien, wollten die Einwohner Bostons vom Direktor der neu erbauten Sternwarte des Harvard-College Genaueres hören. Der Direktor, William Bond, mußte darauf hinweisen, daß seine Sternwarte keine Ausrüstung von Weltrang hatte (er hatte den größten Teil der Geräte aus eigener Tasche bezahlt) und daß insbesondere keine Sternwarte in den Vereinigten Staaten es mit dem großartigen Teleskop der Russen aufnehmen konnte. Die Rivalität zwischen den Vereinigten Staaten und Rußland war damals so groß wie heute, und die Einwohner Bostons machten sich sogleich daran, Geld für ein Teleskop zu sammeln, »so groß wie oder größer als« das von Pulkowo. 1847 war ein 38-cm-Teleskop von denselben Erbauern, Merz und Mahler in München, geliefert und von Repsold in Cambridge, Massachusetts, aufgestellt und in Betrieb genommen worden. Die Amerikaner sahen ihre Bemühungen bald belohnt, als William Bonds Sohn George den achten Satelliten des Saturn entdeckte; diese Entdeckung bewies die Leistungsfähigkeit des Teleskops, indem sie das Interesse an Neuigkeiten befriedigte, wenn diese auch wenig zur Entwicklung der Astronomie selbst beitrugen.

Die wenigen Ergebnisse, die das Teleskop in Parsonstown lieferte, hatten ihre Ursache nicht nur in der Vorliebe von Lord Rosse für das Bauen von Teleskopen gegenüber dem Beobachten oder in dem schlechten Wetter. Es war auch in einem denkbar ungünstigen Zeitpunkt fertiggeworden. Die ersten Beobachtungen wurden im Februar 1845 gemacht, am Anfang des Jahres, in dem die Kartoffelernte in Irland ausfiel. In den nächsten Jahren starben eine halbe Million Iren und mehr als drei Millionen wanderten aus.

Der zweite, der um 1840 als Amateur Fernrohre baute, war James Nasmyth, der Sohn eines schottischen Malers und einer der hervorragendsten Ingenieure des 19. Jahrhunderts. Obwohl Nasmyth alle Möglichkeiten zur Verfügung hatte und wenig Bedenken zeigte, Maschinen, besonders Dampfmaschinen, von gewaltigen Ausmaßen zu bauen, war sein astronomischer Ehrgeiz eher bescheiden. In rascher Folge baute er 1840, 1841 und 1842 drei Teleskope mit Öffnungen von 25, 33 und 50 cm, mit denen er vor allem die Topographie des Mondes untersuchte. Das erste dieser Fernrohre sorgte für einige Aufregung am Ufer des Bridgewater-Kanals, der Hauptverkehrsader von Manchester, an der die Fabrik von Nasmyth lag. Das Teleskop war so klein, daß es im Haus aufbewahrt werden konnte, und das »Rohr« war aus einfachem Holz. In einer schönen Sommernacht entschloß sich Nasmyth, nachdem er schon im Bett gewesen war, noch etwas zu beobachten und ging so im Nachthemd mit dem hölzernen Fernrohr im Arm in den Garten. Er wurde von einer vorbeifahrenden Barke aus beobachtet, und am nächsten Tag verbreitete sich das Gerücht wie ein Lauffeuer, daß in Mr. Nasmyths Garten ein Geist gesehen worden sei, der einen Sarg trug.

Das 25-cm-Teleskop erfreute sich nur kurzer Berühmtheit; das 50-cm-Instrument aber kam zu dauerhaftem Ruhm. Nasmyth hatte ein gutes Gespür für ungewöhnliche, aber brauchbare Entwürfe. Er war der erste, der einen Kolbenmotor »auf den Kopf« stellte, so daß der Zylinder oben war; dies stellte sich als so vorteilhaft heraus, daß man heute fast keine andere Bauweise mehr vorfindet. Ähnlich einfallsreich stattete er sein Teleskop mit einem System von drei Spiegeln aus. Der konvergierende Lichtstrahl von Haupt- und Fangspiegel wird von einem dritten Spiegel in einen Brennpunkt im Bereich der Höhenachse gelenkt. Damit konnte Nasmyth bequem am Fernrohr sitzen, ohne auf ein Gerüst klettern oder sich quer hinlegen zu müssen. Der Nachteil war, daß der Lichtverlust durch die Reflexion an drei Metallspiegeln sehr groß war; aber das kümmerte Nasmyth wenig, der sein Instrument hauptsächlich zur Beobachtung eines hellen Objekts, des Mondes benutzen wollte und weniger für schwache Nebel oder Sternhaufen. Der Lichtverlust und die Schwierigkeiten, ein Instrument dieser Art genau nachzuführen, bewirkten, daß Nasmyths Gedanken von seinen Zeitgenossen nicht aufgegriffen wurden. Sie wußten, daß die Standardkarte des Mondes von Beer und Mädler in Berlin mit Hilfe eines Refraktors von nur 8 cm gezeichnet worden war. Heute jedoch, da gut reflektierende Spiegel gefertigt werden und das Gerät von einem Computer nachgeführt werden kann, wird kaum ein großes Teleskop gebaut oder entworfen, das nicht einen Nasmyth-Fokus hat. Nasmyths Leistungen wurden auch damals anerkannt, als er bei der Weltausstellung 1851 in London Medaillen sowohl für

James Nasmyth, 1808–1890, war ein schottischer Ingenieur und Selfmademan. Der Erfolg seiner ingenieurtechnischen Erfindungen erlaubte es ihm, sich im Alter von 48 Jahren zur Ruhe zu setzen und seine Zeit ganz der Astronomie zu widmen.

Der 50-cm-Reflektor von James Nasmyth, der auf einer großen Drehscheibe montiert war. Das Okular war so angebracht, daß man bequem sitzen und beobachten konnte. Die von Nasmyth verwendete Optik enthielt drei Spiegel. Haupt- und Fangspiegel sind ähnlich wie in einem üblichen Cassegrain-Fernrohr angebracht. Der vom Fangspiegel ausgehende konvergierende Strahl wird dann durch einen dritten, ebenen Spiegel, der mit der Achse des Rohrs einen Winkel von 45 Grad bildet, in das Okular gespiegelt.

seinen Dampfhammer als auch für seine Mondkarten erhielt.

Nasmyths 50-cm-Teleskop konnte in Höhe und Azimut auf jeden Punkt des Himmels gerichtet werden. Lord Rosses 180-cm-Riese war auf ein Universalgelenk montiert, das Drehungen in zwei Höhenwinkeln erlaubte und damit eine äquatoriale Drehung nur über den ohnehin begrenzten Ausschnitt des Himmels erlaubte. William Lassell, der dritte Instrumentenbauer und Freund von Rosse und Nasmyth, baute Spiegelteleskope, die eine echte äquatoriale Montierung hatten. Das erste von diesen mit einer Öffnung von 22 cm wurde schon erwähnt. 1844 beschloß Lassell, es sei an der Zeit, ein neues Instrument zu bauen und beschaffte die Maschinen zum Guß und Schliff eines 60-cm-Spiegels. Das Fernrohr war 1846 fertiggestellt. Sein erstes und wichtigstes Ergebnis war jedoch eher die Folge von stilleren Bemühungen als denen in der Schmelz- und Schleiffabrik. Während Rosse, Nasmyth und Lassell ihre Fernrohre bauten, arbeiteten zwei Theoretiker, Urbain Leverrier in Paris und John Adams in Cambridge, an einem Problem, das Herschels Planet Uranus aufgeworfen hatte.

Bald nach der Entdeckung des Uranus 1781 hatte man genug Daten gesammelt, um die Bahn ungefähr berechnen zu können. Damit war es möglich, zurückzurechnen, wo der Planet vor seiner Entdeckung gewesen war und damit zu überprüfen, ob er vielleicht schon früher einmal beobachtet worden war. Man fand 19 alte Beobachtungen, darunter zwei von Flamsteed und sechs von Lemonnier, die beide den Planeten für einen Fixstern gehalten hatten. Diese Daten aus der Zeit vor seiner Entdeckung wurden dann benutzt, um die berechnete Bahn zu überprüfen. Dabei entstand eine Schwierigkeit. Als 1821 der Assistent von Laplace, Alexis Bouvard, versucht hatte, eine endgültige Bahn zu bestimmen, gelang es ihm nicht, die früheren Beobachtungen mit den neuen Messungen in Einklang zu bringen. Bouvard nahm an, daß all die alten Daten ungenau wären und verwarf sie. Dieses Verfahren erwies sich als voreilig, als innerhalb weniger Jahre der Planet von Bouvards neuberechneter Bahn abgekommen war. Diese Abweichung war nicht durch Fehler bei der Berechnung zustande gekommen. Neben den überragenden Mathematikern Lagrange und Laplace gab es in Frankreich zahlreiche Gelehrte, die mit der Himmelsmechanik vertraut waren. Laplaces bedeutendes Werk *Traité de Mécanique Céleste* (Abhandlung über Himmelsmechanik) behandelte ausführlich das Problem der Planetenbewegung. Die Schwierigkeit bei dieser Frage liegt nicht darin, die genaue Bahn eines einzelnen Planeten, der einen Stern umläuft, zu berechnen, sondern darin, daß es unmöglich ist, die Bahn zweier Planeten um einen Stern exakt zu bestimmen, weil die Schwerkraft eines jeden Planeten die Bahn des anderen beeinflußt. Nur eine Reihe immer besserer Näherungslösungen ist möglich. Es ist außerordentlich schwierig, ein Verfahren zu finden, das nicht nur zwei, sondern alle sieben großen Planeten, die damals bekannt waren, berücksichtigt; allein die Zahl der dazu nötigen Rechnungen ist gewaltig.

Um sicher sein zu können, inwieweit Uranus von seinem Kurs abwich, mußte man zunächst die Anziehungskraft der anderen Planeten, insbesondere des massereichen Jupiter und des Saturn berechnen. Ein großer Teil dieser Grundlagenarbeit wurde von Bessel geleistet. Er hatte die Position von Jupiter und Saturn mit hoher Genauigkeit gemessen und aus den Bahnen die Massen dieser beiden Planeten richtig bestimmt. Mit der wachsenden Gewißheit, daß die Bahn des Uranus im Widerspruch zum bekannten Wissen stand, begann die Suche nach einer Erklärung. Zwei Möglichkeiten wurden überprüft. Entweder mußte Newtons Gesetz in großen Entfernungen leicht abgeändert werden oder Newton hatte recht und es gab einen unbekannten äußeren Planeten, der durch seine Gravitationsanziehung die Bahn des Uranus störte. Der Königliche Astronom George Airy befürwortete die erste Erklärung. Er überprüfte die Beobachtungen von Greenwich und zeigte, daß nicht nur die Winkelposition des Uranus im Widerspruch zur Theorie stand, sondern daß ihr auch der Abstand des Uranus zur Sonne nicht entsprach. Bessel war der prominenteste unter jenen, die die Ursache in der Wirkung des Gravitationsfelds eines achten und entfernteren Planeten suchten. Schließlich, im Sommer des Jahres 1841, beschlossen zwei Männer, dieser Frage weiter nachzugehen. Einer war Bessel selbst und der andere John Adams, ein Physikstudent in Cambridge. Bessel gelangte nicht zum Ziel: obwohl Flemming, einer seiner Assistenten, alle vorhandenen Messungen der Position des Uranus überprüfte, starben Bessel und Flemming beide, bevor die Arbeit abgeschlossen werden konnte.

Gleich nach Ende seines Studiums 1843 versuchte John Adams zu berechnen, wo ein Planet von unbekannter Masse stehen müßte, damit er die Bahn des Uranus in einem beobachteten Maße stört. Die Berechnung der Wirkung eines bekannten Planeten auf einen anderen ist schon schwierig; rückwärts aus der Wirkung die Ursache zu berechnen ist noch schwieriger. Es war 1840 noch nicht einmal klar, ob es überhaupt möglich wäre. Adams erster Schritt bestand in vorbereitenden Rechnungen, und als diese sich als ermutigend herausstellten, bat er im Februar 1844 James Challis, den Professor für Astronomie in Cambridge, ihm die neuesten Daten über die Position des Uranus zu besorgen. Challis bekam sie von Airy. Dann zog sich Adams, der von einem Stipendium lebte, für weitere 18 Monate in sein College zurück, um die Daten zu analysieren und weiterzurechnen. Im September 1845 hatte er eine Lösung gefunden. Die Unstimmigkeit in der Position des Uranus konnte durch den Einfluß eines unbekannten äußeren Planeten erklärt werden, und das Ergebnis all dieser Rechnungen

Lord Rosses 180-cm-Reflektor von Birr Castle (Seite 78), der unter dem Namen »Leviathan« bekannt ist. Sein Bau dauerte zwölf Jahre und kostete 12 000 Pfund, wobei nur Arbeiter aus der Umgegend eingesetzt wurden. Das Teleskop war auf einem Paar von Gelenken montiert, die hinter dem Hauptspiegel befestigt waren. Die Gelenke bildeten miteinander einen rechten Winkel und erlaubten eine Auf- und Ab-Bewegung und eine seitliche Bewegung. Technisch wird dies im Englischen Altitude-Altitude-Montierung genannt. Rosses Fernrohr ist fast das einzige Instrument, das jemals nach diesem System gebaut worden ist.

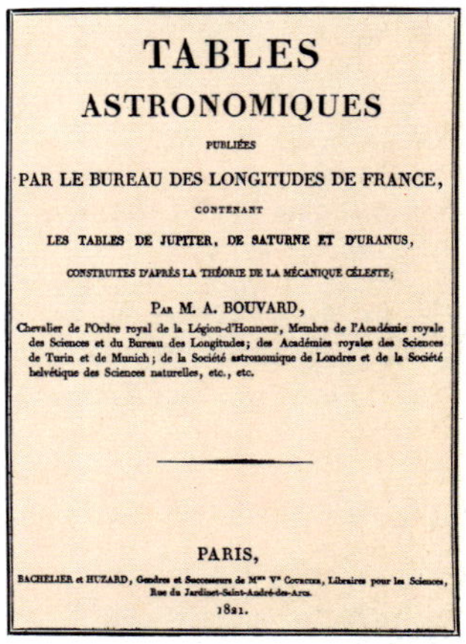
TABLES
ASTRONOMIQUES
PUBLIÉES
PAR LE BUREAU DES LONGITUDES DE FRANCE,
CONTENANT
LES TABLES DE JUPITER, DE SATURNE ET D'URANUS,
CONSTRUITES D'APRÈS LA THÉORIE DE LA MÉCANIQUE CÉLESTE;
PAR M. A. BOUVARD,
Chevalier de l'Ordre royal de la Légion-d'Honneur, Membre de l'Académie royale des Sciences et du Bureau des Longitudes; des Académies royales des Sciences de Turin et de Munich; de la Société astronomique de Londres et de la Société helvétique des Sciences naturelles, etc., etc.

PARIS,
BACHELIER et HUZARD, Gendres et Successeurs de Mme Ve Courcier, Libraires pour les Sciences, Rue du Jardinet-Saint-André-des-Arcs.
1821.

Die Rechentabellen (oben) für die Hauptplaneten, die Alexis Bouvard 1821 veröffentlichte. In den folgenden Jahren bemerkte man, daß die Bahn des Uranus von den in den Tafeln angegebenen Werten abwich; das ließ schon vor der Entdeckung des Neptun vermuten, daß es ein unbekannter Planet sein könnte, der die Bewegung des Uranus stört.

war eine Vorhersage über die Bahn dieses Planeten und seine Position am 1. Oktober 1845.

Adams war jung und zurückhaltend; so sandte er seine Vorhersage nicht zur Veröffentlichung an die Royal Society, sondern teilte sie in einem privaten Brief Challis mit. Challis gab Adams einen Empfehlungsbrief an Airy, aber dann ergab sich aus dem Zusammentreffen der beiden angesehenen englischen Astronomen nicht sehr viel. Adams fuhr nach Greenwich, um Airy zu besuchen, aber Airy war beim ersten Mal nicht da und brachte es beim zweiten Versuch fertig, den jungen Theoretiker abzuweisen. Adams hinterließ eine Kopie seiner Ergebnisse und kehrte nach Cambridge zurück. Airy fragte dann bei ihm an, ob seine Theorie sowohl die Fehler in der Entfernung als auch die der Winkelposition erklären könnte. Adams war verärgert über die Gleichgültigkeit, mit der seine beispiellose Arbeit behandelt wurde und antwortete nicht mehr.

Urbain Leverrier, 1811–1877, der Franzose, der mit Hilfe von Newtons Gesetzen vorhersagte, der Planet Neptun sei weiter entfernt als Uranus. Seine und Adams' Berechnungen führten am 23. September 1846 zur Entdeckung des neuen Planeten durch J. G. Galle.

Wenige Monate bevor Adams seine Untersuchungen beendete, hatte Dominique Arago, der Direktor der Pariser Sternwarte, einem seiner Kollegen, Urbain Leverrier, vorgeschlagen, er möge doch die Hypothese eines äußeren Planeten als Störfaktor der Bewegung des Uranus untersuchen. Leverrier reagierte schnell und erfolgreich, und im Gegensatz zu Adams veröffentlichte er sein Resultat im November 1845. Er bewies, daß weder Jupiter noch Saturn die beobachteten Unstimmigkeiten verursacht haben konnten. Im Juni des folgenden Jahres veröffentlichte er eine Berechnung der Position des noch unbekannten Planeten, die sich nur um ein Grad von der unterschied, die Adams erhalten hatte. George Airy, der jetzt zwei übereinstimmende Vorhersagen hatte, streckte vorsichtig Fühler aus. Zunächst schrieb er an Leverrier, wie er an Adams geschrieben hatte, und erkundigte sich, ob die Rechnung beide Fehler, die der Winkelposition und der Entfernung der Sonne, erklärte. Leverrier antwortete, daß die neue Theorie dazu in der Lage sei und fragte an, ob nicht das Königliche Observatorium den Planeten suchen könne.

Das beste Teleskop für diese Aufgabe stand allerdings in Cambridge. Airy war, bevor er Königlicher Astronom geworden war, Professor in Cambridge gewesen und hatte einen 30-cm-Refraktor entworfen und gebaut, den der Herzog von Northumberland der Universität geschenkt hatte. Airy schrieb Mitte Juli 1846 an Challis und äußerte darin die Meinung, daß der Suche nach dem neuen Planeten vor allem anderen Vorrang gegeben werden sollte; er bot Challis an, einen Assistenten aus Greenwich zur Hilfe bei der Arbeit zur Verfügung zu stellen. Challis beschloß aber, die Suche allein durchzuführen und wählte eine zuverlässige, aber langwierige Methode. In vier Nächten, am 29. und 30. Juli und am 4. und 12. August, notierte er alle Sternpositionen im Suchgebiet. Nach einer kurzen Überprüfung, die zeigte, daß die ersten 39 Sterne am 12. August die gleiche Position hatten wie am 30. Juli, kümmert sich Challis um die übrigen Daten nicht mehr.

Zur weiteren Entwicklung im Jahr 1846 gehören eine dritte Arbeit von Leverrier und zwei Tage später ein weiterer Brief von Airy an Adams. Die Arbeit von Leverrier ging weiter, als nur die Position des hypothetischen neuen Planeten vorherzusagen. Nachdem der Verfasser eine vernünftige Abschätzung der Dichte des Planeten gemacht hatte, konnte er abschätzen, wie groß er von der Erde aus erscheinen müßte. Der Durchmesser wurde auf drei Bogensekunden geschätzt, so daß der Stern im Teleskop deutlich als Scheibe und nicht nur wie ein Stern als Lichtpunkt erscheinen sollte. Leverrier war natürlich sehr an Beobachtungen an möglichst vielen Sternwarten interessiert, und weil die Pariser Sternwarte schlecht ausgestattet war, schrieb er an Johann Galle in Berlin mit der Bitte, sich an der Suche zu beteiligen. Galle erhielt von seinem Direktor, Johann Franz Encke, die Erlaubnis, noch in derselben Nacht, am 23. September 1846, zu beobachten. Er hatte Challis voraus, daß die Sternwarte vor kurzem die Sternpositionen aller Sterne im Suchgebiet verzeichnet hatte, und innerhalb einer Stunde fanden Galle und sein Assistent d'Arrest einen Stern, der sich bewegt hatte. Das war der neue Planet. Seine Bewegung wurde bald bestätigt. Galle schrieb an Leverrier, und die Sternwarten in Paris und Berlin verkündeten ihren gemeinsamen Erfolg.

In der Zwischenzeit hatte Challis in Cambridge die Vorhersage Leverriers gelesen, daß der Planet sich als Scheibe zeigen würde. Am 29. September suchte er wieder und fand einen Stern, der wie eine Scheibe aussah. Wenn er die ganze Nacht aufgeblieben wäre, hätte er die Bewegung des Planeten beobachten können, aber er beschloß, seine Beobachtungen erst in der folgenden Nacht fortzusetzen. Am 30. September war dieser Bereich des Himmels aber vom Mond beeinflußt – und am folgenden Tag, am 1. Oktober, hörte Challis von Galles Entdeckung.

Dies war noch keineswegs das Ende der Geschichte. Es folgte ein Brief von Sir John Herschel in der Ausgabe der Zeitschrift *The Athenaeum* vom 3. Oktober. In diesem Brief berichtete Herschel von Adams' Arbeiten und betonte, daß Adams' Vorhersage zuerst gemacht worden war und daß Challis mit der Suche bereits begonnen hatte, bevor Leverrier an Galle geschrieben hatte. Herschels Brief löste einen erbitterten Streit aus. Arago, Direktor der Pariser Sternwarte und politisch extrem links stehend, raste vor Wut über diesen Versuch der englischen Wissenschaft, sich Ansehen zu verschaffen, wo es eigentlich einem seiner Mitarbeiter zustand. Er setzte sich für den Anspruch Frankreichs ein und versuchte, den schon Neptun genannten Planeten in »Planet Leverrier« umzutaufen. Diesen Namen rechtfertigte er (unter anderem) durch den Vergleich mit dem Halleyschen Kometen und wollte sogar, quasi zum Ausgleich, den Uranus in »Planet Herschel« umbenennen. Adams und Leverrier hielten sich aus diesem Krieg heraus, während Challis bei jedem, der es wissen wollte, um Verständnis bat.

Es ist naheliegend, daß Airy sich so wenig für die Suche nach dem Neptun begeistern konnte. Er kannte Adams nicht, aber er wußte, daß es um die Mathematik in Cambridge schlecht stand - so schlecht, daß eine Gruppe, zu der auch John Herschel gehörte, versucht hatte, einige Reformen beim Senat der Universität durchzusetzen. Challis' Empfehlungsbrief für Adams an Airy war auch nur halbherzig gewesen: »Ich würde die Herleitungen aus seinen Voraussetzungen als in vertrauenswürdiger Art gemacht ansehen«. Und schließlich war Airy ein beschäftigter Mann, der glaubte, wenn der Mann am Platz, Challis, nichts unternahm, Adams wohl entweder im Irrtum oder zu optimistisch oder beides wäre. Andererseits ist Challis' Untätigkeit nur schwer zu verstehen. Er arbeitete mit Adams an derselben Universität und muß gewußt haben, daß er ein außergewöhnlich glänzender Student war. Er hätte auch, da die Sternwarte nur wenige Kilometer von Adams' College entfernt ist, leicht jeden Teil der Berechnungen durchdiskutieren und überprüfen können. Trotz dieser Umstände und mit einem der besten Teleskope Englands ausgestattet, behielt Challis die Ergebnisse Adams fast ein Jahr für sich und verfolgte sie nicht weiter. Als Leverrier die Rechnungen bestätigt hatte und Airy schrieb, um darauf zu drängen, daß die Suche sofort beginnen sollte, dauerte es fast drei Wochen, bis Challis mit der Beobachtung begann. Dann, nachdem er Daten erhalten hatte, die im nachhinein zeigen, daß er wirklich Neptun gesehen hatte, bearbeitete er diese Daten nicht weiter. Schließlich, und das ist am schwersten zu verstehen, sah er am 29. September ein Objekt, das wie eine Scheibe aussah und ging zu Bett! Die Tatsache, daß der Mond in der Nacht darauf im Wege war, ist im Vergleich damit völlig unbedeutend. Nur wenige experimentierende Wissenschaftler waren mit so viel Ignoranz geboren, daß sie so handeln konnten und wären eher die ganze Nacht am Teleskop gesessen mit der Frage - hat er sich bewegt? Es war nur ausgleichende Gerechtigkeit, daß Adams viele Jahre später zum Direktor der Sternwarte ernannt wurde.

Zehn Tage nachdem die Neuigkeit von Neptuns Entdeckung England erreicht hatte, untersuchte William Lassell den Planeten mit seinem neuen 60-cm-Reflektor und erkannte, daß er einen Satelliten hatte. Im Jahr darauf, als der Planet wieder sichtbar wurde, bestätigte er die Beobachtung; der neue Mond wurde Triton getauft. Lassell entdeckte daraufhin unabhängig den achten Saturnmond, der schon im Observatorium in Harvard beobachtet worden war und zwei weitere Monde des Uranus, Umbriel und Ariel, nachdem Wilhelm Herschel, 60 Jahre früher, die Monde Titania und Oberon gefunden hatte. Diese Erfolge ermutigten Lassell und er beschloß, anders als Lord Rosse, sein Teleskop an einen besseren Ort zu bringen und zog mit seinem Fernrohr nach Malta.

Während der Auseinandersetzung um Neptun war Airy mit dem Entwurf und Bau eines neuen Spiegelteleskops beschäftigt gewesen, das besonders für die Bestimmung der Position des Mondes geeignet sein sollte, der Hauptaufgabe des Observatoriums in Greenwich seit fast 200 Jahren. Airy stand vor der schwierigen Aufgabe, das Observatorium nach der Pensionierung seines Vorgängers, John Pond, wieder zu beleben. Unter den Angestellten der Sternwarte herrschte große Unordnung. Der erste Assistent wurde wegen einer Reihe von Vergehen, zu denen Trunkenheit und die Fälschung astronomischer Daten gehörten, entlassen. Airy versuchte auch, einen anderen Assistenten, Richardson, zu entlassen, aber die Geldgeber der Sternwarte, die Admiralität, wollten nicht zustimmen. Airy sagte schlimmes voraus: zehn Jahre später schrieb er in sein Tagebuch: »Mr. Main fehlte heute; er war im Gerichtshof bei der Verhandlung gegen Mr. Richardson, der des vorsätzlichen Mordes an seinem in Blutschande gezeugten Kind angeklagt ist«.

Die neuen Herren in Greenwich waren sehr eifrig, und die Pflichten waren genau festgelegt. In den ersten acht Jahren unter Airy machten die Assistenten (Mr. Richardson eingeschlossen) fast 70000 Beobachtungen. Anders als die bei den meisten von Airys Vorgängern wurden diese Beobachtungen sofort bearbeitet und daraus brauchbare astronomische Daten berechnet. Airy ging noch weiter und korrigierte auch die alten Beobachtungen seiner Vorgänger Bliss, Maskelyne und Pond in ähnlicher Weise. Diese Korrekturen waren notwendig, umfangreich und langweilig. Die beobachtete Position eines Sterns mußte in Hinsicht auf Brechung, Aberration, Schwankungen der Erdachse und Präzession korrigiert werden. Beobachtungen an Sonne und Mond mußten außerdem in bezug auf die geographische Breite der Sternwarte überprüft werden wegen der besonderen Art der Messung, bei der das Fadenkreuz an den Rand des Bildes der Sonnen- oder Mondscheibe gebracht wird, und sich daraus Abweichungen für den Mittelpunkt ergeben, die sich von Tag zu Tag durch die Brechung verändern. Airy hatte für jedes Stadium dieser Berechnungen Formulare angefertigt. Airys Einstellung zu solchen Arbeiten wurde, wenn auch nur zum Spaß, von einem Freund einmal so beschrieben: »Wenn Airy seine Feder auf einem Löschpapier abwischt, dann versieht er das Löschpapier mit den Daten und besonderen Umständen seiner Benutzung und ordnet es in seine Akten ein.«

Diese sorgfältig geplante Datenverarbeitung führte zu einem viel besseren Verständnis für die Instrumente der Sternwarte. Die beiden Mauerkreise, die Pond für den größten Teil seiner Arbeit benutzt hatte, waren nicht unveränderlich genug, um die genauen Messungen zu liefern, die jetzt für den Durchgang eines Sterns gebraucht wurden, (das ist die Zeit, in der ein Stern genau über dem Meridian der Sternwarte steht). Das vorhandene Spezialinstrument, das Troughton 1816 für die Königliche Sternwarte gebaut hatte, war auch nicht mehr vertrauenswürdig. Es war zudem zu klein, als daß es die Planetoiden hätte zeigen können, die jetzt mit den Planeten zum Programm von Greenwich gehörten. Airy überredete die Admiralität, ein neues Meridianfernrohr zu bezahlen und übernahm es selbst, dieses zu entwerfen; es sollte (nach dem Cambridge Teleskop und dem neuen Refraktor in Greenwich) sein drittes wichtiges Instrument werden. Das zugrundeliegende Teleskop war ein achromatischer Refraktor mit 20 cm Öffnung und einer Brennweite von 3,5 m. Obwohl Airy das erfolgreiche Meridianfernrohr kannte, das Troughton 1806 für Groombridge gebaut hatte, entwarf er ein völlig anderes Instrument. Der Meridiankreis von Groombridge ist offenbar ein Nachfahre von Ramsdens »Kreis von Palermo« – eine Konstruktion aus einer Vielzahl von konischen und zylindrischen Röhren, die einen leichten, aber starren Rahmen bilden, in dem das Teleskop eher begraben als gestützt war.

Airy glaubte, daß dieses System bei weitem nicht das stabilste war: Stabilität wäre eher zu erreichen, wenn so wenig Teile wie nur möglich benutzt würden. Dazu wurde das neue Instrument so entworfen, daß es keine eigene Stütze brauchte: es war ein einfaches Rohr, das an einer schweren Achse befestigt war. Das ganze Teleskop wog 0,85 Tonnen und war mit Gegengewichten so genau ausbalanciert, daß die Last nicht so schwer auf den zwei Lagern ruhte und sie nicht so stark abnutzen konnte. Dieser Entwurf war bis auf eine Kleinigkeit ein großer Erfolg. Airy hatte einen schon vorhandenen Granitpfeiler als Stütze des einen Drehpunkts benutzt und aus einer anderen Steinart den anderen gebaut. Die beiden Pfeiler dehnten sich bei Temperaturveränderungen verschieden schnell aus und das erwies sich als problematisch.

Das Teleskop wurde 5,8 m östlich von Bradleys früherem Meridianfernrohr aufgestellt, und der »Nullte Längengrad von Greenwich« verschob sich mit ihm. 1851 gehörte die Vermessung des Himmels zu den Aufgaben der Admiralität, die Vermessung der Erde durch die amtliche Landesvermessung zu denen der Armee. Die beiden Teilstreitkräfte bereiteten sich gerade darauf vor, in das am schlechtesten geleitete Kriegsunternehmen englischer Geschichte, den Krimkrieg, einzugreifen. So ist es nicht überraschend, daß die Armee die Verschiebung des Meridians nicht sofort wahrnahm. Schließlich aber drang die Kenntnis von dieser Berichtigung doch noch durch, und die Landesvermessung veröffentlichte schließlich im Jahre 1947 Karten, die Airys neuen Meridian berücksichtigten.

Eine Karikatur von George Airy, englischer Hofastronom von 1835 bis 1881, aus einer zeitgenössischen Illustrierten. Airy war seiner Ausbildung nach Mathematiker und benutzte sein mathematisches Können zur Untersuchung der Planetenbewegung. Das Beugungsbild einer Fernrohrlinse wird heute noch ein Airy-Scheibchen genannt, und eine besondere Art von Verstrebung, die verhindert, daß sich Stützen verbiegen, wird in sogenannten Airyschen Punkten angebracht.
Airy berechnete von 1872 bis 1886 die Bewegung des Mondes. Vier Jahre später, 1890, fand er in einem der ersten Schritte seiner Rechnungen einen Fehler. Er war damals 89 und meinte, daß er sich nicht traue, die Berechnungen noch einmal zu beginnen. Er starb zwei Jahre darauf.

KAPITEL 7

Neue Maßstäbe

Spektroskopie
und
Photographie

»Damals (1862) begann ein astronomisches Observatorium zum ersten Male wie ein Laboratorium auszusehen. Batterien, die schädliche Gase ausströmten, standen draußen vor dem Fenster; eine große Induktionsspule war auf einem Wagen so montiert, daß sie der Bewegung des Okulars folgen konnte; daneben stand eine Reihe verschiedener Leidener Flaschen; Regale mit Bunsenbrennern, Vakuumröhren und Flaschen mit Chemikalien ... füllten die Wände. Im Februar 1863 verlor die Sternwarte noch mehr ihren streng astronomischen Charakter, als in einer Ecke ein kleines Zelt aufgebaut wurde, das als Dunkelkammer mit Bädern und anderem Zubehör für die Entwicklung der feuchten Kollodiumplatten ausgestattet war.«

Sir William Huggins in: Publications of Sir William Huggins' Observatory, Band 1, 1899

Die astronomischen Entdeckungen der Zeit um 1840 standen noch ganz in der Tradition der vorangegangenen zwei Jahrhunderte. Die Positionen der Sterne und Planeten wurden genau bestimmt, während Einzelheiten größerer Objekte, wie Sternhaufen und Nebel, beschrieben und gezeichnet wurden. Diese Art der Beobachtung wurde durch zwei Entwicklungen, die nichts mit Fernrohren zu tun hatten, über den Haufen geworfen. Die erste war die photographische Platte, die schließlich das menschliche Auge beim Aufspüren von Sternen ersetzen sollte. Die zweite machte es sich zunutze, daß man mit Hilfe eines Prismas das Licht der Sonne und der Sterne in ein Spektrum zerlegen kann. Diese beiden Techniken, Photographie und Spektroskopie, wurden zunächst unabhängig voneinander benutzt, schließlich aber miteinander kombiniert, so daß sich aus dieser Vereinigung eine ganze neue Wissenschaft entwickeln konnte – die Astrophysik, in der die Astronomen sich um das Verständnis der physikalischen und chemischen Natur astronomischer Objekte bemühen.

Im Lauf des 18. Jahrhunderts hatten einige Wissenschaftler den Einfluß von Licht auf gewisse Chemikalien und Gemische beobachtet. Am Ende des Jahrhunderts wußte man, vor allem als ein Ergebnis der Arbeiten von Karl Scheele, einem schwedischen Chemiker, und Jean Senebier, dem Stadtbibliothekar von Genf, daß viele Silberverbindungen durch Sonnenlicht geschwärzt werden und daß die schwarze Farbe von der Bildung winziger Silberteilchen herrührt, die in sehr fein verteilter Form eher schwarz als glänzend erscheinen. Diese Erkenntnis findet sich sogar in einem so seltsamen Buch wie dem *Natürlichen Zauberlexikon* von Weigleb, das 1784 veröffentlicht wurde. Um das Gesicht zu schwärzen, rät das Buch, »es mit aqua fortis (Salpetersäure), in der feines Silber aufgelöst wurde, zu befeuchten ... Man setze dann das Gesicht der Sonnenstrahlung aus und wird für eine Weile zu einem schwarzen Mann.« Ganz abgesehen von der Gefährlichkeit der Säure sind auch Silbersalze sehr giftig.

In einem weniger aufregenden Experiment benutzte Johann Ritter eine Silberverbindung, um zu zeigen, daß das Sonnenlicht auch unsichtbare Strahlung im Bereich jenseits des Violett enthält. Im Jahr davor, 1800, hatte Wilhelm Herschel schon unsichtbare Strahlung entdeckt, die jenseits des roten Endes des Spektrums lag. Diese Strahlung, die als Wärmestrahlung wirkt, nennen wir heute Infrarot. Der energiereiche »ultraviolette« Teil des Sonnenspektrums bewirkt dagegen eine Reihe von chemischen Veränderungen. Ritter setzte die weiße Silberchloridverbindung Licht verschiedener Wellenlänge aus und fand, daß die ultraviolette Strahlung sie in weniger als einem Dreißigstel der Zeit schwärzte, die das gelbe Licht in der Mitte des sichtbaren Spektrums brauchte. Die Schwärzung von Silberchlorid durch Sonnenlicht ermöglichte es, von einem undurchsichtigen Gegenstand ein Schattenbild herzustel-

Eine Daguerreotypie von Louis Daguerre, 1789–1851, die 1851 gemacht wurde. Er befaßte sich mit der Herstellung von »Dioramen« – durchscheinende Gemälde, die sich mit der Beleuchtung veränderten. Das Ziel seiner frühen Experimente war es, die realistischen Bilder, die er brauchte, schneller herstellen zu können.

len, indem man einfach diesen Schatten auf ein mit dieser Verbindung getränktes Stück Papier fallen ließ. Diese Schattenbilder waren jedoch einer Photographie noch nicht sehr ähnlich, denn erstens war es noch nicht möglich, sie haltbar zu machen und aufzubewahren, und zweitens benötigte das Verfahren sehr viel Licht – stundenlangen direkten Sonnenschein –, um auch nur eine geringe Schwärzung als Bild zu erhalten.

Der erste erfolgreiche Versuch, ein haltbares Bild – also ein »fixiertes« Abbild – zu bekommen, begann mit anderen chemischen Stoffen als Silber oder Silberverbindungen. Der Erfinder, Joseph Niépce, nutzte dazu ein anderes Ergebnis Senebiers, nämlich dessen Entdeckung, daß einige natürliche Verbindungen durch Licht unlöslich gemacht werden. Die Absicht war nicht, eine Photographie herzustellen, sondern die Herstellung lithographischer Druckplatten zu beschleunigen. Nach sehr vielen Versuchen, die mehr als zehn Jahre dauerten, gelang es Niépce, den Blick aus seinem Fenster als dauerhaftes Bild festzuhalten. Das Abbild war mit Linsen auf eine dünne Schicht Bitumen geworfen worden, die auf eine Zinnplatte gestrichen war. Dort, wo das Bild sehr hell war, wurde das Bitumen unlöslich. Wenn Niépce dann diese dem Licht ausgesetzte Platte sorgfältig abwusch, um die noch löslichen Teile des Bildes zu entfernen, blieb ein dauerhaftes Bild übrig: das matte Metall der Platte entsprach dem Schatten, während das Bitumen auf den helleren Stellen übrigblieb. Die Belichtungszeit war bei hellem Sonnenschein acht Stunden, und um sie zu verkürzen, verbesserte Niépce das Verfahren auf zweierlei Weise. Er begann damit, statt der Zinnplatten versilbertes Kupfer zu benutzen und er machte eine bessere Kamera ausfindig. Die versilberte Platte hatte mehrere Vorteile. Sie war durch ihren Untergrund aus Kupfer härter und besser als Druckplatte geeignet, während die glänzende silberne Oberfläche alles Licht reflektierte und nichts absorbierte, was die Bitumenschicht durchdrang. So war es möglich, die Kontraste auf der endgültigen Platte zu verstärken. Niépce behandelte die Platte mit Jod, um das übriggebliebene Silber an der Oberfläche zu schwärzen und entfernte dann das übrige Bitumen, unter dem sich die von Anfang an glänzende Oberfläche zeigte. Die Suche nach einer besseren Kamera führte zu einer Begegnung zwischen Niépce und Louis Daguerre.

Daguerre war ein Schausteller, der begonnen hatte, mit Hilfe von Papier, das mit Silberchlorid bestrichen war, ein photographisches Bild herzustellen. Die Versuche waren nicht besonders erfolgreich, aber sie gaben Daguerre den Rückhalt, den er brauchte, um eine Partnerschaft mit Niépce auszuhandeln, dem um 1820 das Geld ausging. Daguerre machte den nächsten Schritt auf dem Weg zur Herstellung photographischer Aufnahmen 1831, als er entdeckte, daß Niépces mit Jod behandelte Silberplatte selbst lichtempfindlich war; mit ihrer Hilfe konnte er ein Bild aufzeichnen, aber noch nicht fixieren, ohne Bitumen zu benutzen. Joseph Niépce starb 1833; sein Sohn Isidore wurde sein Nachfolger als Partner Daguerres. Zwei Jahre später gelang Daguerre eine weitere Entdeckung: er fand rein zufällig, daß eine Platte, die nur schwachem Licht ausgesetzt gewesen war und so nicht direkt geschwärzt wurde, dennoch ein unsichtbares »latentes« Bild barg, das durch Quecksilberdampf »entwickelt« werden konnte. Dies löste eine der entscheidenden Schwierigkeiten der frühen Photographie, denn es ermöglichte eine Verkürzung der Belichtungszeit auf nur 20 Minuten. Wieder zwei Jahre später, 1837, gelang es Daguerre, das entwickelte Bild zu »fixieren«, indem er die Platte mit einer starken Lösung von gewöhnlichem Kochsalz wusch. So entstandene Aufnahmen wurden Daguerreotypien genannt im Gegensatz zu den Keliographien nach Niépce.

Daguerre versuchte das ganze nächste Jahr über, aus seiner neuen Entdeckung Kapital zu schlagen. Als das nicht gelang, bat er die Regierung um Unterstützung. Er fand einen Verbündeten in Dominique François Arago, dem Direktor des Pariser Observatoriums, der sowohl Politiker als auch Wissenschaftler war. Arago stellte die Erfindung der Abgeordnetenkammer vor und betonte dabei die wissenschaftliche Bedeutung des neuen Verfahrens, obwohl ihm selbst oft seine politischen Interessen wichtiger waren als die wissenschaftlichen. In Aragos Bericht an die Regierung erhöhte sich die Belichtungszeit bei Niépces Verfahren von acht auf zwölf Stunden und die bei Daguerre verkürzte sich von 20 Minuten bei Sonnenschein auf »kaum zehn bei trübem Winterwetter«. Unglücklicherweise ging er noch weiter. Wenige Monate, nachdem er die Unterstützung der Regierung für Daguerre gewonnen hatte, überredete Arago Hippolyte Bayard, den Erfinder eines konkurrierenden Verfahrens, seine Erfindung nicht zu veröffentlichen. Später »vergaß« Arago im Streit um die Priorität, daß Bayard ihm schon im Mai 1839 Photographien gezeigt hatte.

Daguerre und Arago machten 1839 erste Versuche in astronomischer Photographie; der Erfolg war nur bescheiden. Mit den Instrumenten der Pariser Sternwarte gelang es ihnen, durch Mondlicht eine Platte zu schwärzen, aber das Bild war verschwommen und zeigte keine Einzelheiten. Den ersten Erfolg konnte nicht Paris, sondern New York melden, wo die Daguerreotype mit Begeisterung aufgenommen worden war. John Draper, Professor für Chemie an der Universität der Stadt New York, gehörte zu den ersten Anwendern. Er machte seine erste Daguerreotypie schon wenige Tage nach dem 20. September 1839, als mit einem Dampfer ein Bericht über das neue Verfahren ankam. Nach einem kurzen Ausflug in das Gebiet der Portraitphotographie, den er zusammen mit seinem Kollegen Samuel Morse unternahm, der während eines Besuches in Paris anläßlich der Patentierung seines elektrischen Telegraphs Daguerre getroffen hatte, wandte er sich der wissenschaftlichen Arbeit zu. Es gelang ihm, 1840 den Mond zu photographieren. Er belichtete 20 Minuten lang und erhielt ein Bild mit einem Durchmesser von 25 mm. In einer späteren Versuchsreihe hielt er 1841 das Sonnenspektrum fest und konnte die dunklen Linien, die Fraunhofer entdeckt hatte, nachweisen.

Die Daguerreotypie wurde nach 1840 weiter entwickelt, als man fand, daß versilberte und mit Jod-Brom- oder Jod-Chlor-Gemischen anstelle von Jod behandelte Platten viel lichtempfindlicher waren und eine Verkürzung der Belichtungszeiten um das Zwanzig- oder Dreißigfache ermöglichten. Dieser Fortschritt hatte große wirtschaftliche Bedeutung, weil er die Portraitphotographie ermöglichte. Die nächste astronomische Anwendung war die Sonnenphotographie, wobei das Problem entstand, einen schnellen Verschluß zu bauen, um eine Überbelichtung zu vermeiden. Die erste erfolgreiche Daguerreotypie der Sonne mit einer Belichtungszeit von 1/60 Sekunde wurde im April 1845 in Paris von Hippolyte Fizeau und Léon Foucault auf Anregung Aragos aufgenommen. Das Ergebnis bestätigte, daß der Rand der Sonnenscheibe nur etwa halb so hell ist wie die Mitte; eine Tatsache, die Arago selbst durch eine Reihe von Messungen in Frage gestellt hatte. Auch die verbesserten Daguerreotypien wurden zuerst in Amerika in der Astronomie eingesetzt. Jetzt waren es William und George Bond in Harvard, die dabei den neuen 38-cm-Refraktor benutzten. Sie wurden dabei von zwei Berufsphotographen unterstützt, John Whipple und J. W. Black; 1849, 1850 und 1851 gelang es ihnen, mit Belichtungszeiten von nur einer Minute verbesserte Daguerreotypien des Mondes zu erhalten. Von noch größerer Bedeutung war, daß die Gruppe zum ersten Mal photographische Aufnahmen von Sternen erhielt, zunächst von der Wega und dann von Castor, dem hellsten Stern im Sternbild der Zwillinge. Die Bilder waren noch nicht sehr scharf: Castor ist ein Doppelstern, dessen Abstand etwa zwei Bogensekunden beträgt, aber die Photographie zeigt das Sternenpaar als einen ausgedehnten einfachen Lichtfleck. John Whipples Können wurde weithin anerkannt, als seinen Bildern vom Mond 1851 auf der Weltausstellung in London ein Preis verliehen wurde – seine Medaille war eine höhere Auszeichnung als die, die Nasmyth für seine Zeichnungen von demselben Objekt bekam.

Ein weiterer Erfolg für die Daguerreotypie war die Sonnenfinsternis im Juli 1851. Die Sonnenfinsternis war in Schweden und Ostpreußen zu sehen, und alle Mitarbeiter der Königsberger Sternwarte beteiligten sich an der Beobachtung. Mit einem Teleskop von nur 6 cm Öffnung erhielt Berkowski während der kurzen Zeit der totalen Finsternis zwei brauchbare Bilder. Eine der beiden Daguer-

John Draper, 1811–1882, wanderte 1833 von Liverpool in die Vereinigten Staaten aus. Er und sein Sohn Henry waren beide Professoren der Chemie und arbeiteten an der Entwicklung der astronomischen Photographie.

Die Pariser Sternwarte Mitte des 19. Jahrhunderts. Ihre wichtigsten Instrumente waren Refraktoren mit 30 und 38 cm Öffnung.

Oben: Eine Ansicht der Weltausstellung von London 1851. Das Teleskop ist ein Instrument, das Lord Rosse, dem damaligen Präsidenten der Royal Society, gehörte. Die Astronomie wurde in der Mitte des 19. Jahrhunderts von Linsenteleskopen mit Öffnungen zwischen 20 und 25 cm, ähnlich dem oben gezeigten, beherrscht. Die Sensation dieser Ausstellung war jedoch Bonds Photographie des Mondes, die mit Hilfe eines 7,5-cm-Linsenteleskops in den Vereinigten Staaten gemacht wurde.

Oben: Eine illustrierte Geschichte der Photographie aus einer Enzyklopädie von 1833. Sie skizziert das Grundprinzip der Kamera und die Entwicklung der Photographie. Eine Vorstufe war die Camera obscura von Della Porta. Dieser verdunkelte Kasten hat eine kleine Öffnung, durch die das Bild eines entfernten Gegenstandes auf einen Schirm projiziert wird und wurde als Hilfsmittel für genaue Zeichnungen verwendet. Um 1800 erkannte man, daß Stoffe ihre Farbe ändern, wenn sie dem Licht ausgesetzt werden und daß Silbersalze in dieser Hinsicht besonders empfindlich sind. Eine Reihe von Bildern beschäftigt sich insbesondere mit den Arbeiten von Niépce und Daguerre und dem Einsatz der Photographie als Hilfsmittel in der Forschung, besonders in der Astronomie.

Rechts: Eine frühe Photographie, die im Februar 1839 von John Herschel gemacht wurde. Durch ein Fenster sieht man Wilhelm Herschels 12-m-Teleskop. Die Notizen sind Bemerkungen von John Herschel über Photographie.

Oben: Die früheste existierende Photographie, hergestellt 1826 von Nicéphore Niépce, der dazu eine Zinnplatte benutzte, die mit Bitumen bedeckt war. Durch ein Fenster sieht man auf einen sonnenbeschienenen Garten (in Gras, nahe Chalon-sur-Saône, Frankreich). Das Bild ist nicht nur wegen seiner Unzulänglichkeit schwer zu deuten, sondern auch, weil die Sonne sich während der achtstündigen Belichtungszeit so weit drehte, daß sie die Gebäude von beiden Seiten her bescheint. Der Kontrast der Photographie ist ebenfalls schlecht, da die dunklen Flächen des bloßen Metalls sich nur schwach gegenüber dem Bitumen abheben. Um seine Bilder schärfer zu machen, setzte Niépce sie Joddämpfen aus und fixierte sie dann mit Hilfe von Silberlegierungen. Das obige Bild, die erste dauerhafte Naturphotographie, wurde der Royal Society 1827 in London vorgelegt.

reotypien wurde auf die Intensitätsverteilung in der Korona hin untersucht – aber nicht 1851, sondern erst 1951, nachdem sie den größten Teil des dazwischenliegenden Jahrhunderts in den Archiven der Eidgenössischen Sternwarte der Schweiz gelegen hatte.

Das Bekanntwerden der Erfindung Daguerres und der sich sofort einstellende geschäftliche Erfolg spornten zu vielen Anstrengungen an, besonders in England und Frankreich. Goddard, ein Engländer und Claudet, ein Franzose, der in England lebte, verbesserten die Daguerreotypie selbst. Bayard, Lassaigne, Verignon, Blanquart-Evrard und Martin in Frankreich und Fyfe, Talbot und Reade in England arbeiteten an Prozessen, die Silberverbindungen auf Papier statt der versilberten Kupferplatten der Daguerreotypien benutzten. Auch John Herschel versuchte sich an der Photographie und benutzte dabei Glasplatten als Grundlagen. Die meisten der Versuche, die Papier benutzten, konnten nicht die große Genauigkeit der Daguerreotypien erreichen, ausgenommen der von Louis Blanquart-Evrard entwickelte Prozeß unter Verwendung von Eiweißstoffen, der aber außerordentlich langsam war. Auf John Herschel gehen auch viele der Ausdrücke zurück, die in diesem Zusammenhang gebraucht werden: Positiv, Negativ und Schnappschuß stammen von ihm und auch das Wort Photographie, das allerdings auch kurz zuvor schon von dem deutschen Astronomen Mädler vorgeschlagen worden war. Nevil Maskelyne, der Enkel des Königlichen Astronomen, versuchte, mit Hilfe von Talbots Prozeß (der Kalotypie) 1846 den Mond zu photographieren, wobei er das Teleskop eines Bekannten in Bath aufstellte, wenige Kilometer von seinem Haus in Lacock Abbey entfernt. Er hoffte, ein Bild mit einem Durchmesser von 12 cm zu bekommen, hatte aber keinen Erfolg.

Ein Prozeß, der die Daguerreotypie ersetzte, wurde von Frederick Archer 1850 erfunden. Bei ihm werden dünn mit Kollodium beschichtete Glasplatten benutzt. Zur Herstellung einer Platte wird zunächst eine saubere Glasscheibe mit einem Gemisch aus Kollodium und in Äther gelöstem Kaliumjodid bestrichen. Der Äther verdampft dann, und die Platte wird, während das Kollodium noch klebrig ist, in eine Silbernitrat-Lösung getaucht. Diese reagiert mit dem Kaliumjodid, und es schlägt sich unlösliches Silberjodid nieder. Das mit Silberjodid getränkte Kollodium ist, solange es noch feucht ist, etwa so empfindlich wie Daguerres versilbertes Kupfer. Nach der Belichtung und Entwicklung trocknet es zu einem haltbaren Negativ. Das von Blanquart-Evrard entwickelte Papier erwies sich als das ideale Material, mit dem von den Kollodium-Negativen positive Abzüge gemacht werden konnten. Bald nach Archers Bekanntgabe seines Verfahrens der nassen Kollodiumplatten wurde es weiter verbessert, bis man schließlich unter Benutzung von Mischungen von Silber-Jodiden und -Bromiden eine Platte erhielt, die etwa zehnmal so empfindlich war wie die Daguerreotypie.

Das neue Verfahren wurde in der Astronomie zuerst von Warren De la Rue angewandt, einem Freund von Nasmyth und Lassell, der wie sie ein erfolgreicher Geschäftsmann war. De la Rue hatte sich selbst ein Spiegelteleskop mit 33 cm Öffnung gebaut und so abgeändert, daß er mit Archers feuchten Platten arbeiten konnte. Die ersten Ergebnisse waren Photographien des Mondes, die mit Belichtungszeiten von zehn bis 30 Sekunden aufgenommen wurden. Der Erfolg dieser Photographien war bemerkenswert, weil De la Rue sein Teleskop nicht durch einen Motor nachführen konnte, sondern es mit der Hand so führen mußte, daß das Bild auf der Platte am selben Platz blieb. Das Fehlen einer guten Nachführung machte längere Belichtungszeiten unmöglich, und De la Rue schob alle weitere Arbeit auf, bis er ein neues Observatorium gebaut und ausgestattet hatte. Das Fehlen einer guten Nachführung für das Teleskop verzögerte auch in Harvard, wo George Bond arbeitete, die Anwendung des Verfahrens mit feuchtem Kollodium. Schließlich wurde eine geeignete Nachführung entwickelt, und im April 1857 konnten Bond und Whipple sich wieder dem Photographieren von Sternen zuwenden. Die Verbesserungen waren beträchtlich: Platten, die von Mizar und Alkor gemacht wurden (das ist das Sternpaar im Großen Bären, das die Araber als Test für gutes Sehvermögen benutzt hatten) zeigte den helleren Stern nach drei bis fünf und den schwächeren nach 80 Sekunden Belichtung. Die Grenze lag etwa bei den schwächsten mit bloßem Auge sichtbaren Sternen - Sterne mit nur einem Vierzigstel der Helligkeit des Polarsterns, den Bond und Whipple mit Daguerres Verfahren noch nicht photographieren konnten.

Die ersten Teleskope mit großer Öffnung, die speziell für die astronomische Photographie gebaut worden waren, stammen von Lewis Rutherford in New York in Zusammenarbeit mit Henry Fitz, einem Optiker, der sich als Hersteller von Fernrohren schon einen Namen gemacht hatte. Wegen der unterschiedlichen Farbempfindlichkeit des Auges und der photographischen Platte muß man für die photographische Beobachtung Spezialinstrumente herstellen. Das Auge ist im grünen, gelben und gelb-roten Teil des Spektrums am empfindlichsten, während die nasse Kollodiumplatte am stärksten auf blaues, violettes und ultraviolettes Licht reagiert. Achromatische Linsen, die für das Auge ein gutes Bild ergeben sollen, sammeln die Farben in der Mitte des Spektrums - grün bis orange - in einem gemeinsamen Brennpunkt; Korrekturen für Violett, für das das Auge weniger empfindlich ist und für Ultraviolett, das unsichtbar ist, sind dabei nicht nötig. Rutherford stellte fest, daß für das Auge der Brennpunkt der achromatischen Linse seines Fernrohrs über zwei Zentimeter von dem Punkt entfernt war, an dem er für kurzbelichtete photographische Aufnahmen lag und daß keine Anordnung ein wirklich scharfes Photo ergab. Darum machte er sich daran, eine Linse zu entwerfen und anzufertigen, die für photographische Platten scharfe Bilder lieferte.

Dies erwies sich als ein schwieriger und langwieriger Prozeß. Die Linse mußte so geschliffen werden, daß sie im unsichtbaren und nicht im sichtbaren Bereich des Lichts ein scharfes Bild ergäbe, und so mußte für jede Überprüfung die Linse in das Fernrohr eingepaßt, neue feuchte Platten vorbereitet und eine Reihe von Photographien heller Sterne gemacht werden. Es dauerte lange, bis der »photographische Achromat« mit 28 cm Öffnung hergestellt war; im Dezember 1864

Ein Bild des Mondes, das Lewis Rutherford (1816–1892), einer der Pioniere der Himmelsphotographie, 1865 in New York mit einem »photographischen« Refraktor aufgenommen hat.

war er fertig. Die Mühe hatte sich gelohnt, und zum ersten Mal konnten Sterne photographiert werden, die man nicht mit dem bloßen Auge sehen konnte - Sterne, die zehnmal schwächer waren als die auf den Platten in Harvard. Rutherfords Platten mit Aufnahmen der Plejaden zeigten etwa 50–75 Sterne. Mit diesem Material konnte man entscheiden, ob die Positionen von Sternen auf Grund ihrer Abbilder auf photographischen Platten genau bestimmt werden können. Bessel hatte die Positionen von Sternen in der Gruppe der Plejaden schon 30 Jahre früher bestimmt, und die Messungen an Russells Platten erwiesen sich als ähnlich genau. Die Platte hatte gegenüber der direkten Messung am Okular mehrere Vorteile: wenn die Aufnahme einmal gemacht war, konnte die Platte jederzeit, in der Nacht oder am Tag, bei klarem oder bedecktem Himmel ausgemessen werden, und da alle Sterne auf der Platte zur selben Zeit aufgenommen wurden, brauchten (anders als bei einer Meßreihe an Einzelsternen) die Korrekturen, die wegen der Brechungs- und Beugungseffekte nötig sind, nur einmal berechnet zu werden, da sie ja für alle Sterne gleich sind. Rutherford photographierte auch den Mond: Die ersten Versuche ergaben Aufnahmen, die genügend Einzelheiten zeigten, um die Vergrößerung auf 50 cm Durchmesser zu rechtfertigen. Dabei wurde der Vollmond nur eine Viertelsekunde lang belichtet.

Wie Lord Rosse war Lewis Rutherford stärker am Bau der Instrumente interessiert als an ihrem Gebrauch, und der Erfolg seines photographischen Teleskops überzeugte ihn davon, daß er nicht Astronomie betreiben, sondern mit dem Bau eines photographischen Mikroskops beginnen sollte. Benjamin Gould benutzte zunächst in Boston und dann in Argentinien Rutherfurds Linsen, um hauptsächlich Sternhaufen zu photographieren. Zur selben Zeit hatte Warren De la Rue in England seine neue Sternwarte gebaut und die astronomische Photographie systematisch einzusetzen begonnen. De la Rue benutzte weiterhin sein Spiegelteleskop, bei dem es keine Probleme mit der Korrektur im Ultravioletten gab, da ein gekrümmter Spiegel das Licht aller Wellenlängen in einem Brennpunkt sammelt. Seine Wirksamkeit jedoch war viel geringer als die eines Linsenteleskops vergleichbarer Größe, weil der Spiegel schlechte Reflexionseigenschaften hatte. Mit diesem Fernrohr, mit einer guten Nachführung, wurden acht Jahre lang Aufnahmen des Mondes hergestellt. Diese Beobachtungsreihe erhielt besondere Bedeutung in einem Streit, der 1866 mit einer Behauptung von Julius Schmidt, dem Direktor der Sternwarte in Athen, begann, daß einer der Mondkrater verschwunden sei.

Ein Bild des Mondes von Warren De la Rue (1815–1889), auch aus dem Jahr 1865. De la Rue leistete auch auf dem Gebiet der photographischen Untersuchung der Sonne und von Sonnenfinsternissen Pionierarbeit.

De la Rue befaßte sich auch mit einem anderen Aspekt astronomischer Photographie, der wieder Grundlage langfristiger Untersuchung war. John Herschel hatte empfohlen, mit täglichen Photographien der Sonne zu beginnen, wozu ein Spezialfernrohr - ein »Photoheliograph« - erforderlich war, bei dem die Linse wieder für den photographischen Gebrauch besonders korrigiert worden war. Mit einer Öffnung von nur 9 cm war diese Linse viel einfacher herzustellen als die von Rutherfurd. Sie wurde von dem Optiker A. Ross, in London, geschliffen. Das Teleskop wurde nicht sofort zur Sonnenüberwachung eingesetzt. De la Rue nahm es im Juli 1860 mit nach Spanien, um eine totale Sonnenfinsternis zu photographieren. Die Expedition hatte die Absicht, in Zusammenarbeit mit Pater Angelo Secchi vom Collegio Romano von zwei Stationen aus, die 400 km voneinander entfernt waren, Photographien von Sonnenprotuberanzen zu machen. Secchi benutzte dazu einen herkömmlichen visuellen Refraktor mit 15 cm Öffnung, den R. A. Cauchoix in Paris hergestellt hatte, und beide Beobachter machten während der totalen Finsternis mehrere Aufnahmen. Die Platten zeigten mit absoluter Sicherheit, daß die Ausbrüche auf der Sonne stattfanden und weder, wie behauptet worden war, Vorgänge innerhalb der Erdatmosphäre noch das Ergebnis einer unbekannten Erscheinung auf dem Mond waren.

Als der Photoheliograph zurückkam, wurde er in Kew aufgestellt. Diese Sternwarte der British Association lag etwa 8 km von De la Rues Wohnung und seiner privaten Sternwarte in Cranford entfernt. Das Observato-

Sonnenprotuberanzen, die in Spanien bei der Sonnenfinsternis 1860 aufgenommen wurden. Solche Ausbrüche sind gewaltige Gasexplosionen, bei denen leuchtendes Gas von der Sonnenoberfläche hochgeschleudert wird. Die Größe der gezeigten Protuberanzen kann abgeschätzt werden, wenn man bedenkt, daß die Sonne einen Durchmesser von 1,4 Millionen km hat.

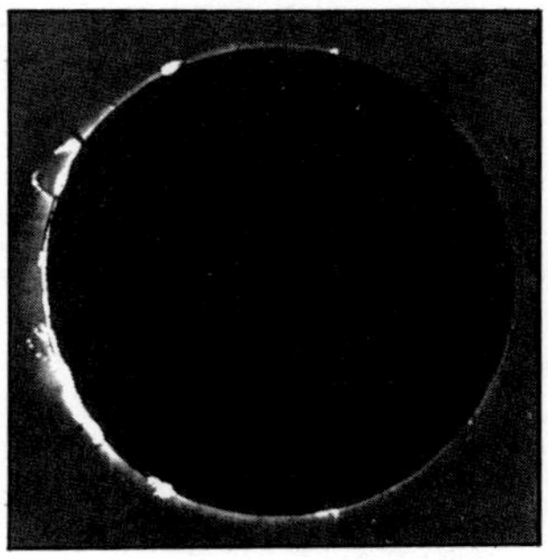

Der Photoheliograph von Kew. Dieses Instrument, das Warren De la Rue gebaut hatte, war für die Aufnahme der Sonnenfinsternis von 1860 nach Spanien gebracht worden.

rium in Kew befaßte sich hauptsächlich mit Messungen des Erdmagnetismus und benötigte das Teleskop, weil ein Zusammenhang zwischen kleinen Schwankungen im Magnetfeld der Erde und der Zahl und Lage von Sonnenflecken entdeckt worden war. Die periodischen Schwankungen der Zahl der Sonnenflecken in einem elfjährigen Zyklus hatte Heinrich Schwabe 1843 entdeckt. Rudolf Wolf erkannte 1852 die Zusammenhänge mit dem Erdmagnetismus. Der Photoheliograph zeichnete etwas mehr als einen elfjährigen Zyklus auf, bevor er durch ein besseres Teleskop ersetzt und die Arbeiten nach Greenwich verlegt wurden.

Die photographische Platte entstand bei Untersuchungen von Chemikern über die Lichtabsorption. Im Gegensatz dazu hatte die Spektroskopie ihren Ursprung in Untersuchungen von Physikern über die Lichtemission. Die Grundlage dafür war die Arbeit Fraunhofers über das Sonnenspektrum. In den folgenden Dekaden wurden die Spektren vieler Lichtquellen im Laboratorium erforscht. Flammen, Funken, Geißlersche Röhren (jene elektrischen Entladungen, die die Vorläufer der Neonröhre waren), glühend heiße Eisen- und Kohlestücke - alles, was Licht aussandte, wurde mit dem Spektroskop untersucht. Das auffallendste Ergebnis all dieser Experimente war, daß es zwei Arten von Spektren gab. Das einfachere der beiden war das von heißen Festkörpern ausgeschickte. Zu dieser Klasse gehört beispielsweise das Licht, das ein glühend heißer Draht ausstrahlt, der durch elektrischen Strom erhitzt wurde. Bei diesen Lichtquellen war das Spektrum, das sich bildete, wenn das Licht durch ein Prisma aufgespalten wurde, ein stetiges ununterbrochenes Farbband. Bei Quellen mit relativ niedriger Temperatur ist das Spektrum am roten Ende am hellsten; wenn die Temperatur erhöht wird, erstreckt sich das Band immer weiter zum Blauen und Violetten hin. Auch mit zusätzlichen Prismen, die das Licht noch weiter auffächern, können keine Einzelheiten (etwa helle oder dunkle Linien) gefunden werden, die mit den Fraunhoferschen Linien im Sonnenlicht vergleichbar sind. Diese Art Spektrum wird kontinuierliches Spektrum genannt. Die andere Klasse von Spektren, die man dann findet, wenn man Flammen und Funken betrachtet, ist davon sehr verschieden. Das Spektrum ist dann ein kompliziertes Muster von hellen und dunklen Linien. Einige Farben fehlen völlig, andere strahlen sehr hell. In diesem Fall ergeben Verbesserungen der Optik des Spektroskops ein Mehr an Einzelheiten.

Ein Sternspektroskop, das auf den 91-cm-Refraktor des Lick-Observatoriums montiert ist. Das Sternenlicht durchläuft ein Prisma (das auf die Drehscheibe links unten im Bild montiert ist), das Spektrum wird dann durch das Okular (ganz links) beobachtet. Mit diesem Gerät wurden mehr als 30000 Spektrogramme von etwa 300 Sternen aufgenommen.

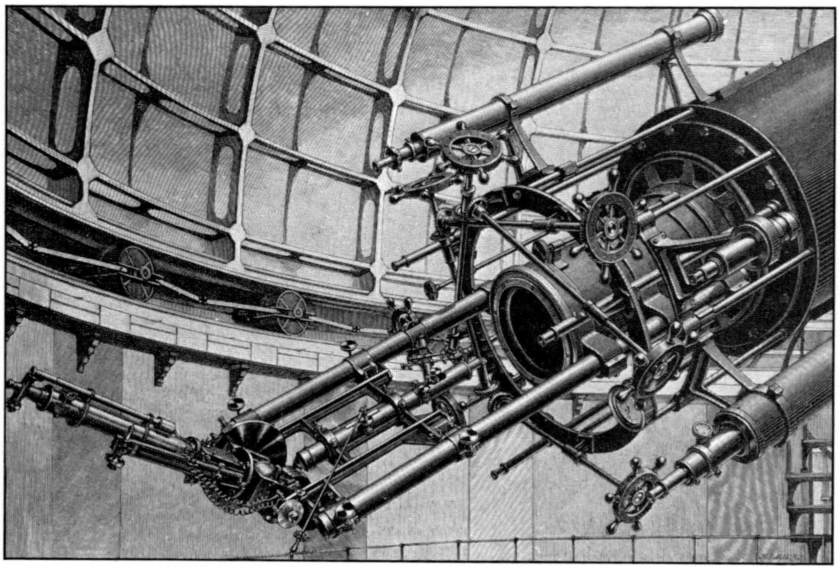

Zusätzliche Untersuchungen hatten erwiesen, daß Licht alle Kennzeichen einer Wellenbewegung aufwies. Die Wellen pflanzen sich mit 300000 km in der Sekunde fort und die Wellenlänge beträgt nur wenige Zehntausendstel bzw. einige Hundert Nanometer. Insbesondere fand man eine Beziehung zwischen der Farbe und der Wellenlänge. Am äußersten roten Ende des Spektrums beträgt die Wellenlänge etwa 750 Nanometer, im grünen Bereich 500 und im violetten 400. Es erwies sich als viel genauer, mit der Wellenlänge als mit der Farbe zu arbeiten, weil zwei Punkte im Spektrum, deren Wellenlänge sich um weniger als einen Nanometer unterschieden, im Spektroskop noch auseinandergehalten werden können, aber nicht als verschiedene Farben zu erkennen sind. Manche Lichtquellen scheinen nur Licht ganz bestimmter Wellenlängen auszustrahlen: das Spektrum einer Flamme, die mit Kochsalz gefärbt wurde, enthält Licht im orange-gelben Bereich, und genauere Untersuchungen zeigten, daß nur zwei Wellenlängen (589,0 und 589,6 Nanometer) vorkommen. Andere Quellen senden wiederum Licht mit anderen Wellenlängen aus, so kann man Stoffe anhand ihres Spektrums unterscheiden. Einige dieser »Spektrallinien« schienen die gleiche Wellenlänge zu haben wie die Fraunhoferschen Linien im Sonnenspektrum, andere aber wiederum nicht. Ein Hauptproblem (was eine Parallele zu dem Problem der Photochemiker darstellt, daß Sonnenlicht manche Chemikalien dunkel färbt, aber andere hell) war, daß die kontinuierlichen Spektren unabhängig von der chemischen Zusammensetzung der Quelle zu sein schienen, während die »Linienspektren« jeweils bestimmten Stoffen zugeordnet werden konnten. Ein heißer Platindraht hat ein Spektrum, das von dem eines heißen Stücks Kohle nicht zu unterscheiden ist, aber das Spektrum eines Funkens zwischen zwei Platindrähten ist ganz verschieden von dem eines Funkens zwischen zwei Kohlestäben.

Einen ersten Fortschritt hatte 1833 David Brewster, der Herausgeber des *Edinburgher Philosophischen Journals* gemacht, als er nachwies, daß Stickoxydgas in einem Rohr einige der Wellenlängen absorbiert, die ein heißer Festkörper aussendet. Dieser Hinweis darauf, daß Gase dunkle Absorptionslinien erzeugen können, die den Fraunhoferschen Linien ähneln, veranlaßte ihn, das Sonnenspektrum mittags und gegen Abend zu untersuchen, wenn das Sonnenlicht einen weiteren Weg durch die Erdatmosphäre hat. Er fand, daß einige der Fraunhoferschen Linien, insbesondere die A und B genannten starken Linien, zur Zeit des Sonnenuntergangs viel deutlicher waren, während andere, wie C und D, bei jeder Stellung der Sonne die gleiche Stärke zeigten. Die Linien A und B mußten deshalb von der Absorption des Lichts in der Erdatmosphäre herrühren und die anderen eher von einem Absorptionsprozeß in der Sonne selbst.

Im nächsten Vierteljahrhundert bemühten sich die Physiker vergeblich um eine umfassende Erklärung dieser Experimente. Die Daguerreotypien des Sonnenspektrums, die Draper und unabhängig davon Edmond Becquerel aufgenommen hatten, zeigten, daß die Fraunhoferschen Linien in allen Wellenbereichen auftraten. Léon Foucault führte in Paris dazu entscheidende Experimente durch, die als neue Lichtquelle einen Lichtbogen benutzten, aber sie wurden nur sehr wenig beachtet. George Stokes, ein Mathematikprofessor in Cambridge, stellte eine im wesentlichen richtige Theorie auf, versäumte es aber, sie zu veröffentlichen. Anders Ångström, der Direktor der Sternwarte in Uppsala, kam der Erklärung ebenfalls sehr nahe, aber es war ein Heidelberger Professor, Gustav Kirchhoff, der die richtige Erklärung veröffentlichte, die auch sofort weithin anerkannt wurde.

Kirchhoff arbeitete mit Robert Bunsen, einem Professor für Chemie, zusammen. In einer Reihe von Experimenten mit Flammen, die Natriumsalze enthielten und mit dem Gasbrenner, der heute noch Bunsens Namen trägt, gingen sie davon aus, daß die Flammen zwei helle Spektrallinien im orange-gelben Bereich ausschicken, deren Wellenlängen genau dem eines Paars dunkler Fraunhoferscher Linien, den D-Linien, im Spektrum der Sonne entsprechen. Wenn sie nun die Sonne durch eine solche Flamme hindurch ansahen, fanden sie, daß die Emission der Flamme nicht immer die zwei dunklen Linien im Sonnenspektrum »ausfüllte«. Wenn die Flamme relativ kalt war, wurden die dunklen Linien noch dunkler; die Flamme absorbierte sogar zusätzlich nicht in diesen Bereichen. Nur wenn die Flamme sehr heiß war, war es möglich, Sonne und Flamme so zu kombinieren, daß die D-Linien gegenüber dem umgebenden kontinuierlichen Sonnenspektrum als helle Linien hervortraten. Die Schlußfolgerung, die 1859 veröffentlicht wurde, war, daß jede Quelle Strahlung sowohl emittieren als auch absorbieren kann. Ob absorbiert oder emittiert wird, hängt von der Temperatur ab. Ein mäßig heißes Gas vor einer sehr heißen Quelle, die ein kontinuierliches Spektrum ausschickt, verursacht eine Reihe dunkler Absorptionslinien; dasselbe Gas vor einem kälteren Hintergrund liefert ein Emissionsspektrum mit hellen Linien, das dem Hintergrundspektrum überlagert ist. Die heißen Gase einer Flamme oder eines Bogens senden ein Linien-Spektrum aus, wobei

SPEKTROSKOPIE

Ein Spektroskop mit Zubehör aus der Mitte des 19. Jahrhunderts zur Beobachtung von Emissionsspektren. Es wird das Licht von Substanzen beobachtet, die in eine Flamme (7) gebracht werden.
Das Licht fällt durch ein Rohr mit Schlitz und Linse (6) auf das Prisma (2), wo es in Farben zerlegt wird. Das Spektrum wird durch eine weitere Linse gebündelt und am Ende des Rohrs (3) mit einem Okular betrachtet. Über das zweite System mit Flamme (5) und Rohr (4) kann ein bekanntes Vergleichsspektrum eingeblendet werden, womit die Vermessung des neuen Spektrums möglich wird.

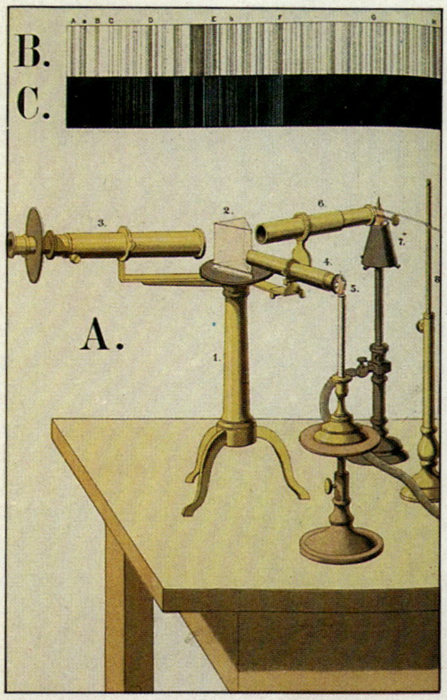

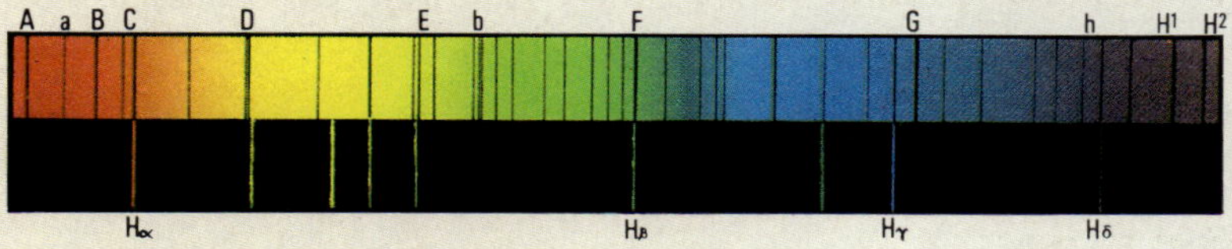

Oben: Bild eines Sonnenspektrums unter normalen Bedingungen und – darunter – während einer totalen Sonnenfinsternis. Das Linienspektrum während der Finsternis wird von der Sonnenkorona erzeugt.
Die mit »H« markierten Linien rühren vom Wasserstoff her. Die dunklen Linien im oberen Spektrum entstehen durch Absorption in den äußeren Schichten der Sonne und liegen vor einem kontinuierlichen Hintergrundspektrum.

Obwohl Licht mit Hilfe eines Prismas in ein Spektrum zerlegt werden kann, ist es nicht möglich, mit diesem Gerät Wellenlängen zu messen. Die Alternative, für die Joseph von Fraunhofer bahnbrechend war, ist ein Beugungsgitter (unten), das sind Tausende feiner paralleler Linien, die auf einer optischen Oberfläche gezogen sind. Dies erlaubt die Messung von Ablenkung und Wellenlängen und wurde bei den grundlegenden astronomischen Arbeiten des schwedischen Astronomen Anders Ångström benutzt, der der Ångström-Einheit (Å) seinen Namen gab. In dem Bild wird ein Laserstrahl mit einem Gitter zerlegt.

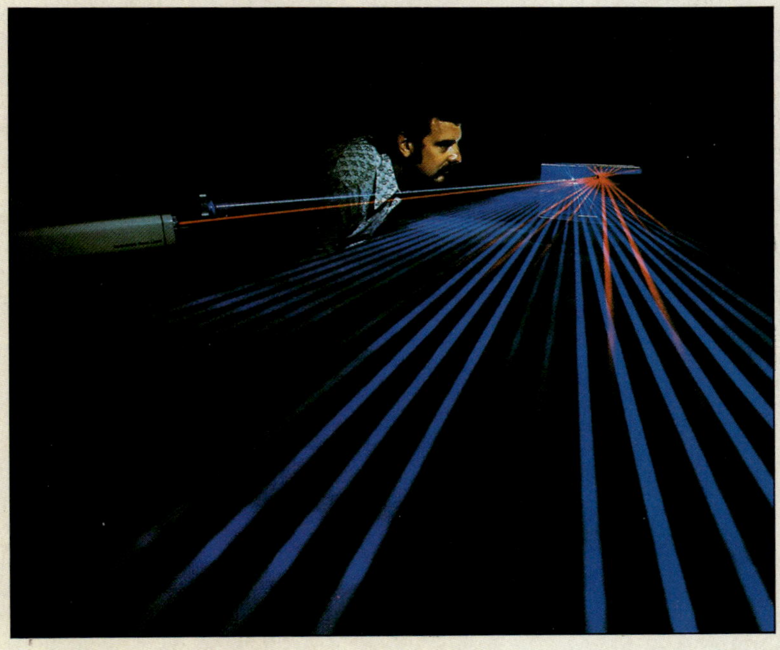

Gustav Kirchhoff, 1824–1887, trug zu vielen Bereichen der Physik Grundlegendes bei; seine Untersuchungen über elektrische Stromkreise und seine Arbeiten zusammen mit Wilhelm Bunsen über Strahlung waren bahnbrechend.

die Wellenlänge der Linien von den im Gas vorhandenen Molekülen und Atomen abhängt. Ein solches Gas absorbiert Licht aus einer geeigneten Hintergrundquelle, aber es kann nur bei den Wellenlängen absorbieren, die den Emissionslinien entsprechen, für andere Wellenlängen ist das Gas durchlässig. Daraus wurden allgemeine Schlußfolgerungen gezogen, die nicht nur für Linienspektren, sondern auch für kontinuierliche Spektren gelten. Die Festkörper mit kontinuierlichen Spektren waren undurchlässig und absorbierten deshalb alle Wellenlängen, und so folgte daraus, daß sie, wenn sie heiß genug waren, alle Wellenlängen ausstrahlen müßten. Die chemische Zusammensetzung des Körpers war unwichtig.

Aus Kirchhoffs Gesetz wurde ein Modell der Sonne abgeleitet: ein heißer undurchsichtiger Kern, der ein kontinuierliches Spektrum aussendet, ist von einer kühleren Hülle umgeben, deren Absorption die Fraunhoferschen Linien verursacht. Das Zusammenfallen der D-Linien mit solchen, die Natrium ausschickten, zeigte, daß die äußeren Bereiche der Sonne Natrium enthalten. Bunsen nutzte in seinem Chemielabor das neue Wissen aus, daß jedes Element ein charakteristisches Spektrum aufweist; dies war das entscheidende Hilfsmittel bei seiner Entdekkung der bis dahin unbekannten Elemente Cäsium und Rubidium. Kirchhoff und sein Assistent K. Hoffmann führten einen genauen Vergleich des Fraunhoferschen Spektrums mit dem einer Vielfalt verschiedener Elemente durch. Aus ihren Untersuchungen konnten sie schließen, daß die äußeren Bereiche der Sonne mindestens ein Dutzend Elemente enthalten, die auf der Erde vorkommen, darunter Natrium, Kalzium, Magnesium, Chrom und Eisen.

Kirchhoffs Arbeiten wurden von Ångström und dessen Kollege Thalen weitergeführt. Ångström hatte insofern einen experimentellen Vorteil gegenüber Kirchhoff, als er einen Lichtbogen als Quelle benutzte; was der Sonne viel besser entspricht als ein Hochspannungsfunken. Ångström konnte so etwa 800 der Fraunhoferschen Linien deuten und Wasserstoff und Mangan zu Kirchhoffs Liste von Elementen auf der Sonne hinzufügen, während Thalen im Sonnenspektrum Titanlinien nachweisen konnte. Die Arbeiten in Uppsala sind jedoch vor allem wegen der Ångström-Einheit bekannt geworden, die als ein Zehntel eines Millionstels eines Millimeters (0,1 Nanometer) definiert ist. Ångström benutzte im Gegensatz zu den meisten Kollegen ein Beugungsgitter statt eines Prismas, um das Sonnenlicht in ein Spektrum aufzufächern. Ein solches Gitter besteht aus einer Reihe sehr feiner Linien, die eng nebeneinander auf eine Glas- oder Metallplatte eingeritzt sind; es lenkt die verschiedenen Wellenlängen verschieden stark ab, wobei Wellenlänge und Ablenkung in einer einfachen Beziehung stehen. Ångström bestimmte für viele Linien die genauen Wellenlängen. Sein Verzeichnis der Sonnenlinien wurde von jedem, der auf dem Gebiet arbeitete, als Standard benutzt. Da Ångström selbst Einheiten bevorzugte, die sich als Zehnerpotenzen ausdrücken ließen, wählte er das Meter als Ausgangsmaß und einen Teil davon, der für spektroskopisches Arbeiten gut geeignet war, als neue Einheit. Er nannte die Einheit »Zehntelmeter«, aber sie wurde bald als Ångström-Einheit (A.E.) bekannt, und schließlich nur noch Ångström (»Å«) genannt. Dabei entsprechen 10 Milliarden Å einem Meter. In der Spektroskopie wird heute noch manchmal mit Ångström gerechnet, obwohl die international vereinbarte Einheit jetzt das Nanometer (10 Ångström) ist.

Das Problem der Zuordnung der Fraunhoferschen Linien zu den richtigen Elementen ist nicht einfach, weil sich bei genauer Betrachtung des Sonnenspektrums Zehntausende von Linien zeigen. Nur sehr genaue Messungen können entscheiden, ob ein seltenes Element mit wenigen Spektrallinien wirklich nachweisbar ist oder ob die Fraunhoferlinien, die in Frage kommen, nur zufällig mit entsprechenden Wellenlängen übereinstimmen und zu einem oder mehreren anderen Elementen gehören. Diese Schwierigkeiten der Zuordnung wurden weiter durch spektroskopische Untersuchungen der verfinsterten Sonne unterstrichen. Bei der Sonnenfinsternis 1868, als vier Expeditionen das Spektrum der Protuberanzen untersuchten, zeigten sich helle Linien, von denen die meisten zum Wasserstoff gehörten. Die Protuberanzen waren also gasförmig und bestanden im wesentlichen aus heißem Wasserstoff. Eine orange-gelbe Linie wurde den wohlbekannten Natrium D-Linien zugeschrieben, die so nahe beieinanderliegen, daß die damals gebräuchlichen Spektroskope sie nicht auflösen konnten. Die von den Protuberanzen ausgeschickten Linien waren so hell, daß ein Beobachter, Pierre Janssen, annahm, sie würden auch dann sichtbar sein, wenn es keine Finsternis gäbe. Der gleiche Gedanke war überraschenderweise zwei Männern gekommen, die die Finsternis 1868 gar nicht beobachtet hatten. Diese, Norman Lockyer und William Huggins, veröffentlichten ihre Vermutungen am gleichen Tag. Die neuen Meßmethoden ermöglichten Lockyer auch den Beweis dafür, daß die orange-gelbe Linie nicht vom Natrium herrührte, wobei der Unterschied in der Wellenlänge klein, aber doch deutlich war – 1,6 Nanometer von 590. Auf der Erde war kein Element bekannt, das ein einfaches Spektrum mit dieser Linie hatte, und Lockyer meinte deshalb, daß ein neues Element dafür verantwortlich sein müsse. Edward Frankland, Professor für Chemie am Imperial College, taufte die Neuentdeckung Helium.

Der Anwendung der Spektroskopie auf andere Sterne als die Sonne bahnten William Huggins und Angelo Secchi mit zwei sich ergänzenden Forschungsprogrammen den Weg. Secchi untersuchte die Spektren einer großen Anzahl von Sternen (etwa 4000) mit einem Teleskop, bei dem das Prisma knapp oberhalb des Objektivs angebracht war. Durch das Okular gesehen erschien dann ein Stern nicht mehr als ein Punkt, sondern in Form eines kleinen Spektrums. Huggins dagegen montierte ein gewöhnliches Spektroskop an das Okular des Fernrohrs und untersuchte so die Spektren einiger der hellsten Sterne mit großer Genauigkeit. Secchi fand, daß er die von ihm untersuchten Sterne in vier Klassen einordnen konnte. Zunächst gab es da die weiß-blauen Sterne wie Wega in der Leier mit einem relativ einfachen Spektrum – ein gleichförmiges Kontinuum mit wenigen dunklen Absorptionslinien. Von diesen wenigen Linien waren die des Wasserstoffs bei weitem die stärksten.

Eine Medaille mit Bildern von J. Norman Lockyer (1836-1920) und Pierre Janssen (1824-1907). Beide waren Direktoren von Sternwarten, die eher »astrophysikalischen« Laboratorien als klassischen Observatorien glichen.

Die zweite Klasse gelblich weißer Sterne, wie Capella und Arctur, zeigte Spektren, die dem Sonnenspektrum ähnelten und viele dunkle Linien aufwiesen. Die roten Sterne gehörten zu zwei Untergruppen: die Mehrzahl zeigte, ähnlich wie Beteigeuze im Orion, ein »Bandenspektrum« mit einer Reihe regelmäßiger Bänder, die von einem damals unbekannten Absorber herrührten; die anderen zeigten ebenfalls ein Bandenspektrum, das man aber mit dem von Kohlenstoff in Verbindung bringen konnte. Im ganzen bot sich ein erstaunlich geordnetes Bild – im wesentlichen zeigten alle Sterne, die dieselbe Farbe hatten wie die Sonne, auch ein ähnliches Spektrum. Der überzeugende Gedanke, daß der Übergang von blau-weiß zu dumpfem Rot dem enspricht, was man erwarten würde, wenn ein heißer weißer Stern sich langsam abkühlt, bürgerte sich so fest ein, daß man sogar heute noch die heißen, blau-weißen Sterne »frühe« und die kälteren roten »späte« Sterne nennt, obwohl diese Vorstellung falsch ist.

Huggins' genaue Untersuchungen, zusammen mit dem Chemieprofessor William Miller, bestätigten rasch, daß Elemente wie Wasserstoff, Kalzium, Natrium und Eisen in Sternen gefunden werden konnten – das Weltall ist also aus wohlbekannten irdischen Elementen aufgebaut. Im Laufe einer Generation hatte sich das Bild von der Natur der Sterne vollständig verändert. Um 1830 hatte August Comte, der Begründer des Positivismus, den Gedanken einer Bestimmung der chemischen Struktur der Sterne als eindeutiges Beispiel des völlig und für immer Unmöglichen hingestellt. Huggins' erste Arbeit wurde 1863 veröffentlicht. Im selben Jahr versuchte Huggins, allerdings ohne Erfolg, ein Sternspektrum zu photographieren. Zwei andere wichtige Entdeckungen folgten bald darauf. Das Teleskop mit eingebautem Spektroskop wurde auf den Nebel im Drachen eingestellt. Zu Huggins' Überraschung zeigte der Nebel kein sternähnliches Spektrum, sondern nur eine einzelne helle Linie. Als Huggins sicher sein konnte, daß sein Instrument nicht etwa schlecht eingestellt war, war ihm klar, daß diese Linie »echt« war und daß der Nebel deshalb kein Sternhaufen, sondern eine Wolke glühenden Gases sein mußte. Die lange Debatte darüber, ob sich alle Nebel in Sterne auflösen lassen würden, wenn nur das Fernrohr über genug Auflösungsvermögen verfügte, war damit beendet. Bald wurde gezeigt, daß auch der Orionnebel gasförmig war und daß Bond und Rosse die Leistung ihrer beiden Teleskope (seinerzeit der größte Refraktor und der größte Reflektor der Welt) zu optimistisch beurteilt hatten, als sie glaubten, ihn in Sterne aufgelöst zu haben. Die andere wichtige Entdeckung war, daß im Vergleich zu irdischen Lichtquellen bei einigen der Sternspektren alle Linien in der Wellenlänge leicht verschoben waren. Dies mußte an der Bewegung des Sternes zur Erde hin oder von ihr weg liegen. Im ersten Fall werden alle Lichtwellen scheinbar zusammengedrückt und die Wellenlängen, die auf der Erde ankommen, sind etwas kürzer, als wenn sie von einer ruhenden Quelle kämen; das ganze Spektrum scheint zum blauen Ende hin verschoben zu sein. Wenn sich ein Stern dagegen entfernt, wird die Wellenlänge gedehnt und das Spektrum erscheint zum Roten hin verschoben (Rotverschiebung). Die Eigenbewegung der Sterne am Himmel relativ zueinander war seit langem bekannt, insbesondere durch die Arbeiten Piazzis am Anfang des Jahrhunderts. Jetzt konnte das Spektroskop auch Bewegungen in der Sichtlinie nachweisen und es gelang Huggins, bei einigen seiner Sterne Geschwindigkeiten von Hunderten von Kilometern in der Sekunde zu messen.

Die Erkenntnis, daß Photographie und Spektroskopie zusammen mit eher recht bescheidenen Teleskopen – De la Rues 9-cm-Photoheliograph, Secchis 15-cm-Cauchoix-Refraktor, Huggins' 20-cm-Refraktor – Erstaunliches leisten konnten, setzte sich in der etablierten Astronomie von damals kaum durch. Für sie war Urania, die Muse der Astronomie, kühl und fern und mit der ruhigen schweigenden Bewegung der Sterne beschäftigt und hatte nichts mit der niedrigen Arbeit in Chemielabors zu tun.

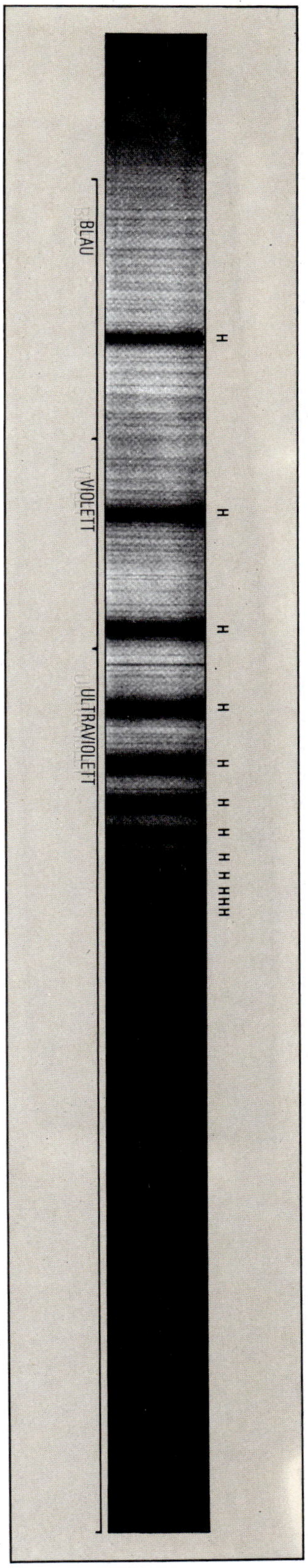

Huggins' Spektrum der Wega (Alpha Lyrae). Die deutlich zu erkennende Serie von Linien im Spektrum, die mit »H« gekennzeichnet sind, ist die sogenannte »Balmer-Serie« und rührt vom Wasserstoff her, dem häufigsten Element im Universum. Der langwellige Bereich des sichtbaren Spektrums wurde von den ersten photographischen Platten nicht registriert.

KAPITEL 8

Die kurze Blütezeit des großen Refraktors

Vom 63-cm-Teleskop von Newall
zum 101-cm-Teleskop von Yerkes
(1869–1897)

»Ich habe versucht, in der beiliegenden Tabelle der 530 Sternkataloge die Anstrengungen der Astronomen in dieser Richtung erschöpfend darzustellen. Ich kann nicht annehmen, daß die Tabelle vollständig ist; ich hoffe aber, daß sich nur wenige und unbedeutende Auslassungen finden werden.«

E. B. Knobel in: Memoirs of the Royal Astronomical Society, Band 43, 1877

Nachdem Airys Meridiankreis in Greenwich aufgestellt worden war, bemühte sich die Astronomie noch über 30 Jahre lang vor allem um eine genaue Bestimmung der Positionen von Mond, Planeten und Sternen. Spektroskopie und Photographie werden weder in dem 1881 veröffentlichten Buch *Practical Astronomy* (Praktische Astronomie) von Loomis noch in Campbells *The Elements of Practical Astronomy* (Grundzüge der praktischen Astronomie) 1891 auch nur erwähnt. Als einzige wesentliche Neuerung wurden zusätzlich zu den traditionellen Positionsbestimmungen die Helligkeiten der Sterne gemessen.

Schon in früheren Zeiten waren die für das bloße Auge sichtbaren Sterne nach ihrer »Größe« angeordnet worden: die hellsten Sterne wurden der ersten Größenklasse zugeordnet und die gerade noch erkennbaren der sechsten. In Ptolemäus' Katalog wurden diese Größenklassen noch dreifach unterteilt. Johannes Bayer ging 1500 Jahre später einen Schritt weiter, als er die Sterne eines jeden Sternbilds in der Reihenfolge ihrer scheinbaren Helligkeit nach dem griechischen Alphabet benannte: der hellste Stern hieß Alpha, dann kam Beta und so weiter. Bayer selbst stellte dazu keine Messungen an, sondern verließ sich auf die alten Tafeln. Delambre kommentierte diesen Umstand mit der Bemerkung, daß selten jemand so billig Unsterblichkeit errungen hätte.

Die ersten systematischen Versuche, die Helligkeit von Sternen zu messen und nicht nur zu schätzen, führten kurz nach 1830 John Herschel am Kap der Guten Hoffnung und Steinheil und von Seidel in München durch. Herschel entwarf dazu einen recht komplizierten Apparat, der mit einer kleinen Linse, einem Prisma, und einer Reihe von Fäden ein winziges Bild des Mondes erzeugte. Die Helligkeit des Bilds konnte so verändert werden, daß sie mit der des mit dem Hauptteleskop beobachteten Sternes übereinstimmte. Steinheils Instrument war ein Teleskop, dessen Linse in zwei D-förmige Hälften gespalten war, die so montiert waren, daß sie unabhängig voneinander eingestellt werden konnten. Das Bild eines hellen Bezugssterns wurde dann absichtlich unscharf gestellt und in der Größe so lange verändert, bis der verwaschene Fleck so hell zu sein schien, wie der kleinere Fleck des ebenfalls etwas unscharfen Bildes des schwächeren Sternes, dessen Helligkeit bestimmt werden sollte. Zwei gleiche Prismen vor den beiden Halblinsen dienten nicht dazu, ein Spektrum zu erzeugen, sondern machten es möglich, daß mit den beiden Teleskophälften auch weit getrennte Sterne beobachtet werden konnten. Von Seidel benutzte Steinheils Photometer und konnte die früheren, mit bloßem Auge angestellten Beobachtungen bestätigen, die zeigten, daß die Atmosphäre nicht überall gleich durchlässig ist. Von Seidel fand, daß ein Stern 30 Grad über dem Horizont etwa eine Viertel Größenklasse schwächer scheint als im Zenit. Zehn Grad über dem Horizont, wenn das

Sternenlicht sechsmal soviel Luft durchdringen muß als vom Zenit aus, beträgt der Lichtverlust mehr als eine Größenordnung.

Zur gleichen Zeit arbeitete Friedrich Wilhelm Argelander, ein Schüler Bessels und Direktor der Bonner Sternwarte, an einer Aufgabe, die Bemühungen von Bayer aus dem Jahr 1603 fortsetzte. Er bestimmte die Helligkeit von 2700 mit bloßem Auge sichtbaren Sternen neu. Dazu benutzte er kein Photometer, sondern schätzte die Helligkeit der Sterne auf eine halbe Größenordnung genau und paßte seine Ergebnisse der alten Größenordnungsskala an. Bald nach der Veröffentlichung des Verzeichnisses von Argelander 1843 wurde im Zusammenhang mit der Verwendung von Photometern ein leichter reproduzierbareres System eingeführt, das auf zwei verschiedenen Beobachtungen beruhte. Die erste zeigte ausgehend von den Arbeiten Seidels und Herschels, daß ein durchschnittlicher Stern der ersten Größenklasse ungefähr hundertmal so hell ist wie einer der sechsten Größenklasse. Die zweite Beobachtung besagt, daß dann, wenn das Auge eine gleiche Zunahme der Helligkeit empfinden soll, die Energie, die das Auge erreicht, jeweils mit demselben Faktor multipliziert werden muß. Will man zum Beispiel Kerzen in einer gleichmäßig heller werdenden Reihe aufstellen, so braucht man eine Folge von 1, 2, 4, 8, 16 ... Kerzen (Faktor 2) und nicht etwa von 1, 2, 3, 4, 5 ... Kerzen.

Wenn wir dieses Ergebnis auf die Beobachtung anwenden, daß der Unterschied zwischen der ersten und sechsten Größenklasse, also fünf Größenklassen, einem Faktor Hundert in der Lichtintensität entspricht, so können daraus die Größenklassen definiert werden. Man muß dazu die Zahl finden, die fünfmal mit sich selbst multipliziert, 100 ergibt. Diese Zahl ist die fünfte Wurzel aus 100, etwa 2.512.

N.R. Pogson, ein Assistent am Radcliffe-Observatorium in Oxford, schlug diese Zahl für die Definition der Größenklassen vor. Diese Zahl legt also die Größe des Sprossenabstands auf der Leiter fest, die zu immer schwächeren Objekten führt: Von einem Stern siebter Größe erreicht 2,512 mal weniger Licht den Beobachter als von einem Stern der sechsten Größenklasse, ein Stern achter Größenklasse ist wiederum 2,512 mal schwächer. Ein Beobachter mit einem 12,5-cm-Refraktor kann gerade noch einen Stern der Größenklasse 12,5 sehen, der einhunderttausendmal schwächer ist als ein Stern im Nullpunkt des Systems. Im oberen Ende der Skala stehen die hellsten Sterne. Die neuen Messungen zeigten, daß Spika, der hellste Stern im Sternbild Jungfrau, fast genau ein Stern der ersten Größenklasse ist. Wega, von der wir hier auf der Erde etwa zweieinhalbmal so viel Energie empfangen, hat damit etwa die Größenklasse Null. Für die vier Sterne, die heller sind als Wega, ist die Größenklasse negativ, ebenso wie auch für einige der Planeten, den Mond und die Sonne. Helligkeitsunterschiede, die kleiner sind als 2,512, werden in Bruchteilen von Größenklassen angegeben: Castor und Pollux, die hellsten Sterne im Sternbild der Zwillinge, haben die Größenklassen 1,6 und 1,2 zwischen der der Spika (1. Größenklasse) und dem Polarstern (2. Größenklasse). In Argelanders subjektiver Skala entspricht eine Größenklasse eher einer Helligkeitsveränderung von 2,3 als 2,5, und unglücklicherweise blieben beide Skalen jahrelang im Gebrauch, so daß es bis weit in das 20. Jahrhundert hinein notwendig war, mit jeder Messung auch die Art der Größenklassenbestimmung anzugeben.

Während die Genauigkeit der frühen Photometer noch bescheiden war und kaum besser als ein Zehntel einer Größenklasse betrug (einer Helligkeitsveränderung von zehn Prozent), war die Genauigkeit der Positionsbestimmung außerordentlich gut. Zwei Untersuchungen zeigten dies mit aller Deutlichkeit; Urbain Leverrier untersuchte die Bahn des Merkur, während sein alter Rivale John Adams die des Mondes erforschte. Merkur, der sonnennächste Planet, läuft auf einer stark elliptischen Bahn, im Abstand von 46 bis 70 Millionen km um die Sonne. Die Hauptachse dieser Ellipse dreht sich sehr langsam um die Sonne, wobei sich die Lage des sonnennächsten Punktes, des Perihels, in einem Jahr um einen Winkel von 56 Bogensekunden verschiebt. 90 Prozent dieser Bewegung rühren von der Präzession der Äquinoktien her und sind Folge der Messungen von einem bewegten Bezugssystem aus. Nach Abzug dieses Anteils bleibt ein Rest von 5,7 Bogensekunden im Jahr und davon konnte Leverrier 5.3 auf die Gravitationswirkung der anderen Planeten, besonders der Venus, zurückführen. So blieb nur eine kleine Unstimmigkeit von 0,4 Bogensekunden im Jahr, die er nicht erklären konnte. Adams beschäftigte sich mit dem Problem, daß die Bewegung des Mondes um die Erde nicht gleichmäßig ist. Er konnte nachweisen, daß eine frühere Untersuchung von Laplace falsch war und hier wieder eine Unstimmigkeit zwischen Theorie und Beobachtung deutlich wurde: die vorhergesagte Beschleunigung sollte in einem Jahrhundert eine Positionsveränderung von 3,3 Bogensekunden ergeben, während die Beobachtung eine Veränderung von 6,6 Bogensekunden zeigte. Entscheidend war in beiden Fällen, daß diese äußerst kleinen Unstimmigkeiten, 40 Bogensekunden in einem Jahrhundert für Merkur und 3,3 für den Mond (bei dem eine viel längere Beobachtungsreihe zur Verfügung stand) beide nicht auf Meßfehler zurückgeführt werden können. Leverrier verfolgte den Weg, der ihn zur Entdeckung des Neptun geführt hatte und nahm an, es gäbe einen inneren Planeten »Vulkan«, um dies Problem zu lösen. Adams wurde sofort wieder in einen Streit verwickelt, diesmal mit einer Gruppe von Theoretikern, die meinten, daß der große Laplace nicht unrecht gehabt haben könnte. Es liegt eine gewisse Ironie darin, daß wie sich viel später herausstellte, beide Unstimmigkeiten nicht durch die klassische Him-

F. W. A. Argelander, 1799–1875, stellte seinen Sternkatalog von über 300000 Sternen mit Hilfe eines älteren Fraunhoferschen Fernrohrs mittlerer Größe zusammen – einem Kometensucher mit nur 60 cm Brennweite.

melsmechanik erklärt werden konnten, wie Adams und Leverrier sie kannten, sondern beim Merkur durch Einsteins Relativitätstheorie und beim Mond durch die Wechselwirkung mit den Gezeiten.

Trotz dieser winzigen Unstimmigkeiten beschäftigte sich die Mehrzahl astronomischer Messungen im dritten Viertel des 19. Jahrhunderts mehr mit der Quantität als der Qualität. Zum Teil lag das daran, daß durch eine neue Generation von Linsenteleskopen Millionen von Sternen sichtbar wurden. Im Bearbeiten solch großer Datenmengen tat sich Argelander in Bonn besonders hervor. Mit einem älteren Instrument von Fraunhofer mit sehr bescheidener Öffnung (9 cm) verzeichnete er mit Hilfe von Schönfeld und Krüger die Position und geschätzte Größenklasse aller für ihn sichtbaren Sterne. Das Ergebnis war die Bonner Durchmusterung, ein Katalog der Örter und Helligkeiten von 324 198 Sternen, die sowohl in Listen als auch auf Karten angegeben wurden. Dies ähnelt auf den ersten Blick einem unsinnigen Versuch zwanghafter Datenanhäufung, wie sie nur deutsche Gründlichkeit leisten kann. In der Praxis ist dieser Bonner Katalog aber ein fundamentales Hilfsmittel der Forschung und auch heute noch benutzt.

Bei den hellsten Sternen genügt der Name des Sterns oder Bayers Kennzeichnung mit griechischen Buchstaben, wobei die Namen etwas außer Gebrauch kommen: Beteigeuze, Rigel und Bellatrix werden immer häufiger Alpha, Beta und Gamma Orionis genannt. (Es ist üblich, den Genitiv des lateinischen Namens der Konstellation zu verwenden – der Stern Alpha im Orion ist Alpha Orionis und wird gewöhnlich mit α Ori abgekürzt). Bei schwächeren, noch mit dem bloßen Auge sichtbaren Sternen ist heute, nach 300 Jahren, auch noch Flamsteeds Durchnumerierung aller Sterne eines Sternbildes in Gebrauch, wobei immer von rechts nach links gezählt wird. So ist Alkor, ein Stern vierter Größe, neben Zeta Ursae Maioris auch unter Flamsteeds Bezeichnung 80 Ursae Maioris bekannt. Eine weitere Bezeichnungsweise für Sterne ist ihre Nummer in der Bonner Durchmusterung: BD + 4° 3561 ist zum Beispiel ein sehr dunkler roter Stern der Größenklasse 10,3 im Sternbild Ophiuchus (Schlangenträger), und nur bekannt, weil er von den Sternen der Nördlichen Halbkugel der naheste ist (er wird auch Barnardscher Stern genannt). Alle drei Systeme – Bayers, Flamsteeds und Argelanders – sind nützlich. Die zwei älteren Systeme bleiben in Gebrauch, weil sie sofort anzeigen, ob der betrachtete Stern sehr hell oder ziemlich hell ist. So können sowohl Bradleys »Aberrationsstern« Gamma Draconis und Bessels »Parallaxenstern« 61 Cygni mit bloßem Auge in den angegebenen Sternbildern gesehen werden. Die Sternnamen helfen viel weniger: Gamma Draconis hat zwei – Rastaban und Ettanin –, während Beta Ursae Maioris einer von drei Sternen ist, die Merak oder Mirak genannt worden sind (die beiden anderen sind Beta Andromeda und Epsilon Bootis).

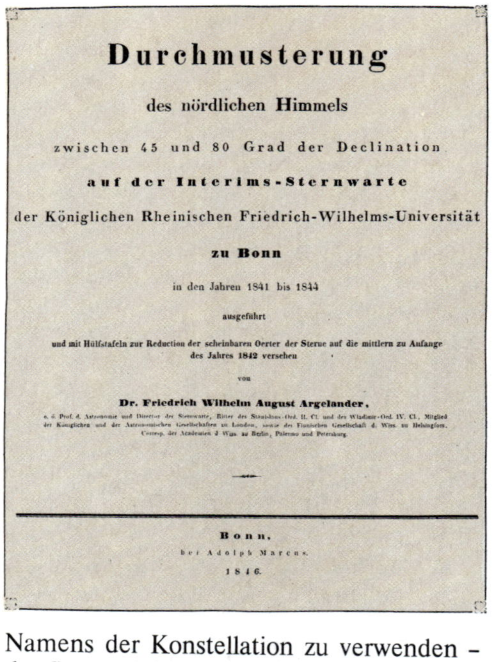
Durchmusterung

des nördlichen Himmels

zwischen 45 und 80 Grad der Declination

auf der Interims-Sternwarte

der Königlichen Rheinischen Friedrich-Wilhelms-Universität

zu Bonn

in den Jahren 1841 bis 1844

ausgeführt

und mit Hülfstafeln zur Reduction der scheinbaren Oerter der Sterne auf die mittlern zu Aufange des Jahres 1842 versehen

von

Dr. Friedrich Wilhelm August Argelander,

o. ö. Prof. d. Astronomie und Director der Sternwarte, Ritter des Stanislaus-Ord. II. Cl. und des Wladimir-Ord. IV. Cl., Mitglied der Königlichen und der Astronomischen Gesellschaften zu London, sowie der Finnischen Gesellschaft d. Wiss. zu Helsingfors. Corresp. der Academien d. Wiss. zu Berlin, Palermo und Petersburg.

Bonn,

bei Adolph Marcus.

1846.

Die Titelseite eines Abschnitts des Katalogs Argelanders, der Bonner Durchmusterung, für die er alle Sterne der Nordhalbkugel bis zur neunten und zehnten Größenordnung vermaß. Die Sternpositionen sind sowohl in Tabellen aufgeführt als auch auf Karten eingezeichnet. Der Wunsch, noch genauere Messungen zur Verfügung zu haben, führte Argelander dazu, 1867 ein internationales Programm für die Revision seines Katalogs vorzuschlagen. Er bemühte sich besonders um die Beobachtung und Katalogisierung veränderlicher Sterne; dabei war auch die Mithilfe von Amateurastronomen erwünscht.

Der wachsenden Zahl von Kunden für Spiegelteleskope standen immer mehr Hersteller gegenüber. In Deutschland besaß Merz, der überlebende Partner der Firma Merz und Mahler, die marktbeherrschende Firma für sehr große Teleskope; aber auch Fraunhofers Nachfolger, Ertel, Repsold und Söhne und später Steinheil, hatten viele Aufträge. Genau wie in Deutschland Repsold viele Linsen von Merz in die Teleskope einbaute, so wuchs in Frankreich eine Zusammenarbeit zwischen den Gebrüdern Henry als Linsenschleifer und Gautier als Teleskophersteller heran. Die Lage in England änderte sich, als die Besteuerung von Glas aufgehoben wurde und als auch nach der Gründung der Zweiten Republik im Zuge der Revolution von 1848 der befähigte französische Glashersteller George Bontemps Frankreich verließ und sich der Glasfirma der Gebrüder Chance anschloß. Thomas Cooke, der sich als Hersteller mittelgroßer Fernrohre schon einen Namen gemacht hatte, wurde durch die Möglichkeit, nun gute Rohformen sowohl aus Flintglas wie aus Kronglas bekommen zu können, dazu angeregt, sich an größeren Instrumenten zu versuchen. Sie alle übertraf jedoch sowohl in bezug auf die Präzision der Herstellung als auch auf die Anzahl der Geräte ein amerikanischer Porträtmaler, Alvan Clark.

Clark hatte das Malen aufgegeben, als er durch den 38-cm-Refraktor in Harvard hindurch gesehen hatte. Er hatte aus Liebhaberei einige kleine Linsen und Spiegel hergestellt, und als er merkte, daß er kleine übersehene Herstellungsfehler selbst in den besten Linsen aus Europa feststellen konnte, war er überzeugt, daß er es genauso gut könne. Damit hatte er auch recht, aber keiner wollte die Linsen eines völlig unbekannten Herstellers kaufen. Amerikaner kauften ihre Teleskope entweder bei Henry Fitz in New York oder sie importierten sie; in Europa gab es ohnehin viele angesehene Hersteller. Der Wendepunkt kam, als Clark Verbindung mit dem englischen Amateurastronomen W. R. Dawes aufnahm, der zum begeisterten Fürsprecher der ausgezeichneten Linsen Clarks wurde. Als Clark 1859 Europa besuchte, drang die Kunde seines Ansehens in Europa auch nach Amerika. Bald nach seiner Rückkehr wurde er gebeten, für die Universität von Mississippi einen 47-cm-Refraktor zu bauen. Die Rohformen der Linsen, die zu den größten bis dahin gegossenen gehörten, wurden von den Gebrüdern Chance geliefert; bei der Ankunft der Rohformen in Boston war Clarks neue Fabrik fertiggestellt; zu ihr gehörte auch ein feuersicherer Tresor, in dem die wertvollen Glasscheiben über Nacht aufbewahrt werden konnten.

Die neue Linse wurde im Januar 1861 fertiggestellt und bewies sogleich ihre Qualität. Schon bei Vorprüfungen in der Fabrik, zu der die Beobachtung heller Sterne gehörte, zeigte sie, daß Sirius ein Doppelstern ist, wie Bessel es vorhergesagt hatte. Der Begleiter ist seinem hellen Partner gar nicht so besonders nah, der Abstand beträgt bis zu 11 Bogensekunden. Er ist jedoch zehn Größenklassen schwächer als Sirius selbst. Damit war gezeigt, daß Clark eine Linse mit hervorragender Trennschärfe hergestellt hatte. Leider lag der Januar 1861 nur wenige Monate vor dem Ausbruch des amerikanischen Bürgerkrieges; als das Teleskop fertiggestellt war, gab es für einen Hersteller aus dem Norden keine Möglichkeit mehr, ein Instrument auszuliefern, das ein Südstaat bestellt hatte. So kaufte die Astronomische Gesellschaft von Chicago das Teleskop und stellte es für die Universität von Chicago auf.

Obwohl das 47-cm-Teleskop größer war als die Instrumente in Harvard und Pulkowo, konnte es nie den Titel des größten Teleskops der Welt beanspruchen. Der Erfolg der Gebrüder Chance im Gießen großer Glasscheiben führte dazu, daß drei große englische Refraktoren mit 53, 61 und 63 cm Öffnung gebaut wurden, alle für wohlhabende englische Amateure. Das 1862 für J. Buckingham gebaute 53-cm-Fernrohr wurde von seinem überaus beschäftigten Besitzer nur sehr wenig benutzt, während das Teleskop mit 61 cm Öffnung, das für Reverend Craig gebaut und als erstes fertiggestellt wurde, sich als glatter Fehlschlag herausstellte. Die Montierung des Fernrohrs war schwerfällig und unpraktisch und die Linse, die Thomas Slater hergestellt hatte, so schlecht, daß es auch seine letzte gewesen ist. Die dritte und größte der Linsenformen hatte R. Newall gekauft und Thomas Cooke übergeben, der sie schleifen, polieren und ein Fernrohr montieren sollte. Die Belastung durch dieses ehrgeizige Projekt zehrte so an Cooke, daß er 1868, kurz vor der Vollendung des Teleskops, starb. Das neue Instrument hatte mit seiner Öffnung von 63 cm und 8,8 m Brennweite gewaltige Ausmaße; dies wurde deutlich, als Newall es einige Jahre später der Sternwarte am Kap der Guten Hoffnung anbot. Damals hatte das größte dortige Teleskop eine Öffnung, die nur 1 cm größer war als die des »Sucher«-Teleskops an Newalls Riesenfernrohr.

Dem 66-cm-Teleskop folgte 1869 eines mit

Der amerikanische Bürgerkrieg verhinderte die Auslieferung des 47-cm-Refraktors von Clark an die Universität von Mississippi, der einzigen wichtigen Sternwarte in den Südstaaten. Die schlechten wirtschaftlichen Nachkriegsverhältnisse im Süden und die technologische Überlegenheit des Nordens führten dazu, daß es noch 50 Jahre später im Norden zehnmal soviel Sternwarten gab wie im Süden.

noch größerer Öffnung, das diesmal für die Sternwarte der Marine der Vereinigten Staaten in Washington gebaut wurde. Alvan Clark hatte den Mitarbeitern dieser Sternwarte schon durch das Nachpolieren der Linsen einiger ihrer Fernrohre sein Können bewiesen. Er erhielt den Auftrag, das größte Teleskop zu bauen, das 50000 Dollar kosten sollte. Das Ergebnis war ein Refraktor mit einer Öffnung von 66 cm, der wieder einmal die hervorragende Bildqualität der Clarkschen Linsen bewies. Er wurde 1877 bei der erfolgreichen Suche nach einem Marsmond durch Hall eingesetzt – es wurden zwei Monde gefunden, beide außerordentlich schwache Objekte. Der innere, Phobos, ist 13½ Größenklassen schwächer als der Mars selbst; der äußere, Deimos, ist noch eine Größenordnung schwächer. Clarks 66-cm-Linse mußte fast vollkommen sein, damit Hall auch sicher sein konnte, daß die Monde Wirklichkeit sind und nicht nur durch Abbildungsfehler zustande kommen.

Nicht alle Entdeckungen wurden mit großen Teleskopen gemacht. Wilhelm Tempel fand mit einem sehr bescheidenen Instrument, daß sich im Sternhaufen der Plejaden ein verschwommener Nebel befand. Viele Astronomen, darunter Tempel, Pogson und Schiaparelli, suchten nach kleineren Planeten, und 1868 entdeckte Watson den hundertsten, den er Hecate nannte. Die umstrittensten Beobachtungen machte 1877 Giovanni Schiaparelli, der Direktor der Mailänder Sternwarte, mit einem 22-cm-Merzteleskop am Mars. Secchi, Lockyer, Dawes und Proctor hatten mit Hilfe ihrer 15- bis 20-cm-Teleskope schon sorgfältige Marskarten hergestellt, aber sie alle mußten sich mit der Turbulenz der Erdatmosphäre abfinden, die die Schärfe der Bilder beeinträchtigt. Wenn man den Mars durch ein gutes Fernrohr betrachtet, sieht man einige wenige, nicht sehr scharf umrissene Flecken auf einer orange-rosa Scheibe. Am Pol zeigt sich manchmal eine weißliche Kappe, während die Flecken in den niedrigeren Breiten gewöhnlich grau sind. Bei geduldiger Beobachtung kann man das Glück haben, einen Moment zu erwischen, in dem die Atmosphäre weniger stört, dann zeigt sich für kurze Augenblicke ein schärferes Bild. Proctors Marskarte, die er 1867 zeichnete, zeigte die hellen und dunklen Gebiete, und er benannte mehr als 50 verschiedene Gebilde, wovon die meisten unregelmäßige Gebiete mit einer Ausdehnung von mehreren hundert Kilometern sind. Schiaparelli fand schmale dunkle Linien, die die dunklen Gebiete verbinden – die berühmt-berüchtigten Marskanäle. Diese Kanäle waren um die 100 km breit und erstreckten sich schnurgerade über Tausende von Kilometern. Das Wort »Kanal« ist eine etwas irreführende Übersetzung des italienischen Wortes »anali«, das auch Rinne oder Furche bedeutet. Die Verbindung des Wortes »Kanal« mit »von Menschen gemacht« und die Geradheit der Linien führten zu großartigen und wilden Spekulationen darüber, daß es auf dem Mars Leben gäbe. Nur wenige andere Beobachter konnten Schiaparellis Kanäle sehen, aber seine Beobachtungen wurden mit großem Einsatz verfochten. Als Asaph Hall mit seinem Teleskop, das das Mailänder Instrument um das Dreifache übertraf, keine der Einzelheiten finden konnte, von denen Schiaparelli berichtete, nahm man an, daß Alvan Clarks großes Teleskop einen Defekt bekommen

Alvan Clark, 1804–1887, hier links in seiner Werkstatt sitzend, machte sich als Linsenmacher selbständig, nachdem er das 38-cm-Teleskop von Merz in Harvard, eine Kopie des Instruments von Pulkowo, untersucht hatte. Sein Ansehen war später so groß, daß er für Pulkowo eine Linse mit 76 cm Durchmesser anfertigen konnte.

habe; die meisten meinten, die riesige Linse hätte sich unter ihrem eigenen Gewicht verformt.

Mehrere Jahre später, als Schiaparelli in Mailand ein wieder von Merz gebautes Fernrohr mit 50 cm Öffnung zur Verfügung hatte, veröffentlichte er Beobachtungen, die besagten, daß die Kanäle doppelt wären und einige von ihnen nur 30 km breit seien, ein Zehntel einer Bogensekunde von der Erde aus gesehen. Der Ursprung dieses Bilds von Kanälen kann man am besten verstehen, wenn man an ein Schwimmbecken an einem sonnigen Tag denkt. Die Wasserwellen machen die Wasseroberfläche zu einer turbulent bewegten, durchsichtigen optischen Fläche, und das Sonnenlicht bewirkt oft helle Linien am Boden des Schwimmbeckens. Die Erdatmosphäre kann eine ähnliche Wirkung haben und täuscht so dem Betrachter linienförmige Gebilde vor. Wenn einmal ein »Kanal« gesehen worden ist, ist jede ähnliche Erscheinung eine Bestätigung, während jede andere Erscheinung »schlecht gesehen« ist. Später untersuchte Schiaparelli die Venus und kam zu Ergebnissen, die seinen Untersuchungen über den Mars genau entgegengesetzt waren. Er verkündete, daß alle Markierungen, die andere Astronomen auf der Venus gesehen haben wollten, reine Einbildung seien.

In den letzten Jahrzehnten des 19. Jahrhunderts bemühten sich Astronomen ernsthaft darum, zu einem Gleichgewicht zwischen der Menge und der Genauigkeit der Beobachtungen zu kommen. Es wurde eine Vereinbarung getroffen, daß 13 Sternwarten gemeinsam alle 324198 Sterne in Argelanders Katalog nachmessen sollten. Die größere Zahl der Beobachter sollte dabei Fehler bei der Positionsbestimmung verringern. Schönfeld erweiterte den usprünglichen Katalog Argelanders auf Gebiete des Südhimmels, die von Bonn aus nicht zu sehen sind und Gould, der in Córdoba in Argentinien arbeitete, vervollständigte die Übersicht. In Frankreich verfolgte Arago eine mehr nationale Politik; er leitete die Nachmessung aller

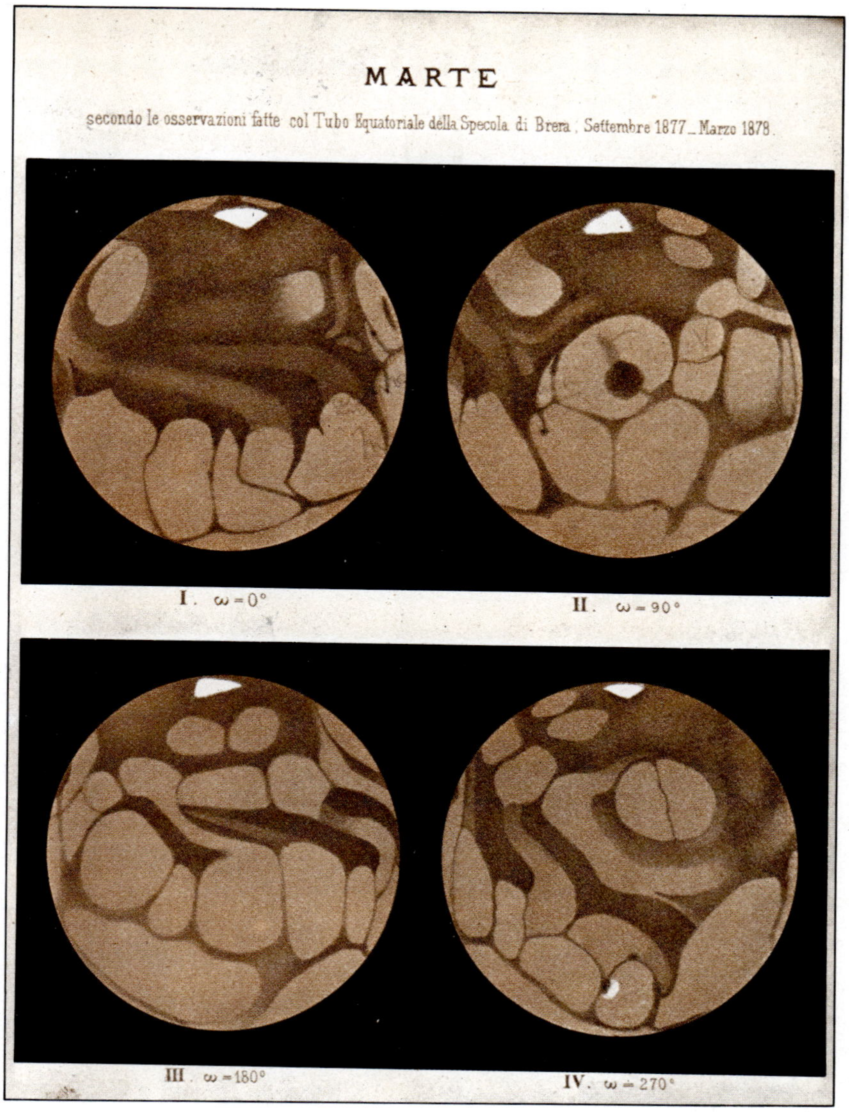

Zeichnungen vom Mars (oben) von Giovanni Schiaparelli 1877. Schiaparelli war ein Schüler von F. G. W. Struve, bevor er nach Mailand ging. Er untersuchte Meteore und Doppelsterne und entdeckte die Planetoiden Hesperia und die berüchtigten »Marskanäle« – die geraden Linien auf den Zeichnungen

Das Marineobservatorium der Vereinigten Staaten (unten) wurde 1844 errichtet und war für den größten Teil des 19. Jahrhunderts die Hauptsternwarte des Landes. Simon Newcomb, Direktor von 1861 bis 1897, analysierte die Planetenbahnen in einer Weise, die für fast ein Jahrhundert gültig blieb.

Edward Pickering, 1846–1919, (unten) war über 40 Jahre lang Direktor der Sternwarte des Harvard College. In dieser Zeit regte er eine umfassende Vermessung von Sternspektren an, bei der Sterne Spektralklassen zugeordnet wurden. Sein jüngerer Bruder, William, leitete die Harvard-Sternwarte auf der Südhalbkugel in Arequipa, Peru.

Rechts: Dieses Teleskop, das Gautier baute und dessen Optik die Gebrüder Henry lieferten, war der Prototyp der Instrumente, die für die »Carte du Ciel« (Himmelskarte) benutzt wurden. Die Teleskop-Röhre enthält zwei Refraktoren; der obere ist ein visuelles Gerät zur Nachführung, das untere ein photographischer Refraktor.

Eine Astronomin an einem Meßinstrument (unten), das zur Bestimmung der Sternposition auf den Platten des »Carte du Ciel«-Forschungsprogramms benutzt wurde. In dem Programm sollte der gesamte Himmel vermessen werden; der Vorteil der internationalen Zusammenarbeit war, daß fast gleiche Fernrohre zu gleichen Zeiten benutzt wurden.

Sternörter, die ein Jahrhundert früher von Lalande bestimmt worden waren.

Auch die Entfernungen der Sterne wurden nun genauer untersucht und zahlreiche Parallaxenmessungen angestellt. Die Genauigkeit der Messungen erreichte Werte zwischen einem Zehntel und einem Zwanzigstel einer Bogensekunde, aber die meisten dieser zeitraubenden Messungen zeigten nur, daß die betreffenden Sterne zu weit entfernt waren, um eine meßbare Parallaxe zu ergeben. Die Sternwarte von Dunsink in Irland war von besonderem Pech verfolgt: in einem Forschungsvorhaben, bei dem 450 Parallaxen bestimmt werden sollten, ergab nur eine einzige eine brauchbare Entfernungsbestimmung. Die größte Überraschung war, daß Canopus (Alpha Carinae), Deneb (Alpha Cygni) und Rigel (Beta Orionis), drei der hellsten Sterne, sich als über 100 Parsec entfernt herausstellten; sie mußten deshalb viele tausendmal heller sein als die Sonne. Das Streben nach genauen Messungen bekam zusätzlich Auftrieb durch zwei Vorübergänge der Venus in den Jahren 1874 und 1882, die eine Vielzahl internationaler Reisen und eine neue Flut widersprüchlicher Ergebnisse brachten. In einem Zeitraum von 20 Jahren wurden 34 Bestimmungen der Entfernung Erde-Sonne mit einer ganzen Vielfalt verschiedener Methoden angestellt, wobei sich die Ergebnisse um immerhin 3 Millionen km unterschieden. Eine Zusammenfassung all dieser Ergebnisse durch Simon Newcomb vom US Naval Observatory ergab einen wahrscheinlichsten Wert von 149,9 Millionen km mit einem vermuteten Fehler von ± 400000 km.

Vier Astronomen entwickelten leistungsfähige Photometer: Zöllner in Leipzig, Edward Pickering in Harvard, Pritchard in Oxford und Gould in Argentinien. Zöllner beschäftigte sich vor allem mit den Planeten und ihren Satelliten, während Pritchard, Pickering und Gould Übersichten über die Helligkeiten vieler Tausender von Sternen aufstellten. Pickering baute nacheinander drei Photometer, wobei das erste 5-cm-Linsen, das zweite 10-cm- und das dritte 30-cm-Linsen hatte. So wie früher verbesserte Messungen der Sternpositionen Vermutungen bestätigt hatten, daß einige der »Fixsterne« sich bewegen, so bewies das Photometer, daß manche Sterne ihre Helligkeit verändern. Pickering konnte fünf verschiedene Arten von »Veränderlichen« unterscheiden. Die erste und seltenste ist die Gruppe der »Neuen Sterne« oder Novae, die völlig unerwartet mit großer Helligkeit erscheinen. Tychos Stern von 1572 und Keplers Nova von 1604 sind Beispiele dafür. Erste quantitative Messungen erhielt man 1876 für einen Stern, der im Sternbild des Schwan explodierte und zu einem Stern der dritten Größenklasse wurde, dann wieder alle vier Tage um eine Größenklasse schwächer wurde und zur Bedeutungslosigkeit verblaßte. Die zweite Klasse der veränderlichen Sterne zeigt große, aber leicht unregelmäßige, langsame periodische Veränderungen: das typische Beispiel ist Mira (Omicron Ceti), die in einem etwa einjährigen Zyklus zwischen der zweiten und zehnten Größenklasse schwankt. Zur dritten Klasse gehören »unregelmäßige« Sterne, deren Helligkeit eher weniger und ohne einen erkennbaren Rhythmus schwankt. Beteigeuze (Alpha Orionis) ist von dieser Art. Die beiden letzten Arten sind viel regelmäßiger in ihrem Verhalten. Die erste sind die »Cepheiden«, die nach ihrem typischen Beispiel Delta Cephei benannt sind; das Licht dieses Sterns schwankt um weniger als eine Größenordnung in einem sich regelmäßig wiederholenden Zyklus von 5 Tagen, 8 Stunden und 53 Minuten. Die letzte Gruppe ist die der Bedeckungsveränderlichen. Das sind keine wirklich veränderlichen Sterne, sondern Doppelsternpaare wie Algol (Beta Persei). Hier umlaufen die Partner eines Doppelsternsystems einander so, daß von der Erde aus gesehen ein Stern den anderen in regelmäßigen Abständen verdeckt.

Parallel mit der Zusammenstellung der Kataloge von Helligkeiten und Positionen, die alle noch auf visuellen Messungen beruhten, wurde in den achtziger Jahren des vorigen Jahrhunderts die photographische Platte endlich zu einem wichtigen astronomischen Hilfsmittel. Der entscheidende Schritt war die Entwicklung einer photographischen Emulsion auf Gelantinebasis, durch R. L. Maddox und Charles Bennett, die 1879 zu einer trockenen, haltbaren Platte geführt hatte, die leicht zu gebrauchen war und sogar noch etwas empfindlicher war als die alte feuchte Platte. Schon in den nächsten Jahren bewiesen einige Forscher in Europa und Amerika mit ihren photographischen Aufnahmen, daß die Platte schwache Lichtquellen besser aufspüren konnte als das Auge, da sie Sternenlicht über einen langen Zeitraum hin addierend einzufangen vermag. Die Platten vom Orionnebel, die Draper 1880 in den Vereinigten Staaten, Janssen 1881 in Frankreich und Common 1883 in England gelangen, zeigten alle einen Reichtum an Einzelheiten, die keinem mit Auge und Bleistift arbeitenden Beobachter zugänglich waren. Zudem war die Zuverlässigkeit einer Photographie eindeutig größer, so daß etwa Debatten darüber, ob die Struktur eines Nebels sich ändert oder nicht, nicht mehr von dem künstlerischen Geschick des Astronomen abhing. Entscheidende Beobachtungen wurden von Isaac Roberts in Maghull, etwas nördlich von Liverpool, und von Paul und Prosper Henry in Paris gemacht, deren Teleskope jeweils besonders für die photographische Beobachtung ausgerüstet waren. Das photographische Teleskop war als Teil eines Paares von Fernrohren auf dieselbe Achse montiert, wobei das zweite Teleskop, ein visueller Refraktor, zur Ausrichtung des gesamten Instruments benutzt wurde. Mit beiden, dem französischen und dem englischen Teleskop, wurden Aufnahmen der Plejaden gemacht. Die Platten der Henrys von 1885, die drei Stunden belichtet worden waren, zeigten mehr als 1400 Sterne in diesem Sternhaufen. Im folgenden Jahr konnte Roberts mit seinem größeren Teleskop die umfangreichen und komplexen Nebelflächen zwischen den Sternen aufnehmen, die eine Unmenge von Einzelheiten zeigten, die noch nie mit dem Auge beobachtet worden waren. Eine spätere Platte, die wieder die Henrys von den Plejaden machten, zeigte schon 2000 Sterne; zum Vergleich sei erwähnt, daß dem bloßen Auge meist nur sechs Sterne sichtbar sind und Galilei 1610 mit seinem Teleskop 36 gesehen hatte, während Rutherfurd 1866 nur 75 Einzelsterne photographieren konnte. Der Unterschied zwischen Auge und Platte wurde mit einer Aufnahme eines kleinen Ausschnitts der Milchstraße besonders deutlich bewiesen. Die Henrys fanden auf ihrer Platte etwa 5000 Sterne in einem Gebiet, wo ältere visuelle Methoden 170 verzeichneten.

Die photographische Platte wurde nun auch in der Spektroskopie verwandt, zunächst von Draper in Harvard, später von Huggins und wieder ergaben sich wertvolle neue Daten. Huggins' Platte mit dem Spektrum der Wega zeigte sowohl den ultravioletten als auch den sichtbaren Bereich. Das Bild bestätigte und verallgemeinerte eine Formel, mit der Johann Balmer, ein Schweizer Schulmeister, die Wellenlängen der vier im sichtbaren Spektrum liegenden Wasserstofflinien miteinander in Beziehung setzte. Keine irdische Lichtquelle zeigt mehr als vier Wasserstofflinien, deshalb überraschte Huggins' Bild mit 14 Linien ganz besonders. Er deutete auch die Linienverschiebungen in Sternspektren als Folge der Bewegung der Sterne von uns weg oder auf uns zu. Zu der Vielzahl neuer Linien stellte Hermann Vogel, der Direktor der neuen Sternwarte in Potsdam, Vermutungen auf. Die hellen Linienspektren in Nebeln und in der Sonnenkorona zeigten Linien, die keinem bekannten irdischen Spektrum entsprachen und so wurden, dem Beispiel des Helium folgend, zwei neue Elemente postuliert - Nebulium und Coronium. Keines dieser Elemente existiert wirklich, und es dauerte 80 Jahre, bis gezeigt wurde, daß das Spektrum des »Coronium« bei sehr hohen Temperaturen und sehr niedrigem Druck von Eisenatomen erzeugt wird.

Auch das Studium der Sonne profitierte von der Anwendung der Photographie. Henry Rowland, der erste Physikprofessor an der Johns-Hopkins Universität, zeichnete das Sonnenspektrum mit einer Genauigkeit auf, die seine Arbeit für viele Jahre zum Standardwerk für die Wellenlängen von Spektrallinien machte. Getreu der Tradition des 19. Jahrhunderts katalogisierte er Tausende von Fraunhoferlinien nicht nur einmal, sondern zweimal. Das infrarote Spektrum der Sonne wurde von Kapitän W. W. Abney photographiert, nachdem es ihm in jahrelanger Arbeit gelungen war, eine Platte zu entwikkeln, die längere Wellenlängen aufzeichnen konnte als die gewöhnliche Gelantine-Emulsion. Janssen stellte 1885 ein hervorragendes Bild der Sonne her, das neue Einzelheiten der Sonnenoberfläche, die Granulation, zeigte. Noch 1953, nach 78 Jahren, wurde das Bild als »die beste Photographie der Sonnengranulation, die es gibt« beschrieben.

Den umwälzendsten Gedanken, der sich aus den spektroskopischen und photographischen Untersuchungen ergab, vertrat Norman Lockyer, Abneys Kollege in Süd-Kensington und Janssens alter Rivale. Er vertrat die Meinung, daß die Atome selbst bei den hohen Temperaturen, wie sie in Sternen und bei elektrischen Entladungen unter Hochspannung im Laboratorium auftreten, in Stücke zerbrechen. Ein ganzes Jahrhundert erfolgreicher Chemie hatte auf dem Gedanken aufgebaut, daß das Atom unteilbar sei, und deshalb mußte diese Theorie auf Widerstand stoßen. Der Gedanke, daß etwa ein Kalziumatom sich aufspalten könne, wenn es erhitzt würde, war nicht nur revolutionär, sondern stellte sich auch noch als richtig heraus. Man nennt diesen Prozeß heute Ionisierung und weiß, daß das Atom in ein positives Ion und ein Elektron zerfällt. Wie viele Forscher war Lockyer ein recht unzugänglicher Mensch; man sagt, daß er mit seinem Mitarbeiter William Huggins nur über Edward Pikkering in Harvard verkehrte, obwohl ihre Sternwarten in London nur wenige Kilometer voneinander entfernt waren.

Die Untersuchung einzelner Sternspektren wurde von Vogel stark ausgeweitet. Seine Forschungen führten zu einem zweiten Klassifizierungsschema, das dem von Secchi vorgeschlagenen ähnelte. Das Schema der Sterntypen wurde durch die Entdeckung einer neuen Klasse sehr heißer Sterne durch Wolf und Rayet ausgedehnt. Edward Pickering leistete in diesen Jahren in Harvard bahnbrechende Arbeit mit Hilfe der Photographie, indem er eine große Anzahl von Spektren gleichzeitig aufzeichnete. Wie vor ihm Secchi hatte Pickering ein Prisma am Objektiv eines Teleskops angebracht, aber statt das Spektrum mit dem Auge zu betrachten, photographierte er es. So zeichnete er die Spektren von etwa einer Million Sterne auf, jeweils Hunderte auf einer Platte. Eine vorläufige Untersuchung führte zu einer Klassifizierung in etwa 20 Gruppen, die A, B, C, D usw. genannt wurden. Spätere und gründlichere Arbeit zeigte, daß einige Klassen sich durch Zufälle bei der Belichtung ergeben hatten, wie etwa die Klasse C, in der alle Linien verdoppelt waren und andere Klassen überflüssig waren - zum Beispiel waren E und G nicht unterscheidbar - und schließlich wurde noch die Anordnung geändert. Neue Erkenntnisse gab es vor allem für die B-Sterne, bei denen sich herausstellte, daß die Wasserstofflinien deshalb so schwach waren, weil die Sterne sehr heiß und die Wasserstoffatome ionisiert waren. Zunächst hatte man im Gegensatz dazu angenommen, die Linien seien so schwach, weil die Sterne nicht heiß genug wären. Die Reihe hatte am Ende die Form O B A F G K M (die man sich mit der Eselsbrücke »Oh, be a fine girl, kiss me« merkt) und sich als die bis auf den heutigen Tag gültige Klassifizierung erwiesen. Die Ergebnisse der Forschungsarbeiten in Harvard, wo mehr als 20000 Sterne klassifiziert wurden, erschien als *Henry-Draper-Katalog*, weil das Programm zur Erinnerung an die bahnbrechende Arbeit ihres Gatten von seiner Witwe finanziert wurde. Die Numerierung des Harvard Katalogs, die an dem vorgesetzten HD (= Henry Draper) zu erkennen ist, wird heute genausooft verwendet wie die BD Numerierung der *Bonner Durchmusterung*.

Trotz der Erfolge der Photographie wurde die Mehrzahl der großen Teleskope weiterhin für die visuelle Beobachtung entworfen und gebaut. 14 Linsenteleskope mit einer Öffnung von über 50 cm wurden in den letzten 20 Jahren des 19. Jahrhunderts gebaut, und von diesen waren nur zwei, eines in Paris und das andere in Greenwich, ausdrücklich »photographische« Fernrohre. Zwei andere, das 91-cm-Teleskop des Lick-Observatoriums und ein 71-cm-Instrument in Greenwich, stellten einen Kompromiß dar. Für Lick schliff Alvan Clark eine dritte Linse mit 84 cm Öffnung, die noch dazugefügt werden konnte, um das Paar der 91-cm-Linsen für den photographischen Gebrauch zu korrigieren. Für das Teleskop in Greenwich hatte Howard Grubb sich einen genialen Entwurf einfallen lassen, bei dem die Komponenten der für die visuelle Beobachtung korrigierten Doppellinse getrennt und wieder zusammengesetzt werden konnten, und zwar so, daß mit umgedrehter vorderer Linse dann ein Bild entstand, das für photographische Aufnahmen korrigiert war. Der Fortbestand des visuellen Refraktors hatte seine Ursache zu einem Teil in der konservativen Einstellung der Astronomen und zum anderen Teil in dem Interesse an der Arbeit mit Planeten und Untersuchungen an Doppelsternen. Dabei ist die Photographie der Beobachtung mit dem Auge nicht immer gewachsen. Das Auge kann sich die Augenblicke mit guter Sicht heraussuchen und zum Beispiel dann erkennen, daß Sterne, deren Abstand kleiner ist als ihre verschwommenen Bilder, voneinander getrennt sind oder einen schwachen Mond in der Nähe eines hellen Planeten herausfinden. Die Photoplatte kann während einer langen Belichtungszeit Licht ansammeln, ist aber auch in ihrer Schärfe beschränkt, weil die mittleren Sichtbedingungen während der Belichtungsdauer bestimmend sind.

In den achtziger Jahren des 19. Jahrhunderts wurden vier Fernrohre gebaut, die das 66-cm-Instrument Clarks an der Sternwarte der Marine der Vereinigten Staaten übertrafen: Howard Grubb baute ein Fernrohr mit 69-cm-Linse für Wien, Clark selbst fertigte eine 76-cm-Linse, die Repsold für Pulkowo montierte, die Henrys zogen mit einer weiteren 76-cm-Linse mit Clark gleich, die Gautier für den reichen Bankier R. Bischoffsheim in Nizza einbaute, und dann übertraf Alvan Clark all seine Konkurrenten mit der 91-cm-Linse für den Refraktor des Lick-Observatoriums. Dieses letzte Vorhaben stieß deutlich an die Grenzen: die Hersteller der Rohlinse machten bankrott, und der Bau des Observatoriums und des Teleskops kosteten so viel (575000 Dollar), daß kaum noch Geld für die astronomische Forschung übrig blieb. Dieses Fernrohr war in vielem beispielhaft; am wichtigsten war wohl, daß es als erstes große Fernrohr in großer Höhe auf dem Mount Hamilton und weit vom Licht und der Luftverschmutzung einer Stadt aufgestellt wurde. Mit ihm führte sich auch eine neue Firma von Teleskopbauern ein, Warner und Swasey in Cleveland, die damit zu Konkurrenten von Repsold, Grubb und Gautier wurden.

Die beiden Hauptforschungsprogramme des Lick-Observatoriums beschäftigten sich mit entgegengesetzten Aspekten der Möglichkeiten des großen Fernrohrs. Im ersten wurde es als ein visuelles Instrument großer Auflösungskraft für die Untersuchung heller Sterne benutzt, um zu bestimmen, wie viele von ihnen einfache Sterne oder Doppelsterne seien. Das zweite Programm war eine Untersuchung der Bewegung der Sonne, die aus spektroskopischen Geschwindigkeitsmessungen an nahen Sternen abgeleitet werden sollte. Sterne, die sich in dieselbe Richtung wie die Sonne bewegen, aber langsamer sind, erscheinen uns so, als ob sie uns entgegenkämen. Dieses Programm nutzte die unvergleichliche Menge Sternenlicht aus, die das Fernrohr einfangen konnte, um Spektren mit genaueren Einzelheiten zu photographieren als es je zuvor möglich gewesen war.

Der Erfolg des großen Teleskops im Süden Kaliforniens veranlaßte die Universität Chicaco dazu, den Erwerb eines ebenbürtigen Instruments zu planen. Linsenformen mit

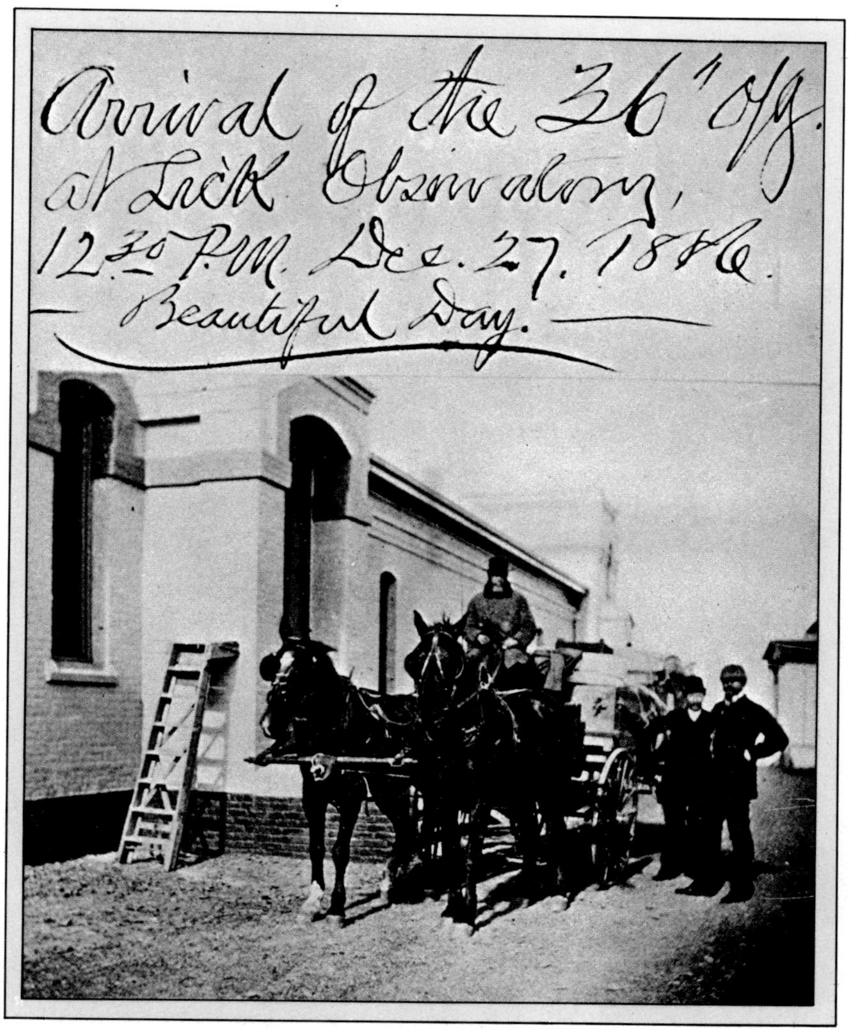

Oben: Die Ankunft der 91-cm-Linse am Lick-Observatorium. Niemand weiß, warum James Lick sein Geld der Sternwarte vermachte. Man glaubt, daß Lick selbst nie ein Fernrohr gesehen hat und überhaupt nichts von Astronomie verstand. 1888 wurde die 91-cm-Linse in ihr Fernrohr (unten) im Lick-Observatorium auf Mount Hamilton eingesetzt. Mit dem Fernrohr wurden in den ersten Jahren Doppelsterne untersucht und Sterngeschwindigkeiten gemessen.

Der Unterbau und die Montierung des 1-m-Refraktors im Yerkes-Observatorium (oben), der 1897 fertiggestellt wurde und heute noch das größte Linsenfernrohr der Welt ist. Der Boden des Sternwartengebäudes hebt und senkt sich als Ganzes, damit das Okular immer erreichbar ist. Die Eröffnungszeremonien mußten verschoben werden, nachdem zunächst dieser Boden mit 37,4 Tonnen Gewicht von seiner Halterung rutschte und 15 m tief herabstürzte.

über einem Meter Durchmesser wurden bei Alvan Clark bestellt, und Warner und Swasey wurden gebeten, eine neue und noch größere Montierung zu entwerfen. Dann stellte die Universität fest, daß sie die für dieses Vorhaben benötigten Gelder nicht aufbringen konnte; Clark blieben damit zwei Glasscheiben, für die der Pariser Glashersteller Nantois 20000 Dollar forderte. Ein Fiasko wurde durch das Auftreten des 24jährigen Assistenten und Dozenten an der Universität von Chicago, George Ellery Hale, abgewendet. Hale war ein sehr kompetenter, fähiger und origineller junger Astronom und ein absolutes Genie, wenn es darum ging, reiche Männer, die wenig von der Astronomie verstanden, dazu zu überreden, daß sie Riesenfernrohre bezahlen sollten. In diesem Fall wurde Charles Yerkes, ein Millionär in Chicago, der mit Eisenbahnen viel Geld verdient hatte, beschwatzt, umschmeichelt, überredet, angefleht und irgendwie dazu gebracht, sich von einem Drittel einer Million Dollar zu trennen, damit das große Teleskop gebaut werden konnte. Das Yerkes-Observatorium steht nicht auf einem einsamen Berg, wie das Lick-Observatorium auf dem Mount Hamilton; zum Teil deshalb, weil Hale bei seinen Besuchen auf dem Mount Etna und dem Pikes-Peak jedesmal in ein schreckliches Gewitter geraten war. Statt dessen wurde das Observatorium am Lake Geneva, 130 km nordwestlich von Chicago, errichtet. Das 101-cm-Teleskop stellte sich für die Messung von Sternparallaxen als besonders nützlich heraus. Die Kombination aus großer Brennweite – fast 19 m – und der einfachen Bauart des Refraktors ist für diese Aufgabe der Astronomie ideal. Die Ergebnisse waren unübertroffen genau, und es wurde möglich, Sternentfernungen bis zu 75 Parsec, also sechzehn Millionen mal die Entfernung der Erde von der Sonne, zu messen.

Die Entdeckung des Partners des Sirius mit Hilfe der ersten großen Linse Alvan Clarks war der entscheidende Punkt, an dem die großen Linsenteleskope die Spiegelteleskope von Rosse, Lassell und Nasmyth ablösten. In den letzten 40 Jahren des 19. Jahrhunderts lieferten Linsenteleskope die Beobachtungen, die gebraucht wurden, um dem Wissen vom Sonnensystem und den nahen Sternen eine solide Grundlage zu geben. Die Entfernungen zu den nahen Sternen, ihre Bewegung und chemische Zusammensetzung wurden alle mit Hilfe von Linsenteleskopen gefunden. Die Bewegungen der Planeten und ihrer Satelliten wurden immer genauer bestimmt und konnten auch gut durch die Theorie erklärt werden; die einzige Ausnahme war dabei die Unstimmigkeit in der Perihelbewegung des Merkur. Die Untersuchung der Planeten war an eine Grenze gelangt, und neues Wissen konnte erst gewonnen werden, als fast ein Jahrhundert später von Raumfahrzeugen aus Beobachtungen von außerhalb der Erdatmosphäre gemacht werden konnten.

Das Yerkes-Observatorium. Charles Yerkes hatte sich ursprünglich bereit erklärt, eine Fernrohrlinse und ihre Montierung zu bezahlen. Schließlich überredete ihn George Hale, 349000 Dollar zu spenden; das genügte 1890, um die ganze Sternwarte zu bezahlen.

KAPITEL 9

Glasspiegel sind besser als Glaslinsen

Der Refraktor erreicht seine Grenzen, und nicht alle Spiegelteleskope erweisen sich als schlecht geeignet (1898–1938)

»Der Reflektor wird oft so sehr durch Luftströmungen und Temperaturveränderungen beeinflußt, daß er ein recht launisches Instrument ist, und Dr. Common hat ihn deshalb, nicht sehr galant, mit dem weiblichen Geschlecht verglichen.

H. M. Turner, The Great Star Map, 1912

Während des ausgehenden 19. Jahrhunderts geriet das Spiegelteleskop zwar nicht völlig in Vergessenheit, konnte es aber kaum mit den großen Linsenteleskopen aufnehmen, zumal die Berufsastronomen eine große Vorliebe für den Refraktor hatten, der seine Vorteile so oft bewiesen hatte. Die Vorherrschaft des Linsenfernrohrs wurde nicht nur durch dessen Erfolge gefördert, sondern auch durch die vielbeachteten Fehlschläge der Versuche, 1870 für Melbourne und 1877 für Paris große Reflektoren zu bauen.

Die entscheidenden Schritte zum Bau eines Spiegelteleskops, das die Refraktoren von Lick und Yerkes übertreffen könnte, wurden schon wenige Jahre nach der Fertigstellung des so wenig brauchbaren Riesenteleskops des Lord Rosse unternommen. Zwei Männer, Steinheil in München und Foucault in Paris, nahmen eine Technik wieder auf, die schon bei der Weltausstellung in London 1851 demonstriert worden war und die der deutsche Chemiker Justus von Liebig wenige Jahre später wiederentdeckt hatte: die Kunst, auf chemischem Wege eine stark reflektierende Silberschicht herzustellen, mit der jedes denkbare Glasstück überzogen und zu einem Spiegel gemacht werden konnte. Diese neue Art einer Silberbeschichtung ermöglichte im Gegensatz zu dem seit dem 17. Jahrhundert üblichen »Versilbern« mit Quecksilberamalgan einen sehr dünnen und bei sorgfältiger Arbeit sehr gleichmäßigen Auftrag. So konnte eine zu einer konkaven Form geschliffene Glasscheibe auf ihrer Vorderseite versilbert und damit zu einem stark reflektierenden Spiegel werden, ohne daß die Genauigkeit beeinträchtigt wurde.

Die Vorteile, die dieses einfache Verfahren mit sich brachte, waren beachtlich. Zunächst einmal waren Glasschleifer im Schleifen und Polieren von Glas sehr geübt und brauchten nicht die ungewohnte Kunst des Schleifens spiegelnder Metalle zu lernen. Zweitens war der Umgang mit Glas, obwohl es leicht bricht und schwierig zu gießen ist, viel einfacher als der mit den so widerspenstigen Spiegelmetallen. Drittens, und das was das wichtigste, laufen zwar Silber und Spiegelmetalle beide im Lauf der Zeit an; die Silberschicht aber kann wieder abgelöst und erneuert werden, während jede Oberfläche aus einer Spiegelmetallverbindung neu geschliffen werden muß. Jeder Fehler bei diesem Neuschliff macht den Spiegel unbrauchbar, und der gesamte Schleifvorgang muß wiederholt werden, damit eine neue und genaue Oberfläche entsteht. Steinheil baute 1856 das erste Teleskop, das versilberte Glasspiegel hatte; das bescheidene Instrument hatte eine Öffnung von 10 cm. Im Jahr darauf schliff und versilberte Foucault einen Spiegel mit 33 cm Durchmesser, den F. W. Eichens für das Pariser Observatorium montierte. Dieses Teleskop ist wegen zwei Neuentwicklungen bemerkenswert: Es hat den neuen versilberten Spiegel und eine neue Äquatoraufhängung, die weder eine »deutsche« Kreuzachse noch ein »englisches« Joch benutzt, sondern das

DAS FOUCAULTSCHE SCHNEIDENVERFAHREN

Dies ist eine sehr einfache Methode, die Bildqualität einer optischen Oberfläche oder eines Systems zu prüfen und die Teile der Oberfläche herauszufinden, die fehlerhaft sind. Der Test kann auf jedes optische System angewendet werden, in dem ein punktförmiges Objekt als ein Punkt abgebildet wird (oder abgebildet werden sollte). Das Verfahren wird unten an einem einfachen sphärischen Konkavspiegel erläutert.

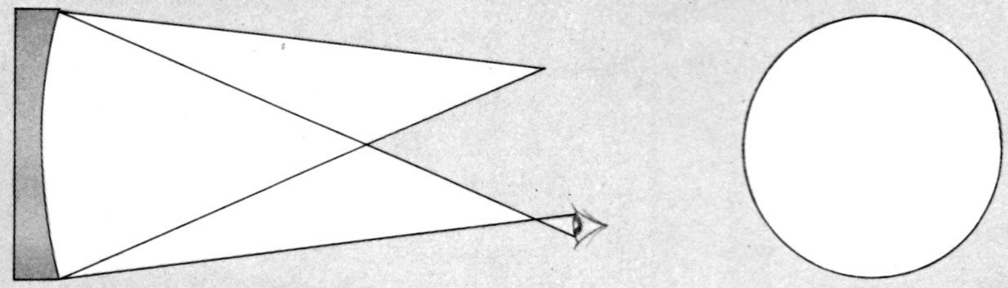

1. Der Spiegel wird dazu benutzt, ein Bild einer kleinen Lichtquelle, gewöhnlich von einem beleuchteten Nadelloch, zu entwerfen (oben). Der Beobachter geht mit seinem Auge in die Nähe des fokussierten Bildes, sieht aber nicht auf das Bild, sondern auf den Spiegel. Dann reflektiert der Spiegel aus jedem Teil Licht des Nadellochs in das Auge und erscheint hell (oben rechts).

2. Im nächsten Schritt (unten) wird eine Messerkante in die Nähe des Bildes gebracht und langsam durch das Gesichtsfeld geschoben. Die Klinge unterbricht das vom Spiegel kommende Licht und wird, wenn sie außerhalb des Brennpunkts ist, das Licht von einer Seite des Spiegels eher abblenden als das von der anderen (unten links). Der Spiegel erscheint dann teilweise hell und teilweise dunkel, und der dunkle Rand bewegt sich gleichmäßig durch das Gesichtsfeld (unten rechts).

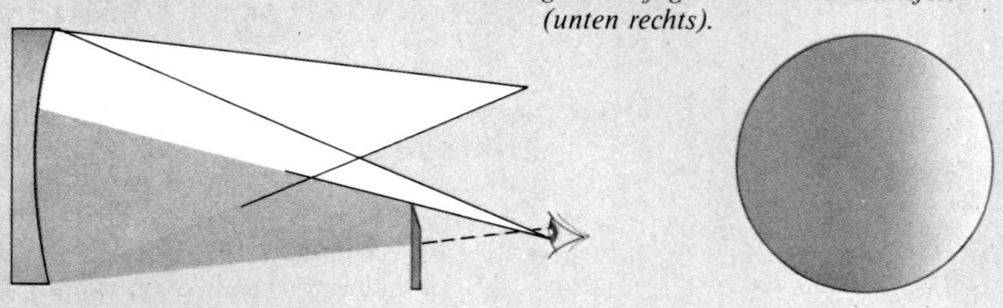

3. Wenn die Messerkante genau im Brennpunkt (oben) ist und der Spiegel perfekt, schneidet die Klinge das Licht des ganzen Öffnungsbereichs gleichzeitig ab, und das bis dahin helle Gesichtsfeld wird plötzlich und überall dunkel. Bei sorgfältigem Vorgehen findet man eine Zwischenstellung, in der der Spiegel gleichmäßig grau ist (oben rechts).

4. Wenn der Spiegel nicht perfekt ist, sondern einige Erhöhungen oder Vertiefungen hat, dann lenken diese das Licht so ab, daß es nicht genau in den Brennpunkt kommt. Die Messerkante schneidet dann diese Strahlen ab, bevor oder nachdem sie den Haupt-Brennpunkt erreicht haben (unten links). In diesem Fall verdunkelt sich der fehlerhafte Teil des Spiegels entweder bevor sich das ganze Bild verdunkelt, oder es bleibt hell, bis die Messerklinge darüber hinaus ist. Dann erscheint eine Seite eines unerwünschten Buckels dunkel und die andere hell (unten rechts). Mit einiger Erfahrung kann man so Fehler in der Oberfläche von weniger als einem Zehntel eines Mikrometers finden.

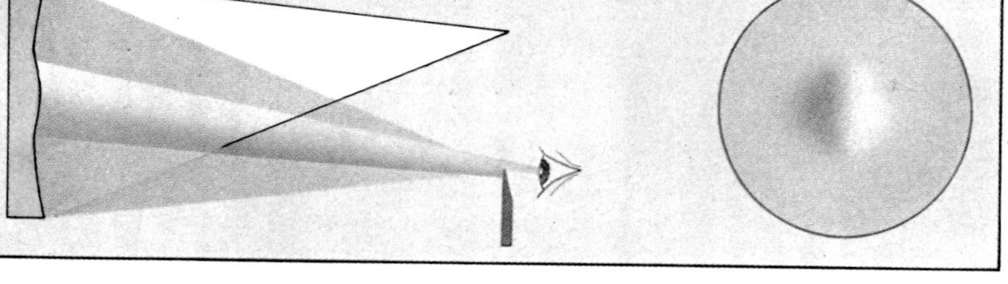

Rohr in einer kurzen steifen Gabel hält.

Trotz dieser erfolgreichen Pionierleistungen und der Vielfalt seiner Forschungen beruht Foucaults Ruhm auf einem anderen Beitrag zur astronomischen Optik. Für jeden Erbauer von Fernrohren ist auch heute noch das »Foucaultsche Schneidenverfahren« von besonderer Wichtigkeit. Dieser Test ermöglichte es zum ersten Mal jedem Optiker zu sehen, welcher Teil einer fehlerhaften Linse oder eines Spiegels das schlechte Bild verursacht und außerdem zu erkennen, ob dieser Fehler auf eine Erhöhung oder eine Vertiefung in der Schleiffläche zurückzuführen ist. Der dazu benötigte Apparat kostet wenig – man braucht eine Lichtquelle, einen durchscheinenden Schirm mit einem Nadelloch und eine scharfe Messerkante oder Rasierklinge. Mit dieser einfachen Apparatur ist es möglich, Ungleichmäßigkeiten in der Spiegeloberfläche, die sich beim Schleifen ergeben haben, zu messen, deren Höhe oder Tiefe geringer ist als die Wellenlänge des sichtbaren Lichts (0,5 Mikrometer).

Kurz nachdem Foucault und Eichens ihr 33-cm-Teleskop fertiggestellt hatten, beschloß William Lassell, ein größeres Instrument als den 60-cm-Reflektor zu bauen, mit dem er den Neptunmond Triton entdeckt hatte. Auf Grund der Erfahrung, die er beim Bau seines Metall-Spiegelteleskops erworben hatte, beschloß Lassell, weiterhin mit Spiegelmetall zu arbeiten und goß zwei Metallscheiben mit 1,2 m Durchmesser. Das fertige Teleskop wurde in Malta aufgebaut und zum Studium schwacher Satelliten von Planeten und von Nebeln benutzt, die so weit im Süden lagen, daß Wilhelm Herschel sie nicht

Lassells 1,2-m-Teleskop, das er 1861 in Malta errichtete. Die Beobachtungen wurden im Newtonschen Brennpunkt gemacht. Es waren zwei zusätzliche Assistenten nötig; der eine mußte die drei Winden ziehen, die den Beobachter an das Okular brachten, und der andere mußte die Nachführung bewerkstelligen.

beobachten konnte. Dies war das bis dahin größte Spiegelteleskop mit Äquatoraufhängung und lieferte Bilder von hoher Qualität. Und doch war es offenbar eher eine Enttäuschung. Als Lassell nach drei Jahren Beobachtungen in Malta nach England zurückkehrte, machte er sich nie die Mühe, das Teleskop wieder aufzustellen.

Diese dreijährige Beobachtungsreihe mit Lassells großem Spiegelteleskop fiel mit einem entscheidenden Stadium in der Geschichte des unglückseligen Teleskops von Melbourne zusammen. Der Plan, in der südlichen Hemisphäre ein großes Teleskop zu errichten, war ursprünglich 1849 kurz nach der Veröffentlichung der Beobachtungsberichte von Lord Rosse und seiner Kollegen gefaßt worden. Die Royal Society und die British Association empfahlen »die Errichtung eines Teleskops mit sehr großem Auflösungsvermögen« und gründeten ein Komitee, zu dem Lord Rosse, Nasmyth, Lassell, Airy, Adams, John Herschel und der gesamte Rat der Royal Society gehörten. Drei Orte wurden in Betracht gezogen – das Kap der Guten Hoffnung, Tasmanien und Australien. Die meisten Vorteile boten sich am Kap, wo es schon ein Observatorium gab und in Tasmanien, wo Strafgefangene angefordert werden konnten, um ohne zusätzliche Kosten für den britischen Staat eine Sternwarte zu bauen. Drei verschiedene Teleskope wurden in Erwägung gezogen – ein 75-cm-Refraktor von Merz und ein 1,2-m- oder 1,8-m-Spiegelteleskop von Thomas Grubb. Die Kosten für den Refraktor schätzte man auf etwa 20000 Pfund, die für das große Spiegelteleskop auf 15000 Pfund und für das kleinere auf 5000 Pfund. Das Komitee wählte die billigste Lösung, aber der britische Finanzminister mußte zu jener Zeit den Krimkrieg finanzieren, und deshalb wurden auch die für den 1,2-m-Spiegel nötigen Gelder nicht bewilligt.

Lange Zeit geschah in dieser Hinsicht nichts mehr, aber 1862 kündigten die Einwohner der australischen Kolonie Victoria an, daß sie bereit seien, selbst ein Teleskop zu bezahlen. Die Australier erbaten den Rat der Royal Society und das Komitee trat wieder zusammen. Der Entwurf Grubbs für das 1,2-m-Instrument wurde hervorgeholt, und man fand, daß er genau das sei, was gewünscht wurde. Die neuen versilberten Glasspiegel wurden schließlich abgelehnt, weil sie noch zu wenig erprobt seien. William Lassell bot sein 60-cm-Teleskop als Geschenk an, aber es wurde als zu klein zurückgewiesen; später offerierte er sein 1,2-m-Instrument, aber auch das wurde abgelehnt, weil es zu umständlich sei. Die Australier begannen mit dem Bau des Teleskops von Thomas Grubb; es wurde 1868 in Grubbs Fabrik in Dublin aufgebaut, damit eine Unterkommission mit De la Rue, Lassell und Robinson (dem Hauptbeobachter von Lord Rosse) es inspizieren könnte. Zwei Komiteemitglieder kamen zu der Überzeugung, daß das neue Instrument ein Meisterwerk der Ingenieurkunst und »für den Zweck, zu dem es entworfen war, hervorra-

Oben: Der erste Versuch, den Spiegel für das Teleskop von Melbourne zu gießen. Der dritte Versuch stellte sich als erfolgreich heraus; dies war der letzte mit schwerem Spiegelmetall hergestellte Spiegel.

Unten: Das große 1,2-m-Teleskop von Melbourne, von dem George Ritchey schrieb: »Ich betrachte den Fehlschlag des Reflektors von Melbourne als eine der größten Katastrophen in der Geschichte astronomischer Instrumente.«

Rechts: Der 1,2-m-Reflektor der Pariser Sternwarte, dessen Glaslinse mit Silber beschichtet war, wurde durch ein bewegliches Gehäuse geschützt, wenn er nicht benutzt wurde. Statt der Cassegrain-Optik des Instruments in Melbourne benutzte es eine Newtonsche Optik; sonst unterschieden die Instrumente sich nur durch das Maß, in dem sie versagten. Das Teleskop von Melbourne war »eine Katastrophe« und das in Paris »vergleichsweise nutzlos«.

George Ellery Hale, 1868–1938, (unten) wurde in Chicago geboren und widmete sich schon als Schuljunge aus Liebhaberei der Astronomie. Schon dem jungen Studenten erlaubte Edward Pikkering, im Observatorium des Harvard College zu arbeiten. Hale war ein außerordentlich begeisterungsfähiger Mann, der unter anderem das Astrophysikalische Journal, die Internationale Astronomische Union und drei Sternwarten gründete.

gend geeignet« sei. William Lassell, der sein eigenes 1,2-m-Spiegelteleskop seit 1864 nicht mehr benutzte, war zufrieden, aber weniger begeistert.

Als das Instrument schließlich in Süd-Yarra als das stolze »Große Teleskop von Melbourne« aufgebaut war, stellte es sich trotz so langwieriger Vorbereitungen als ein Fehlschlag heraus, der große öffentliche Aufmerksamkeit fand. Es gab dafür drei Hauptursachen, von denen zwei miteinander zusammenhingen: die Optik und das Fehlen einer Kuppel. Thomas Grubb hatte das Teleskop als einen Cassegrain-Reflektor entworfen und das obere Ende des Fernrohrs so leicht wie möglich gemacht. Das hatte den Vorteil, daß das Okular am Ende des Primärspiegels sich nur wenig bewegte, wenn das Teleskop den Himmel absuchte. Der Nachteil war, daß der Fangspiegel klein sein mußte, wenn das Fernrohr »oben« leicht sein sollte; das hatte wiederum eine große sekundäre Vergrößerung zur Folge. Deswegen reagiert das Teleskop sehr empfindlich auf Bewegungen und Erschütterungen, denn jede kleine Bewegung des Rohrs bewirkt eine stark ver-

größerte Bewegung des Bildes. Dieses auf jede Schwingung so empfindlich reagierende Instrument wurde nun aber nicht in einer Kuppel untergebracht, sondern in einem Gebäude, dessen Dach entfernt werden konnte und war damit auch dem leisesten Windhauch frei ausgesetzt. Der dritte Grund für das Versagen war, daß zu allem Ungenügen der Pläne für Teleskop und Gebäude die Spiegel von äußerst schlechter Qualität waren. Die Metallspiegel waren in Dublin hergestellt und für den Transport nach Australien mit einem Schutzlack überzogen worden. Bei der Ankunft stellte es sich heraus, daß es unmöglich war, den Lack zu entfernen, ohne die schon fertig geschliffene Oberfläche zu zerstören. Die Spiegel mußten nachgeschliffen werden. Es wäre zu zeitraubend und unpraktisch gewesen, die Spiegel zurück nach Dublin zu transportieren, und so machte sich R. J. Ellery, der Direktor des Observatoriums, daran zu lernen, wie übergroße Metallspiegel geschliffen werden.

Es überrascht nicht, daß Ellery die nötige Meisterschaft nie erreichte. Rosse, Lassell und Grubb waren alle mehr am Bau von Geräten als an den Beobachtungen interessiert und hatten einen großen Teil ihres Lebens den optischen Arbeiten gewidmet. Sie hatten mit kleinen Spiegeln angefangen und sich über Jahrzehnte zu großen hingearbeitet. Thomas Grubb hatte 32 Jahre lang Spiegelmetall poliert, bis er das Fernrohr für Dublin fertigstellte, und der bedauernswerte Ellery sollte nun in wenigen Monaten dieses Können zu erreichen suchen. Er mußte seine Sternwarte auch gegen die Kritiker dieses Vorhabens verteidigen, die wegen der Tatsache, daß dieses Teleskop in Dublin als »Meisterwerk der Ingenieurkunst« bezeichnet wurde, aber in Australien nicht zu gebrauchen war, scharfe Angriffe gegen die Sternwarte und ihre Mitarbeiter richteten.

Während sich Ellery mit den letzten großen Spiegeln aus Spiegelmetall abquälte, wurde der erste große versilberte Glasspiegel für die Sternwarte in Paris poliert. Dieser Spiegel war für ein Fernrohr mit einer Öffnung von 1,2 m bestimmt, das mit dem in Melbourne nur eines gemeinsam hatte – es stellte sich als ebenso unbrauchbar heraus. Hier schienen die Fehler des Instruments aber immerhin behebbar gewesen zu sein, weil später der Spiegel neu poliert wurde und die Montierung ausgebaut und durch eine neue ersetzt werden konnte.

Trotz all dieser Fehlschläge, die, vorsichtig ausgedrückt, die Geldgeber veranlaßten, einen großen Mangel an Vertrauen in Spiegelteleskope zu zeigen, hielten doch einige wenige an diesem Plan fest. Ein Spiegel hat gegenüber einer Linse den ungeheuren Vorteil, daß er weder eine chromatische Aberration aufweist noch das ultraviolette Licht verschluckt, das für die Photographie so wesentlich ist. Die Nachteile waren, wie man an den Reflektoren von Melbourne und Paris gelernt hatte, daß sie für die Auswirkungen von Fehlern in der Ausrichtung der Spiegel, der Biegsamkeit und der Vibration des Rohrs und für Temperaturschwankungen sehr empfindlich sind. Die ersten, die beschlossen, mit der Arbeit an einem Spiegelteleskop großer Öffnung festzuhalten, waren A. A. Common, Teleskopbauer und Astronom in einer Person und George Calver als Spiegelmacher.

Das Teleskop von Calver und Common mit einem 91 cm großen versilberten Glasspiegel wurde äquatorial auf eine Gabel montiert und als ein photographisches Fernrohr benutzt. Die wesentliche Verbesserung in Commons Teleskop war die gleichförmige Nachführung, die dadurch möglich wurde, daß die Lager fast ganz vom Gewicht des Teleskops entlastet wurden und die Erfindung eines einstellbaren Plattenhalters. Die Last auf den Lagern wurde dadurch verkleinert, daß das hohle Achsenende in einem Quecksilberbad schwamm, während am Plattenhalter ein Okular und ein Fadenkreuz befestigt wurden, so daß damit ein Stern knapp außerhalb der Platte beobachtet werden konnte; wenn dieser sich von seiner Ausgangsposition entfernte, konnte der Plattenhalter nachgeführt werden. Das Endergebnis zeigte, daß es möglich war, ein Teleskop zu bauen, daß so gleichförmig und genau nachgeführt werden kann, wie es für sehr gute Photographien nötig ist. Einer Aufnahme des Orionnebels – mit einer Belichtungszeit von 90 Minuten – wurde die Goldmedaille der Königlichen Astronomischen Gesellschaft zuerkannt.

Der nächste Schritt zur Rehabilitation des Spiegelteleskops war die Lieferung eines Instrumentes mit 50 cm Öffnung an Isaac Roberts 1885. Roberts war ein schwieriger Kunde, der ein äußerst leistungsfähiges Fernrohr forderte und auch darauf achtete, daß Howard Grubb (der Sohn und Nachfolger von Thomas Grubb) seine Auflagen erfüllte. Dem jungen Grubb lag zweifellos sehr daran, das Ansehen der Firma als vertrauenswürdiger Hersteller von Fernrohren nach dem Debakel von Melbourne wieder zu festigen, aber dennoch waren nach der Lieferung noch zwei Jahre Arbeit nötig, bis Roberts zufrieden war. Roberts' Hartnäckigkeit zahlte sich insofern aus, als er sofort eine Photographie des großen Nebels im Sternbild Andromeda herstellen konnte. Dieses Photo zeigte zum ersten Mal, daß auch der Andromedanebel Spiralstruktur hat. Der Erfolg des Fernrohrs kann daran gemessen werden, daß es Grubb bald danach gelang, ein Teleskop (wenn auch einen Refraktor) an die Sternwarte in Melbourne zu verkaufen; dazu war sicher beträchtlicher Widerstand auf der Käuferseite zu überwinden.

Die entscheidenden Schritte, die andere davon überzeugten, daß große Spiegelteleskope gebaut werden sollten, ergaben sich aus einer Kombination englischer und amerikanischer Bemühungen. Obwohl Common den Bau eines Teleskops mit 1,5 m Öffnung versuchte, erwies es sich als jenseits seiner Fähigkeiten und war bei seinem Tod 1930 noch unvollendet. 1881 hatte Common eine Beschreibung seines 91-cm-Reflektors veröffentlicht und im Vorwort seiner Arbeit eine Liste von zehn Bedingungen für gute Qualität angegeben. Die letzte war »ein geeigneter Ort für die Aufstellung des Fernrohrs«. Das Fernrohr war in einem Vorort Londons aufgestellt worden und Common bemerkt dazu: »Mit dieser Bedingung beschäftigen wir uns jetzt nicht«. Und doch war ein von Common erbautes Teleskop der erste große Reflektor, der an einem günstigen Ort aufgestellt wurde, als wiederum ein britischer Amateur, Edward Crossley, ein ähnliches Instrument kaufte und es 1895 dem Lick-Observatorium in Kalifornien schenkte. Howard Grubb polierte den Spiegel neu, und einer der sechs Astronomen des Observatoriums, J. K. Keeler, verstärkte die Montierung. Dieses an einem günstigen Ort aufgestellte gute photographische Teleskop leitete eine neue Epoche ein. Keeler fand auf seinen Platten außer den Sternen eine ungeheure Anzahl sehr kleiner Spiralnebel. Die Astronomen begannen zu vermuten, daß diese Spiralnebel so groß sein könnten wie der große Nebel in der Andromeda und nur klein erschienen, weil sie ungeheuer weit vom Sonnensystem entfernt waren. Wenn man dies auch nur als Arbeitshypothese zuließ, dann mußte das Weltall sehr viel größer sein als es früher als möglich erschienen war. Bis man diese lichtschwachen Systeme jedoch weiter untersuchen konnte, würde man auf noch größere Fernrohre warten müssen.

Zur Jahrhundertwende konnte George Hale mehrere Gründe zugunsten großer Reflektoren aufzählen. Seine Erfahrung am Yerkes-Observatorium zeigte, daß der Refraktor an die Grenzen seiner Leistungsfähigkeit gekommen war: Die großen Linsen waren so dick, daß sie einen wesentlichen Teil des Lichts absorbierten, und waren so schwer, daß sie kaum noch nur an den Rändern gestützt werden konnten. Im Gegensatz dazu können große Spiegel gleichmäßig über die ganze Rückseite der Form gestützt werden, und die Silberschicht reflektiert in dem für die Photographie wichtigen violetten und ultravioletten Bereich gut, wo Flintglas besonders viel absorbiert. Außerdem, war sogar der übliche »Achromat« nicht völlig achromatisch. Die Doppellinse großer Fernrohre verringerte die Unterschiede in der Brennweite in Abhängigkeit von der Farbe wohl, behob sie aber nicht ganz. Der 91-cm-Refraktor von Lick zum Beispiel wies noch einen Unterschied der Brennweiten von mehreren Zentimetern bei einer Gesamtbrennweite von 17 m auf. Hale hatte zudem das Glück, daß zu seinen Mitarbeitern in Yerkes einer der wenigen amerikanischen Glasbearbeiter gehörte, der Erfahrung im Polieren und Versilbern größerer Spiegel hatte – George Ritchey, der auf dem Gebiet des Polierens von Spiegeln im 20. Jahrhundert etwa das gleiche Ansehen genießt, wie Alvan Clark es für Linsen im 19. Jahrhundert gehabt hatte.

Das Endergebnis all dieser Überlegungen war neben einer Spiegelform mit 1,5 m

Eine Luftaufnahme der Mount Wilson-Sternwarte in Südkalifornien. Links sind drei Sonnenteleskope zu sehen, zuerst das horizontale Snow-Teleskop und dann die beiden Turminstrumente. In der Mitte ist die Kuppel des 1,5-m- und rechts die des 2,5-m-Reflektors.

Durchmesser, zu deren Ankauf Hale seinen Vater schon früher überredet hatte, eine Schenkung der Carnegie-Stiftung, die es ihm erlaubte, ein 1,5-m-Spiegelteleskop zu bauen. Dies sollte auf dem Mount Wilson im Süden Kaliforniens errichtet werden, wo gerade eine Sternwarte mit Hale als Direktor eingerichtet worden war. Hales Vertrauen in den Reflektor war so groß, daß er seinen Freund J. D. Hooker schon dazu überredete, ein noch größeres Teleskop zu bauen, bevor Ritchey das 1,5-m-Instrument fertiggestellt hatte. Dies sollte zunächst 2,1 m Öffnung haben, aber dann überzeugte Hale Hooker, daß er mehr Geld zur Verfügung stellen sollte, damit ein 2,5-m-Instrument gebaut werden konnte – ein gewaltiger Sprung über Commons wieder aufgestelltes 91-cm-Teleskop hinaus, das damals der einzige Reflektor war, mit dem wirklich astronomische Forschung betrieben wurde.

Das von Ritchey entworfene 1,5-m-Teleskop entlehnte vieles von dem Reflektor, den Common für Lick gebaut hatte. Das Fernrohr hatte eine Gabelaufhängung, und die Last auf die Lager wurde durch einen Quecksilberschwimmer verringert. Der wesentliche Unterschied bestand in einem auf Grund von Keelers Erfahrungen verstärkten Trägersystem für den Fangspiegel.

Der Hauptgrund für den Bau des Fernrohrs auf Mount Wilson war der Wunsch, die Entwicklung der Sterne zu erforschen. Diese etwas darwinistische Sichtweise der Astronomie erwuchs aus der Erkenntnis, daß die Klassifizierung von Harvard – O B A F G K M – eine Temperaturfolge darstellte. Norman Lockyer hatte gemeint, daß ein Stern sein Leben als Ansammlung von Staub und Gas beginnt, die sich zusammenzieht und dabei erhitzt, und dann, nachdem er sich fast völlig zusammengezogen hat, beginnt, sich wieder auszudehnen und abzukühlen. Ein dänischer Astronom, Einar Hertzsprung, hatte aus einer Untersuchung der Helligkeiten von Sternen, deren Entfernung mit Hilfe der Parallaxenmethode bestimmt worden waren, erkannt, daß es zwei verschieden helle Arten von kalten roten Sternen gab. Der Helligkeitsunterschied mußte mit einem Größenunterschied zusammenhängen, und so nannte er die helleren roten Sterne »Riesen« und die weniger hellen »Zwerge«. Bald nach der Vollendung des 1,5-m-Teleskops wurde diese Arbeit von Hertzsprung und Henry Russell in Princeton weitergeführt. Sie versuchten zunächst, die wirkliche Helligkeit jener Sterne zu bestimmen, deren Parallaxen bekannt waren – im Gegensatz zur scheinbaren Helligkeit, wie sie die Sterne für uns haben. Sie definierten eine »absolute Helligkeit«, das ist die Helligkeit, die ein Stern haben würde, wenn er zehn Parsec von der Erde entfernt wäre. Dieses Maß erlaubt es, die wirklichen Helligkeiten von Sternen unmittelbar miteinander zu vergleichen. Wenn die absolute Helligkeit als eine Koordinate aufgetragen wird und die spektroskopische Klassifizierung als

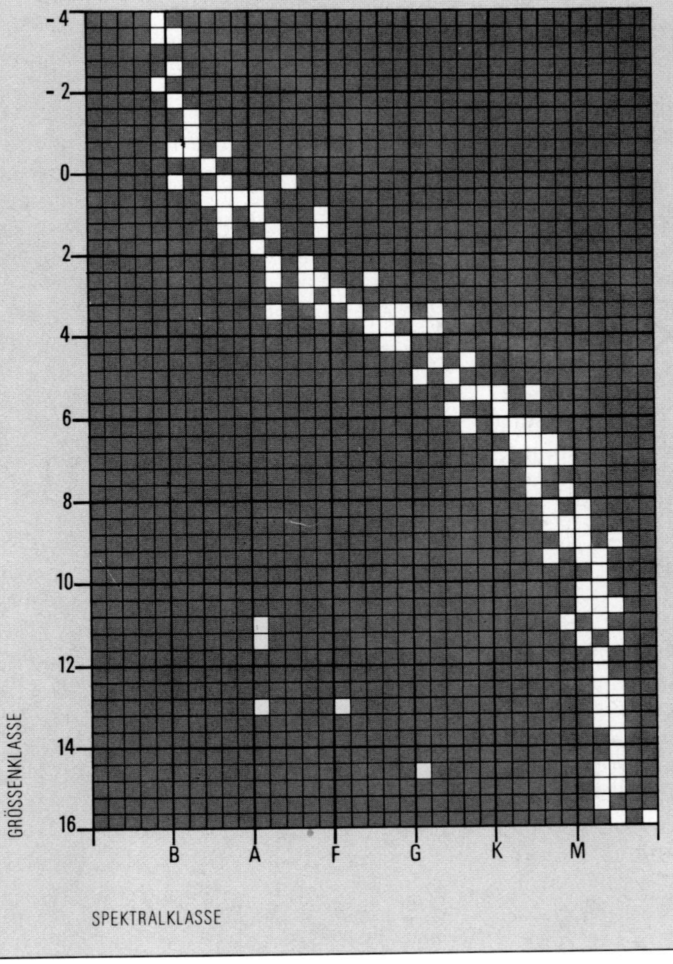

DAS HERTZSPRUNG-RUSSEL-DIAGRAMM
Es zeigt die Beziehung zwischen der von einem Stern ausgestrahlten Energie und der Temperatur des Sterns. Das Diagramm (links) zeigt die 100 nächsten Sterne, von denen die meisten auf einer diagonalen Linie liegen, der »Hauptreihe«. Für jeden abgebildeten Stern sind drei Daten erforderlich: die Größenklasse, die Parallaxe und die Spektralklasse. Die ersten beiden bestimmen die »absolute« Helligkeit des Sterns, die letztere hängt direkt mit seiner Temperatur zusammen. Typische Sternspektren (unten) erstrecken sich von der sehr heißen Klasse B mit 25 000 Grad C durch die Folge AFGK zur viel kälteren Klasse M mit 3000 Grad C.

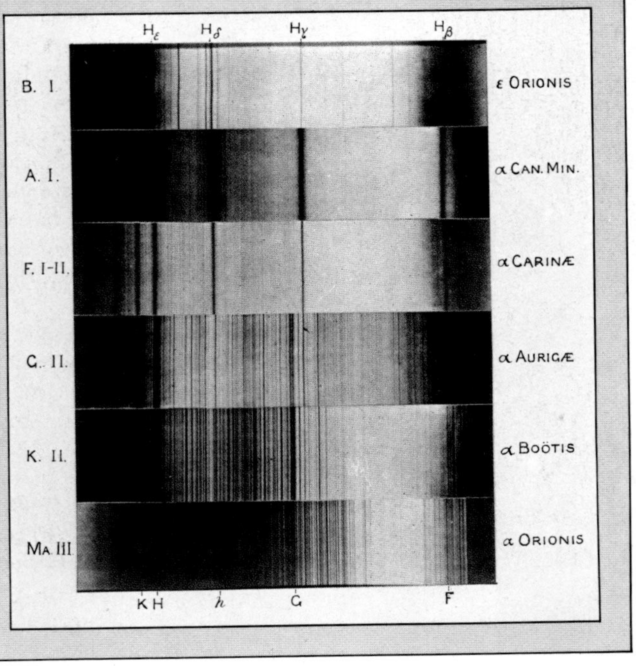

Das 2,5-m-Hooker-Teleskop, das 1918 fertiggestellt wurde. Das vollständige Instrument hat das gewaltige Gewicht von 100 Tonnen, das im wesentlichen von den zwei Quecksilberbädern im Innern der großen Trommeln an den Enden der Polarachse getragen wird. Das Teleskop wird durch ein Schraubenrad von 5 m Durchmesser am unteren Ende der Achse angetrieben; die Antriebskraft wird durch das langsame Absinken eines Gewichts von zwei Tonnen geliefert. Die Jochmontierung wurde von Pease, einem Kollegen Hales, wegen ihrer großen Starrheit und Festigkeit gewählt. Dieses System hat einen Nachteil; das Fernrohr kann nicht so gedreht werden, daß es Gebiete in der Nähe des Polarsterns beobachten kann.

die zweite, dann liegen die Sterne im Bereich einer Kurve, was einen Zusammenhang zwischen Helligkeit und Temperatur beweist. Die Überraschung ist, daß die überwiegende Mehrzahl der Sterne (94 der 100 nächsten Sterne) auf einer diagonalen Linie liegen. Diese wurde »Hauptreihe« genannt. Die wenigen Sterne, die aus dieser Reihe herausfallen, sind entweder Hertzsprungs rote Riesen oder eine neue Art, die weiße Zwerge genannt wurden. Die Schlußfolgerung daraus besagt, daß die Mehrzahl aller Sterne mit gleicher Temperatur die gleiche Helligkeit und – noch überraschender – dieselbe Größe haben müssen. Ein Stern in der Spektralklasse der Sonne hat nicht nur dieselbe Temperatur, sondern auch ungefähr dieselbe Größe.

Die Entdeckung der Hauptreihe ließ eine gewisse Ordnung im Aufbau der Sterne erkennen, obwohl sie das Problem nicht löste, woher die Sterne die viele Energie haben, die sie brauchen, wenn sie Millionen von Jahren strahlen. Russell nahm zwei Arten von energieproduzierender Materie an – den »Stoff, aus dem weiße Zwerge sind«, mit dem die Hauptreihensterne strahlen und den »Stoff, aus dem die Riesen sind« für die gewaltigen nicht so heißen Sterne, die außerhalb der Hauptreihe liegen.

Einen zweiten Versuch, Ordnung in das Weltall zu bringen, machte J. C. Kapteyn in Groningen, der Herschels Untersuchung der Sternverteilungen mit photographischen Techniken wiederholte und in ausgewählten Bereichen des Himmels genaue Sternzählungen durchführte. Kapteyn hatte den Vorteil, daß seit Herschels Zeit zwei weitere Bestandteile unseres eigenen Milchstraßensystems gefunden worden waren: interstellarer Staub war 1909 von E. E. Barnard und interstellares Gas 1904 von J. Hartmann entdeckt worden. Kapteyn konnte deshalb zwischen dunklen Gebieten des Himmels, in denen es keine Sterne gab, und dunklen Bereichen, wie dem »Kohlensack« in der Milchstraße, unterscheiden, in denen der Ausblick auf weit entfernte Sterne durch Wolken von undurchdringlichem Staub blockiert war. Das sich ergebende Bild der Milchstraße im Kapteynschen Weltmodell war eine runde, kissenförmige Ansammlung von Sternen, die in der Mitte dicht gepackt ist und nach außen hin weniger dicht. Dieses Insel-Weltall war in seiner Form nicht sehr verschieden von Herschels »Taschenuhr« aber etwa dreimal so groß. Es maß 17000 Parsec im Durchmesser und war etwa 3400 Parsec dick.

Die Sonne lag etwa halbwegs zwischen oben und unten und nur 650 Parsec vom Mittelpunkt entfernt. Dieses Universum enthielt 50 Millionen Sterne und hatte eine Masse, die auf das 80 Milliardenfache der Sonnenmasse geschätzt wurde. Kapteyn berücksichtigte dabei die anderen Bestandteile des Universums gar nicht, etwa die Kugelsternhaufen oder die Spiralnebel, da ihre Zahl verglichen mit der Zahl der Sterne gering war.

Das 1,5-m-Teleskop am Mount Wilson lieferte sowohl für das Diagramm von Hertzsprung und Russel (das jetzt allgemein Hertzsprung-Russell-Diagramm oder HR-Diagramm genannt wird) und für Kapteyn, der jetzt ein regelmäßiger Besucher war, Beobachtungsdaten. Es stellte sich heraus, daß das Teleskop Hales Hoffnungen, weiter und deutlicher als je zuvor sehen zu können, voll erfüllte. Bei manchen Aufgaben wurde es bis an die Grenzen seiner Leistungsfähigkeit eingesetzt. Elfstündiges Belichten zeigte Sterne der 20. Größe, und einige Spektren wurden mit Belichtungsdauern photographiert, die sich über mehrere aufeinanderfolgende Nächte erstreckten. So konnten Vergleiche der Einzelheiten von Sonnen- und Sternspektren durchgeführt werden.

Das 2,5-m-Teleskop von Hooker hatte mit dem 1,5-m-Instrument viel gemeinsam: das Verhältnis der Spiegelöffnung zur Brennweite betrug 1:5, die Last auf das Lager wurde durch ein Quecksilberbad erleichtert, das Rohr war ein ähnlicher verstrebter Bau und die Spiegelform aus versilbertem Glas war von derselben französischen Firma hergestellt worden. Die Glasscheibe war alles andere als perfekt, aber bevor sie durch eine bessere ersetzt werden konnte, brach der Erste Weltkrieg aus, und Ritchey und Hale entschlossen sich, die Form zu polieren, die sie bereits hatten. Eine wesentliche Änderung war die Rückkehr zur »englischen« Jochmontierung, wo das Fernrohr auf der Polachse angebracht war. So ergab sich für dieses Fernrohr mit seinem Gewicht von 100 Tonnen eine viel stabilere Montierung, es bedeutete aber, daß das Instrument niemals die Sterne in der Nähe des himmlischen Nordpols sehen konnte. Das Fernrohr wurde im November 1917 fertiggestellt: Vorangegangen war eine Reihe von Krisen, die bei Hale zu mehr als einem Nervenzusammenbruch geführt hatten. In der ersten Nacht, in der das Fernrohr voll funktionsfähig war, wurde es auf Jupiter eingestellt und Hale sah zum erstenmal durch das Okular. Das Ergebnis war niederschmetternd – ein großer Lichtfleck mit einem halben Dutzend verschiedener Bilder des Planeten in einem wirren Durcheinander. Man hoffte zunächst, daß dies nur ein Temperatureffekt wäre. Die Kuppel war tagsüber offen gewesen, und der vier Tonnen schwere Spiegel kühlte sich noch von der Wärme des Nachmittags auf die niedrigere Nachttemperatur ab. Alles, was man tun konnte, war abzuwarten, und Hale und sein Kollege Walter Adams liefen bis 2.30 Uhr in der Nacht ungeduldig in der Sternwarte hin und her, bis sie den nächsten Versuch wagten. Jupiter war schon zu weit im Westen, deshalb nahmen sie die Wega als Testobjekt. Das Bild war ein einziger glänzender runder Punkt: das Fernrohr war ein Erfolg.

So hervorragend wie die Qualität des Fernrohrs waren auch die Fähigkeiten von zwei Astronomen, die Hale als Mitarbeiter gewann. Sie stellten sich die Aufgabe, zwei wichtige »nicht-stellare« Probleme zu lösen, nämlich Kugelhaufen und Spiralnebel zu

GESICHTSFELD

Verbesserungen in der Konstruktion von Teleskopen haben darauf abgezielt, einerseits ein größeres Gesichtsfeld zu bekommen, so daß ein größerer Teil des Himmels mit einem Blick erfaßt werden kann, und andererseits eine bessere Auflösung zu erreichen, also zwei benachbarte Objekte besser getrennt sehen zu können. In der Abbildung links wird am Beispiel der Plejaden, einem Sternhaufen aus heißen, bläulich-weißen Sternen im Sternbild des Stiers, von denen das bloße Auge nur die sechs hellsten Sterne unterscheiden kann, veranschaulicht, welche Bilder sich bei drei klassischen Teleskopen ergeben. Galileis leistungsfähigster Refraktor hatte ein Gesichtsfeld von 17 Bogenminuten (kleinster Kreis) und konnte nur einige Sterne gleichzeitig sehen. (Zum Vergleich: der Vollmond, oben links, hat einen Winkeldurchmesser von 30 Bogenminuten). Mit dem Fernrohr von Ritchey-Chrétien erhält man ein Gesichtsfeld von bis zu 1 Grad 40′ (großer Kreis) und kann etwa zwei Drittel des Sternhaufens und mehrere tausend Hintergrundsterne überblicken. Der 1,2-m-Schmidt-Spiegel hat ein Gesichtsfeld von 6 Grad und zeigt auf einer photographischen Platte Bilder von allen 150 Sternen des Sternhaufens und über 500000 Hintergrundsterne. Das über diese Seiten verteilte blauschwarze Hintergrundbild, das von einer Himmelsdurchmusterung mit einem Schmidt-Spiegel mit 35 cm Durchmesser stammt, stellt etwa ein Gesichtsfeld von 3 Grad dar, ein Viertel des gesamten Gesichtsfeldes des Teleskops. Galileis Karte der Plejaden (unten), wie er sie in sei-

nem Sidereus Nuncius *1610 veröffentlichte, zeigt 36 Mitglieder des Sternhaufens. Die wahren Positionen dieser Sterne sind in Blau überlagert worden. Die Irrtümer in Galileis Zeichnung rühren offensichtlich daher, daß er immer nur einen kleinen Ausschnitt des gesamten Sternhaufens auf einmal sehen konnte. Ganz unten sieht man die Gesichtsfelder der drei Teleskope (A, C, D) und den Vollmond (B) im Vergleich.*

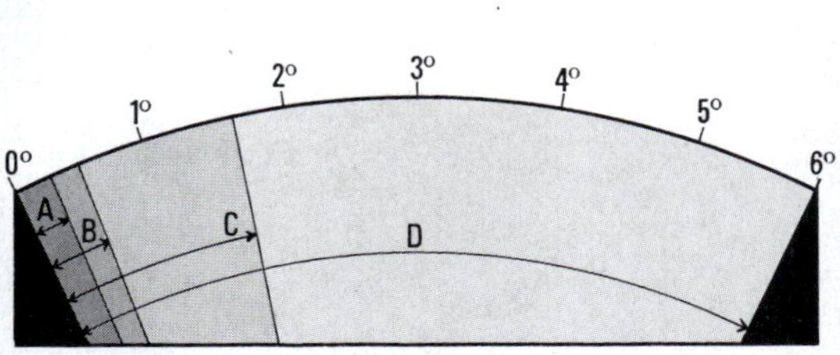

Henrietta Leavitt (unten) gehörte einer Arbeitsgruppe an, die unter der Leitung von W. und E. Pickering die Sterne der Magellanschen Wolken untersuchte. Ihre Entdeckung, daß die Periode mancher veränderlichen Sterne unmittelbar mit ihrer Helligkeit verknüpft ist, war für die Bestimmung der Größe des Weltalls von grundlegender Bedeutung.

untersuchen. Harlow Shapley erforschte (gewöhnlich mit dem 1,5-m-Spiegel) die Kugelhaufen und Edwin Hubble die Nebel, wozu er das größere Hooker-Teleskop benutzte. Die Haufen und Spiralnebel sind beides Objekte, deren Verteilung am Himmel sehr merkwürdig ist. Während die Sterne in einem Streifen, der Milchstraße, konzentriert sind, liegen die Nebel im Gegenteil viel häufiger in den von der Milchstraße am weitesten entfernten Richtungen. Die Kugelhaufen sind noch ungleichmäßiger verteilt: fast die Hälfte der etwa 100 Haufen liegt in einem Zehntel des Himmels um das Sternbild Schütze herum und überhaupt keiner in der entgegengesetzten Richtung. Es stellte sich heraus, daß beide Rätsel dieselbe Lösung hatten. Sie lag bei einer der fünf Klassen der veränderlichen Sterne, die Edward Pickering gefunden hatte, den Cepheiden.

In Harvard hatte eine Untersuchung von Henrietta Leavitt gezeigt, daß die absolute Helligkeit eines Cepheiden in direktem Zusammenhang mit der Periode seiner Veränderlichkeit stand – je langsamer er sich ändert, desto heller ist er. Dies bedeutet, daß man die Cepheiden wie einen Maßstab verwenden konnte: wenn man die Periode messen kann, kann man daraus die absolute Helligkeit ableiten und durch Vergleich mit der scheinbaren Helligkeit die Entfernung bestimmen. Das Problem war, daß man einen Cepheiden mit bekannter Entfernung brauchte, um die ganze Skala festzulegen, aber kein solcher Stern ist nah genug, um eine meßbare Parallaxe zu ergeben. Einar Hertzsprung hatte versucht, die Entfernung zu den nahen Cepheiden durch eine Umkehrung der früheren Methode zur Bestimmung der Entfernung Erde-Sonne zu messen. Jetzt, da man die Bewegung der Sonne kannte, konnte Hertzsprung Cepheiden-Entfernungen aus ihren Eigenbewegungen und spektroskopischen Geschwindigkeiten herleiten. Shapley weitete dieses Verfahren aus und bestimmte so die Entfernung von Cepheiden in etwa einem Dutzend Sternhaufen. Dann begannen sich noch andere Einzelheiten abzuzeichnen – die hellsten Sterne in jedem Haufen hatten alle etwa dieselbe absolute Helligkeit und die Haufen alle etwa die gleiche Größe. So konnten die Entfernungsmessungen auf fast alle Haufen dieser Art ausgedehnt werden. Shapley fand, daß die Haufen über einen abgeflachten, kugelförmigen Raum mit einem Durchmesser von etwa 80000 Parsec verteilt waren. Er machte einen weiteren, kühnen Schritt und nahm an, daß der Mittelpunkt unserer Milchstraße im selben Punkt lag wie der Mittelpunkt dieser Haufenverteilung. Mit dieser Modellvorstellung wurde das Milchstraßensystem sehr viel größer als vorher, und die Sonne wanderte aus der Nähe des Mittelpunkts in den Randbereich.

Wenn das Milchstraßensystem so riesig wäre, wie Shapley behauptete, mußten die Spiralnebel ziemlich sicher innerhalb seiner Grenzen liegen. Hinweise dafür, daß das nicht der Fall ist, wurden im wesentlichen

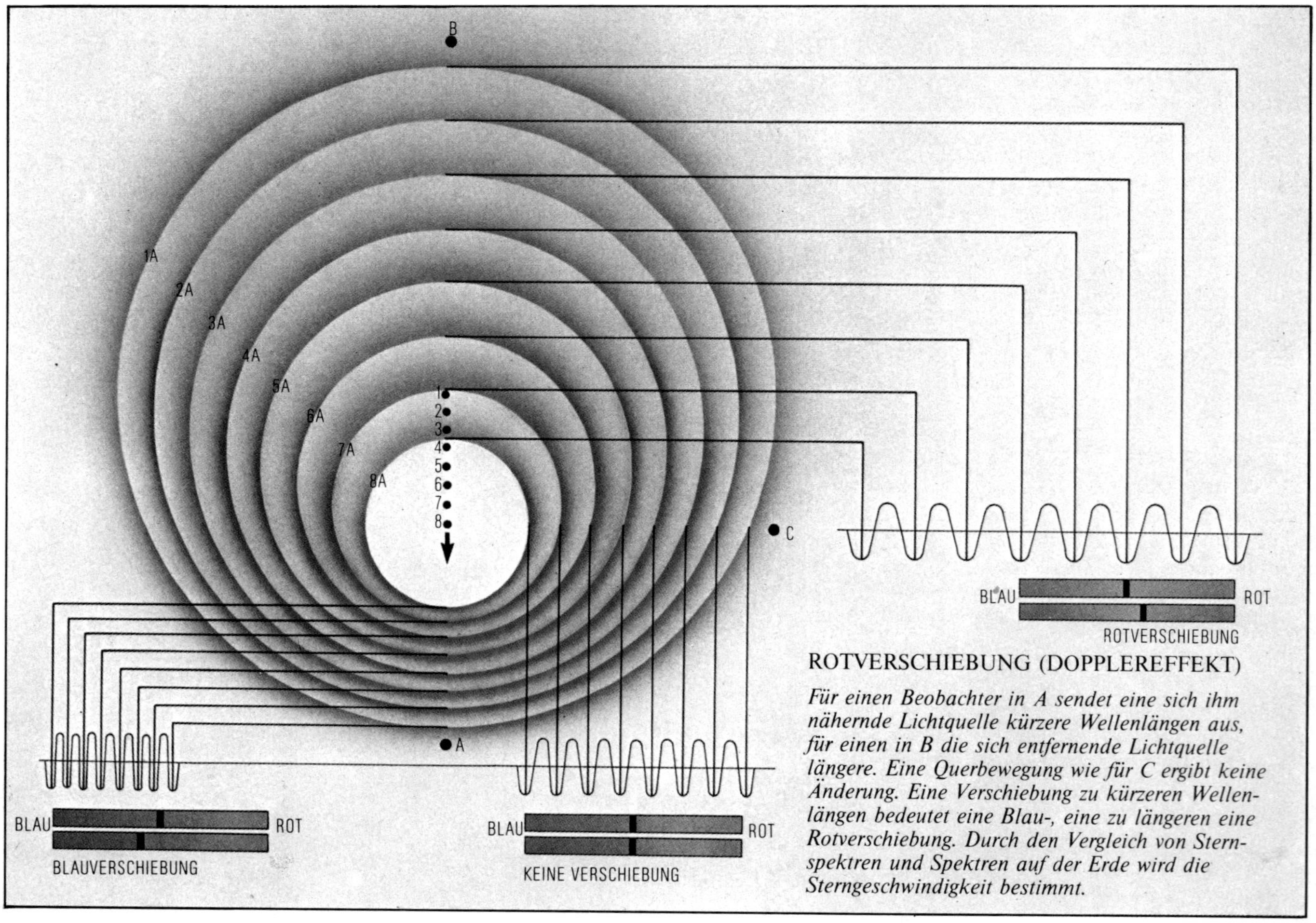

ROTVERSCHIEBUNG (DOPPLEREFFEKT)

Für einen Beobachter in A sendet eine sich ihm nähernde Lichtquelle kürzere Wellenlängen aus, für einen in B die sich entfernende Lichtquelle längere. Eine Querbewegung wie für C ergibt keine Änderung. Eine Verschiebung zu kürzeren Wellenlängen bedeutet eine Blau-, eine zu längeren eine Rotverschiebung. Durch den Vergleich von Sternspektren und Spektren auf der Erde wird die Sterngeschwindigkeit bestimmt.

von Edwin Hubble an derselben Sternwarte mit der Unterstützung von Milton Humason zusammengetragen. Hubble klassifizierte die Spiralnebel zunächst der Form nach - Spiralen mit unterschiedlicher Offenheit, Nebel ohne ein Zeichen von Spiralarmen, elliptische Nebel. Humason maß mit spektroskopischen Methoden die Geschwindigkeiten der Nebel, und Hubble beobachtete die Helligkeit der veränderlichen Sterne in dem nächsten großen Nebel und die Größen und Helligkeiten der kleineren und entfernteren Nebel, um so ihre Entfernungen zu bestimmen. Die Ergebnisse, die er 1929 veröffentlichte, waren sensationell. Durch die Beobachtung von Cepheiden im Andromedanebel zeigte Hubble, daß er weit außerhalb unserer Milchstraße liegt: die schwächeren und vermutlich ferneren Spiralen mußten also noch weiter entfernt liegen. Humasons Spektren offenbarten ein neues Gesetz, das jetzt als das Hubblesche Gesetz bekannt ist: je weiter eine Galaxis von uns entfernt ist, desto größer ist die Geschwindigkeit, mit der sie sich von uns entfernt (wie es die »Rotverschiebung« im Spektrum zeigt.) Zur Beschreibung des Weltalls brauchte man eine neue Maßeinheit - eine Million Parsec oder ein Megaparsec - und, da aus der Ausdehnungsgeschwindigkeit rückwärts eine Anfangszeit bestimmt werden konnte, erhielt man ein Alter. Für einen »nahen« Nebelhaufen im Sternbild Jungfrau betrug die Entfernung 10 Megaparsec, für eine Gruppe im Großen Bären 72 Megaparsec. Hubble schätzte, daß die schwächsten Galaxien auf seinen Platten etwa 150 Megaparsec von der Erde entfernt sind. Das merkwürdigste Ergebnis seiner Arbeit war, daß unsere eigene Galaxis weit größer zu sein schien als alle anderen.

Die Erfolge des Teleskops auf Mount Wilson führte in der Zeit zwischen den beiden Weltkriegen zur Konstruktion einer ganzen Reihe großer Reflektoren. Keiner kam dem 2,5-m-Spiegel gleich, aber eine Reihe von Instrumenten mit Öffnungen zwischen 1,8 und 2,1 m wurden von Warner und Swasey, Grubb (jetzt Grubb-Parsons) und von der deutschen Firma Zeiss gebaut, die sich neuerdings als großer Fernrohrbauer hervorgetan hatte. Die Instrumente folgten im wesentlichen dem Plan, der zuerst 1918 bei einem 1,8-m-Instrument für das Astrophysikalische Observatorium in der Nähe von Victoria in Britisch-Columbia (Kanada) verwirklicht worden war. Dieses Teleskop war auf einer polaren Achse montiert und wurde durch ein massives Gegengewicht im Gleichgewicht gehalten.

Alle Instrumente hatten versilberte Glasspiegel, mit Zwingen zusammengehaltene Rohrverstrebungen und eine Cassegrain-Optik. Die wichtigste Veränderung im Bau war, daß es keine Quecksilberbäder mehr gab, da sie durch Kugellager unnötig wurden und daß das optische System wesentlich komplizierter geworden war. Für die neuen Spiegel mit großer Öffnung mußten die Teleskope erstens so groß sein, daß man Plattenhalter oder kleine Spektrographen im Brennpunkt des Hauptspiegels anbringen konnte, und zweitens mußten sie soviel Licht von hellen Sternen einfangen, daß man auch Hilfsinstrumente benutzen konnte, die zu schwer für eine Befestigung im eigentlichen Fernrohr waren. Die Lösung bestand in der Benutzung austauschbarer Komponenten statt der alten Cassegrain-Fangspiegel. Der neue Fangspiegel konnte gegen einen mit anderer Krümmung ausgetauscht werden, der das Sternenlicht nach zwei oder mehreren weiteren Brechungen am Fuß der Polarachse in einem Brennpunkt sammelte. Diese Anordnung, die mit dem französischen Wort für Ellenbogen ein Coudé-Fokus genannt wird, machte es möglich, Spektrographen von mehreren Metern Länge zu benutzen. Diese ergaben außerordentlich genaue Spektren, die zur Untersuchung der Magnetfelder von Sternen und der stellaren Rotation benutzt werden. Andererseits konnte der Fangspiegel aber auch ganz entfernt werden. Dann erhielt man ein System mit nur einer Spiegelung (im Hauptspiegel), das dann in hohem Maße lichtempfindlich war und die Suche nach immer schwächeren Objekten erlaubte.

DER COUDÉ-FOKUS

Große Spektrographen sind für die Montierung auf ein Teleskop zu unhandlich. Man muß deshalb mit zusätzlichen Spiegeln den Lichtstrahl vom Primärspiegel ablenken, damit er in einen vorgegebenen Brennpunkt F fällt. Hier reflektiert Spiegel 3 das Licht entlang der Deklinationsachse. Der Brennpunkt in F liegt fest.

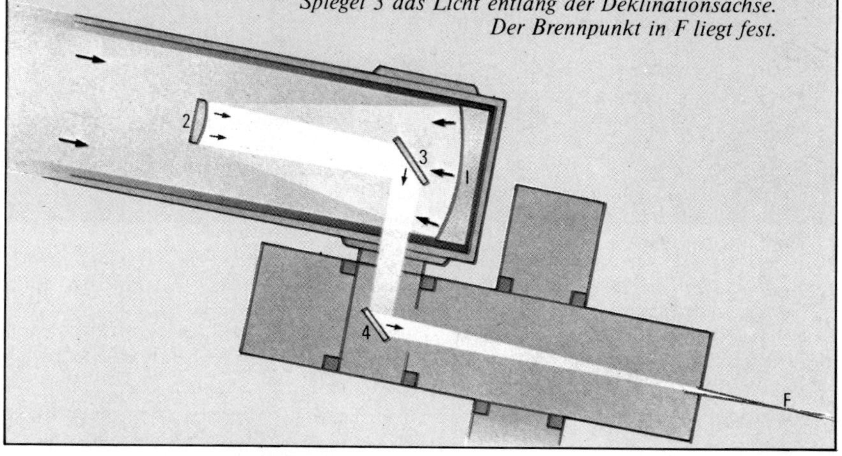

Für das Verständnis und die Deutung der Daten, die mit dieser neuen Generation von großen Teleskopen gewonnen wurden, war die Entwicklung der Atomphysik von großer Hilfe. Das Verständnis der Spektren von Atomen und einfachen Molekülen war durch die Entwicklung der Quantentheorie in den Jahren nach 1920 stark gefördert worden. Diese Theorie beschreibt die innere Struktur der Atome und die Bindungen, die Atome in Molekülen zusammenhalten. Aus einer Vielfalt von Instituten kamen Beiträge zu diesem neuen Forschungsgebiet sowohl von »rein«-spektroskopischen Gruppen als auch von Forschern, die sich dem neuen Forschungsgebiet der »Astrophysik im Laboratorium« widmeten. Zu den ersteren gehörte das »National Bureau of Standards« in England und F. Paschens Laboratorium in Bonn; zu den

Der Orionnebel (oben) ist eine Wolke aus glühendem Gas, deren Licht von sehr heißen Sternen innerhalb der Wolke herrührt. Die Wolke ist so ausgedehnt, daß sie ein Gebiet des Himmels bedeckt, das größer ist als der Vollmond.

Unten: Der Spiegel für das 5,2-m-Teleskop auf dem Mount Palomar. Er wurde in der Corning Glassfabrik im Staat New York gegossen und in einem eigens dafür entworfenen Behälter nach Kalifornien gebracht.

letzteren gehörten die Laboratorien auf Mount Wilson und das von A. Fowler anstelle der alten Sternwarte in South-Kensington errichtete Institut. Ein Ergebnis dieser Zusammenarbeit war die Identifizierung von Titan- und Zirkoniumoxyden in den Spektren der kalten Sterne. Eine andere war die Entdeckung des Elements, das für die dem »Nebulium« zugeschriebenen Linien in dem Spektrum von Gasnebeln verantwortlich ist. Ira Bowen zeigte 1927, daß diese Linien von ionisierten Sauerstoff- und Stickstoffatomen ausgesandt werden. Diese Linien treten nur bei sehr hohen Temperaturen und sehr niedrigem Druck auf, Bedingungen, die in Laboratorien auf der Erde nicht hergestellt werden können. Die Wellenlängen der »Nebulium«-Linien konnte man aus anderen Laboratoriumsmessungen an den Spektren von Sauerstoff und Stickstoff herleiten. Der Druck in den Nebeln konnte dann umgekehrt aus dem Spektrum bestimmt werden und stellte sich als so niedrig heraus, daß das beste Vakuum, das man je im Laboratorium hergestellt hatte, immer noch hundertmal dichter war als das Gas in dem Nebel. Die Nebel sind nur deshalb sichtbar, weil die unendlich geringe Dichte des Gases durch die ungeheure Ausdehnung ausgeglichen wird: der Orionnebel zum Beispiel, der dritter bis vierter Größe ist und mit dem bloßen Auge gesehen werden kann, mißt 30 Parsec im Durchmesser und enthält soviel Materie wie zehn Sonnen zusammen.

Gegen Ende der dreißiger Jahre zeigte sich, daß zwei Neuentdeckungen dem Konstrukteur helfen konnten. Die erste war eine Methode, mit der Glasspiegel mit Aluminium statt mit Silber beschichtet werden. Dies ergibt viel haltbarere Spiegel als mit Silber – ein wesentlicher Vorteil, weil die großen und zerbrechlichen Spiegel dann viel seltener als früher aus ihrer Montierung herausgenommen werden müssen, um neu beschichtet zu werden. Das andere Ereignis war die Entwicklung einer neuen Glassorte – Pyrex –, die viel weniger als das übliche Spiegelglasmaterial für Temperaturschwankungen empfindlich ist.

Diese Entwicklungen spornten Hale an, seinen vierten erfolgreichen Versuch, das größte Teleskop der Welt zu bauen, in Angriff zu nehmen. Diesmal verdoppelte er die Größe des Fernrohrs von Hooker; er kam damit in einen spektakulären unerforschten Bereich – eine Öffnung von 5 m. Das Teleskop sollte Hales letztes Werk sein. Er beaufsichtigte den Entwurf und die Suche nach einem neuen Ort, der geeigneter wäre als Mount Wilson, wo 1930 die Lichter von Los Angeles zu stören begannen. Der Spiegel wurde 1934 gegossen und 1935 nach Pasadena geliefert, in dem Jahr, in dem die wichtigsten Verträge für die Konstruktion abgeschlossen wurden. Leider starb Hale 1938 und erlebte so nicht die Vollendung des Riesenteleskops, das auf Mount Palomar errichtet wurde. Heute ist dieses Instrument als das Hale-Teleskop bekannt.

KAPITEL 10

Das große Spiegelteleskop

Kleines Gesichtsfeld und Probleme bei der Beobachtung der Sonne beschränken seine Anwendungsmöglichkeiten

»Es ist vielleicht keine unzulässige Übertreibung, wenn man in der Sonnenphysik die Zeit zwischen 1890 und 1930 das Zeitalter von Hale und von Mount Wilson nennt.«

Einleitung zu L. Goldberg, The Solar System, 1953

Für drei Aufgaben sind nach der üblichen Weise konstruierte große Teleskope ungeeignet: sie sind nicht stabil genug, als daß sie die Position der Sterne mit großer Genauigkeit messen könnten; sie können jeweils nur einen winzigen Ausschnitt des Himmels »sehen« und sind deshalb für die Himmelsvermessung ungeeignet; und wie die Menschen können sie nicht ohne Gefahr die Sonne direkt beobachten.

Zuerst wurde bemerkt, daß mit ihnen die Messung der Sternpositionen ungenau ist. Das Ausmaß der Unstimmigkeiten in den Werten für die Entfernung Erde–Sonne, die man während der Venus-Vorübergänge 1874 und 1882 erhalten hatte, war so groß, daß versucht werden mußte, sie zu klären. Dazu wurde eine Vielzahl von Verfahren entwickelt.

Ein Versuch, die Entfernung zur Sonne zu messen, der nicht die Messung kleiner Planetenparallaxen erforderte, beruhte auf der Messung der Bradleyschen Aberrationskonstanten, die eine Beziehung zwischen der Bahngeschwindigkeit der Erde und der Lichtgeschwindigkeit herstellt. Da die letztere jetzt aus Laboratoriumsmessungen von Fizeau und Foucault bekannt war, konnte man durch Messung der Aberration die Bahngeschwindigkeit der Erde bestimmen und daraus die Größe der Bahn berechnen. Bei der ersten Bestimmung der Aberrationskonstante hatte Bradley ein vertikales Teleskop, das Zenitrohr, benutzt, weil es von allen Fernrohren am wenigsten für Durchbiegung und Verzerrung anfällig war und zudem auch Daten ergab, die nicht bezüglich der atmosphärischen Brechung korrigiert werden mußten. Das erste neue Instrument dafür war ein verbessertes Zenitrohr, das Airy in Greenwich entwickelte. Die wesentliche Verbesserung bestand in der Verwendung eines Quecksilberspiegels zur Bestimmung einer horizontalen Fläche; dieser flüssige Spiegel wurde unten in ein vertikales Teleskop eingebaut, so daß er das Licht reflektierte und gerade oberhalb der Teleskoplinse ein Bild des Sterns entwarf. Dieses Instrument, das Reflexions-Zenitrohr, war unempfindlich gegenüber fast allen Aufstellungsfehlern, aber dafür sehr vibrationsempfindlich, und das ursprüngliche Instrument mußte an einem anderen Ort aufgebaut werden. Eine lange Reihe von Messungen mit diesem Fernrohr, insbesondere jene, die zwischen 1882 und 1886 gemacht wurden, zeigte Effekte, die den ursprünglichen Plänen ihrer Erbauer gar nicht entsprachen. Die geographische Breite der Sternwarte änderte sich im Lauf der Zeit ein wenig, damit wurden Messungen bestätigt, die in Boston von S. C. Chandler gemacht worden waren.

Das von Chandler entwickelte Instrument arbeitete ebenfalls mit Quecksilber; hier war das Quecksilber nicht nur als Spiegel eingesetzt, sondern bildete vielmehr einen See, in dem das ganze Instrument schwamm. Messungen mit diesem Gerät, die wieder die Aberrationskonstante bestimmen sollten, zeigten, daß die Erde sich nicht vollkommen

Albert Einstein, 1879–1955, hat in der modernen Naturwissenschaft die gleiche beherrschende Stellung, wie Newton sie im 17. Jahrhundert hatte. Einsteins Theorien wurden wie die Newtons durch astronomische Messungen angeregt und bestätigt.

gleichmäßig dreht, sondern daß die Achse ihre Position ganz leicht verändert, eine Erscheinung, die heute die Chandlersche Polbewegung heißt. Diese Bewegung ist sehr gering. Der Nordpol bewegt sich auf einer etwa kreisförmigen Bahn, deren Radius ungefähr sechs Meter beträgt. Etwa ein Drittel der Bewegung hat einen regelmäßigen jährlichen Rhythmus; ihr überlagert ist eine Bewegung, die sich alle 436 Jahre wiederholt. Die Bewegung ist darauf zurückzuführen, daß die Erde weder genau kugelförmig noch völlig starr ist. Der Gedanke, das Fernrohr schwimmen zu lassen, wurde von Bryan Cookson in Cambridge weiterverfolgt, der einen photographischen Refraktor mit 16 cm Öffnung baute, der etwa 160 kg wog und in einem ringförmigen Quecksilbertrog schwamm. Als das genaueste Instrument stellte sich jedoch das Airys heraus, nachdem es für photographische Aufnahmen eingerichtet worden war. Solche Instrumente – photographische Zenitrohre – werden heute noch benutzt.

Eine besonders scharfsinnige Art, die Geschwindigkeit der Erde zu messen, wurde 1881 von einem jungen amerikanischen Marineoffizier, Albert Michelson, erdacht, als er während eines Urlaubs das Laboratorium von Hermann von Helmholtz in Berlin besuchte. Michelson erfand ein Instrument – es wird heute Michelson-Interferometer genannt, das die Zeiten vergleicht, die die beiden Hälften eines aufgespaltenen Lichtstrahls brauchen, wenn sie in zwei aufeinander senkrecht stehende Richtungen abgestrahlt und wieder reflektiert werden. Wenn eine dieser Richtungen parallel zur Erdbewegung ist und die andere quer dazu, dann sollte ein Zeitunterschied beobachtbar sein. Michelsons erstes Interferometer wurde in Berlin mit Hilfe einer Stiftung von Alexander Graham Bell gebaut, aber die Straßenbahnen, die am Laboratorium vorbeifuhren, erschütterten den Boden so sehr, daß die Arbeit unmöglich war. Er nahm das Instrument nach Potsdam und baute es in Vogels Sternwarte zwischen den Stützen des großen Fernrohrs auf. Hier waren die Erschütterungen viel geringer, aber immer noch konnte Michelson kein Anzeichen einer Erdbewegung entdecken. Er beschloß, die Sache weiter zu verfolgen und baute, nachdem er die Marine verlassen hatte und Professor für Physik an der Case School for Applied Science geworden war, ein neues und größeres Interferometer. Die erste Beobachtungsreihe, die er mit Hilfe von Edward Morley, dem Professor für Chemie an der nahen Western Reserve University machte, bestätigte die Potsdamer Messungen: das Interferometer zeigte keine Anzeichen für irgendeinen Effekt, der von der Erdbewegung herrühren könnte. Dieses unerwartete Ergebnis, das J. D. Bernal als »das größte aller negativen Ergebnisse in der Geschichte der Naturwissenschaften« beschrieb, wurde später ein Grundstein für Einsteins Gebäude der Relativitätstheorie.

Zur Zeit der Jahrhundertwende ließ ein neuer Versuch, die Größe des Sonnensystems zu messen, alle älteren Messungen in den Hintergrund treten. Einer der Hunderte von Planetoiden, Eros, der 1898 entdeckt worden war, hatte, wie sich herausstellte, eine Bahn, die ihn der Erde sehr nahe kommen ließ. Diese große Nähe zur Erde bedeutete, daß die Parallaxe von Eros, die Sternwarten in aller Welt beobachten konnten, ungewöhnlich groß sein würde und daher mit großer Genauigkeit gemessen werden könnte. Als Eros 1901 erdnah war, wurde ein internationales Unternehmen organisiert, um die Parallaxe des Eros zu bestimmen, und die Daten wurden dann von den einzelnen Sternwarten und von A. R. Hinks in Cambridge ausgewertet. Das Ergebnis waren 149,5 Millionen km für die astronomische Einheit. Das nächste Mal war Eros 1931 erdnah und wieder wurde ein gemeinsames Unternehmen geplant, diesmal von Harold Spencer-Jones, dem Direktor der Sternwarte auf dem Kap. Das korrigierte Ergebnis waren 149,7 Millionen km, wobei eine sehr optimistische Einschätzung der Genauigkeit der Messungen angegeben wurde. Spencer-Jones behauptete, der Fehler betrage weniger als 17000 km. Moderne Messungen interplanetarischer Entfernungen, die mit Hilfe der Radartechnik gemacht werden, ergeben Entfernungen, die zwischen denen der Eros-Werte liegen – 149 565 800 km mit einem Fehler von 400 km.

In die Zeit zwischen den beiden Parallaxenmessungen an Eros fiel unter anderem die Veröffentlichung von Albert Einsteins Arbeiten über die Relativitätstheorie. Die einfachere der beiden, die »spezielle« Relativitätstheorie, wurde 1905 veröffentlicht. Sie erklärte das negative Ergebnis des Michelson-Morleyschen Experiments, indem sie bewies, daß Lichtstrahlen unabhängig von der Geschwindigkeit der Lichtquelle im Vakuum immer dieselbe Geschwindigkeit haben. Außerdem leitete diese Theorie die berühmte Formel $E = m\ c^2$ ab, die die Energie (E) eines Körpers mit seiner Masse (m), multipliziert mit dem Quadrat der Lichtgeschwindigkeit, gleichsetzt. Hier konnte endlich eine mögliche Lösung für das Problem gesehen werden, woher die Energie kommt, die es den Sternen erlaubt zu leuchten, obwohl der Mechanismus noch nicht klar war. Wenn die Strahlung der Sonne von einem Prozeß herrührt, der Masse in Energie umwandelt, dann würde die Sonne zwar in jeder Sekunde 5 Millionen Tonnen an Masse verlieren, aber ihre Gesamtmasse ist so groß, daß ihre Vorräte an Masse für mehr als fünf Milliarden Jahre reichen. Die schwierigere von Einsteins Theorien, die »allgemeine« Relativitätstheorie, war im weitesten Sinne eine neue Gravitationstheorie. Zu ihrer Bestätigung wurden in entscheidender Weise astronomische Messungen herangezogen. Umgekehrt sagten Anwendungen der Theorie durch Willem de Sitter, Alexander Friedmann und Hermann Weyl voraus, daß das Universum nicht statisch sei, sondern sich ausdehnen müsse. Erst mehrere Jahre nach dieser Vorhersage lieferten Hubbles Untersuchungen an fernen Galaxien die experimentellen Beweise dafür, daß dies so ist. Die drei Vorhersagen der allgemeinen Relativitätstheorie, die die Astronomen quantitativ prüfen konnten, waren die Perihelpräzession bei Merkur und kleine Änderungen in Richtung und Wellenlänge von Licht in einem starken Gravitationsfeld.

Die Daten über die Bahn des Merkur waren schon vorhanden. Die Unstimmigkeiten, die Leverrier und Newcomb Sorgen gemacht hatten, paßten mit erfreulicher Genauigkeit zu dieser neuen Theorie. Die anderen beiden Tests machten mehr Mühe, da die Zahl der geeigneten Beispiele stark eingeschränkt war – man fand zwei für die Verschiebung der Wellenlänge und eines für die Ablenkung. Dies hängt mit der Kleinheit der Effekte zusammen: erst eine mit der Sonne vergleichbare Masse lenkt den Weg von Sternenlicht um eine Bogensekunde ab – selbst die zwei Millionen Millionen Millionen Millionen Tonnen (2.10^{24}) unseres massereichsten Planeten, Jupiter, genügen nicht. Die Veränderung der Wellenlänge ist so gering, daß sich nicht einmal die Sonne genügend auswirkt: man braucht ein Objekt mit größerer Dichte. Glücklicherweise haben Sterne aus einer

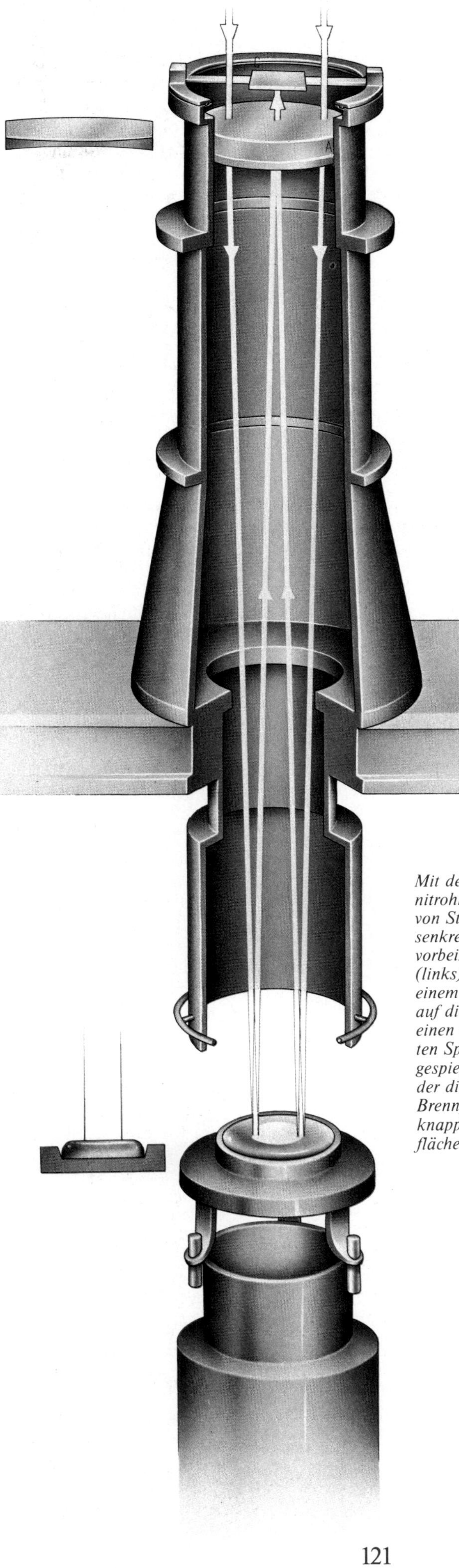

Mit dem photographischen Zenitrohr werden die Positionen von Sternen gemessen, die senkrecht über der Sternwarte vorbeiziehen. In der Zeichnung (links) fallen Lichtstrahlen von einem Stern durch die Linse A auf die Quecksilberfläche B, die einen vollkommen waagerechten Spiegel bildet. Das zurückgespiegelte Licht durchläuft wieder die Linse und wird im Brennpunkt auf der Platte C knapp oberhalb der Linsenoberfläche gesammelt.

Klasse, die nicht zur Hauptreihe gehört, die weißen Zwerge, gerade die richtigen Eigenschaften. Das hellste dieser Objekte ist der Begleitstern des Sirius, der Sirius B genannt wird und 1862 von Alvan Clark entdeckt wurde. 1915 zeigte Walter Adams am Mount Wilson Observatorium, daß Sirius B nicht deshalb ein schwaches Objekt war, weil er kalt war und wenig leuchtete, sondern daß er wie Sirius A weißglühend war und deswegen also sehr klein sein müsse. Da er zu einem Doppelsternsystem gehört, konnte seine Masse bestimmt werden. Das Ergebnis war die überraschende Entdeckung, daß Sirius B schwerer ist als die Sonne, aber etwa die Größe der Erde hat. Dieses unglaublich dichte Objekt, von dem ein Liter im Mittel etwa 150 Tonnen wiegt, war ein geeigneter Versuchsstern zur Untersuchung der Gravitationseffekte, und Adams machte sich an die schwierige Aufgabe, ein Spektrum des kleinen Sterns zu erhalten, das nicht vom Licht seines helleren Partners überdeckt wurde. Er fand, daß alle Wellenlängen etwas zum längeren Bereich hin verschoben waren, und zwar um einen Betrag, der gut mit Einsteins Theorie übereinstimmte. Wegen den Fehlerquellen während der Beobachtung konnte dies allerdings noch nicht als Beweis der Theorie gelten. Spätere Arbeiten haben auch gezeigt, daß die gute Übereinstimmung eher zufällig war, weil sowohl der Sternradius als auch die von Adams gemessene Veränderung der Wellenlänge nicht stimmten: Sirius B ist kleiner und der Gravitationseffekt viel größer als Adams' Messungen vermuten ließen.

Der dritte Test für die allgemeine Relativitätstheorie, die Ablenkung des Lichts entfernter Sterne durch die Sonne, erforderte den Vergleich zweier photographischer Platten: eine mit einem Feld von Sternen mit der Sonne im Mittelpunkt des Bildes und ein zweites vom selben Gebiet ohne die Sonne. Wenn die Masse der Sonne ausreichte, das Sternenlicht abzulenken, dann würden die Sterne auf den beiden Platten an jeweils etwas verschiedenen Orten sein. Die vorhergesagte Verschiebung war von der Größenordnung einer Bogensekunde, ein Betrag, der mit Präzisionsinstrumenten leicht meßbar ist. Das Sternenfeld hinter der Sonne ist jedoch nur bei einer totalen Sonnenfinsternis sichtbar, und Sonnenfinsternisse finden nur sehr selten genau über schon bestehenden Sternwarten statt. Die Nachricht über Einsteins Vorhersage erreichte England wegen des Weltkrieges nur auf Umwegen, und Sir Arthur Eddington und F. W. Dyson organisierten zwei Expeditionen, eine zu der Insel Principe im Golf von Guinea und die andere nach Sobral in Brasilien, um während der Finsternis im Mai 1919 Einsteins Theorie zu überprüfen. Diese Prüfung war schwierig, denn die während der Finsternis belichteten Platten mußten mit solchen verglichen werden, die aufgenommen wurden, wenn dieselben Sterne am Nachthimmel standen. Es mußten also Platten aus Greenwich vom Januar mit solchen Platten verglichen werden, die während der Finsternis im Mai in den Tropen aufgenommen wurden, wobei zusätzlich die Temperaturunterschiede Schwierigkeiten machten. Trotz dieser und all der anderen Probleme, die es mit sich brachte, an abgelegenen und schlecht ausgestatteten Orten zu arbeiten, waren die Ergebnisse recht zufriedenstellend, und die allgemeine Relativitätstheorie konnte sich dadurch wesentlich besser auf experimentelle Tatsachen stützen. Diese Übereinstimmung kam erst nach anfänglichen Problemen zustande. Die Beobachtungen in Principe waren mit einem der 33-cm-»Carte du Ciel«-Fernrohre gemacht, aber durch Wolken gestört worden, so daß nur sehr wenige Sterne auf den Platten zu finden waren. Diese zeigten Verschiebungen, die mit Einsteins Theorie übereinstimmten. Die Expedition nach Brasilien hatte besseres Wetter, aber die Sonnenhitze vor der Finsternis verzerrte die Optik eines identischen Fernrohrs, und die Ergebnisse stimmten besser mit Newtons alter Theorie überein als mit der Relativitätstheorie. Glücklicherweise hatte diese Expedition ein zweites Fernrohr mit kleinerer Öffnung mitgenommen und dessen Ergebnisse bestätigten die spärlichen Daten von Principe, so daß Sir Arthur Eddington und Dyson (am 6. November 1919) mitteilen konnten, daß die Ergebnisse gut mit Einsteins Vorhersagen übereinstimmten.

Wenn nicht gerade eine Sonnenfinsternis herrscht, erfordert die Sonnenbeobachtung andere Instrumente als das übliche Spiegelteleskop. Ein Hauptproblem bei der Sonnenbeobachtung ist die mechanische Verzerrung, die durch die Erhitzung noch komplizierter wird. Um in dem hellen Sonnenlicht Einzelheiten sehen zu können, muß das Sonnenbild möglichst großflächig sein. Das erfordert große Geräte, die aber zu unhandlich sind, um der Sonne am Himmel gut nachgeführt werden zu können; deshalb haben die meisten Sonnenteleskope Spiegel, die das Sonnenlicht in feststehende Instrumente werfen. Ein klassisches Spiegelfernrohr mit einem Coudé-Fokus ist jedenfalls nicht zu gebrauchen; die Sonne mit ihrem Winkeldurchmesser von 0,5 Grad ist zu groß, um für ein System geeignet zu sein, das für Bilder von Sternen gemacht ist, die nur ein Drei- oder Viertausendstel dieser Größe haben. Außerdem ist der Fangspiegel in einem Cassegrain-Teleskop in der Nähe des Brennpunkts des Hauptspiegels angebracht und fängt damit alle Strahlung auf, die dieser einsammelt. Er wirkt damit fast wie ein Solarkraftwerk.

Wenn ein Beobachter Hales 5-m-Spiegelteleskop auf die Sonne richten würde, würde der Hauptbrennpunkt auf einem Fleck von nur 16 cm Durchmesser mit 20 kW bestrahlt werden.

Das erste befriedigende Sonnenteleskop baute auf dem von Léon Foucault entwickelten Heliostaten auf. Die Genialität dieses Entwurfs liegt in der Erfindung einer Verbindung, die die gleichförmige Bewegung einer Uhr auf die ungleichmäßige Bewegung, die

Oben: Der Tragpfeiler des Snow-Teleskops kurz nach seiner Fertigstellung 1904. Der Heliostat oben auf dem Pfeiler reflektierte dann das Licht in ein langes horizontales Teleskop, das von einer flachen Halle geschützt wurde, die sich über die ganze Kuppe des Mount Wilson erstreckte.

Rechts: Das 45-m-Turmteleskop auf dem Mount Wilson. Der Turm erscheint einfacher gebaut als er es ist. Das offene Gerüst mit eigenen Fundamenten umschließt das eigentliche Rohr und schützt es vor Windstößen.

Unten: Die kältesten Schichten der sichtbaren Sonnenscheibe können spektroskopisch untersucht werden, indem man nur Licht vom äußersten Sonnenrand untersucht. Man sieht dann nur die obersten Schichten, und das Spektrum weist Emissionslinien auf. Während einer Sonnenfinsternis, wo dies für kurze Zeit geschieht, erhält man so das sogenannte Flashspektrum.

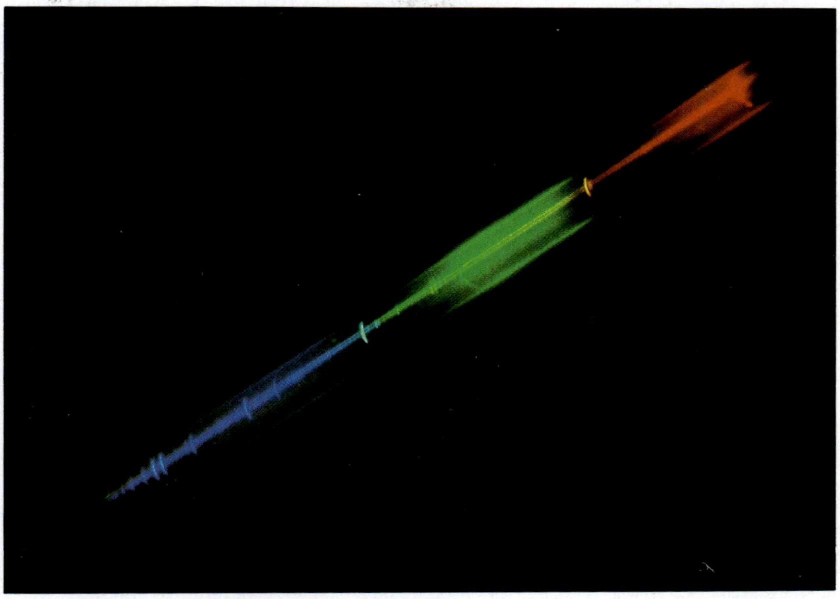

zur Korrektur der Veränderung der Position der Sonne im Laufe eines Tages gebraucht wird, überträgt. Der Spiegel des Heliostaten ist flach und sammelt das Licht nicht. Er reflektiert nur das Sonnenlicht in ein feststehendes horizontales Teleskop. Während des 19. Jahrhunderts benutzten Sonnenastronomen beides, Heliostaten und große Refraktoren. Lockyer zum Beispiel arbeitete mit dem 60-cm-Newall-Refraktor und Hale mit dem 1-m-Teleskop in Yerkes. Der endgültige Übergang zum Heliostaten kam, als Hale feststellte, daß der Yerkes-Refraktor für die von ihm gewünschte Bildgröße eine zu kurze Brennweite hatte. Wenn 19 m zu kurz waren und Cassegrain-Reflektoren unbrauchbar, konnte nur der Heliostat helfen. Nach bahnbrechenden Vorarbeiten in Chicago, wo Hale und Ritchey ein horizontales Fernrohr bauten, das fast sofort, nachdem es fertiggestellt war, verbrannte, überredete Hale Miss Helen Snow, die Gelder für ein horizontales Fernrohr mit 60 cm Öffnung und 43 m Brennweite zur Verfügung zu stellen. Das Teleskop wurde 1903 in Chicago vollendet und später als erstes großes Instrument des Sonnenobservatoriums auf dem Mount Wilson aufgestellt.

Das Snow-Teleskop war kaum zusammengebaut, als es auch schon überholt war. Die Sonnenhitze verzerrte den Spiegel des Heliostaten und erwärmte die Luft in dem langen Teleskop, was zu Konvektion quer zum Lichtstrahl führte. Beides störte die Bildqualität. Dickere Spiegel konnten gegen die Verzerrung helfen, aber das Problem des »Seeing« im Inneren des Rohrs konnte nur mit Hilfe eines vertikalen Teleskops gelöst werden. 1907 vollendete Hale das erste von zwei Turmteleskopen. Jedes hat ein Nachführsystem aus zwei Spiegeln auf einem Turm, die das Licht in einen Refraktor großer Brennweite leiten, der mit einem Spektrographen in einer Grube genau unter dem Brennpunkt des Fernrohrs verbunden ist. Die Brennweite des ersten senkrechten Teleskops betrug 18 m und die des zugehörigen Spektrographen 9 m. Das zweite Turmteleskop, das 1912 fertiggestellt war, bestand aus einem Fernrohr mit 45 m Brennweite und einem 22 m-Spektrographen.

Mit diesen Instrumenten untersuchten Hale und seine Mitarbeiter die Sonne bis in die kleinsten Einzelheiten. Zu der am wenigsten aufregenden Arbeit gehörte eine neue Messung des Sonnenspektrums und die Veröffentlichung einer genaueren Liste der Fraunhoferlinien. Hales eigene Untersuchungen zeigten die Verknüpfung von Sonnenflecken mit Magnetfeldern und die entgegengesetzte Polarität eng benachbarter Paare von Sonnenflecken. Der in der Mitte des 19. Jahrhunderts entdeckte elfjährige Sonnenfleckenzyklus stellte sich als ein Zyklus von 22 Jahren heraus: in jeder elfjährigen Periode war das magnetische Verhalten gerade entgegengesetzt zu dem in der vorhergehenden. Sonnenflecken erwiesen sich als kältere Gebiete der Sonnenoberfläche, und ihre Spektren zeigten die Anwesenheit kleiner Moleküle, die zu instabil sind, als daß sie bei den größeren Temperaturen auf der übrigen Oberfläche existieren könnten. Hale untersuchte aber nicht nur einzelne Spektrallinien aus den verschiedenen Bereichen der Sonne, sondern er erfand auch ein Instrument, den Spektroheliograph, der es ihm erlaubte, Bilder der ganzen Sonne im Licht von nur einer Wellenlänge zu erhalten. Diese Bilder, die eine Vielfalt von Einzelheiten zeigen, die in »weißem« Licht nicht sichtbar sind, sind eigentlich Karten für die Helligkeit der Sonne in den verschiedenen Schichten der Oberfläche. Diese Karten, die Spektroheliogramme, können bei verschiedenen Wellenlängen gemacht werden, jene, die im Licht der stärksten Fraunhoferlinien gemacht werden, zeigen die kältesten Teile der Sonnenatmosphäre. Hales Aufnahmen, insbesondere jene, die er mit Hilfe der Kalziumlinie im Violetten und der Wasserstofflinien im Roten erhielt, zeigten sehr deutlich drei Arten von Phänomenen, die in weißem Licht nur sehr schlecht sichtbar sind. Außer den dunklen Sonnenflecken zeigten sich auch helle Gebilde, Fackeln genannt, dunkle Streifen, die Filamente heißen und plötzliche kurze Ausbrüche, die wir heute Eruptionen oder Flares nennen. Die Lage der Sternwarte auf einem hohen Berg und die besseren Geräte ermöglichten es auch, die schon früher von Lockyer und Janssen beobachteten Sonnenprotuberanzen genauer zu untersuchen. Diese hellen Bögen am Sonnenrand sind mit den Filamenten identisch; sie erscheinen vor der Sonnenoberfläche dunkel, aber hell, wenn sie am Rande der Scheibe sichtbar sind.

Der letzte Aspekt des für uns mit dem Auge wahrnehmbaren Bildes der Sonne, der Gegenstand regelmäßiger Untersuchungen

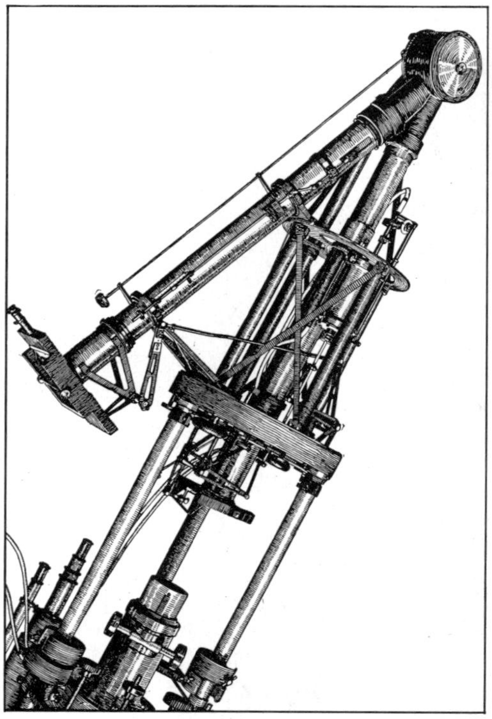

G.E. Hales Spektroheliograph war auf ein 30-cm-Linsenteleskop montiert, das Hales Vater gekauft hatte. Das Teleskop entwarf am Öffnungsspalt des Spektrographen ein Bild der Sonne. Der Spektrograph wurde dann mit einer Konstruktion aus Hebeln, Winden und Gelenken durch das Sonnenbild bewegt, während die Platte vor dem Austrittsspalt vorbeigezogen wurde. So erhielt man ein Bild der Sonnenscheibe jeweils nur bei einer Wellenlänge.

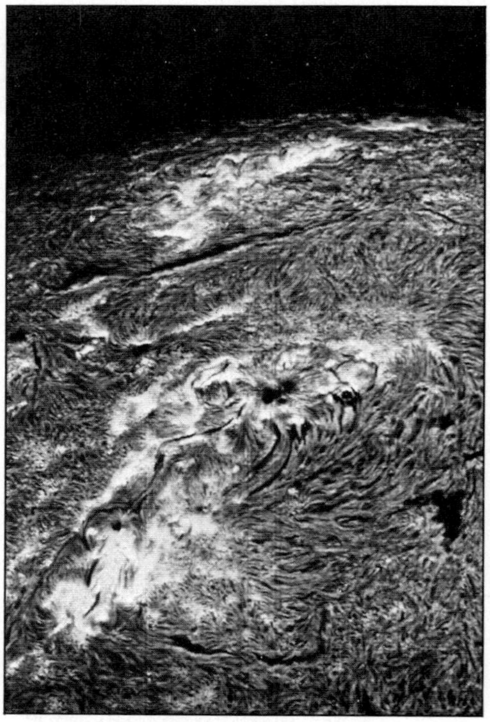

Ein »Spektroheliogramm« eines Teiles der Sonnenoberfläche, das 1958 mit einem Spektroheliograph aufgenommen wurde. Für die Aufnahme wurde Licht aus einem sehr kleinen Wellenlängenbereich, gerade in der Mitte der sehr starken roten Fraunhoferlinie C, verwendet. Man sieht daher die oberste Schicht der Sonnenatmosphäre. Diese war 1958, einem Jahr größter Sonnenaktivität, besonders turbulent.

Die Sternwarte auf dem Pic du Midi, einem 2865 m hohen Gipfel der französischen Pyrenäen. Die reine Bergluft in dieser Höhe gleicht die Mühen wieder aus, die es mit sich bringt, eine Sternwarte ohne Zufahrtsstraße zu unterhalten.

wurde, war die Korona, ihre äußere Atmosphäre. Die Sonnenscheibe ist etwa eine Million mal so hell wie die innere Korona, die daher in der Regel nur während einer totalen Sonnenfinsternis zu erkennen ist. 1930 gelang es einem Franzosen, Bernard Lyot, ein Instrument zu entwickeln, mit dem die Korona auch sonst gesehen werden konnte. Lyot analysierte sehr sorgfältig alle Quellen für Streulicht in einem Fernrohr und bemühte sich darum, sie auszuschalten oder weniger wirksam zu machen. Auf seiner Liste standen Fehler im Glas der Linsen, winzige Kratzer auf ihrer polierten Oberfläche, unerwünschte schwache Reflexionen, Staub innerhalb des Fernrohrs und Staub in der Luft über der Sternwarte. Er entwickelte sogar eine besondere Poliertechnik für fast vollkommene Glasscheiben und konnte schließlich in der reinen und klaren Luft der Pyrenäen ein Spezialinstrument zur Beobachtung der Korona aufstellen. Die Innenseite dieses Teleskops war mit einem klebrigen Fett bestrichen, an dem aller Staub hängenblieb, und die Linse wurde mit einer Mischung aus Schweiß und Fett eingerieben, die Lyot gefunden und »Nasenöl« nannte. Sie füllte die winzigen Kratzer in der Politur und reduzierte das Streulicht noch mehr.

Zur großen Überraschung ergab sich aus den neuen genauen Messungen, daß die Korona wesentlich heißer ist als die Sonnenoberfläche selbst, die Photosphäre. Bengt Edlén, ein schwedischer Astrophysiker, fand bei 19 der 23 Spektrallinien in der Korona, daß sie

KORONOGRAPHEN

Der Koronograph erzeugt eine eigene Miniatursonnenfinsternis und macht damit die Untersuchung des Lichts der Korona, das nur ein Millionstel der Helligkeit der sichtbaren Sonnenscheibe hat, möglich. In der Zeichnung erzeugt die erste Linse A in S ein Bild der Sonne, wo mit einer Metallscheibe, die etwas größer ist als das Bild der Sonne, dem Großteil des Sonnenlichts der Weg versperrt wird. Nur der winzige Bruchteil des Lichtes, der von der Korona kommt, kann an den Rändern der Scheibe vorbei. Er wird durch die Linse C zu dem endgültigen Bild in D gesammelt. Die »Feldlinse« B hat die Aufgabe, die Strahlen vom Rand des Bildes in die Mitte der Linse C zu bringen.
Rechts ist ein Kupferstich aus dem 19. Jahrhundert wiedergegeben, der die Sonnenkorona bei einer Sonnenfinsternis zeigt. Die Korona ist die äußerste Schicht der Sonnenatmosphäre, die sich Millionen von Kilometern über der Sonnenoberfläche erstreckt. Im Lauf des elfjährigen Sonnenfleckenzyklus ändert sich die Form der Korona ständig; wenn die Sonnenfleckenaktivität einen Höhepunkt hat, ist sie fast kreisrund; sie ist eher elliptisch, wenn die Fleckenaktivität gering ist.

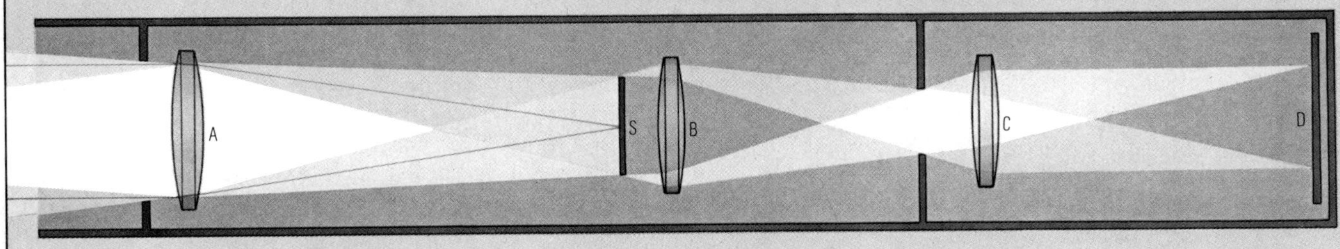

nicht von einem unbekannten Element »Koronium« herrührten, sondern von hochangeregten Atomen, die bis zu dem Punkt erhitzt worden waren, an dem sich 10–15 Elektronen aus der Hülle ablösen und nicht nur eins oder zwei, wie bei den Atomen in der Photosphäre. Daraus folgte, daß die Korona eine Temperatur zwischen ein und zwei Millionen Grad hat. Auch scheint der Druck in der Korona klein zu sein, wenn sie auch nicht so dünn ist wie die interstellaren Gasnebel. Als das »Koronium« identifiziert war, tauchte die Frage auf, wie der Energietransport von der Oberfläche mit 5000 oder 6000 Grad in ein Gebiet vor sich gehen konnte, das wesentlich heißer ist. Die Gesetze der Physik lassen erwarten, daß der Energiefluß von heiß nach kalt geht und nicht umgekehrt.

Während die Spezialisten der Sonnen- und Positionsastronomie ihre Ziele mit speziell für diesen Zweck gebauten Instrumenten verfolgten, war die große Allgemeinheit der Astronomen viel stärker mit dem Problem beschäftigt, wie man interessante Objekte finden könnte, für die die großen Fernrohre eingesetzt werden konnten. Der Himmelsatlas des späten 19. Jahrhunderts, die photographische »Carte du Ciel« war mit Teleskopen von 33 cm Öffnung gemacht worden, und die neue Generation der 2-m-Spiegelteleskope konnte viel schwächere Objekte als die in diesem Atlas verzeichneten sehen. Die meisten dieser Unzahl von Sternen würde wahrscheinlich nur zu den Millionen mittelgroßen, mittelalten, langweiligen Sternen der Hauptreihe gehören, von deren genauer Beobachtung man wenig Neues erwarten konnte. Die Astronomen benötigten eher Instrumente, mit denen sie die interessanteren Himmelsobjekte vermessen konnten; für solche Überblicksbeobachtungen und die Vermessung waren die großen Fernrohre völlig ungeeignet. Das Gesichtsfeld der 1,5-m- und 2,5-m-Teleskope auf Mount Wilson ist winzig – eine Photographie des Vollmondes würde 50–60 Platten brauchen und das ist ein Gebiet, das nur wenige Millionstel des ganzen Himmels ausmacht. Eine vollständige Vermessung des Himmels mit einem solchen Fernrohr würde etwa 10000 Jahre dauern. Deshalb erhielten Instrumente, die ein großes Gesichtsfeld mit einer großen Öffnung verbanden, starken Vorrang.

Der Prototyp solcher Vermessungsinstrumente beruht auf hochwertigen Weitwinkellinsen, die für die Porträtphotographie entwickelt worden waren und ein relativ großes Gesichtsfeld hatten. 1892 stellte Miss C. W. Bruce die Gelder für eine Fernrohrlinse zur Verfügung, die auf einem Entwurf für Kameras beruhte, aber auf 60 cm Öffnung vergrößert worden war und doch nur eine Brennweite von 3,3 m hatte. Dieses kompakte Fernrohr konnte auf Platten vernünftiger Größe ein großes Gebiet abbilden. 1893 wurde es von Alvan Clark für Harvard gebaut. 1896 wurde es nach Peru gebracht, wo es die Daten über die Cepheiden lieferte, die so wichtig für die Abschätzung der Größe des Weltalls werden sollten. Das Fernrohr von Bruce litt jedoch unter den Nachteilen eines Linseninstruments, insbesondere der Absorption ultravioletter Strahlung und führte nicht zur Weiterentwicklung von Vermessungsrefraktoren. Eine Gruppe arbeitete unter Leitung von Percival Lowell in Flagstaff in Arizona weiter mit dem Linsenteleskop, obwohl Lowells sehr widersprüchliche Daten über den Planeten Mars mit einem gewöhnlichen 60-cm-Refraktor von Clark und nicht mit einem Weitwinkelinstrument gewonnen worden waren. Lowell selbst vermaß den Bereich des Tierkreises bei einer erfolglosen Suche nach einem Planeten jenseits von Neptun, wozu er einen 28-cm-Refraktor benutzte. Der Planet – er wurde später Pluto genannt – wurde von Clyde Trombough vom Lowell-Observatorium 1930 nach einer abermaligen Vermessung eines großen Teiles des Tierkreises gefunden. Tombough beobachtete mit einem photographischen Refraktor von 33 cm Brennweite, der mit einer dreifachen Linse ausgestattet war und ein Gesichtsfeld von mehr als fünf Grad hatte, was einen wichtigen Fortschritt bedeutete.

Der erste Schritt zum Bau eines Spiegelteleskops mit einem größeren Gesichtsfeld als dem des klassischen Cassegrain wurde von George Ritchey unternommen, der sich nach der Fertigstellung des 2,5-m-Spiegels auf dem Mount Palomar als selbständiger Hersteller von Teleskopen einen Namen gemacht hatte. Ein Franzose, Henri Chrétien, hatte darauf hingewiesen, daß schon eine geringe Änderung der Spiegel eines Cassegrain das schlechte Bild des Hauptspiegels verbessern könnte. Im Cassegrain entwirft der Hauptspiegel nur auf der Achse ein vollkommenes Bild, und der Fangspiegel spiegelt lediglich dieses Bild in den endgültigen Brennpunkt. Außerhalb der Achse des Fernrohrs wird das schlechte Primärbild mit allen seinen Unvollkommenheiten wiedergespiegelt. Die Schwierigkeit bei Chrétiens Entwurf war, daß der Hauptspiegel hyperbolisch und nicht wie gewöhnlich parabolisch geschliffen werden mußte. Solch ein Spiegel ist schwierig herzustellen und noch schwieriger zu überprüfen. Ritcheys Beitrag bestand darin zu zeigen, wie es gemacht werden konnte; 1923 wurde das erste Fernrohr von Ritchey und Chrétien mit 50 cm Öffnung gebaut. Dieses Teleskop hatte ein Gesichtsfeld von ungefähr einem Grad, eine ungeheure Verbesserung gegenüber dem oberflächlich gesehen so ähnlichen Cassegrain. Ritchey kehrte in die USA zurück und begann mit dem Bau eines 1-m-Ritchey-Chrétien-Teleskops für das US Naval-Observatorium in Washington. Es war das letzte große Fernrohr, das er baute, bevor er sich im Alter von 72 Jahren, mehr als 50 Jahre nach dem Bau seines ersten Fernrohrs, zur Ruhe setzte. Auch ein Gesichtsfeld von 1 Grad zeigt nur einen winzigen Bruchteil des Himmels; der nächste Schritt war die Kombination von Reflektor und Refraktor. Nach dem Entwurf von Ritchey und Chrétien korrigiert ein Spiegel die Fehler des anderen; ein ande-

Ganz rechts: Das 1-m-Ritchey-Chrétien-Teleskop des US Naval-Observatoriums. Das Teleskop wurde nach Ritcheys Rückkehr aus Frankreich 1930 in Washington gebaut. Dort hatte er mit Chrétien am ersten Ritchey-Chrétien-Teleskop gearbeitet. 1955 wurde es auf einen geeigneteren Platz nach Flagstaff, Arizona, gebracht.

BERNHARD SCHMIDT
(1879–1935)

Schmidt stammte aus Estland und schliff Linsen und Spiegel für Amateurastronomen. Später ging er an die Hamburger Sternwarte. Dort entwickelte er sein eigenes Teleskop, den »Schmidt-Spiegel«.

Oben: Bernhard Schmidts eigene »Sternwarte« in Mittweida in der Nähe von Jena, jetzt DDR, etwa 1920. Links steht ein Cassegrain-Reflektor mit Gabelmontierung, rechts ist ein Teil eines waagerechten Teleskops zu erkennen.

Der Schmidt-Spiegel verbindet, wie in der Schemazeichnung oben zu sehen ist, einen sphärischen Spiegel A mit einer Korrektionsplatte B. Die Korrektionsplatte berichtigt die sphärische Aberration des Spiegels über der Mitte des Spiegels. Die Form der Oberfläche der Korrektionsplatte ist in der Zeichnung stark übertrieben – die Abweichung von einer ebenen Fläche beträgt weniger als ein Zehntausendstel des Plattendurchmessers.

Links: Der 1,2-m-Schmidt-Spiegel auf Mount Palomar von 1948. Im Plattenhalter werden Platten von 34 cm Seitenlänge aufgenommen, die ein Himmelsgebiet von 6 Grad Durchmesser erfassen; ein einzelnes Photo enthält Bilder von bis zu einer Million Sternen.

rer Gedanke, den Bernhard Schmidt in Hamburg entwickelte, war, eine Linse zur Korrektur der Fehler des Spiegels zu benutzen. Leider ist die Korrekturlinse des Schmidt-Spiegels noch schwieriger zu schleifen als ein Ritchey-Hyperbolspiegel. Der entscheidende Punkt ist, daß diese Linse eine fast flache Glasplatte ist. Folglich leidet sie nicht merklich unter der chromatischen Aberration und vermindert damit nicht die Fähigkeit des Spiegels, das Licht aller Wellenlängen in einen gemeinsamen Brennpunkt zu sammeln. Schmidt, ein eigenwilliger Sonderling, erfand eine Methode, die Korrektionsplatte so zu polieren, daß der entscheidende Unterschied zwischen flach und »fast ganz« flach sehr genau bestimmt werden konnte. Der erste Schmidt-Spiegel, der 1930 fertiggestellt wurde, hatte eine Korrektionsplatte von 36 cm Öffnung und ein Gesichtsfeld von 16 Grad. Ihm folgte ein System mit 60 cm Öffnung mit einem bescheideneren Gesichtsfeld, das 1935, in Schmidts Todesjahr, noch unvollendet war.

Auch das Schmidt-Teleskop hat Nachteile. Das Instrument ist doppelt so lang wie ein gewöhnlicher Reflektor mit derselben Brennweite, weil die Korrektionsplatte nicht im Brennpunkt, sondern im Abstand einer Brennweite oberhalb des Brennpunkts angebracht ist. Wie bei einer Refraktorlinse kann auch hier die Linse nicht beliebig groß gemacht werden. Das Verfahren der Korrektur des Hauptspiegels mit Hilfe einer Linse ist – wie F. E. Ross zeigte – jedoch auch auf gewöhnliche Fernrohre anwendbar.

Nach Schmidts Tod dauerte es lange, bevor andere Optiker in der Lage waren, die schwierigen Korrektionsplatten zu schleifen. Die optische Werkstatt des Mount Wilson-Observatoriums war eine der ersten, in der dies gelang. Die Gruppe vom Mount Wilson stellte eine Reihe kleiner Schmidt-Systeme für Spektrographen und dann größere für Fernrohre mit ungefähr 50 cm Öffnung her. Für die größeren Instrumente erhielt man schließlich ein Gesichtsfeld von 5 Grad oder 6 Grad, das Verhältnis von Öffnung zu Brennweite betrug etwa 1:3. Das Ende dieser Entwicklung war der 1,2-m-Schmidt-Spiegel am Hale-Observatorium auf dem Mount Palomar in den frühen 50er Jahren. Dieses Instrument wurde zunächst für zwei Vermessungen des Himmels der Nordhalbkugel eingesetzt, wobei eine durch ein Rotfilter und die andere durch ein Blaufilter gemacht wurde, so daß ein Vergleich der beiden Aufnahmen zeigen kann, wie kalt (rot) oder heiß (blau) ein Stern ist. Bei diesen Vermessungen wurden 1758 Platten belichtet, das gesamte Programm beanspruchte etwa fünf Jahre. Im Vergleich dazu waren für die Carte du Ciel des 19. Jahrhunderts, zu der die Aufnahmen mit 28-cm-Refraktoren gemacht worden waren, 22154 Platten nötig, die von 20 Sternwarten innerhalb von 20 Jahren gemacht worden waren. Die Vermessung von Mount Palomar verzeichnete zudem Sterne, die fünf bis sieben Größenklassen schwächer waren. Auch heute noch, ein Vierteljahrhundert nach dem Beginn des Programms, ist er der Standard-Atlas des Himmels.

Der Schleiernebel (unten) ist einer der Überreste einer Supernova-Explosion, die vor 50000 Jahren stattfand. Die Überreste dehnen sich 2½ Grad über den Himmel aus, also über ein so großes Gebiet, daß es mit einem gewöhnlichen Fernrohr gar nicht photographiert werden kann. Die feinsten Fäden des Nebels sind etwa zweimal so breit wie der Gesamtdurchmesser des Sonnensystems.

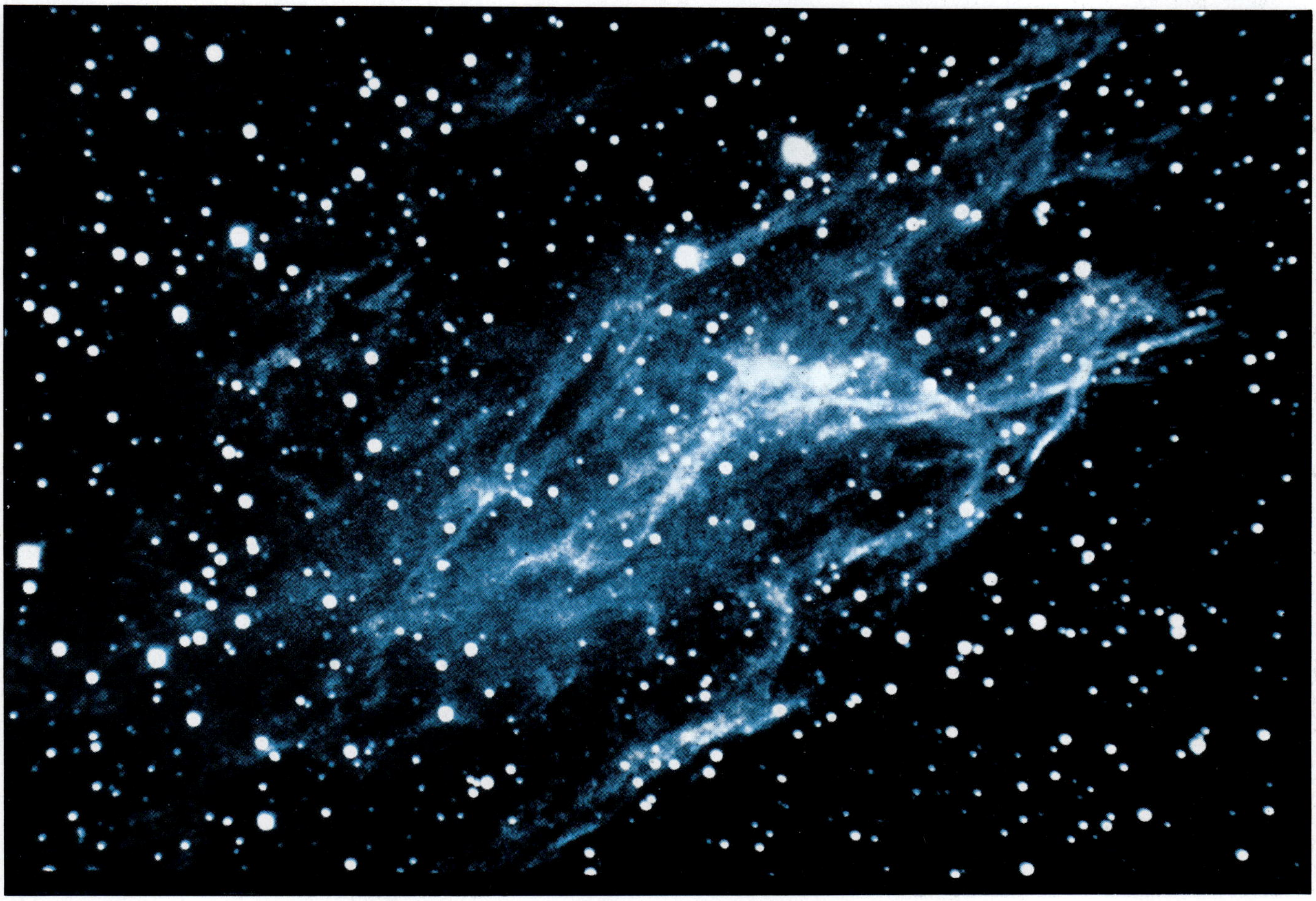

KAPITEL 11

Ein neues Fenster zum Universum

Die Anfänge der Radioastronomie (1930–1950)

»Die vorangegangenen Beobachtungen bestätigen, daß die Strahlung im Radiowellenbereich anscheinend aus der Milchstraße kommt . . . Einige helle Sterne wie Wega, Sirius, Antares, Deneb und die Sonne ergaben negative Befunde. Auch der Mars und der Orionnebel zeigten keine erkennbaren Anzeichen.«

George Reber in: Astrophysical Journal, Band 91, 1939

Eine der größten Leistungen der Physik des 19. Jahrhunderts ist in der Arbeit *Eine dynamische Theorie des elektromagnetischen Feldes* aus dem Jahr 1865 und dem Buch *Eine Abhandlung über Elektrizität und Magnetismus* von 1873 enthalten. Beide Veröffentlichungen stammen von dem schottischen Physiker James Clark Maxwell. Er stellte eine Verbindung zwischen elektrischen und magnetischen Erscheinungen und den Eigenschaften des Lichts her, indem er Lichtwellen als Schwingungen elektrischer und magnetischer Felder deutete – als elektromagnetische Strahlung. Maxwell vermutete dann solche Strahlung auch in anderen Wellenlängenbereichen als denen des infraroten, sichtbaren und ultravioletten Lichts. Der deutsche Physiker Heinrich Hertz stellte eine Reihe Versuche an, um diese Vorhersage zu testen. Am Ende der 80er Jahre gelang Hertz der Beweis, daß es eine weitere elektromagnetische Strahlung , die Radiowellen, gibt, die wie Licht abgelenkt und gebrochen werden können, deren Wellenlänge aber das Millionenfache des sichtbaren Lichts beträgt.

Zu Beginn des 20. Jahrhunderts wurden immer empfindlichere Empfänger für Radiowellen gebaut, die zu zwei wichtigen Forschungsergebnissen führten. Das wurde wichtig für die Untersuchung von Radiowellen, die ihre Quelle außerhalb der Erde haben. Obwohl die Sonne große Mengen sichtbarer Strahlung aussendet, gelang es weder Sir Oliver Lodge in England, noch J. Scheiner und J. Wilsing in Deutschland, noch C. Nordman in Frankreich, bei ihren Versuchen irgendwelche Radiowellen von der Sonne nachzuweisen. Gleichzeitig zeigten andere Experimentatoren, insbesondere Guglielmo Marconi, daß Radiowellen über große Entfernungen hinweg übertragen werden können und – trotz der Erdkrümmung – den Ozean überqueren können. Oliver Heaviside und Arthur E. Kennelly gaben 1902 unabhängig voneinander eine Erklärung dafür: Hoch in der Atmosphäre sind Luftschichten ionisiert (die Elektronen sind von ihren Stammatomen abgelöst) und reflektieren Radiowellen sehr gut. Dieser Spiegel für Radiowellen, die Ionosphäre, wirft alle auf der Erde ausgeschickten Radiowellen auf die Erde zurück und ermöglicht so weltweite Funkverbindungen; er wirft aber auch alle Radiowellen, die von astronomischen Körpern außerhalb der Erdatmosphäre kommen, zurück. Daraus folgt, daß Radiowellen aus dem Weltraum bei den Versuchen in den 30 Jahren noch nicht gefunden werden konnten und auch nicht mehr nach ihnen gesucht wurde.

Der Erste Weltkrieg förderte die Erforschung der Radiotechnik, und nach Kriegsende gab es auf diesem Gebiet eine fast explosionsartige Entwicklung. 1924 gab es allein in Amerika schon weit über 1000 Rundfunkstationen. Da die frühen Sender alle mit langen Wellenlängen arbeiteten, wurden die Rundfunkingenieure gezwungen, Geräte für kürzere Wellenlängen zu entwickeln, um Wellenbereiche zu finden, die nicht schon

Eine frühe Abbildung eines Experiments, das beweist, daß Radiowellen genau wie die des sichtbaren Lichts den Brechungsgesetzen gehorchen. Die Radiosender im Kasten R und der Empfänger bei C sind beides elektrische Stromkreise, die mit derselben Frequenz schwingen. Heinrich Hertz wies nach, daß die von der Quelle ausgeschickten Wellen, ganz wie Maxwell es vorausgesagt hatte, von der Metalloberfläche M reflektiert werden, und daß Einfalls- und Ausfallswinkel gleich waren. Hertz' Experimente wurden ursprünglich mit Geräten gemacht, die mit einer Frequenz von 100 Millionen Schwingungen je Sekunde (100 Millionen Hertz) arbeiteten.

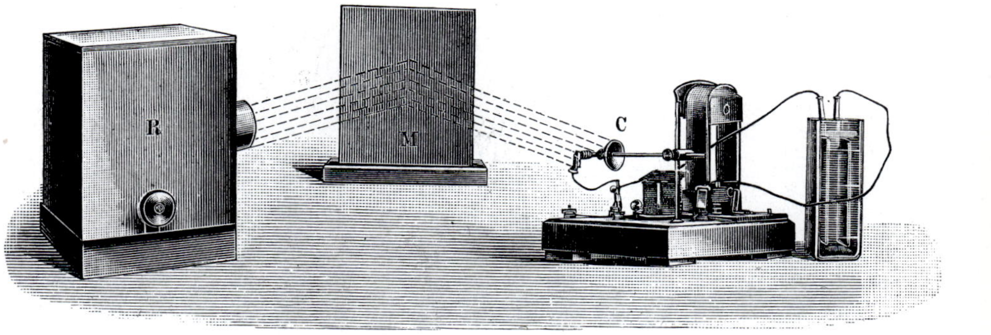

ELEKTROMAGNETISCHES SPEKTRUM

Der Wellenlängenbereich der elektromagnetischen Wellen – zu denen auch das sichtbare Licht gehört – erstreckt sich über mehr als 20 Dekaden oder 70 Oktaven. Im leeren Raum pflanzen sich alle geradlinig und mit derselben Geschwindigkeit fort. Sie beträgt 300000 km in der Sekunde oder 0,31 Parsec im Jahr, eine Entfernung, die auch als ein Lichtjahr bezeichnet wird.

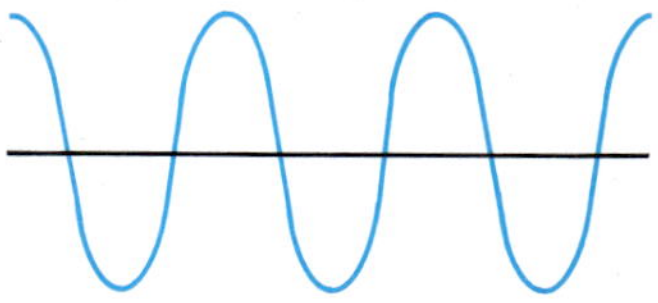

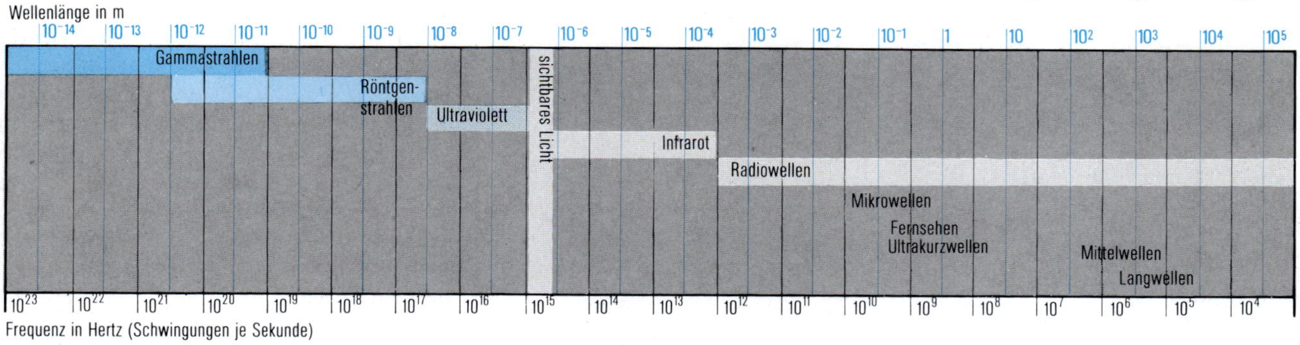

Rechts: Ein Plakat für einen Vortrag, in dem Marconis »drahtlose« Verständigung angepriesen wird. Die Reichweite nahm rasch zu – 2 km 1895 und 3500 km im Jahr 1901.

von anderen Sendern besetzt waren. Sie entdeckten dabei, daß empfindliche Radioempfänger in ihrer Leistungsfähigkeit beschränkt waren, weil sie Hintergrundgeräusche empfingen, die zu einem Teil von der Radiostrahlung von Blitzen herrührten, den sogenannten »Sterics«. Weil durch diese Störungen die Leistung der Geräte beeinträchtigt wurde, beauftragte eine Industriefirma in den USA, Bell Telephone Laboratories, einen ihrer Forschungsingenieure damit, die Herkunft dieser unerwünschten elektromagnetischen Strahlung genauer zu untersuchen. Dieser Ingenieur, Karl Jansky, baute ein hochempfindliches System von Empfängern und Antennen zum Empfang kleiner Wellenlängen im 15-m-Bereich. Dieser Bereich war für die Verständigung zwischen Schiffen und Küstenstationen üblich geworden. Die Empfangsanlage bestand aus einzelnen Antennen auf einem 30 m langen und 4 m breiten Rahmen. Die ganze Anordnung war auf Rädern befestigt und konnte gedreht werden, um herauszufinden, ob die unerwünschten Hintergrundstörungen sich in ihrer Stärke änderten, wenn die Antenne in verschiedene Himmelrichtungen eingestellt wurde.

Jansky fand, daß die Signale, die er empfing, in drei verschiedene Gruppen eingeteilt werden konnten, von denen eine das wohlbekannte starke Signal war, das man von nahen Gewittern her kannte. Weniger deut-

Oben: Karl Jansky und seine drehbare Antennenanlage, die er in Holmdel, etwa 40 km südlich von New York, aufgebaut hatte. Die Anlage war 30 m lang und fast 4 m hoch und breit – also doppelt so lang wie die Wellenlängen, mit denen er arbeitete, und ein Viertel so breit.

Rechts: Grote Reber und eine Nachbildung seines Radioteleskops mit einer Öffnung von 9,4 m, das vom National Radio Astronomy Oberservatory in West Virginia gebaut wurde. Das Original – das erste Radioteleskop – war mit Ausnahme der galvanisierten Eisenoberfläche des Reflektors fast ganz aus Holz gebaut.

lich war ein zweiter Bestandteil, der von der Gesamtwirkung einer großen Zahl von entfernten Gewittern herrührte. Hinter diesen beiden Signalen, die wie ein unterbrochenes Knacken klangen, war ein dauerndes Zischen zu hören, ähnlich wie das Rauschen eines schlechten Verstärkers. Jansky wußte, daß seine Geräte zu gut waren, als daß dies die Ursache sein konnte, und schrieb das Zischen den in der Umgebung benutzten elektrischen Geräten zu. Eine sorgfältige Untersuchung der Richtungsabhängigkeit der Signale zeigte, daß diese Annahme falsch war: die von einer Vielzahl elektrischer Motoren und ähnlichem Gerät herrührende Störung könnte nicht gleichmäßig um den Horizont wandern, wie die Strahlungsquelle es tat. Zu Beginn der Messungen war das Zischen am lautesten, wenn die Antenne auf die Sonne gerichtet war, und so schien sie die Quelle zu sein. Im Laufe der Monate bewegte sich die Richtung des stärksten Signals langsam von der Sonne weg. 1933 war es Jansky klar, daß das Zischen aus einem bestimmten Gebiet kam und nichts mit der Sonne zu tun hatte. Die Antennenanlage war nicht besonders richtungsempfindlich, aber Jansky und sein Kollege, A. M. Skellett, erkannten, daß die Quelle in derselben Richtung lag wie das Zentrum unserer Galaxis.

Nach Jahren weiterer Forschung konnte Jansky zeigen, daß das ganze Band der Milchstraße eine Quelle kosmischer Radiostrahlung war, wenn auch das Signal aus dem Sternbild Schütze, dem Mittelpunkt des Milchstraßensystems, am stärksten war. Seine Entdeckung bewies zugleich, daß die Ionosphäre kurze Wellenlängen nicht wie die langen Radiowellen in den Raum zurückwirft. Damit gab es jetzt einen zweiten Bereich des elektromagnetischen Spektrums, in dem die Sterne erforscht werden konnten: das Radiofenster zum Weltall.

Obwohl die Entdeckung der Radiowellen aus dem Weltraum in vielgelesenen wissenschaftlichen Zeitschriften bekanntgegeben wurde, geschah zunächst nichts. Jansky selbst schlug den Bell Telephone Laboratories vor, sie sollten eine größere Antennenanlage bauen, aber die Gesellschaft meinte, sie habe ihr Ziel erreicht – die Ursachen der Störungen zu finden – und weitere Geldausgaben seien nicht gerechtfertigt. Es war bedauerlich, wenn auch nicht völlig überraschend, daß keine Universität den von Jansky begonnenen Weg weiterverfolgen wollte. Während die Wirtschaft mit der Depression kämpfte, hatten die amerikanischen Universitäten mehr als genug damit zu tun, mit den Streichungen ihrer Mittel und der Flut akademischer Flüchtlinge aus dem faschistischen Europa fertigzuwerden.

Erst nach zwei Jahren wurde die entstandene Wissenschaft der Radioastronomie durch einen Amateur wieder zum Leben erweckt. Grote Reber, aus Wheaton, Illinois, beschloß, in seiner Freizeit kosmische Strahlungen zu untersuchen. Reber war von Beruf Radioingenieur und verdiente sich sein Geld mit dem Bau von Radioempfängern. Reber nahm zunächst an, daß die Radiowellen wie die des sichtbaren Lichts von den heißen Sternen der Milchstraße ausgesandt werden. Wenn das so wäre, müßte bei kürzeren Wellenlängen als Jansky sie benutzt hatte noch mehr Energie empfangen werden: Jede Abnahme der Wellenlänge um den Faktor 10 würde die Energie um den Faktor 100 vergrößern. Die Arbeit mit kürzeren Wellenlängen erlaubt zudem genauere Positionsbestimmungen. Reber baute deswegen sein erstes Radioteleskop für Strahlung von nur 9 cm Wellenlänge.

Im Prinzip ist ein Radioteleskop dasselbe wie ein optisches Spiegelteleskop. Eine parabolische Oberfläche wird mit einer dünnen Metallschicht bedeckt, die die Strahlung in einem Brennpunkt sammelt. Im Brennpunkt eines Radioteleskops ist eine kurze Drahtantenne (ein Dipol) angebracht, die das Radiosignal empfängt und es in eine Spannung umformt, die verstärkt werden kann. Bei beiden Teleskopen, dem Radio- wie dem optischen, müssen die Spiegel bis auf Bruchteile einer Wellenlänge genau sein. Dies hat für den Ingenieur praktische Folgen. Das optische Fernrohr, das mit Wellenlängen von etwa 0,5 Mikrometer (5/10000000 m) arbeitet, erreicht die benötigte Genauigkeit durch sorgfältig polierte, mit einer dünnen Metallschicht überzogene Spiegel. Das Radioteleskop braucht, wenn es mit 9-cm-Wellen arbeitet, einen Spiegel, der nur auf etwa einen Zentimeter genau sein muß. Rebers Teleskop war fast ganz aus Holz gebaut, die Spiegelfläche war aus 45 dünnen galvanisierten Eisenplatten zusammengesetzt. Weil der Toleranzbereich so groß war, konnte er auch einen größeren Spiegel bauen und ein günstigeres Verhältnis von Brennweite zu Öffnung verwenden, als es beim sichtbaren Licht möglich ist; er gab dem Spiegel eine Öffnung von 9,4 m und eine Brennweite von etwa derselben Größe, das Verhältnis der beiden war damit ungefähr 1:1.

Reber baute das Teleskop in vier Monaten fast ausschließlich in seiner Freizeit. Seine ersten Versuche, in dem von ihm gewählten Wellenbereich von 9 m Signale zu empfangen, waren völlig ergebnislos. Dies ließ Zweifel an dem Gedanken aufkommen, daß die Quelle der Janskyschen Signale heiße Objekte seien. Reber stellte 1938 und zu Beginn 1939 mit einem zehnmal so empfindlichen Empfänger im 33-cm-Bereich Beobachtungen an. Dann baute er seinen Empfänger noch einmal um, um mit weiter verbesserter Empfindlichkeit noch längere Wellen zu untersuchen. Diese neue Konstruktion mit 1,87 m war zwar stärker für Störungen von der Erde anfällig, besonders durch Autoanlasser, aber Reber fand damit schließlich doch Signale aus der Milchstraße. Die Quelle konnte kein Stern sein, denn die Signale von 1,87 m Wellenlänge waren schwächer als jene von 15 m, also gerade umgekehrt, als man es bei einer heißen Quelle erwartet hätte. Reber wies darauf hin, daß eine mögliche Quelle für die Strahlung Zusammenstöße in dem sehr dünnen interstellaren Gas sein könnten; spätere Forschungen haben gezeigt, daß diese Radiowellen in der Tat von außerordentlich schnellen Elektronen erzeugt werden, die sich in den interstellaren Magnetfeldern bewegen.

Jetzt hatte Reber ein Signal, das er untersuchen konnte. Seine Arbeiten bestätigten, daß die Milchstraße eine Radioquelle war; sein Fernrohr konnte zwar, wie Römers Meridianfernrohr im 17. Jahrhundert, nur auf dem Meridian arbeiten, aber durch die Umdrehung der Erde konnte er trotzdem den gesamten Himmel untersuchen. Er konnte eine Karte zusammenstellen, die die Intensität der Radiostrahlung eines großen Teils des Himmels zeigte. Die Auflösung war noch sehr schlecht, wenn auch wesentlich besser als die, die Jansky erreicht hatte. Wenn man mit langen Wellenlängen arbeitet, muß einerseits der Spiegel nicht so genau sein, andererseits ist die Bildschärfe eingeschränkt. Janskys 30-m-Antennensystem hatte die Länge von zwei Wellenlängen und konnte nur Einzelheiten von mehr als 30 Grad Durchmesser auflösen. Rebers Spiegel hatte einen Durchmesser, der das Fünffache der Wellenlänge von 1,87 m betrug, so daß sein Teleskop eine Auflösung von 12 Grad hatte – zweieinhalb mal besser. Die Wellenlängen des sichtbaren Lichts sind wesentlich kürzer, so daß eine Öffnung von 10 cm 200000 Wellenlängen groß ist und auf eine Bogensekunde genau auflösen kann. Optische Teleskope größerer Öffnung sind in ihrer Leistung durch die Atmosphäre eingeschränkt, aber nicht durch die Welleneigenschaften des Lichts.

Rebers erste Ergebnisse wurden 1940 veröffentlicht. Zu dieser Zeit gab es andere Gründe, hochempfindliche Kurzwellenempfänger zu entwickeln. Wie für die Radioastronomie gilt auch für Radarechos, daß die Positionsbestimmung im Bereich kürzerer Wellen wesentlich genauer möglich ist als mit längeren Wellen. So machte im Zweiten Weltkrieg die Kurzwellentechnik ungeheure Fortschritte. Die Nützlichkeit des Radars liegt in seiner Fähigkeit, schwache Signale, die von entfernten Gegenständen reflektiert werden, auszuwerten. Diese Signale können aber durch »jamming«, das Aussenden energiereicher Signale durch feindliche Sender, sehr gestört werden. James Hey, ein Röntgenkristallograph, wurde von der britischen Armee zum »Radioexperten« ernannt und bekam die Aufgabe, die deutschen Radar-Störtechniken zu untersuchen. Bald nachdem er seine Arbeit begonnen hatte, wurde ihm von neuen und sehr wirksamen Störmethoden berichtet. Alle Radaranlagen der britischen Luftabwehr, die mit verschiedenen Wellenlängen arbeiteten und über einen großen Teil des Landes verteilt waren, wurden durch eine entfernte Radioquelle gestört. Hey fand, daß die Quelle sich während des Tages bewegte. Dabei stellte sich heraus, daß es die Sonne war und nicht ein neuer, unerwartet energiereicher Feindsender. Obwohl sich die Sonne gerade in einer Periode minimaler Aktivität befand wie zur Zeit von Janskys Experimenten, entdeckte man einen großen Sonnenfleck nahe der Mitte der Sonnenscheibe, und dieses aktive Gebiet strahlte besonders energiereiche kurzwellige Radiostrahlen aus.

Heys Entdeckung der Strahlung aus aktiven Gebieten der Sonne war Zufall, der nächste Fortschritt der Radioastronomie war eher geplant. Im Juni 1942 hatte G. C. Southwood bei den Bell Telephone Laboratories einen Mikrowellen-Empfänger fertiggestellt, der mit 3,2-cm-Wellen arbeitete. Um das neue System zu testen, wurde die Antenne auf die Sonne eingestellt und ein starkes Signal entdeckt. Die Amplitude des Signals entsprach ungefähr dem, was man von einem heißen, undurchsichtigen Körper mit Sonnentemperatur erwarten würde. Die Intensität dieses Signals war immer gleich groß, deshalb mußte es von der »ruhigen« Sonne herrühren und nicht von einem Aktivitätsgebiet auf der Oberfläche. Dieses Ergebnis wurde

INTERFEROMETER

Die Kosten eines Radioteleskops mit mehr als 100 m Öffnung sind fast unerschwinglich. Mit einem Interferometer erreicht man die Wirkung einer großen Öffnung durch die Überlagerung von Signalen kleinerer Teleskope; die Auflösung der beiden Systeme ist dabei ähnlich.

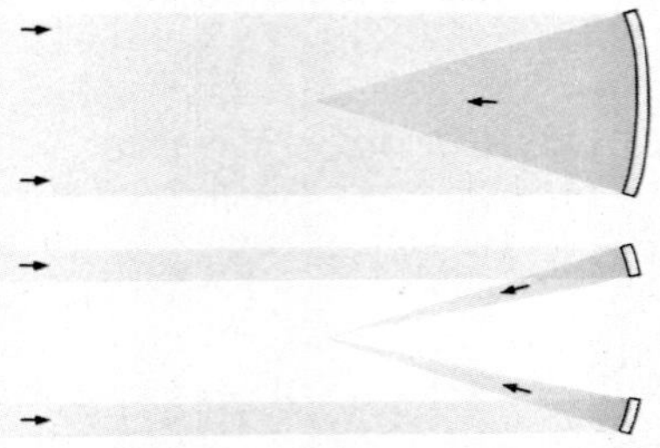

Beim Interferometer werden die Signale der beiden Spiegel getrennt aufgenommen und dann in einem gemeinsamen Verstärker überlagert. Wenn die Quelle genau auf der Achse des Interferometers liegt, kommen die Wellen genau mit derselben Phase an (rechts). Das zusammengesetzte Signal hat die doppelte Amplitude. Durch die Erdumdrehung liegt zu einem anderen Zeitpunkt die Radioquelle nicht mehr genau in der Achse, so kommen die beiden Wellen phasenverschoben an, und die Amplitude ihrer Summe ist kleiner. Eine weitere Drehung kann dazu führen, daß die beiden Signale in Gegenphase sind und die Summe Null ist (rechts unten). Diese wechselnde Überlagerung und Auslöschung zweier Wellen heißt »Interferenz«. Ein starker Wechsel zwischen starkem und verschwindendem Signal deutet auf eine Quelle kleiner Ausdehnung hin. Größere Quellen führen zu weniger ausgeprägten Gegensätzen.

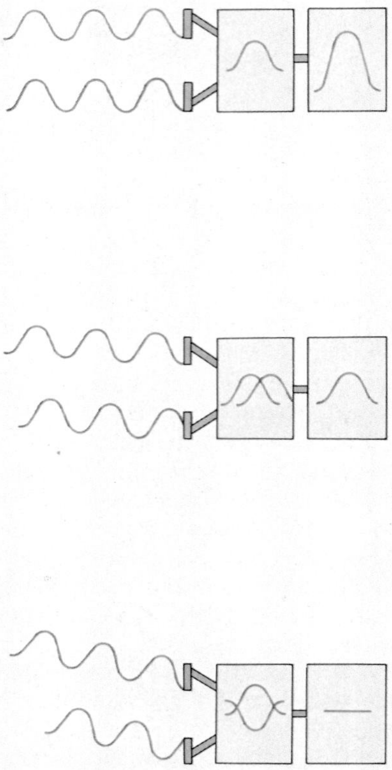

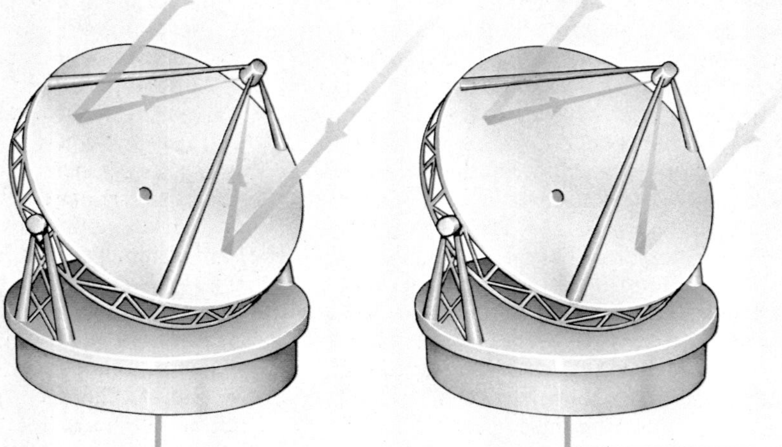

Der Reflektor des Radioteleskops sammelt die einfallenden Radiowellen auf einer kleinen Antenne, die im Brennpunkt montiert ist. Von dieser Antenne geht das Signal zum Empfänger und wird dort mit der Strahlung aus einer geeichten Laboratoriumsquelle verglichen. Gewöhnlich ist die aus dem Weltall aufgefangene Leistung geringer als ein Milliardstel eines Watt.

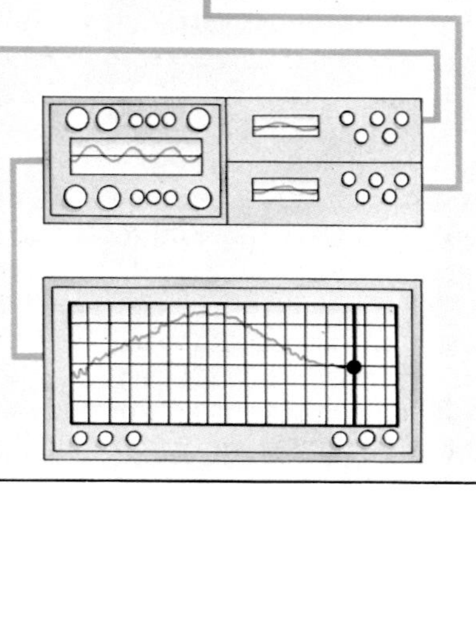

1944 von Reber bestätigt – unabhängig von den anderen Arbeiten, denn weder Hey noch Southwood konnten ihre Ergebnisse veröffentlichen, da sie von militärischem Interesse waren.

Die nächste Entdeckung der Radioastronomie ergab sich aus den »Fortschritten« der Waffentechnik. Die Deutschen entwickelten die »Vergeltungswaffe 2« oder einfach V2, mit der London beschossen wurde. Dies war das erste Geschoß mit großer Reichweite, eine Rakete mit einer Bahn, die sich bis in 150 km Höhe erhob, um ein 250 km entferntes Ziel zu erreichen. Damit die Briten sich gegen diese Waffe verteidigen konnten, mußten sie ihre Radargeräte so einstellen, daß sie auch weit oberhalb des Horizonts beobachten konnten. Das neue System bewährte sich. Es empfing nicht nur Radarechos der V2-Raketen und Janskys und Rebers kosmisches Rauschen, sondern entdeckte auch eine ganz neue Klasse von Signalen – kurze Radarechos alle fünf oder zehn Minuten aus Höhen um 100 km. Die Echos waren auch zu empfangen, als die V2-Angriffe aufgehört hatten, und nach Kriegsende konnten Hey und seine Kollegen mehrere Radargeräte zur Untersuchung dieser Echos zweckentfremden. Als Ursache stellten sich die ionisierten Bahnen von Meteoren heraus, die Radarimpulse reflektierten.

Obwohl vor Kriegsende keine weiteren experimentellen Fortschritte gemacht wurden, gab es doch eine wichtige Entwicklung in der Theorie der Radioastronomie. Kopien der Arbeiten von Reber gelangten im von den Deutschen besetzten Holland an die Sternwarte von Leiden und wurden in einem Kolloquium mit dem Direktor Jan Oort diskutiert. Oort wies darauf hin, daß die Radiowellen ihren Ursprung in Vorgängen haben, bei denen im ganzen Wellenlängenbereich Energie ausgestrahlt wird – es gab keine Spektrallinien, wie sie sich bei der Untersuchung des sichtbaren Sternenlichts gezeigt hatten. Einer seiner Kollegen, Hendrik van de Hulst, erkannte, daß es möglicherweise einen Prozeß geben könnte, der eine Spektrallinie im Radarbereich erzeugt. Bei diesem sehr seltenen Vorgang wird Energie in diesem Wellenlängenbereich ausgestrahlt, wenn in einem Wasserstoffatom das Elektron seinen Drehimpuls ändert. Er berechnete, daß die Wellenlänge 21 cm betragen müsse und man hoffte, daß die ungeheuren Weiten unserer Galaxis genug Wasserstoffatome enthielten, daß man diese Linie finden könnte. Wenn sich bei einem Wasserstoffatom pro Kubikzentimeter einmal in etwa einer Million Jahren solch ein »21-cm-Übergang« ereignen würde, ergäbe das beobachtbare Signale, weil ein Radioteleskop Strahlung über einen Bereich von Tausenden von Parsec des interstellaren Raums aufnimmt. Experimentelle Untersuchungen auf diesem Gebiet waren damals jedoch unmöglich; im Holland von 1944 war das Problem einzig und allein, überhaupt zu überleben.

Nach dem Krieg wurden die Radargeräte

In England waren während des Zweiten Weltkrieges Radarstationen (oben) zur Warnung vor Angriffen durch V2-Raketen eingerichtet; dies kam später der Radioastronomie zugute.

Professor Jan Oort (oben) ist der Vater der holländischen Radioastronomie und ein Fachmann auf dem Gebiet des Aufbaus der Milchstraße.

Sir Bernard Lovell (unten), der Gründer von Jodrell Bank. Er entwarf Radioteleskope und untersuchte Flare-Sterne.

ebenso wie die neuen hochempfindlichen Kurzwellen- und Mikrowellenempfänger auch für friedliche Zwecke eingesetzt. Mit den Radargeräten wurden Radiosignale zu astronomischen Körpern gesendet und dann die Echos untersucht, während mit den Empfängern nach natürlicher Radiostrahlung von Himmelsobjekten gesucht wurde. Die Fortschritte in der Kurzwellen-Radioastronomie während des Krieges zeigten sich deutlich im Januar 1946, als es J. H. De Witt vom Signal Corps Laboratory der US-Armee gelang, Radarechos vom Mond aufzufangen. Er konnte die Verzögerung von 2½ Sekunden so genau messen, daß er die Entfernung Erde–Mond bis auf etwa 1500 km genau angeben konnte. Diese Messung und ein ähnliches, aber weniger genaues Experiment von Z. Bay in Ungarn waren die ersten direkten Messungen der Entfernung zwischen zwei Körpern im Sonnensystem.

Während De Witt ein Radarsystem benutzt hatte, setzte eine Gruppe am Massachusetts Institute of Technology einen neu entwickelten Mikrowellenempfänger für die Radioastronomie ein. Der Empfänger war zur Untersuchung atmosphärischer Absorption entwickelt worden und arbeitete mit 1,25-cm-Wellen, also noch kürzeren Wellen, als Southworth sie benutzt hatte. Seine Leistung war ganz außerordentlich, weil Robert Dicke, der Leiter des Projektes, eine neue Technik entwickelt hatte, die die Empfindlichkeit seines Gerätes vergrößerte. Er bewies deren Wirksamkeit durch Messungen der Mikrowellen-Radiostrahlung des Mondes. Der Mond hat keine Atmosphäre und deswegen auch keine Gewitter oder andere atmosphärische Erscheinungen, die Radiowellen aussenden können.

Alle Gegenstände senden elektromagnetische Strahlung aus, wobei die Stärke in den einzelnen Wellenlängenbereichen von der Temperatur abhängt. So wie Southworth Mikrowellenstrahlung von der Sonne gefunden hatte, die Temperaturen von mehreren 1000 Grad entsprach, bestimmte Dicke aus der Strahlung der Mondoberfläche eine Temperatur von 19 Grad Celsius.

Eine Schwierigkeit, die Dicke bei seinen Messungen überwinden mußte, kommt daher, daß man schwache Signale länger beobachten muß, um sichere Messungen zu erhalten. Das ist sehr schwer, wenn sich das Meßsystem langsam oder unvorhersehbar verändert. Solche Änderungen in den Empfangseigenschaften hatten Reber glauben lassen, er hätte Radiowellen von M31, dem Andromedanebel, entdeckt. Bei Dicke wurde das eigentliche Signal mit einer standardisierten und stabilen geeichten Quelle verglichen. Kleine Veränderungen im Empfänger wirkten sich auf beide Signale gleichmäßig aus und auch das irreführende Hintergrundrauschen, das selbst vom hochwertigsten Verstärker erzeugt wird, wirkte sich ebenfalls auf beide Kanäle gleich aus. Das Differenzsignal zwischen beiden Kanälen wird nun verstärkt und ausgewertet; so erhält man verläßliche Aufzeichnungen der Signale des Radioteleskops, die nicht von Änderungen im Verstärker abhängen. Die neue Technik brachte ungeheure Vorteile. Dicke konnte Signale auffangen, die nur ein Tausendstel des »Lärm«-Pegels seines Geräts betrugen, er konnte so die Sonnentemperatur mit einer Antenne von nur 45 cm Durchmesser bestimmen.

Obwohl die beiden amerikanischen Beobachtungen – De Witts Bestimmung der Entfernung des Mondes mit Hilfe von Radar und Dickes Temperaturmessungen aus elektromagnetischen Wellen – die Höhepunkte der Zeit unmittelbar nach dem Krieg darstellten, lieferten erst Entwicklungen an anderen Orten für die noch in ihren Kinderschuhen steckende Radioastronomie wichtige Grundlagen. Vier Laboratorien nahmen sich diesen Fragen an, in allen Fällen waren ihre Initiatoren mit der Entwicklung der Radartechnik während des Kriegs beschäftigt gewesen. Hey führte seine Forschungen über Radar und später zur Radioastronomie in einer recht militärischen Umgebung, der Army Operational Research Group, fort. In England kehrte Bernard Lovell an die Universität Manchester zurück und Martin Ryle begann mit Forschungen in Cambridge, wie es schon 1939 geplant war. Auf der Südhalbkugel führten E.G. Bowen und J.L. Pawsey, die beide für den Krieg im Pazifik an Radarsystemen gearbeitet hatten, an den National Radiophysics Laboratories von Australien, die jetzt keine militärischen Aufgaben mehr zu lösen hatten, Untersuchungen zur Sonnenradioastronomie durch.

All diese Gruppen arbeiteten mit überflüssig gewordenen Radargeräten. Lovell baute ein 5-m-Radargerät von Hey nach, um damit Radarreflexe von den hochenergetischen Teilchen zu suchen, die uns aus dem Raum erreichen – der kosmischen Strahlung. Die kosmische Strahlung besteht aus einzelnen Atomkernen, die aus dem interstellaren

Raum zu uns kommen und deren Geschwindigkeit der des Lichts (300 000 km pro Sekunde) sehr nahe ist. Obwohl die Teilchen der kosmischen Strahlung sich schneller bewegen, sind die langsameren Meteore, deren Reflexe Hey entdeckte, wegen ihres größeren Gewichts immer noch eine Million mal energiereicher als die schnellsten Teilchen der kosmischen Strahlung. Lovells Versuche, Radarechos der kosmischen Strahlung zu erhalten, waren nicht erfolgreich, er wandte sich schnell der Radaruntersuchung von Meteoren zu. Die erfolglose Suche war jedoch nicht ganz ohne Folgen. Sie zwang Lovell, sein Radargerät vom Physik-Institut der Universität Manchester an einen Ort mit weniger elektrischen Störungen zu verlegen. Er wählte den abgelegenen Weiler Jodrell Bank in Cheshire, wo das Institut für Botanik schon eine Versuchsstation unterhielt. An diesem Ort baute Lovell mit Hilfe von John Clegg das erste seiner großen Radioteleskope – ein Paraboloid mit 66 m Durchmesser. Das Teleskop bestand aus einem Drahtnetz, das eine Schale bildete, die genau nach oben zeigte; dieser Entwurf war gewählt worden, um eine maximale Größe und damit maximale Empfindlichkeit zu erreichen.

Während Lovell und Hey weiterhin Meteore mit Hilfe von Radar untersuchten, widmeten sich die beiden anderen Gruppen, Pawsey in Australien und Ryle in Cambridge, der Erforschung der Radiophysik der Sonne. Beide Gruppen sahen sich dem gleichen Problem gegenüber: Die Radiosignale der Sonne schienen mit den Sonnenflecken zusammenzuhängen, aber die kleinste Einzelheit, die noch aufgelöst werden konnte, war auch mit Lovells großem Instrument immer noch einige Male größer als die Sonne selbst. Wenn ein Radioteleskop Einzelheiten auflösen sollte, die in ihrer Größe einem großen Sonnenfleck vergleichbar waren, müßte es einen Durchmesser von 3000 oder 4000 Wellenlängen haben. Das war offensichtlich im Meterwellenbereich, in dem, wie man wußte, die Sonne hauptsächlich strahlte, unmöglich. Ryle und Pawsey arbeiteten deshalb mit Geräten, die man als Interferometer bezeichnet. Ein Interferometer besteht aus zwei entfernt aufgestellten kleinen Teleskopen, deren Bilder elektronisch überlagert werden. Obwohl zwei gekoppelte Empfänger, die 1000 oder mehr Wellenlängen voneinander entfernt sind, nicht die Empfindlichkeit einer großen Anlage haben, können sie doch die benötigte Winkelauflösung liefern.

Das erste System mit einer Winkelauflösung, die kleiner als ein Sonnenfleck war, wurde von Parsey in Australien aufgebaut. Seine Methode war genial: er montierte eine Antenne auf dem Gipfel eines Felsen, der auf das Meer hinausragte, und richtete sie auf die aufgehende Sonne aus. Das Meer wirkte dabei wie ein Spiegel für die 1,5-m-Radiowellen, und sein Gerät entsprach einer Anordnung mit zwei Antennen, einer auf der Felsspitze und der anderen in ihrem Spiegelbild im Meer. Zwei verschiedene Felsklippen, von denen die eine 85 m und die andere 120 m hoch waren, wurden zur Untersuchung der großen Sonnenflecken im Februar 1946 benutzt. Die zwei Interferometer konnten gerade noch genügend auflösen, um zu zeigen, daß das Gebiet auf der Sonne, das Radiowellen aussandte, in seiner Größe einem Sonnenfleck vergleichbar war.

Das Interferometer in Cambridge, das seit

Eine Aufnahme aus dem Jahre 1950 von zwei Interferometern bei Sidney in Australien, die auf einer Klippe aufgebaut und auf den Horizont ausgerichtet sind. Die Antenne links ist ein Paraboloid, die rechts ein sogenanntes »Yagi«-System aus mehreren Einzelantennen.

Juni 1946 arbeitete, war einfacher und doch vielseitiger. Ryle verwandte zwei horizontal getrennte Antennen. Diese Anordnung erlaubte es auch, andere Teile des Himmels zu untersuchen und machte eine Veränderung des Abstandes der Antennen einfach. Wie Pawsey konnte Ryle zeigen, daß aktive Radiogebiete auf der Sonne etwa die Größe von Sonnenflecken haben, aber beide Gruppen wurden von einer Entdeckung der militärischen Forschungsgruppe Heys überboten.

Ein Teil von Heys Gruppe beschäftigte sich mit der Herstellung einer neuen Radiokarte des Himmels im 5-m-Bereich, der Wellenlänge, mit der die meisten ihrer Geräte arbeiteten. J. W. Phillips entdeckte eine mächtige Radioquelle im Sternbild Schwan, deren Strahlungsstärke innerhalb weniger Sekunden um 50 Prozent schwankte. Aus der Art der Schwankung folgte, daß die Quelle einen kleinen Winkeldurchmesser hatte, und da sie sicher außerhalb des Sonnensystems lag, folgte, daß die Quelle weit entfernt und deshalb sehr stark sein mußte.

J. G. Bolton und G. J. Stanley richteten das australische Interferometer auf die neue Quelle und zeigten, daß sie weniger als acht Bogenminuten groß war. Die Entdeckung spornte beide Interferometergruppen an, nach himmlischen Radioquellen außerhalb der Sonne zu suchen. Sie fanden mehrere und entwickelten eine neue Notation - die stärkste Quelle im Schwan wurde Cygnus A genannt und die nächste Cygnus B, also mit lateinischen Buchstaben entsprechend der Notation Bayers aus dem 17. Jahrhundert, der die Sterne mit griechischen Buchstaben benannt hatte. Zunächst konnte keine dieser Radioquellen mit einem sichtbaren astronomischen Objekt identifiziert werden. Zum Teil, weil in einem Kreis mit acht Bogenminuten Durchmesser sehr viele Objekte liegen und andererseits, weil die durch die atmosphärische Brechung nötigen Korrekturen schwer abzuschätzen waren. Die Brechung wirkt sich auf Radiowellen ebenso aus wie auf sichtbares Licht und war für das Interferometer auf der Klippe besonders bedeutsam, weil es fast horizontal durch die Atmosphäre hindurch beobachtete. Ein wichtiger Hinweis für die Identifizierung der neuen Radioquellen war, daß sie sehr selten waren. Nahe Sterne wie Sirius und Wega gaben keine Signale und auch die Sterne der Milchstraße nicht. 1949 hatten Bolton und seine Kollegen drei Radioquellen identifiziert - M 1, den Krebs-Nebel, M 87, eine entfernte Galaxis und NGC 5128, eine helle Galaxis, die zu weit südlich lag, als daß sie in Messiers Liste enthalten war. Vom Krebsnebel - seine radioastronomische Bezeichnung ist Taurus A - wußte man, daß er der Überrest einer Supernova in unserer Galaxis ist, während die beiden Galaxien eine besondere Struktur aufwiesen. M 87 - Virgo A - zeigt einen Lichtstrom, der aus den elliptischen Umrissen herausschießt und auf gewaltige Vorgänge im Innern der Galaxis schließen läßt. NGC 5128 - Centaurus A - ist eine Galaxis mit unregelmäßiger Form und einem Spektrum im sichtbaren Licht, das viele Besonderheiten aufweist.

Diese Neuentdeckungen veränderten die Forschungsrichtung der Radioastronomie völlig. Die Radioastronomie beschäftigte sich nicht mehr nur mit Objekten im Sonnensystem, sondern mit dem ganzen Weltall. Dies wurde 1950 durch die Entdeckung der vorhergesagten 21-cm-Linie des interstellaren Wasserstoffgases noch unterstrichen. Die Entdeckung wurde fast gleichzeitig von drei Gruppen gemacht, unter anderem auch von Oorts Gruppe in Leiden. Im selben Jahr konnte die Gruppe die Radiostrahlung des Andromedanebels identifizieren. Die Strahlung war mit der des Milchstraßensystems vergleichbar, wenn sie auch viel schwächer war, weil die Quelle 70mal weiter entfernt ist als das Zentrum unserer eigenen Galaxis.

Das Jahr 1950 war auch wegen technologischer Entwicklungen in der Radioastronomie bedeutsam. Eine neue Gruppe der US Naval Research Laboratories begann mit der Arbeit an einem Radioteleskop von 15 m Öffnung. Dieses Teleskop wurde nicht nur deswegen wichtig, weil es auf jede Radioquelle eingestellt werden konnte, sondern auch weil es außergewöhnlich genau gebaut war. Die Oberfläche war so exakt und die Stabilität so groß, daß das Fernrohr bis hinab zu Wellenlängen von 1 cm arbeiten konnte. Ein zweiter Fortschritt war die Entwicklung eines neuen Interferometers durch Hanbury Brown in Jodrell Bank. Dieses Instrument war von Anfang an umstritten; es stellte sich später heraus, daß es besser für die Interferometrie im sichtbaren Licht geeignet war als im Radiowellenbereich.

Das dritte neue Projekt und eines, das

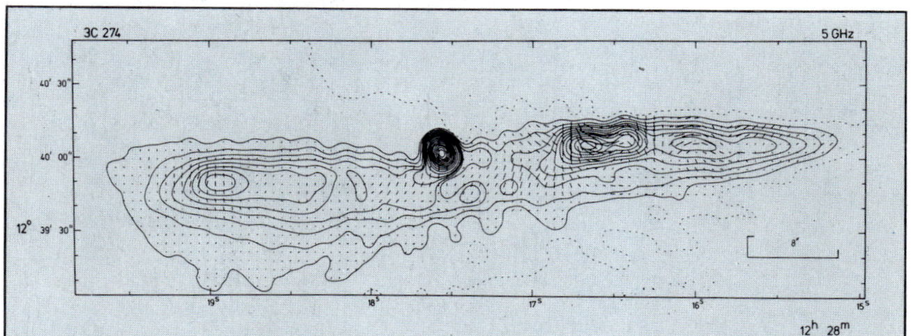

Die riesige Galaxis M 87, das massereichste bekannte Objekt im Weltall im sichtbaren Licht (links) und im Radiobereich (oben). Wenn der Himmel dunkel genug ist, kann man die Galaxis mit einem Fernglas sehen; Der nach rechts herausragende Lichtstrom, der blaues Licht und Radiowellen ausstrahlt, enthält die Materie von einer Million Sonnen. Die Herkunft der Strahlung ist noch ungeklärt. Die ganze Galaxis hat einen Durchmesser von 13 000 Parsec und besitzt 10 000 Milliarden mal soviel Masse wie die Sonne. Sie entfernt sich von uns mit 1220 km in der Sekunde.

noch heftiger umstritten war als Hanbury Browns Interferometer, war eine drehbare schalenförmige Anlage von 76 m Durchmesser in Jodrell Bank. Lovell trieb die Fertigstellung dieses riesigen Radioteleskops trotz einer Reihe von Krisen voran, die meist von den steigenden Kosten herrührten. Reber hatte schon 1948 vorgeschlagen, ein Teleskop von 67 m Öffnung zu bauen, aber sein Vorschlag war weniger zurückgewiesen als vielmehr höflich ignoriert worden. Lovell war nicht der Mann, den man ignorieren konnte und wurde tatkräftig vom Vorstand des Physik-Fachbereichs in Manchester, P.M.S. Blackett, unterstützt. Blackett war einer der einflußreichsten englischen Physiker und glaubte fest daran, daß Fortschritt in der Forschung der Nachkriegszeit große Instrumente erfordere. Das Teleskop wurde sieben Jahre später fertiggestellt. Die Kosten betrugen etwa das Zehnfache der ursprünglich geschätzten. In der Zwischenzeit hatte es sogar einmal so ausgesehen, als ob Lovell ins Gefängnis kommen würde, weil er das Instrument bauen ließ, ohne die nötigen Gelder zur Bezahlung zu haben.

Die Zeit zwischen dem Plan und der Fertigstellung des Geräts von Jodrell Bank ist vor allem wegen der Entwicklung einer Reihe größerer und verfeinerter Interferometer und wegen des Aufschwungs in der amerikanischen Radioastronomie bemerkenswert. Die USA hatten in der Frühzeit der Radioastronomie wenig beigetragen, zum Teil, weil die Mehrzahl der frühen Geräte nur Weiterentwicklungen von Luftabwehrgeräten waren. Da damals feindliche Bomber die Ozeane noch nicht überqueren konnten, war die Kriegsforschung auf diesem Gebiet nicht sehr entwickelt. Zudem sorgten die neuen optischen Fernrohre und der klare Himmel über Mount Palomar dafür, daß die USA weiterhin das Weltzentrum für optische Astronomie bleiben konnten. Andere Länder zogen aus dem bewölkten Himmel Konsequenzen. Radiowellen können Wolken durchdringen, daher ist Radioastronomie vom Klima unabhängig.

Zu jener Zeit bauten drei Gruppen Interferometer: Hanbury Brown in Jodrell Bank, Ryle und Graham Smith in Cambridge und B.Y. Mills und W.N. Christiansen in Australien. Hanbury Brown erklärte sein eigenes Interferometer praktisch als überholt, als er nachwies, daß es möglich ist, zwei Radioteleskope über eine Funkverbindung zu einem Interferometer zu kombinieren, wenn sie für eine Kabelverbindung zu weit auseinanderstehen. Die feste 66-m-Anlage von Lovell und Clegg wurde als eines dieser beiden Teleskope verwendet. Das andere war ein 6 m großes, bewegliches quadratisches Gerät. Die Radioverbindung war ein großes Problem, weil sie außergewöhnlich störungssicher sein mußte. Das Interferometer wurde dazu benutzt, fünf »Radiosterne« zu untersuchen, die weit von der Ebene der Milchstraße entfernt lagen und wahrscheinlich nicht wie der Krebsnebel oder andere Supernova-Reste zu unserem Milchstraßensystem gehörten, sondern zu entfernten Galaxien. Außer Virgo A (M 87) und Centaurus A (NGC 5128) war auch der Radiostern Cygnus A jetzt mit einer entfernten Galaxis identifiziert worden.

Die ersten Versuche wurden in der Mitte des Jahres 1954 mit Teleskopen gemacht, die 910 m auseinanderlagen. Der Interferometerabstand wurde dann immer weiter vergrößert, um die Winkelauflösung zu verbessern: 1,2 km im März 1955, 1,8 im April, 3,9 im Juni, 12,8 im August und 20 km Anfang 1956. Bei diesem Abstand von 10 600 Wellenlängen erhielt man eine Winkelauflösung von zwölf Bogensekunden. Auch so zeigten drei der fünf Quellen noch keine Feinstruktur und mußten also kleiner sein als die Auflösung des Teleskops. Die geringe Größe und die hohe Intensität ließen vermuten, daß diese drei Quellen von ähnlicher Art wie Cygnus sind.

Die Entwicklung der Radio-Interferometer in Australien verfolgte einen anderen Plan. Auch wenn man Interferometer aus zwei Teleskopen aufstellt und sogar, wenn sich die Auflösung dem Antennenabstand angleicht, erhält man doch nur eine Komponente des Gesamtbildes. Um ein vollständiges Bild zu bekommen, muß man viele Paare solcher in Abständen aufgebauten Antennen benutzen. Ein Paar mit veränderlichem Antennenabstand gibt Informationen über verschiedene Schnitte durch das Gesamtbild. Erst ein zweites Paar, dessen Antennen im rechten Winkel zu denen des ersten eingestellt werden, vervollständigt dann das Bild. Eine andere Möglichkeit ist, eine Reihe von Antennen aufzustellen, die alle möglichen Einstellungskombinationen zulassen. Dieser Plan führte zu zwei Interferometern mit vielen Antennen. Im ersten, dem Millsschen Kreuz, benutzte der australische Radioastronom B.Y. Mills zwei Reihen von Antennen, die ein Kreuz bilden, dessen Arme 450 m lang sind. Die Stärke des Signals wurde dadurch verstärkt, daß ein trogförmiger Reflektor hinter den Antennen aufgebaut war. Das ganze Kreuz entsprach in Auflösung und Signalstärke etwa einem Teleskop, das aus zwei zueinander senkrechten Streifen einer (hypothetischen) einzelnen Schale von 1500 m Durchmesser besteht. Das Interferometer konnte nicht gleichmäßig nachgeführt werden: es wurde genau wie die Geräte von Reber und Clegg als ein Transitteleskop benutzt und ermöglichte so mit einfachen Mitteln eine relativ hohe Winkelauflösung.

Weder die Interferometer mit zwei Elementen noch das Millssche Kreuz waren für Sonnenuntersuchungen gut geeignet. Die Drehung der Sonne und die kurze Lebenszeit der Sonnenflecken und anderer aktiver Gebiete auf der Sonnenoberfläche verhindern Beobachtungsreihen mit diesen Geräten. Bis die Antennen neu eingestellt sind, hat sich die Sonnenoberfläche geändert und die neuen Beobachtungen haben dann keinen Bezug mehr zu den früheren Daten. Meridianinstrumente können andererseits die Sonne nur einige Minuten am Tag beobachten. So suchte man nach einer Kombination der guten Winkelauflösung des Millsschen Kreuzes und der Möglickeit der Nachführung, die ein steuerbares Radioteleskop bietet.

Diesen nächsten Schritt machte W.N. Christiansen, einer der Kollegen Mills' am Australian Radiophysics Laboratory, der die Antennen in Mills' Kreuz durch Reihen kleiner Radioteleskope ersetzte. In seinem ersten Versuch setzte er 32 Teleskope mit 1,8 m Öffnung in einer 220 m langen Reihe ein. Die Auflösung war viel besser als die des Millsschen Kreuzes, weil die Anordnung - das »Chris-Cross« - bei viel kleineren Wellenlängen (21 cm) arbeitete, also im Verhältnis zur Wellenlänge viel größer war. Von dieser Aufstellung ausgehend baute Christiansen dann ein Kreuz mit 32 Radioteleskopschalen in jedem Arm, von denen jede Schale 5,8 m Durchmesser hatte.

Diese Aufstellung erlaubte es Christiansen nicht nur, die Aktivitätsgebiete der Sonne zu untersuchen, sondern auch, die Radiostrahlung der ruhigen Sonne aufzuzeichnen. Das Ergebnis unterscheidet sich deutlich von der Erscheinung der Sonne im sichtbaren Licht. Da die Sonnenkorona Radiowellen aussendet, ist die »Radiosonne« größer als die sichtbare Scheibe. Sie ist auch an den Rändern dieses größeren Bildes am hellsten, ganz anders als bei dem sichtbaren Bild, wo der

Das Teleskop in Jodrell Bank (oben) hat eine Öffnung von 76 m und wiegt 2000 Tonnen. Es kann auf einer kreisrunden Schienenanlage mit 110 m Durchmesser gedreht werden.

B.Y. Mills kreuzförmiges Interferometer (unten), das 1952 in der Nähe von Sidney in Australien gebaut wurde. Die Baukosten waren niedrig; das liegt zum Teil daran, daß Radiowellen schon von Maschendraht reflektiert werden, wenn nur die Löcher viel kleiner sind als die Wellenlänge.

Sonnenrand dunkler ist als der Mittelpunkt der Scheibe.

Die dritte Interferometergruppe, die in Cambridge, beschäftigte sich vor allem mit der wichtigen Aufgabe der Himmelsvermessung, damit die ständig wachsende Zahl von Radioquellen katalogisiert werden konnte. Ein vorläufiger Überblick, bei dem ein Interferometer mit zwei Antennen verwendet wurde, hatte etwa 50 Quellen gezeigt.

In den frühen 50er Jahren wurde ein neues Interferometer gebaut. Das neue Gerät hatte vier trogförmige Reflektoren an den Ecken eines Rechtecks von 580 × 50 m. Eine Vermessung im Bereich der 3,7-m-Wellen war nicht sehr erfolgreich, weil bei so großen Wellenlängen die Auflösung schlecht und folglich die Analyse sehr schwierig war, wenn das Signal aus sich überlagernden Quellen entstand. Bei der halben Wellenlänge verdoppelt sich die Auflösung; eine neue Vermessung und ein neuer Katalog waren das Ergebnis. Dieser dritte Cambridge Katalog, abgekürzt 3 C, ist die Standardliste für fast 500 »helle« Radioquellen, die in der Nordhemisphäre sichtbar sind.

Die Interferometer in Manchester, Cambridge und Sydney arbeiten alle seit 1955. Für den Rest des Jahrzehnts bemühten sich Radioastronomen vor allem um den Bau steuerbarer Radioteleskope mit nur einer Schale.

Der 25-m-Spiegel in Dwingeloo in den Niederlanden wurde 1955 fertiggestellt und war damals der größte der Welt. Das Teleskop wiegt nur 127 Tonnen, die Kosten waren daher niedrig. Es wurde speziell zur Untersuchung der interstellaren 21-cm-Wasserstofflinie gebaut.

Eine große Sammellinse und die Fähigkeit, ein Objekt stundenlang verfolgen zu können, geben dem Teleskop eine viel größere Empfindlichkeit als das Interferometer sie hat, allerdings auch ein geringeres Auflösungsvermögen. Drei große Radioteleskope wurden 1956 fertiggestellt. Eines mit einer Öffnung von 25 m wurde von den Holländern zur Untersuchung der 21-cm-Wasserstoffstrahlung gebaut. Die anderen, beides Instrumente mit einer Öffnung von 26 m, wurden vom United States Naval Research Laboratory finanziert, eines zum eigenen Gebrauch und eines für die Universität von Michigan. Im Lauf des nächsten Jahres wurde Lovells 76-m-Teleskop in Jodrell Bank fertiggestellt, und ein weiteres neuartiges Instrument wurde in Owens Valley in Kalifornien gebaut.

Dieses Instrument bestand aus einem Paar von Teleskopen, von denen jedes eine Öffnung von 27 m hatte und die wie ein Interferometer miteinander verbunden waren. Eine war dabei auf einer 1600 m langen Eisenbahnschiene montiert. Dieses auf Schienen montierte System verband die Empfindlichkeit eines lenkbaren Teleskops mit der Auflösung und Beweglichkeit von Interferometern, die in verschiedenen Abständen aufgestellt werden konnten. Ein drittes 26-m-Teleskop wurde für das neue United States National Radio Astronomy Observatory gebaut. Die Russen bauten inzwischen ein Instrument von 22 m Öffnung, mit dem die ungewöhnlich kurze Wellenlänge von 8 mm erfaßt werden sollte.

Auch in der Bundesrepublik Deutschland entstand mit dem Radioteleskop in Effelsberg (Eifel) ein Zentrum radioastronomischer Forschung. Die neuen Teleskope mit großer Öffnung lieferten rasch wesentliche Beiträge zur Radioastronomie. Die Gruppe am Naval Research Laboratory führte Dikkes Arbeit fort und bestimmte die Oberflächentemperaturen der Planeten Venus, Mars und Jupiter.

Beide, Interferometer und Einzelreflektoren, konnten in der 21-cm-Linie komplexe Strukturen aufspüren, die Aussagen über den Aufbau unserer eigenen Galaxis erlaubten. Diese Arbeiten, die von Oort, van de Hulst und anderen in Leiden und von Christiansen und Kerr in Australien durchgeführt wurden, fügten den Radiokarten unseres Milchstraßensystems eine dritte Dimension hinzu. In der optischen Astronomie wurden Beobachtungen naher heißer Sterne benutzt, um die Sternverteilung in unserer eigenen Galaxis zu bestimmen und Anfang der 50er Jahre gezeigt, daß es Anzeichen für eine Spiralstruktur gab.

Die Karten von Leiden und Sidney, die auf 21-cm-Radiobeobachtungen beruhten, wiesen für 80 Prozent der gesamten Galaxis die Spiralstruktur nach. Zum erstenmal konnten Astronomen die Bilder anderer Spiralgalaxien im *Hubble Atlas of Galaxies* betrachten und mit Zuversicht sagen: »Unser Milchstraßensystem gleicht dieser Galaxis!«

KAPITEL 12

Über neue Detektoren zu besseren Fernrohren

Das Spiegelteleskop von 1950 bis 1975

»Ich habe vierzig Jahre lang, also wahrscheinlich länger als irgendjemand hier, mit Fernrohren beobachtet, deren Öffnungen von 0,6 bis 5,0 m reichten. Ich begann mit photographischen Aufnahmen, habe aber dann auch alle existierenden elektro-optischen Hilfsgeräte benutzt, zum Beispiel habe ich die Geräte unter Benutzung eines Fernsehbildschirms nachgeführt und das 32-Kanal-Spektrometer von Oke ebenso eingesetzt wie den intensivierten digitalen Silikon-Vidikon-Spektrographen von Gunn-Oke oder auch Boksenbergs Bild-Photonen-Zählsystem oder Shectmans lineare Diodenaufstellung im Coudé-Fokus.«

Jesse Greenstein auf der Konferenz der ESO über die Teleskope der Zukunft, Genf, Dezember 1977

Im Zweiten Weltkrieg kam die optische Astronomie praktisch zum Erliegen. Die Wissenschaftler waren im Krieg eingesetzt und die Arbeiten an den Observatorien, auch der Bau des 5-m-Spiegels auf dem Mount Palomar, verzögerten sich beträchtlich. Eine der wenigen Ausnahmen waren die Arbeiten von Walter Baade auf dem Mount Wilson. Der in Deutschland geborene Baade mußte nicht am Krieg teilnehmen, konnte so die viele Zeit ausnutzen, die ihm an den großen Teleskopen zur Verfügung stand, und wurde auch wegen der kriegsbedingten Verdunkelung durch das nahe Los Angeles weniger gestört. Sein Ziel, das schon oft vor ihm andere Astronomen ohne Erfolg angegangen waren, war es, den Zentralbereich des Andromedanebels in Einzelsterne aufzulösen. Das Spektrum dieser Galaxis zeigte, daß sie aus Sternen bestand, die aber so eng gepackt erscheinen, daß auf Photographien bis dahin nur ein gleichmäßig verschwommener Fleck zu sehen war. Die erste Voraussetzung zu neuen Versuchen war ein Teleskop in absolut erstklassigem Zustand. Der Spiegel mußte dazu neu beschichtet und die Stützen überprüft und neu eingestellt werden, damit sich ein möglichst vollkommenes Bild ergeben konnte. In Nächten mit gleichbleibender Temperatur, wenn die Luftruhe und die Sicht ungewöhnlich gut waren, fanden die Beobachtungen statt. In eisiger Kälte mußte Baade dann durch das Leitfernrohr schauen, um jede auch noch so kleine Bewegung um Bruchteile einer Bogensekunde über das Fadenkreuz sofort korrigieren zu können. In vielen Versuchen wurden veränderliche Sterne gefunden, und es wurden Farbfilter erprobt, um zwischen Sternen verschiedener Temperaturen zu unterscheiden.

Baades Geschick und Konzentrationsfähigkeit führten zu der wichtigen Entdeckung, daß die Sterne im Zentralgebiet des Andromedanebels sich von denen in den Spiralarmen wesentlich unterschieden. Die beiden Sterntypen ordnete er verschiedenen »Populationen« zu. Zu den Sternen der Spiralarme, die Baade Population I nannte, gehören auch Sterne, die in Sonnenhöhe vorkommen und die vergleichsweise jung sind. Im Gegensatz dazu sind die meisten der Sterne der Population II, die er im Kern und in Kugelhaufen fand, ältere Sterne. Cepheiden-Veränderliche kamen in allen Teilen des Andromedanebels vor, aber Baade fand, daß die Cepheiden der beiden Populationen verschiedene Beziehungen zwischen Helligkeit und Periode zeigten. Cepheiden der Population I waren dreimal so hell wie solche der Population II mit derselben Periode. Hubble hatte noch angenommen, daß alle Cepheiden sich gleich verhalten würden, als er mit deren Hilfe astronomische Entfernungen bestimmte; daher mußte jetzt eine neue verläßliche Skala erarbeitet werden.

Die neuen Forschungen konnten nicht auf Mount Wilson gemacht werden. Nach Kriegsende machte das Lichtermeer von Los Angeles weitere Arbeiten unmöglich, und die

40jährige Führungsrolle dieser Sternwarte war beendet. Viele der großen Sternwarten in Europa waren nur noch Ruinen. Die Hoffnung für die Zukunft lag in Kalifornien, wo auf dem Mount Palomar das Hale-Teleskop sich seiner Fertigstellung näherte, und auf Mount Hamilton, wo für das Lick-Observatorium ein 3-m-Spiegel geplant wurde.

Der Vorkriegsentwurf des 5-m-Mount Palomar-Spiegels blieb auch für die Teleskope nach dem Krieg beispielhaft. Die Anforderungen George Hales an ein größeres Teleskop machten die Lösung von drei Problemen notwendig. Das erste war, ein hinreichend starres Stützsystem zu finden, mit dem man, anders als beim 2,5-m-Spiegel des Mount Wilson, den ganzen Himmel untersuchen konnte, auch das Gebiet in der Nähe des Polarsterns. Zweitens mußten die Lager eine reibungsarme Bewegung des Teleskops mit seinem Gewicht von mehreren hundert Tonnen ermöglichen. Drittens durfte sich der Fangspiegel, der mehr als einen Meter Durchmesser hatte, in seiner Lage gegenüber dem Hauptspiegel nicht verändern, wenn sich das Fernrohr drehte. All diese Probleme wären einfacher zu lösen gewesen, wenn Rohr und Hauptspiegel kompakt und

Der Andromedanebel (links) ist die hellste und massereichste Galaxis der sogenannten »Lokalen Gruppe« – einer Ansammlung von 18 Galaxien, die alle weniger als eine Million Parsec von der Erde entfernt liegen.

Obwohl die Sternwarte in Greenwich während des Zweiten Weltkrieges beschädigt wurde (unten), wurden die Beobachtungen nicht unterbrochen.

leicht sein könnten. Ein leichter Spiegel ist sehr vorteilhaft, weil er mit einem leichten Stützsystem auskommt. So wurde die 5-m-Form aus Pyrex nicht als eine feste Scheibe, sondern als ein hexagonales Zellensystem gegossen, das nur etwa das halbe Gewicht einer normalen Scheibe hatte. Die Verkleinerung der Gesamtlänge wurde dadurch erreicht, daß das Verhältnis der Spiegelöffnung zur Brennweite (das Öffnungsverhältnis) viel größer gemacht wurde als bei früheren Teleskopen. Bei dem neuen Spiegel war das Verhältnis 1:3, 3, die Brennweite betrug nur 16,5 m. Durch diese Verringerung der Gesamtlänge reduzierten sich auch die Größe und die Kosten der Kuppel, dafür litt die Einstellgenauigkeit des Fangspiegels. Mark Serrurier löste das Problem, indem er eine Verbiegung des Fernrohrs vorsieht, aber nur in dem Maße als sich die beiden Enden des Rohrs um denselben Wert verbiegen und dabei Haupt- und Fangspiegel weiterhin genau eingestellt bleiben. Der endgültige Entwurf war ein einfaches Rohr, das in einer etwas abgeänderten Gabel montiert ist und von hydraulischen Stützen getragen wird, in denen ein dünner, unter hohem Druck stehender Ölfilm die Last aufnimmt. Der gewaltige Aufbau wurde auf Mount Palomar errichtet, und Anfang 1948 konnten die ersten Tests gemacht werden. Nach drei Jahren konnten Bilder von Sternen veröffentlicht werden, die einen Abstand von nur einer halben Bogensekunde hatten.

Mit dem neuen Teleskop konnte Baade das Verhalten seiner beiden verschiedenen Cepheiden-Veränderlichen quantitativ untersuchen und damit die astronomische Entfernungsskala revidieren. Die Entfernungen außerhalb unseres eigenen Milchstraßensystems verdoppelten sich dabei. Daraus folgte, daß alle anderen Galaxien, wie die »außergalaktischen Nebel« jetzt genannt wurden, viel größer waren, als man geglaubt hatte. Damit war andererseits das Problem gelöst, warum unsere Galaxis, das Milchstraßensystem, viel größer als alle anderen Galaxien erschienen war. Dies alles zeigte wieder einmal, daß Copernicus recht hatte: Die Erde nimmt im Weltall keine Sonderstellung ein. Andere Tatsachen ordneten sich gut ein – die hellsten Sterne im Andromedanebel hatten jetzt etwa dieselbe Helligkeit wie die näheren Sterne in unserer Galaxis und schienen nicht länger unerklärlich schwach. Es wurde auch klar, daß in unserer Galaxis der Unterschied von 1,5 Größenklassen in der Helligkeit zwischen den Cepheiden im Spiralarm und in den Kugelhaufen durch die Absorption des Lichts im interstellaren Staub zu erklären war. Der Staub wird nur in der Nähe von Sternen der Population I gefunden (also in den Spiralarmen), und es war zunächst ein höchst unglücklicher Zufall, daß die vom Staub herrührende Verdunklung gerade die zusätzliche Helligkeit dieser Cepheiden ausglich und damit alle Cepheiden unserer Galaxis von der Erde aus gleich erschienen.

Einen weiten Bereich in den Arbeiten Baades nahm das Auffinden schwacher Veränderlicher und das Studium ihrer Helligkeitsveränderungen ein. Dazu wurden die Veränderungen zunächst über die Schwärzung

Das 5-m-Teleskop auf dem Mount Palomar war das erste Instrument, das so groß war, daß der Beobachter sich im Primärfokus aufhalten konnte. Das Teleskop ist horizontal eingestellt, damit der Beobachter in den Beobachtungskäfig klettern kann.
Als es Ende der 40er Jahre gebaut wurde, wurden bei ihm zwei wichtige Neuerungen verwirklicht. Die »Serrurier«-Halterung, die ein flexibles Rohr vorsieht, erlaubt ein großes Öffnungsverhältnis und eine exakte Montierung von Haupt- und Fangspiegel. Sie sind im Abstand von 13 m an den Enden eines Tubus von 140 Tonnen Gewicht angebracht und bleiben immer bis auf 0,25 mm genau aufeinander ausgerichtet. Zweitens erlaubte eine neuartige Jochmontierung, den gesamten Himmel zu beobachten. Dies hatte eine völlig neue Form des Instruments zur Folge. Das Nordende, das beim 2,5-m-Spiegel auf dem Mount Wilson ein einfacher länglicher Rahmen gewesen war, wurde zu einer Scheibe von 14 m Durchmesser vergrößert, in die ein Einschnitt gemacht wurde, der es ermöglichte. das Fernrohr auch auf den Polarstern einzustellen.

photographischer Platten bestimmt. Dieses Verfahren kann aber nur mit Einschränkungen verwendet werden: photographische Emulsionen zeigen keine einfache Beziehung zwischen der Lichtmenge und der sich ergebenden Schwärzung. Anfang der 50er Jahre kam ein neueres elektronisches Gerät, der Photovervielfacher, in Gebrauch, das viel empfindlicher war und eine einfachere Beziehung zwischen der Lichtmenge und der Ausgangsspannung hatte. Der Ursprung dieses Photovervielfachers kann bis auf frühe Versuche von Heinrich Hertz, dem Entdecker der Radiowellen, zurückgeführt werden. Hertz hatte gezeigt, daß ultraviolettes Licht den Austritt von Elektronen aus Metalloberflächen bewirkt. Diese Erscheinung, der Photoeffekt, war 1905 von Albert Einstein in einer Arbeit erklärt worden, für die er später den Nobelpreis für Physik bekam. Einstein bezog sich dabei auf einen älteren, umstrittenen Gedanken, den Max Planck 1900 ausgesprochen hatte, daß nämlich ein Lichtstrahl als eine ungeheure Anzahl kleiner Teilchen, Photonen, aufgefaßt werden kann und daß die Energie eines jeden Photons von der Frequenz abhängt. Ultraviolette Photonen sind energiereicher als solche im sichtbaren Bereich und können somit beim Photoeffekt eher Elektronen auslösen und auch photographische Platten leichter schwärzen.

In den Jahren von 1905 bis 1935 wurde dann ein einfacher lichtempfindlicher Detektor, die Photozelle, entwickelt und eingesetzt. Die Photozelle beruht auf dem lichtelektrischen Effekt: Licht fällt auf eine lichtempfindliche Oberfläche (die sogenannte Photokatode), die in einer luftleeren Kugel angebracht ist. Die ausgelösten Elektronen durchqueren das Vakuum zum positiven Pol hin, der Anode. Der Teilchenstrom – ein elektrischer Strom – kann mit einem sehr empfindlichen Ampèremeter gemessen werden und ist direkt proportional zur Intensität des einfallenden Lichts. Die größte Wellenlänge, auf die die Photozelle noch reagiert, und die Stärke der Reaktion hängen entscheidend von der Zusamensetzung der Photokathode ab. Die Mehrzahl der Verbesserungen, die in der Zeit zwischen den beiden Weltkriegen gemacht wurden, beruhen auf der Weiterentwicklung geeigneter Photokathoden: Metallplatten aus Silber oder Wolfram, die mit Mischungen seltener Metalle wie Antimon, Wismut und Cäsium beschichtet werden, Oberflächenbehandlungen mit Wasserstoff, Sauerstoff und anderen Nichtmetallen.

Die Photozelle wurde zuerst 1924 durch Paul Guthnick in Babelsberg bei Potsdam für die Astronomie eingesetzt und bald danach von den dänischen Astronomen Elis Strömgren und seinem Sohn Bengt zum Registrieren von Sterndurchgängen verwendet. Bei der Verwendung der Photozelle gab es anfänglich noch eine ganze Reihe von unlösbar erscheinenden Problemen. In einer gewöhnlichen Photokathode wird zwar schon ein Elektron erzeugt, wenn etwa 20 Photonen auf ihre Oberfläche auftreffen. Der daraus entstehende Strom ist aber fast unmeßbar klein. Es war daher nur bei sehr hellen Sternen möglich, mit empfindlichen Meßgeräten die schwachen Ströme zu registrieren. Auch elektronische Verstärker waren keine Hilfe, da sie neben dem eigentlichen Signal auch das Rauschen mit verstärkten und auch nach der Verstärkung das Signal vom Hintergrundrauschen nicht getrennt werden konnte. Deshalb wurden Photozellen in der Astronomie zuerst nicht zur direkten Vermessung von Sternenlicht eingesetzt, sondern für andere Aufgaben, für die sie geeigneter waren. 1937 bauten A. E. Whitford und G. E. Kron eine automatische Teleskopnachführung, wo mit einer Photozelle ein heller Stern am Rand des Gesichtsfelds beobachtet wurde und der Plattenhalter automatisch nachgeführt wurde, um das Bild am gleichen Ort zu halten. Eine andere Anwendung ergab sich mit der Vermessung von Photographien: S. McCuskey und R. Scott entwickelten ein lichtelektrisches Gerät zum Zählen und zur Messung der Intensität der Sternabbildungen auf ihren Platten.

Erste Ansätze zur direkten Nutzung der Photozelle für die Astronomie wurden in den letzten Jahren vor dem Zweiten Weltkrieg deutlich. Physiker wußten schon, daß ein Elektron, das in einem elektrischen Feld beschleunigt wird und auf eine Metallplatte auftrifft, nicht immer absorbiert wird. Manchmal wird es nur reflektiert, manchmal löst es aber auch zusätzliche Elektronen aus der Oberfläche heraus. Wie bei der Photokathode wird dieser Prozeß sehr durch die Zusammensetzung der Oberfläche bestimmt und so begann auch hier eine intensive Suche nach geeigneten Stoffen. 1935 bauten H. Jams und B. Salzburg eine Photozelle mit einer zusätzlichen Elektrode, in der die aus der Photokathode herausgelösten Elektronen in Richtung auf eine Metallplatte hin beschleunigt wurden. Bei dem Zusammenstoß mit der Platte lösen sie dann jeweils fünf oder sechs weitere Elektronen aus. Alle Elektronen werden an einer Anode gesammelt. Das Endergebnis war ein Strom, der etwa sechsmal so stark war wie der der ursprünglichen Photozelle. Im Jahr darauf baute G. Weiß von der Deutschen Reichspost ein Gerät mit acht aufeinanderfolgenden Stufen von Beschleunigung und Vervielfachung und konnte so einen etwa zehntausendfachen Strom erreichen. Bessere Geräte mit einer genaueren Lenkung der Elektronen von einer Stufe zur nächsten wurden von Vladimir Zworykin und seinen Kollegen bei der Radio Corporation of America (RCA) gebaut. Bei Kriegsende waren Photovervielfacher voll ausgereifte Geräte. Man konnte das Anfangselektron, das von dem einfallenden Licht auf der Photokathode ausgelöst wird, in einer Kaskade dazwischengeschalteter Elektroden so vervielfachen, daß am Schluß eine Million oder mehr Elektronen ankamen.

Nach dem Krieg wurden Photovervielfacher auch von fortschrittlicheren Astronomen eingesetzt. Die Vorteile waren gewaltig:

DER PHOTOVERVIEL-FACHER

Durch die durchsichtige Wand der Röhre fällt Licht ein und trifft auf die Photokathode (oben). Das absorbierte Licht löst Elektronen aus, die dann zur ersten Zwischenelektrode hin beschleunigt werden. Beim Auftreffen löst jedes einfallende Elektron mehrere Elektronen aus, die wieder zur nächsten Elektrode hin beschleunigt werden. Dieser Vorgang, Vervielfachung beim Aufprall, weitere Beschleunigung und wieder ein Aufprall, wird mehrere Male wiederholt – etwa zehn- bis fünfzehnmal – und die sich ergebende Elektronenflut an einer Endanode aufgefangen. Wenn in jeder Stufe dreimal so viel Elektronen ausgelöst werden als auftreten, dann erzeugt eine zwölfstufige Röhre aus einem vom Sternenlicht ausgelösten Elektron eine halbe Million Elektronen.

STERNENTWICKLUNG

(a) Wenn eine Staubwolke sehr dicht ist, zieht sie sich unter dem Einfluß der Schwerkraft langsam zusammen.

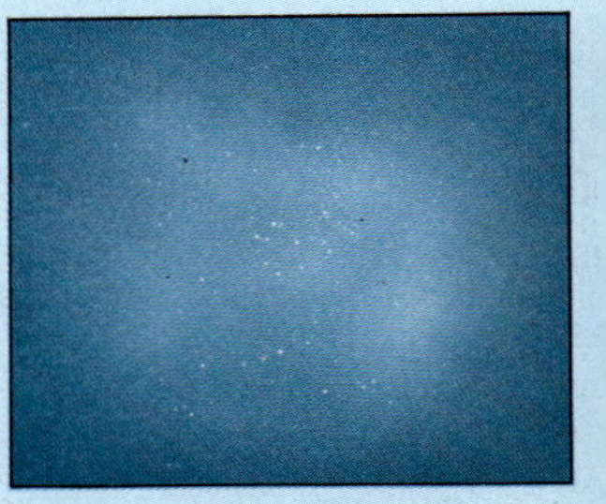

(c) Der Wasserstoff-Brennstoff erschöpft sich und der Stern bläht sich zu einem roten Riesen auf. Er beginnt dann, Helium, Kohlenstoff und Sauerstoff zu verbrennen.

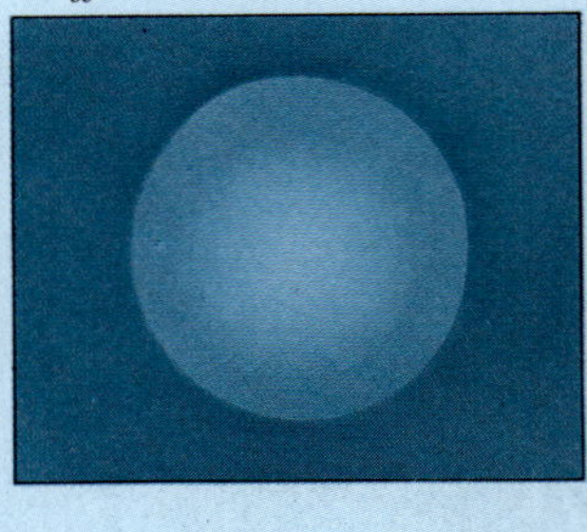

(e) Ein Cepheide ist instabil, er explodiert schließlich als Supernova, wobei die Eisenkerne einen weißen Zwerg bilden oder zu einem Neutronenstern »zusammenschmelzen«.

(f) Sehr massereiche Neutronensterne ziehen sich noch weiter zusammen (»schwarzes Loch«), dem wegen der gewaltigen Schwerkraft nicht einmal mehr Licht entkommen kann.

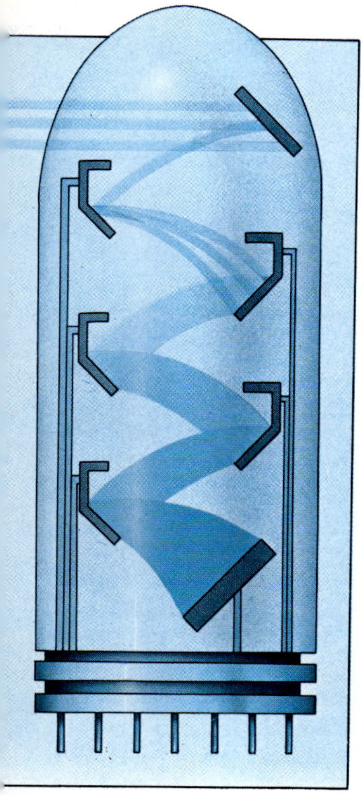

(b) Im Zentrum des Sterns beginnen Kernreaktionen, und die freigewordene Energie läßt den neuen Stern Milliarden von Jahren lang hell leuchten.

(d) Geht der Brennstoff zur Neige, trennt sich eine Gasschale ab, die eine Kugel mit Eisenatomen zurückläßt: ein Cepheide oder ein weißer Zwerg entsteht.

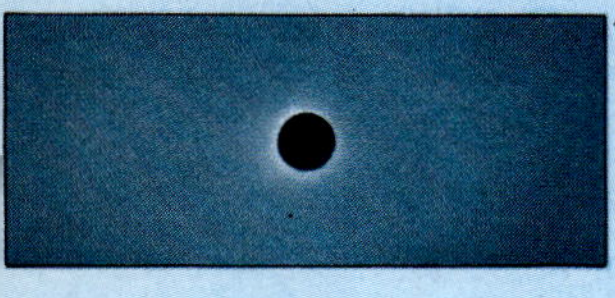

eines von drei oder vier auf die Photokathode auftreffenden Photonen löst ein Elektron aus und liefert einen Strom von einer Million oder mehr Elektronen, während es zwischen 300 und 400 Photonen gebraucht hatte, um nur ein geschwärztes Korn auf einer photographischen Platte zu erhalten. Dieser neue Detektor wurde auch viel besser mit dem Problem fertig, das von immer größerer Wichtigkeit wurde – dem Licht des Nachthimmels. Sogar an den dunkelsten und abgelegensten Plätzen war die natürliche Helligkeit des Himmels wegen der Lichterzeugung bei chemischen Reaktionen in der oberen Atmosphäre immer noch groß im Vergleich zu den schwächsten Sternen und Galaxien. Teleskop und Photovervielfacher konnten so geschaltet werden, daß abwechselnd der Himmel allein und der Stern mit dem Himmel vermessen wurden. Aus dem Unterschied ergibt sich dann die Helligkeit des Sternes selbst. Der Photovervielfacher kann die Signale über so lange Zeit sammeln, bis der Unterschied deutlich genug wird; die photographische Platte kommt dagegen an ihre Grenze, wenn die Belichtungszeit so lang wird, daß das Himmelslicht allein die Platte schwärzt.

Die wichtigste Anwendung fand der Photovervielfacher wohl bei der Messung der Helligkeiten von Sternen in Kugelhaufen unserer eigenen Galaxis. Die Sterne eines Haufens haben den Vorzug, daß sie alle im wesentlichen dieselbe Entfernung von uns haben, so daß die Auswirkungen der interstellaren und atmosphärischen Lichtabsorption für den ganzen Haufen die gleichen sind. Man darf auch annehmen, daß die Sterne in einem Haufen alle dasselbe Alter haben und aus demselben Rohmaterial bestehen. Die Haufen sind so als wichtigster Test für Theorien der Sternenentstehung geeignet: auf diesem Gebiet sind die Arbeiten von Sir Arthur Eddington, George Gamov, Hans Bethe, Subrahmanyan Chandrasekar, Fred Hoyle und anderen die Grundlage. Diesen Theorien standen Beobachtungen von Allan Sandage, Halton Arp und Richard Baum gegenüber, die die Helligkeiten und Temperaturen von Haufensternen bis zur 21. Größe bestimmt hatten – zehn Millionen mal schwächer als Spika (Alpha Virginis) oder Antares (Alpha Scorpii).

In jedem Haufen, so ergab sich, konnten die Sterne in drei Gruppen eingeordnet werden. Die Sterne mit kleiner Masse, die sich sehr langsam verändern, gehören zur Hauptreihe im Hertzsprung-Russell-Diagramm. Massereichere Sterne, die sich schneller weiterentwickeln, haben die Hauptreihe verlassen und sind zu roten Riesen geworden, die viel heller und größer sind als die Sterne der Hauptreihe. Die sehr massereichen Sterne der dritten Gruppe haben sowohl das Hauptreihen- als auch das Rote-Riesen-Stadium ihrer Entwicklung durchlaufen und sind nach einem labilen Zwischenstadium als Cepheiden viel kleiner und heißer geworden. Sie sind weniger häufig und erscheinen als blauweiße Sterne verstreut zwischen den roten Sternen der Hauptreihe und den roten Riesen. Diesen drei Stadien werden bestimmte Kernreaktionen innerhalb der Sterne zugeordnet. Die Hauptreihensterne »verbrennen« Wasserstoff, um Helium zu gewinnen. Dabei hängt die Geschwindigkeit des Prozesses von der Masse ab – je größer der Stern, um so schneller ist die Reaktion. Im Riesenstadium, in dem die äußere Atmosphäre eines Sternes ungeheuer ausgedehnt ist, nimmt er seine Energie aus der Fusion von Heliumkernen zu Kohlenstoff und Sauerstoff in seinem Innern. Die dritte Phase wird von einer Reihe immer weniger wirksamer Reaktionen aufrechterhalten, die bei immer höheren Temperaturen geschehen und die im Zentrum des weißglühenden Sterns Eisen entstehen lassen. Wenn ein Stern all diese Kernenergiequellen aufgebraucht hat, fällt er zu einem weißen Zwerg zusammen. Solche Sterne sind viel zu klein und schwach, als daß sie in den entfernten Haufen gesehen werden könnten.

Die Teleskope, die in den 25 Jahren nach der Fertigstellung des 5-m-Spiegels vom Mount Palomar gebaut wurden, wurden nicht unmittelbar von den Möglichkeiten des Photomultipliers beeinflußt. Sogar automatische Nachführungen wurden nur langsam eingeführt, vielleicht auch deshalb, weil die Notwendigkeit, in Kälte und Dunkelheit das Fernrohr mit der Hand nachzuführen, so sehr zu dem Bild von einem »richtigen« Astronomen gehörte, dem eines Beobachters, der sich mit seinen Daten eng verbunden fühlt. Die wesentliche Wirkung der neuen Technik war eine Beschränkung der Größe der neuen Instrumente. Da es möglich war, mit Hilfe der neuen Detektoren Astronomie von Weltrang auch auf Instrumenten mit weniger als 5 m Öffnung zu betreiben, war es nicht nötig, sich der undankbaren Aufgabe zu stellen, Gelder für ein noch größeres Teleskop zu beschaffen. Es dauerte 20 Jahre, bevor ein Teleskop dem Hale-Teleskop in der Größe auch nur nahekam. Für zwei Teleskope, den 3-m-Spiegel am Lick-Observatorium und den 2,5-m-Spiegel am Observatorium in Greenwich, war der wichtigste Gesichtspunkt, daß schon eine Spiegelrohform vorhanden war. Der 3-m-Spiegel für Lick wurde um einen flachen Spiegel herum gebaut, der zur Überprüfung der Optik des 5-m-Spiegels von Palomar benutzt worden war, während das englische Instrument eine Spiegelrohform benutzte, die 1936 für das Michigan-Observatorium gegossen, aber niemals in ein Teleskop eingebaut worden war. Der Spiegel des Teleskops für Lick war zu dünn, als daß er eine stark konkave Oberfläche hätte bekommen können, und so mußte man eine längere Brennweite als erwünscht in Kauf nehmen. Das leichtere Rohr, das nur 50 Tonnen wog statt 140 Tonnen wie beim 5-m-Spiegel, machte eine gewöhnliche Gabelmontierung möglich, allerdings mit 7,3 m langen Zinken. Dem Hauptspiegel wurden noch fünf Tonnen Ballast hinzugefügt, damit der Schwerpunkt weit unterhalb des Mittelpunktes des Rohrs lag. Serruriers System der ausbalancierten flexiblen Halterung war so ausgelegt worden, daß die Arme oberhalb und unterhalb der Neigungsachse des Teleskops ungleiche Längen hatten. Das Endergebnis war ein sehr elegantes schlankes Teleskop, das zudem außerordentlich beweglich war.

Nachdem das Nachkriegsteleskop sich von den Zwängen befreit hatte, die das Lick-Teleskop noch eingeschränkt hatten (das immer noch viele Jahre lang das zweitgrößte Teleskop der Welt blieb), wurde eine bestimmte Bauweise immer üblicher. Die Mehrzahl der etwa 20 Instrumente mit Öffnung zwischen 1,5 und 3 m, die in den 50er und 60er Jahren fertiggestellt wurden, benutzten die optische Anordnung von Ritchey-Chrétien. Man erhielt hinter dem »Cassegrain«-Fokus ein photographisches Feld ausreichender Größe und hatte relativ kurze Brennweiten. Die Spiegel für das Teleskop waren kleiner und wirtschaftlicher, die Geräte hatten Gabelmontierung und Öl-Lager zur Unterstützung der Polachse. Ein Prototyp für diese Generation von Teleskopen war der 2,1-m-Spiegel auf Kitt Peak in Arizona. Mit einem Öffnungsverhältnis von 1 : 2,6 ging dieses Teleskop bis an die Grenze der Möglichkeiten hochqualifizierter optischer Arbeit. Eine »Serrurier«-Halterung wurde gebaut, oder jedenfalls geplant. Das Ergebnis entsprach jedoch eher ästhetischen als technischen Forderungen, da die Teile nicht genau den Bedingungen Serruriers entsprachen. Kennzeichnend für diese Zeit ist es auch, daß ein Teleskop mit einer großen Vielfalt von Spektrographen ausgestattet war und selten für andere als spektroskopische Beobachtungen benutzt wurde.

Auch der Hintergrund der Entstehungsgeschichte des 2,1-m-Instruments auf dem Kitt Peak war in manchem charakteristisch. Zunächst und vor allem war es das Ergebnis einer neuen Art wissenschaftlicher Zusammenarbeit – eine Vereinigung von Universitäten und nicht ein einzelnes Institut war der Bauherr. Die Vorteile waren, daß viele Gruppen zu dem Teleskop Zugang hatten, daß es an einem Ort gebaut werden konnte, der nur nach den astronomischen Bedürfnissen gewählt wurde, und daß Verwaltung und Forschung unmittelbar benachbart waren und nicht eine Zentrale im entfernten Boston, Cleveland oder Chicago die Arbeiten kontrollierte. Bei der Suche nach dem Ort ging man sehr gründlich vor. Die Wetterstatistik sprach für die südwestliche Ecke der Vereinigten Staaten, und die Erfahrung mit Mount Wilson, Mount Hamilton und Mount Palomar zeigten deutlich die Vorteile einer hochgelegenen Anlage. Die Planer sahen sich mehrere Berge an, die alle weit entfernt von großen Städten waren, aber nicht so unzugänglich, daß es unmöglich wäre, große Instrumente zum Berggipfel zu transportieren. Es wurden kleine Spezialfernrohre gebaut, um die Luftunruhe an jedem der Plätze zu überprüfen, damit die Astronomen sicher sein konnten, daß die Bildqualität so wenig wie möglich durch atmosphärische Störungen vermindert wurde.

Die Wahl fiel schließlich auf den Kitt Peak, einen Berg im Süden Arizonas, etwa 80 km von Tucson entfernt. Die Möglichkeiten eines solchen Observatoriums, zu dem die Astronomen nur zu Beobachtungen kommen, um dann die Daten in ihren Heimatinstituten zu bearbeiten, kann wohl daran gemessen werden, daß Kitt Peak heute auf der Welt das Observatorium mit der größten Zahl von »arbeitenden« Teleskopen ist.

Um die Mitte der 70er Jahre konnte man die gewonnenen Erfahrungen zusammenfassen. Zunächst kostet ein Teleskop mit der doppelten Öffnung fünf- oder sechsmal so viel, sammelt aber nur viermal soviel Licht. Dies zeigte, daß es besser sei, eine große Anzahl mittelgroßer Teleskope zu haben als nur wenige große. Es zeigte sich auch, daß die Bauzeit doppelt so viele Jahre dauert, wie die Öffnung des Teleskops in Metern beträgt. Zu dieser Regel gab es Ausnahmen. Das Europäische Südobservatorium ESO brauchte wegen der Schwierigkeiten multinationaler Zusammenarbeit 23 Jahre vom ursprünglichen Plan zur Betriebsaufnahme. Die Engländer brauchten trotz größter Mühen 21 Jahre, bis sie 1967 das 2,5-m-Isaac-Newton-Teleskop fertiggestellt hatten.

Während die Anzahl der Teleskope mit mehr als 1 m Öffnung sich etwa alle 20 Jahre verdoppelte – 1920 gab es drei, 1940 sieben, 1960 sechzehn und 1980 fünfunddreißig – bemühte sich die Forschung, die Vorteile von photographischer Platte und Photovervielfacher zu verbinden. Die hohe Empfindlichkeit der Photokathode kann jeweils nur für eine Messung ausgenutzt werden, während die Platte die Bilder aller Sterne im Gesichtsfeld aufnehmen kann. Der Photomultiplier liefert nur einen Strom, der proportional zu der gesamten Lichtmenge ist, die auf die Photokathode fällt, gibt aber keine Information darüber, ob er von einem Stern stammt oder von vielen.

Das erste Gerät, das die Empfindlichkeit der Photokathode mit den Möglichkeiten der Photoplatte verband, wurde 1936 von dem Franzosen A. Lallemand vorgeschlagen. Der Grundgedanke war einfach: man läßt das Abbild des Objekts auf eine lange Photokathode auftreffen, beschleunigt dann die ausgelösten Elektronen und sammelt sie auf einer photographischen Platte. Eine Reihe von Entwicklungen in den verschiedenen Zweigen der Physik hatte zu photographischen Emulsionen geführt, die statt auf Licht unmittelbar auf Elektronen ansprechen. Wenn die Energie nur hoch genug ist (25000 oder 30000 Elektronenvolt), schwärzt ein Elektron viele Körner der Emulsion. Die Idee war einfach, die Ausführung weniger, und es dauerte fast 20 Jahre, bevor Lallemand mit einer »caméra électronique« auf seinem Fernrohr arbeiten konnte.

Die Hauptschwierigkeit ist die Zusammensetzung der Photokathode, die nur dann voll wirksam ist, wenn sie das Element Cäsium enthält, ein äußerst aktives chemisches Element. Ein Stapel von acht elektronenempfindlichen Platten mußte in die luftleere Kammer der Kamera eingeführt werden und durch flüssigen Stickstoff abgekühlt werden. Ein versiegelter Glasbehälter, der die Photokathode enthält, wird dann aufgebrochen und die Photokathode mit Hilfe eines Magneten außerhalb des Vakuums an ihren »richtigen« Platz in der Kamera gebracht. Trotz der tiefen Abkühlung der Platten genügten schon die winzigen Mengen von Gasen, die sie abgaben, um die Photokathode in etwa 48 Stunden unbrauchbar zu machen. Nach dem Herausnehmen der belichteten Platten, nach acht Aufnahmen, mußte die Kamera jeweils neu vorbereitet werden. Die Mühe lohnte sich insofern, als die 40-fache Empfindlichkeit gegenüber der orthodoxen Photographie Beobachtungen erlaubte, die mit anderen Methoden nicht möglich gewesen wären. Zu den wichtigsten Anwendungen, für die das 3-m-Teleskop der Lick-Sternwarte verwendet wurde, gehörte die Beobachtung der Spektren schnell veränderlicher und auch sehr schwacher Sterne. In beiden Fällen waren Beobachtungen wichtig, die nur wenig Zeit brauchten. Das Spektrum eines veränderlichen Sterns muß in einem kleinen Bruchteil der Zeit des vollen Zyklus aufgenommen werden, wenn die Ergebnisse auf der Platte nicht durch die Überlagerung mit dem Spektrum einer anderen Phase gestört werden sollen. Bei der Beobachtung schwacher Sterne war die obere Grenze der Belichtungsdauer etwa eine halbe Nacht, um ein Spektrum von Sternen der 16. Größenklasse mit einer Auflösung von mehreren 100 Punkten im Spektrum zu erhalten.

Der nächste Schritt bestand in der Abtrennung der Photokathode von der Platte mit Hilfe eines Fensters. So wurde verhindert, daß das von der Platte ausströmende Gas die Photokathode erreicht, aber die beschleunigten Elektronen ungehindert zur Platte gelangen konnten. Zwei Methoden wurden versucht, um diese Trennung zu bewirken. W. Hiltner und seine Kollegen am Yerkes-Observatorium benutzten eine sehr dünne (0,1 Mikrometer) Saphirschicht, um zwei luftleere Kammern zu trennen, von denen eine mittels einer Luftschleuse die Platten aufnehmen konnte und die andere die Photokathode. J. D. McGee am Imperial College in London benutzte eine dickere (10 Mikrometer) Schicht aus Glimmer, die den atmosphärischen Druck aushielt, so daß die Platte belichtet werden konnte, ohne tiefgefroren zu werden oder im luftleeren Raum zu sein. Dies war für ein Gerät, das im Cassegrain-Fokus des Fernrohrs und bei völliger Dunkelheit benutzt werden sollte, ein wesentlicher Gewinn.

Die von Lallemand und McGee entwickelte Bildröhre verstärkt die Energie der Elektronen, vergrößert aber nicht ihre Anzahl. Eine Alternative, die dem Photovervielfacher verwandt ist, wurde parallel zu Lallemands System entwickelt. Das Gerät wurde von M. von Ardenne ebenfalls 1936 zum erstenmal vorgeschlagen. Ein weiterer Fortschritt kann durch die Beschleunigung des ursprünglichen Elektrons auf eine Phosphorschicht hin erreicht werden, die der in einem Fernsehgerät ähnlich ist. Die Lichtausstrahlung des Phosphors löst dann auf einer weiteren Photokathode wieder mehr Elektronen aus und diese werden für eine neue Phase der Verstärkung beschleunigt. Nach drei, vier oder fünf Stufen wird dann der letzte Phosphorschirm mit einer gewöhnlichen Kamera photographiert. Obwohl bei diesem letzten Prozeß fast 99,99 Prozent des Lichts wieder verlorengehen, wird dieser Verlust doch durch den Gesamtgewinn innerhalb der Bildröhre von über einer Million wieder gutgemacht. Röhren dieser Art wurden zuerst in der Sternwarte auf der Krim und in Pulkowo (UdSSR), das nach Kriegsende wieder aufgebaut worden war, in der Astronomie angewandt. Das astronomische Ziel war die Entdeckung schwacher Galaxien, was für die direkte Photographie ein schwieriges Problem ist, da der schwache äußere Halo einer Galaxis, das Kennzeichen, das eine entfernte Galaxis am deutlichsten von einem Stern unterscheidet, leicht im Licht des Nachthimmels untergeht. Bald nach 1960 wurden solche »Kaskaden«-Bildröhren, die mit Hilfe der Carnegie-Stiftung gebaut worden waren, auf Mount Palomar getestet.

Die Bildröhren der 60er Jahre lieferten schließlich eine photographische Platte, der die Information in einer Form entnommen werden mußte, die von einem Computer weiterverarbeitet werden konnte. Bei neueren Entwicklungen der Bildröhre wurde versucht, die Platte einzusparen und mit einem vollelektronischen Gerät die Ergebnisse direkt in einem Computer zu speichern.

Am Lick-Observatorium versuchte man, die photographischen Platten durch einen kleinen »Chip« zu ersetzen, eine Halbleiterschaltung mit einem winzigen Stromkreis, bei dem viele kleine Dioden gleichmäßig über die Oberfläche verteilt sind. Bei diesem System, dem Digicon, werden die beschleunigten Elektronen aus der Photokathode auf dem Chip gesammelt und lösen in den Dioden, auf die sie treffen, Stromstöße aus. Diese Impulse können von einem Computer direkt gezählt und analysiert werden. Die frühen Digicons hatten nur wenige Dutzend Dioden, jeweils mit ihrem eigenen kleinen Verstärker, aber die Zahl ist in dem Maß gewachsen, wie sich die Mikroelektronik weiterentwickelte, und so können immer feinere Einzelheiten in einem immer größeren Gesichtsfeld aufgelöst werden. Der andere Weg, ohne photographische Platten zu arbeiten, bestand darin, das Signal mit einer Fernsehkamera aufzuzeichnen. Die gewöhnliche Fernsehkamera konnte nicht direkt in der Astronomie verwendet werden: sie ist eher dazu geeignet, voll ausgeleuchtete Szenen – Nachrichtensprecher, Fußballspiel oder Werbung – aufzunehmen und nicht, um nach stundenlan-

Das russische 6-m-Teleskop beim Bau 1969. Einer der Träger, der die Höhenachse stützt, wird in die Kuppel gehoben. Das Instrument steht auf dem Berg Pastukov in der Nähe von Zelenchukskaya im Nordkaukasus.

Beim Schleifen des 4-m-Spiegels für das Mayall-Teleskop des Kitt Peak Observatoriums. Mit der Schleifscheibe wird ein hyperbolisches Profil erzeugt, wie es die Ritchey-Chrétien-Optik erfordert.

ger Belichtung ein Bild von einem fast völlig dunklen Himmelsaussschnitt zu erzeugen. Wenn jedoch das einfallende Licht durch eine Kaskaden-Röhre verstärkt wird, ist das Signal stark genug für den Einsatz einer Fernsehkamera. Die ersten Experimente in dieser Richtung wurden in den frühen 60er Jahren von McGee, L. B. Robinson und E. J. Wampler unternommen. Das Konzept wurde von Alec Bosenberg am University college in London weiterentwickelt, der den Empfänger mit einem Computer verband, und damit ein vielseitiges Gerät erhielt, einen Detektor zur Zählung von Bild-Photonen. Dieses Gerät kam dem idealen Detektor sehr nahe – etwa eine Viertel der Photonen des einfallenden Sternenlichts werden verarbeitet –, und die Ergebnisse stehen dem Astronomen sofort als Fernsehbild zur Verfügung. Er kann vom Kontrollraum aus das langsame Wachsen des Bildes beobachten und genau bestimmen, wann lange genug belichtet wurde. Der Unterschied zur astronomischen Arbeitsweise eine Generation früher ist auffallend. In den 40er Jahren saß Baade stundenlang in eisiger Kälte am Okular des Nachführgeräts und wußte auch dann, wenn er die belichtete Platte in die Dunkelkammer brachte, noch nicht, ob die entscheidenden Quadratmillimeter der photographischen Emulsion über- oder unterbelichtet waren.

In einer Hinsicht konnte die Bildröhre allerdings nicht mit der photographischen Platte gleichziehen; nämlich in der Größe. Es war leicht, Platten von 35 cm Länge zu belichten, aber nur wenige Bildröhren-Photokathoden hatten einen Durchmesser von nur 35-mm. Die Folge war, daß der Primärfokus wieder zu einem wichtigen Beobachtungspunkt wurde. Die Bilder von Sternen sind im Primärfokus kleiner und liegen näher beieinander als im vergrößerten Bild im Ritchey-Chrétien-Fokus hinter dem Hauptspiegel und passen deshalb besser auf die kleinen Photokathoden. Das Licht des Nachthimmels, das im Primärfokus des Hale-Teleskops in 20 Minuten eine Platte geschwärzt hatte, konnte jetzt mit Hilfe eines Computers subtrahiert werden. Der Primärspiegel eines Ritchey-Chrétien-Teleskops liefert im Primärfokus kein sehr gutes Bild; Charles Wynne und andere entwickelten darum verbesserte Systeme von Korrekturlinsen, um diesen Defekt zu beheben. So kam es, daß kaum jemand den Ritchey-Chrétien-Fokus zur Himmelsphotographie benutzte. Wynne wies darauf hin, daß der Primärfokus eines klassischen Cassegrain-Teleskops mit einem parabolischen Primärspiegel so korrigiert werden kann, daß er ebenso gute Bilder lieferte wie ein Ritchey-Chrétien. Damit endete die 50-jährige Vorherrschaft des Entwurfs von Ritchey und Chrétien.

In der Mitte der 70er Jahre gab es eine neue Welle großer Teleskope mit Öffnungen um 4 m. In Rußland wurde 1976 ein sehr großes Teleskop mit 6 m Öffnung fertiggestellt. Diese Teleskope haben je etwa zur Hälfte Ritchey-Chrétien- und Cassegrain-

Optik, wobei die ersteren das verfeinerte System benutzten. Die Teleskope in der 4-m-Kategorie, etwa das Mayall-Teleskop auf Kitt Peak, kennzeichnen gleichzeitig das Ende eines Zeitalters der Teleskopbaus. Drei der sechs neuen Teleskope sind sehr ähnlich, das erste auf dem Kitt Peak, ein zweites in der Schwesterinstitution, dem Inter-Amerikanischen Observatorium in Cerro Tololo in Chile, und ein drittes im Englisch-Australischen Observatorium in Siding Spring in New South Wales. All drei sind Ritchey-Chrétien-Teleskope mit einem Joch, das eine Weiterentwicklung des Palomar-Entwurfs ist. Abgesehen von der Optik war die wesentliche Veränderung die Verwendung von Spiegeln aus einem neuen Material mit einem sehr niedrigen Ausdehnungskoeffizienten: Quarz und Cervit statt Pyrex. Eine erfreuliche Tatsache war auch, daß das Observatorium in Chile neue Maßstäbe für das »Seeing« setzte, weil dort Abbilder von Sternen mit weniger als einer Bogensekunde Durchmesser nicht selten waren. Die Konzentration des Sternenlichts in kleine unverwaschene Abbilder vergrößert den Gegensatz zwischen schwachen Sternen und dem Nachthimmel und ist der Hauptgrund dafür, daß das 2,5-m-Isaac-Newton-Teleskop vom Hauptquartier der Königlichen Sternwarte Greenwich in Herstmonceux in Sussex, England, auf einen Berg auf Las Palmas, eine der Kanarischen Inseln, gebracht wurde.

Das erste in die Zukunft weisende große Teleskop war jedoch das 6-m-Instrument am Zelenchukskaya Astrophysikalischen Observatorium in den Bergen Südrußlands. Dieses Teleskop war von Beginn an so geplant worden, daß ein Computer das Fernrohr nachführen und auch die von ihm gesammelten Daten verarbeiten sollte. Damit werden die Probleme hinfällig, die die geneigte Polarachse von äquatorial aufgehängten Teleskopen macht.

Der Vorteil der Äquatorialmontierung ist es, daß eine Achse (die Nord-Süd »Polarachse« des Jochs parallel zur Drehachse der Erde) mit konstanter Geschwindigkeit gedreht wird, während die andere Achse (die Deklinationsachse) während einer Beobachtung in einer festen Position bleibt. Frühe Beobachter, zu denen Flamsteed im 17., Herschel im 18. und Nasmyth im 19. Jahrhundert gehörten, hatten eine Alt-Azimut-Montierung verwendet, bei der eine Achse (Höhenachse) horizontal war und die andere (Azimutachse) vertikal; das Problem ist dabei, daß beide Achsen zur Nachführung angetrieben werden müssen und sich die Geschwindigkeit des Antriebs zudem mit der Position ändert. Da ein Computer die verschiedenen Nachführungsgeschwindigkeiten leicht berechnen und ausführen kann, ist es jetzt möglich, zu einer Alt-Azimut-Montierung zurückzukehren; das ist um so sinnvoller, je größer das Teleskop ist. Drehung um die vertikale Azimutachse ändert die Lage des Schwerpunkts nicht, und damit hat diese Bewegung keinen Einfluß auf die Verbiegung der Stützen und Träger.

Die Alt-Azimut-Montierung kann man auch als Gabelmontierung mit vertikaler Achse sehen, bei der die Zinken überhaupt nicht in Querrichtung belastet werden. Das System ist nicht nur besser dazu in der Lage, die Last zu tragen, sondern vermeidet auch Verdrehungen der Gabelzinken, was die Konstruktion der Lager für die Deklinationsachse eines Teleskops mit Äquatorialmontierung so erschwert. Jetzt ist die Verwendung längere Zinken möglich, und die horizontale Höhenachse kann näher am Schwerpunkt des Fernrohrs liegen.

Das russische 6-m-Instrument ist eine Mischung aus alten und neuen Entwürfen. Die Alt-Azimut-Montierung und die Verwendung einer sehr dünnen Spiegelrohform für den Hauptspiegel sind Neuentwicklungen, wobei sich der dünnere Spiegel als ein zweifelhafter Segen herausstellte. Eine erste Rohform – die größte Glasscheibe der Welt – zerbrach, als sie angehoben wurde, und die zweite war viel schwieriger zu schleifen, als man erwartet hatte. Älteren Vorstellungen entspricht, daß die Brennweite relativ lang ist und die ganze Ingenieurtechnik eher im konservativen massiven Stil gehalten ist – ein starker Gegensatz zur Eleganz des 3-m-Spiegels in Lick.

Auch ohne die Geburtswehen des russischen Teleskops – nach seiner ersten Aufstellung benötigte es eine ähnlich lange Zeit der Entwicklung wie das Hale-Teleskop fast 30 Jahre früher – erkannten die Astronomen langsam, daß sich ein Endstadium der Entwicklung von Lichtdetektoren anzeigte. Ein idealer Empfänger wäre der, der jedes einzelne Photon von einem fernen Stern oder einer Galaxis verarbeiten könnte, und die vorhandenen Empfänger kamen diesem Ideal schon bis auf den Faktor zwei oder drei nahe.

Neuerdings ist die Aufmerksamkeit der Astronomen sehr stark auf Silikon-Halbleiter-Detektoren gerichtet, die jetzt in Anordnungen hergestellt werden können, die eine viertel Million Elemente enthalten. Die neuen Detektoren sprechen auch auf Photonen sehr niedriger Energie (rotes Licht) an, die die herkömmlichen Bildröhren nicht erfassen können, und verarbeiten schon zwei von drei Photonen, die auftreffen. Die Nachteile der Silikonchips sind, daß sie noch sehr ungleichmäßig reagieren und diese Ungleichmäßigkeit noch zusätzlich von der Wellenlänge abhängt. Außerdem sind die Detektoren sehr empfindlich gegenüber Temperaturveränderungen und reagieren in einem Wellenlängenbereich, in dem sie nur schwer mit einer Kaskadenbildröhre kombiniert werden können. Wegen der großen Möglichkeiten dieser Bauteile für das Fernsehen werden ungeheure Gelder in ihre Entwicklung investiert. Wie jetzt langsam die Videokamera die Filmkamera zu ersetzen beginnt, so könnte einmal der Fernseh-Detektor die photographische Platte als das »Standard«-System der Astronomie ersetzen.

ÄQUATORIAL-
MONTIERUNGEN

Die Gabel ist für ein mittleres Teleskop (etwa 1,5 bis 2,5 m) die übliche Montierung.
D = Deklinationsachse
P = Polarachse

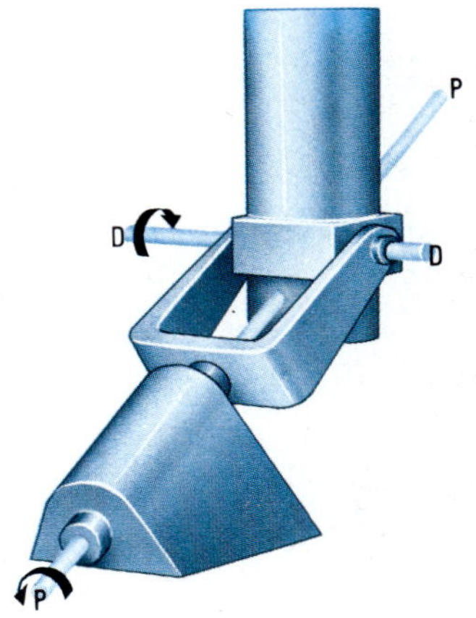

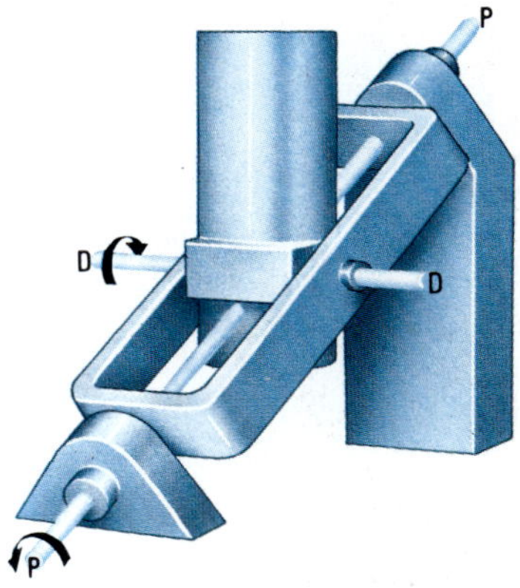

Bei der Jochmontierung (oben) liegen die Halterungen nördlich und südlich des Teleskops. Der Jochrahmen ist steifer und starrer als die Gabelmontierung. Dies ist die wirtschaftlichste Montierung für große Teleskope und wurde beim englischen 2,8-m-Infrarot-Teleskop und dem 3-m-Teleskop der NASA auf Hawaii verwendet.

Die Kreuzachsenmontierung (unten) ist mit einem Gegengewicht versehen, um größere Stabilität zu erreichen. Diese Montierung ist bei Amateurastronomen beliebt, weil zwei Fernrohre, ein photographisches und ein visuelles, angebracht werden können, die sich gegenseitig ausbalancieren.

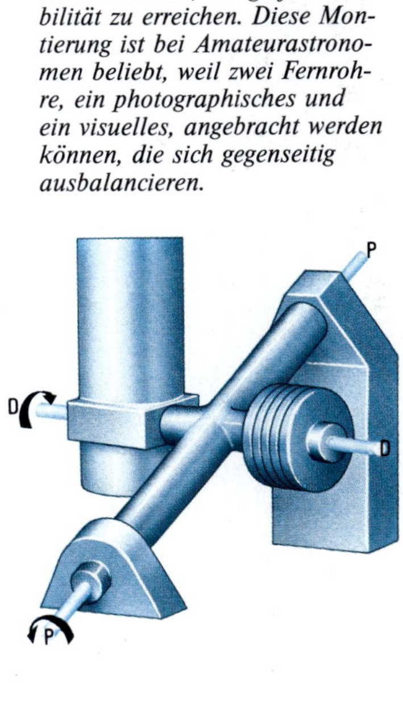

KAPITEL 13

Kombinierte Radioteleskope

Der Einsatz von Interferometern und Antennenfeldern von 1950 bis heute

»Es gibt einen außerordentlich genauen Test dafür, ob die übliche Deutung der Rotverschiebung von Galaxien richtig ist. Er besteht in einem Vergleich der Messungen im Radio- und im optischen Bereich. Nach allem, was wir wissen, muß die gemessene Rotverschiebung unabhängig von der Wellenlänge sein. . . . Die Rotverschiebung der 21-cm-Linie des Wasserstoffs stimmt ausgezeichnet mit den an sichtbaren Linien gemessenen Rotverschiebungen überein. Man beachte dabei auch, daß dabei 130 Galaxien aller Arten untersucht wurden.«

John N. Bahcall, The Redshift Controversy, 1973

Nach 1950 wurden auf Grund der Arbeiten von Graham Smith in Cambridge häufig zwei miteinander verbundene Radioteleskope als Interferometer benutzt. Die meisten dieser hochauflösenden Systeme bestanden jedoch nicht aus steuerbaren »Schalen«-Teleskopen. Hanbury Browns Radiosystem in Jodrell Bank in England, Mills' Kreuz in Australien und das Interferometer, das für Ryles dritten Cambridge Katalog, den »3C«, benutzt wurde, waren alle feststehende Instrumentensysteme, die die Umdrehung der Erde ausnutzten, um den Himmel absuchen zu können. Das erste Interferometer mit großer Öffnung, das aus zwei großen steuerbaren Schalen bestand, wurde 1957 in Owens Valley in Kalifornien gebaut. Die Basis dieses Interferometers konnte von maximal 1600 m bis auf einen beliebig kleinen Abstand verringert werden, weil eines der 27-m-Teleskope auf Eisenbahnschienen verschoben werden konnte.

Mit dem Instrument in Owens Valley konnten T. H. Williams und seine Kollegen die Position einer der Radioquellen bestimmen, die in Cambridge und in Jodrell Bank untersucht worden waren. H. P. Palmer in Jodrell Bank hatte schon gezeigt, daß die Quelle Nummer 48 im dritten Cambridge-Katalog (3C48) eine der wenigen Radioquellen mit weniger als drei Bogensekunden Durchmesser ist. Das neue Interferometer ergab eine bis auf wenige Bogensekunden genaue Position; die Messung war so genau, daß man nun versuchen konnte, mit einem optischen Teleskop eine sichtbare Quelle für diese Radiosignale zu finden. Ein amerikanischer Astronom, Allan Sandage, suchte im September 1960 mit dem 5-m-Hale-Teleskop nach dieser Quelle und fand einen ungewöhnlich blauen Stern 16. Größe.

Bald darauf wurden zwei weitere dieser sehr kleinen Radioquellen, 3C196 und 3C286, ebenfalls mit sehr blauen Sternen, identifiziert. Diese drei Sterne waren äußerst ungewöhnlich. Das optische Spektrum von 3C48 zeigte statt der üblichen Absorptionslinien Emissionslinien, deren Wellenlängen zu keinem bekannten Element gehörten. 3C48 wurde mit optischen Instrumenten das Jahr 1961 hindurch sorgfältig untersucht. Dabei ergab sich, daß die Helligkeit von Monat zu Monat stark schwankte. Aus den Messungen wurde abgeleitet, daß die Quelle einen Durchmesser von höchstens einem Bruchteil eines Parsec haben mußte, also weniger als ein Zehntausendstel der Größe einer gewöhnlichen Galaxis. Der lange gesuchte Radiostern war endlich gefunden worden.

Der nächste Schritt führte zu den einfachen Radioteleskopen zurück. In Jodrell Bank hatte Cyril Hazard ein neues Verfahren entwickelt, das ohne den Einsatz von Interferometern die genaue Ortsbestimmung von Radiosignalen erlaubte. Hazard machte Mes-

Die steuerbare 76-m-Schale in Jodrell Bank in der Nähe von Manchester in England. Dieses erste riesige Radioteleskop der Welt wurde 1957 fertiggestellt.

sungen der Zeit, in der Radiosignale vom Mond abgeschirmt werden, wenn der Mond sich vor der Quelle vorbeibewegte. Daraus konnte er die Lage der Quelle mit großer Genauigkeit – bis auf etwa zwei Bogensekunden – bestimmen. Diese Methode wurde an der Quelle 3C212 und später, als Hazard in Australien arbeitete, an 3C273 getestet. Die zweite Quelle wurde sogleich als sehr blauer Stern identifiziert, der zudem noch als eine Besonderheit ein schwaches strahlförmiges Lichtbündel ausschickte. Wieder einmal wurde das Hale-Teleskop eingesetzt, um dieses neu gefundene Objekt zu untersuchen, und es gelang Maarten Schmidt, einem Amerikaner aus Holland, das sichtbare und das ultraviolette Spektrum des Sternes zu bestimmen. Wie bei 3C48 zeigte das Spektrum von 3C273 Emissionslinien in unerwarteten Wellenlängenbereichen. Schmidt fand, daß diese Emis-

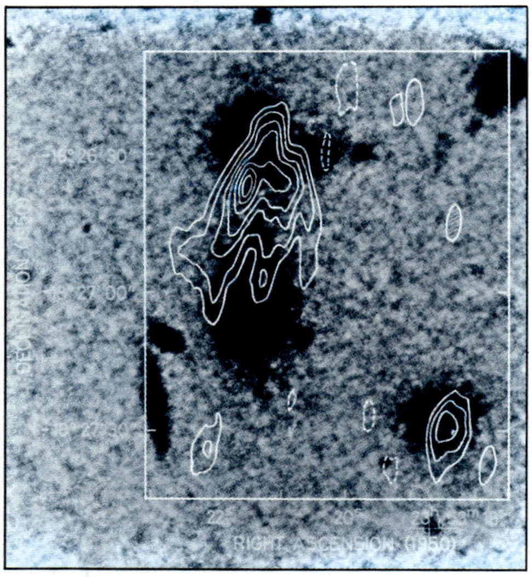

Ein optisches Bild einer Galaxis des Südhimmels, das mit dem englisch-australischen 3,9 m-Teleskop aufgenommen wurde; ihm ist eine Karte der von diesem Objekt ausgesendeten Radiostrahlung überlagert.

sionslinien vom häufigsten aller Elemente, dem Wasserstoff, herrühren könnten, vorausgesetzt, daß der Stern sich mit einer Geschwindigkeit von fast 50000 km in der Sekunde von uns wegbewegt. Der Dopplereffekt streckt dann alle Wellenlängen, und durch die Rotverschiebung zeigen sich Spektrallinien bei ungewöhnlichen Wellenlängen. Diese erstaunliche Erklärung wurde durch eine Neuvermessung des Spektrums von 3C48 durch Jesse Greenstein vom Hale-Observatorium bestätigt. Er fand, wie vor ihm Schmidt, daß die Emissionslinien vom Wasserstoff herrühren könnten, wenn die Geschwindigkeit, mit der 3C48 sich entfernte, etwas über 70000 km in der Sekunde liegt.

Diese Geschwindigkeiten waren für Sterne aus unserer eigenen Galaxis völlig unwahrscheinlich. Die nahen Sterne bewegen sich in einer komplizierten Bahn um den Mittelpunkt des Milchstraßensystems, und die Sonne, die sich mit einer Geschwindigkeit von 250 km pro Sekunde bewegt, ist hier ein ganz typisches Beispiel. Wenn die Sonnengeschwindigkeit sich auch nur um 50 Prozent vergrößerte, wäre sie schon schnell genug, um der Gravitationsanziehung der Galaxis zu entkommen. Nur bei sehr entfernten Galaxien wußte man bisher von derartig hohen Geschwindigkeiten, die auf der Ausdehnung des Universums beruhen. In den 30 Jahren, seit Edwin Hubble die Zusammenhänge zwischen der Fluchtgeschwindigkeit und dem Abstand der Galaxien entdeckt hatte, war dieses Gesetz auch für Galaxien, die sich schneller als 3C48 bewegen, bestätigt worden. Aber die Photos der neuen Objekte zeigten kreisrunde Bilder mit scharfem Rand und keinerlei Anzeichen einer elliptischen Form oder von zerfaserten Rändern, wie sie für entfernte Galaxien so typisch sind. Sie wurden zuerst quasistellare Objekte, dann QSO und schließlich Quasare genannt. Wenn Hubbles Gesetz auch für Quasare gilt, dann mußten sie zu den entferntesten Objekten im Weltall gehören. Aber aus dem Rhythmus der Helligkeitsschwankungen folgte, daß sie klein sein mußten. Die wahre Helligkeit konnte aus der scheinbaren Helligkeit und der Entfernung berechnet werden. So ergab sich, daß die Quasare völlig neuartige Objekte sind, die mit der 50fachen Helligkeit der hellsten Galaxien strahlen, aber ein Volumen haben, das weniger als ein Tausendstel der kleinsten Galaxis beträgt.

Das Problem der Quasare wurde ein Jahrzehnt lang heiß diskutiert. Die entscheidende Frage war, ob Hubbles für Galaxien gültiges Gesetz auch auf Quasare angewandt werden durfte und man aus ihrer Geschwindigkeit auf die Entfernung schließen konnte. Da die hohe Geschwindigkeit aus der Verschiebung der Spektrallinien zu längeren Wellenlängen hin folgte – sichtbares und ultraviolettes Licht wurde zum Roten hin verschoben – nannte man diese Debatte die »Rotverschiebungskontroverse«. Beide Seiten konnten Argumente für sich anführen, sahen sich aber auch mit Widersprüchen konfrontiert. Jene, die der Ansicht waren, daß die Quasare weit entfernt sind, konnten zwar Hubbles Gesetz beibehalten, aber nicht erklären, woher die gewaltigen Energien kamen, die diese Objekte ausstrahlten. Das andere Lager, das eher an »lokale« Quasare glaubte, konnte gut die scheinbare Helligkeit erklären, weil sie ja die Quasare für viel näher und deshalb weniger energiereich hielten. Sie konnten andererseits nicht die beobachtete Rotverschiebung erklären, zum Teil deshalb, weil eine von der Gravitation bedingte Rotverschiebung als mögliche Erklärung unglaubhaft schien.

Die Radioastronomie beschäftigte sich Anfang der 60er Jahre nicht nur mit diesen rätselhaften Objekten. Genau wie die Astronomie im sichtbaren Bereich erhielt sie durch die Entwicklung neuer und empfindlicherer Empfangsanlagen Hilfe und Anregung. Zwei neue Verstärkertypen, die jeder für sich allen früheren Geräten weit überlegen waren, kamen fast gleichzeitig zum Einsatz: der Maser und der parametrische Verstärker. Der Maser arbeitet wie der besser bekannte Laser, aber

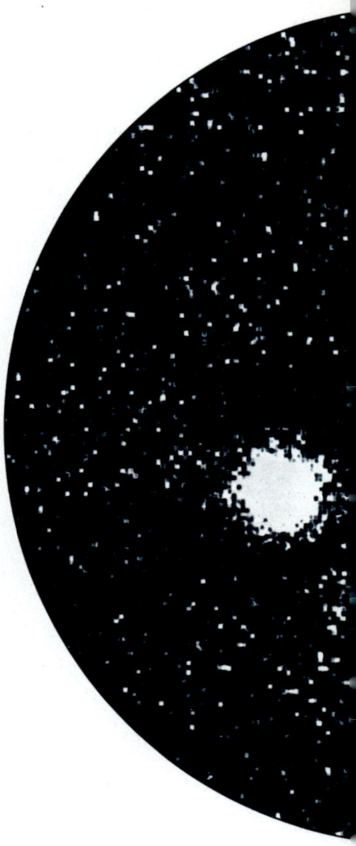

Zwei Bilder des Quasars PON 256, die mit dem 5-m-Hale-Teleskop und dem Bildphotonenzähler aufgenommen wurden. Das obere Bild zeigt den zentralen sternähnlichen Kern des Quasars (in der Nähe der Bildmitte). Das untere Bild wurde länger belichtet und

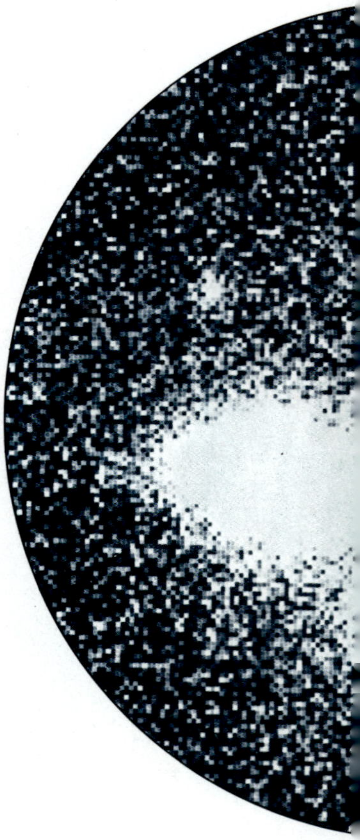

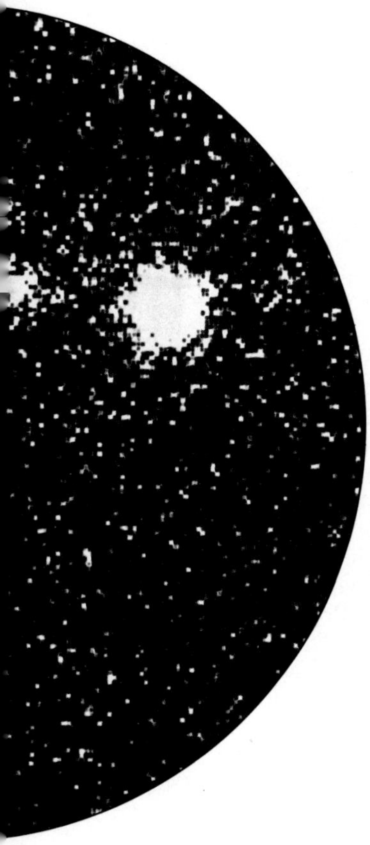

zeigt, daß der Quasar einen elliptischen Halo hat, der in seiner Form der angrenzenden Galaxis gleicht (unten und rechts vom Quasar). In beiden Aufnahmen wurde das Himmelslicht, das heller als der Halo ist, vom Computer des Detektorsystems subtrahiert.

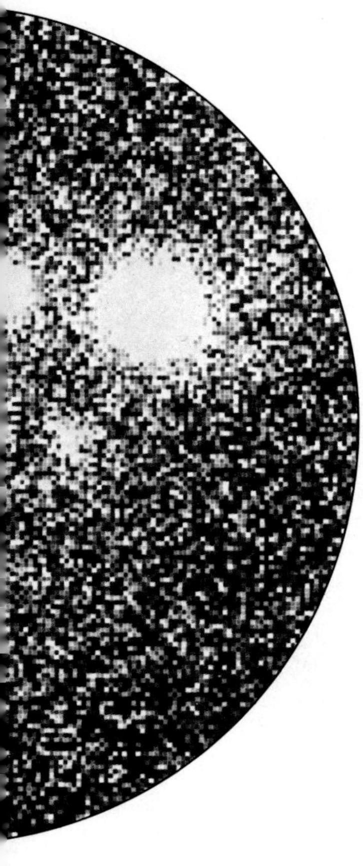

mit Mikrowellen und ist ein relativ empfindliches Gerät; der parametrische Verstärker ist einfacher zu benutzen und fand deshalb bald weiter Anwendung.

Die neuen parametrischen Verstärker wurden in die bestehenden Radioteleskope eingebaut; gleichzeitig wurde eine Reihe neuer Teleskope fertiggestellt. Von 1961 bis 1964 wurden zwei steuerbare Teleskope mit 64 m Öffnung fertiggestellt, das eine in Parkes in Australien und das zweite für die Jet Propulsion Laboratories (JPL) in Goldstone in Kalifornien. In derselben Zeitspanne wurden eine dritte steuerbare Schale, zwei steuerbare Interferometer und ein großes Kurzwellen-Radioteleskop fertiggestellt und mit dem Bau von zwei großen Interferometern begonnen. Zu all diesen Erfolgen kamen auch zwei Fehlschläge. Das National Radio Astronomy Observatory der USA begann den Bau eines steuerbaren Teleskops mit 180 m Öffnung, das also zweieinhalb mal so groß sein sollte wie Lovells Teleskop in Jodrell Bank. Das Unternehmen stellte sich aber sowohl aus ingenieurtechnischen als auch aus finanziellen Gründen als nicht machbar heraus und wurde kurz nach der Fertigstellung der Fundamente wieder aufgegeben. In England, in Jodrell Bank, wurde ein Teleskop mit einer elliptischen Öffnung von 36 mal 24 m als Prototyp eines anderen riesigen Instruments gebaut. Lovell wollte nämlich gern ein Teleskop mit einer Öffnung von 300 m bauen und hatte die elliptische Form gewählt, um Probleme wie die des Winddrucks zu bewältigen, die ein Teleskop, das 300 m hoch ist, mit sich bringt. Leider wurden die Gelder für die Riesenschale nie bewilligt; dennoch wurde 1966 eine recht genaue Kopie des 36-m-Prototyps gebaut, das mit dem ursprünglichen Teleskop zusammen eingesetzt wird.

Eines der neuen Interferometer war ein Paar von 25-m-Teleskopen des Royal Radar Establishment in der Nähe von Malvern in England. Beide Schalen waren ähnlich dem Owens-Valley-Instrument auf Schienen montiert, aber vielseitiger zu gebrauchen. Dieses Interferometer ist auch deswegen bemerkenswert, weil es über einen Mikrowellen-Radiosender mit dem großen Teleskop in Jodrell Bank verbunden war und mit ihm zusammen ein Interferometer mit einer Grundlinie bildete, die im Bereich der hauptsächlich untersuchten 21-cm-Wellen 600000 Wellenlängen umfaßte. Die gute Winkelauflösung dieses Malvern-Jodrell-Paars zeigte, daß einige der umstrittenen Quasare nur 1/10 einer Bogensekunde Durchmesser hatten. Dies war nicht nur für das Wissen über die Quasare wichtig, sondern auch ganz unmittelbar für das Problem der Struktur des Weltalls. Fred Hoyle in Cambridge zeigte, daß in einigen theoretisch möglichen Welten sehr entfernte Objekte unabhängig von ihrer Entfernung immer mindestens einige Bogensekunden messen müßten.

Besonders wichtige Ergebnisse wurden mit dem Interferometer von Cambridge gewonnen. Zu diesem System gehören drei Teleskope mit je 18 m Öffnung, von denen zwei in 800 m Entfernung fest aufgestellt sind und das dritte auf einem Eisenbahngleis über eine Strecke von 800 m bewegt werden kann. Die Anlage hat eine Winkelauflösung von 23 Bogensekunden und war bahnbrechend für relativ komplizierte Beobachtungen mit relativ einfachen Systemen. Die sogenannte Synthese, eine Technik, bei der die langen Reihen von Daten, die das Interferometer aufgenommen hatte, in einen Computer eingegeben wurden, erlaubte die Rekonstruktion einer Aufnahme, wie man sie sonst nur mit einem Riesenteleskop von 1600 m Öffnung erhalten hätte.

Das Teleskop von Cambridge, das auch »One-mile«-Teleskop genannt wird, war sehr empfindlich und konnte schwache Quellen trennen, die so nahe beieinander lagen, daß eine große Schale sie nicht auflösen konnte. Martin Ryle führte mit ihm eine Himmelsdurchmusterung durch, die das Äquivalent zu der vor 200 Jahren von Herschel angestellten ist. Diesmal wurden jedoch Radiogalaxien gezählt und nicht Sterne, und die Absicht war, die Struktur des Weltalls herauszufinden, und nicht die unserer eigenen Galaxis. Genau wie Herschel angenommen hatte, daß die Sterne »im ganzen gesehen« alle ähnlich seien, so nahm Ryle an, daß alle entfernten Radiogalaxien etwa gleich wären. Er erhielt so die Zahl von Radiogalaxien verschiedener scheinbarer Helligkeit in einem zufällig ausgewählten Gebiet des Himmels. In einem einfachen gleichförmigen Universum steht die Zahl der Galaxien einer gegebenen scheinbaren Helligkeit und damit einer bestimmten Entfernung in einer festen Beziehung zu der Zahl der heller oder schwächer erscheinenden.

Die Ergebnisse der Radiogalaxien-Zählung von Ryle zeigten, daß die Verteilung der Galaxien bezüglich der Entfernung nicht gleichförmig war. Es gab zu viele schwache und viel zu viele sehr schwache Galaxien. Dieses Resultat paßte nicht zu der Vorstellung von einem gleichförmigen Weltall und sprach eher für das Modell einer veränderlichen Welt. In den 50er Jahren waren die Kosmologen in zwei Lager gespalten: die Verfechter einer Welt, die sich in einem stabilen Zustand befand und sich gleichförmig ausdehnte, und jene, die ein Modell vertraten, wo die Welt mit einem Urknall begann und sich während der Ausdehnung entwickelte. Die Debatten waren sehr hitzig, wobei es viel um die richtige Interpretation der Daten von Ryle ging. Erst 1965 wurde der Streit durch weitere radioastronomische Messungen beendet.

Diese Messungen, die A. A. Penzias und R. W. Wilson von den Bell Telephone Laboratories durchführten, waren fast eine Wiederholung jener, die Jansky in den 30er Jahren gemacht hatte. Die Telephongesellschaft hatte für Funkverbindungen über Relais-Satelliten ein hochempfindliches Antennen- und Empfängersystem für den 7,35-cm-Bereich entwickelt. Penzias und Wilson nutzten die-

Die 1600 m lange (»One Mile«-) Teleskopanlage bei Cambridge in England setzt drei Schalen ein, die als ein Interferometer zusammengeschaltet sind; eine der Schalen ist auf Schienen beweglich. Die fast fertiggestellte bewegliche Schale ist oben abgebildet. In der Ferne sieht man die feststehende mittlere Schale.

Die steuerbare Schale mit 38 m Durchmesser des Mark-2-Radioteleskops in Jodrell Bank. Sie wurde 1964 fertiggestellt und ist ein genaueres Instrument als das 76-m-Mark-I-Teleskop, das im Hintergrund sichtbar ist. Sie kann im Bereich viel kürzerer Wellenlängen eingesetzt werden.

ses System mit kleinen Änderungen für die Radioastronomie und hofften, damit die sehr schwache Kurzwellen-Strahlung zu entdekken, die aus dem Milchstraßensystem vermutet wurde und von der man sich auch Aufschlüsse über den Aufbau des Universums erhoffte.

Zu ihrer großen Überraschung konnten sie Signale auffangen, die 60 mal so stark waren, wie sie ursprünglich vermutet hatten. Besonders überraschend war, daß die Signale nicht etwa von einem eng umgrenzten Gebiet des Himmels ausgesandt wurden, sondern offenbar gleichmäßig aus allen Richtungen des Raumes kamen. Die Ausrichtung ihrer Antennen hatte keinen Einfluß auf die Stärke des gemessenen Signals. Als erstes versuchten sie, dieses erstaunliche Ergebnis mit Fehlern in den Geräten oder in den Antennen zu erklären. Es war vor allem die Frage zu klären, ob die empfangenen Signale überhaupt aus dem Weltall kamen oder nicht vielleicht nur ein Bestandteil des Hintergrundrauschens ihres Verstärkers waren. Dieses Rauschen würde ja ebenfalls keine Abhängigkeit von der Ausrichtung der Antenne aufweisen. Penzias und Wilson fanden zunächst keine Lösung für ihr Problem, so daß erst die Untersuchungen einer anderen Forschergruppe die richtigen Ansätze für eine Erklärung lieferten.

Ganz zufällig baute gerade damals die Forschergruppe um Robert Dicke in Princeton, gar nicht weit von den Bell Telephone Laboratories in Homdel in New Jersey, das Instrumentarium auf, mit dem sie genau nach der Art von Signalen suchen wollten, die Penzias und Wilson gefunden hatten. In gemeinsamer Arbeit und mit neuen Messungen, die im Bereich von 3,2 cm gemacht wurden, konnte bestätigt werden, daß es das Signal wirklich gab: neben den Radiogalaxien, den Quasaren und anderen Quellen gibt es eine aus allen Richtungen gleiche Hintergrundstrahlung von Radiowellen. Die Strahlung entspricht in ihrer Wellenlänge und ihrer Intensität der eines extrem kalten Körpers, dessen Temperatur nur 3 Kelvin über dem absoluten Nullpunkt (−273 Grad C) liegt. Diese schwache gleichförmige Strahlung war von dem aus Rußland stammenden amerikanischen Astronomen George Gamov und von Dicke selbst als eine unmittelbare Folge eines sich explosiv ausdehnenden Weltalls vorhergesagt worden. Genauso wie sich die Luft abkühlt, die aus einem durchlöcherten Reifen entweicht, so mußte sich auch das heiße Weltall aus den ersten Tagen nach der Entstehung der Welt mit der Ausdehnung abgekühlt haben. Mit der Beobachtung dieser Strahlung – sie wird die »3-K-Hintergrundstrahlung« genannt – war das Modell der stationären Welt widerlegt. Innerhalb weniger Jahre hatte sich die Kosmologie – die Wissenschaft von der Struktur und Geschichte des Weltalls – aus einem Bereich grenzenloser theoretischer Spekulationen zu einem Gebiet entwickelt, in dem unmittelbare Beobachtungen eine Überprüfung der Theorien erlaubten.

Die Untersuchung der entferntesten Bereiche des Universums stellt nur eines der Teilgebiete der Astronomie dar, die von der Radioastronomie beeinflußt wurden. Wichtige Erkenntnisse hat die Radioastronomie auch über die Planeten erbracht.

In ersten Versuchen mit den neuen empfindlichen Detektoren waren die frühen Radarbeobachtungen am Mond auf die Planeten ausgeweitet worden. 1961 berichteten

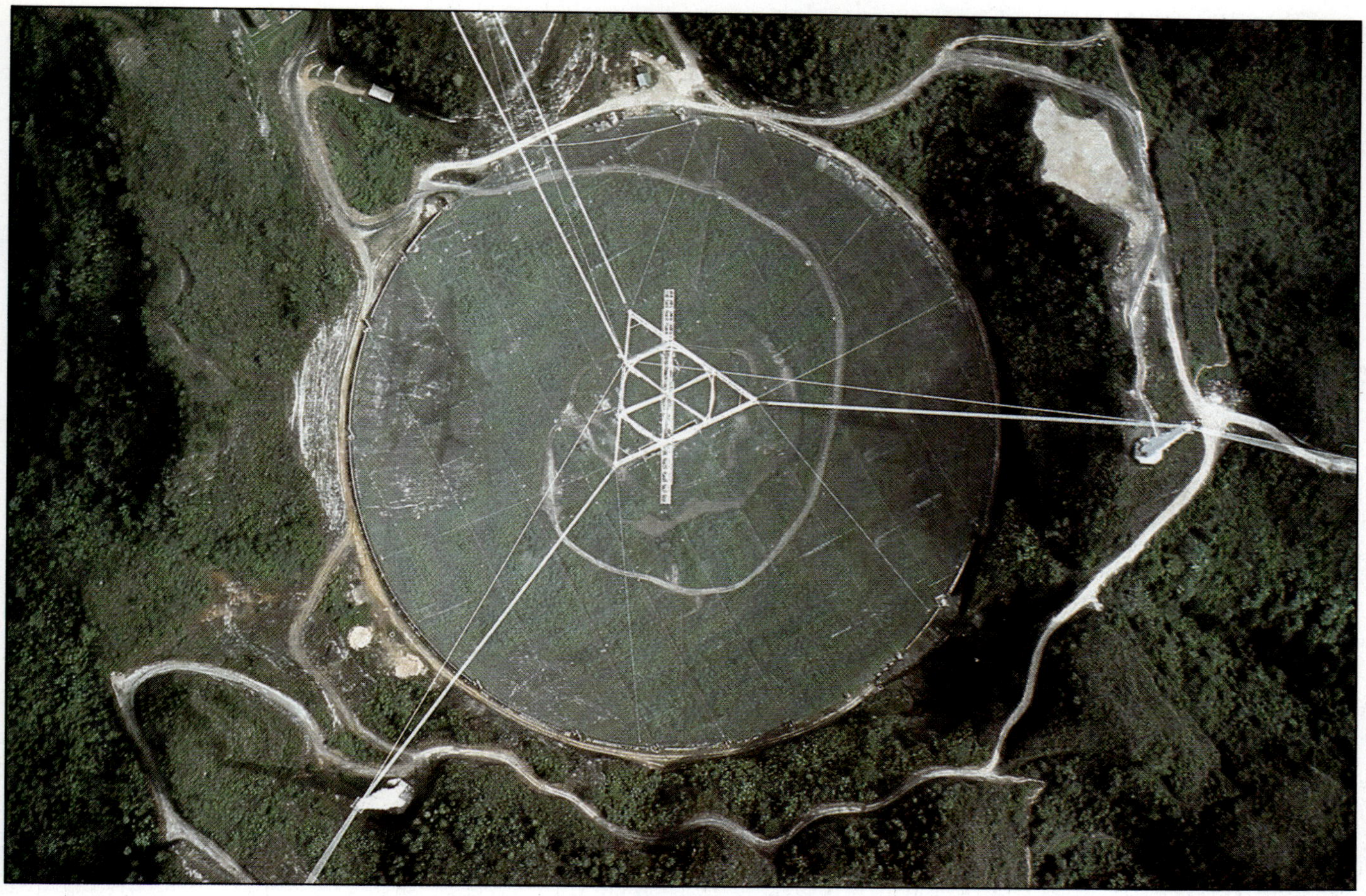

Ein Blick von oben auf das Radioteleskop in Arecibo auf Puerto Rico, das eine Öffnung von 305 m hat. Die Schale des Teleskops ist in ein trichterförmiges Tal eingepaßt worden. Es wird als Meridianinstrument verwendet.

fünf verschiedene Forschungsgruppen über ihre Radarbeobachtungen an der Venus; für diese Untersuchung mußten die Geräte zehn Millionen mal empfindlicher sein als es beim Mond nötig war. Die Radarechos von der Venus gaben einen sehr genauen Wert für die Entfernung zu diesem Planeten und ermöglichten es damit endlich den Astronomen, die Größe des Sonnensystems mit größter Präzision zu bestimmen. Im folgenden Jahr entdeckte die russische Gruppe Radarechos vom Merkur, während Astronomen am Massachusetts Institute of Technology (MIT) Radarechos von der Sonne aufnahmen. Ihr System war in Texas gebaut worden und hatte wahrhaftig texanische Größe – ein Verstärker mit 500000 Watt und eine Antennenanlage, die sich über 3,2 Hektar erstreckte, mit denen man die schwachen reflektierten Signale aufzufangen versuchte.

Diese Erfolge führten in der Mitte der 60er Jahre zur Entwicklung von drei neuen Radarsystemen, mit denen die Planeten erforscht werden sollten, nämlich dem von MIT für diesen Zweck gebaute Haystack-Radar und zwei Systemen mit großen Radio-Teleskopen, eines bei JPL in Kalifornien und das andere in Arecibo auf Puerto Rico.

Die drei Systeme ergänzen sich gewissermaßen. Das 37 m Haystack-Teleskop ist für die Arbeit im cm-Wellenbereich bestimmt und eines der wenigen Instrumente, die in einer Kuppel aufgestellt sind. Die von Goldstone bei JPL entwickelte Schale ist ein gewöhnliches steuerbares Radioteleskop. Wenn es für Radarzwecke eingesetzt wird, arbeitet es in einem längeren Wellenlängenbereich als die Schale bei MIT – 12,5 cm im Vergleich zu 3,8. Das dritte System ist mit dem größten Radioteleskop der Welt, einer fest montierten Schale von 305 m Durchmesser auf Puerto Rico, das von der Cornell-Universität betrieben wird, verbunden. Das riesige Teleskop kann wegen seiner Größe auch bei großen Wellenlängen einen eng gebündelten Strahl aussenden; es wurde im Bereich von 70 cm und 7,5 m als Radargerät eingesetzt.

All diese neuen Anlagen stellten im Vergleich zu den Beobachtungsmöglichkeiten im Jahre 1961 beachtliche Verbesserungen dar. Die älteren Verfahren hatten nur einfache Reflexe von dem Punkt der Oberfläche aufnehmen können, der dem Radarsender genau gegenüberlag. Die neuen Geräte waren über 1000 mal so empfindlich, dadurch wurde es möglich, im Radarecho Strukturen zu erkennen. Zu diesen Strukturen gehören die unterschiedliche Reflexion von verschiedenen Teilen der Oberfläche des Planeten und Veränderungen in der Frequenz des reflektierten Radarsignals, die von der Rotation des untersuchten Planeten herrühren. Da die Radarwellen Wolken durchdringen können, werden die Radarimpulse von der Venusoberfläche und nicht von der Oberfläche der Wolkenschicht reflektiert, die wir im sichtbaren Licht sehen. Die Radarechos zeigten, daß die Venus sich um eine zu ihrer Bahn etwa senkrechten Achse dreht. Das schien ganz plausibel, war aber die einzige Vorhersage, die von den neuen Beobachtungen bestätigt wurde. Überraschend war, daß die Venus sich nur sehr langsam dreht und sich, verglichen mit den übrigen Planeten, rückwärts dreht. Diese Drehung im Uhrzeigersinn dauert 244,3 Tage, also etwas länger als ein Venusjahr mit seinen 224,7 Tagen. Das würde bedeuten, daß die Venus der Erde immer dieselbe Seite zuwendet, wenn die Planeten einander am nächsten sind.

Auch die Ergebnisse der Radarmessung der Merkurrotation überraschten. Fast ein Jahrhundert lang hatten die Astronomen geglaubt, daß auf dem Merkur ein »Jahr« gleich einem »Tag« wäre, und der Planet der Sonne immer dieselbe Seite zuwendet. Die neuen Beobachtungen zeigten, daß Merkur sich in 59 Tagen um sich selbst dreht, also in genau zwei Dritteln eines »Jahres« dieses Planeten. Die korrigierten Daten zeigten, wie schwierig es war, »einfache« visuelle Beobachtungen richtig zu deuten. Die klassischen mit dem Fernrohr gemachten Untersuchungen des Merkur hatten sich auf die Zeiten beschränken müssen, in denen der Himmel um Merkur herum möglichst dunkel war, wenn also der Merkur möglichst weit von der Sonne entfernt war. Zu diesen Zeitpunkten zeigt der Planet der Erde aber immer dieselbe Seite. Es ist dabei merkwürdig, daß sich innerhalb der Zeitspanne zwischen diesen günstigen Stellungen der Planet genau sechsmal um sich dreht.

Aus den Radarechos konnten Kenntnisse über andere Einzelheiten gewonnen werden – die Oberfläche der Venus reflektierte Radar mit einer Intensität, die zeigte, daß sie aus trockenem Felsgestein bestehen mußte, und es stellte sich heraus, daß es auf dem Mars Berge gibt, die höher sind als die höchsten Berge der Erde. Die Genauigkeit, mit der die Entfernungen zu den näheren Planeten bestimmt werden konnten, verbesserte sich von 1:1000 bei den klassischen Messungen auf 1:100000000. Die Planetenbahnen mußten völlig neu berechnet werden, um dieser neuen Genauigkeit zu entsprechen. Die Genauigkeit war so groß, daß sie eine vierte erfolgreiche Überprüfung der speziellen Relativitätstheorie Einsteins ermöglichte. Wie die Theorie es forderte, kamen vom Merkur reflektierte Radarimpulse, wenn sie sehr nahe an der Sonne vorbeigingen, mit einer Verspätung von etwa einem hundert Millionstel einer Sekunde an.

Weitere Informationen über das Sonnensystem konnten aus der Untersuchung der entfernten und umstrittenen Quasare gewonnen werden. Es war schon lange bekannt, daß die äußerste Schicht der Sonnenoberfläche, die Korona, in einen Strom ionisierter Gase übergeht, den Sonnenwind, der in den Raum nach außen weht. Wirbel in diesen äußerst dünnen Gasen können ein »Flackern« der Radiosterne verursachen, wenn ihre Strahlung auf dem Weg zur Erde diesen Wind durchquert. Die Wirkung ist so ähnlich, wie die Störung von Sternenlicht durch Turbulenzen in der Erdatmosphäre, die den Stern funkeln lassen. Dieses Flackern tritt nur bei sehr klein erscheinenden Radioquellen auf. Weil die Quasare so klein sind, hatten die Astronomen erwartet, daß sie im Radiowellenbereich flackern würden und daß eine genaue Untersuchung dieses Effekts neue Aufschlüsse einmal über die Wirbel im Sonnenwind und zum andern über die Größe der Quasare ergeben würden.

Das Flackern der Quasare ist ein Vorgang, den man nicht mit den üblichen radioastronomischen Verfahren untersuchen kann. Diese Schwankungen sind schnelle Veränderungen der Signalstärke, und deshalb kann man keine Daten dadurch bekommen, daß man die schwachen Signale über einige Zeit ansammelt. Die einzige Lösung ist, einen so großen Empfänger zu bauen, daß man eine brauchbare Signalstärke schon innerhalb kürzester Zeit bekommt. Eine Gruppe in Cambridge baute unter der Leitung von Antony Hewish eine Antennenanlage, die sich über 1,8 Hektar erstreckt und benutzte dabei das kostensparende Maschendrahtverfahren, das Clegg und Lovell entwickelt hatten.

Dieses System, das zur Untersuchung von Quasaren gebaut worden war, entdeckte – völlig unerwartet – Radiosterne, die mit der Genauigkeit einer Uhr Strahlungsimpulse aussenden und Pulsare genannt wurden. Diese Impulse wiederholten sich außerordentlich schnell – beim ersten entdeckten Pulsar alle 1,33 Sekunden – und konnten zunächst nicht gedeutet werden. Zuerst nahm man an, daß die Signale von Menschen verursacht würden. Sogar jetzt, wo wir schon Hunderte von Pulsaren kennen, beruht die Mehrzahl der »Neuentdeckungen« immer noch auf den regelmäßigen Stromstößen von Elektrozäunen. Kurz nach der Entdeckung des ersten Pulsars tauchte 1967 auch der Gedanke auf,

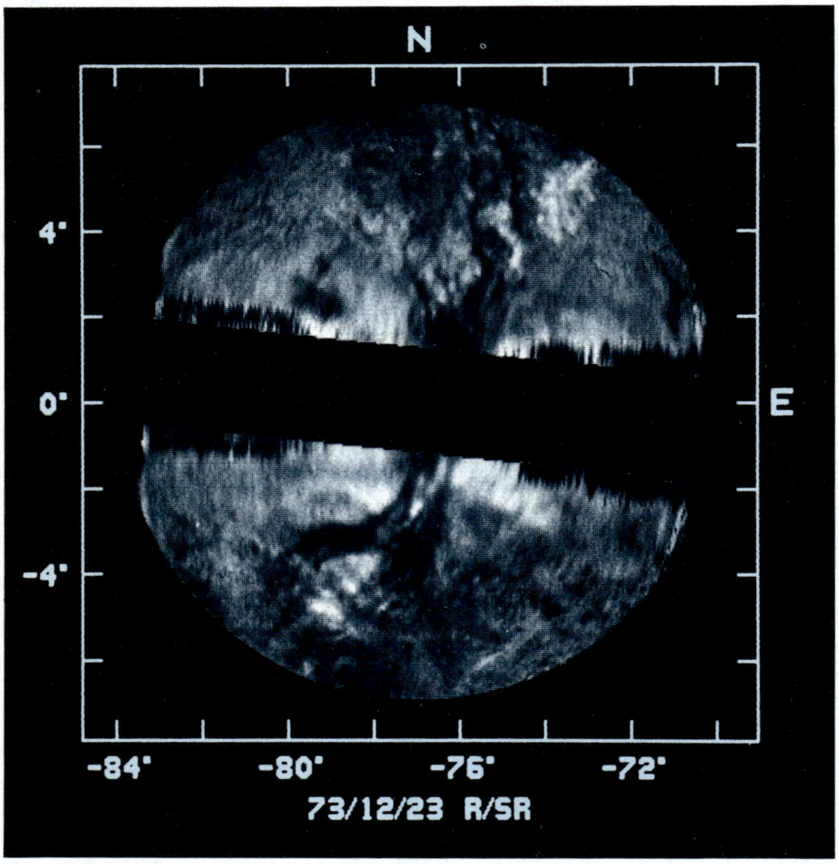

Eine Radarkarte des Mars, die mit dem Teleskop des Jet Propulsion Laboratory (JPL) in Goldstone aufgenommen wurde. Die feineren Einzelheiten sind erkennbar, weil Echos von weit entfernten Punkten Bruchteile von Sekunden später eintreffen als die von erdnäheren Punkten und weil die Drehung des Planeten die Frequenz der zurückkommenden Signale verändert. Wenn man diese Auswirkungen der zeitlichen Verzögerung, der Frequenzverschiebung und der Reflexions-Intensität untersucht, erhält man Aufschluß über die Oberflächeneigenschaften des Planeten.

daß das Signal von außerirdischen intelligenten Wesen ausgeschickt werden könnte. Dieser Gedanke wurde schnell verworfen, als man einen zweiten und dritten Pulsar fand.

Es war nicht einfach, eine Erklärung für die Pulsare zu finden, weil kein bekanntes astronomisches Objekt sich so schnell bewegt, daß aus der Bewegung alle Sekunde ein Signal entstehen könnte. Die Bahnbewegung eines Doppelsternsystems konnte ausgeschlossen werden: es gibt eine natürliche Grenze dafür, wie nah sich ein Sternpaar kommen kann, bevor Gezeitenkräfte die Partner zerreißen würden. Bei allen Hauptreihensternen werden dadurch Perioden von weniger als zweieinhalb Stunden ausgeschlossen. Es gibt auch eine natürliche Grenze für die Drehgeschwindigkeit eines Sterns, bevor ihn die Zentrifugalkraft zerreißen würde. Man hat keine kalten Sterne beobachtet, die sich schnell drehen, und auch für einen heißen Stern beträgt die schnellste mögliche Rotationsperiode immer noch einige Stunden – 10000 mal die Periode eines Pulsars. Einzelsterne, die regelmäßig pulsieren, sind wohlbekannt, aber sogar die schnellsten, die heißesten Zwerg-Cepheiden, brauchen etwa eine Stunde, bis sie einen einzigen Zyklus vollendet haben.

Die Lösung des Pulsarproblems erforderte eine Erweiterung der Theorie, die sich mit den letzten Stadien eines Sternlebens beschäftigt, der Zeit, nachdem er seinen Kernbrennstoff aufgebraucht hat. Während ein Stern wie die Sonne sich schließlich zu einem weißen Zwergstern entwickelt, wie der Begleiter des Sirius einer ist, so ist das für einen massereicheren Stern noch nicht der letzte Schritt. Es gibt einen kritischen Punkt bei einer Masse von etwa 1,4 Sonnenmassen, bei dem der Kern auf Grund der Schwerkraft zusammenfällt. Die gewaltigen Kräfte zwingen die Elektronen und Protonen dazu, sich zu Neutronen zu verbinden, damit veschwinden die elektrischen Kräfte, die den Stern stabil gehalten hatten. Das Ergebnis ist ein Zusammenbruch zu einem unglaublich dichten Neutronenball, der mehr Masse hat als die Sonne, dessen Radius aber nur etwa 10 oder 20 km beträgt.

Dieses unglaublich kleine dichte Objekt, ein Neutronenstern, hat eine Dichte von etwa 200000 Tonnen pro Kubikmillimeter. Solche Sterne sind so klein und kompakt, daß sie sich einmal in einer Sekunde um sich selbst drehen können, ohne zu zerreißen. Daß die Pulsare wirklich Neutronensterne sind, wurde durch Untersuchungen bestätigt, bei denen sowohl mit Radioteleskopen als auch mit Interferometern als auch mit optischen Fernrohren gearbeitet wurde. Ein genaues Studium der Radioimpulse zeigte, daß die Sterne alle in unserer eigenen Galaxis liegen müssen. Dies wurde insbesondere durch die Ergebnisse von einem der Interferometer, dem riesigen Millsschen Kreuz in Molongo bestätigt, mit dem die Mehrzahl der heute bekannten Pulsare entdeckt worden sind. Die Forschungen in Molongo ergaben, daß die Pulsare ganz ähnlich verteilt sind wie die Sterne der Milchstraße. Das Interferometer von Cambridge hat die Position einiger der Pulsare genau bestimmt. Als sie dann mit optischen Fernrohren gesucht wurden, fand man an diesen Orten weder Sterne noch Galaxien – aber dieses negative Ergebnis überrascht in Anbetracht der für die Neutronensterne angenommenen winzigen Größe nicht.

Und dann konnte 1968 doch ein bekannter sichtbarer Stern mit einem Pulsar identifiziert werden. Die riesigen Radioteleskope in Greenbank und Arecibo fanden im Krebsnebel einen Pulsar. Im Jahr darauf entdeckten W. J. Cocke und M. J. Disney von der Universität von Arizona einen Stern in der Mitte des Nebels, dessen Licht im gleichen Rhythmus wie die Radiosignale pulsierte. Diese Entdekkung paßte gut zu dem theoretischen Bild von einem Neutronenstern. Der Krebsnebel ist das Ergebnis einer Supernova, einem Zwischenstadium auf dem Weg zum Neutronensystem. Dieses Ereignis hatten chinesische und japanische Astronomen im Jahre 1054 beobachtet. Es wurde eine so große Lichtmenge frei, daß der Stern drei Wochen lang im Tageslicht sichtbar war. Zur Zeit der stärksten Strahlung erschien er fünfzigmal heller als Sirius, der hellste Fixstern, obwohl er fünfhundertmal weiter von uns entfernt ist.

Das Modell vom Neutronenstern ist nicht nur deshalb wichtig, weil es die pulsierenden Radioimpulse erklären kann. Daß ein sterbender Stern zu einem neuen, mit kleinerem Radius zusammenfallen kann und nicht als weißer Zwerg endet, führte zu theoretischen Überlegungen anderer möglicher Endstadien der Sternenentwicklung.

Wenn hinreichend viel Masse in einem kleinen Volumen konzentriert ist, wird die Schwerkraft so groß, daß sogar die Neutronen noch weiter zusammengepreßt werden; damit ergibt sich ein Körper, der noch kleiner und dichter ist als ein Neutronenstern. Solch ein Objekt muß ein so starkes Gravitationsfeld haben, daß sogar das Licht selbst ihm nicht entkommen kann. Ein solches Objekt wird ein Schwarzes Loch genannt – sein Name weist auf das völlige Fehlen jeder Strahlung hin.

Was innerhalb eines schwarzen Loches geschieht, kann grundsätzlich nicht mehr beobachtet und nicht mehr experimentell untersucht werden; damit ist diese Erscheinung eine Quelle phantastischer Spekulationen. Das gilt auch für die Frage, was in der Mitte des Schwarzen Loches passiert. Die starke Gravitationswirkung hat auch ihren Nutzen. Insbesondere sind die Schwarzen Löcher eine beachtliche Energiequelle und wurden deshalb manchmal zur Erklärung der enormen Energiemengen herangezogen, die von Quasaren ausgestrahlt werden.

Um das zu verstehen, betrachten wir ein einfaches Experiment, bei dem eine Masse von 1 kg eine Höhe von 1 m durchfällt – prosaischer gesagt: ein halber Ziegelstein fällt aus Hüfthöhe auf den Boden. Auf der Erdoberfläche dauert der Fall etwas weniger als

Zwei Bilder der Sterne in der Mitte des Krebsnebels. Das obere Bild ist aus Aufnahmen zusammengesetzt, die zwischen den Impulsen des Pulsars aufgenommen wurden, das untere während der Impulse. Der Pulsar ist nur im unteren Bild zu sehen. Dieser Pulsar ist das Überbleibsel einer Supernova.

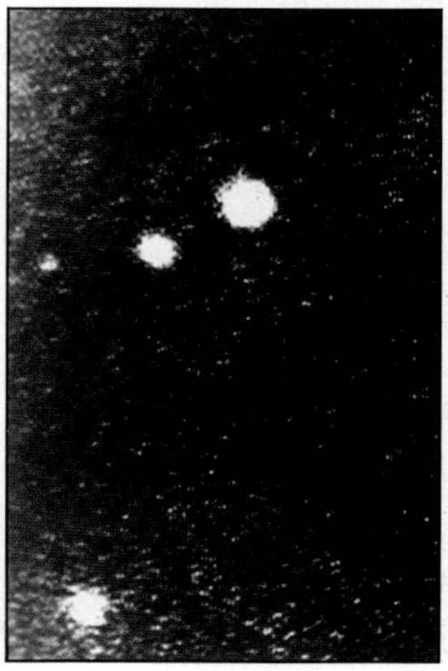

eine halbe Sekunde; es wird dabei soviel Energie frei, daß sich der halbe Ziegelstein um 1/100 eines Grads erwärmt. Wir stellen uns jetzt vor, daß wir dieses Experiment an anderen Plätzen im Weltall wiederholen. Auf der Sonnenoberfläche ist die Schwerkraft achtundzwanzigmal so groß wie auf der Erde. Der Fall dauert 1/50 einer Sekunde, und die freigesetzte Energie würde die Temperatur um ein Viertel Grad steigen lassen. Der nächste Schritt wäre, das Experiment auf einem weißen Stern, etwa dem Begleiter des Sirius, zu wiederholen. Dieser Stern hat fast die gleiche Masse wie die Sonne, aber nur ein Viertel ihres Durchmessers. Seine Gravitation ist deshalb viel stärker, und der Astronaut, der den Ziegelstein hält, müßte recht stark sein, denn der Stein wiegt schon eine halbe Tonne. Er fällt in 2/100 einer Sekunde zu Boden und setzt soviel Energie frei, daß er sich um ein Grad erhitzen würde. Dies war die extremste Situation in der klassischen Theorie der Sternentwicklung.

Bei den neuen Sternen, den Pulsaren und den Schwarzen Löchern, sind die Verhältnisse weit extremer. Die Schwerkraft ist auf der Oberfläche eines Pulsars zehnmilliardenmal so groß wie auf der Erde. Der halbe Ziegelstein fällt dort in etwa ein Millionstel Sekunde und erhitzt sich zu einem Feuerball mit Temperaturen von 100 Millionen Grad. Diese Temperatur stimmt mit der höchsten Temperatur überein, die von der Astrophysik im Sterninneren angenommen wird. Beim Schwarzen Loch erhöht sich die Temperatur sogar auf mehr als das Zehnfache der alten Rekordhöhe von 100 Millionen Grad.

All diese Energie steckt in der Wechselwirkung von 1 kg Masse mit einem bestimmten Gravitationsfeld. Die Erde allein empfängt jeden Tag 400 Tonnen interplanetarischer Masse, hauptsächlich Staub, der aus sehr viel größeren Höhen als 1 m herunterfällt. Ein extrem starkes Gravitationsfeld würde genügen, um aus der einfallenden Materie die gewaltigen Energien zu erzeugen, die die Quasare ausstrahlen.

Die 60er Jahre waren ein großartiges Jahrzehnt für die Astronomie; es wurden gewaltige Entfernungen überbrückt, ungeheure Energiemengen und neue seltsame Objekte wie Quasare und Pulsare entdeckt. Die 70er Jahre waren ruhiger und weniger aufregend. Das Interesse hat sich von den sehr energiereichen Objekten mehr den dunkleren zugewandt. Es gilt nicht mehr den Pulsaren, dem Endstadium sterbender Sterne, sondern den dunklen Nebeln, den undurchsichtigen Wolken interstellaren Materials, in denen Sterne geboren werden. Radiowellen, die irdische Wolken durchdringen können, bewiesen, daß sie auch durch die Wolken unserer Galaxis hindurchdringen können, auch durch jene, die in Richtung auf das Zentrum unserer Galaxis liegen. Radiostrahlung heller Nebel, wie dem Orionnebel, war schon seit der Mitte der 50er Jahre bekannt. Diese Strahlung ähnelt der des interstellaren Gases im Milchstraßensystem; allerdings haben heiße Sterne im Innern der Nebel die Temperatur erhöht und die Strahlung verstärkt.

Die kalten dunklen Wolken sind ganz anders beschaffen. Die Temperatur ist sehr gering und beträgt nur etwa -150 Grad C. Trotz ihrer niedrigen Temperatur weisen die dunklen Wolken Emissionslinien im kurzwelligen Bereich des Radiospektrums auf. Mit nur wenigen Ausnahmen liegen die Wellen alle im cm- oder mm-Bereich. Das einzige Atom, von dem man im Radiobereich Strahlung erwarten kann, ist der Wasserstoff mit seiner 21-cm-Linie; die neuentdeckten Linien gehören somit alle zu Molekülen. Einige der Moleküle sind kleine, stabile Moleküle, wie sie in den Atmosphären der Planeten vorkommen, wie etwa Wasser, Kohlenmonoxyd

Der Pferdekopfnebel ist eine dichte Wolke aus kaltem Staub und Gas, die die dahinterliegenden Sterne verdunkelt. Nur Radioteleskope können sie durchdringen. Der stark überbelichtete Stern links ist Zeta Orionis aus dem Gürtel des Orion. Das helle diffuse Licht kommt von einem Emissionsnebel, der von Sigma Orionis, dem Stern oben rechts im Bild, angeregt wird.

Die Radioteleskopanlage in Westerbork, Holland (oben). Ein Teleskop am Ende der Anlage kann auf Schienen bewegt werden, so daß sich elf verschiedene Abstände zu den übrigen Teleskopen ergeben.

Die »sehr große Anlage« (»Very Large Array«, VLA), in der Form eines Y auf der Ebene von San Augustin bei Socorro in New Mexiko. Das VLA ist das größte je gebaute astronomische Instrument. Es nimmt Signale von 27 Radioteleskopen auf, die jeweils 25 m Öffnung haben. Die ganze Anlage kann in ihrer Größe und Antennenaufstellung verändert werden, wobei die Schalen auf speziell dafür gebauten Schienen bewegt werden.

und Stickoxyde. Wahrscheinlich gibt es noch andere bekannte Moleküle im interstellaren Raum, die nur deswegen nicht aufgespürt worden sind, weil sie keine Radiowellen aussenden. Wasserstoff-, Sauerstoff-, Stickstoff- und Kohlendioxydmoleküle sind alle im Radiowellenbereich unsichtbar. Unter den gefundenen Molekülen finden sich auch Wasserstoffzyanid, Ameisensäure und Formaldehyd. Andererseits kommt auch der viel erfreulichere Äthylalkohol vor – manche der interstellaren Wolken enthalten genug, um die ganze Bevölkerung des Planeten Erde zu berauschen.

Über 50 Moleküle sind jetzt bekannt; aus diesen Entdeckungen hat sich im letzten Jahrzehnt ein neuer Zweig der Astronomie entwickelt, die Astrochemie. In der Vergangenheit kamen die Entdeckungen der Astronomie und Radioastronomie aus Bereichen hoher Temperaturen und sind darum eher Teil der Atomphysik und der Kernphysik. Die neuen Ergebnisse im Bereich niedriger Temperaturen und der molekularen Physik lassen uns einen ersten Blick auf eine ganz andere, bisher unerforschte Seite des Universums werfen.

Die Entwicklungen im Bereich der Quasare, die Moleküluntersuchungen und andere astronomische Objekte, die am besten im Radiobereich untersucht werden können, rechtfertigen den Bau des größten, je geplanten astronomischen Instruments. Es beruht auf einer Weiterentwicklung der Bildfeldsynthese durch Ryles Gruppe in Cambridge, die 1964 zur Konstruktion des 1600-m-Teleskops geführt hatte. Der Erfolg dieses Konzepts ermutigte zum Bau einer Teleskopanlage in Westerbork in Holland, bei der zwölf fahrbare Schalen von je 25 m Öffnung in einer 1600 m langen Linie aufgestellt sind. Ryle vergrößerte dann nochmals den Wellenlängenbereich und die erreichbare Auflösung, diesmal mit acht Schalen von 13 m Öffnung auf einer 5 km langen Geraden. Dieses System konnte mit Wellenlängen bis zu 2 cm arbeiten und erlaubte eine Auflösung von weniger als einer Bogensekunde, die also mit der Auflösung optischer Teleskope vergleichbar ist.

Nach 1975 wurde in Socorro in New Mexiko eine »sehr große Anlage« – Very Large Array (VLA) errichtet. Dieses Antennensynthesensystem ist als ein Y aus Gleisen angelegt, bei dem jeder Arm 21 km lang ist. Die 27 einzelnen Teleskope, die jedes eine Öffnung von 26 m haben, können zu dem für die jeweilige Beobachtung am besten geeigneten Platz gefahren werden. Die Größenordnungen dieses Unternehmens sind gewaltig. Nur drei Plätze in den USA erwiesen sich als groß und eben genug für diese Anlage. Die Kosten waren gleichfalls ungeheuer – 100 Millionen Dollar. Man baute es in der Hoffnung, daß dieses neue Instrument Entdeckungen machen wird, die denen nicht nachstehen, die in den letzten dreieinhalb Jahrhunderten von fast jedem »größten Teleskop der Welt« gemacht wurden.

KAPITEL 14

Beobachtungen aus dem Weltraum

Der Beginn der Weltraumastronomie: Ultraviolett-Teleskope, Weltraumflüge zum Mond und zu den Planeten von 1950 bis heute

»Erster künstlicher Satellit der Welt gestartet«.
Schlagzeile der Pravda am 6. Oktober 1957

»Eine eindrucksvolle Leistung! Zum ersten Mal sind die Russen hier mit einer bedeutenden, ja revolutionären technischen Errungenschaft allen anderen voraus gewesen.«
The Times, London, am 7. Oktober 1957

»Neue Reise in das Weltall - Sojus 12 hat seine Umlaufbahn erreicht.«
Schlagzeile der Pravda am 28. September 1973

Die Erdatmosphäre legt astronomischen Beobachtungen mit Teleskopen vielfache Beschränkungen auf. Einige der Beschränkungen gibt es nur zu bestimmten Zeiten: etwa starke Turbulenz, die Radioteleskope beeinträchtigt und Wolken vor optischen Fernrohren. Andere Eigenschaften der Atmosphäre verringern die Genauigkeit der Beobachtungen: Turbulenz in der Ionosphäre schwächt die von Radioteleskopen empfangenen Signale, in tieferen Schichten der Atmosphäre verursachte sie das Problem des »seeing«: das optische Bild flackert und flimmert und ist unscharf. Außerdem sendet die Atmosphäre selbst Licht aus - das Himmelsleuchten, das die Beobachtung von Sternen, die schwächer sind als von 20. Größenordnung erschwert. Wichtiger noch als alle diese Schwierigkeiten ist jedoch die vollständige Undurchsichtigkeit der Atmosphäre für praktisch alle Wellenlängen. Die einzige Strahlung, die vom Weltraum aus zur Erde gelangt, ist Licht und kurzwellige Radiofrequenzstrahlung.

Bis Kriegsende, also 1945, hatten die Physiker bereits das elektromagnetische Spektrum in seinem ganzen gewaltigen Wellenlängenbereich untersucht. Im Bereich der Wellen, die länger als die des sichtbaren Lichts sind, gibt es das nahe und ferne Infrarot, dann die Mikrowellen, die kurz-, mittel- und langwellige Radiostrahlung, die sich bis zu Wellenlängen von mehreren tausend Metern erstreckt. Am anderen Ende durchläuft das Spektrum das nahe und ferne Ultraviolett, die weichen und harten Röntgenstrahlen und schließlich die Gammastrahlen mit Wellenlängen von weniger als 2,4 Millionstel eines Mikrometers. Die Strahlung aus diesem ungeheuer breiten Wellenlängenbereich, vom Milliardenfachen bis zum Millardstel der Wellenlängen des sichtbaren Lichts, kann praktisch ungehindert den luftleeren Raum durchqueren, aber nicht die Erdatmosphäre.

Die erste Möglichkeit zu Beobachtungen von außerhalb der Atmosphäre hatten die Engländer 1946 mit eroberten deutschen V2-Raketen. Die V2 konnte eine Nutzlast von 1000 kg in eine Höhe von 160 km tragen und so etwa fünf Minuten lang oberhalb der das Ultraviolett absorbierenden Ozonschicht in etwa 30 km Höhe Meßergebnisse sammeln. Der erste, im Juni 1946 angestellte Versuch, mit Hilfe der V2 Astronomie zu betreiben, war ein Fehlschlag. Die Rakete, die statt eines Sprengsatzes einen Spektrographen trug, erreichte eine Gipfelhöhe von 118 km und fiel dann zur Erde zurück. Der Aufprall der neun Tonnen schweren Rakete schlug einen Krater von etwa 10 m Durchmesser. Auch nach langem Graben fand man nur einige wenige Bruchstücke - kaum einen Papierkorb voll.

Den ersten Erfolg erzielte einige Monate später eine Gruppe der Naval Research Laboratories in Washington unter Richard Tousey. Am 10. Oktober 1946 startete sie eine Rakete mit einem Sonnenspektrographen, der in einen der hinteren Flügel eingebaut war. Eine gepanzerte Filmkassette mit den ersten

Eine V2 Rakete auf ihrer Abschußrampe. Die V2 wurde Anfang der 40er Jahre von den Deutschen als ein Geschoß mit großer Reichweite entwickelt; die Amerikaner benutzten sie später, um astronomische Geräte über die Atmosphäre hinaus tragen zu lassen.

Messungen aus dem »Weltraum« konnte geborgen werden. Bei diesem Raketenflug bis in 174 km Höhe ließ die Rakete bis auf zwei Milliardstel die gesamte Atmosphäre unter sich.

Einige Jahre lang gab es nur kleine Fortschritte, und die Arbeiten beschränkten sich ganz auf die Untersuchung der Sonne. In den fünf Jahren nach dem ersten erfolgreichen Raketenflug ersetzte die Aerobee die V2. Man startete etwa 150 Raketen für die Wissenschaft, meistens vom Atombomben-Versuchsgelände White Sands in New Mexiko. Bei fast all diesen Experimenten wurde die Erdatmosphäre selbst untersucht. Die wichtigste astronomische Entdeckung dieser Jahre war, daß die aktive Sonne Röntgenstrahlung aussendet und daß ihr Spektrum im ultravioletten Bereich sich von dem im sichtbaren unterscheidet. Statt der vertrauten Fraunhoferschen Absorptionslinien findet man bei kürzeren Wellenlängen helle Emissionslinien. Insbesondere stellte man im Bereich um 0,12 Mikrometer besonders starke Strahlung fest. Man deutete dies als die stärkste Linie im Wasserstoffspektrum, die sogenannte Lyman-Alpha-Linie. Auf Grund dieser Vermutung konnte W. Rense von der Universität Colorado 1953 auch wirklich die Lyman-Alpha-Strahlung nachweisen. Drei Jahre später gelangen Rense Bilder der Sonne im ultravioletten Lyman-Alpha-Licht.

Die Forschung ging nur langsam voran. Lediglich einige Gruppen an den Naval Research Laboratories (NRL) in Washington, an der Johns-Hopkins-Universität Baltimore und an der Universität von Colorado in Boulder starteten jedes Jahr eine oder zwei Raketen. All dies änderte sich, als die Sowjetunion am 4. Oktober 1957 mit Sputnik 1 den ersten

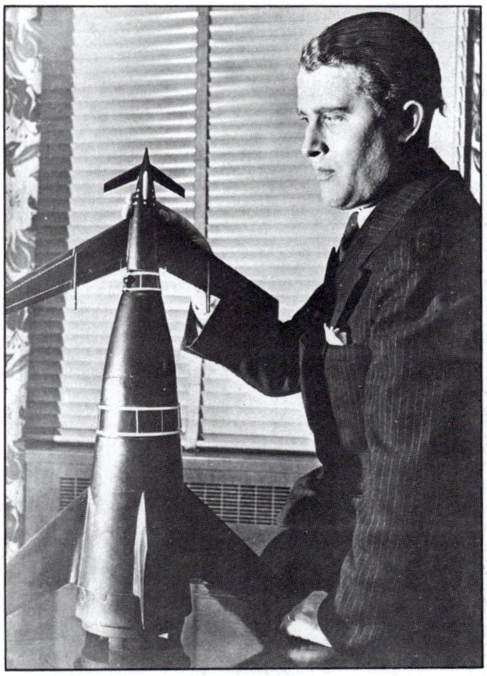

Wernher von Braun, der Erfinder der V2, wurde später Mitarbeiter des amerikanischen Raumforschungsprogramms. Er war der Vater der Apollo-Unternehmen.

Satelliten startete. Ein Satellit, der die Erde umläuft, kann den Himmel für längere Zeiten ununterbrochen untersuchen und bietet der Astronomie offensichtlich mehr Möglichkeiten als ein kurzer Raketenflug. Den stärksten Antrieb durch den Start des Sputnik bekam jedoch die Planetenforschung. Eine neue Generation von Raketen, die schwere Lasten in eine Umlaufbahn um die Erde bringen konnten, hatten auch genug Energie, um kleinere Forschungsgeräte zum Mond zu befördern. Mit Kameras und anderen Beobachtungsgeräten konnten jetzt die anderen Himmelskörper des Sonnensystems aus großer Nähe beobachtet werden.

Für einen Astronomen auf der Erde mit einem mittelgroßen Teleskop sind die Beobachtungsmöglichkeiten eines Planeten im wesentlichen durch die Sichtprobleme des »seeing« begrenzt. Die Verbesserungen der Teleskope im 20. Jahrhundert brachten deshalb relativ wenig Fortschritte bei der Untersuchung der Planeten, und in der Zeit von 1900 bis 1960 waren nur wenig zusätzliche Daten gewonnen worden. Dies wurde durch das Raumforschungsprogramm völlig verändert; seit dem Zeitalter des Kolumbus hatte es keine derartige Fülle von »Entdeckungsfahrten« gegeben. Diese beiden Zeiträume weisen einige Ähnlichkeiten auf. Der ersten erfolgreichen Reise zur Neuen Welt folgte eine ganze Reihe von Fahrten in den folgenden Jahren, etwa unter Cabot nördlich und unter Vespucci weiter südlich der alten Route. In ähnlicher Weise folgten auf die Mondsonden Sonden zur Venus und Mars. Sogar die Anzahl der Schiffe, die zwischen 1492 und 1502 den Atlantik überquerten, und die Zahl der Raumfahrzeuge, die zwischen 1958 und 1968 starteten, ist etwa gleich. Diesmal war es jedoch kein Wettrennen um die Reichtümer Indiens, sondern ein Wettlauf zwischen zwei Weltmächten um die Vormachtstellung in Technik und Wissenschaft. Das Ergebnis des ersten Jahrzehnts war, daß die Russen im großen und ganzen immer die ersten waren und die Amerikaner alles besser machten. Zur Untersuchung der Planeten wurde das astronomische Teleskop als Forschungsinstrument durch die ferngesteuerte Fernsehkamera abgelöst. Sogar die Karten sahen jetzt anders aus. Bis in die 60er Jahre war bei den Planeten Norden unten gezeichnet worden, so wie sie sich im umgekehrten Bild eines astronomischen Teleskops zeigen. Seitdem werden sie meist mit Norden oben gezeichnet, wie sie beispielsweise in einer Fernsehkamera erscheinen.

Die ersten Raumschiffe, die die unmittelbare Nachbarschaft der Erde verließen und in die Nähe des Mondes kamen, waren Luna 1, 2 und 3, die alle 1959 von den Russen gestartet wurden. Luna 2 war dabei das erste von Menschen gefertigte Objekt, das den Mond erreichte. Es traf am 14. September auf. Die Sonde Luna 3 erregte mehr Aufmerksamkeit, weil sie mit einer Kamera das erste Bild von der Rückseite des Mondes übertrug, die wir von der Erde aus nie sehen können. Die Qualität dieses Bildes enttäuschte, wenn man bedenkt, daß es aus einer Entfernung von nur 6200 km von der Mondoberfläche gemacht wurde.

Nach diesem kurzen Vorspiel machten die Russen eine Pause, in der sie ihre Raumfahrttechnologie, insbesondere die Navigationssysteme, verbesserten. Die Amerikaner versuchten inzwischen, die großen Raketen zu vervollkommnen, die sie brauchten, um Ähnliches vollbringen zu können. Der größte Gewinn für die Astronomie kam eher aus der Notwendigkeit, ein riesiges Radioteleskop zu bauen, das die schwachen Signale der neuen Raumfähren aufnehmen konnte. Bernard Lovells 76-m-Radio-Teleskop in Jodrell Bank erwies sich dafür als ideal; die neue Aufgabe und die jetzt fließenden neuen Gelder retteten das Teleskop vor der drohenden finanziellen Katastrophe.

Fünf Jahre nach Luna 3 begann eine regel-

Eine zusammengesetzte Photographie der Mondoberfläche, die von Kameras an Bord des russischen Raumschiffs Luna 9 aufgenommen wurde. Diese Bilder waren die ersten, die zeigten, daß die Mondoberfläche aus steinigem Material besteht (und nicht aus Staub), auf dem viele große Felsbrocken verstreut liegen und daß die Oberfläche so fest ist, daß sie die Landung eines Raumschiffs aushält.

rechte Bombardierung des Mondes. Die Raumsonden Ranger 7, 8 und 9 der USA sendeten Bilder höchster Qualität von der Mondoberfläche zurück zur Erde, bevor sie auf dem Mond aufschlugen. Diesem Programm folgte eine Reihe sanfter weicher Landungen von Surveyer-Sonden und fünf Lunar-Orbiter-Satelliten. Das Lunar-Orbiter-Programm war ein 100prozentiger Erfolg. Die Mondsatelliten schickten fast 2000 Aufnahmen der gesamten Mondoberfläche, auch der Rückseite, zur Erde. Die kleinsten unterscheidbaren Einzelheiten hatten einen Durchmesser von nur 1 m; allerdings wurde nicht der gesamte Mond so genau abgebildet. Ein schönes Beispiel für die neuen Möglichkeiten stellt ein Bild dar, das Lunar Orbiter 3 gemacht hat und eine der gelandeten Raumfahrzeuge, Surveyer 1, im Oceanus Procellarum auf der Mondoberfläche zeigt.

Die Russen waren mit ihrem Programm zwar immer die ersten gewesen, erzielten aber zunächst weniger gute Ergebnisse. Nacheinander gelang es Luna 4, 5, 6, 7 und 8 nicht, wie geplant, weich zu landen. Erst Luna 9, gestartet am 31. Januar 1966, erreichte am 3. Februar, vier Monate vor Surveyor 1, unversehrt die Mondoberfläche. Dieses Raumschiff, das mit 1½ Tonnen viermal so schwer war wie die amerikanischen Lunar Orbiter, hatte eine Fernsehkamera an Bord und Instrumente, die den Boden im Landegebiet analysieren konnten. Eines wurde sofort deutlich: die Oberfläche bestand nicht, wie man vermutet hatte, aus einer dicken Schicht losen Staubs, in der das Raumschiff versinken würde. Zwei Monate später, und wieder deutlich vor Lunar Orbiter 1, erreichte Luna 10 eine Umlaufbahn um den Mond und wurde so zum ersten Satelliten des Erdsatelliten. Das Hauptergebnis während der achtwöchigen Beobachtungszeit war, daß der Mond über ein, wenn auch sehr schwaches, Magnetfeld verfügt.

Luna 11, 12, 13 und 14, drei Mondsatelliten und eine Sonde mit weicher Landung, waren ebenso erfolgreich wie Luna 9 und 10. Luna 15 war ein Fehlschlag, der am 21. Juli 1969 mit einer Bruchlandung auf den Mond endete, am selben Tag, als mit Aldrin und Armstrong von der amerikanischen Raumfähre Apollo 11 die ersten Menschen den Mond betraten.

Seit diesem historischen Tag hat sich das Tempo wieder verlangsamt: es gab sechs weitere bemannte Apollo-Unternehmen (unter ihnen das beinahe mit einer Katastrophe endende Apollo 13) und acht weitere unbemannte Luna-Raumsonden, die letzte 1976. Drei der Luna-Raumsonden landeten, nahmen Boden- und Felsproben auf und kehrten zur Erde zurück; bei zwei russischen und drei amerikanischen Flügen wurden Mondfahrzeuge eingesetzt.

Auf Grund der Ergebnisse dieser Experimente mußten die Lehrbücher über den Mond vollkommen neu geschrieben werden. In der Zeit um 1965 war die Menge neuer Daten so groß, daß die Anhänger praktisch jeder Theorie Beobachtungsdaten finden konnten, die zu ihren Vermutungen paßten, aber diese Zeit ist jetzt vorüber. Der Mond wurde im Bereich des sichtbaren, infraroten und ultravioletten Lichts untersucht, seismische, chemische, geologische und andere Überprüfungen wurden angestellt. Magnetfeld und Radioaktivität wurden vermessen. Das Endergebnis, zu dem die einzelnen Teile des Puzzles langsam zusammengesetzt werden konnten, ist, daß wir die Geschichte und die Struktur des Mondes jetzt kennen.

Bei den Planeten war der Verlauf ähnlich. Alle außer Uranus, Neptun und Pluto wurden mit der Fernsehkamera aus großer Nähe untersucht. Die Erforschung der Planeten mit Raumschiffen erforderte einen gewaltigen technischen Einfallsreichtum. Die Anforderungen an die Kontrollinstrumente, insbesondere an die Bordcomputer, sind ungeheuer. Bei den Manövern von Voyager 1 und 2, die uns so unübertroffene und großar-

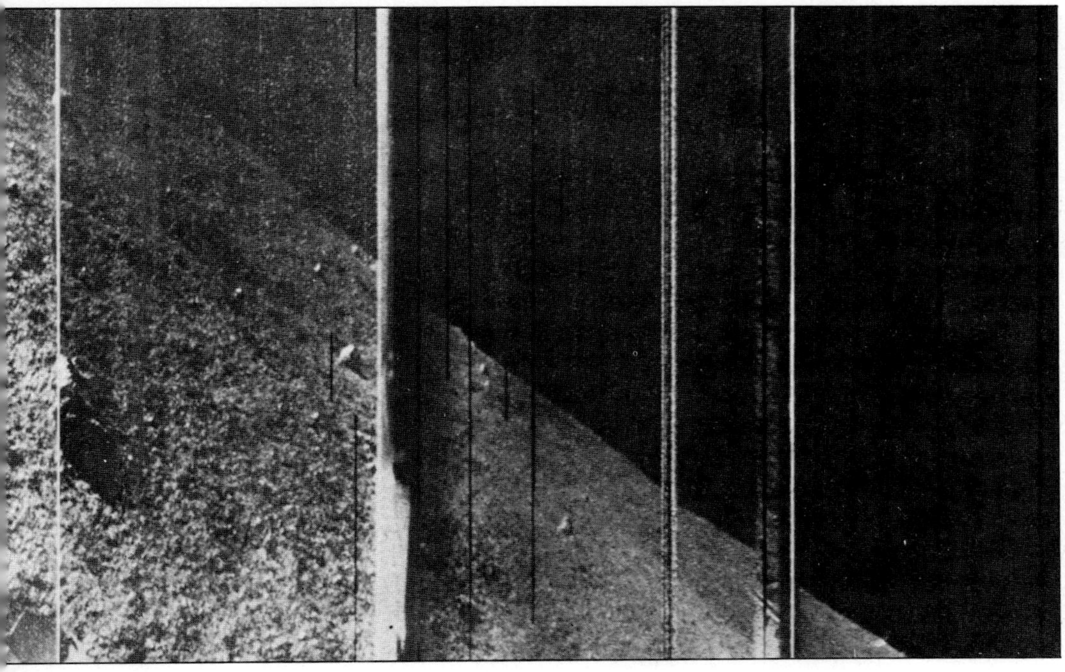

tige Bilder von den Saturnringen brachten, dauerte es eine Stunde, bis die Steuerimpulse von der Erde die Fähre erreichten und wieder eine Stunde, bevor man wußte, ob die Sonde richtig reagiert hatte. Auch andere unmöglich erscheinende Experimente wurden unternommen. Ein solcher Versuch war es, den Boden des Mars auf bisher unbekanntes organisches Leben hin zu untersuchen. Vier Experimente, die Viking 1 und 2 1976 nach ihren weichen Landungen durchführten, haben mit ziemlicher Sicherheit gezeigt, daß es auf dem Mars kein Leben gibt. Die russischen Venussonden Venera 9 und 10 hatten eine Unzahl von Spezialaufgaben zu erfüllen. Die Fernsehkamera dazu mußte so gebaut werden, daß sie mit einer Rakete in den Raum geschossen werden konnte, vier Monate interplanetarisches Vakuum, die Abbremsung und einen Nebel aus starker Schwefelsäure überstehen und dann sanft auf einer völlig unbekannten Oberfläche landen konnte, die viel heißer ist als jeder Ofen; und dabei einen extrem starken Druck aushalten.

Das Unmögliche wurde nicht nur möglich, die Probleme wurden auch in der vorgegebenen Zeit gelöst. Diese ungeheuer komplexen Systeme müssen für einen Starttermin geplant, gebaut, getestet und geeicht werden, der Jahre im voraus festliegt. Die Stellungen der Planeten zueinander ändern sich fortwährend, und ein verschobener Start kann bedeuten, daß die nächste günstige Konstellation erst wieder nach vielen Jahren eintritt.

Welchen Gewinn haben nun die etwa 100

Es ist eine schwierige Aufgabe, die Temperatur eines Raumschiffs im luftleeren Raum konstant zu halten. Im Bild oben werden die Wärmeeigenschaften eines Viking-Satelliten bestimmt.

Voyager 1 beim Start vom Kennedy-Raumflugzentrum in Florida am 5. September 1977. Gegenwärtig ist die Sonde auf dem Weg zu den äußeren Planeten.

Ein Mosaikbild des Mars (unten), das aus über 1500 Fernsehbildern zusammengesetzt ist, die von Kameras an Bord der Raumsonde Mariner 9 aufgenommen wurden.

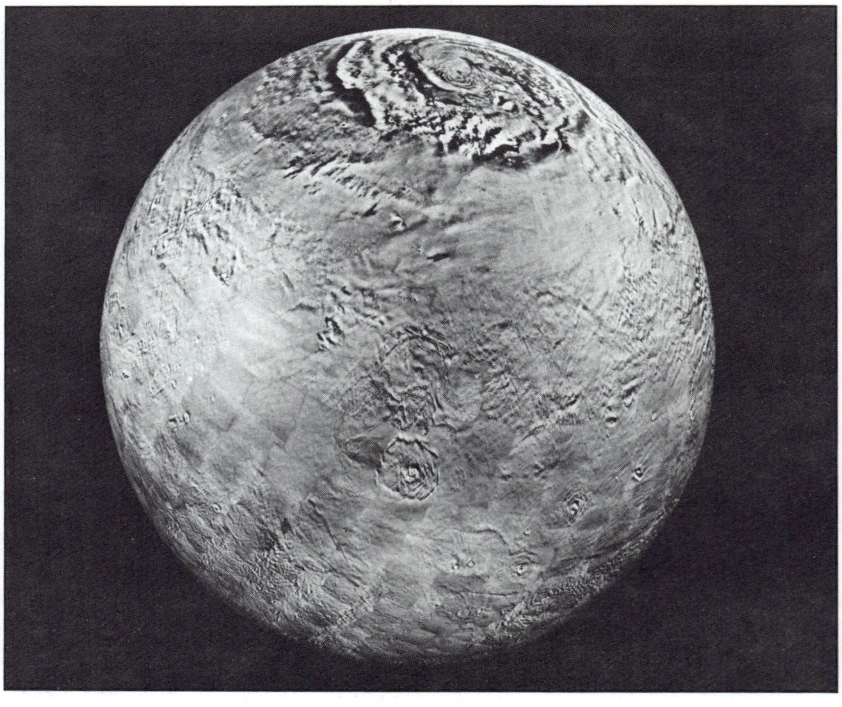

Raumfahrzeuge gebracht, die in den letzten Jahrzehnten zu Mond und Planeten geschickt wurden? Zunächst einmal kennen wir jetzt neue Tatsachen. Es gibt »Marskanäle«, aber nur wenige sind gerade und keiner ist mit Wasser gefüllt und künstlich hergestellt. Stickstoff ist einer der Hauptbestandteile der Atmosphären der Erde und des größten Saturnmonds Titan, aber nicht von Venus und Mars. Merkur, Mars und einige, aber nicht alle Jupitermonde haben Krater. Die Liste der neuen Tatsachen ist endlos. Am meisten haben die Wissenschaften profitiert, die sich mit der Erde selbst befassen. Die Metereologen, die die Zirkulation der Erdatmosphäre verstehen wollen, können ihre Überlegungen jetzt an vier Planetenatmosphären überprüfen: bei Venus, Mars, Jupiter und Saturn. Aus ähnlichen Vergleichen kann man Erkenntnisse über das Erdinnere sammeln. Vor gar nicht so langer Zeit kannten wir von den meisten Planeten nur den Durchmesser, die Masse und die Umdrehungsgeschwindigkeit – und selbst diese Daten waren in vielen Fällen falsch. In den ersten 70 Jahren dieses Jahrhunderts beruhte zum Beispiel der Wert für die Masse des Merkur auf der persönlichen Überzeugung eines einflußreichen Astronomen, des Amerikaners Simon Newcomb.

Die Daten der Raumfahrt sind für die Wissenschaft der Kosmogonie, dem Studium der Entstehung der Himmelskörper, grundlegend geworden. Beim Start von Sputnik 1 war diese Wissenschaft kaum mehr als ungeprüfte und unprüfbare Spekulation. Jetzt ist ein zusammenhängendes und allgemein akzeptiertes Bild entstanden: in der Staubwolke,

Oben: Ein ultraviolettes Bild der Venus, das mit Fernsehkameras von Mariner 10 aufgenommen wurde. Die Wolken weisen im sichtbaren Licht keinerlei Struktur auf.

Rechts: Die Oberflächenstruktur des Merkur ähnelt der des Mondes, wie dieses Photomosaik von Mariner 10 zeigt.

Unten: Eine Collage von Photos der Voyager 1-Kameras von Jupiter und seinen vier großen Monden – Io, Europa, Ganymed und Kallisto.

Unten: Eine weitere Aufnahme der Kameras von Voyager 1 von der beschatteten Seite der Saturnringe. Aus diesem Blickwinkel, der von der Erde aus nicht möglich ist, erscheint die gewöhnlich dunkle »Cassinische Teilung« als der hellste Bereich der Ringe.

die die junge Sonne umgab, bildeten sich in Verdichtungsprozessen allmählich die Planeten heraus. Die Unterschiede zwischen den kleinen, dichten inneren Planeten und den größeren und weniger dichten äußeren können jetzt berechnet werden und sind nicht mehr nur Vermutung. So kann man jetzt auch zwischen der Theorie, die behauptet, Erde und Mond seien als enge Nachbarn entstanden und jene, die glaubt, daß der an anderer Stelle entstandene Mond eingefangen wurde, entscheiden. Man gibt der ersten Theorie den Vorzug. Nur sie kann im einzelnen den großen Sauerstoffreichtum im Mondgestein erklären, das zur Untersuchung auf die Erde zurückgebracht wurde. Auch weniger grundsätzliche Theorien sind jetzt durch Tatsachen untermauert, insbesondere die Eigenschaften der interplanetarischen Materie. Diese besteht vorwiegend aus dem Wasserstoff des nach außen strömenden Sonnenwindes, beeinflußt von einem schwachen Magnetfeld, und kann in Erdnähe nicht untersucht werden, weil das Magnetfeld der Erde die Verhältnisse stört.

Parallel dazu entwickelte sich der Zweig der Wissenschaft, der Objekte untersucht, die weiter als Mond und Planeten entfernt sind, denn man konnte jetzt Geräte, die die Strahlung der Sonne und von Objekten außerhalb des Sonnensystems analysieren, außerhalb der Erdatmosphäre einsetzen. Der Startschuß, den Sputnik 1 für das Rennen ins All gab, machte nicht sofort aus der Röntgen- und Ultraviolett-Astronomie eine Wissenschaft, die nur von Satelliten aus arbeitete, obwohl schon Sputnik 2 im Ultravioletten empfindliche Photovervielfacher an Bord hatte. Erst nach weiteren fünf Jahren wurde der erste ausschließlich astronomische Satellit gebaut und gestartet, das Orbiting Solar Observatory Number One, also das erste umlaufende Sonnenobservatorium oder OSO 1.

In der Zeit zwischen Sputnik 1 und OSO 1 machte die Raketentechnologie ungeheure Fortschritte. Mit Instrumenten, die von den amerikanischen Aerobee und den britischen Skylark-Raketen ins All getragen wurden, konnte das Sonnenspektrum bis zu immer kürzeren Wellenlängenbereichen untersucht werden und so die Lücke zwischen dem Ultravioletten und den Röntgenwellen (0,1 bis 0,001 Mikrometer) aufgefüllt werden. Es stellte sich heraus, daß in diesem Bereich des Sonnenspektrums Emissionen in der Korona vorkommen, der äußeren Schicht der Sonne, mit einer Temperatur von einer Million Grad. Anfang der 60er Jahre lagen die ersten groben Untersuchungen der Ultraviolettstrahlung von Sternen vor. Bis 1963 waren etwa 60 Sterne im entfernten Ultraviolett mit Wellenlängen bis zu etwa 0,1 Mikrometer untersucht worden. Dreimal soviel hatte man im Bereich längerer Wellenlängen zwischen 0,2 und 0,3 Mikrometer beobachtet. Diese Daten erhielt man mit Hilfe von Teleskopen mit 10 oder 15 cm Öffnung, die auf Aerobee-Raketen montiert wurden. Die wichtigsten

Entdeckungen wurden jedoch am MIT und NRL im Bereich der Röntgenstrahlung gemacht. Röntgenstrahlung von anderen Quellen als der Sonne wurde 1962 erstmals gefunden. Einfache Rechnungen, die berücksichtigten, wie hell die Sonne im Röntgenbereich über interstellare Entfernungen erscheinen würde und theoretische Schätzungen der Röntgenstrahlung von Wega und Spika ließen vermuten, daß kein Stern so viel Röntgenstrahlung aussenden würde, als daß man sie über so große Entfernungen messen könnte. Die erste kosmische Röntgenquelle Scorpius X-1 fand man, als man erfolglos nach Röntgenstrahlung vom Mond suchte, die durch den Aufprall des Sonnenwinds auf seine Oberfläche verursacht werden sollte. Innerhalb weniger Monate fand man zehn Quellen, von denen eine der immer wieder bemerkenswerte Krebsnebel war.

Für diese Beobachtungen benötigte man etwa ein Dutzend Raketen; die gesamte Beobachtungszeit betrug weit weniger als eine Stunde, und die Beobachtung war immer nur auf einen flüchtigen Blick auf den betreffenden Stern beschränkt. Die Raketen sind nicht stabil, sondern rollen, schlingern und schwanken in der oberen Atmosphäre, so daß das Gesichtsfeld der Ultraviolett-Teleskope und Röntgenempfänger immer große Bereiche des Himmels überstreicht. Bei einer der ersten veröffentlichten Messungen der Röntgenstrahlung vom Krebsnebel wurden in den 0,12 Sekunden, in denen die Quelle im Gesichtsfeld war, gerade 20 Röntgen-Photonen aufgefangen.

In der Mitte der 60er Jahre waren die Möglichkeiten der Forschung mit Raketen entscheidend verbessert worden. Fortschritte in der Stabilität der Raketen ermöglichten es dem Experimentator, sein Gerät während des ganzen Fluges auf ein bestimmtes Ziel einzustellen. Die Sonnenstrahlung konnte jetzt an verschiedenen Stellen auf der Sonnenscheibe untersucht werden. Beobachtung der Helligkeitsveränderung zwischen der Mitte und dem Scheibenrand im Ultravioletten, Unterschiede zwischen der inneren und äußeren Korona und zwischen ruhigen und aktiven Gebieten konnten bestimmt werden. Gleichzeitig konnte durch diese Möglichkeit der genauen Einstellung die Beobachtungszeit für einen bestimmten Stern deutlich verlängert werden.

Die ersten ins einzelne gehenden Beobachtungen der Ultraviolettstrahlung von Sternen gelangen D. Morton und L. Spitzer von der Universität Princeton im Juni 1965. Zwei frühere Flüge waren gescheitert: in einem Fall hatte die Mechanik, im anderen die Elektronik versagt. Der dritte Flug wäre auch fast fehlgeschlagen: Der Fallschirm, der die Nutzlast sicher zurückbringen sollte, öffnete sich nicht und die Teleskope zerschellten beim Aufprall. Der Film wurde erst nach langer Suche geborgen, er war feucht geworden und schien wertlos zu sein. Zwei Wochen später aber zeigte sich in Princeton nach sorgfältiger Entwicklung des am längsten belichteten Bildes das ultraviolette Spektrum von Delta und Pi Scorpii, zwei heißen Sternen zweiter Größe.

Dieser bahnbrechenden Arbeit, bei der 5-cm-Teleskope verwendet worden waren, folgten bald zwei weitere. G.R. Carruthers von NRL beobachtete mit einem 15-cm-Teleskop, das mit einem eigenen Bildverstärker gekoppelt war, während T.P. Stecher an dem neuen Institut des Goddard Space Flight Center ein 33-cm-Teleskop entwickelte, das mit einem Spektralphotometer verbunden war. Durchmusterungen, die A. Boggess in Goddard, T. Chubb an den NRL und R. Wilson in Culham in England durchführten, setzten 10-, 15- und 23-cm-Teleskope ein, beobachteten Sterne bis hin zur Größenklasse 6,5 und entdeckten mehrere hundert UV-aktive Sterne. Die Sterne waren im Ultravioletten schwächer als erwartet, da in den Spektren zahlreiche dunkle Fraunhoferlinien lagen, die das helle Hintergrundspektrum verdeckten. Viel interessanter und wichtiger waren die Spektrallinien, die von den Atomen der interstellaren Materie herrühren, die die Strahlung auf ihrem Weg zu uns durchqueren muß. Aus dieser Materie, einem Gas mit einem Druck, der geringer ist als jeder in einem künstlichen Vakuum erzeugbare, entstehen neue Sterne: Ihre Zusammensetzung ist für die Untersuchung der Sternentwicklung grundlegend. Die von Raketen aus gemachten Messungen ergaben erste Hinweise auf das Vorkommen von Elementen wie Kohlenstoff, Stickstoff und Sauerstoff im interstellaren Gas.

Das interstellare Gas trennt auch den ultravioletten Bereich vom Röntgenbereich des Spektrums. Die Wasserstoffatome im Raum absorbieren alle Wellenlängen zwischen 0,09 und etwa 0,01 Mikrometer, deshalb kann man entfernte Sterne in diesem Wellenlängenbereich überhaupt nicht sehen. Die stabilisierten Raketen wurden für Messungen auf beiden Seiten dieses Bereichs eingesetzt, wobei die Untersuchungen im Röntgenbereich meist mit Wellenlängen von etwa einem Nanometer (0,001 Mikrometer) durchgeführt wurden. Die Schwierigkeit liegt bei der Untersuchung der Röntgenstrahlung darin, daß es nicht möglich ist, gewöhnliche Refraktoren oder Reflektoren zu benutzen: keine Linse kann Röntgenstrahlen in einem Brennpunkt sammeln, und in einem gewöhnlichen Spiegelteleskop absorbiert der Hauptspiegel die Strahlung. Bis vor kurzem konnte das Gesichtsfeld eines Röntgenstrahlenempfängers nur durch einen davor angebrachten Spalt abgeschirmt werden. Dieser Schirm – ein »mechanischer Kollimator« – wirkt lediglich als eine Maske, mit der die Röntgenstrahlung des übrigen Himmels ausgeblendet wird. Sie entwirft aber von der beobachteten Quelle kein Bild.

Mit viel Einfallsreichtum bemühte man sich, die Kollimatoren weiterzuentwickeln, aber die erste Untersuchung von Größe und Form einer Röntgenquelle wurde dann ganz anders durchgeführt. 1964 startete H. Fried-

Seite gegenüber: Der Start einer britischen Skylark-Rakete von der Abschußbasis in Kiruna in Schweden. Die Rakete trug Geräte für astronomische Beobachtungen und zur Untersuchung der oberen Atmosphäre.

Lyman Spitzer, Professor für Astronomie in Princeton, gehört zu den einflußreichsten Forschern bei der Entwicklung der Ultraviolett-Astronomie in den USA. Die Forschergruppe in Princeton entwickelte den Satelliten Copernicus, der 1972 gestartet wurde und immer noch das größte Teleskop enthält, das je in den Raum gesandt wurde.

man von den NRL eine Rakete mit Instrumenten, die den Krebsnebel untersuchen sollte, während er vom Mond verdeckt war. Es zeigte sich, daß die Röntgenstrahlung von dem sich ausdehnenden Gas des Nebels kam und nicht von dem Stern im Zentrum. In demselben Maße, in dem die Ultraviolett-Teleskope auf den Raketen größer wurden, vergrößerten sich auch die Röntgenstrahlenempfänger. 1969, bei 100facher Empfindlichkeit der Geräte, waren statt der zwei Quellen, die man 1962 kannte, 32 bekannt. Von diesen lagen alle, bis auf vier, in der Ebene der Milchstraße und gehörten damit höchstwahrscheinlich zu unserer eigenen Galaxis. Zwei der vier übrigen waren mit Sicherheit nicht lokal – M87, eine Galaxis, die schon wegen ihrer starken Radiostrahlung bekannt war, und die große Magellansche Wolke, ein unregelmäßiger Sternhaufen, der ein kleines Milchstraßensystem ganz in unserer Nähe bildet. Die stärkste Röntgenquelle, Scorpius X-1, stellte sich als veränderlich heraus. Allan Sandage fand am Hale-Observatorium, daß sie ein schwacher blauer veränderlicher Stern ist. Auch Protuberanzen senden Röntgenstrahlen aus und Scorpius X-1 erwies sich als unregelmäßig flackernder Stern.

Nicht nur zur Untersuchung der Röntgen- und Ultraviolettstrahlung wurden die Raketen eingesetzt. Schon 1951 wurde, wenn auch erfolglos, mit einer V2 nach Gammastrahlen, den kürzesten Wellen des Spektrums, gesucht. Man fand hauptsächlich deshalb nichts, weil so wenig Gammastrahlen aus dem Raum ankommen, daß die Belichtungszeiten länger sein müssen, als es mit den Raketen damals möglich war. Ende der 60er Jahre starteten Gruppen der Cornell-Universität und der NRL 16 cm Infrarot-Teleskope mit dem Hauptzweck, die infrarote kosmische Hintergrundstrahlung aus weit entfernten Quellen zu untersuchen. Kurze Radiowellen können auch von der Erde aus empfangen werden, aber Strahlung von Wellenlängen, mit mehr als 20 m, kann die Ionosphäre nicht durchdringen und kann nur im Weltraum beobachtet werden. Die langen Wellenlängen wurden zuerst von den kanadischen Satelliten Transit 2A und Alouette 1 aus beobachtet; es stellte sich als schwierig heraus, Raketen einzusetzen. Zum Aufspüren langer Wellenlängen braucht man eine große Antenne und völlige Isolation gegenüber der Ionosphäre. Verschiedene Gruppen hatten zur Untersuchung Raketen eingesetzt, die lange Antennendrähte freigaben und sich dann langsam drehten, um den Draht gestreckt zu halten, aber es hatte sich gezeigt, daß eine Höhe von 100 oder 200 km nicht ausreichte.

Auch als astronomische Satelliten schon zur Wirklichkeit gehörten, ersetzten sie nicht etwa über Nacht die Raketenprogramme. Noch lange nach dem Start von OSO 1 wurden Skylark- und Aerobee-Raketen eingesetzt. Eine Aufgabe für sie war die Kalibrierung der Instrumente für Satelliten. Die Instrumente lassen im Weltraum oft in ihrer Empfindlichkeit nach, und eine Reihe von Experimenten, die mit Raketen durchgeführt werden, kann diese Veränderungen genau bestimmen. Zudem kann es vorkommen, daß zur gewünschten Zeit kein Satellit am gewünschten Ort ist.

Ein Beispiel ist die Sonnenfinsternis vom 7. März 1970, die einzige, die genau über einem Raketenabschußgebiet – dem auf der Insel Wallops an der Ostküste der USA – stattfand. Die totale Finsternis dauerte auf der Insel vier Minuten; in der kurzen Spanne um dieses Ereignis herum wurden 32 Raketen gestartet. Eine der zwei größten, die Aerobee der NRL, landete im Meer. Die Spannung war groß, als Robert Speer, der zur Arbeitsgruppe des Imperial College und der Universitäten von Culham, Harvard und Toronto gehörte, den Film von der anderen Großrakete entwickelte. Das Ergebnis rechtfertigte alle Mühen; er zeigte eine einmalige Reihe von Aufnahmen der Ultraviolettspektren der verdeckten Sonne.

Trotz des Erfolgs der Raketenexperimente haben ganz zweifellos im letzten Jahrzehnt astronomische Satelliten in der Raumfahrtwissenschaft dominiert. Wenn auch jeder von ihnen viel teurer ist als ein Raketenflug, so macht doch die oft jahrelange Beobachtungszeit die Satelliten deutlich überlegen. In der ersten Zeit untersuchte die Satellitenastronomie vor allem die langen Radiowellen. 1964 beobachtete Benediktov vom Gorkii-Institut in Leningrad mit dem Satelliten Elektron 2 Wellenlängen bis zu 400 m, während englische und kanadische Gruppen im gleichen Bereich mit Empfängern auf Ariel 2 und Alouette 1 arbeiteten. Weil diese Experimente weit außerhalb der Ionosphäre durchgeführt werden müssen, wurden solche Experimente auch auf Raumschiffen gemacht, die andere, weit entferntere Ziele hatten. Slysh und seine Kollegen installierten Instrumente auf den russischen Raumfahrzeugen Zond 2 und 3, Luna 10 und 11 und Venera 2. Diese einfachen Experimente waren zwar nicht sehr genau in der Bestimmung der Richtung, aus der die Strahlung kam, konnten aber Strahlung in einem Wellenlängenbereich von 30 bis 1500 m untersuchen.

Der erste radioastronomische Satellit, der auch das jeweils untersuchte Gebiet des Himmels bestimmen konnte, war der amerikanische Radioastronomy Explorer 1 (RAE 1), der im Juli 1968 gestartet wurde. Dieses bemerkenswerte Raumfahrzeug entfaltete auf seiner Umlaufbahn im All eine einfache Antennenanlage mit 0,5 km Durchmesser. Es hatte dazu lange Rollen eines versilberten Kupferbandes an Bord. Sie wurden so abgerollt, daß sich aus den Streifen steife Röhren bildeten. Es entstanden vier Antennen von je 229 m Länge und ein Paar stabilisierender Masten von 96 m Länge. Diese Anlage bedeckte 9 Hektar und erreichte eine Auflösung von ungefähr 20 Grad bei einer Wellenlänge von 150 m. Mit ihrer Hilfe konnte gezeigt werden, daß der Großteil der langwelligen Radiostrahlung aus der Ebene des Milch-

Oben: Diese Aufnahme stammt vom International Ultraviolet Explorer (IUE); sie zeigt zwei verschiedene Quellen mit hoher Temperatur innerhalb des Kugelhaufens NGC 6752.

Unten: Der Stern Eta Ursae Majoris und einige schwächere Nachbarsterne mit dem IUE-Teleskop gesehen. Das Bild entstand aus in Bildpunkte umgesetzten Digitaldaten.

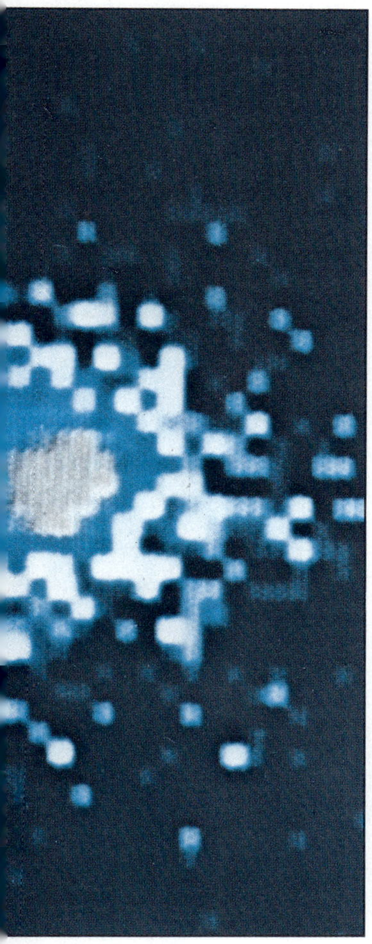

straßensystems kommt und ihr Maximum im Bereich von 300 m Wellenlänge hat. Eine längerwellige Komponente mit einem Maximum bei 1200 m scheint ihren Ursprung außerhalb unserer Galaxis zu haben. Das wichtigste Ergebnis von RAE 1 aber war, daß die freien Elektronen im All (etwa 10 je Kubikzentimeter) langwellige Strahlung absorbieren. Damit war dem Vorstoß in immer längere Wellenlängenbereiche eine Grenze gesetzt.

Als Satelliten auch für Untersuchungen im Ultravioletten und Röntgenwellenbereich eingesetzt wurden, erwiesen sich die amerikanischen Systeme als die überlegenen. Das hatte mehrere Gründe. Insbesondere stand den USA das nötige und zunehmend wichtigere technische Wissen leichter zur Verfügung als der Sowjetunion. Das zeigte sich in den von diesen Nationen gesetzten Schwerpunkten; so wurden nur wenige der 1000 Kosmos-Satelliten, die zwischen März 1962 und März 1978 gestartet wurden, auch für die Astronomie eingesetzt. Die mit Hilfe von Satelliten arbeitende Astronomie hatte bald drei Schwerpunkte. Die meisten Experimente beschäftigten sich mit der Sonne, und bei der Untersuchung der Quellen kosmischer Strahlung wurde deutlich zwischen dem ultravioletten und dem Röntgenbereich unterschieden.

Für die Sonnenbeobachtung wurden nur einfache Teleskope mit wenigen cm Öffnung benötigt. Sie waren meistens mit Spektrographen gekoppelt, um eine gute Auflösung sowohl hinsichtlich der Wellenlängen als auch der räumlichen Verteilung auf der Sonnenscheibe zu erreichen. Das sechste umlaufende Sonnenobservatorium, OSO 6, zum Beispiel konnte auf zweierlei Weise eingesetzt werden. Entweder konnte es auf ein Gebiet der Sonne eingestellt werden und das Spektrum von 0,03 bis 0,14 Mikrometer in 10000 Zwischenschritten aufnehmen, oder es konnte auf eine bestimmte Wellenlänge eingestellt werden und dann die Helligkeitswerte auf der Sonnenscheibe und der inneren Korona an etwa 4000 verschiedenen Punkten untersuchen. Solche Instrumente waren in mehreren Satelliten für die Sonnenastronomie eingebaut worden und waren so erfolgreich, daß die Forschungsgruppen fast in der Flut der zurückgesendeten Daten ertranken.

Die Satelliten für die beiden anderen Aufgaben erforderten natürlich bessere Teleskope als die für die Sonnenastronomie; sie waren trotz einer Pechsträhne letztlich erfolgreich: zwei der ersten vier gelangten nicht auf ihre Umlaufbahn. Das erdumkreisende astronomische Observatorium 2 (OAO 2), der erste erfolgreiche derartige Satellit, wurde im Dezember 1968 gestartet und enthielt elf Teleskope. Vier davon hatten 20-cm-Öffnung, vier 30- und drei 40-cm-Öffnung. So viele Fernrohre waren nicht etwa eingebaut worden, um in alle Richtungen gleichzeitig sehen zu können, sondern um so wenig wie möglich jeweils neu einstellen zu müssen. Alles, was sich bewegt, führt zu höherem Gewicht. Motoren sind schwer, verbrauchen die knappe Energie, und die Lager können sich im luftleeren Raum verändern. Außerdem besagt schon Newtons Gesetz von Actio und Reactio, daß es unmöglich ist, in einem Satelliten Bewegungen ablaufen zu lassen, ohne daß sich gleichzeitig der gesamte Satellit bewegt. Dieser Rückstoß beeinträchtigt die stabile Lage des Satelliten.

Der zweite erfolgreiche Versuch, OAO 3, konnte die Vorteile größerer Raketen nutzen und deshalb schwerer und komplexer sein. Der Satellit enthielt ein Fernrohr mit 80 cm-Öffnung, dessen Spiegel so beschichtet waren, daß sie ultraviolette Strahlung besonders gut reflektieren konnten. Er startete am 21. August 1972 und wurde zur Feier des 500. Geburtstags von Copernicus auf dessen Namen getauft. (Der russische Interkosmos 9-Satellit wurde zum Gedenken an dasselbe Ereignis Kopernik genannt. Er untersuchte die langwelligen Radiosignale der Sonnenfackeln.) Dem Copernicus folgten zwei weitere Satelliten mit Teleskopen, 1975 der holländische ANS und 1978 der in England entworfene, von den Europäern bezahlte und von den Amerikanern gestartete »International Ultraviolet Explorer«. Sie trugen jeweils Teleskope mit 22- und 45-mm-Öffnung.

Die von den »Ultraviolett«-Satelliten zurückgesandten Daten waren naturgemäß weniger aufregend als die ihrer mit Röntgenstrahlen arbeitenden Gegenspieler. Da sie Ergebnisse in einem Spektralgebiet unmittelbar neben dem so gut untersuchten sichtbaren Bereich sammeln, ist die Möglichkeit, neue und interessante Objekte zu finden, viel geringer. Die Satelliten haben, ganz allgemein betrachtet, unser Verständnis für die Durchschnittssterne stark verbessert, insbesondere für die heißeren Typen, die stark im ultravioletten Bereich strahlen. Die interessantesten Messungen, die mit Copernicus gemacht wurden, betrafen die interstellare Materie. Die hohe Empfindlichkeit und das gute Auflösungsvermögen der Kombination von Fernrohr und Spektrograph bei Copernicus ermöglichte es, das seltene Wasserstoffisotop Deuterium aufzufinden. Dieses seltene Atom zerfällt im heißen Innern der Sterne sehr schnell, deshalb müssen die Deuteriumatome der interstellaren Materie Überbleibsel aus der Zeit der Entstehung des Weltalls sein. Die Konzentration der Deuteriumatome hängt dabei davon ab, wie schnell dieser Urknall ablief. Wenn die Explosion »langsam« war, weil ein sehr schweres Weltall explodierte, hätte das Deuterium genug Zeit gehabt, in der dabei entstehenden Hitze zu zerfallen, und es würde dann heute nur sehr wenig Deuterium geben. Bei einem weniger massereichen Universum, das schneller explodieren konnte, wäre das nicht so gewesen. Aus den Messungen des Copernicus, die ergaben, daß in der interstellaren Materie auf je eine Million gewöhnlicher Wasserstoffatome 14 Deuteriumatome kommen, konnte deshalb die Masse des Weltalls hergeleitet werden. Die mittlere Dichte des Universums

Der Start des Uhuru-Röntgensatelliten (rechts), dem 42. Satelliten der Explorer-Serie. Die Rakete wird von einem amerikanisch-italienischen Team gemeinsam von der Küste Kenias aus gestartet.

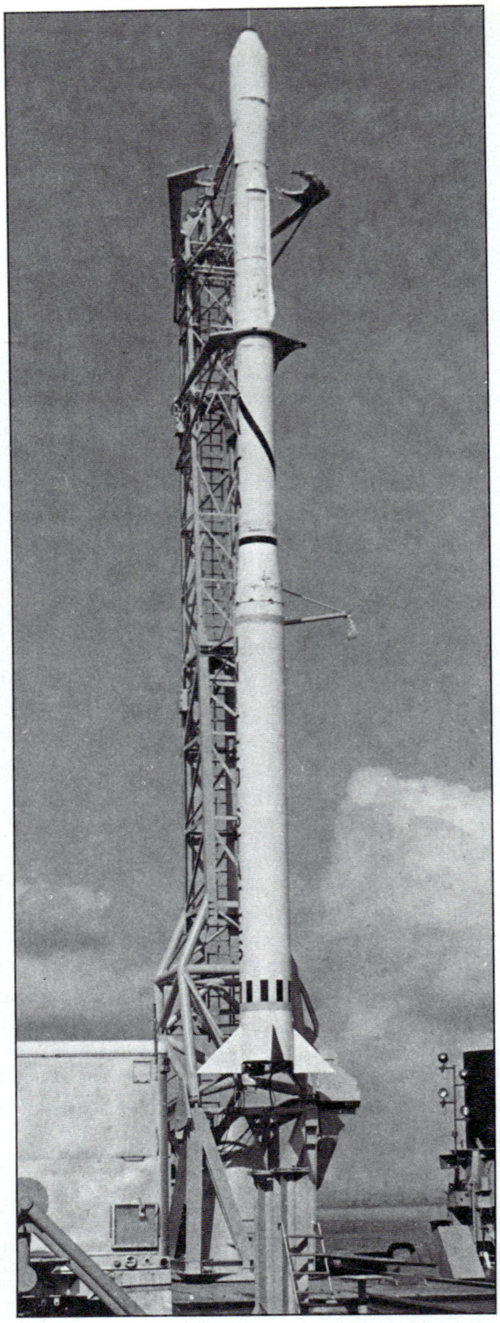

Unten: Hier wird letzte Hand an Uhuru gelegt; den ersten Röntgensatelliten der Explorer-Serie, der 1972 gestartet wurde. Er umkreiste die Erde in etwa 500 km Höhe. Dabei entdeckte er eine große Zahl von Röntgenquellen innerhalb und außerhalb des Milchstraßensystems – eine Revolution auf dem Gebiet der Röntgenastronomie.

Rechts: Die Fertigstellung des zweiten Hoch-Energie-Astronomie-Observatoriums (HEAO 2), des »Einstein-Röntgen-Observatoriums«. Sein Teleskop, das erste Röntgenteleskop mit großer Öffnung, das Bilder bester Qualität lieferte, hat viele Aufschlüsse über weit entfernte Galaxien, Neutronensterne, schwarze Löcher und andere energiereiche Erscheinungen bei Sternen gebracht.

beträgt danach 1 Atom pro 2 oder 3 Kubikmeter Raum. Die gesamte Masse der 10^{71} Kubikmeter des Universums ist 20 Milliarden mal so groß wie die Masse unserer Galaxis. Ein solches Universum ist zu klein, als daß die Gravitation gegen die vom Urknall herrührende Expansion ankommen kann, es wird sich darum immer weiter ausdehnen.

Im Dezember 1970, zwei Jahre nach dem Start von OAO 2, wurde der erste röntgenastronomische Satellit auf seine Umlaufbahn gesandt. Der »Kleine Astonomische Satellit 1« oder SAS 1 wurde in Uhuru umgetauft; dieser Name aus der Sprache Kenias soll an seinen Start von der Küste Kenias aus erinnern. Uhuru hatte die Aufgabe, den Himmel nach neuen Röntgenquellen abzusuchen und die Genauigkeit der Positionsbestimmung von Röntgensternen zu verbessern. Der Satellit trug zwei Röntgenempfänger, jeder mit Platten von 20 cm im Quadrat. Eine war so abgedeckt, daß ein Fleck des Himmels, der fünf Grad im Quadrat maß, sichtbar blieb, die andere noch stärker auf einen Streifen von fünf Grad Länge und nur einem halben Grad Breite eingeschränkt. Mit Uhuru vervielfachte sich die Zahl der bekannten Röntgenquellen etwa um das Zehnfache. Sowohl vom Andromedanebel M31 als auch von der entfernteren riesigen Radiogalaxie Centaurus A (NGC 5128) wurde Röntgenstrahlung aufgefangen. Noch interessanter war eine Reihe pulsierender Quellen innerhalb unserer Galaxis, unter ihnen Cygnus X-1, Hercules X-1 und Centaurus X-3. Diese Objekte sind massereiche Doppelsterne, deren Partner bei den beiden letzteren Neutronensterne sind. Die interessanteste dieser Quellen ist die im Sternbild Cygnus. Sie zeigt alle Anzeichen eines Paares einander umlaufender Sterne. Beobachtungen im sichtbaren Bereich zeigten, daß ein Stern des Systems Cygnus X-1 ein Überriese ist, aber von seinem Begleiter war keine Spur zu finden. Eine Analyse der Umlaufbahn ergab, daß dieser unsichtbare Partner mindestens achtfache Sonnenmasse haben müsse. Wenn er ein gewöhnlicher Stern wäre, hätte man ihn sehen müssen, denn weiße Zwerge und Neutronensterne sind Massen, die kleiner sind als das Dreifache der Sonnenmasse. Daraus folgte, daß der unauffindbare Stern das erste bekannte schwarze Loch sein müsse. Die Röntgenstrahlen werden ausgestrahlt, wenn sich Materie von dem Riesenstern losreißt und um das schwarze Loch herumwirbelt, bevor sie in ihm verschwindet.

Die andere wichtige Entdeckung des Uhuru-Satelliten war, daß Galaxienhaufen Röntgenstrahlen aussenden. Galaxien sind nicht gleichmäßig über den Raum verteilt, sondern kommen oft in Haufen vor; der größte bekannte solcher Haufen enthält 2500 Galaxien. Die meisten Röntgenquellen außerhalb unserer Galaxis hatten sich nun als solche Haufen erwiesen. Genauere Untersuchungen zeigten, daß die Quelle der Röntgenstrahlung das intergalaktische Gas ist, das 1/1000 der Dichte des interstellaren Gases und eine Temperatur von einigen 100 Millionen Grad hat.

So entstand ein neues Arbeitsgebiet – die Röntgenastronomie –. Angeregt durch den Start von Uhuru führte sie zu einer Reihe weiterer Röntgensatelliten. Eine Schwierigkeit des hier verwandten Meßgeräts, bei dem ein Zähler von einer Blende abgeschirmt wird, ist die Kopplung von Empfindlichkeit und Größe. Mit dem Start von HEAO 1 1977 hatten Röntgensatelliten dieser Art ihre Grenzen erreicht: HEAO 1 hatte einen Durchmesser von 2,4 m und wog 2,7 Tonnen. Die Lösung besteht im Bau von echten Röntgenteleskopen, bei denen die Tatsache ausgenutzt wird, daß Röntgenstrahlen von polierten Oberflächen reflektiert werden, wenn nur die einfallenden Strahlen fast genau parallel zur Oberfläche sind. Dieser Gedanke wurde mit kleinen Teleskopen in Raketen und später mit einem Sonnen-Röntgen-Teleskop von 22 cm Durchmesser auf Skylab getestet. Schließlich wurde ein riesiges Röntgenteleskop für HEAO 2 gebaut, das »Einstein-Röntgen-Observatorium« getauft wurde. Dieser Satellit wurde 1978 gestartet. Er trägt vier ineinander geschachtelte Röntgenteleskope, von denen das äußerste 56 cm Durchmesser hat. Er hat sich als so erfolgreich herausgestellt, wie seine Erbauer es gehofft hatten. Das Auflösungsvermögen beträgt jetzt wenige Bogensekunden: wo Uhuru nur einfach Strahlung aus dem Andromedanebel entdeckte, zeigten die neuen Geräte 69 verschiedene Quellen in dieser Galaxis. Es hat sich gezeigt, daß alle Quasare Röntgenstrahlen aussenden und daß nahe Sterne eine Röntgenstrahlung aussendende äußere Hülle haben.

Die Röntgenastronomie hat sich mit atemberaubender Schnelligkeit entwickelt. Es dauerte 340 Jahre, bis sich Galileis Fernrohr zum Teleskop von Mount Palomar entwickelte und damit etwa das Dreimillionenfache an Empfindlichkeit gewonnen war. Für die gleiche Steigerung benötigte die Radioastronomie von Jansky bis zur VLA-Anlage 50 Jahre. Die Röntgenastronomie hatte es 60 Jahre nach ihrer Entdeckung so weit gebracht.

Im gegenwärtigen Zeitpunkt herrscht in der Satellitenastronomie eher Ruhe. Erdumkreisende Observatorien haben keine lange Lebensdauer, im Augenblick arbeitet kein wichtiges Instrument. Die nächsten Satelliten, die gestartet werden sollen, sind der europäische Röntgensatellit Exostat und der erste große Infrarot-Satellit IRAS. Danach soll ein Teleskop, das im optischen und ultravioletten Bereich arbeitet und 2,4 m Öffnung hat, mit der Raumfähre Space Shuttle, die wiederholt eingesetzt werden kann, in den weiter und deutlicher sehen können als jedes jemals gebaute optische oder ultraviolette Raum geschickt werden. Dieses Teleskop soll Teleskop. Seit 1610 haben praktisch alle neuen Instrumente zu wichtigen Entdeckungen und einem veränderten Weltbild geführt, deshalb ist anzunehmen, daß auch das neue Teleskop Neuland eröffnen wird.

DAS WELTRAUMTELESKOP

Das Weltraumteleskop, das die Raumfähre Space Shuttle 1983 auf seine Bahn um die Erde bringen soll, wird astronomische Erscheinungen ohne die Störungen durch das »seeing« und das schwache Himmelsleuchten beobachten, messen und aufzeichnen können. Sein Auflösungsvermögen wird zehnmal besser sein als das von Teleskopen auf der Erde. Es wird Objekte sehen können, die fünfzigmal schwächer sind als jene, die mit den heute vorhandenen irdischen Instrumenten beobachtet werden können. Zudem wird man mit ihm in Wellenlängenbereichen beobachten können, die von der Erde aus unzugänglich sind.

Das Weltraumteleskop besteht aus vier Teilen: die zwei beherrschenden Teile sind ein optisches Teleskop – ein 2,4-m-Ritchey-Crétien-Reflektor – und ein Instrumentenpaket, zu dem zwei Kameras, zwei Spektrometer und ein Photometer gehören. Diese werden über einen Computer bedient werden, der es ermöglicht, die Teleskopbilder in elektronische Signale zu übersetzen, die dann an die Bodenstation übertragen werden, und der auch die Bahn des Raumschiffs bestimmt und kontrolliert. Die vierte Komponente, die Solarzellen, sollen die Energie erzeugen, die das Raumschiff benötigt. Man erwartet, daß das Weltraumteleskop, wenn es regelmäßig im Raum oder auf der Erde überprüft und gewartet wird, eine Lebensdauer von etwa 15 Jahren hat.

Die Raumfähre wird vorsichtig und langsam zur Startrampe auf dem Raumflugzentrum Cap Canaveral in Florida gefahren. Die Fähre ist ein bemanntes Raumschiff, das wiederholt eingesetzt werden kann. Dadurch sollte der hohe Preis, den es kostet, einen Satelliten auf seine Bahn zu bringen, ganz drastisch vermindert werden können.

Das Schleifen des Primärspiegels des Weltraumteleskops. Der Spiegel hat einen Durchmesser von 2,4 m; die Form ist etwa 30 cm dick, hat in der Mitte ein Loch von etwa 60 cm Öffnung und wiegt mehr als 900 kg.

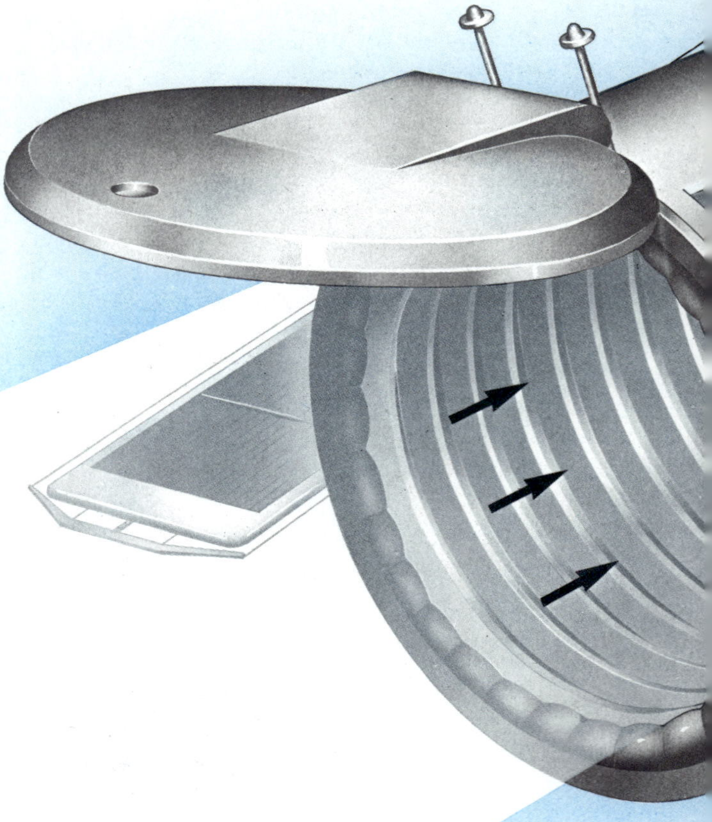

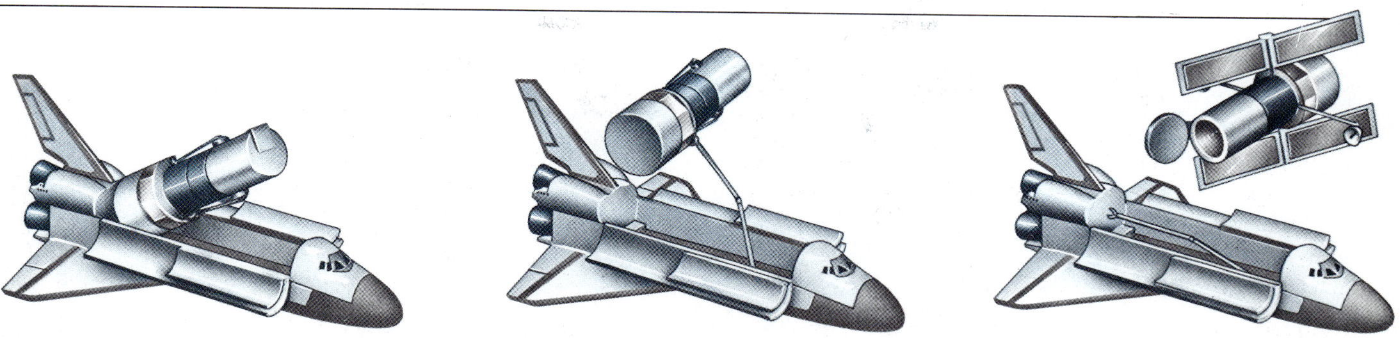

Das 10 000 kg schwere und 13 m lange Weltraumteleskop wird im Innern des Space Shuttle in den Raum getragen werden. Ein ferngesteuerter Arm wird das Teleskop aus dem Raumschiff herausnehmen und es in die richtige Stellung bringen. Das Teleskop wird dann abgekoppelt werden, seine Solarzellen und Radioantennen ausfahren und die Erde umkreisen. Die gesammelten Daten werden in Radiosignale umgewandelt werden, die mit Hilfe einer Reihe von Datenübermittlungssatelliten zur Erde gesendet werden.

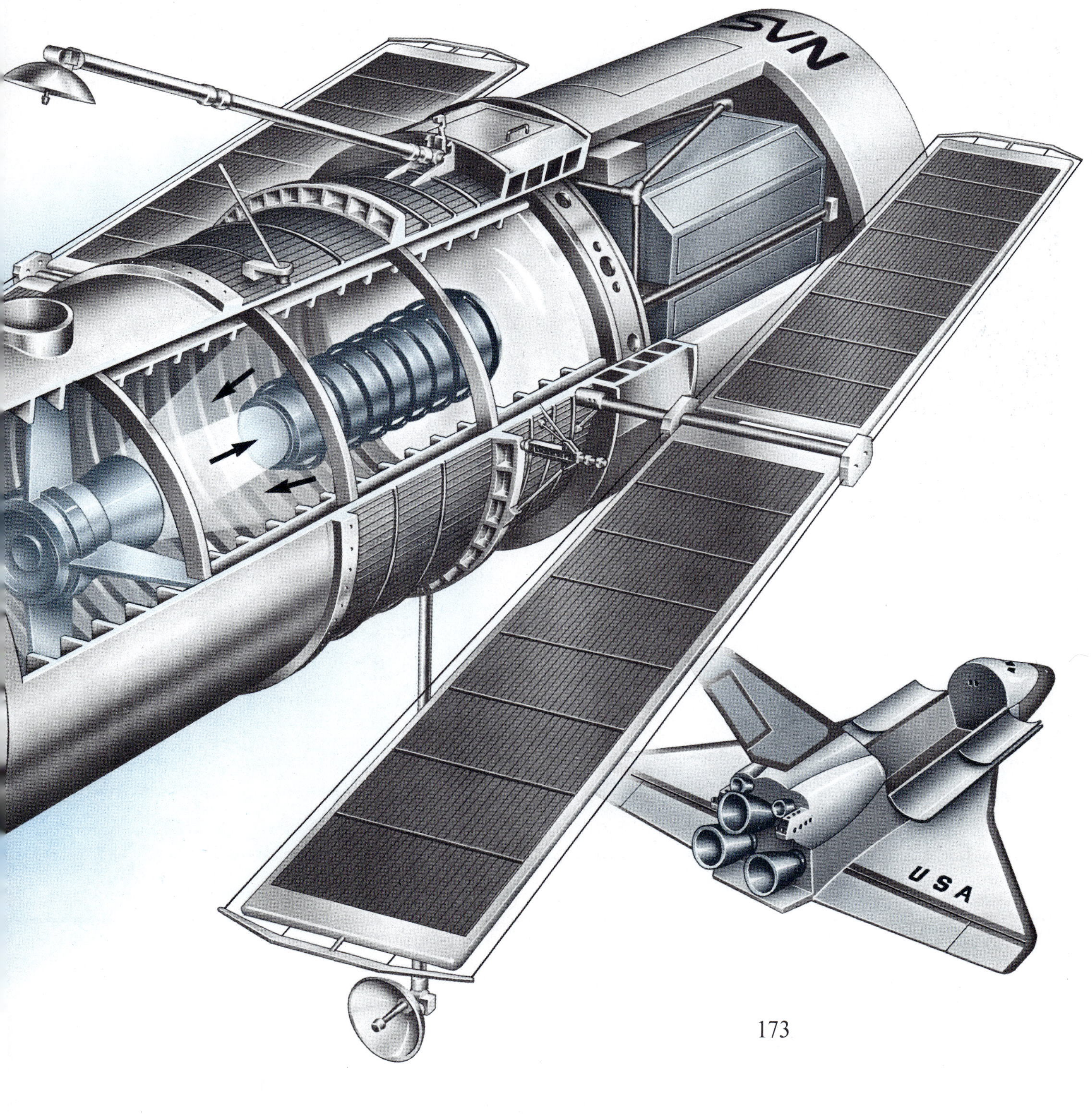

KAPITEL 15

Letzte Entwicklungen

Sonnen- und Infrarot-Teleskope
Astronomische Forschung
von 1950 bis heute

»Die Erforschung des Sonneninneren schien vor wenigen Jahren ein im wesentlichen abgeschlossenes Gebiet zu sein ... Die Vorgänge auf der Sonne waren für die Zeit der etwa fünf Milliarden Jahre, seit sie ein Hauptreihenstern ist, hinreichend gut bekannt und ihr weiteres Schicksal, wenn sie sich nach weiteren fünf Milliarden zu einem roten Riesen entwickeln wird, einigermaßen vorhersagbar ... Die Modelle sind theoretisch widerspruchsfrei, stimmen mit allen bekannten Aspekten der Sternentwicklung, wie wir sie bei Sternen anderen Typs und Alters kennen, überein. Bis auf eine Ausnahme: die fehlenden Neutrinos. Während dies geschrieben wird, droht diese Ausnahme die Theorien über das Sterninnere über den Haufen zu werfen.«

Robert W. Noyes, Frontiers of Astrophysics, 1976

In der Astronomie hängt sehr viel von der genauen Messung der Positionen der Himmelsobjekte ab. Dieser Zweig der Astronomie heißt Astrometrie. In einem einfachen Fall muß zum Beispiel gezeigt werden, daß ein von Radio- oder Röntgenastronomen gefundenes Objekt dasselbe ist wie eines, das man als Lichtfleck kennt. Wenn das gelingt, können die bewährten Verfahren und Fernrohre der optischen Astronomie wertvolle Daten liefern. So führte die Identifizierung der Quasare, die ja Radiostrahlung aussenden, mit sichtbaren Sternen rasch zu zwei weiteren Entdeckungen: Quasare müssen sehr klein sein, weil ihre Helligkeit sich in kurzen Zeitabständen verändert, und sie müssen sehr weit entfernt sein, weil sie keine Anzeichen für die Eigenbewegungen zeigen, die das Kennzeichen der Nachbarsterne der Sonne sind. Später konnte durch die Analyse des sichtbaren Spektrums die Rotverschiebung bestimmt werden; diese hätte man wiederum nicht aus den ursprünglichen Radiodaten entnehmen können, weil die Radiostrahlung der Quasare keine einzelnen Linien aufweist.

In ganz ähnlicher Weise wird die ungeheure von Quasaren freigesetzte Energie zunächst dadurch bestimmt, daß der winzige Teil dieser Energie, der die Erde erreicht, gemessen und dann aus der gewaltigen Entfernung auf die Anfangsenergie geschlossen wird. Alle astronomischen Entfernungsbestimmungen bestehen aus einer Reihe von Zwischenschritten; der erste ist die Messung der Parallaxe naher Sterne.

Das Ergebnis von Jahrzehnten klassischer Beobachtung wurde 1963 und 1964 in der Veröffentlichung zweier astrometrischer Kataloge zusammengefaßt, von denen einer die Sternpositionen und einer die Sternparallaxen enthielt. Der *Fundamentalkatalog Nr. 4 (FK4)* enthält die Positionen von 1535 Bezugssternen mit einer Genauigkeit von etwa 0,2 Bogensekunden. Die Messungen werden immer genauer, weil das Wissen über die Präzession der Erdachse (und damit der Koordinaten des Katalogs gegenüber dem Himmel) und die Eigenbewegungen der Sterne immer größer geworden ist. In dem 1964 veröffentlichten Ergänzungsband zum Katalog der Sternparallaxen werden 6422 Parallaxen angegeben. Zur Parallaxenbestimmung muß man nur die kleinen Differenzen der Sternpositionen bestimmen. Deshalb ist die Genauigkeit hier größer und beträgt etwa 0,016 Bogensekunden. 30 Prozent der Sterne des Katalogs haben jedoch Parallaxen von weniger als 0,018 Bogensekunden und für diese sind die angegebenen Zahlen nur Anhaltswerte.

Der *Fundamentalkatalog* beruht auf Messungen mit dem dafür üblichen Instrument, dem Meridianfernrohr. Seit 1963 ist dieses Instrument in mancher Weise verbessert worden. Zunächst wurde es für die photographische Beobachtung abgeändert, und zwar hauptsächlich von S. Laustsen in Dänemark und M.S. Zverev vom Observatorium in Pulkowo (der aber in Chile arbeitet). L. Sukharev, auch von Pulkowo, hat das Problem von Verbiegungen der Teleskopröhre dadurch zu lösen versucht, daß er mit Hilfe eines drehbaren flachen Spiegels das Licht in ein feststehendes horizontales Fernrohr lenkte. Der Spiegel ist dabei der einzige noch bewegliche Teil. Der wichtigste Fortschritt wurde jedoch mit der Entwicklung eines photoelektrischen Meridianfernrohrs in Dänemark gemacht, nur wenige Kilometer von dem Ort entfernt, an dem Römer 1684 sein erstes Meridianfernrohr aufgestellt hatte. Dieses neue System, bei dem der Astronom selbst nichts mehr unmittelbar einstellen muß, wenn eine Sternposition bestimmt werden soll, ist das wichtigste Hilfsmittel für die Erstellung des fünften *Fundamentalkatalogs (FK5),* der 1984 erscheinen soll. Dieser Katalog soll mehr Sterne enthalten (etwa 5000) und auch genauer sein als sein Vorgänger, hauptsächlich, weil die Eigenbewegungen der Sterne jetzt noch besser bekannt sind.

Auch in der Parallaxenbestimmung hat es eine entscheidende Veränderung gegeben, nachdem man sich 40 Jahre lang streng an die von Frank Schlesinger entwickelten Methoden gehalten hatte. Diese Umwälzung war mit dem Auftrag für ein völlig neuartiges Teleskop verbunden. K.A. Strand vom Naval Observatory der USA brach mit der Tradition, Präzisionsmessungen mit Refraktoren langer Brennweite durchzuführen und entwickelte für diesen Zweck einen Reflektor mit 1,5 m Öffnung. Dieses Fernrohr ist äußerst erfolgreich gewesen und hat gezeigt, wie mit genügend Sorgfalt die beiden üblichen Schwächen des Reflektors - die mangelnde Starrheit und die Temperaturanfälligkeit - überwunden werden können. Die Genauigkeit ist etwa viermal besser als mit den älteren Methoden: Bei sorgfältiger Arbeit kann jetzt eine Genauigkeit bis zu 0,004 Bogensekunden erreicht werden. Diese Verbesserungen ermöglichen es, die Parallaxen von fünfzigmal so vielen Sternen wie vorher zu messen. Interstellare Entfernungen können jetzt bis zu 250 Parsec oder dem 50 Millionenfachen der Entfernung Erde-Sonne gemessen werden. Wie wichtig Messungen dieser Art sind, sieht man wohl am besten daran, daß das erste Instrument, das im internationalen Observatorium auf den Kanarischen Inseln installiert werden wird, ein neuer astrometrischer Reflektor ist.

Die Trennung zwischen Messung und Beobachtung hat in der Entwicklung der automatischen Plattenvermessung ein weiteres Stadium erreicht. Hier wird die Position des Abbildes eines Sterns auf einer photographischen Platte mit großer Genauigkeit und sehr schnell vermessen. Peter Fellgett von der Universität in Reading baute 1968 mit »Galaxy« die erste dieser Maschinen, der eine Reihe von immer besseren Geräten folgte. Das neueste ist das von Ed Kibblewhite an der Universität Cambridge gebaute computergesteuerte »verbesserte Plattenmeßgerät« (APM), das photographische Platten mit einem enggebündelten Laserstrahl abtastet. Es arbeitet viel schneller und genauer, als es ein Astronom könnte. Es kann Galaxien von Sternen unterscheiden und Fehler durch Spuren von Meteoriten oder Staubflecken entdecken. Das Gerät identifiziert einzelne Sterne und bestimmt den Mittelpunkt der Sternabbilder auf der Platte mit einer Genauigkeit von einem Mikrometer. Dabei kann es 1000 Sterne in der Stunde vermessen. Auf diese Weise sind die üblichen Sternaufnahmen, die mit gewöhnlichen Fernrohren gemacht werden, zum Ausgangsmaterial für solche Präzisionsmessungen geworden. Mit Hilfe dieses Geräts konnte Andrew Murray vom Royal Greenwich Observatory auf den Platten vom 1,2-m-Schmidt-Spiegel, den das Observatorium in Australien betreibt, nach Sternen mit deutlicher Eigenbewegung oder Parallaxe suchen.

Auch die Radioastronomen haben die Genauigkeit ihrer Positionsmessungen verbessert, und zwar durch die Weiterentwicklung des Interferometers aus zwei Teleskopen. Die dazu nötigen Schritte wurden in Kanada gemacht. Früher waren in Systemen mit langen Basisverbindungen, wie zwischen Jodrell Bank und Malvern, die Verbindungen zwischen den Teleskopen immer über Funk hergestellt worden. Dies Verfahren ist jedoch bei Entfernungen von einigen Tausenden von Kilometern nicht gut geeignet. Der entscheidende Schritt bestand in der Entwicklung von außerordentlich stabilen »Atom«-Uhren, die zwischen den radioastronomischen Observatorien hin und her transportiert werden konnten. Mit Hilfe dieser Uhren und schneller und präziser Magnetbandregistrierungen können an mehreren radioastronomischen Observatorien synchronisierte Beobachtungen derselben Quelle angestellt werden. Mit Hilfe eines Computers werden die Bänder verglichen und das Ergebnis berechnet, das sich ergeben hätte, wenn die Teleskope während der Beobachtung direkt miteinander verbunden gewesen wären. Dieses Verfahren kann ganz unabhängig von der Entfernung der Radioteleskope eingesetzt werden. Die ersten Beobachtungen arbeiteten mit einer Grundlinie, die sich quer über Kanada von Penticon in British Columbia bis nach Algonquin in der Nähe von Toronto erstreckte. Bald wurden die Verbindungen über die Kontinente hinweg aufgenommen - Australien, Kalifornien, West-Virginia, Massachusetts, Jodrell Bank, Schweden und Simeis auf der Krim arbeiteten zusammen. Die Möglichkeiten aus der Beobachtung von einer so großen Basis aus konnten durch die Verkleinerung der Wellenlänge noch verbessert werden: 1967 waren es 75 cm, 1969 6 cm und 1971 für die Basis USA-UdSSR nur 3,5 cm.

Mit Hilfe dieses Netzwerks konnte die Positionsbestimmung es bald mit der der optischen Astronomen aufnehmen: bei mehreren »punktförmigen« Radioquellen wurde eine Genauigkeit von 0,02 Bogensekunden erreicht. Die Bestimmung von Positionsdifferenzen erreichte bald eine Genauigkeit, die über die der optischen Messungen hinausging. Vom Urtyp des Quasars, 3C273, wußte man schon lange, daß er aus zwei Radioquellen bestand – dem Quasar selbst und dem aus ihm hervorschießenden Gasstrom, der ebenfalls Radiostrahlung aussendet. Die neuen Verfahren zeigten, daß auch der Quasar selbst aus vier Quellen bestand, wovon zwei nur einen Abstand von 0,0015 Bogensekunden hatten und jede weniger als 0,0005 Bogensekunden Durchmesser hatte. Die Astronomen wiederholten mit dem Interferometer den Test, mit dem Sir Arthur Eddington die Relativitätstheorie Albert Einsteins überprüft hatte – maßen also erneut die durch die Gravitation der Sonne bewirkte Ablenkung elektromagnetischer Wellen und erhielten ein Ergebnis, das bis auf ein Prozent im Bereich der theoretischen Vorhersage lag. Diese Messung war etwa fünfzigmal genauer als die von 1919.

Gegenwärtig ist das Hauptproblem, die Lücke zwischen den Positionsbestimmungen im Radiobereich und im sichtbaren Bereich zu überbrücken. Alle in den *Fundamentalkatalogen* aufgeführten Sterne sind relativ hell – etwa von siebter Größenordnung. Die Radiomessungen werden hauptsächlich an Quasaren durchgeführt, die nicht zu den helleren sichtbaren Sternen gehören. Abgesehen von 3C273, der ein Stern 13. Größe ist, gehören die helleren Quasare zur 16. und 17. Größenklasse – sind also wesentlich schwächer. Dies erschwert Vergleiche sehr: im sichtbaren Bereich entspricht dem der Unterschied zwischen einer Belichtungszeit von einer Sekunde und von drei Stunden. Es ist daher praktisch ausgeschlossen, mit Aufnahmen zu arbeiten, auf denen nebeneinander Quasare und Sterne aus dem Fundamentalkatalog abgebildet sind. Die astronomische Forschung bemüht sich heute darum, Sterne der dazwischenliegenden Helligkeiten zu vermessen – dieser Schritt ist für die Verbindung der beiden Verfahren notwendig.

Die Verknüpfung zweier Teleskope zu einem Interferometer ist auch im sichtbaren Bereich zur Messung der Größen von Sternen benutzt worden. Die ersten Arbeiten auf diesem Gebiet waren genau genommen eine Weiterführung der Arbeiten Richard Hanbury Browns mit Radioteleskopen. Daraus entwickelte sich das Intensitätsinterferometer, mit dem die Schwankungen der von zwei optischen Geräten aufgefangenen Signale verglichen werden können. Wenn die Teleskope nahe beieinander sind und der Stern fast eine punktförmige Lichtquelle ist, ergibt sich eine, wenn auch geringe Korrelation zwischen diesen beiden Schwankungen. Wenn der Stern größer ist oder die Teleskope weiter entfernt sind, verliert sich auch diese minimale Korrelation. Der Vorteil dieser Methode liegt darin, daß sie trotz der Auswirkungen des »seeing« angewendet werden kann. Sie hat den Nachteil, daß auch bei den hellsten Sternen viele Beobachtungsstunden nötig sind, bis man eine Korrelation zwischen Signalen nachweisen kann. Nach Auseinandersetzungen darüber, ob die Methode überhaupt mit den Grundlagen der Quantenmechanik zu vereinbaren sei, baute Hanbury Brown in Narrabri in Australien ein solches Paar von Teleskopen.

Die zwei 6,5-m-Reflektoren des Intensitäts-Interferometers von Professor Hanbury Brown in Narrabri, New South Wales, Australien. Der Abstand zwischen den beiden Hauptspiegeln kann verändert werden, indem sie auf einem Eisenbahngleis bewegt werden. Das Interferometer hat keine Kuppel, die es vor Windstößen schützt und ist nicht auf hohen Türmen montiert, um die Störungen durch die Luftunruhe zu verringern, da die Abbilder der Himmelsobjekte nicht besonders scharf sein müssen.

Das Intensitätsinterferometer sucht also nach einem sehr kleinen Effekt, der vom Abstand der zwei Teleskope abhängt. Um die nötige Empfindlichkeit erreichen zu können, baute Hanbury Brown zwei 6,5-m-Instrumente und montierte sie auf Eisenbahnschienen. Diese Fernrohre, bei weitem die größten optischen Teleskope der Welt, brauchten in ihrer Qualität gar nicht besonders gut zu sein. Ihre Aufgabe war es nur, das Licht eines hellen Sternes auf den Photovervielfacher im Primärfokus des Teleskops zu bringen. Dies konnte mit einem Primärspiegel erreicht werden, der aus 270 kleinen sechseckigen Glasteilen zusammengesetzt war und in deren gemeinsamem Brennpunkt das Bild des Sterns als Fleck von etwa 2,5 cm Durchmesser entsteht. Das Gleissystem war kreisrund mit einem Durchmesser von 188 m und einem Schuppen für die Fernrohre, in dem sie tagsüber oder bei schlechtem Wetter geschützt wurden; so sparte man die Kuppeln. Das Doppelteleskop konnte die vorhergesagte Signalkorrelation messen und erreichte eine außerordentlich gute Winkelauflösung. Bei ihrem größten Abstand von 188 m entsprach die Entfernung der Teleskope voneinander dem 420 millionenfachen der Wellenlänge; daraus ergab sich für die Messung der Sterndurchmesser ein gewaltiges Auflösungsvermögen. Vor den Arbeiten von Hanbury Brown war die Größe von nur einem halben Dutzend Sternen bekannt gewesen, alles Riesen und sehr verschieden von der überwiegenden Zahl der Sterne, die ja der Hauptreihe angehören. Der kleinste mit den neuen Teleskopen gemessene Winkeldurchmesser betrug 0,00047 Bogensekunden (bei Delta Scorpii), die Fehler lagen bei einem zweiundzwanzig Millionstel einer Bogensekunde. Hanbury Brown fand, daß Wega (Alpha Lyrae) einen Winkeldurchmesser von 0,00308 Bogensekunden hat, also weit unter der ersten Schätzung Galileis mit fünf Bogensekunden liegt. Galilei hatte mit seiner Beobachtung das »seeing« im Pisa der Renaissance abgeschätzt, aber nicht die Größe des Sterns gemessen.

Das Interferometer von Narrabri ist inzwischen wieder abgebaut worden, weil es 1972 alle Sterne untersucht hatte, die hell genug sind, um bei vernünftiger Beobachtungsdauer Ergebnisse zu bringen. An seiner Stelle wurde eine neue Methode der Kombination des Lichts zweier Teleskope entwickelt. Dieses neue, vor allem von Antoine Labeyrie in Frankreich entwickelte Gerät, das Speckle-Interferometer, ist zwar komplizierter, aber auch viel empfindlicher als das Intensitätsinterferometer von Hanbury Brown. Bei dieser Konstruktion werden die Auswirkungen des »seeing« dadurch vermieden, daß nur extrem kurz, etwa 1/100 Sekunde, belichtet wird, kurz genug, daß sich die Wirbel in der Atmosphäre in dieser Zeit nicht ändern: Viele dieser Kurzzeitaufnahmen werden zusammengefügt, um die endgültige Aufnahme zu bekommen. Der Name Speckle-Interferometrie rührt von dem gefleckten Aussehen der Einzelbilder eines Sterns her (engl. Speckle = Fleck); aus dieser Struktur innerhalb des durch die Sichtbedingungen auf ein oder zwei Bogensekunden verschmierten Sternabbilds lassen sich Informationen über die Feinstruktur gewinnen. Dieses Verfahren wurde zuerst angewendet, um die Winkelauflösung von Einzelteleskopen zu verbessern und erwiesen sich als besonders bedeutsam für die Untersuchung von Doppelsternen. Ohne atmosphärische Störungen sollte ein 4-m-Teleskop zwei Sterne auflösen können, die nur 0,025 Bogensekunden voneinander entfernt sind. Als H. McAlister für die Speckle-Interferometrie den Kitt Peak-4-m-Spiegel einsetzte, erhielt er immerhin Daten über Sterne, die nur 0,037 Bogensekunden voneinander entfernt waren. Die Untersuchung von Beteigeuze mit diesem Teleskop ergab erste Hinweise auf helle und dunkle Flecken auf der Oberfläche eines Fixsterns.

Labeyrie stellte an der Sternwarte in Nizza bahnbrechende Versuche an, die Speckle-Methode für ein Paar von Teleskopen einzusetzen und eine Auflösung zu erreichen, die dem Abstand zwischen den Teleskopen ent-

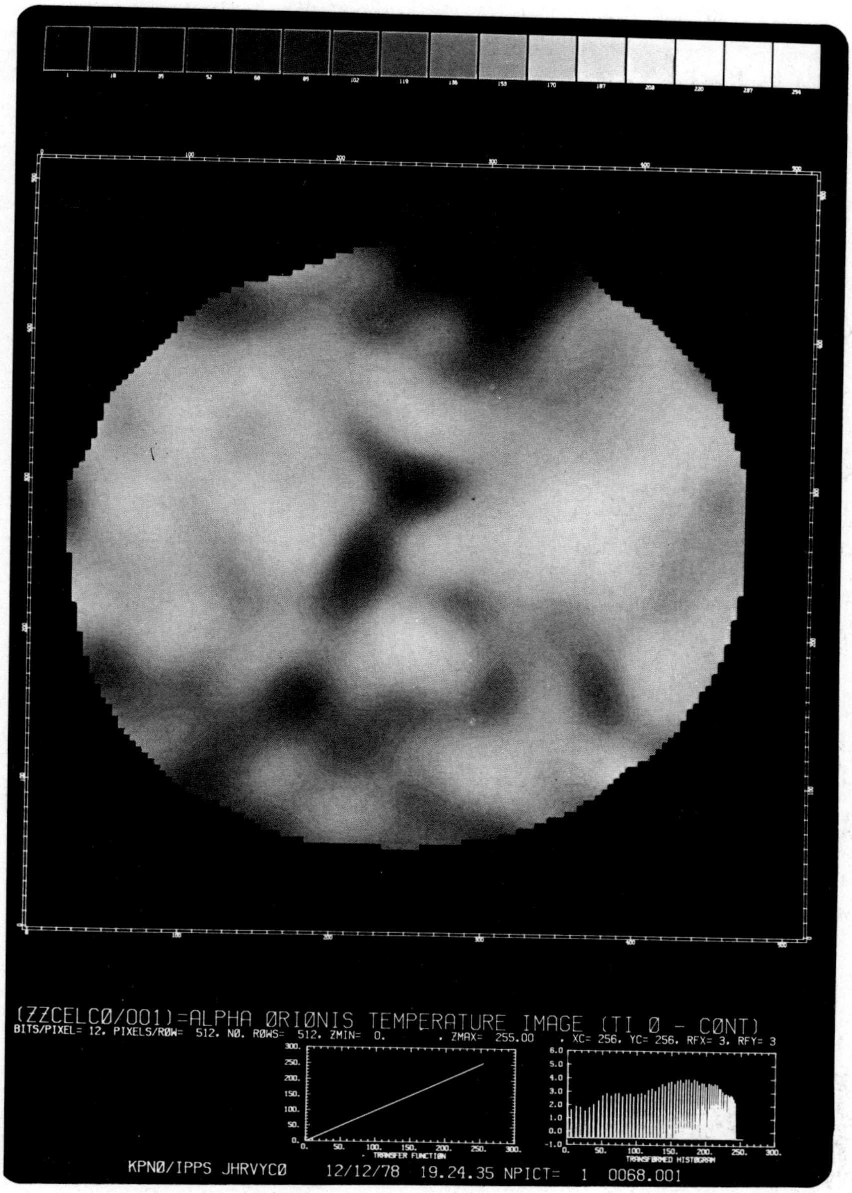

Der Riesenstern Beteigeuze im Sternbild des Orion. Dieses Bild der Sternoberfläche wurde mit Hilfe der Speckle-Interferometrie gewonnen. Es wurde von einem Computer aus einer Reihe kurz belichteter Aufnahmen zusammengesetzt. Die Flecken zeigen an, daß der Stern nicht gleichmäßig hell ist. Die Strukturen sind gerade im Grenzbereich des Auflösungsvermögens des benutzten 4-m-Teleskops.

DAS MCMATH-SONNENTELESKOP

Das Sonnenteleskop des Kitt Peak National Observatory ist das größte und leistungsfähigste Instrument seiner Art. Der ungewöhnliche Entwurf ist aus zwei Überlegungen entstanden: erstens ist wie bei allen Sonnenteleskopen die Brennweite sehr groß (90 m), deshalb muß es fest aufgestellt werden, zweitens hat es anders als die meisten Sonnenteleskope einen Heliostaten mit nur einem Spiegel, um das Sonnenlicht in das Instrument zu leiten und nicht das 2-Spiegel-System der meisten klassischen vertikalen Teleskope. Deshalb muß die Achse des Teleskops zum nördlichen Himmelspol zeigen.

Der ebene 2-m-Spiegel des Heliostaten folgt der Bewegung der Sonne am Himmel. Die äußere Hülle des Teleskops dient als Windschutz. Sie enthält ein kompliziertes Kühlsystem, das aus einem Röhrennetz besteht. Diese Röhren enthalten Kühlflüssigkeit, Wasser und Frostschutzmittel. Das Kühlsystem soll die Auswirkungen der Sonnenhitze auf die Leistung des Teleskops möglichst gering halten. Die Temperatur im Innern des Teleskops soll möglichst gleich der Temperatur der Außenluft sein.

Links: Der Beobachtungsraum des Sonnenteleskops. Die einfallende Sonnenstrahlung wird gebündelt und durch einen dritten Spiegel (oben im Bild) senkrecht nach unten gespiegelt. Das Bild der Sonne mit 85 cm Durchmesser wird so an die richtige Stelle für die Analyse durch den Spektrographen projiziert.

Oben rechts: Eine Zeichnung des Heliostaten, der an der Spitze des 30 m hohen Teleskopturms aufgestellt ist. Er ist auf Öl gelagert. Der 2-m-Spiegel dreht sich mit der Sonne und ist so montiert, daß der Lichtstrahl durch das Loch in der Mitte des Lagers hindurchgeht. Die beiden 90-cm-Spiegel links und rechts vom Heliostaten liefern zusätzliche Sonnenbilder.

Eine Luftaufnahme von Kitt Peak, Arizona, wo das Sonnenteleskop aufgestellt ist. Man erkennt die dreieckige Form des Teleskops im linken unteren Teil des Bildes.

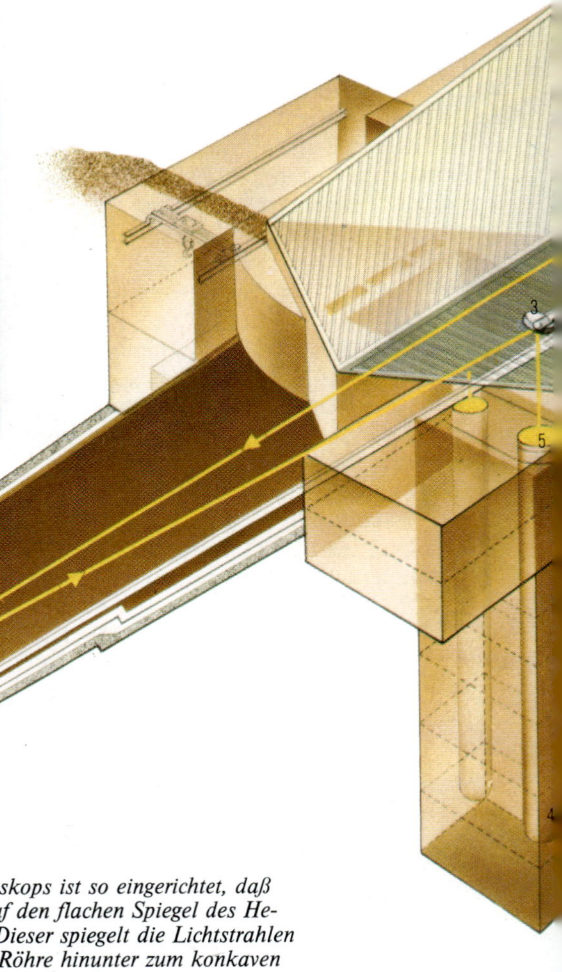

Die Optik des Teleskops ist so eingerichtet, daß das Sonnenlicht auf den flachen Spiegel des Heliostaten fällt (1). Dieser spiegelt die Lichtstrahlen die lange geneigte Röhre hinunter zum konkaven Primärspiegel (2), der das Licht sammelt. Ein dritter, ebener Spiegel (3) spiegelt das Licht in den Spektrographen (4). Die Optik bildet die Sonne oberhalb des Spektrographen ab (5). Aus diesem Bild wählt der Astronom Ausschnitte zur genaueren Untersuchung aus.

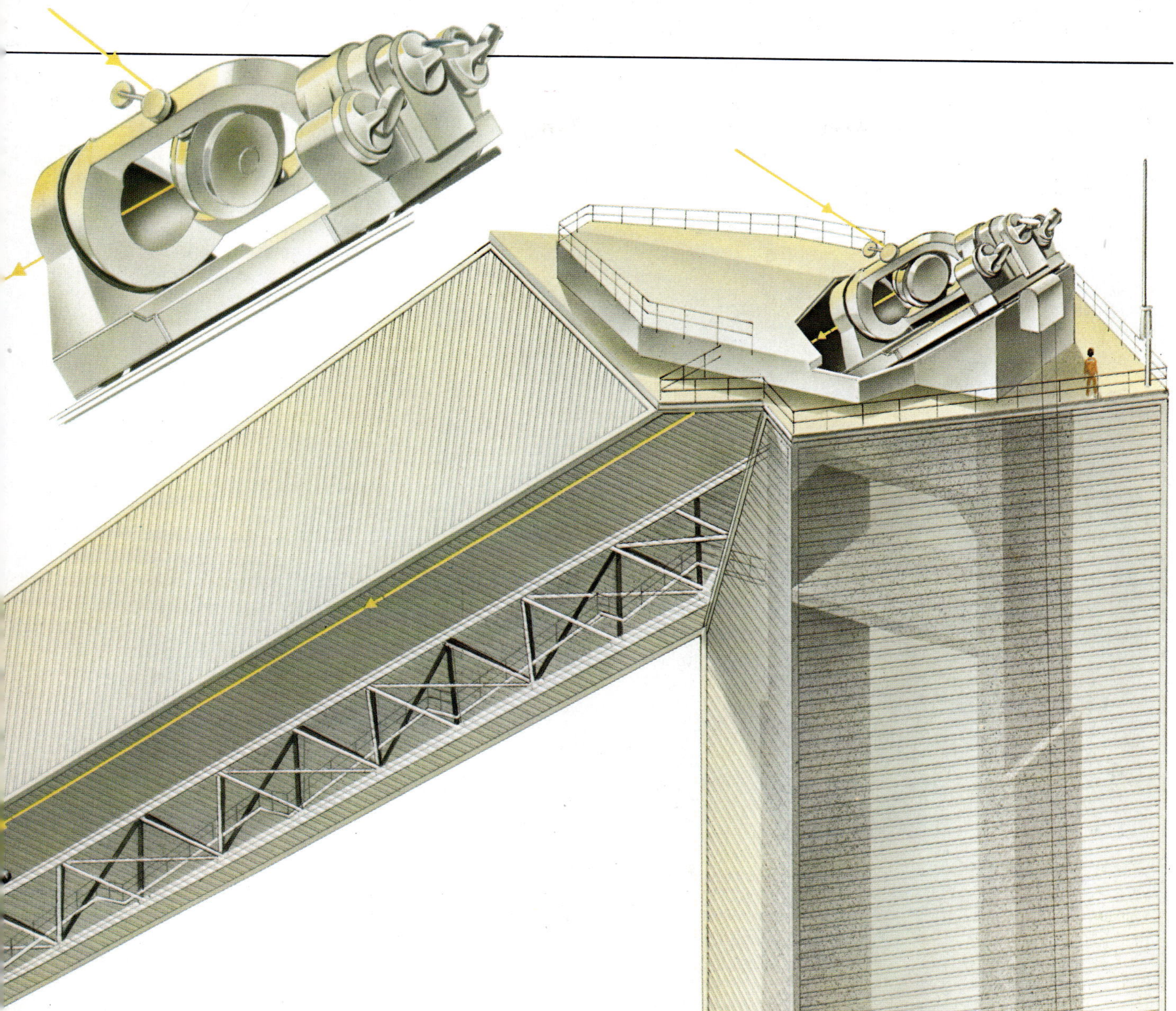

In dem Schacht, der vom Beobachtungsraum senkrecht nach unten führt, ist ein Spektrograph mit einem Stahlrohr von 21 m Länge aufgestellt. Zur instrumentellen Ausstattung des Teleskops gehören noch andere komplizierte Instrumente für die Infrarotspektroskopie und zur Messung des Magnetfeldes der Sonne.

Schema des Lichtwegs im Spektrographen

Das Licht von dem Ausschnitt des Sonnenbildes wird dann durch Kippen einer der Spiegel des Teleskops in den Spalt des Spektrographen geworfen. Kurze Abschnitte des Spektrums können photographiert werden.

Das Speckle-Interferometer in Calern in Frankreich, das aus zwei Teleskopen besteht. Die beiden kleinen Teleskope können auf den Gleisen im Vordergrund bewegt werden. Die beiden Lichtstrahlen werden in dem Schuppen in der Mitte vereinigt. Im Hintergrund steht ein flaschenförmiges Teleskop mit 1,5 m Öffnung, das als Teil eines größeren Interferometers vorgesehen ist.

spricht. Dabei muß das technische Problem gelöst werden, daß der Lichtweg vom Stern durch das Teleskop zum Beobachtungspunkt für beide Teleskope gleich sein muß. Da sich der Stern am Himmel bewegt, muß sich entweder auch eines der beiden Fernrohre oder das Gerät, in dem die beiden Strahlen vereinigt werden, bewegen. Es geht dabei um wenige Mikrometer, eine Genauigkeit, die am einfachsten erreicht wird, wenn die beiden Teleskope in Nord-Süd-Richtung aufgestellt werden.

Labeyrie benutzte zwei Teleskope mit Öffnungen von 25 cm. Sie sind mittlerweile von Nizza an einen hochgelegenen Ort des

Robert McMath am Beobachtungspult des Turmteleskops am McMath-Hulbert-Observatorium.

Calern-Observatoriums im südlichen Zentralfrankreich gebracht worden, wo sie auf einem sehr genau angelegten Gleissystem von 40 m Länge aufgestellt sind. Das Interferometer ermöglichte die Bestimmung der Durchmesser heller Sterne des Nordhimmels, unter ihnen Deneb und Castor. Dieser Erfolg ermutigte zum Bau eines größeren Interferometers. Das neue Gerät soll bei Sternen 17. Größe eine Winkelauflösung von 0,0003 Bogensekunden erreichen. Die beiden Teleskope, die jedes 1,5 m Öffnung haben, sind in ihrem Entwurf und ihrem Baumaterial ganz ungewöhnlich, sie sind flaschenförmige Betonkonstruktionen, die von riesigen Kugellagern getragen werden, und nicht mehr die normalen äquatorial montierten Stahlgerüste.

Die Speckle-Interferometrie kann nicht unmittelbar auf die Sonne angewandt werden, weil das Verfahren erstens nur für einen bestimmten engen Wellenlängenbereich anwendbar ist, der gewöhnlich weniger als ein Zehntel des sichtbaren Bereichs beträgt, und weil zweitens das Untersuchungsverfahren, das die Auswirkungen des »seeing« beseitigt, nur für kleine Bilder geeignet ist. Die Sonne aber mißt über ein halbes Grad und liegt damit weit außerhalb des Anwendungsbereichs. Die Erforschung der Einzelheiten auf der Sonnenoberfläche hat deshalb ihre wesentlichen Anstöße durch andere Versuche erhalten. Der erste dieser Versuche, den Martin Schwartzshild von der Universität Princeton in den 50er Jahren durchführte, vermied die Auswirkungen des »seeing« dadurch, daß ein 30-cm-Teleskop mit einem riesigen Ballon über den unteren Schichten der Atmosphäre hinausgetragen wurde. Dieses, Stratoskop genannte Projekt war einigermaßen erfolgreich, obwohl die Leistung des Teleskops fast 24 km über der Erde durch die Sonnenhitze stark beeinträchtigt wurde.

Das nächste Unternehmen stand stärker in der Tradition der Sonnenteleskope von Mount Wilson. Unter dem Vorsitz von Robert McMath empfahl eine Forschungsgruppe der National Science Foundation der USA den Bau zweier großer Sonnenteleskope mit Öffnungen von 91 und 206 cm für die neue Nationale Sternwarte auf Kitt Peak in Arizona. Die Teleskope sollten mit stark auflösenden Spektroskopen gekoppelt werden und die Turbulenz und Magnetfelder in der Sonnenatmosphäre untersuchen. Es wurden dann drei Teleskope gebaut, eines mit 1,5 m Öffnung und zwei mit je 90 cm Öffnung, die alle im selben Grundgerüst aufgebaut wurden. Da die Sonne gegen Mittag immer südlich des Observatoriums steht und nur bestimmte Höhen über dem Horizont erreicht, war es nicht nötig, ein nachführbares Teleskop zu bauen. Statt dessen leitet ein Heliostat-System von drei flachen Spiegeln das Sonnenlicht in die drei feststehenden Teleskope. Das Hauptteleskop ist extrem groß: damit das Licht möglichst günstig in den größten Spektrographen fällt, hat das 1,5 m-Teleskop eine Brennweite von 90 m. Um die starken Luftschlieren in der erhitzten heißen Luft über dem Erdboden zu umgehen, ist der Haupttheliostat auf einem 30 m hohen Turm angebracht. Die Teleskope haben ein gemeinsames Rohr, dessen Neigung der geographischen Breite von Kitt Peak entspricht. Die unteren zwei Drittel liegen unter der Erde, das obere Drittel ist von einem 30 Tonnen schweren Metallwindschutz umgeben, dessen Temperatur regelbar ist, damit die Turbulenz im Lichtweg vermindert werden kann.

Das McMath-Teleskop ist immer noch das größte Sonnenteleskop der Welt und ist in vieler Hinsicht unübertroffen, insbesondere wegen der technischen Perfektion der Instrumente, die das eingefangene Sonnenlicht weiteruntersuchen. Wichtige Schwerpunkte der Forschung waren die Untersuchung der Sonnenflecken und der Verteilung und Veränderung des Magnetfelds der Sonne. Die Sonnenastronomen haben auf Kitt Peak auch das überraschend häufige Vorkommen seltener Elemente wie Lithium und eines bestimmten Heliumisotops untersucht, die beide Hinweise auf die Reaktionen im Sonneninnern geben. In einer Hinsicht war das große Teleskop eine Enttäuschung. Die Erbauer hatten gehofft, es würde genaue Einzelheiten der Sonnenoberfläche zeigen, aber der Aufstellungsort, die langen Lichtwege im Teleskop und die Probleme der Erwärmung der

Das Ballon-Teleskop Stratoskop 1 wird hier gerade für seinen Start 1957 vorbereitet. Der Ballon trug das Teleskop und die zugehörige Meßausrüstung in eine Höhe von 25 km; dort machte es Aufnahmen von der Sonnenoberfläche, die Einzelheiten zeigten, die normalerweise durch die atmosphärischen Störungen überdeckt werden.

Optik durch die Sonne führten dazu, daß das »seeing« nur selten besser als etwa eineinhalb Bogensekunden war (siehe auch Seite 178f.).

Die nächsten Schritte auf dem Weg zu besseren Sichtbedingungen machte Richard Dunn am Sonnenobservatorium auf Sacramento Peak, in den Bergen oberhalb von Alamagordo in New Mexico. Dieses Observatorium hatte den Vorteil, auf einem höheren Berg zu liegen, der wegen seiner guten Fernsicht und seines klaren Himmels bekannt war. Zudem ragt das obere Ende des Teleskops noch höher in die Luft - bis 41 m über dem Boden. Außerdem - und das war der wichtigste Punkt - hat man dort die einschränkenden Auswirkungen der Luftunruhe innerhalb des Teleskops durch die einfache, aber teure Lösung verringert, alle Luft aus dem Instrument zu entfernen. Das Ergebnis ist ein Turminstrument mit einer Öffnung von 76 cm in einem Vakuum, das, obwohl es kleiner ist als das Instrument auf Kitt Peak, doch genauere Einzelheiten erkennen kann. An der obersten Stelle des Turms ist ein Heliostat mit zwei Spiegeln angebracht. Der Teleskopspiegel liegt 90 m tiefer unter einem 10 cm dicken Fenster am unteren Ende eines 250 Tonnen schweren Stahlrohrs, das luftleer gepumpt ist. Wie das 2,5 m Hooker-Teleskop auf Mount Wilson schwimmt das Teleskop (und sein 20 m langer Spektrograph) auf Quecksilber. Die schwimmende Röhre kann sich langsam drehen und damit die Drehung der Sonne im Lauf des Tages kompensieren.

Dieses Teleskop hat eine ungeheure Vielfalt von Einzelheiten der komplexen Strukturen in den verschiedenen Schichten der Sonnenoberfläche aufzeigen können und es den Astronomen ermöglicht, selbst einzelne Konvektionszellen der Sonnenoberfläche zu untersuchen. Der Erfolg dieser Messungen führte zum Bau mehrerer anderer im Vakuum arbeitender Sonnenteleskope.

Die Beobachtungen haben zu einem besseren Verständnis der Sonnenoberfläche geführt, während ein ganz anderes »Teleskop« Beobachtungen ermöglicht hat, die nur sehr schwer mit den Theorien über das Sonneninnere zu vereinbaren sind. Dieses Instrument ist ein Neutrino-Teleskop. Anders als optische Instrumente ist es 1500 m tief unter der Erdoberfläche in einem Bergwerk in Lead in South Dakota aufgebaut. Neutrinos sind schwer zu registrierende Elementarteilchen, die bei den Kernreaktionen tief im Sonneninnern frei werden. Die bei diesen Reaktionen ausgesandte Strahlung wird in der Folge von den Gasen der Sonne immer wieder absorbiert und emittiert, so daß es Millionen Jahre dauern kann, bis sie die Sonnenoberfläche

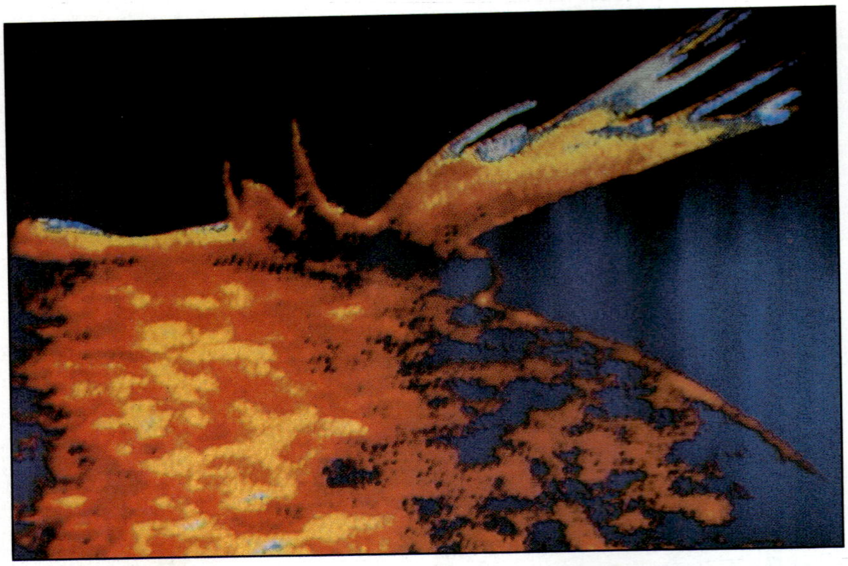

erreicht. Die Neutrinos dagegen durchqueren die gesamte Sonnenmasse ungestört und fliegen in den Weltraum. Die Zahl der ausgesandten Neutrinos ist ungeheuer groß: in jeder Sekunde durchqueren etwa 100 Millionen ein Gebiet von der Größe des Punkts am Schluß dieses Satzes. Die Zahl ist Tag und Nacht gleich groß, weil diese Teilchen auch die Erde und den Leser dieser Sätze ohne Verlust durchqueren. Es ist äußerst schwierig, Neutrinos nachzuweisen, da sie praktisch mit Materie keine Wechselwirkung zeigen. Und doch hat man Methoden gefunden. Eine wird von Raymond Davis und seinen Mitarbeitern vom Brookhaven National Laboratory angewandt: Bei einer sehr seltenen Kernreaktion absorbiert ein Chloratom ein Neutrino und verwandelt sich dadurch in ein Argonatom. Wenn genügend Neutrinos und

Oben: Die Sonne auf einer Aufnahme des Sonnenteleskops von Skylab, dem ersten bemannten astronomischen Observatorium im All, das 1973 gestartet wurde. Der aus der Sonnenoberfläche herausströmende Strahl heißen Gases (oben rechts) wird stark durch das lokale Magnetfeld der Sonne beeinflußt.

Das unterirdische Neutrino-»Teleskop« (rechts). Der Detektor liegt tief unter der Erdoberfläche, damit andere störende Elementarteilchen abgeschirmt werden. Da die Ergebnisse im Widerspruch zu den Modellvorstellungen vom Sonneninnern stehen, sollen neue Messungen mit einem anderen System gemacht werden, das als Detektor reines Gallium enthält.

Chloratome vorhanden sind und man sicher sein kann, daß keine andere Kernreaktion die Ergebnisse verfälscht, kann man so Neutrinos nachweisen. Davis stellte einen Tank mit 500000 Liter Äthylenchlorid tief unter der Erde auf, um genügend Chloratome zu haben und um sicherzugehen, daß außer den durchdringenden Neutrinos alle Teilchen aus dem Weltraum abgeschirmt würden.

Die Ergebnisse haben große Verwirrung gestiftet. Die Theoretiker hatten geglaubt, die Prozesse zu verstehen, die in der Sonne stattfinden. Ihre Theorie sagte vorher, daß in dem Flüssigkeitstank pro Tag fünf oder sechs Neutrinos nachweisbar sein müßten. Sorgfältige Messungen haben aber gezeigt, daß pro Tag nicht mehr als zwei Neutrinos mit dem Chlor reagieren, also nur ein Drittel der erwarteten Anzahl. Diese Unstimmigkeit war nicht zu erklären – ein entsprechender Unterschied zwischen der theoretischen und der wirklichen Sonnenenergie würde für die Erde eine tödliche Eiszeit bedeuten, bei der nicht nur die Ozeane, sondern auch das Kohlendioxyd in der Atmosphäre fest gefroren wären. Die Schwierigkeit, Experiment und Theorie miteinander zu vereinbaren, hat zu der Annahme geführt, daß man vielleicht noch nicht alles über das Neutrino weiß. Das Neutrino könnte seine Erscheinungsform fortwährend ändern, ein Drittel der Zeit wäre es ein Standardneutrino, für zwei Drittel würde es anders erscheinen. Die Schwierigkeit bei diesem etwas verzweifelten Erklärungsversuch ist, daß das Neutrino dann nicht masselos sein könnte, wie die Physiker immer angenommen haben. Damit diese Umwandlung möglich wäre, müßte es mindestens ein Fünfzigtausendstel der Masse des Elektrons haben, dem leichtesten Teilchen. Aber Sonne und Sterne haben seit der Entstehung des Weltalls Neutrinos ausgesendet, so viele, daß alle Neutrinos zusammen fast soviel wiegen würden wie das gesamte Weltall – auch wenn jedes einzelne noch so leicht wäre.

Das Neutrino ist schon sehr schwer zu beobachten, es gibt jedoch einen anderen Einfluß aus dem Raum, der zwar vorhergesagt wurde, aber überhaupt noch nicht nachgewiesen worden ist. Es handelt sich um Gravitationswellen – Schwankungen im Gravitationsfeld, die von der Bewegung der Körper im interstellaren Raum herrühren. Die relativ langsamen gleichmäßigen Bahnen, die die Planeten um die Sonne beschreiben, können keine wirksamen Quellen dieser Art Strahlung sein. Nur massereiche enge Doppelsternsysteme, die einander schnell umlaufen oder eine Supernova kämen in Frage. Eine derartige Strahlung könnte zwei Wirkungen haben: zwei Massen könnten sich durch sie aufeinander zubewegen oder eine einzelne Masse könnte ihre Dimension ändern. Die Suche nach der Gravitationsstrahlung wurde 1966 vom amerikanischen Physiker Joseph Weber begonnen. Weber wollte den zweiten Effekt messen und stellte sorgfältige Längenmessungen an isolierten Aluminiumblöcken von 1,5 Tonnen Gewicht an (seinen »Teleskopen«). Jede Gravitationswelle müßte einen Impuls erzeugen, den die Meßanordnung aufzeichnet. Das Gerät zeigte aber auch eine ganze Reihe zusätzlicher Impulse an, und es entstand das Problem, wie man mit einem Computer die gesuchten Ereignisse von den zufälligen unterscheiden könnte. Seitdem haben mehrere Gruppen – bei IBM, bei den Bell Telephone Laboratories und Forschungsgruppen in Rochester, New York, Glasgow, München und Moskau ebenfalls die Suche nach Gravitationswellen aufgenommen. Die Detektoren sind jetzt eine Million mal so empfindlich wie Webers erste Geräte und können noch winzigere Längenänderungen großer Metallblöcke messen. Zur Zeit ist eine Änderung von weniger als einem Hundertstel der Größe eines Atomkerns – der selbst ein Hunderttausendstel der Größe eines Atoms hat – meßbar. Die Detektoren haben jedoch noch keine der von Weber gefundenen Impulse festgestellt, und das negative Resultat hat zu dem Schluß geführt, daß Webers Impulse nicht von Schwerewellen kamen. Inzwischen ist auch die Theorie verbessert worden: mit einem entmutigenden Ergebnis. Die Detektoren scheinen zwar empfindlich genug zu sein, um Gravitationswellen von einer Supernova innerhalb unserer eigenen Galaxis zu messen, aber solche Ereignisse sind leider selten und treten nur einmal in zehn oder zwanzig Jahren auf. Andererseits entwickeln jetzt Forschergruppen in Stanford, Louisiana und Rom eine neue Art von Detektoren, bei denen alle Messungen nahezu am absoluten Nullpunkt durchgeführt werden (–273 Grad C); dadurch sollte sich die Empfindlichkeit wesentlich erhöhen. Ermutigend ist auch die Identifizierung eines Doppelsternsystems, bei dem zwei Neutronensterne, jeder massereicher als die Sonne, einander in etwas weniger als acht Stunden umlaufen. Dieses Sternenpaar verliert allmählich Energie, und zwar genau in dem Maß, wie ein Verlust durch Gravitationsstrahlung es erwarten läßt. Obwohl diese Strahlung nicht direkt beobachtet wurde, scheint hier doch ein erster experimenteller Beweis gefunden worden zu sein.

Es bleibt noch ein Bereich, für den Spezialinstrumente gebaut werden mußten, die Infrarotastronomie. Ihr Problem ist nicht wie bei der Neutrino- und Gravitationswellenastronomie, daß die Signale zu schwach sind, vielmehr waren die ersten entdeckten Infrarotquellen genau wie die ersten Röntgen-und Radioquellen viel stärker als erwartet. Das Infrarot füllt einen großen Wellenlängenbereich zwischen den Radiowellen und dem sichtbaren Bereich – von etwa einem Mikrometer bis zu einem Millimeter – und ist für die Astronomie so wichtig, weil kühlere Objekte den größten Teil ihrer Energie in dieser Form abstrahlen. Nach ersten Versuchen mit noch unempfindlichen Detektoren, die mit Rosses 1,8-m-Reflektor 1869 begannen, rückte das Thema Mitte der 60er Jahre in den Mittelpunkt der Forschung.

DAS DURCHDRINGUNGSVERMÖGEN ELEKTROMAGNETISCHER WELLEN

Radioastronomie im Bereich der Langwellen muß mit Hilfe von Satelliten betrieben werden, da die Ionosphäre diese Signale nicht durchläßt; Radioteleskope, die mit Wellen von 10 m bis zu 1 mm arbeiten, können dagegen auf der Erde stationiert sein (1). Für das ferne Infrarot werden Ballons eingesetzt, im kurzen Infrarot beobachtet man von Flugzeugen oder hochgelegenen Bergen aus. Für den sichtbaren Bereich ist es wichtig, daß die Berge weit von den Lichtern einer Stadt entfernt liegen (3). Untersuchungen im nahen Ultraviolett werden wieder von Ballonen aus angestellt, die über die absorbierende Ozonschicht hinaus gelangen können. Für kürzere Wellenlängen im Ultravioletten wird die Atmosphäre zunehmend undurchlässig, und die Teleskope müssen von Raketen oder von Satelliten aus eingesetzt werden (4). Röntgenstrahlen (5) und Gammastrahlen (6) sind zwar durchdringender, müssen aber trotzdem von Raketen und Satelliten aus beobachtet werden, weil nicht genügend Strahlung den Boden erreicht.

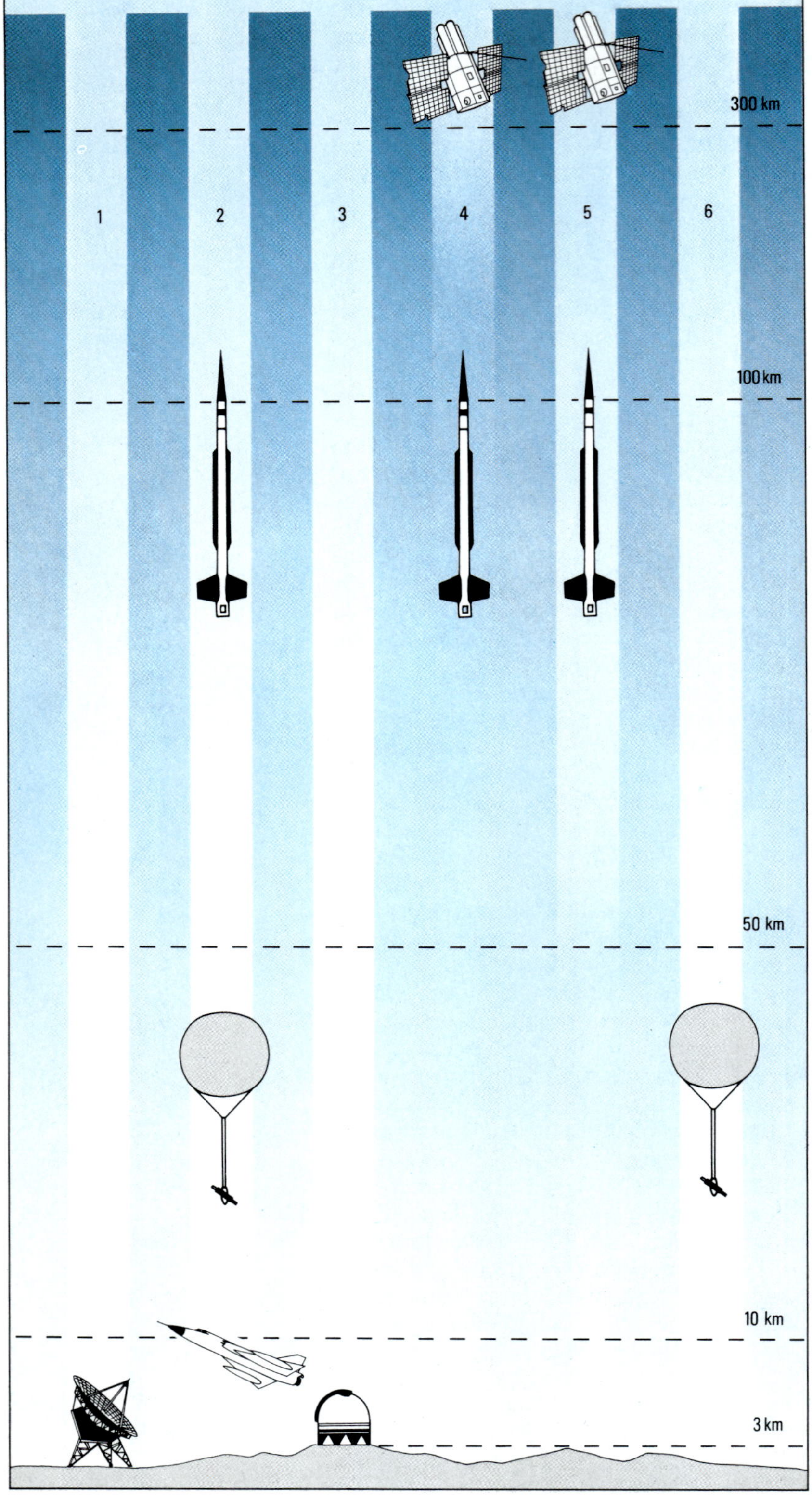

Abgesehen von dem Problem der geringen Empfindlichkeit der Infrarotdetektoren sahen sich die Astronomen zwei Hauptproblemen gegenüber. Erstens strahlen alle Gegenstände im Infraroten, nicht nur die Sterne, sondern auch Fernrohre, Kuppeln und Menschen. Die zweite Schwierigkeit lag darin, daß es im Infraroten nur wenige schmale »Fenster« gibt, also Wellenlängen, für die die Atmosphäre durchlässig ist. Die Hauptursachen für die atmosphärische Absorption sind Wasserdampf und Kohlendioxyd, die sich beide vor allem in der unteren Atmosphäre finden. Das Problem wird verringert, wenn Infrarotastronomie von Flugzeugen oder Ballons aus betrieben wird. Bei allen Systemen aber bleibt in allen Höhen das Problem der Infrarotstrahlung vom Teleskop selbst. Am stärksten stört dabei das Stahlgerüst, das den Fangspiegel trägt; es strahlt bei einer Wellenlänge von 10 Mikrometer mehrere tausend Mal so stark wie die Sterne.

Die entscheidenden Ereignisse, die die Infrarotastronomie ermöglichten, waren die »Zwei-Mikron-Vermessung« durch Gerry Neugebauer und Robert Leighton vom California Institute of Technology und die Entwicklung eines sehr empfindlichen Spektrometers durch Pierre Connes in Frankreich. Die Vermessung wurde mit einem speziell für diesen Zweck gebauten Teleskop durchgeführt und arbeitete bei einer Wellenlänge von zwei Mikrometer, um ein enges Fenster auszunutzen, in dem die Atmosphäre durchsichtig ist. Die Durchmusterung fand 5500 Sterne, die im Infrarot strahlten, von denen aber nur wenige im kürzeren sichtbaren Licht hell erschienen.

Die Zahl der gefundenen Sterne war verhältnismäßig klein, so daß die einzelnen Sterne gewöhnlich mehr als ein Grad voneinander entfernt waren, und der Detektor war unempfindlich genug, um durch die schwache Strahlung vom Himmel zwischen den Sternen nicht gestört zu werden. Dadurch genügte auch ein billiges und einfaches Instrument speziell für diese Aufgabe. Der Hauptspiegel des Teleskops wurde aus flüssigem Epoxyharz hergestellt, das drei Tage lang gerührt wurde, bis es hart wurde. Die Bilder hatten 100 Bogensekunden Durchmesser, die Empfindlichkeit des Infrarotdetektors betrug etwa 1/1000 von der Empfindlichkeit für das sichtbare Licht.

Anschließend begann man mit der Durchmusterung der Daten. Bei den Untersuchungen entdeckte man eine große Anzahl recht ungewöhnlicher Objekte, die es lohnend erscheinen ließen, sich eingehender mit ihnen zu beschäftigen. Zu den interessantesten Objekten gehörten mächtige warme Schichten von interstellarem Staub, die einen kühlen Kern umgaben. Diese kalten Objekte schienen Sterne zu sein, die gerade im Entstehen waren und am Anfang einer langen Lebensgeschichte standen, die nach Milliarden von Jahren bei einem Weißen Zwerg, einem Neutronenstern oder gar einem Schwarzen Loch enden würde.

Der andere große Fortschritt der 60er Jahre war ein Durchbruch in den spektroskopischen Techniken für das Infrarot. Hier war der englische Physiker Peter Fellgett in den 50er Jahren bahnbrechend gewesen, der das neue Verfahren entwickelt und angewandt hatte. Er mußte sich dann zehn Jahre mit Kritikern auseinandersetzen, die sein Verfahren für ungeeignet hielten. Auf die Astronomie wurde es schließlich von Pierre Connes in Frankreich angewendet, der eine Reihe von Spektren von außerordentlich guter Qualität herstellte. Das Auffinden unerwarteter Stoffe wie Fluorwasserstoffsäure in der Atmosphäre der Venus verlieh dem Wunsch nach einfachen und billigen Teleskopen für die Beobachtung im infraroten Bereich besonderen Nachdruck.

So wurde eine Reihe von billigen Teleskopen gebaut, die den Instrumenten Hanbury Browns in Narrabri ähnelten. Mosaike aus so billigem Material wie Plattenglas bildeten die Hauptspiegel, die Lichtkübel genannt werden. Das größte dieser Instrumente war ein 4,9-m-Instrument, das in Frankreich gebaut wurde, um für Connes' Spektrometer Infrarotstrahlung einzufangen.

Nach wenigen Jahren schon waren diese Teleskope durch die Entwicklung neuer Detektoren überholt. Vom Nachthimmel geht viel Infrarotstrahlung aus - so viel wie vom Vollmond -, von heißen Motoren in Panzern und Flugzeugen noch mehr. Folglich entwikkelte das Militär Infrarotdetektoren um nachts »sehen« zu können und gab dafür gewaltige (fast astronomische) Geldmittel aus. Als die neuen Detektoren auch für zivile Zwecke verwendet werden konnten, waren die alten Geräte überflüssig geworden. Die Detektoren waren jetzt empfindlich genug, um die Strahlung auch sehr schmaler Stücke des Nachthimmels zu registrieren und wurden von der Strahlungsmenge der ersten Teleskope eher überflutet, wenn man diese auf einen Stern richtete. Die neuen Detektoren lösten eine Revolution aus: das letzte Teleskop mit einem Mosaikspiegel, das in Meudon in Frankreich gebaut wurde, war schon veraltet, als es fertiggestellt war und wurde nie benutzt.

Zu dieser Zeit, etwa um 1970, gab es drei Arten von Infrarot-Teleskopen. Der erste Weg war, ein einigermaßen gutes Spezialinstrument hoch in der Atmosphäre auf Berggipfeln aufzustellen. Der zweite bestand darin, bestehende Teleskope durch die Hinzufügung anderer Fangspiegel und Spiegelzellen abzuändern, und der dritte sah es als seine Hauptaufgabe an, die atmosphärische Absorption zu vermeiden und mit Teleskopen von Flugzeugen und Raketen aus zu beobachten.

Die Beobachtung in großen Höhen begann mit 16,5-cm-Teleskopen auf Raketen, die von Gruppen der NRL und der Cornell-Universität gestartet wurde, um die kosmische Hintergrundstrahlung zu untersuchen. Diese Instrumente arbeiteten mit Wellenlängen um ein Zehntel Millimeter herum. Die Eigenstrahlung des Teleskops wurde dadurch verringert, daß das gesamte System mit den Spiegeln gekühlt wurde. In einer Weiterentwicklung dieses Gedankens wurde später eine Himmelsdurchmusterung mit Hilfe von Teleskopen ähnlicher Öffnung durchgeführt, die bis auf nur zwei Grad über dem absoluten Nullpunkt abgekühlt wurden. Das Vermeiden unerwünschter Strahlung von den Teleskopen selbst verkürzt die gesamte Beobachtungszeit auf weniger als eine Stunde, und man erreicht dasselbe, wie in einem Jahr Arbeit mit einem zehnmal so großen Instrument auf der Erde bei Zimmertemperatur.

Die auf Raketen angebrachten Teleskope können nur eine beschränkte Öffnung haben, was sich bei den längeren Wellenlängen des Infraroten besonders einschneidend auswirkt. Wie im Radiobereich machen es auch hier die langen Wellenlängen unmöglich, mit kleinen Öffnungen kleine Einzelheiten untersuchen zu können. Ein 16-cm-Teleskop, das im Wellenlängenbereich von einem zehntel Millimeter beobachtet, kann Einzelheiten von weniger als 20 Bogensekunden Durchmesser nicht auflösen. Das erste größere Instrument, vom Amerikaner Frank Low entwickelt, war ein Teleskop mit 30 cm Öffnung, das mit einem Lear-Jet in eine Höhe von 12 km getragen wurde. Auf Grund seines Erfolges wurde das Kuiper Airborne Observatorium eingerichtet - eine Lockheed C141A mit einem Teleskop von 91 cm Öffnung. Dieses Flugzeug kann dreieinhalb Stunden lang in einer Höhe von 14,5 km Höhe fliegen.

Größere Höhen und längere Beobachtungszeiten konnten mit Teleskopen an Ballonen erreicht werden, von denen Mitte der 70er Jahre etwa ein Dutzend gebaut wurden. Vier dieser Instrumente, nämlich zwei amerikanische, ein englisches und ein deutsches, haben Öffnungen von etwa 1 m. Mit den Ballonen, die mit Helium gefüllt sind, können die Teleskope zehn bis zwölf Stunden lang in einer Höhe von etwa 30 km Beobachtungen anstellen.

Die speziellen Infrarot-Teleskope auf der Erde, die bei etwas kürzeren Wellenlängen arbeiten, waren zuerst mittelgroße Instrumente wie das 1,3-m-Teleskop in Kitt Peak oder das 1,5-m-Teleskop der Briten auf Teneriffa. Diese leichtgebauten Teleskope lieferten mit ihren dünnen Spiegeln Bilder von wenigen Bogensekunden Durchmesser. Die Eigenstrahlung des Teleskops wurde durch kleine Sekundärspiegel möglichst gering gehalten, hinter denen das eigentliche Stützsystem verborgen war und durch in der Nähe des Detektors aufgestellte gekühlte Schirme. Die kleinen Fangspiegel sind zudem elektronisch so geschaltet, daß sie zwischen der Strahlung vom Himmel und der vom beobachteten Stern unterscheiden können. Bei diesen besonderen Infrarot-Systemen wird ein kleiner Sekundärspiegel viele Male in der Sekunde hin und her gekippt, damit der Detektor abwechselnd »Stern plus Himmel«

Mit Ballonen, die gewaltige Mengen Helium enthalten, können Instrumente mit einem Gewicht von mehreren Tonnen in Höhen bis zu 40 km getragen werden. Dieses Verfahren ist für die Untersuchung von Objekten im infraroten Bereich üblich; die Instrumente werden so über den größten Teil der absorbierenden Schichten der Atmosphäre hinausgetragen.

und den »Himmel allein« empfängt.

Diese Art von Teleskopen wurde bald mit immer größerer Öffnung gebaut und an günstigeren Plätzen aufgestellt. Gegenwärtig sind das 3-m-Teleskop der NASA auf Hawaii und das britische 3,8-m-Infrarot-Teleskop (UKIRT) die führenden Modelle auf der Welt. Bei beiden Teleskopen ist die Bildqualität fast so gut wie bei herkömmlichen optischen Teleskopen; das 3-m-Instrument hat zudem ein außerordentlich verfeinertes Nachführ- und Steuerungssystem. Beide Teleskope stehen auf der Spitze von Mauna Kea, einem Vulkanberg auf Hawaii. Die atmosphärischen Bedingungen für Beobachtungen sind dort besonders günstig.

Diese neuen Teleskope untersuchen nicht nur die kühleren Sterne, sondern auch den Staub, der viele von ihnen umgibt. Daraus haben sich ganz neue Gesichtspunkte für die Erforschung der Sternstruktur ergeben, die, anders als die klassischen Untersuchungen heißer Sterne und atomarer Prozesse, auf Vorgängen bei niedrigen Temperaturen und in Molekülen beruhen. Obwohl die kälteren Sterne die in unserer Milchstraße bei weitem zahlreichsten Infrarotobjekte sind, hat sich das Interesse doch viel mehr auf eine andere Infrarotquelle verlagert, die Mitte unserer Galaxis.

Die Infrarotstrahlung kann infolge ihrer langen Wellenlänge den Staub durchdringen, der die Mitte der Galaxis im Bereich des sichtbaren Lichts verdunkelt. Der Infrarotastronom kann so durch den Staub »sehen« und aus Spektrallinien von Gasen Geschwindigkeiten bestimmen. Daraus konnte ein Bild des Zentrums der Milchstraße entwikkelt werden, das es als ein dicht mit Sternen und Gas gefülltes Gebiet beschreibt. Das innerste Parsec der Galaxis enthält eine Million Sterne, hundertmal enger zusammengepackt als in unserer Nachbarschaft. Die Beobachtung einer Linie des Infrarotspektrums bei 12,8 Mikrometer zeigt, daß diese Sternansammlung mit einer Umlaufzeit von 10000 Jahren rotiert. (Die Sonne, die 10000 Parsec vom Zentrum entfernt ist, braucht für einen Umlauf 200 Millionen Jahre). Aus dieser Zeit kann auch berechnet werden, daß die Mitte der Galaxis wesentlich reicher an Sternen ist als das Gebiet um die Sonne. Viele der Objekte in der galaktischen Mitte konnten als kalte Sterne oder warme Staubwolken identifiziert werden. Ein Objekt jedoch, das die Position der starken und punktförmigen Radioquelle Sagittarius A hat, ließ sich in kein bestehendes Muster einordnen. Ein solches seltsames massereiches Objekt und die ungleiche Massenverteilung läßt an ein »Schwarzes Loch« denken. Die Aussicht, ein solch merkwürdiges Objekt so nah bei der Erde zu finden, eröffnet neue Möglichkeiten. S. Faber von der California University drückte es so aus, als er für den Bau eines Teleskops mit 10 m Öffnung plädierte: Beobachtungen der galaktischen Mitte im Infrarot-Bereich gehören zu den spannendsten, die man machen kann.

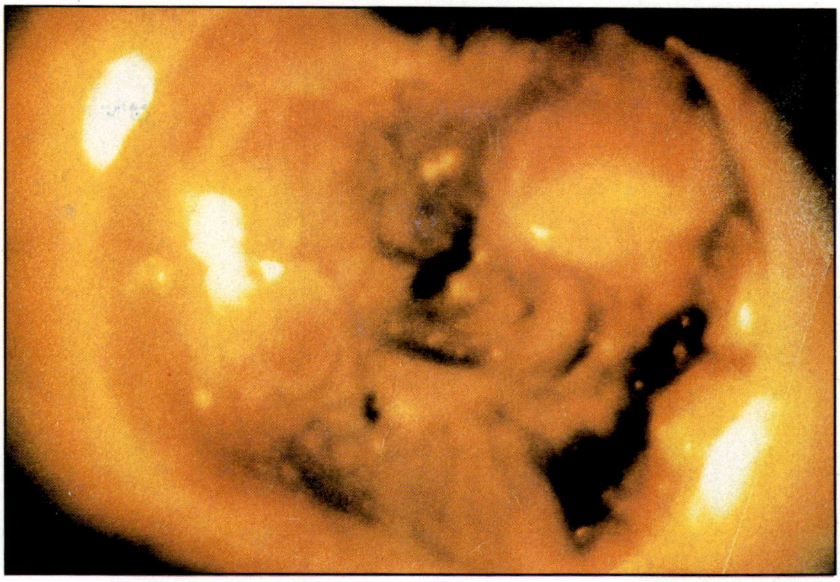

Oben: Eine Photographie der Sonne, die von einem Röntgenstrahlenteleskop an Bord eines Satelliten aufgenommen wurde. Die hellen Flecken auf der Sonnenscheibe sind »aktive« Gebiete, von denen Röntgenstrahlen sehr kurzer Wellenlänge ausgehen.

Mehrere der größten Infrarot-Teleskope der Welt stehen auf dem Gipfel des Mauna Kea auf Hawaii.

KAPITEL 16

Amateur-astronomie

Auch kleine Fernrohre
haben viele Anwendungsmöglichkeiten

»Mr. David Branchett, ein 26jähriger Fabrikarbeiter in den Pirelli-Kabelwerken in Eastleigh, Southampton, entdeckte eine Nova, die nach ihm Nova Branchett 1981 benannt wurde, mit einem Feldstecher von seinem Schlafzimmerfenster aus.«

The Guardian, London, 22. Januar 1981

Seit dem 15. Jahrhundert gab es in der Geschichte der Astronomie im allgemeinen, und was die Fernrohre im besonderen betrifft immer vier Gruppen von Menschen, die die Geschichte bestimmten. Drei dieser Gruppen umfassen Menschen, die die Astronomie von Berufs wegen betreiben und ihren Lebensunterhalt damit verdienen. Die vierte aber betrifft die Liebhaber, die sich in ihrer Freizeit damit beschäftigen. Diese Amateure haben die Astronomie und ihre Technologie wahrscheinlich stärker beeinflußt als Amateure in irgendeinem anderen Gebiet der Wissenschaft.

Die drei Arten von Berufsastronomen sind zunächst der fest an einer meist staatlichen Sternwarte angestellte Forscher (zum Beispiel Tycho Brahe, Flamsteed oder Bessel); dann der an einer akademischen Institution arbeitende Wissenschaftler, der Astronomie lehrt und auf diesem Gebiet forscht (Galilei, George Hale oder Sir Martin Ryle); und drittens der Instrumentenbauer und -entwerfer (Ramsden, Fraunhofer oder Ritchey). In der Vergangenheit sind alle drei Gruppen aus »Liebhaberastronomen« hervorgegangen, eine Phase, die inzwischen beendet ist, nachdem die Astonomie ein Hochschulfach ist.

Im 17. Jahrhundert wurde in England der junge Amateur John Flamsteed zum ersten königlichen Astronomen ernannt. Im nächsten Jahrhundert war es ein Musiker, Wilhelm Herschel, für den die besondere Stellung des Hofastronomen geschaffen wurde.

Viele Jahre später wurde Friedrich Bessel, ein Hafenbeamter, Direktor der Sternwarte in Königsberg. Er hatte in der Hoffnung Astronomie studiert, dadurch Navigator zu werden und so die Welt kennenlernen zu können. Norman Lockyer wurde im Oktober 1881 zum Dozenten am Imperial College in London ernannt.

13 Jahre früher hatte er als Büroangestellter des Kriegsministeriums im Sonnenspektrum Helium entdeckt.

Und in unserer Zeit könnte man Milton Humason erwähnen, einen der erfahrensten und angesehensten Beobachter auf Mount Wilson, der als Maultiertreiber zum Observatorium kam.

Die Amateure haben jedoch den meisten Einfluß auf die Entwicklung des Fernrohrs gehabt. Eher am Rande standen die wohlhabenden Männer, mit deren Geld die Teleskope bezahlt wurden, die andere benutzten. Die bekanntesten unter ihnen sind Lick und Yerkes, die das Geld für zwei der größten Refraktoren der Welt zur Verfügung stellten. Manche, wie Newall in England und Bischoffsheim in Frankreich, haben Kompromisse geschlossen und erstklassige Fernrohre für ihren eigenen Gebrauch gekauft, aber anderen erlaubt, sie zu benutzen. Der wohlhabende Amateur, der sich auch ganz der Beobachtung verpflichtet fühlte, ist seit Wilhelm IV. von Hessen-Kassel, dem einflußreichen Freund Tycho Brahes, häufig zu finden gewesen. Schon bald nach der Erfindung des Fernrohrs setzte ein solcher Liebhaber, Johannes Hevelius, als erster einen Refraktor mit sehr großer Brennweite ein und verwandelte das Dach seines Danziger Hauses in die führende Sternwarte Europas.

Andere Amateure wie etwa Samuel Molyneux, der erste Beweise für die Lichtablenkung fand, beschleunigten dadurch die Entwicklung des Fernrohrs, daß sie ihre Ergebnisse nicht sorgfältig geheimzuhalten brauchten wie die berufsmäßigen Instrumentenbauer. Mit John Hadley zusammen veröffentlichte Molyneux alles ihm zugängliche Wissen über die Herstellung von Spiegeln. Aus diesen Anweisungen lernte Wilhelm Herschel, wie Spiegel aus Spiegelmetall gegossen und geschliffen werden. Molyneux' Fernrohr, das erste wirklich gute Zenitteleskop, war nicht auf dem Dach, sondern in seinem Haus aufgestellt; es mußten Löcher in das Dach gebrochen werden und Zwischendecken eingezogen werden, damit das 7,5 m lange vertikale Rohr aufgestellt werden konnte. Aber nicht alle Liebhaber veröffentlichten ihre Ergebnisse. Ein Beispiel ist der Jurist Chester Moore Hall, der die achromatische Linse vor ihrem ersten Hersteller John Dollond erfand, aber wegen seiner Zurückhaltung den Ruhm für seine Erfindung nie ernten konnte.

Der Amateur kann sich eher als der Berufsastronom, der mit Staatsgeldern umgeht, auch einmal einen Irrtum erlauben und deshalb leichter neue Ideen ausprobieren. Solch ein Versuch war das erste und einzige Äquatorial von Jesse Ramsden, das nach seinem Tod 1800 für Sir George Shuckburgh fertiggestellt wurde, aber kein Erfolg war. Andererseits hatte Tulleys 15-cm-Refraktor, der 20 Jahre später für Sir James South gebaut, aber an W.H. Smyth verkauft wurde, eine Kreuzachse und nicht Ramsdens Jochmontierung und konnte durch Drehung der Polachse den Sternen automatisch nachgeführt werden.

In der Viktorianischen Ära, als große Privatvermögen angesammelt wurden, fühlten sich viele Amateure zur Astronomie hingezogen und wandten dabei die Technik ihrer Zeit an. Lord Rosse, James Nasmyth und William Lassell - Großgrundbesitzer, Ingenieur und Brauereibesitzer - entwickelten alle Spiegelteleskope zu einer Zeit, in der die Berufsastronomen davon überzeugt waren, daß nur achromatische Linsenteleskope für die Astronomie von Bedeutung seien. Andere Amateure, wie Henry Draper in Boston und William Huggins in London, waren bei der Einführung der Photographie und Spektroskopie gegenüber den Berufsastronomen führend.

Die Millionäre unserer Tage pflegen in der Regel andere Liebhabereien. Die Förderung der Wissenschaft und Künste durch Mäzene und Stifter ist zur Ausnahmeerscheinung geworden. Heute sind es wohl eher Trusts, Konzerne und internationale Kapitalgesellschaften, die hier eine Möglichkeit zu steuergünstigen Anlagen sehen - verbunden mit einer gewissen Werbewirksamkeit. In vielen Bereichen wird die naturwissenschaftliche Forschung zudem nur noch im Rahmen von Kriegsforschung betrieben, wie man besonders deutlich bei der Weltraumfahrt und der Entwicklung künstlicher Satelliten sehen kann.

Milton Humason bei der Untersuchung eines Spektrogramms. Er begann als Amateurastronom und verdiente sich seinen Lebensunterhalt beim Bau des Observatoriums auf Mount Wilson. Später wurde er der Hausmeister dieser Sternwarte und dann Beobachtungsassistent. Er stieg zu einem der geschicktesten und angesehensten Mitarbeiter der Sternwarte auf.

Die Zeiten haben sich geändert. Die Fabrik eines Nasmyth in Manchester hätte heute rein äußerlich wenig Ähnlichkeit mit dem Bild, das Engels 1845 in seiner entlarvenden Analyse *Die Lage der arbeitenden Klassen in England* beschreibt, und der Firmenchef würde sich kaum mit 48 Jahren von seinen Geschäften zurückziehen, um nur noch seinem astronomischen Hobby zu leben. Große Teleskope übersteigen zudem heute die Möglichkeiten auch der Wohlhabendsten. In den USA hat sich selbst der kapitalkräftige Carnegie Trust, der seit langem die Astronomie stark gefördert hat, kürzlich entschlossen, nur noch Einzelkomponenten und nicht mehr ganze Teleskopsysteme zu unterstützen; im besonderen fördert er die Entwicklung empfindlicher Lichtdetektoren. Der letzte der wohlhabenden Amateure war wohl Robert McMath, ein Ingenieur, der die Arbeiten am McMath-Hulbert-Observatorium in Michigan und am McMath-Sonnenteleskop auf Kitt Peak stark geprägt hat. Das letztere Instrument verdankt seinen Ruf als größtes Sonnenteleskop der Welt zum Teil dem Enthusiasmus dieses Mannes, der wußte, daß die größten die besten Brücken sind und der dieses Wissen auf Teleskope anwandte.

Heute werden die »astronomischen« Summen, die naturwissenschaftliche Forschung verschlingt, in der Regel direkt aus den Staatshaushalten aufgebracht oder von Organisationen wie der Deutschen Forschungsgemeinschaft, die im wesentlichen auch vom Staat finanziert wird und bei der Forscher Geldmittel für Projekte beantragen können, die die Möglichkeiten von einzelnen Forschungsinstituten übersteigen.

Immer größere Bedeutung erlangen inzwischen auch Vereinbarungen von Staaten, wie etwa die Europäische Gemeinschaft, die Projekte fördern, die von einer solchen Größenordnung sind, daß sie die Finanzkraft eines einzelnen Staates übersteigen.

Das Interesse an der Astronomie ist jedoch nicht auf Millionäre beschränkt. Auch mit einem Geldbetrag, der dem vergleichbar ist, was andere Hobbies kosten, kann man schon sehr viel erreichen. Ein guter Feldstecher kostet wenig mehr als ein Tennisschläger und ein lohnendes Teleskop nicht viel mehr als eine Surfausrüstung. Selbst ohne besondere Ausrüstung kann man viel Freude an der Astronomie haben. Fast alle Teilgebiete der Astronomie, jene, die um 1500 bekannt waren ebenso wie die unseres Jahrhunderts, sind für den Amateur interessant. Zuerst einmal geht es darum, sich am Himmel auszukennen. Dazu braucht man nicht viel mehr als eine Sternkarte, eine Taschenlampe und natürlich einen klaren Himmel.

Von unserem Lebensraum in mittleren nördlichen Breiten sind im Lauf des Jahres etwa zwei Drittel des gesamten Himmels zu sehen und damit auch zwei Drittel aller Sternbilder. Einige von ihnen sind wohlbekannt – Orion zum Beispiel –, wenn sich dieses Sternbild auch weiter erstreckt als die Ecksterne Beteigeuze, Bellatrix, Rigel und Saiph andeuten. Manche anderen Sternbilder mit schwächeren Sternen, die die Lücken zwischen den klassischen Sternbildern füllen, sind schwer zu finden, besonders wenn die Lichter einer Stadt den Himmel erhellen. Einige davon sind nach Tieren benannt: Vulpecula, das Füchschen; Equuleus, das Füllen; Lacerta, die Eidechse; Leo Minor, der kleine Löwe; und Canes Venatici, die Jagdhunde.

Mit den Sternbildern als Wegweiser findet man am Himmel zwei große Kreise: die Milchstraße und den Tierkreis. Die Milchstraße ist als leuchtendes Lichtband ein überwältigender Anblick, allerdings nur schwer zu erkennen, wenn eine Straßenlaterne stört. Der Tierkreis ist ein gedachtes Band, in dem sich die Planeten Mond und Sonne bewegen. Berichte über gerade sichtbare Planeten, die

Ein kleiner Ausschnitt der Milchstraße. In klaren Nächten sieht man sie als ein schwaches Lichtband, das sich quer durch die Sternbilder hinzieht. Die dunklen Gebiete sind Wolken aus interstellarem Staub und Gas, die die Sterne im Mittelpunkt unserer Galaxis für uns verdunklen.

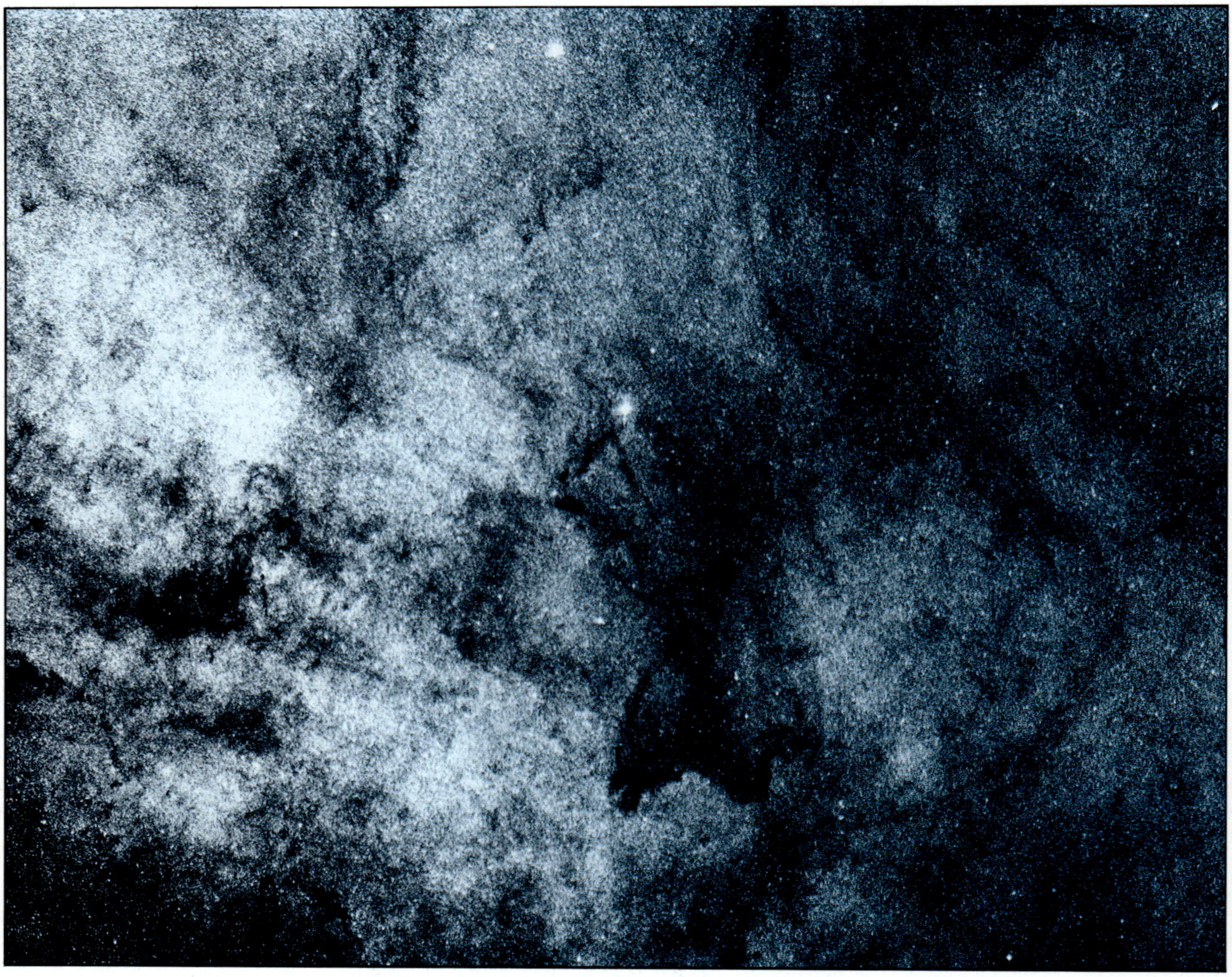

Mondphasen und andere allgemein interessierende astronomische Themen werden regelmäßig in Tageszeitungen und Zeitschriften veröffentlicht.

Jetzt ist der Augenblick gekommen, in dem das bloße Auge etwas Hilfe verdient. Man sollte sicherlich nicht mit einem astronomischen Fernrohr beginnen, denn ein gutes Teleskop ist sehr teuer und ein schlechtes nützt wenig. Ein guter Feldstecher ist viel einfacher zu benutzen als ein Fernrohr und bietet für denselben Preis einen viel größeren Gewinn. Das Gesichtsfeld ist weiter und dadurch wird es einfacher, das zu finden, was man sucht. Eine zu starke Vergrößerung ist keine Hilfe: sie vergrößert das Wackeln des Feldstechers genauso wie das Bild. Mit einem guten 8 × 50 Feldstecher kann der Beobachter es etwa mit Galilei aufnehmen und die Monde des Jupiter, die Sterne der Milchstraße und viele der Sterne in Sternhaufen wie den Plejaden erkennen, ebenso wie die Krater und andere Einzelheiten der Mondoberfläche. Den Mond beobachtet man am besten, wenn er nicht ganz voll ist und die Schatten an der Grenze zwischen der »Tag«- und der »Nacht«-Hälfte scharf sind. Wenn die Mondoberfläche direkt von oben beleuchtet wird, wie beim Vollmond, gibt es keine Schatten, und man kann Einzelheiten der Oberfläche weniger gut erkennen.

Das auffallendste Himmelsobjekt, die Sonne, sollte *niemals* durch den Feldstecher beobachtet werden. Jede direkte Betrachtung der Sonne schon mit dem bloßen Auge kann dauernden Schaden verursachen, weil die Sonnenhitze die Netzhaut verbrennen kann. Eine Objektivlinse von 50 mm sammelt fast 1000 mal soviel Licht wie die 2-mm-Pupille des Auges und macht dadurch Licht und Hitze zu einer großen Gefahr.

Mit der größeren Lichtmenge eines Feldstechers werden auch die Farben erkennbar: So unterscheiden sich Beteigeuze und Rigel deutlich in der Farbe. Mit dem Feldstecher kann man Einzelheiten der Planeten, wie die Saturnringe oder die dunklen Flächen auf dem Mars nicht erkennen, und den Orionnebel zeigt er nur als unscharfe Umrißlinie. Nur der Andromedanebel, die Galaxis M31, ist so groß, daß sie im Feldstecher nicht als Punkt, sondern als verschwommener elliptischer Fleck erscheint.

Der nächste Schritt des Amateurastronomen ist die Anschaffung eines Fernrohrs. Das einfachste Modell ist ein tragbares Fernrohr, das auf einem ebenfalls tragbaren, aber starren Stativ montiert werden kann. Es gibt sehr viele Hersteller solcher Geräte und eine entsprechend breite Streuung in der Qualität. Für den Amateur sind beide Teleskoptypen wichtig: achromatische Refraktoren mit 7,5 bis 10 cm Öffnung und Newton-Reflektoren mit 15 cm. Die moderne Technik hat zu noch komplizierteren Reflektorsystemen geführt, solche Schmidt-Cassegrain- oder Maksutov-Cassegrain- Teleskope haben gewöhnlich Öffnungen zwischen 10 und 20 cm.

Es ist nicht leicht, aus dieser Vielfalt von Fernrohren das richtige auszuwählen, zumal die Qualität eines Instruments nur schwer getestet werden kann. Jedes Fernrohr, das wesentlich besser ist als ein Feldstecher, ist teuer. Es ist zudem ein Präzisionsinstrument, mit dem sich nur dann gut arbeiten läßt, wenn seine Teile sorgfältig hergestellt und richtig zusammengebaut sind. Wenn ein Fernrohr diese Bedingungen nicht erfüllt, werden seine Mängel deutlich zu spüren sein. Deshalb ist es eine unschätzbare Hilfe, wenn man seine Erfahrungen mit Kollegen austauschen kann und die Meinung anderer Beobachter zu den möglichen Instrumenten einholen kann. Überregionale astronomische Vereinigungen können einem unerfahrenen Käufer gewöhnlich die Anschriften örtlicher Vereine mitteilen, die eine große Hilfe bei der Wahl es Fernrohrs sein können. Wie bei vielen anderen Dingen sind gebrauchte Fernrohre billiger als neue und selbstgebaute die billigsten von allen.

Wie groß ein Fernrohr sein muß, damit man mit ihm deutlich besser sieht als mit einem Feldstecher, ist ziemlich genau durch zwei sich widersprechende Forderungen festgelegt: Das Instrument sollte eine möglichst große Öffnung haben, aber nicht zu lang sein. Kleine Refraktoren sind besser als kleine Reflektoren, aber bei gleicher Öffnung länger.

Die Oberfläche des Mondes kann besonders gut während des ersten und letzten Viertels beobachtet werden. Auf dieser Aufnahme ist Norden oben, obwohl der Mond in einem astronomischen Teleskop umgekehrt erscheint. Das dunkle Mare Imbrium ist deutlich zu sehen; die Ebenen sind mit Bergen und Kratern übersät.

Ein Linsenteleskop mit einer Objektivlinse von weniger als 7,5 oder 8 cm Durchmesser ist einem Feldstecher an Lichtstärke kaum überlegen. Andererseits wird das Teleskop unhandlich, wenn die Öffnung 10 cm übersteigt. Wenn das erste Fernrohr ein Reflektor sein soll, ist die Auswahl nicht so groß. Gewöhnlich stellt ein Newtonsches Fernrohr mit 15 cm Öffnung den gängigen Kompromiß zwischen Leistung und Handlichkeit dar. Die dritte Klasse von Teleskopen, der Schmidt- oder Maksutov-Cassegrain, ist bei gegebener Öffnung viel kompakter; durch die große Zahl der Komponenten ist deren Qualität und der Zusammenbau sehr wichtig und sollte sorgfältig beachtet werden.

Jeder Reflektor oder Refraktor, der wesentlich mehr Einzelheiten zeigt als ein Feldstecher, hat dafür ein viel kleineres Gesichtsfeld und ist wegen seiner stärkeren Vergrößerung für Erschütterungen viel empfindlicher. Das Fernrohr ist nutzlos, wenn es keine feste Stütze hat, ein schweres Stativ etwa oder einen festen Sockel im Garten. Ein gutes kleines Fernrohr löst zwei Sterne auf, die weniger als einige Bogensekunden voneinander entfernt sind: Wenn das Ende seines 1,5 m langen Rohrs nur um 2,5 Mikrometer bewegt wird, beträgt das Winkelmaß dieser Schwankung schon sieben Bogensekunden. Das erlaubt zwar gerade noch die Beobachtung, aber es schließt sicherlich jede Messung aus. Ein Teleskop, das sich gleichförmig bewegen läßt und vibrationsfrei und fest montiert ist, kann nicht gleichzeitig leicht gebaut sein. Gute kleine Fernrohre sind also in der Regel schwer. Mit einem guten Instrument mäßiger Größe, das fest montiert ist, kann man schon Einzelheiten der helleren Planeten erkennen. Die Venus zeigt zwar nur ihre Phasen und sieht sonst gleichförmig aus, kann aber auch tagsüber beobachtet werden. Jupiter zeigt Streifen und den roten Fleck, und bei Saturn erkennt man die Ringe und die größeren Satelliten. Merkur und Mars lassen wenig Einzelheiten erkennen, aber da die Ausrüstung des Beobachters jetzt etwa das leistet, was Herschel bei seinen Untersuchungen zur Verfügung stand, kann Uranus gerade eben noch erkannt werden. Wenn man über das Sonnensystem hinausgeht, zeigen viele der nebelähnlichen Gebilde auf Messiers Liste Strukturen. Etwa die Hälfte der Objekte, die Messier beobachtete, sind heller als Neptun (Größenklasse 7,85).

Das allerwichtigste Hilfsmittel eines Amateurastronomen ist aber die Geduld, zum Beispiel im Warten auf einen wolkenfreien Himmel. Nicht jeder kann sich für die Astronomie so aufopfern wie Stephen Groombridge, der sein Abendessen unterbrach, um mit seinem Meridianfernrohr Beobachtungen anzustellen und zurückkam, nachdem er seine Messungen gemacht hatte. Ein anderer Grund für die notwendige Geduld liegt darin, daß Himmelskörper sich so langsam bewegen. Jeder weiß, daß der Mond der Erde immer dieselbe Seite zuwendet. Bei genauerem Hinsehen erkennt man aber, daß er zusätzlich leichte Pendelbewegungen von einer Seite zur anderen und von oben nach unten macht. Wer also nicht nur einen Abend lang beobachtet, sieht schließlich fast 60 Prozent der Mondoberfläche und kann den Mond auch bei ganz verschiedenen Beleuchtungen beobachten. Es gibt viele Himmelserscheinungen, die nur selten auftreten, zum Beispiel Kometen, Novae oder Staubstürme auf dem Mars.

Viele Amateurastronomen, die über wenig Geld, aber viel Zeit und die nötigen Werkzeuge verfügen, haben sich ihr Fernrohr selbst gebaut. Dazu kann man sich entweder die wichtigsten Bestandteile – Linsen oder Spiegel – kaufen und die Montierung selbst bauen oder alles selbst herstellen. Ein völlig im Eigenbau hergestelltes Fernrohr ist fast immer ein 15-cm-Newton-Reflektor, denn es ist durchaus möglich, einen fast perfekten 15-cm-Spiegel zu Haus zu schleifen und zu polieren, während es fast unmöglich ist, eine achromatische Objektivlinse mit 10 cm Durchmesser für einen Refraktor selbst herzustellen. Das Problem ist dabei nicht, daß die Linse zwei Oberflächen hat, sondern die Schwierigkeit, eine Kugeloberfläche guter Qualität herzustellen, deren Radius vorgegeben ist. Wenn ein Spiegel ein gutes Bild gibt, aber die Brennweite 10 cm zu lang oder zu

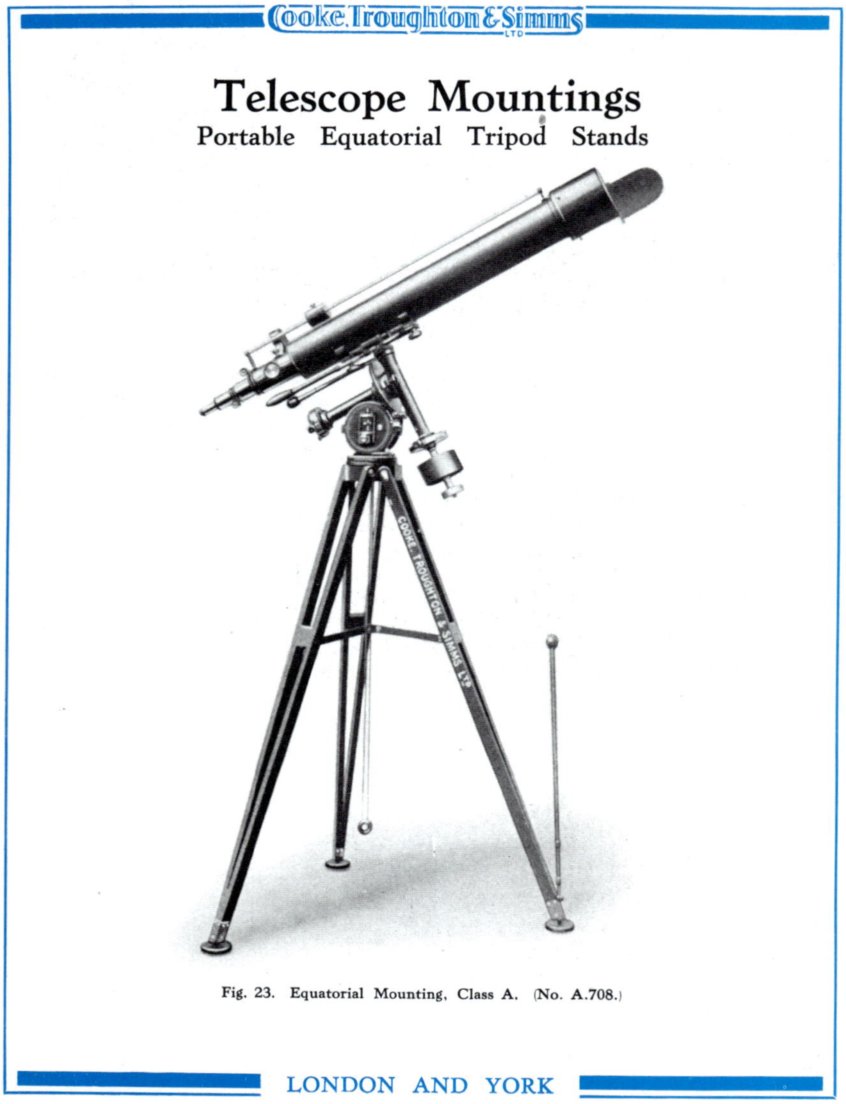

Eine Anzeige vom Beginn des 20. Jahrhunderts für ein Teleskop mit Äquatorialmontierung und 10 cm Öffnung. Diese Instrumente haben sich in den letzten 100 Jahren nur wenig verändert.

kurz ist, kann die Länge des Fernrohrs entsprechend verkürzt oder verlängert werden. Wenn eine Hälfte einer achromatischen Doppellinse die falsche Brennweite hat, können die beiden Teile nicht zu einer brauchbaren Linse zusammengesetzt werden. Wer sich zum erstenmal am Bau eines Teleskops versucht, sollte seinen Ehrgeiz in Grenzen halten. Es ist wohl möglich, einen guten Spiegel mit 10 cm Öffnung zuhause herzustellen, aber nicht einfach.

Die Herstellung von Spiegeln und einfachen Fernrohren ist in vielen Büchern beschrieben worden. Der entscheidende Punkt ist, daß beides weder außergewöhnliche Geschicklichkeit noch eine große Werkstatt erfordert. Bei der Spiegelherstellung kommt es vor allem auf Sauberkeit und Geduld an. Die Sauberkeit ist nötig, weil schon ein einziges Körnchen des abgeschliffenen Glases, das beim letzten Polieren auf den Spiegel gerät, die Oberfläche zerkratzen kann und man dann von vorn beginnen muß. Geduld ist nötig, weil das Schleifen lange dauert; die Spiegelfläche muß bis auf den Bruchteil eines Mikrometers genau gearbeitet werden, aber jede einzelne Bewegung entfernt nur einen Bruchteil davon, deshalb dauert das Schleifen und Polieren sehr lange. Es lohnt sich nicht, alle Komponenten selbst herzustellen, die Okulare zum Beispiel sollte man besser kaufen. Dabei sollte man vor allem beachten, daß das Okular auch im Dunkeln leicht ausgewechselt werden kann, um die Vergrößerung des Fernrohrs verändern zu können. Das Hantieren mit einem schlecht konstruierten Okular bei völliger Dunkelheit dauert sicher länger als die günstige Gelegenheit anhält, deretwegen das Okular ausgewechselt werden soll.

Dem Amateur steht ein weites Beobachtungsfeld offen, aber es muß seiner vorhandenen Ausrüstung angepaßt sein. Jeder Liebhaberastronom, der sich für ein ernst zu nehmendes Beobachtungsprogramm entscheidet, hat gegenüber seinem professionellen Kollegen etwas voraus. Der Berufsastronom ist nicht nur Beobachter und hat es oft nicht leicht, Zugang zu den großen Fernrohren zu bekommen. Zuerst muß er dem Ausschuß, der die Sternwarte verwaltet, ein Forschungsprogramm vorlegen – und es würde wenig nützen, nur aus Spaß am Beobachten um Beobachtungszeit zu bitten. Das Programm muß Probleme betreffen, für die das jeweilige Fernrohr besonders geeignet ist. Zwei besonders wichtige Punkte sind die Zahl der benötigten Nächte und ob die Beobachtungen auch bei Mondschein gemacht werden können. Sogar wenn das Forschungsprogramm angenommen wird, sind noch nicht alle Probleme ausgeräumt. Jedes große Teleskop ist etwa um das Vierfache »überbucht«, deshalb ist die Durchführung eines Programms oft sehr unsicher.

Im Gegensatz dazu hat der Amateur an seinem eigenen Fernrohr 100 Prozent seiner Zeit für sein selbstgewähltes Programm zur Verfügung. Damit hat er auch die Freiheit, bloßen Vermutungen nachzugehen. Dazu gehören die geduldige Suche nach seltenen Ereignissen – das Erscheinen von Kometen und Novae zum Beispiel, aber auch viele andere Untersuchungen. Schon mit mittleren Fernrohren können Amateure Veränderungen auf den Planetenoberflächen verfolgen, wie Staubstürme auf dem Mars, helle Flecken auf dem Saturn und Veränderungen der Drehgeschwindigkeit des roten Flecks auf dem Jupiter. All dies erfordert regelmäßige und sorgfältige Beobachtungen, die aber nicht von Berufsastronomen gemacht werden. Amateure beobachten auch systematisch die Fixsterne, wobei sie zum Beispiel die Helligkeitsveränderungen verschiedener Typen veränderlicher Sterne untersuchen – was besonders im Fall der unregelmäßig veränderlichen wichtig ist –, bestimmen die Bahnen von Doppelsternsystemen und, was besonders faszinierend ist, beobachten Mondfinsternisse. Bei einigen dieser Untersuchungen werden Fernrohre benötigt, die zu den größeren Amateurinstrumenten gehören: Messungen an Doppelsternen oder regelmäßige Beobachtungen des Merkur müssen mit Instrumenten mit Öffnungen von 30 cm oder mehr gemacht werden, damit brauchbare Ergebnisse zustande kommen.

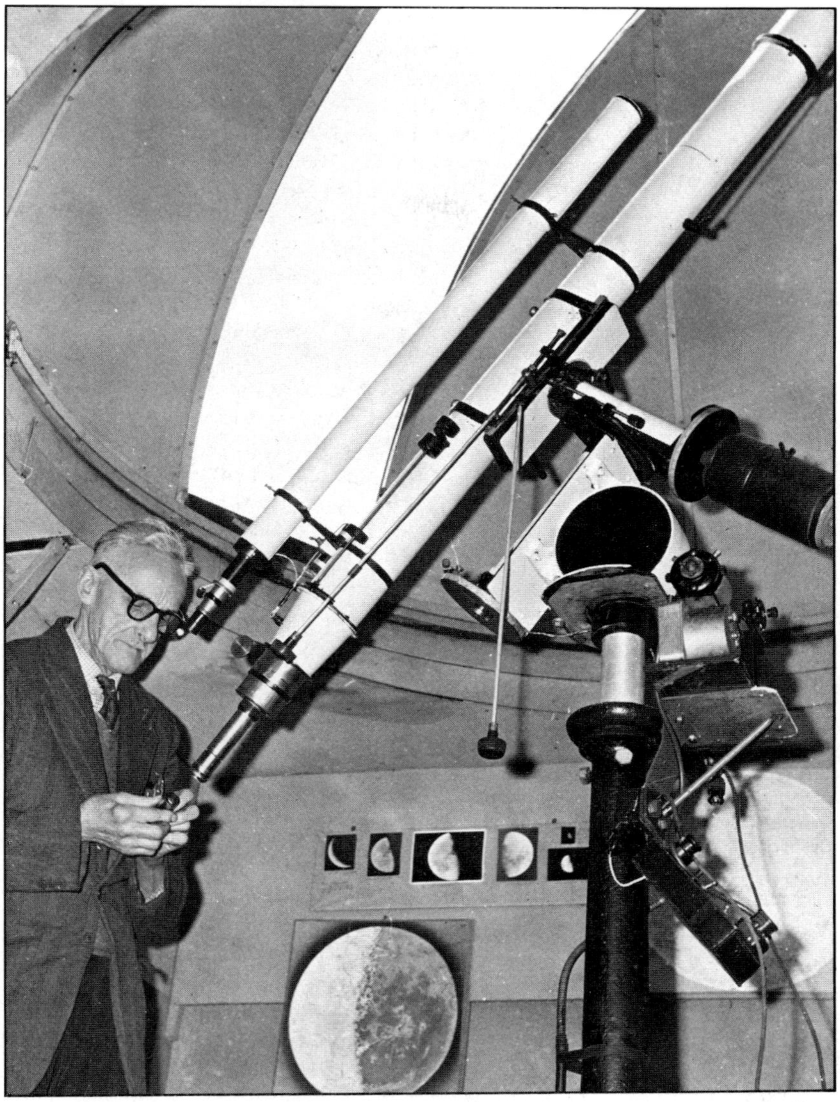

J. Hooke, ein englischer Amateurastronom, mit seinem 10-cm-Linsenteleskop (mit einem kleineren Suchfernrohr), das für die Mondphotographie bestimmt ist. Die benötigte gleichförmige Nachführung besorgt ein gewöhnlicher Plattenspieler-Motor.

Bei einem Fernrohr, das zu groß ist, um noch getragen werden zu können, ist das Hauptproblem die dauerhafte Aufstellung. Der Platz soll so weit wie möglich von allen Hindernissen entfernt sein, die den Horizont verdecken könnten, deshalb ist die Mitte des Gartens oder das Dach am besten geeignet. Das Gerät muß auch in irgendeiner Form vor schlechtem Wetter geschützt werden; am einfachsten und praktischsten ist ein kleiner Schuppen auf Rädern, den man wegrollen kann, wenn das Fernrohr benutzt wird. Fernrohre müssen trocken stehen; viele Gebäude mit Klappdächern und 99 Prozent aller Kuppeln halten den Regen nicht ab. (Das trifft sogar für einige der Kuppeln von Teleskopen zu, die Millionen Dollar gekostet haben!) Die andere Möglichkeit, den Schuppen in einer Gartenecke aufzustellen und das Fernrohr zu bewegen, ist nur selten angewendet worden. Der Wagen für das Fernrohr muß dabei niedrig und schwer sein und mit Schrauben verankert werden können, wenn das Teleskop benutzt wird.

»Große« Amateurfernrohre - Instrumente mit Öffnungen zwischen 20 und 50 cm - sind immer Spiegelteleskope. Eine achromatische Linse mit 25 cm Durchmesser braucht ein Rohr von fast 4 m Länge, und es ist sehr teuer, ein solches Instrument entsprechend unterzubringen.

Der Amateur kann sich einen geeigneten Reflektor aussuchen und genießt damit eine Freiheit, die dem Berufsastronomen versagt ist. In einer öffentlichen Sternwarte muß ein kleines Fernrohr, gewöhnlich ein 40- oder 50-cm-Cassegrain-Reflektor, genau festgelegten Anforderungen genügen. Es muß genaue und gut geeichte Einstellkreise und einen präzisen, gleichförmigen Antrieb haben, und es muß ohne lange Gebrauchsanleitungen zu benutzen sein. Der Amateur kann sich sein Fernrohr nach seinen eigenen Beobachtungsplänen, Wünschen und Absichten bauen oder bauen lassen. Folglich sind die großen Amateurfernrohre so vielgestaltig wie ihre Besitzer.

Man findet bei ihnen Beispiele für jede der üblichen Montierungen und noch einige mehr. Es gilt dabei nur eine Regel: je größer die Öffnung, um so eher ist eine Äquatorialmontierung geeignet, denn dann muß das Fernrohr während der Beobachtung nur um eine Achse bewegt werden. Die neue Vorliebe der Berufsastronomen zu Alt-Azimut-Montierungen beruht auf dem Einsatz kleiner Rechner, die auf zwei Achsen gleichzeitig Motoren mit veränderlicher Geschwindigkeit antreiben können. Jetzt, wo ein Computer nicht mehr kostet als ein Farbfernsehgerät, gibt es keinen Grund mehr, warum das nicht auch für Amateure eine gute Lösung sein kann. Irgendwo werden aber für jeden Amateur auch Grenzen sichtbar werden. Wer meint, in wenigen Wochen das Spiegelschleifen und Computerprogrammieren, das Lesen astronomischer Kataloge und den Bau von Fernrohren zu erlernen, während er seinen Garten umgestaltet, damit ein 40 cm-Fernrohr aufgestellt werden kann, wird bald scheitern.

Zu den Amateurprogrammen, die ein größeres Teleskop erfordern und auf Dauer wohl am wertvollsten für die Wissenschaft sind, gehört die Bestimmung der Bahnen von Doppelsternen. Die Theorie der Sternentwicklung hat gezeigt, daß die Masse eines Sternes am meisten Aufschluß über ihn gibt. Wenn ein Theoretiker die Masse eines Sternes kennt, kann er seinen ganzen Lebenslauf berechnen, von seiner Geburt in einer sich zusammenziehenden Staubwolke über die Hauptreihe bis zu den extrem dichten Endzuständen. Es liegt eine gewisse Ironie darin, daß gerade die Masse eines Sternes sehr schwer zu bestimmen ist; die naheliegendste Methode ist die Untersuchung der Bewegung zweier Sterne, die einander umlaufen. Diese gehorchen den Keplerschen Gesetzen und dadurch kann die Masse der beiden Sterne durch Beobachtung ihrer Bahnen bestimmt werden. Grundlage dieses Verfahrens sind die regelmäßigen genauen Messungen der Positionen und Bewegungen der Doppelsterne während ihrer Umläufe. Diese Aufgabe, die Struve mit einem von Fraunhofer gebauten Refraktor in Dorpat begann, wird jetzt vom gut ausgerüsteten Amateur übernommen. Einige Doppelsterne, unter ihnen Eta Cassiopeiae, Omicron Eridani, Epsilon Bootis, haben seit dem Beginn von Struves Messungen noch keinen Umlauf vollendet. Dieses Problem war also in der zweiten Hälfte des 19. Jahrhunderts noch keineswegs »erledigt« worden, als solche Messungen auch noch von Berufsastronomen durchgeführt wurden.

Die Amateurphotographie mit dem Fernrohr, durch die man ein dauerhaftes Bild der Beobachtung erhalten möchte, ist jedenfalls beim ersten Versuch eher enttäuschend. Es ist entmutigend zu sehen, wie klein die Planeten auf Photos sind. Wenn ein Film direkt im Brennpunkt eines typischen 15-cm-Reflektors mit 1,5 m Brennweite angebracht wird, mißt das Bild des Mondes nur 15 mm. Dieses Bild läßt sich gut mit einer Spiegelreflexkamera aufnehmen, aber man kann nicht die Einzelheiten erkennen, die das Auge des Beobachters am Okular sieht. Bei solchen Aufnahmen im Primärfokus ist der größte Planet, Jupiter, ein Punkt von ⅓ mm Durchmesser, und Saturn und Mars sind nur Flekken in der Emulsion. Bessere Ergebnisse bedeuten einen Kampf zwischen Vergrößerung und Belichtungsdauer. Wenn man das Bild mit zusätzlichen Linsen vergrößert, wird das Licht schwächer, längere Belichtung erfordert aber ein genaues Nachführen des Fernrohrs. Es gibt kaum Aufnahmen, die Amateure mit Instrumenten von weniger als 30 cm Öffnung gemacht haben.

Der photographische Film ist nicht die einzige Alternative zum Auge. Die moderne Elektronik und die empfindlichen Photovervielfacher sind jetzt auch dem Amateur zugänglich. Dadurch kann er jetzt mit großer Genauigkeit zum Beispiel die Helligkeitsänderungen von veränderlichen Sternen messen. Ein ehrgeizigeres Unterfangen, bei dem Kassettenrecorder für die Aufzeichnung von Daten eingesetzt werden müssen, betrifft die Untersuchung von Mondfinsternissen mit einem Photovervielfacher. Man sollte nicht vergessen, daß die Astronomie nicht unbedingt ein einsames Hobby sein muß. Wie jemand, der sich für das Fußballspiel begeistert, solange suchen wird, bis er eine Mannschaft beisammen hat, so können Gruppen von Amateurastronomen gebildet werden. Ein Hi-Fi-Fan etwa, dessen neuester Verstärker der Vollendung entgegen geht, hat womöglich Lust, sich einer an astronomischer Elektronik interessierten Gruppe anzuschließen.

Zum klassischen Programm der Astronomie gehört für einen mit eher bescheidenen Mitteln ausgerüsteten Amateur, dem es widerstrebt, sich mit den Überspanntheiten und Feinheiten hoch entwickelter Technologie abzugeben, die regelmäßige Himmelsdurchmusterung. Das Ziel eines jeden Amateurs ist es, entweder einen neuen Kometen zu entdecken, der an den Grenzen des Sonnensystems ankommt oder eine Nova zu finden, den plötzlichen Ausbruch eines schwachen Sterns, der vorübergehend zu einer hell strahlenden Erscheinung wird. In beiden Fällen jedoch gehört zu dieser Suche eine große Vertrautheit mit den Hintergrundsternen, wenn das neue Objekt schnell entdeckt werden soll.

Für die Novae interessieren wir uns vor allem deswegen, weil wir sie noch nicht ganz verstehen. Um ihre Eigenschaften besser kennenzulernen, ist es nötig, daß sie so bald wie möglich nach ihrer Entdeckung mit den großen Teleskopen der Berufsastronomen beobachtet werden. Darum gibt es in den USA ein astronomisches Telegrammsystem, mit dem die großen Sternwarten sofort nach dem Erscheinen einer Nova benachrichtigt werden.

Die Zahl solcher Entdeckungen ist nicht groß. In jedem Jahr werden gewöhnlich etwa zwei Novae und vier Kometen entdeckt. Etwa die Hälfte der Kometen werden von den Berufsastronomen auf Platten gefunden, die aus einem anderen Grund belichtet wurden, aber der Rest wird von Amateuren entdeckt. Für Suchen dieser Art eignen sich Feldstecher oder Fernrohre mit einem großen Gesichtsfeld am besten. Wilhelm Herschel baute für seine Schwester Karoline einen besonderen »Kometensucher«, ein Fernrohr, das um das Okular herum gedreht werden konnte und dadurch besonders gut geeignet war. Die Verwandten der Kometen, die Meteore, können dagegen fast nicht mit Instrumenen beobachtet werden. Hier sind Beschreibungen von möglichst vielen Beobachtern besonders wichtig, weil die Meteore in geringen Höhen – meistens nicht mehr als einige 100 km – auftreten. Wenn zwei Beobachter mehr als einige zehn Kilometer voneinander entfernt sind, können sich ihre Beobachtungen daher schon ganz wesentlich unterscheiden.

Ein anderes Gebiet, auf dem eine große Ausrüstung eher störend ist, ist das Studium der Sonne. Ein Fernrohr mit einer Öffnung von mehr als 10 cm muß abgeblendet werden, damit die Sonne keine Schäden anrichtet. Kleine Linsenfernrohre werden zur Untersuchung der Sonnenflecken und der Drehung der Sonne eingesetzt. Das Fernrohr wird dann so abgeändert, daß das Bild auf ei-

Roy Panther, ein Amateurastronom, der in der Weihnachtsnacht 1980 mit seinem 20-cm-Teleskop einen Kometen entdeckte. Der Komet Panther im Sternbild Leier ist seit 15 Jahren der erste Komet, den ein englischer Astronom gefunden hat.

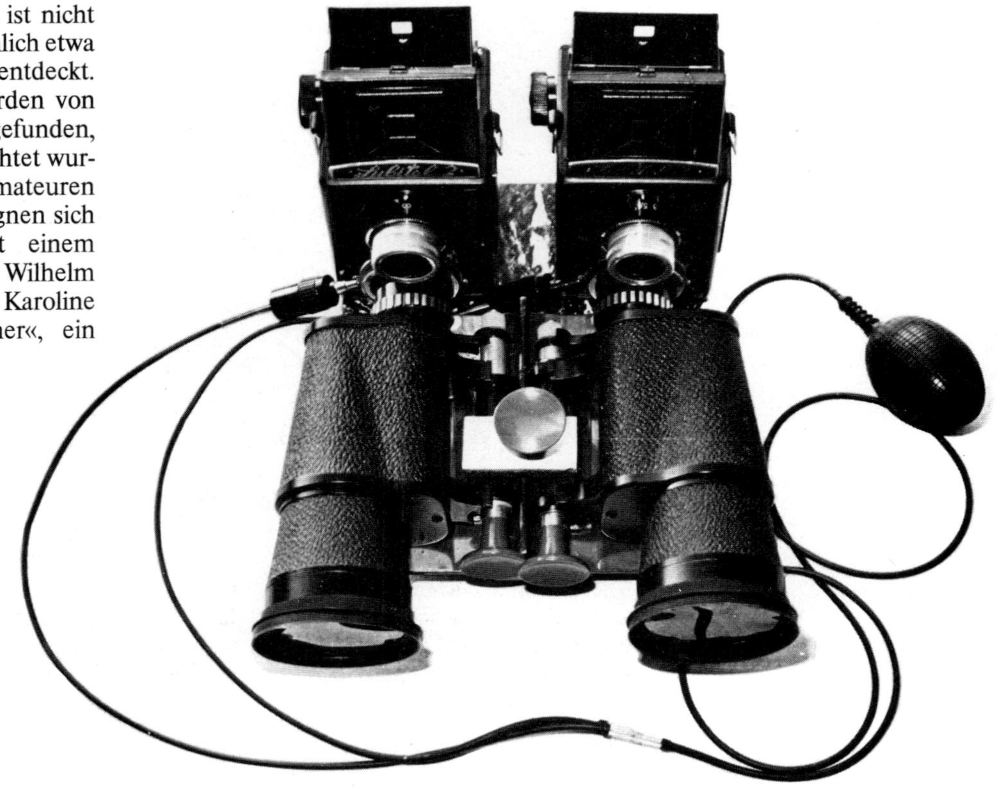

Feldstecher können für viele interessante Aufgaben in der Astronomie eingesetzt werden und kosten nicht sehr viel. Hier wurde ein gewöhnlicher Feldstecher so abgeändert, daß man mit ihm eine Sonnenfinsternis photographieren kann. Das vergrößerte Bild wird von den Okularen direkt in die Kamera geworfen. Die Sucher der Spiegelreflexkameras können beim schwachen Licht während einer Finsternis verwendet werden, sind aber keinesfalls bei vollem Sonnenlicht zu benutzen.

nen Schirm geworfen wird, und dadurch die Gefahren der direkten Beobachtung vermieden werden. Dies ist das einzige sichere Verfahren. Ein dichtes Filter am Okular ist dagegen eine Methode, die recht gefährlich ist, weil die Sonnenhitze das Glas springen lassen kann, wobei die Glassplitter ins Auge gelangen können und die Hitze das Auge verbrennt. Ein Bild der Sonne mit einem Durchmesser von 15 cm ist für Vermessungen brauchbar, während sich bei stärkerer Vergrößerung auch kleinere Sonnenflecken zeigen – die man Poren nennt. Viele Astronomen haben ihre Fernrohre so umgebaut, daß sie das Sonnenspektrum und Protuberanzen untersuchen können. Die Klarheit und Farbintensität eines guten Sonnenspektrums übertrifft jede Farbphotographie und jeden Farbdruck. Anders als bei den Planeten ist die Sonnenphotographie einfach, weil die Lichtmenge so groß ist und die Belichtungszeiten entsprechend kurz, daß man sich um die Nachführung und ein Verwackeln des Fernrohrs nicht zu kümmern braucht. Das größte technische Problem ist, daß der Kameraverschluß sehr heiß wird, wenn er in der Nähe des Brennpunktes des Fernrohres liegt. Wenn man keine Aufnahmen macht, sollte man daher das Objektiv abdecken.

Amateurastronomen werden in erster Linie im Bereich des sichtbaren Lichts beobachten. Die anderen Bereiche des elektromagnetischen Spektrums sind ihnen schwerer zugänglich, vor allem kann das menschliche Auge im Infraroten oder Ultravioletten nicht mehr als Beobachtungsinstrument eingesetzt werden. Eine Möglichkeit bietet sich am kurzwelligen Ende des radioastronomischen Spektrums. Mit Dipolanlagen von wenigen Metern Größe kann man die Radiostrahlung der aktiven Sonne und vom Jupiter empfangen. Bei Antennenanlagen, die die Größe eines Feldbetts haben und auch so aussehen, ist die Empfindlichkeit besser. Mit Antennenanlagen, wie sie gerade noch in einen Garten üblicher Größe passen, kann man Radiowellen von den beiden stärksten Quellen außerhalb des Sonnensystems, Cassiopeia A und Cygnus A, empfangen. Es ist auch recht einfach, Interferometer aus zwei Antennen als Transitinstrument zu bauen und damit Sonne oder Jupiter zu beobachten. Die Toleranzbereiche sind groß, weil die Wellenlängen so lang sind und die Antennen nicht nachgeführt werden müssen. Der beste Beweis dafür, wie leicht die Radioastronomie von Amateuren ausgeübt werden kann, ist wohl, daß in der zweiten Hälfte der 30er Jahre die Radioastronomie nur von einem Amateur, dem Amerikaner Grote Reber, ausgeübt wurde. Rebers große Leistungen auf dem Gebiet der Radioastronomie sind min-

Bei der Beobachtung einer Sonnenfinsternis auf der griechischen Insel Santorini 1976. Mit einem alten Gewehrsucher wurde das Bild auf einen weißen Schirm geworfen; dies ist die einfachste und sicherste Methode der Sonnenbeobachtung.

destens so einflußreich gewesen wie die Entdeckungen von Amateuren in früheren Zeiten. Dazu gehörten die Spiralstruktur einiger Galaxien und ultraviolette Sternspektren im 19. Jahrhundert, die Lichtablenkung und der Planet Uranus im 18. und Beobachtungen über Einzelheiten der Mondbewegung und die Venusvorübergänge im 17. Jahrhundert.

Heute hofft man, daß ein Stern in der Nähe unserer Galaxis als Supernova ausbricht. Dieses spektakuläre Ereignis würde 10 000 mal heller sein als eine gewöhnliche Nova (und eine »gewöhnliche Nova« ist schon 100 000 mal heller als die Sonne). In unserem Milchstraßensystem kommen etwa sechs Supernovae im Jahrhundert vor. Wie bei den Novae ist nur ein kleiner Bruchteil davon in unserer Nähe, und die Mehrzahl wird überhaupt nicht entdeckt, weil ihr Licht vom interstellaren Staub verschluckt wird. Die letzten beiden wurden 1572 von Tycho Brahe und 1604 von Johannes Kepler entdeckt; nach der Erfindung des Fernrohrs ist in unserer Galaxis keine Supernova mehr beobachtet worden.

Wenn aber die nächste Supernova erscheint, dann können wir ziemlich sicher sein, daß der erste, der sie sieht, nicht ein Berufsastronom sein wird, sondern einer der zahlreichen Amateure.

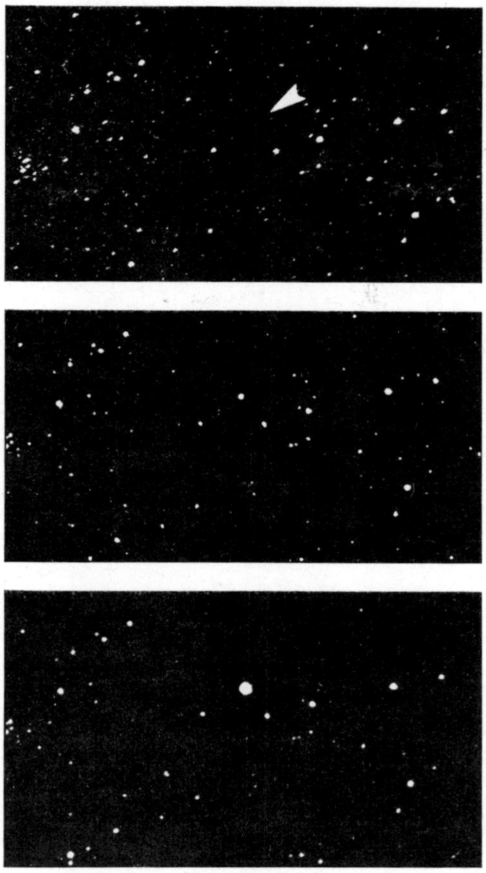

Eine einzigartige Reihe von Bildern des Ausbruchs der Nova Cygni machte 1975 der Amateurastronom Ben Mayer. An der Pfeilspitze des oberen Bildes ist noch kein Stern zu sehen. In der nächsten Nacht wurde die Nova sichtbar (Mitte) und dann immer heller. Nach zwei Nächten (unten) hatte sie die Helligkeit eines Sterns zweiter Größenklasse erreicht, fast die von Deneb, den man rechts im Bild erkennen kann.

Ein Amateur-Radioastronom mit seinem Teleskop (unten), das er im Garten aufgebaut hat. Die »Antenne«, mit der die Signale empfangen werden, ist 5 m breit und besteht aus einem mit Draht bespannten Rahmen aus Metall und Holz.

KAPITEL 17

Ein Blick in die Zukunft

Pläne für 25-m-Riesenteleskope in den USA und in Europa

»Das Komitee empfiehlt dem Direktor des Nationalen Observatoriums auf Kitt Peak, die Fortsetzung der Planung für ein großes Teleskop für den optischen und infraroten Bereich mit einer Öffnung von 25–30 m und die Untersuchung anderer möglicher Pläne und Entwürfe, bis deutlich geworden ist, welcher Entwurf für ein so lichtstarkes Gerät am kostengünstigsten ist.«

KPNO Scientific Advisory Committee, Januar 1980

Der große Arbeitsbereich der modernen Astronomie umfaßt drei einander ergänzende Gebiete: Radioastronomie, Weltraumastronomie und optische Astronomie. Diese drei Bereiche arbeiten heutzutage unter sehr unterschiedlichen Bedingungen. Die Radioastronomen haben ihr Instrumentarium mit der Fertigstellung der amerikanischen »Sehr Großen Anlage« VLA und dem Bau zweier äußerst genauer Schalen für Beobachtungen im Millimeterbereich wesentlich verbessern können. Hier sind sicher eine Reihe bedeutender Entdeckungen zu erwarten. Bis klar ist, welche neuen Aufgaben sich daraus ergeben und welche neuartigen Radioteleskope sie erfordern, ist kaum vorherzusagen, welche Instrumente zukünftig gebaut werden.

Die Weltraumastronomie ist weiterhin mit großen Risiken behaftet. Bei einer Rakete besteht immer die Möglichkeit eines Fehlstarts, bei dem die Arbeit von Zehntausenden von Arbeitsstunden, die für den Bau und die Entwicklung eines Satelliten nötig sind, in wenigen Sekunden zerstört wird. Dieses Risiko ist jedoch gering gegen die politischen Ungewißheiten. Weltraumastronomie zählt zur »großen Wissenschaft« – so groß, daß die erforderlichen Gelder aus dem Staatshaushalt oder von internationalen Behörden kommen. In Zeiten einer Rezession wird hier zuerst gespart: die Zahl der Teleskope, die in den 80er Jahren zu arbeiten beginnen, ist nur etwa halb so groß wie die in den 70ern. Aber immer noch stehen eine ganze Reihe von Teleskopen, meist für Spezialaufgaben, auf der Wunschliste, und die Weltraumastronomen hoffen, daß die schon geplanten Teleskope die schlechten Zeiten überleben und gebaut und eingesetzt werden können.

So ist für die Radio- und Weltraumastronomen ziemlich klar, wie die nahe Zukunft aussehen wird. Das ist anders für die Astronomen, die mit optischen Instrumenten arbeiten. Das optische Fernrohr steht heute an einem ähnlichen Punkt wie am Ende des letzten Jahrhunderts, als der Bau einer Reihe immer größerer, aber im Grunde ähnlicher Linsenteleskope mit dem Bau der Refraktoren von Lick und Yerkes 1897 und 1898 seinen Höhepunkt fand. Mit ihrer Fertigstellung wurde deutlich, daß man an eine Grenze gekommen war und größere Linsen keine wesentlichen Fortschritte bringen würden. Heute hat ein ähnlicher Entwicklungsprozeß zu einer großen Zahl von neuen Reflektoren mit 3 und 4 m Öffnung geführt, die alle nach demselben System gebaut sind: Die Hauptspiegel sind aus einem Stück und sind äquatorial montiert. Der Astronom steht heute wie um 1900 vor einer Vielfalt von Problemen, für deren Lösung er mehr Licht einfangen muß und das einfache Rezept »genau wie das letzte, nur größer« genügt nicht.

Dafür gibt es verschiedene Gründe. Der wichtigste ist, daß viele der für unser Verständnis des Universums entscheidenden Probleme eine ganz wesentliche Vergrößerung der Öffnung des Fernrohrs erfordern würden, dieser Sprung wäre noch um einiges größer als der vom 2,5-m-Hooker zum 5-m-Hale-Teleskop.

Das Bedürfnis nach einer wesentlichen Vergrößerung der Teleskopöffnung hängt mit der ungleichmäßigen Verteilung der Materie im Weltall zusammen. So wissen wir zum Beispiel viel über die gewöhnlichen Hauptreihensterne in unserer Galaxis, von denen viele innerhalb weniger 100 Parsec von der Sonne entfernt liegen. Wenn wir aber das nächste ähnliche Sternsystem, den Andromedanebel, erforschen wollen, müssen wir wesentlich mehr Licht sammeln, um die viel größere Entfernung auszugleichen. Da der Andromedanebel fast 700000 Parsec entfernt ist, würde es sehr wenig helfen, die Öffnung nur ein wenig zu vergrößern. Auch andere interessante Objekte sind zu weit entfernt als daß die schon bestehenden Teleskope ihren Geheimnissen auf die Spur kommen könnten. Gegenwärtig können Astronomen, die die Kugelhaufen erforschen, nur die Zusammensetzung der hellen Riesensterne untersuchen, während der Schlüssel zum Ursprung und der Entwicklung des Haufens bei den schwächeren Hauptreihensternen zu finden wäre. Hinweise auf den Ursprung des Weltalls selbst müssen bei den entferntesten Galaxien und Quasaren gesucht werden, und die entferntesten Objekte sind notwendigerweise auch die schwächsten. 1980 führte ein Bericht einige Dutzend Themen auf, für die ein viel größeres Teleskop nötig wäre, und sogar dieser Bericht ging kaum über Probleme hinaus, die sich unmittelbar mit der Struktur und der Entwicklung unseres eigenen Universums befassen.

Die Suche nach größerer Empfindlichkeit kann nicht auf den Bahnen der letzten 25 Jahre erfolgen. Die heute existierenden Instrumente von 3 bis 5 m Öffnung haben nicht deswegen immer eindrucksvollere Ergebnisse erzielt, weil die Teleskope selbst verändert worden wären, sondern weil die zur Auswertung benutzten Lichtdetektoren in ihrer Empfindlichkeit so enorm verbessert wurden. Dieser Prozeß kommt jetzt an eine grundsätzliche Grenze, da die Detektoren einen Wirkungsgrad von fast 100 Prozent erreicht haben. Wenn dieser Punkt erreicht ist, kann nur das Auffangen von mehr Licht weiterhelfen.

Der Grund dafür, daß hier mit der Tradition gebrochen werden muß und nach einem ganz anderen technischen Konzept gesucht werden muß, liegt darin, daß die optischen und ingenieurtechnischen Möglichkeiten nicht ausschließlich von der Größe des Teleskops abhängen, sondern auch durch die Wellenlänge des Lichts festgelegt sind: wenn das Teleskop größer wird, ändern sich die Toleranzen nicht. Diese zusätzliche Schwierigkeit zeigt sich am deutlichsten an den Kosten. Es gibt eine Faustregel für die Kosten eines üblichen äquatorialen Spiegelteleskops; wenn man die Öffnung verdoppelt, wachsen die Kosten um das Sechsfache. – Ein 2-m-Spiegel kostet sechsmal soviel wie ein 1-m-Spiegel, und ein 4-m-Spiegel kostet wieder

M82 (oben) ist eine der näheren Galaxien. Wenn man von M82 soviel Licht einfangen wollte, wie es heute von der nächsten Galaxis, dem Andromedanebel M31 möglich ist, bräuchte man ein Teleskop, dessen Spiegel die 16fache Fläche der heute existierenden Spiegel hat.

Ein Teil des Spiralnebelhaufens im Sternbild Jungfrau (unten), der aus 2500 Galaxien besteht, die etwa 20 Millionen Parsec entfernt sind. Für die Untersuchung von Strukturen in so großer Entfernung braucht man Instrumente mit sehr großer Öffnung.

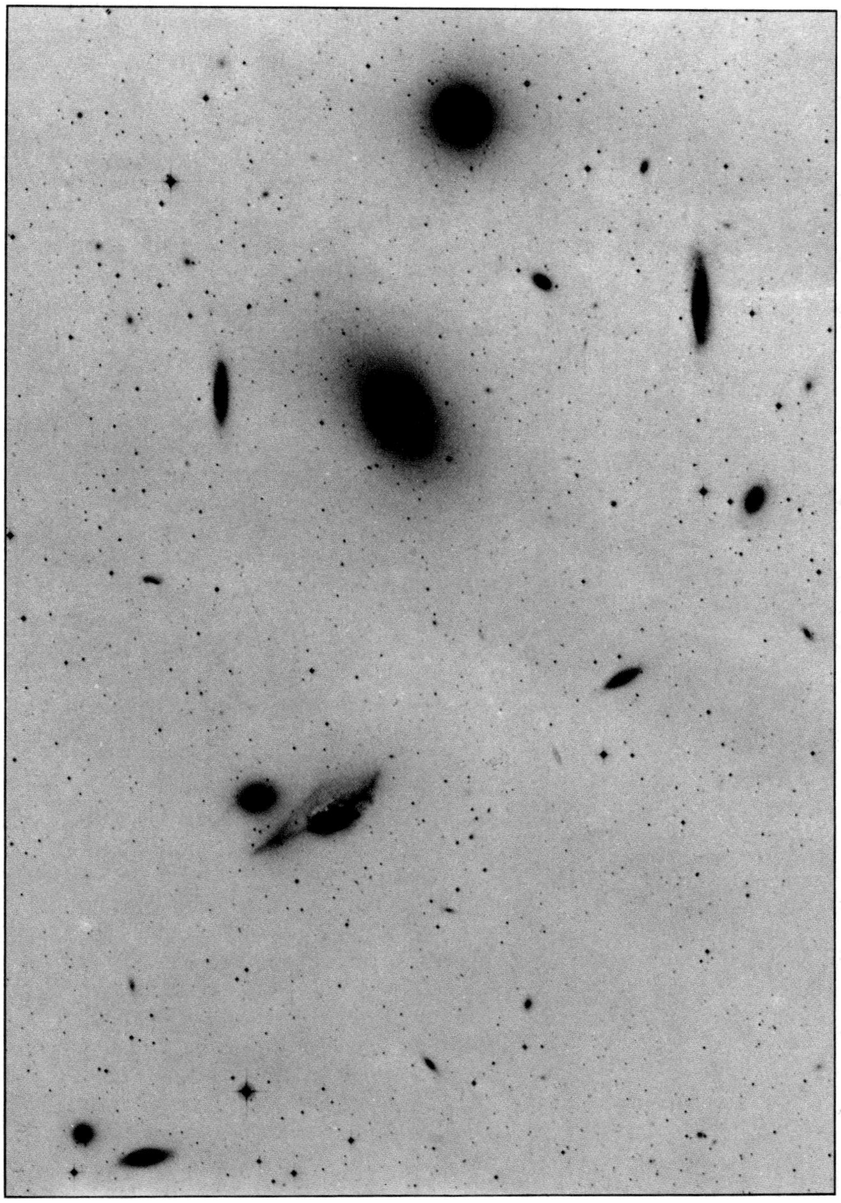

sechsmal soviel. So betragen die Kosten für ein 25-m-Teleskop, das ideale Instrument für die 90er Jahre, das 120fache eines 4-m-Teleskops, oder fast 2500 Millionen Dollar. Diese Zahl ist natürlich nur eine Schätzung, aber sie zeigt doch, daß ein solches Teleskop nicht nur ein größeres Instrument gewöhnlicher Art sein kann. Niemand – keine Regierung und keine internationale Organisation – wird soviel für ein gewaltiges äquatoriales Teleskop bezahlen. Wenn ein Riesenteleskop je gebaut wird, dann muß es weniger als ein Zehntel der so berechneten Summe kosten.

Ein riesiges, auf der Erde aufgestelltes optisches Teleskop hat mindestens zehn Jahre Bauzeit. Teleskope für den Weltraum können wesentlich schneller gebaut werden, und wenn auch nach heutiger Planung in den 80er Jahren nur wenige Weltraumteleskope gestartet werden, so braucht das für das Ende dieses Jahrzehnts nicht mehr zu gelten. Andererseits würde ein riesiges Teleskop auf der Erde nicht soviel kosten wie ein von Satelliten getragenes Instrument von nur 1 m Öffnung. Dabei stellt sich natürlich auch die Frage, was Fernrohre überhaupt leisten können. Die Antwort ist, daß beide Arten Vor- und Nachteile haben, wobei die Teleskope auf der Erde eher für die allgemeine Forschung geeignet sind, während die Weltraumastronomie in naher Zukunft mehr von Spezialinstrumenten beherrscht sein wird: von Ultraviolett-, Infrarot-, Astrometrie- und Sonnenteleskopen. Nur eines der für Satelliten bestimmten Teleskope – das 2,4-m-Weltraumteleskop – ist für allgemeine Aufgaben bestimmt. Dieses Teleskop wird dabei einen großen Vorteil haben: es wird oberhalb der Atmosphäre sein und so die Probleme der Luftunruhe, des »seeing«, der Absorption in der Atmosphäre und des Himmelsleuchtens vermeiden. Es wird deshalb einen schwachen Stern in einem dichtgedrängten Sternenfeld auflösen können und das Sternenlicht in einem größeren Wellenlängenbereich untersuchen können, als es von der Erde aus möglich ist. Andererseits hat ein die Erde umlaufendes Teleskop nur eine begrenzte Lebensdauer: ein Teleskop auf der Erde kann etwa 50 Jahre lang arbeiten, aber kein Satellit hat eine so hohe Lebensdauer. Das Weltraumteleskop ist auch nicht sehr flexibel: die Zahl der Zusatzinstrumente ist beschränkt und kann nur schwer verändert werden.

Das entscheidende Argument dafür, daß Weltraumteleskope und irdische Teleskope keine Konkurrenten sind, sondern einander ergänzen müssen, ist der große Andrang auf die Weltraumteleskope. Wenn Weltraumteleskope für Experimente benutzt würden, die auch für weniger Geld von der Erde aus gemacht werden könnten, würde das auf Kosten der Zeit gehen, die der Satellit für die Aufgaben eingesetzt werden könnte, für die er ganz besonders geeignet ist. Dies trifft insbesondere für die Infrarotbeobachtung zu. Im nahen Infrarotbereich wird mit wachsender Wellenlänge die Auflösung eines Weltraumteleskops schlechter als die eines riesigen irdischen Teleskops. Im nahen Infrarot wird das atmosphärische »seeing« besser, und bei längeren Wellen kann das Weltraumteleskop weniger Einzelheiten auflösen, weil der Spiegel klein ist. Bei einer Wellenlänge von zehn Mikrometer ist die Grenze der Auflösung für Telskope auf der Erde bei einer halben Bogensekunde, bei einem 2-m-Weltraumteleskop aber bei einer Bogensekunde. Die Bildqualität im Weltraum ist nicht besser als von der Erde aus, wenn die Beobachtung auf der Erde mit einem der großen Instrumente gemacht wird.

Die Infrarot-Spezialteleskope, die für die Arbeit im Weltraum in den 80er Jahren geplant sind, arbeiten anders. Sie werden auf eine sehr niedrige Temperatur abgekühlt, um ihre Empfindlichkeit zu steigern, aber sie werden keine sehr gute Auflösung erreichen, weil ihre Öffnungen klein sind. Das erste System, der infrarote astronomische Satellit IRAS, hat ein Teleskop mit 60 cm Öffnung, das den Himmel nur nach neuen Infrarotquellen absuchen wird. Sein Nachfolger, das deutsche Infrarot-Laboratorium GIRL, hat nur 40 cm Öffnung und ist für die Untersuchung der Spektren einzelner Objekte bestimmt.

Die beiden optischen Teleskope, die – außer dem Weltraumteleskop – wahrscheinlich in den Weltraum befördert werden, sind Spezialgeräte, die auf Instrumente zurückgehen, die eigentlich schon seit Jahrhunderten veraltet sind. Das Sonnenteleskop ist als ein Gregory-Reflektor geplant und hat einen konkaven Fangspiegel. In einem Raumschiff sind die Probleme der Erhitzung durch die Sonne besonders groß; ein Gregory-Instrument hat einen Zwischenbrennpunkt, an dem die Energie weggespiegelt werden kann, was mit dem üblichen Cassegrain, der kein Zwischenbild hat, nicht möglich ist. Hipparcos, der letzte auf der Liste der astronomischen Satelliten, die geplant sind, enthält ein astrometrisches Instrument, das die Europäische Raumfahrtbehörde ESA baut. Es ist die moderne Form eines astronomischen Sextanten, der seinen Ort am Himmel bestimmt, indem er gleichzeitig in zwei Richtungen beobachtet.

Die unterschiedlichen Möglichkeiten dieser Instrumente werden die riesigen Teleskope auf der Erde ergänzen, aber nicht ersetzen. Die großen Öffnungsweiten, die Instrumente auf der Erde haben können, machen die Schwierigkeiten, die vom »seeing« und vom Himmelsleuchten herrühren, wieder wett. Das gilt besonders für das genaue Studium der Spektren. Spektrallinien können die Geschwindigkeit eines Sterns anzeigen, und es ist sehr schwierig, die Geschwindigkeitsveränderung eines schwachen Sterns von einem Satelliten aus zu messen, dessen eigene Geschwindigkeit sich während der Messung beträchtlich ändern kann. Neue Techniken wie die Speckle-Interferometrie ermöglichen es einem Teleskop auf der Erde, die von der Luftunruhe herrührende Unschärfe zum Teil zu beheben – ein 25-m-Teleskop könnte so bis auf 0,004 Bogensekunden auflösen. Das erdgebundene System hat zudem den Vorteil, daß es leicht mit Zusatzinstrumenten verbunden werden kann. Ein Versuchsmodell eines neuen Lichtdetektors zum Beispiel braucht nur eine Autoreise zu überleben und nicht eine Weltraumfahrt, wenn es am Teleskop erprobt werden soll.

Zumindest für das nächste Vierteljahrhundert werden große fest aufgestellte Teleskope zweifellos ganz unabhängig von der Entwicklung der Raumforschung eine wichtige Rolle spielen. Die Herstellung neuer größerer Instrumente erfordert eine Revolution in der Technologie des Teleskopbaus. Die in den vergangenen Jahren gebauten 3- und 4-m-Spiegel sind die letzten ihrer Art, genauso, wie die Linsenfernrohre von 1890 das Aussterben dieser Bauweise kennzeichneten.

Schon heute ist klar, in welche Richtung diese Revolution gehen muß. Ein Hauptteil der Kosten eines Teleskops rührt von der außerordentlich verfeinerten Mechanik her, die nötig ist, um das Instrument einem Himmelsobjekt nachzuführen, während sich die Erde dreht. Der Vorteil der Äquatorialmontierung ist, daß nur mit gleichbleibender Geschwindigkeit die Polachse gedreht werden muß und die Einstellung der anderen Achse fest bleibt. Der Nachteil ist, daß das ganze Teleskop sich um eine geneigte Achse drehen muß (der Neigungswinkel hängt von der geographischen Breite ab) und diese Bewegung Aufbau und Spiegel verzerren und verbiegen. Wenn das Teleskop statt dessen auf vertikale und horizontale Achsen montiert wird (Alt-Azimut-Montierung) ist das Problem der Verbiegung geringer. Dies wurde beim 6-m-Teleskop in Zelenchuk im Kaukasus berücksichtigt, das gegenwärtig das größte optische Teleskop der Welt ist. Die russischen Planer untersuchten beide, die Äquatorial- und die Alt-Azimut-Montierung, auf ihre Brauchbarkeit und stellten fest, daß der Bau einer starren Äquatorialmontierung eine zu schwere Stützstruktur erfordert hätte. Die Alt-Azimut-Montierung kostete weniger als die Hälfte, wobei sich die größte Ersparnis daraus ergab, daß die riesigen Stahlmengen für die Polarachse eingespart werden konnten. Ein Preis für diese Vereinfachung ist, daß beide Achsen angetrieben werden müssen, und zwar mit verschiedenen und ungleichförmigen Geschwindigkeiten. Die dazu nötigen Rechnungen können inzwischen aber leicht von Computern durchgeführt werden. Die anderen Probleme sind eher unangenehm als unlösbar. Das Gesichtsfeld eines Alt-Azimut-Teleskops dreht sich, während das Teleskop am Himmel einem Objekt folgt, und es ist fast unmöglich, senkrecht nach oben zu beobachten, weil die Nachführungsgeschwindigkeit dann zu groß wird. Da jeder Stern nur an einem bestimmten Tag zu einer bestimmten Zeit durch den Zenit geht, bedeutet dies keine sehr große Einschränkung, sondern erfordert nur eine sorgfältige Planung des Beobachtungsprogramms.

Die Astronomen haben sich schnell auf das Alt-Azimut-Verfahren umgestellt. Alle Entwürfe für ein Teleskop mit 25 m Öffnung sehen dieses System vor. Ein für das Roque-de-los-Muchachos-Observatorium auf Las Palmas auf den Kanarischen Inseln bestimmtes britisches Teleskop wurde in dieser Weise geplant, ebenso Teleskope, die für Orte in China und Texas entworfen werden. Der große Vorteil der Alt-Azimut-Montierung setzt sich auch bei kleineren Fernrohren durch. Ein kürzlich veröffentlichter Plan eines 2-m-Teleskops für das Kitt Peak-Observatorium weist nach, daß selbst bei so kleiner Öffnung ein wesentlicher Teil der Kosten gespart werden kann, wenn man auf die Äquatorialmontierung verzichtet.

Während man sich also über die Montierung für ein zukünftiges Teleskop einig ist, weiß man noch nicht, wie das optische System gebaut werden soll. Zur Zeit sieht es so aus, als ob jede Gruppe von Fernrohrbauern eine Unzahl von Vorschlägen für Teleskope macht, die alle ihre Vorzüge haben und eine genauere Untersuchung verdienen. Das Problem des Riesenteleskops ist, wie man mit einer Kombination kleinerer Spiegel die Leistung eines riesigen Hauptspiegels

Besseres »seeing« und ein dunkler Himmel verbessern die Leistungsfähigkeit eines Teleskops so sehr, daß das 2,5-m-Isaak-Newton-Teleskop von Südengland auf einen Berg auf den Kanarischen Inseln gebracht wurde, wo das neue Observatorium noch gebaut wird (unten).

erreicht. Es ist unmöglich, ein Stück Glas oder Quarz von 25 m Durchmesser herzustellen, zu schleifen, zu polieren und in ein Teleskop einzubauen. Der Hauptspiegel müßte wie ein Mosaik zusammengesetzt werden, oder die Öffnung müßte aus mehreren voneinander unabhängigen Teleskopen auf demselben Träger bestehen oder man müßte das Licht einer Reihe von unabhängigen Teleskopen elektronisch kombinieren.

Der erste ernsthafte Versuch, ein Teleskop mit 25 m Öffnung zu entwerfen, wurde im Sommer 1976 unternommen. Zuerst war man wenig zuversichtlich. Das 5-m-Hale-Teleskop mußte ein ganzes Jahr lang verändert werden, bevor es arbeitete, beim 6-m-Instrument in Zelenchuk war es noch schwieriger, das Gerät in Gebrauch zu nehmen. Eine 25-m-Öffnung hat etwa die Größe zweier Tennisplätze und die Form dieser gewaltigen Fläche muß so genau gearbeitet werden, daß man im Brennpunkt ein Sternabbild von einer Bogensekunde Durchmesser erhalten kann. Außerhalb der Planungsgruppe war man äußerst skeptisch, und führende Astronomen haben auf die Frage, welche Art Forschung mit einem solchen Instrument möglich sein würde, sehr zurückhaltende Antworten gegeben.

Der erste Entwurf war folglich so konservativ wie möglich. Der Hauptspiegel sollte aus einem Mosaik kleiner Spiegel bestehen, die zu einer Kugelschale (und nicht zu einem Paraboloid) zusammengesetzt werden, die Stützen sollten so beschaffen sein, daß die Wirkung der Schwerkraft unabhängig von der Richtung, auf die das Teleskop eingestellt war, immer gleich war. Für den Hauptspiegel wurde ein Stützsystem gewählt, das keinen Bestandteil besonderen Belastungen oder Verzerrungen aussetzte. Das Ergebnis, ein drehbares schuhförmiges Gebilde, sollte aus 6500 Tonnen verstärktem Zement bestehen und einen Spiegel aus 1800 fast sechseckigen Teilen tragen. Ein zweites Spiegelsystem sollte das Licht aus dem größeren Primärsystem einfangen und das Bild in die Laboratorien auf beiden Seiten des Schuhs werfen.

Dieser Entwurf ist weit von jedem gewöhnlichen optischen Teleskop entfernt und ähnelt der feststehenden Schale des Radioteleskops in Arecibo. Eine völlig aus Spiegeln bestehende Schale ist für ein so riesiges optisches Teleskop nicht sehr günstig, weil auch der Zweitspiegel bewegt werden muß. Es wäre nicht möglich, quer über die riesige Schale ein Brückensystem zu bauen, das den Zweitspiegel fest genug hält und eine so genaue

Die steuerbare Schale (unten) ist einer der möglichen Entwürfe für ein optisches Teleskop mit 25 m Öffnung. Der Hauptspiegel besteht aus einem Mosaik kleinerer Spiegel, die ferngesteuert werden. Die Struktur ähnelt den Radioteleskopen.

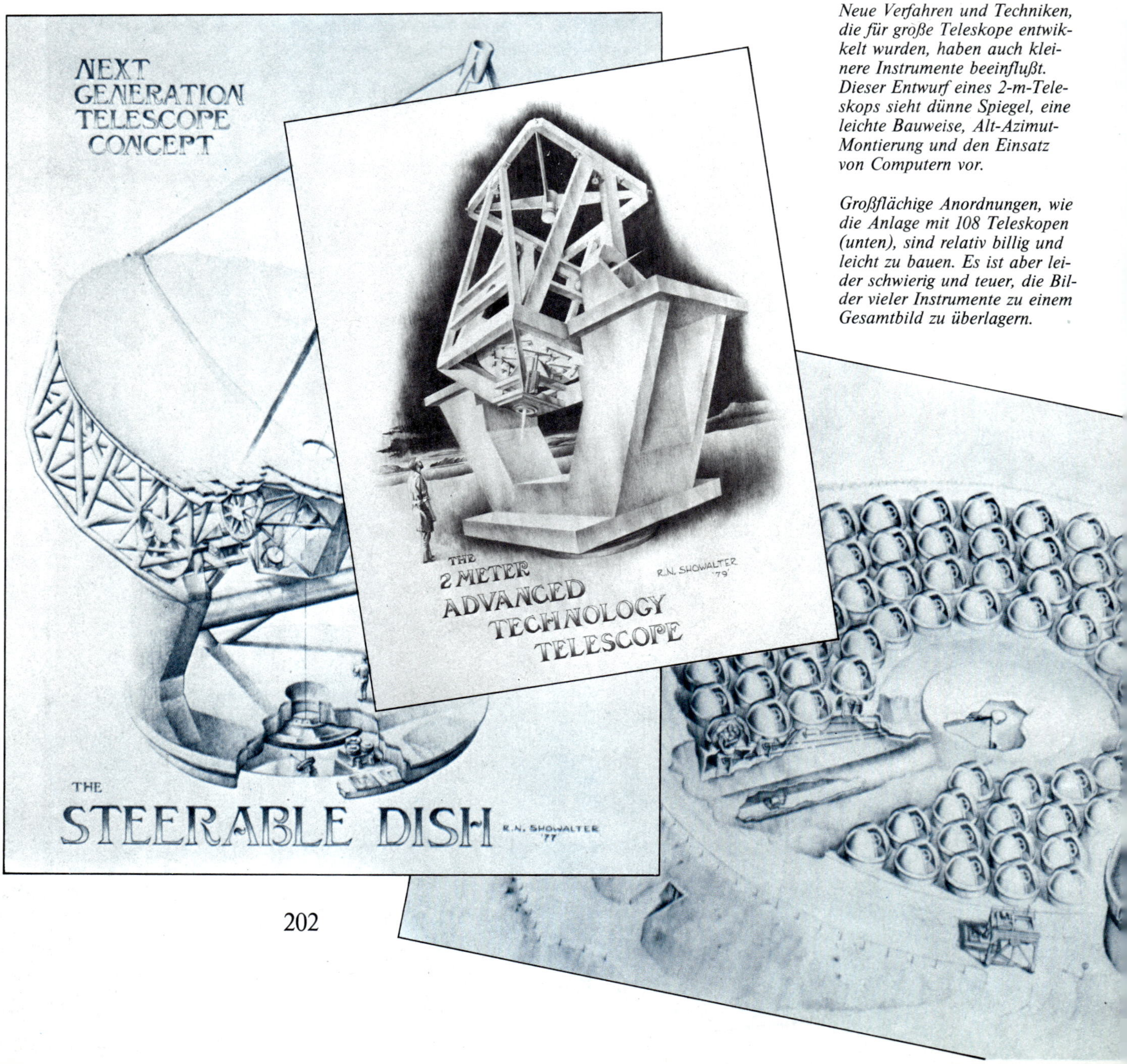

Neue Verfahren und Techniken, die für große Teleskope entwikkelt wurden, haben auch kleinere Instrumente beeinflußt. Dieser Entwurf eines 2-m-Teleskops sieht dünne Spiegel, eine leichte Bauweise, Alt-Azimut-Montierung und den Einsatz von Computern vor.

Großflächige Anordnungen, wie die Anlage mit 108 Teleskopen (unten), sind relativ billig und leicht zu bauen. Es ist aber leider schwierig und teuer, die Bilder vieler Instrumente zu einem Gesamtbild zu überlagern.

Einstellung erlaubt, daß das endgültige Bild eines Sterns während einer langen Belichtungszeit nur eine Bogensekunde Durchmesser hat. Wenn man den größten Teil der Schale entfernt, wird dieses Problem leichter lösbar, stellt aber immer noch die schwierigste Aufgabe bei dem schuhförmigen Entwurf dar. Der Hauptspiegel ist Teil einer Kugel, was zu sphärischer Aberration führt, die das Sternabbild im Primärfokus zu einem Fleck von 25 cm Durchmesser verschmiert. Die Sekundärspiegel korrigieren diesen Fehler und sind deshalb wichtiger Bestandteil des Entwurfs.

Dieser Schuh-Entwurf war zunächst erfolgreich, weil alle anderen Pläne unlösbare Probleme bei der Optik oder nicht erfüllbare Anforderungen an die Ingenieurtechnik hatten. Dieser erste Erfolg veranlaßte die Planungsgruppe, eine Reihe anderer Entwürfe zu untersuchen. Diese erwiesen sich als aussichtsreicher als der Schuh, und in einer Studie wurde sogar die schwierigste Lösung untersucht. Wieder war das Vorbild ein Radioteleskop, diesmal aber das Instrument in Jodrell Bank. Der Hauptspiegel sollte wieder ein Mosaik sein, aber von parabolischer Form und dem Hauptspiegel eines klassischen Cassegrain-Teleskops ähnlich. Die Plananalyse für diese steuerbare Schale fand trotz aller Schwierigkeiten keine unlösbaren Probleme. Die steuerbare Schale hat in der Tat viele Vorteile für die Astronomie, aber die Schwierigkeiten spiegeln sich deutlich in der Tatsache wider, daß sie wahrscheinlich die teuerste Lösung darstellt.

Zwei andere Entwürfe unterschieden sich deutlich sowohl von der steuerbaren Schale als auch vom drehbaren Schuh. Eines ist das Viel-Spiegel-Teleskop, bei dem mehrere Teleskope auf einen einzigen Rahmen montiert werden und ihr Licht in einem gemeinsamen Brennpunkt gesammelt wird. Für diesen Plan sprach vor allem, daß das Viel-Spiegel-Teleskop nicht nur auf dem Reißbrett stand. Ein Prototyp wurde gerade auf dem Mount Hopkins im Süden Arizonas gebaut. Die andere Möglichkeit, eine Art Teleskopfeld, hatte ebenfalls eine lange Geschichte, weil dieses Konzept schon mehrfach in England und Kanada untersucht worden war.

Das Teleskopfeld besteht aus einer Reihe einzeln aufgestellter unabhängiger Teleskope, deren Licht zu einem zentralen Laboratorium geleitet wird. Die Vorteile sind offensichtlich. Die einzelnen Teleskope können den schon bestehenden weitgehend gleichen, so daß ihr Bau keine neuen Probleme

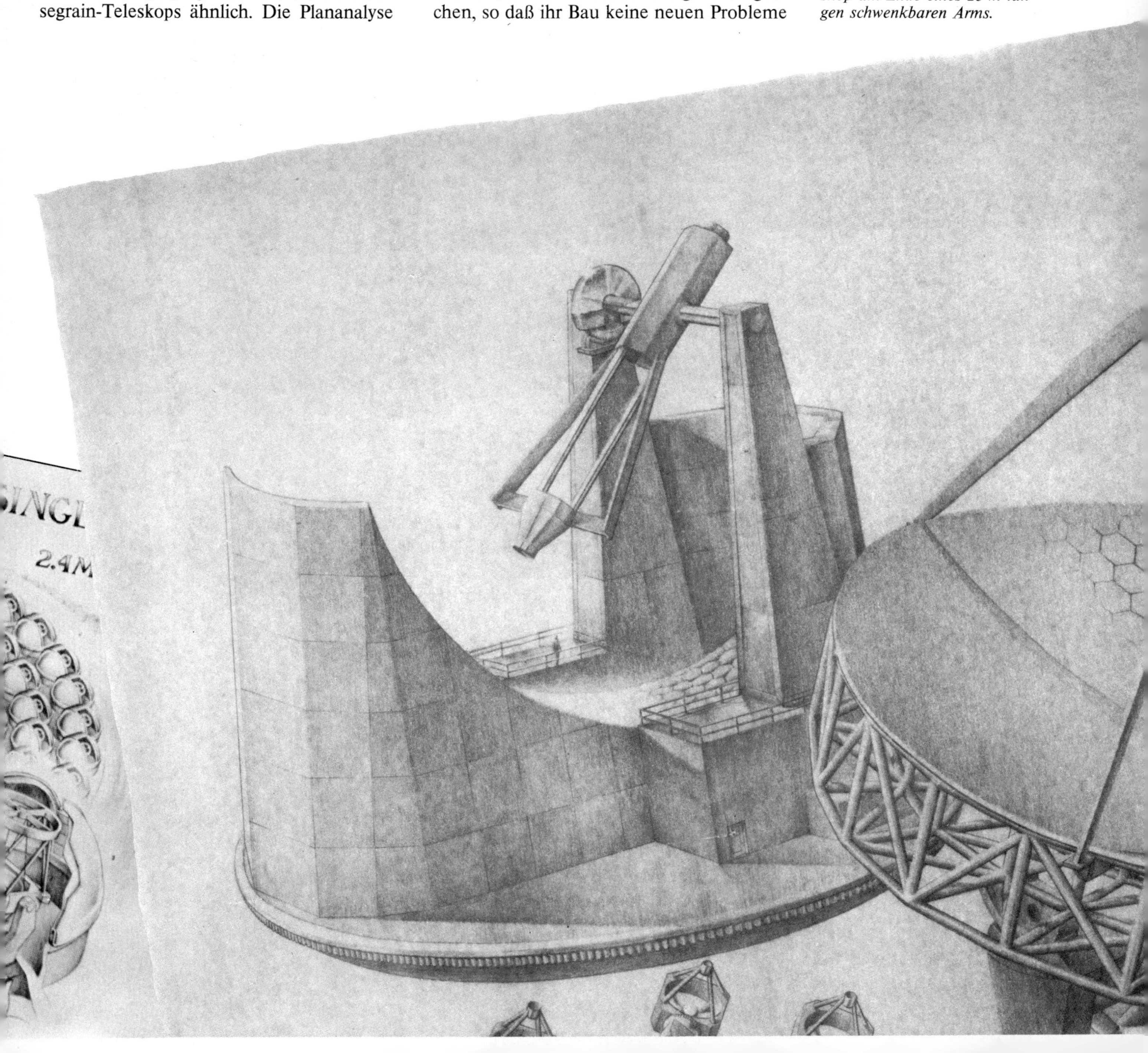

Der drehbare »Schuh« (unten) war einer der ersten Vorschläge für ein neuartiges Riesenteleskop. Die Hauptschwierigkeit ist das Trägersystem für den Fangspiegel, einem 3,2-m-Teleskop am Ende eines 25 m langen schwenkbaren Arms.

aufwirft. Außerdem müssen an den Aufbauplätzen, vermutlich in einer hohen Bergregion weit entfernt von jeder Zivilisation, keine allzu großen ingenieurtechnischen Probleme gelöst werden.

In einer früheren Untersuchung der Möglichkeiten einer solchen Anlage hat Mike Disney vom University College in Cardiff berechnet, daß eine Reihe solcher einzelner Instrumente mit Öffnungen zwischen 2 und 2,5 m zu vergleichsweise minimalen Kosten ausgezeichnete Leistungen bringen könnte. Die Infrarotastronomen waren dabei mehr für eine Anlage, die auf einer kleineren Zahl größerer Instrumente beruht. Drei Entwürfe wurden schließlich näher in Betracht gezogen, zwei in Arizona und einer in Kanada. Dies sind eine Anlage aus 108 Teleskopen mit einer Öffnung von 2,4 m, eine kompaktere Anlage aus 16 6,25-m-Teleskopen und das kanadische System, das aus 72 3-m-Teleskopen besteht und auf früheren Untersuchungen von Harvey Richardson beruht.

Die Anlage mit den 108 Teleskopen stellte sich als weniger gute Idee heraus als man zunächst geglaubt hatte. Das System kann nur eingesetzt werden, wenn jedes Teleskop für sich mißt und die einzelnen Ergebnisse dann von einem Computer im Zentrallabor zusammengesetzt werden. Es ergeben sich aber schwerwiegende Probleme bei der exakten Zusammensetzung so vieler Bilder, so daß das endgültige Bild im Zentrallabor nur ein sehr begrenztes Gesichtsfeld hätte, das kaum über die Größe Jupiters hinausgehen würde. Noch wichtiger ist aber, daß auch äußerst schwierige ingenieurtechnische Randbedingungen erfüllt sein müssen, damit die 108 Bilder mit der geforderten Genauigkeit von einer Bogensekunde überlagert werden können. Wegen dieser Bedingungen müssen die einzelnen Teleskopspiegel und Lager denen der heute existierenden Teleskope weit überlegen sein und das widerspricht dem Grundgedanken der Anlage, nämlich gewöhnliche, billigere Teleskope zu verwenden. Roger Angel vom Steward-Observatorium in Arizona hat schon gezeigt, daß man die Empfindlichkeit gewöhnlicher Teleskope mit Glasfasern verbessern kann und die Möglichkeiten untersucht, die Teleskope einer solchen Anlage auf diese Weise zu verbinden. Dieses Verfahren hat viele Vorteile, aber man verliert dabei einen großen Wellenlängenbereich, weil die Fasern Infrarot kaum durchlassen.

Bei einem anderen Verfahren sollen in jedem Teleskop photoelektrische Lichtdetektoren eingesetzt werden, deren Signale ein Computer überlagert. Hier kommt man in finanzielle Schwierigkeiten. Mit der Verfeinerung der Zusatzinstrumente steigen auch ihre Kosten, und es gibt heute schon welche, die so teuer sind wie ein 2-m-Teleskop. Wenn man alle 108 Instrumente der Anlage damit ausrüsten wollte, würde man damit alle wirtschaftlichen Vorteile einer kleinen Anlage zunichte machen. Es ist jedoch klar, daß die Nachteile dieses Konzepts kleiner werden, wenn die einzelnen Teleskope größer angelegt sind.

Die Ergebnisse all dieser Untersuchungen wurden in einer internationalen Konferenz in Genf im Dezember 1977 zusammengetragen. Das Hauptergebnis war, daß die Konferenz 10-, 16- und 25-m-Teleskope als vom Ingenieurtechnischen her möglich ansah. Die Skepsis, der das 25-m-Projekt noch 16 Monate vorher begegnet war, war verschwunden. Die Konferenz befürwortete Alt-Azimut-Montierungen und zusammengesetzte Spiegel und stimmte noch in zwei weiteren Punkten überein: alle Geräte und Bauten dürfen nicht zu schwer sein, wenn die Kosten niedrig sein sollten, und die Justierung der Spiegeloberflächen und der Lage des Brennpunktes müssen ferngesteuert werden können. Leichte Teleskope müssen dünne Spiegel haben, deshalb fanden Instrumente wie das englische Infrarotteleskop (UKIRT) viel Beachtung, dessen Hauptspiegel viel dünner und leichter ist, als der eines »traditionellen« Teleskops der frühen 70er Jahre.

Zwei Jahre später, im Januar 1980, fand in Tucson in Arizona eine weitere Konferenz statt, auf der ein breites Spektrum von Plänen für Teleskope mit Öffnungen zwischen 2 und 25 m vorgelegt wurde. Wichtig war auch, daß inzwischen das Viel-Spiegel-Teleskop (engl. Many-Mirror Telescope MMT) mit 4,5-m-Öffnung auf Mount Hopkins arbeitete. Das neue Teleskop, das drittgrößte der Welt, hat einen in sechs Einzelspiegel aufgeteilten Hauptspiegel und eine Alt-Azimut-Montierung. Die Bedeutung des MMT liegt darin, daß es weniger als ein übliches 4,5-m-Telesop gekostet hatte.

Das MMT besteht aus sechs 1,85-m-Teleskopen, die in einem Stahlgerüst montiert sind. Jedes der Teleskope wird von ferngesteuerten Antrieben bewegt. Die Justierung wird ständig von einem komplizierten Lasersystem überprüft. Wenn die sechs Bilder nicht im Brennpunkt zusammenfallen, werden die Einzelspiegel automatisch neu eingestellt. Die Hauptschwierigkeit ist, bei einem so komplexen System ein zuverlässiges Arbeiten zu erreichen. Wenn in igendeinem Teil dieses verwickelten Steuerungssystems ein Fehler auftritt, leidet die ganze Arbeit. Der wichtigste Fortschritt beim MMT ist aber nicht die verfeinerte Laserkontrolle, sondern eher das billige schachtelförmige Gebäude, das eine Kuppel ersetzt. Das MMT ist nicht in einer einzigen großen und teuren Kuppel untergebracht, in der das Instrument gedreht werden kann, es steht vielmehr in einem relativ engen Gebäude, das sich mit dem Teleskop dreht. Eines der Hauptprobleme des »seeing« rührt von den Luftwirbeln in Erdnähe her, und man war sich nicht sicher, ob die neue Gebäudeform nicht etwa besondere Schwierigkeiten machen würde. Tatsächlich aber hat sich das MMT-Gebäude auf dem höchsten Punkt von Mount Hopkins bestens bewährt. Eine klassische Kuppel kostet etwa soviel wie das Teleskop in ihrem Innern, deshalb stellt das billige, leicht zu errichtende

Das Viel-Spiegel-Teleskop MMT auf Mount Hopkins in Arizona. Das Teleskop, das aus sechs 1,85-m-Teleskopen in einer gemeinsamen komplizierten Stützstruktur besteht, hat den Wirkungsgrad eines Instrumentes mit 4,5 m Öffnung: es ist das drittgrößte Teleskop der Welt. Diese neuartige Anlage mit ihrer Fernsteuerung und einem neuartigen Gebäude machen das Teleskop zukunftsweisend.

Gehäuse des MMT einen großen Fortschritt in Richtung auf eine Kostenreduzierung dar, die notwendig ist, wenn ein großes Teleskop Wirklichkeit werden soll.

Auf der Konferenz in Tucson wurden die schweren äquatorial-montierten Systeme, die fünf Jahre früher noch die Szene beherrscht hatten, kaum noch erwähnt. Es wurden Pläne für 7–10-m-Teleskope für die Universität von Texas und für die Universität von Kalifornien vorgelegt. Die beiden Entwürfe sind sehr gegensätzlich. Der texanische Plan schöpft die Grenzen des Möglichen voll aus, ohne Neuland zu betreten. Man ging davon aus, daß der Hauptspiegel möglichst groß sein sollte und seine Größe nur durch die Grenzen der Schmelzöfen und Kühlgeräte bestimmt sein sollte. Eine zweite Einschränkung war, daß das Teleskop ohne komplizierte Fernsteuerungen arbeiten sollte – die Form des Spiegels und der Brennpunkt sollten von vornherein festliegen und nicht durch die Elektronik konstant gehalten werden. Davon abgesehen sollten die Möglichkeiten moderner Materialien und der Einsatz von Computern bei der Strukturanalyse der Komponenten voll ausgeschöpft werden.

Aus diesen Bedingungen ergab sich der Entwurf eines Teleskops mit 7 m Öffnung, bei dem fast alle Bestandteile größer oder besser als bei früheren Instrumenten sein sollten. Die große Öffnung wird durch eine kurze Brennweite und einen dünnen Spiegel erreicht. Das stellte sich als besonders wichtig heraus, weil jedes zusätzliche Kilogramm Spiegel das Gesamtgewicht des Teleskops um 8 kg erhöht. Die kurze Brennweite, die nur das Doppelte der Hauptspiegelöffnung beträgt (das Öffnungsverhältnis ist also 2) bedeutet, daß der Weg, der bei Herschel mit einem Öffnungsverhältnis von 10 begonnen hatte, sich seinem Ende näherte.

Der Entwurf für das Teleskop in Texas steht auf dem Weg zum Riesenteleskop etwa in der Mitte. Es hat ein Gehäuse nach dem Vorbild des MMT, eine Alt-Azimut-Montierung und einen Spiegel aus einem Stück. Der kalifornische Plan strebt mit 10 m eine größere Öffnung an und wendet, um diese Größe zu erreichen, zwei neue Techniken an. Dies sind der Einsatz eines geteilten Spiegels und einer Fernsteuerung zur Justierung der Teile. Der Entwurf geht mit einem noch kleineren Öffnungsverhältnis (1,75) und einem dünneren Spiegel, dessen Einzelteile nur 10 cm dick sind, noch über den texanischen Entwurf hinaus. Die Planung hat sich vor allem mit zwei Punkten beschäftigt. Zunächst ging es um den Bau und die Überprüfung von Fernsteuerungen und Antrieben für die 60 beweglichen Teile, die den Hauptspiegel bilden. Das zweite Problem war, die Teile des paraboloiden Spiegels so herzustellen, daß sie ein Gesamtbild guter Qualität ergeben. Dies ist dadurch erreicht worden, daß jede Spiegelrohform gebogen und unter Druck poliert wurde; dann ließ man sie zurückspringen und erhielt den gewünschten Teil der paraboloiden Oberfläche.

Außer diesen beiden Projekten, die beide

DIE NÄCHSTE TELESKOPGENERATION

Sechs Teleskope von je 10 m Öffnung haben dasselbe Lichtsammelvermögen wie ein 25-m-Instrument. Die Teilinstrumente einer solchen Anlage sind viel leichter zu bauen als ein einziges übergroßes Instrument. Das Licht der sechs Teleskope kann dann entweder durch Hilfsinstrumente, die an jedem der sechs Teleskope angebracht sind, gesammelt werden, indem ein Computer die Einzelsignale überlagert, oder das Licht kann in einem zentralen, allen sechs Teleskopen gemeinsamen, Coudé-Fokus gesammelt werden. Ein solcher gemeinsamer Brennpunkt läßt sich nur in einer kompakten Anlage verwirklichen. Folglich müssen die Teleskope kurz sein und die Kuppeln möglichst klein, damit nicht dem Nachbarinstrument der Blick zum Himmel versperrt wird. In dem hier gezeigten Plan ist der Abstand der Teleskope auf 45 m verringert worden.

Der Plan sieht für dieses Instrument wie für die anderen 25-m-Instrumente Höhen-(Altitude-) (A) und Azimut-Achsen (B) vor. Der Hauptspiegel ist leicht und als Mosaik gebaut (C). Da die Spiegel für den Coudé-Fokus hinter dem Hauptspiegel und auf den Teleskopachsen liegen müssen (D), liegt die Höhenachse (A) auch hinter dem Spiegel. Die Lager sind riesige D-förmige Gebilde (E), die gleichzeitig Gegengewichte darstellen und eine in sich starre und trotzdem leichte Struktur bilden. Die Teleskope können unabhängig voneinander benutzt werden, Zusatzgeräte können leicht aufgestellt werden (F). Es gibt keinen Primärfokus, weil das mit einer leichten Bauweise und einem engen Gehäuse nicht vereinbart werden kann. Diese Anlage ist sehr vielseitig. Jedes Instrument kann einzeln benutzt werden; es ist aber auch möglich, die Teleskope paarweise zu Interferometern zusammenzuschalten, deren Abstand und Ausrichtung abgeändert werden können.

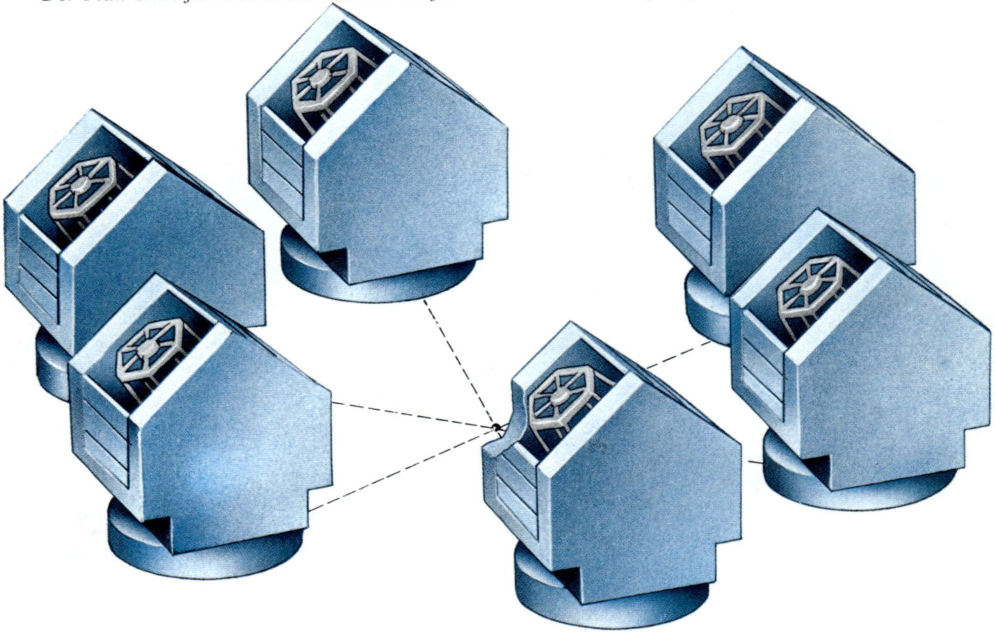

Oben: Die Gehäuse der neuen Teleskope sind nicht die üblichen halbkugelförmigen Kuppeln, die bei den klassischen äquatorial montierten Teleskopen Verwendung finden. Man zieht leichte, enge rechtwinklige Gebäude vor, die sich mit dem Teleskop drehen und viel weniger kosten. Ihr Vorbild, die »Kuppel« des MMT auf Mount Hopkins, hat sich als sehr erfolgreich herausgestellt.

Unten: Die Anlage besteht aus sechs Spiegeln, um das Sternenlicht im Hauptbrennpunkt zu sammeln. Die Spiegel 1 und 2 entwerfen im Cassegrain-Fokus kurz hinter dem Hauptspiegel ein Bild, das dann durch drei weitere Spiegel, 3, 4 und 5, in das Zentrallabor gespiegelt wird (unten), wo ein Spiegel den Lichtstrahl in den endgültigen Brennpunkt in der Mitte der Anlage lenkt.

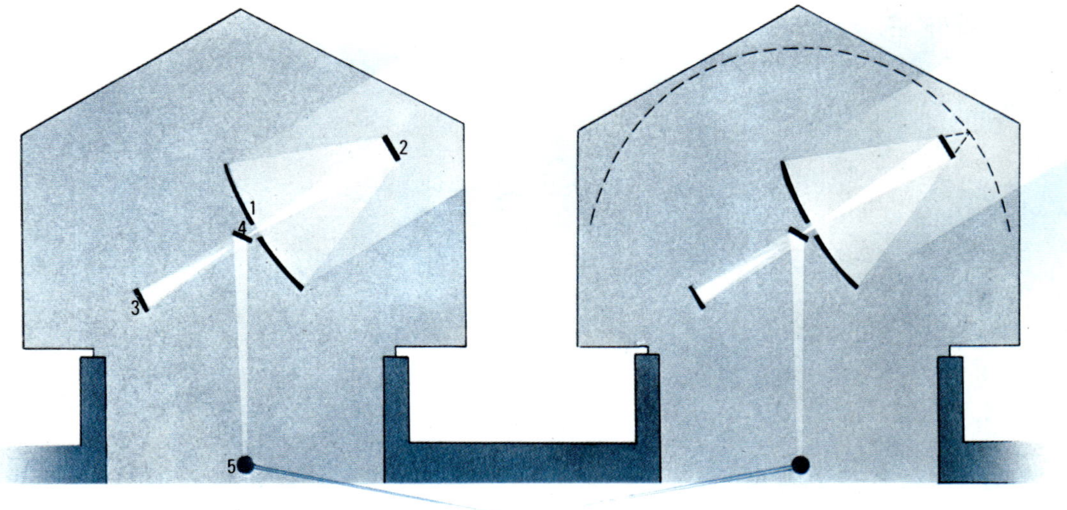

Es ist äußerst schwierig, einen dünnen Spiegel von 10 m Durchmesser herzustellen, zu polieren und zu beschichten. Der Hauptspiegel besteht daher aus einer mittleren Scheibe von 5 oder 6 m Durchmesser und einem oder zwei Kränzen von äußeren Spiegeln.

Ein Teleskopspiegel muß in regelmäßigen Abständen überholt werden. Dazu wird der Spiegel mit Hilfe hydraulischer Winden in den Keller unter dem Gehäuse hinuntergelassen, wo er neu beschichtet werden kann. Dazu hat der Azimut-Träger (B) in der Mitte ein Loch von mehr als 10 m Durchmesser.

gute Aussicht haben, bewilligt zu werden, sind mehrere andere Pläne, eine größere Öffnung zu erhalten, vorgelegt worden. Die ESO hat einen Plan für ein 16-m-Teleskop geprüft, das dem 10-m-Instrument der Kalifornier sehr ähnelt. Die Gruppe des MMT an der Universität von Arizona und die Smithsonian Institution untersuchen die Möglichkeiten eines Instrumentsystems aus acht getrennten 5-m-Teleskopen in einem gemeinsamen Rahmen, das dem MMT ähnelt.

Die Pläne für ein Teleskop mit 25 m Öffnung haben aus diesen Programmen neuen Auftrieb gewonnen. Für das zukünftige Vorgehen werden noch immer drei Programme diskutiert. Das erste ist die steuerbare Schale - ein Teleskop nach Art eines Radioteleskops mit einem Mosaik-Hauptspiegel und einem einfachen Fangspiegel. Das zweite ist ein nochmals vergrößertes Viel-Spiegel-Teleskop, das entweder sechs 10-m- oder acht 8,8-m-Teleskope in einem gemeinsamen Gerüst enthält. Das dritte ist eine Anlage aus sechs 10-m-Teleskopen, deren Ergebnisse elektronisch in einer Zentrale überlagert werden. Alle drei Entwürfe haben einiges gemeinsam - alle verwenden leichte optische Bestandteile, Alt-Azimut-Montierungen und zusammengesetzte Hauptspiegel.

Gegenwärtig ist eine Entscheidung zwischen den drei Entwürfen noch kaum möglich: jeder hat seine Vor- und Nachteile. Die Anlage mit den sechs Teleskopen ist die vielseitigste, aber wegen der Zusatzinstrumente die teuerste. Das vergrößerte MMT hat den Vorteil, schon einen erfolgreichen Prototyp vorweisen zu können, benötigt aber eine sehr große bewegliche Stützstruktur. Die steuerbare Schale benötigt weniger Raum, muß aber größere Toleranzen beinhalten, damit der eine Hauptspiegel eine Auflösung von einer Bogensekunde erreichen kann. Jeder dieser Entwürfe hat seine Fürsprecher. In einem nächsten Schritt müssen die Möglichkeiten eines jeden für die astronomische Forschung geprüft werden und die Kosten abgeschätzt werden.

Ein Modell des 10-m-Teleskops für die Universität von Kalifornien. Fernsteuerung und Alt-Azimut-Montierung haben die »traditionelle« schwere Bauweise überflüssig gemacht. Damit unterscheidet sich das Instrument deutlich von den Geräten der Vergangenheit.

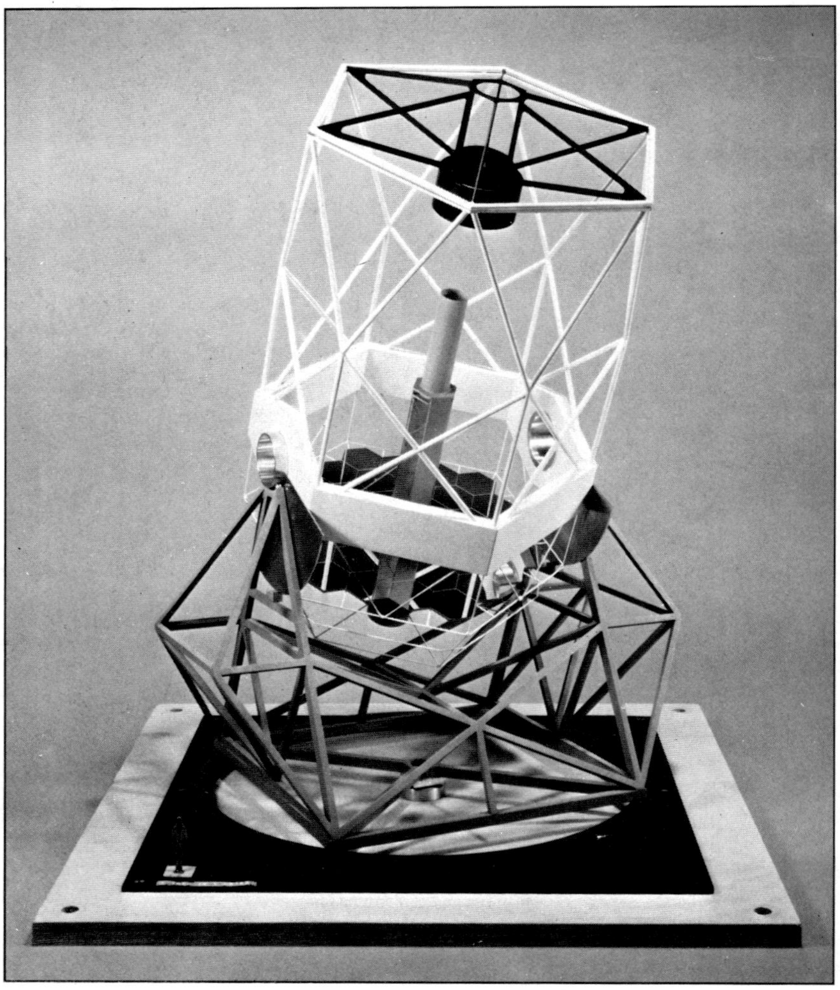

Die erfolgversprechendste Lösung ist vielleicht die Anlage mit den sechs unabhängigen Teleskopen. Ein solches System mit einem halben Dutzend hervorragender Teleskope, die zu einem einzigen Gerät kombiniert werden können, ist vor allem äußerst vielseitig. Die sechs Instrumente könnten ja nicht nur gemeinsam benutzt werden, sondern außerdem auch unabhängig voneinander. Das würde gleichzeitige Beobachtungen verschiedener Art ermöglichen, etwa bei verschiedenen Wellenlängen am selben Objekt oder an verschiedenen Objekten. Das letztere bedeutet, daß Astronomen eine ganze Reihe ähnlicher Objekte mit außerordentlicher Schnelligkeit untersuchen könnten. Es sollte auch möglich sein, die Instrumente paarweise als Speckle-Interferometer einzusetzen. Dies alles sind Vorzüge des Systems mit sechs Teleskopen gegenüber den anderen Entwürfen für ein 25-m-Instrument.

Die Zukunft der Astronomie liegt, das zeigen alle Überlegungen, bei den neuen Riesenteleskopen. Eine ähnliche Entwicklung ist auch in den anderen Naturwissenschaften zu beobachten, wo beispielsweise die Physiker immer größere Beschleuniger fordern und die Meteorologen nach immer größeren und schnelleren Computern rufen, um die Wettervorhersage verbessern zu können.

Die gewaltigen Kosten solcher Riesenmaschinen lassen natürlich die Frage aufkommen, was man von ihnen letzten Endes für einen Nutzen erwarten kann. Oft ist diese Frage nur schwer zu beantworten, da die Grundlagenforschung sich ja eben gerade auf Gebiete vorwagt, wo noch nicht klar ist, ob überhaupt ein Erfolg zu erzielen ist, und wo der Weg von einer möglichen Entdeckung bis zu einer eventuellen Nutzanwendung sehr weit ist.

Hier hilft vielleicht der Blick in die Geschichte weiter, der uns zeigt, daß gerade die großen Anstrengungen in der Forschung fast immer auch zu wichtigen neuen Erkenntnissen geführt haben. Die Geschichte des Teleskops, die in diesem Buch erzählt wurde, ist ein gutes Beispiel dafür.

Diese Hoffnung auf Unerwartetes stellt sicher einen Teil der Rechtfertigung für den Bau eines Riesenteleskops dar - der verglichen mit dem viel gewaltigeren Aufwand, der für die Entwicklung neuer zerstörerischer Waffensysteme getrieben wird, ohnehin mit gutem Gewissen vertreten werden kann.

Glossar

Aberration Die sehr kleine scheinbare Verschiebung eines Sternes gegenüber seiner wirklichen Position am Himmel. Sie wird vorwiegend durch die Bewegung der Erde um die Sonne verursacht; das Licht »hinkt ihr nach« und tritt in einem vom wirklichen Winkel etwas abweichenden in das Teleskop ein.

Absoluter Nullpunkt Die Temperatur, bei der die Materie völlig zur Ruhe kommt. Sie beträgt −273 Grad Celsius bzw. 0 Kelvin.

Absorptionsspektrum Wenn Licht von einem heißen Körper wie der Sonne durch ein kälteres Gas hindurchgeht, absorbieren die Gasatome die Strahlung bei bestimmten Wellenlängen. Im Spektrum findet man eine Reihe dunkler Linien, die für die absorbierenden Gase charakteristisch sind.

Achromatische Linse (Achromat) Wenn Licht durch eine einfache Linse hindurchgeht, wird es in seine Farben zerlegt; diese störende Erscheinung heißt chromatische Aberration. Wenn man zwei Linsen aus verschiedenen Glassorten zusammensetzt, kann die Aberration der einen Linse durch die der anderen Linsen ausgeglichen werden. Eine solche Linse nennt man achromatisch.

Alt-Azimut-Montierung Eine Teleskopmontierung mit einer vertikalen und einer horizontalen Drehachse. Wenn das Teleskop einem Objekt am Himmel nachgeführt werden soll, muß das Fernrohr gleichzeitig um beide Achsen gedreht werden.

Aphel Der Punkt auf der Bahn eines planetarischen Körpers, der der Sonne am fernsten ist.

Äquatorialmontierung Eine Teleskopmontierung, bei der eine Achse (die Polachse) parallel zur Erdachse verläuft. Die Drehung der Erde einmal in 24 Stunden um ihre Achse wird durch die Drehung um die Polachse kompensiert. Das Teleskop weist dann immer zum selben Punkt am Himmel.

Äquinoktialpunkt (oder **Tag- und Nachtgleiche**) Der Punkt, in dem die Sonne den Himmelsäquator überschreitet. Dies geschieht zweimal im Jahr, einmal am 21. März (im Frühlingspunkt) und einmal am 23. September (im Herbstpunkt). Vom 21. März bis zum 23. September ist der Nordpol der Erde der Sonne zugewandt. Auf der Nordhalbkugel sind dann Frühling und Sommer.

Astrolabium Tragbares Visiergerät, das von den ersten arabischen Astronomen vervollkommnet wurde. Mit ihm kann man die Lokalzeit oder die geographische Breite des Beobachters aus der Beobachtung einer Reihe genau vermessener heller Sterne bestimmen.

Astronomische Einheit (AE) Die mittlere Entfernung von Erde und Sonne; sie beträgt etwa 149565800 km.

Auflösungsvermögen Die Fähigkeit eines Teleskops, zwei benachbarte Objekte zu trennen. Im sichtbaren Licht ist die kleinste erreichbare Winkelauflösung 11,8 Bogensekunden dividiert durch den Durchmesser der Linse oder des Spiegels in cm. Das Auflösungsvermögen eines Radioteleskops ist meist weniger gut, kann aber mit Hilfe einer Interferometeranordnung etwas verbessert werden.

Äußere Planeten So werden die Planeten Mars, Jupiter, Saturn, Uranus, Neptun und Pluto genannt, die alle weiter von der Sonne entfernt sind als die Erde.

Azimut Der Winkel in der Horizontebene, der von 0 Grad (Norden) über 90 Grad (Osten) und 180 Grad (Süden) nach 270 Grad (Westen) gezählt wird.

Bandenspektrum Wenn Licht von einem leuchtenden Körper wie der Sonne durch ein sehr kaltes Gas (wie die Erdatmosphäre) hindurchgeht, in dem auch Moleküle vorkommen, werden Teile der Strahlung absorbiert. Im Spektrum treten bei bestimmten Wellenlängen dunkle Liniengruppen, die Banden, auf. Emissionsspektren mit Banden findet man nur bei kühleren Sternen.

Bildverstärker Ein elektronisches Gerät, mit dem die Helligkeit eines optischen Bildes verstärkt werden kann. Das Bild wird auf eine metallische Oberfläche geworfen, auf der entsprechend der Intensität des einfallenden Lichts Elektronen freigesetzt werden; diese Elektronen erzeugen dann auf einem Leuchtschirm ein helleres Bild.

Blauverschiebung (auch Violettverschiebung) Die scheinbare Zusammendrängung der Lichtwellen für einen Beobachter, auf den sich die Lichtquelle mit großer Geschwindigkeit zubewegt. Alle Farben werden zu kürzeren Wellenlängen, also zur blauen Farbe hin verschoben. Die Änderung ist nur dann meßbar, wenn die Geschwindigkeit sehr groß ist. Gewöhnlich wird dieser Effekt durch die Messung bekannter Linien im Spektrum bestimmt.

Bogenminute Ein Maß für den Winkelabstand; sie entspricht 1/60 eines Grades.

Bogensekunde Ein Maß für den Winkelabstand; sie entspricht 1/60 einer Bogenminute oder 1/3600 eines Grades.

Brechung Der Richtungswechsel eines Lichtstrahls, wenn er in einen Stoff anderer Dichte eintritt. Durch die Brechung des Sternenlichts in der Erdatmosphäre erscheint ein Stern ein wenig höher am Himmel zu stehen als in Wirklichkeit. Bei einer Glaslinse wird die Brechung dazu ausgenutzt, das von einem Gegenstand ausgehende Licht zu sammeln und ein Bild zu erzeugen.

Breite Die in Grad gemessene Entfernung eines Punktes auf der Oberfläche eines Planeten vom Äquator zum Nord- bzw. Südpol hin.

Brennpunkt Der Ort, an dem die von einer Linse oder einem Spiegel gesammelten Strahlen zusammentreffen und ein Bild des Objekts entwerfen.

Brennweite Der Abstand zwischen der Linse oder dem Spiegel und dem Bild, das sie von einem unendlich weit entfernten Gegenstand entwerfen.

Cassegrain-Teleskop Ein Entwurf für ein Spiegelteleskop, der 1672 veröffentlicht wurde; bei ihm wird das von einem großen konkaven Spiegel gesammelte Licht von einem viel kleineren konvexen Spiegel im Brennpunkt gesammelt und dabei gewöhnlich durch ein Loch in der Mitte des großen Spiegels geworfen. Die meisten großen modernen Instrumente verwenden modifizierte Cassegrain-Systeme.

Cepheiden Eine wichtige Gruppe sehr heller pulsierender Sterne, die ihre Leuchtkraft in regelmäßigen Abständen verändern. Die Periode hängt mit der mittleren Leuchtkraft zusammen. Durch die Bestimmung der Periode (gewöhnlich wenige Tage) kann so die Leuchtkraft des Sterns berechnet und seine Entfernung von der Erde aus seiner scheinbaren Helligkeit abgeleitet werden.

Chromatische Aberration Wie stark Licht beim Durchgang durch eine Linse oder ein Prisma abgelenkt wird, hängt von der Wellenlänge des Lichts ab. Kurzwelliges Licht wird stärker gebrochen als langwelliges. Eine einfache Linse liefert deshalb ein farbiges Bild; diese (unerwünschte) Erscheinung nennt man chromatische Aberration. Durch die Verwendung von zwei oder drei Linsen (einem Achromat) kann dieser Farbeffekt verringert werden.

Coudé-Teleskop Ein Teleskop, bei dem ein oder mehrere flache Spiegel das Bild an einen Ort projizieren, wo es bequem beobachtet werden kann und unabhängig von der Einstellung des Teleskops stets an der gleichen Stelle steht.

Deklination Das himmlische Äquivalent zur geographischen Breite: die Lage eines Himmelsobjekts in Graden nördlich bzw. südlich des Himmelsäquators.

Doppelstern Zwei Sterne, die am Himmel nah beieinander liegen. Das kann nur für uns so aussehen, es können aber auch physische Doppelsterne sein, die durch die Schwerkraft ein Doppelsternsystem bilden. Für das bloße Auge müssen Doppelsterne mehrere Bogenminuten auseinander sein, während ein Teleskop noch Doppelsterne auflösen kann, die weniger als eine Bogensekunde Abstand haben. Eine genaue Definition fehlt daher. Man nimmt an, daß etwa ein Viertel aller Sterne in unserem Milchstraßensystem physische Doppelsterne oder sogar Mehrfachsterne sind.

Dopplereffekt Die scheinbare Veränderung der Wellenlänge der Strahlung, die von einem Objekt ausgeht, das sich entweder auf den Beobachter zu oder von ihm weg bewegt. Er tritt bei Schall- und Lichtwellen auf. Wenn die Quelle sich nähert, verkleinert sich die Wellenlänge. Wenn die Quelle sich entfernt, wird die Wellenlänge größer.

Durchgang (oder **Vorübergang**) Scheinbare Bewegung eines Himmelskörpers über einen andern hinweg, z.B. der Venus über die Sonne.

Eigenbewegung Die Verschiebung der Sterne gegenüber dem »festen« Himmelshintergrund. Obwohl alle Sterne sich mit Geschwindigkeiten von mehreren Kilometern in der Sekunde im Raum bewegen, sind sie so weit entfernt, daß nur von etwa 300000 die Eigenbewegung bestimmt werden konnte. Der Stern mit der größten Eigenbewegung, gleichzeitig der zweitnächste Stern, steht im Sternbild des Schlangenträgers (Ophiuchus) und ist unter dem Namen Barnards Pfeilstern bekannt. Er bewegt sich mit einer Geschwindigkeit von 10,3 Bogensekunden im Jahr und würde also den Durchmesser des Mondes in etwa 180 Jahren überstreichen.

Ekliptik Die scheinbare Bahn, die die Sonne im Laufe eines Jahres am Himmel beschreibt. Da die Bahnen der meisten größeren Planeten gegenüber der Erdbahn nur um wenige Grad geneigt sind, entfernen sie sich nur wenige Grad von der Ekliptik und bleiben in einem Band, das Tierkreis genannt wird.

Elektromagnetische Strahlung Die Ausbreitung von Energie durch den Raum in elektromagnetischen Wellen. Die Strahlung wird entsprechend ihrer Wellenlänge klassifiziert. Elektromagnetische Strahlung kann auch als Strom von Teilchen, den Photonen, beschrieben werden.

Elektron Leichtes, negativ geladenes Elementarteilchen. Elektronen bilden die Hüllen der Atome.

Element Eine der 92 natürlich vorkommenden Atomarten, aus denen sich alle bekannte Materie zusammensetzt. Das bei weitem häufigste Element im Weltall ist Wasserstoff.

Emissionsspektrum Stark erhitzte verdünnte Gase senden Strahlung nur in ganz bestimmten Wellenlängen aus. In einem Spektrum zeigen sich bei den entsprechenden Wellenlängen helle Linien.

Finsternis Durchgang eines Körpers durch den Schatten eines anderen (wie die Verfinsterung des Mondes im Erdschatten); oder die völlige oder teilweise Abdeckung der Sonne durch den Mond.

Fixsterne Dieser Ausdruck wird zur Unterscheidung der Planeten (die am Himmel eine starke Eigenbewegung vollführen) von den Sternen benutzt, die in bezug zueinander unbeweglich zu sein scheinen.

Flares Heftige Eruptionen aus einem kleinen Teil der Sonnenoberfläche, die oft mit der Entwicklung einer Gruppe von Sonnenflecken zusammenhängen und gewöhnlich nur wenige Minuten andauern.

Flash-Spektrum Zu Beginn und am Ende einer totalen Sonnenfinsternis wird die innere Atmosphäre der Sonne, die Chromosphäre, am Rand des Mondes sichtbar, während die Sonnenoberfläche noch verdeckt ist. Da die Chromosphäre nur Licht bestimmter diskreter Wellenlängen aussendet, besteht das Spektrum aus einer Anzahl heller Linien.

Fraunhofer-Linien Im Spektrum der Sonnenstrahlung sieht man eine große Anzahl dunkler Linien. Jede Linie entsteht durch die Absorption durch bestimmte Atome der Sonnenatmosphäre und der Erdatmosphäre.

Galaxis oder **Milchstraßensystem** Eine Ansammlung von Sternen und von Materie (Gas, Staub), aus der Sterne erzeugt werden können. Die Galaxien haben sich wahrscheinlich schon bald nach der Entstehung des Weltalls gebildet. Das Milchstraßensystem, zu dem die Sonne gehört, ist mit seinem Durchmesser von etwa 25000 Parsec und einer Sternbevölkerung in der Größenordnung von 100000 Millionen Sternen ein typisches Beispiel für eine spiralförmige Galaxis.

Geozentrisches Weltbild Die alte Vorstellung vom Bau des Weltalls mit der Erde im Mittelpunkt.

Gesichtsfeld Der Himmelsausschnitt, der durch ein Teleskop gesehen oder mit einer Kamera photographiert werden kann.

Gregorysches Teleskop Ein Teleskop nach dem Entwurf von James Gregory aus dem Jahr 1663. Das Licht wird von einem großen konkaven Spiegel gesammelt und von einem viel kleineren konkaven Spiegel reflektiert, wobei es meistens durch ein Loch in der Mitte des großen Spiegels fällt. Das Gregorysche Spiegelteleskop liefert ein aufrechtes Bild und war früher sehr beliebt. In der Astronomie ist es veraltet, weil die große Rohrlänge sich gegenüber dem Cassegrain-Teleskop als ein Nachteil erweist.

Größenklasse Ein Maß für die Helligkeit (und nicht die Größe!) eines Himmelsobjekts. Die Größenklassen sind so eingeteilt, daß fünf Größenklassen einer Helligkeitsänderung von 100 entsprechen, eine Größenklasse entspricht also etwa einer Helligkeitsveränderung von 2,5 (der fünften Wurzel aus 100).

Hauptreihe So wird die Klasse relativ stabiler Sterne genannt, zu der die Mehrzahl der Sterne der Milchstraße gehören. Innerhalb der Hauptreihe besteht eine feste Beziehung zwischen Leuchtkraft, Temperatur und Masse. Die Hauptreihe erstreckt sich von roten Zwergen mit weniger als einem Tausendstel der Leuchtkraft der Sonne zu den blauweißen Sternen, die mehr als tausendmal so hell sind wie die Sonne.

Heliometer Ein Gerät, mit dem im 18. und 19. Jahrhundert der Winkel zwischen zwei eng benachbarten Objekten am Himmel gemessen wurde. Die Teleskoplinse besteht aus zwei Halb-Linsen, von denen jede ein Bild erzeugt. Eine Halblinse wird nun so lange verschoben, bis das Bild des einen Objekts von der ersten Linse mit dem Bild des anderen Objekts von der zweiten Linse zusammenfällt. Der Betrag, um den die Linse verschoben werden muß, ist ein Maß für den Winkel.

Heliostat Ein einfacher flacher Spiegel, der von einem Motor so bewegt wird, daß er immer denselben Himmelspunkt in ein feststehendes Teleskop wirft. Es wurde ursprünglich für die Sonnenbeobachtung vor allem bei Sonnenfinsternissen entwickelt.

Heliozentrisch (wörtlich: mit der Sonne im Mittelpunkt) Die von Copernicus wieder aufgegriffene und durchgesetzte Theorie, daß die Erde und die anderen Planeten die Sonne umkreisen.

Hertzsprung-Russell-Diagramm Eine Darstellung, auf der die wahre Leuchtkraft von Sternen in Abhängigkeit von ihrer Oberflächentemperatur oder Farbe aufgetragen ist. Die Punkte, die die Sterne darstellen, häufen sich in ganz bestimmten voneinander getrennten Gebieten des Diagramms. Die meisten liegen um eine Diagonale, die von den sehr heißen weißblauen Sternen zu den weniger heißen roten Zwergen führt (die Hauptreihe), aber man findet auch einige stark leuchtende, weniger heiße Sterne (rote Riesen) und einige sehr heiße, schwache Sterne (weiße Zwerge) und andere Untergruppen.

Himmelsäquator Die Projektion der Äquatorebene der Erde auf den Himmel.

Himmelskugel Die imaginäre Kugel, auf der Sterne und andere Himmelsobjekte zu liegen scheinen; auf ihr denkt man sich Breiten- und Längenkreise aufgezeichnet. Sie scheint sich einmal am Tag um die Erde zu drehen.

Himmelspol Die Projektion der Nord-Süd-Achse der Erde auf den Himmel. Alle Himmelsobjekte scheinen sich einmal am Tag um diese Pole zu drehen. Der Polarstern liegt sehr nah am nördlichen Himmelspol.

Infrarotstrahlung So heißt die elektromagnetische unsichtbare Strahlung jenseits des roten Endes des Lichtspektrums mit Wellenlängen im Bereich von 0,001 – 1 mm. Infrarote Strahlung wird von den kühleren Körpern des Universums ausgesendet, etwa von jungen Sternen, die gerade aus Wolken interstellarer Materie entstehen.

Innere Planeten So werden die Planeten Merkur und Venus genannt, deren Bahnradien kleiner sind als die der Erde.

Intensitätsinterferometer Ein Gerät zur Messung der Größe von Himmelsobjekten oder deren Abständen. Die Intensitätsschwankungen der Sternabbilder von zwei verschiedenen Teleskopen werden überlagert. Die Übereinstimmung ist umso größer, je kleiner die Quelle ist.

Interferometer Ein Gerät zur Bestimmung der Entfernung zwischen benachbarten Strahlungsquellen oder zur Bestimmung der Größe einer einzigen kleinen Quelle. Die Strahlung des Himmelskörpers wird dazu von zwei weit voneinander entfernten Empfängern eingefangen und überlagert; mit Hilfe des entstehenden Musters kann der Abstand der Quellen oder ihre Größe berechnet werden. Die Auflösung wird umso besser je weiter die Empfänger voneinander entfernt sind.

Interplanetare Materie Kleinste Staubteilchen, meist Kohlenstoff, Silizium oder Eisen, die den interplanetarischen Raum durchziehen und auch in die Erdatmosphäre eindringen.

Interstellare Materie Die Materie, die zwischen den Sternen verteilt ist. Sie besteht im wesentlichen aus Wasserstoffatomen, aber man findet auch Wasserstoff- und Kohlenstoffverbindungen.

Ionisation Im Grundzustand enthält ein Atom gleich viel Elektronen (negativ geladene Teilchen) wie Protonen (Teilchen mit einer gleichgroßen aber positiven Ladung). Durch Energiezufuhr oder Wechselwirkung mit anderen Atomen können Elektronen abgetrennt oder eingefangen werden. Das Atom ist dann ionisiert; in diesem Zustand sind die elektrischen Ladungen des Atoms nicht mehr neutralisiert.

Ionosphäre Die Schicht der Erdatmosphäre in einer Höhe von etwa 75–350 km, in der die Atome durch energiereiche Sonnenstrahlung (besonders UV-Strahlung) ionisiert sind. Diese Schicht reflektiert wie ein Spiegel kurzwellige Radiosignale und kann durch heftige Sonnenausbrüche gestört werden.

Keplersches Fernrohr Kepler schlug 1611 vor, statt einer konkaven Linse eine konvexe Linse als Okular zu benutzen. Obwohl das Bild dann nicht aufrecht, sondern auf dem Kopf steht, hat sein Fernrohr den Vorteil, daß es ein viel größeres Gesichtsfeld hat.

Kollektorplatte Die letzte einer Reihe von Platten in einem Photovervielfacher, die die in einem Kaskadenprozeß erzeugten Elektronen auffängt. Man mißt den in der Kollektorplatte erzeugten elektrischen Strom.

Komet Ein diffuser Körper mit sehr wenig Masse (er entspricht einem festen Körper mit nur wenigen Kilometern Durchmesser oder weniger), der hauptsächlich aus Eis, Staub und Gestein besteht. Alle Kometen gehören zum Sonnensystem. Die periodischen Kometen haben sehr exzentrische Bahnen. In Sonnennähe bildet sich ein Schweif aus Gas oder Staub. Nur wenige Kometen können mit dem bloßen Auge beobachtet werden.

Korona Die äußere Atmosphäre der Sonne, die für das Auge nur sichtbar wird, wenn der Mond bei einer totalen Sonnenfinsternis die Sonnenscheibe verdeckt. Sie besteht aus ionisierten Atomen von Sauerstoff, Stickstoff, Eisen und anderen Metallen und hat eine Temperatur, die viel höher ist als die der Sonnenoberfläche. Ihre Form ändert sich mit dem Sonnenflecken-Zyklus.

Koronograph Ein von Bernard Lyot am Pic du Midi-Observatorium in den Pyrenäen nach 1930 entwickeltes Gerät. Mit ihm kann die helle innere Korona der Sonne unabhängig von Sonnenfinsternissen beobachtet werden, weil jedes Streulicht im Teleskop sorgfältig ausgeschaltet wird.

Kugelhaufen Eine Ansammlung von Hunderttausenden von Sternen mit Abständen von 30 Parsec, die eine Art Halo um die Galaxis bilden. Die Haufen enthalten Sterne der Population II; das sind ältere Sterne, denen ähnlich, wie sie in der Nähe des Kerns einer Spiralgalaxis gefunden werden. Kugelhaufen unterscheiden sich von den »offenen« Sternhaufen, den Bewegungssternhaufen und den sogenannnten Sternassoziationen, die oft auch jüngere Sterne enthalten.

Länge Die in Grad gemessene Entfernung eines Punktes auf der Oberfläche eines Planeten, längs eines Breitenkreises von dem willkürlich gewählten Nullmeridian. Als Nullmeridian auf der Erde wurde der Meridian durch Greenwich in England definiert.

Lichtelektrischer Effekt (auch Photoeffekt) Die Aussendung von Elektronen aus bestimmten Metalloberflächen beim Einfall von Licht. Man kann so die Intensität des auf das Metall auftreffenden Lichts bestimmen, indem man den entstehenden Strom mißt.

Lichtjahr Ein Längenmaß, das der Entfernung entspricht, die das Licht in einem Jahr bei einer Geschwindigkeit von 299792 km pro Sekunde zurücklegt. 1 Lichtjahr entspricht etwa 9500000000000 km oder 0,31 Parsec.

Linienspektrum Das Linienmuster, das man im Spektrum von Licht findet, wenn Licht von einem Gas ausgestrahlt wird oder durch ein Gas hindurchgeht.

Luftglühen (auch Himmelsleuchten) Ein sehr schwaches Leuchten des Nachthimmels, das vor allem von Sauerstoffatomen erzeugt wird, die Lichtenergie abgeben, wenn sie sich wieder zu Molekülen vereinigen, nachdem sie während des Tages durch die Sonnenenergie getrennt worden waren.

Mauerbogen Ein Gerät zur Bestimmung der Sternpositionen. Ein Kreisbogen mit Gradeinteilung, der von einem Viertelkreis (Mauerquadrant) bis zum Vollkreis reichen konnte, wurde an einer in Nord-Süd-Richtung ausgerichteten Mauer montiert, so daß der Augenblick, in dem ein Stern den Meridian passiert, und auch seine Höhe in diesem Moment genau bestimmt werden konnten.

Meridian Die Linie durch einen Ort vom Nordpol zum Südpol. Ihr Abstand in Grad vom Meridian durch Greenwich ist die geographische Länge. Das Wort bezeichnet auch die Projektion dieser Linie auf den Himmel.

Meridiankreis Ein Teleskop, das nur in der Nord-Süd Ebene bewegt werden kann. Mit seiner Hilfe kann die Zeit des Durchgangs eines Himmelskörpers durch den Meridian genau bestimmt werden. Der Meridiankreis ersetzte den älteren Mauerbogen und wird jetzt meist durch das Zenitteleskop ersetzt, das die Zeit bestimmt, zu der ein Stern im Zenitbereich durch den Meridian geht.

Meteor Die kurze Lichterscheinung, die zu sehen ist, wenn ein Meteoroit (ein interplanetarischer Körper, der gewöhnlich nur wenige Millimeter Durchmesser hat) mit einer Geschwindigkeit von etwa 50 km in der Sekunde in die Erdatmospäre eintritt und verdampft (auch als Sternschnuppe bezeichnet).

Meteorit Ein interplanetarischer Körper, der in die Erdatmosphäre eindringt und dessen Reste manchmal die Oberfläche der Erde erreichen. Er kann aus Metallen oder Gestein oder beidem bestehen.

Milchstraße So heißt das schwach leuchtende unregelmäßige Lichtband, das den Nachthimmel zu umspannen scheint. Es besteht aus dem Licht unzähliger Sterne in den benachbarten Armen unserer Galaxis. Es erscheint so fleckig, weil Ansammlungen nichtleuchtender Materie manche Teile verdunkeln.

Mondfinsternis Die teilweise oder völlige Verfinsterung des Mondes durch den Erdschatten. Sie kann nur bei Vollmond auftreten, tritt aber nicht bei jedem Vollmond auf, da der Mond auch genau in der Ebene der Erdbahn stehen muß.

Nebel Eine interstellare Wolke, die hauptsächlich aus Wasserstoff besteht, aber auch kleine Mengen anderer Elemente enthält. Kalte Nebel können als Dunkelwolken erscheinen, wenn sie Sterne verdecken, aber auch hell, wenn sie das Licht benachbarter Sterne reflektieren. Emissionsnebel leuchten selbst, wenn ihre Atome durch benachbarte sehr heiße Sterne angeregt werden; das trifft auch für die planetarischen Nebel zu; sie sind Gashüllen, die bei einer Supernova-Explosion von massereichen Sternen abgestoßen wurden. Der Name rührt davon her, daß sie im Fernrohr wie Planeten aussehen.

Neutron Ein Elementarteilchen ohne elektrische Ladung. Neutronen bilden zusammen mit Protonen die Atomkerne.

Neutronenstern Der Überrest eines massereichen Sterns, der bei einer Supernova-Explosion zerstört wurde und in sich zusammengefallen ist. Dieser Kollaps geschieht unter dem Einfluß der Schwerkraft. Die Kernmaterie wird dabei bis auf Dichten von etwa 200000 Tonnen pro Kubikmillimeter zusammengepreßt. Man glaubt, daß der Stern in der Mitte des berühmten Krebsnebels ein Neutronenstern ist, ein Überrest der im Jahre 1054 beobachteten Supernova-Explosion.

Newtonsches Teleskop Das erste brauchbare Spiegelteleskop wurde 1671 von Isaak Newton konstruiert. Das von einem großen konkaven Spiegel reflektierte Licht wird von einem kleinen flachen schrägstehenden Spiegel seitlich aus dem Rohr gespiegelt. Newtons System wird heute noch von Amateuren benutzt.

Nova Ein heftiger Ausbruch eines Sterns. Möglicherweise wird er durch die Massen eines relativ kalten Partners eines Sternpaares ausgelöst, wenn diese auf die Oberfläche seines viel heißeren Partners auftreffen. Diese Zufuhr nuklearen Brennstoffs führt dazu, daß die äußere Hülle des Sternes weggeschleudert wird und die Gesamthelligkeit, wie sie von der Erde aus erscheint, sich in ein oder zwei Tagen bis zum 10000fachen vergrößert. Diese große Helligkeit bleibt gewöhnlich nur wenige Tage lang erhalten; danach wird die Nova lichtschwächer und kehrt nach und nach zu ihrer ursprünglichen Helligkeit zurück.

Nutation Eine Nickbewegung der Erdachse mit einer Periode von knapp 19 Jahren. Sie wird durch die verschiedene Stellung des Mondes gegenüber der Ebene der Erdbahn hervorgerufen.

Öffnung Der wirksame Durchmesser der Hauptlinse oder des Hauptspiegels in einem Teleskop.

Parallaxe Die scheinbare Verschiebung der Position eines nahen Gegenstands in bezug auf den entfernten Hintergrund, wenn sich der Ort des Beobachters ändert. Die ersten Messungen von Sternentfernungen wurden 1838 gemacht, indem man die Position eines Sternes in bezug auf die als unendlich fern angenommenen Hintergrundsterne im Abstand von einem halben Jahr maß, dabei also die Durchmesser der Erdbahn als eine Grundlinie benutzte.

Parsec Eine gebräuchliche astronomische Entfernungseinheit. Sie entspricht der Entfernung, aus der die Erdbahn (die Astronomische Einheit) unter einem Winkel von einer Bogensekunde erscheinen würde. Ein Parsec beträgt 30857000000000 km oder 3,26 Lichtjahre.

Perihel Der Punkt auf der Bahn eines planetarischen Körpers, der der Sonne am nächsten ist.

Phase Die Lichtgestalt z.B. des Mondes. Phasen entstehen dadurch, daß eine einseitig beleuchtete Kugel unter verschiedenen Blickwinkeln betrachtet wird. Auch bei den inneren Planeten sind Phasen zu erkennen.

Photoheliograph Ein Teleskop, das ausschließlich zur Sonnenphotographie entwikkelt wurde.

Photokathode Eine Metallplatte in einer luftleeren Röhre, auf der Elektronen freigesetzt werden, wenn Licht darauf fällt.

Photometer Ein Gerät, das visuell, photographisch oder elektronisch die Lichtintensität mißt.

Photon Elementarteilchen, aus dem die elektromagnetische Strahlung (also auch das Licht) besteht.

Photovervielfacher Ein hochempfindlicher Lichtdetektor und -verstärker. Elektronen, die auf einer Metallplatte, auf die das Licht fällt (der Photokathode), freigesetzt werden, lösen dann kaskadenartig Elektronen auf anderen Platten aus. Dabei können die Effekte bis zum Millionenfachen verstärkt werden.

Planet Ein nicht selbst leuchtender Körper mit relativ geringer Masse, der einen Stern umläuft.

Planetoid (auch Asteroid oder Kleinplanet) Kleine Planeten, die vorwiegend zwischen Mars und Jupiter die Sonne umlaufen.

Präzession Die sehr langsame Schwankung der Erdachse mit einer Periode von 25700 Jahren. Sie wird durch die ungleichmäßige Gravitationsanziehung von Sonne und Mond auf die Äquatorialwölbung der abgeplatteten Erde hervorgerufen.

Primärspiegel In einem Spiegelteleskop der große Konkavspiegel, der das Licht von einem Objekt reflektiert und das erste Primärbild erzeugt.

Proton Ein Elementarteilchen mit positiver elektrischer Ladung.

Protuberanz Ein Ausbruch glühender Wasserstoffs von der Sonne, der gewöhnlich von hoher Sonnenfleckaktivität begleitet wird. Solche Ausbrüche können einige Tage dauern, während in anderen Geschwindigkeiten von mehreren 100 Kilometern in der Sekunde gemessen werden und sie sich als Ganzes von der Sonne ablösen können.

Pulsar Ein Stern, der in regelmäßigen Abständen im Sekundenbereich Licht und Radiostrahlung aussendet. Man glaubt, daß es sich um schnell rotierende Neutronensterne handelt, deren Durchmesser nur noch wenige Kilometer beträgt.

Quadrant Eine Gruppe von frühen Instrumenten aus der Zeit vor der Erfindung des Teleskops, mit denen die Positionen von Sternen und Planeten bestimmt werden können. Der Hauptbestandteil ist ein Viertelkreis mit Gradeinteilung. Er war entweder fest montiert oder für den Gebrauch auf See auch tragbar.

Quasar Ein »Quasi-Stern« oder »Quasistellares Objekt« (QSO). Eine außergalaktische Energiequelle von gewaltiger Stärke, die dabei relativ klein ist. Hinweise auf ihre enorme Entfernung ergeben sich aus ihrer scheinbaren Fluchtgeschwindigkeit; sie läßt vermuten, daß einige Quasare nah an der Grenze des beobachtbaren Weltalls sind.

Radioastronomie Die Untersuchung von Himmelsobjekten im Wellenlängenbereich von einigen Millimetern bis zu Hunderten von Metern. Eine der wichtigsten Wellenlängen, bei der Radioastronomen arbeiten, ist der 21-cm-Bereich, wo eine Wasserstoff-Emissionslinie liegt. Viele wichtige Objekte, die im sichtbaren Licht schwach oder unauffindbar sind, sind starke Radiosender.

Reflektor Ein sehr allgemeiner Name für ein Fernrohr, das mit Hilfe eines Spiegels ein Bild erzeugt. Im klassischen Reflektor oder Spiegelfernrohr (dem Newtonschen) wird das Bild von einem einzigen konkaven Spiegel erzeugt. Große moderne Reflektoren benutzen gewöhnlich zwei gekrümmte Spiegel, einen konkaven und einen konvexen, in einer von Cassegrain erdachten Anordnung. Zusätzliche ebene Spiegel können hinzugefügt werden, um den Strahl in eine für die Beobachtung geeignete Position zu bringen. Die Vorteile des Reflektors gegenüber dem Refraktor (der sein Bild mit Hilfe von Linsen erzeugt) sind seine Kompaktheit und daß das entstehende Bild von allen Farbfehlern frei ist.

Reflexion Das Zurückwerfen einer elektromagnetischen Welle. Die Reflexion elektromagnetischer Strahlung ist von der Wellenlänge abhängig. Licht wird z.B. von Spiegeln gut reflektiert und Radiowellen von Metallflächen.

Reflex-Zenitteleskop Ein Teleskop, das speziell zur Beobachtung von Sternen genau im Zenit über dem Beobachter entwickelt wurde, wo die Störungen durch die Atmosphäre besonders klein sind. Das Bild des Sterns wird dabei durch einen völlig horizontalen Quecksilbersee reflektiert.

Refraktor Ein Fernrohr, bei dem das Primärbild durch die Brechung an der Hauptlinse oder Objektivlinse zustandekommt. In der Astronomie sind Refraktoren oder Linsenteleskope seit ihrer Erfindung 1608 nie außer Gebrauch gekommen, wenn auch praktisch alle modernen großen Instrumente Spiegelteleskope sind.

Rektaszension Das himmlische Äquivalent zur geographischen Länge. Sie wird in Grad entlang dem Himmelsäquator gemessen, wobei der Nullpunkt im Frühlingspunkt liegt. Man gibt sie auch in Stunden an, wobei 24 Stunden 360 Grad entsprechen. Der Nullpunkt liegt heute im Sternbild Fische, aber im Zeichen des Widders. Seit die ersten Sternbilder von arabischen Astronomen im frühen Mittelalter bezeichnet wurden, haben sie sich allmählich verschoben.

Retrograde oder rückläufige Bewegung Eine schleifenförmige Bahnbewegung in einer Richtung, die der vorherrschenden scheinbaren Bewegung der großen Planeten am Himmel entgegengesetzt ist.

Ritchey-Chrétien-Teleskop Eine Abänderung des ursprünglichen Cassegrain-Entwurfs eines Reflektors. Es hat einen großen konkaven Primärspiegel und einen viel kleineren konvexen Sekundärspiegel. Nach dem Entwurf von Ritchey und Chrétien werden beide Spiegel in bestimmter Weise hyperbolisch geschliffen; dadurch kann das Teleskop ein größeres Gebiet des Himmels mit großer Genauigkeit abbilden.

Röntgenstrahlen Sehr energiereiche elektromagnetische Strahlung, deren Wellenlänge im Bereich von einem Hunderttausendstel bis zu einem Milliardstel Millimeter liegt. Röntgenstrahlen können die Erdatmosphäre nicht durchdringen, und astronomische Quellen, die solche Strahlung aussenden (eine Supernova zum Beispiel), müssen von Instrumenten an Ballonen oder in Satelliten beobachtet werden.

Rote Riesen Die Phase, die ein Stern durchlebt, wenn er seinen Wasserstoffvorrat mit Hilfe von Kernreaktionen in Helium umgewandelt hat. Seine äußere Hülle dehnt sich aus und wächst zu einem Durchmesser von zehn oder hundert Millionen Kilometer an. Folglich nimmt seine Dichte stark ab, und die Temperatur fällt, so daß seine Farbe viel roter wird. Die beginnenden Helium-Reaktionen können im Kern soviel Energie freisetzen, daß die Schale sich im sogenannten »Helium-Blitz« aufbläht.

Rotverschiebung Die scheinbare Dehnung der Lichtwellen für einen Beobachter, von dem sich die Lichtquelle mit großer Geschwindigkeit entfernt. Die Farbe des Lichts verschiebt sich zu größeren Wellenlängen hin, also zum Rot. Die Rotverschiebung des Lichts entfernter Galaxien gab die ersten Hinweise darauf, daß das Weltall sich ausdehnt.

Scheinbare Größe Ein Maß für die Helligkeit eines Sterns, wie er von der Erde aus erscheint (siehe Größe). Die schwächsten mit bloßem Auge sichtbaren Sterne gehören etwa zur sechsten Größenklasse; die größten Teleskope können noch Sterne der 25. Größenklasse wahrnehmen.

Schmidt-Spiegel Ein weitverbreitetes astronomisches Instrument, meist mit einer Kamera, mit dem große Gebiete des Himmels (mit einem Durchmesser bis zu 50 Grad) auf einer einzigen Platte aufgenommen werden können. Das Photo wird direkt im Brennpunkt eines kugelförmig gekrümmten Konkavspiegels gemacht, dessen Abbildungsfehler durch eine dünne optische Linse am oberen Ende der Röhre korrigiert wird. Der größte Schmidt-Spiegel der Welt ist der 2-m-Spiegel in Tautenburg, DDR.

Schwarzes Loch Die Bezeichnung für einen theoretisch denkbaren massereichen Körper, der dichter zusammengepreßt ist als die Materie im Inneren eines Atomkerns. Dann kann keine Strahlung mehr entweichen, der Körper ist also auch unsichtbar, übt aber weiter seine Gravitationswirkung aus.

Seeing Ein Ausdruck aus dem Englischen, mit dem die störenden Einflüsse der Turbulenz in der Atmosphäre auf die Beobachtung beschrieben werden.

Sekundärspiegel Der kleinere der beiden gekrümmten Spiegel, wie sie in Spiegelteleskopen nach Cassegrain benutzt werden. Seine Aufgabe ist es nicht, Licht einzufangen (dies geschieht mit dem größeren Primärspiegel), sondern es in geeigneter Weise neu zu bündeln und damit die Bildqualität zu verbessern.

Sextant Ein Bogen von 60 Grad mit Gradeinteilung, der ursprünglich von Astronomen wie Tycho Brahe und Flamsteed benutzt wurde, um die Position eines Sternes relativ zu einem anderen zu bestimmen. In veränderter und kompakter Form werden Sextanten in der Seefahrt zur Messung der Höhe von Himmelsobjekten verwendet.

Sonnenfinsternis Der Vorübergang des Mondes vor der Sonnenscheibe, der bei Neumond vorkommt, wenn der Mond in der Ebene der Erdbahn liegt. Teilfinsternisse können von großen Teilen der Erdoberfläche aus beobachtet werden, eine totale Sonnenfinsternis tritt aber nur in einem Streifen auf, der selten breiter ist als 200 km. Die vollständige Finsternis dauert maximal acht Minuten, totale Sonnenfinsternisse treten in der Regel zweimal jährlich irgendwo auf der Erde auf.

Sonnenfleck Ein kälteres Gebiet auf der Sonnenoberfläche, das im Vergleich zur übrigen Sonne dunkel erscheint, obwohl es Temperaturen um 4300 Grad Celsius hat. Die Abkühlung kommt dadurch zustande, daß Oberflächenmaterial im Zentrum eines starken Magnetfeldes an Energie verliert. Die Sonnenfleckenhäufigkeit ändert sich mit einer Periode von etwa elf Jahren.

Sonnensystem Die Sonne mit den Planeten und deren Monden. Während man das Sonnensystem für ungewöhnlich oder sogar einmalig hielt, haben wir jetzt immer mehr Anzeichen, daß Planetensysteme um Sterne eine ganz gewöhnliche Erscheinung sind, wobei sich die Sterne und die Planeten ursprünglich gleichzeitig aus derselben Materiewolke gebildet haben.

Sonnenwende Der Augenblick, in dem der Nord- bzw. Südpol der Erde im größtmöglichen Winkel zur Sonne geneigt ist (am 21. Juni ist für die Nordhalbkugel Sommersonnwende, am 22. Dezember Wintersonnwende).

Speckle-Interferometrie Eine Technik, bei der das wahre Bild eines Sternes durch die Überlagerung mehrerer Photos mit sehr kurzer Belichtungsdauer rekonstruiert wird. Der Name erklärt sich aus den gefleckten Sternabbildern (engl. Speckle = Fleck).

Spektrograph Ein Instrument, mit dem Licht analysiert und aufgezeichnet werden kann. Dazu wird das Licht in ein Spektrum zerlegt und die hellen oder dunklen Linien vermessen, die das Vorhandensein bestimmter Elemente oder Moleküle anzeigen.

Spektroheliograph Ein Instrument, mit dem die Sonne bei einer bestimmten Wellenlänge photographiert wird, die z. B. der Linie eines bestimmten Elements entspricht, etwa der Wasserstoff- oder Kalziumlinie. Dieses Gerät ist heute von modernen Filtern weitgehend verdrängt worden.

Spektrometer Ein Gerät zur Messung der Wellenlänge von Linien in einem Spektrum. Jede Spektrallinie entspricht einem bestimmten Stoff, der also auf diese Weise nachgewiesen werden kann.

Spektrophotometer Ein Instrument, mit dem die Intensität der in einem Spektrum auftretenden Linien gemessen werden kann. Diese Intensität ist ein Maß für die Menge des Elements oder Moleküls, das die Linie verursacht.

Spektroskop Ein Instrument, mit dem Licht in ein farbiges Band, das Spektrum, zerlegt werden kann. Die frühen Spektroskope enthielten ein Glasprisma, das das Licht entsprechend seiner Wellenlänge aufspaltet. Moderne Spektroskope und Instrumente zur Spektralanalyse benutzten im allgemeinen ein Beugungsgitter, eine spiegelnde Platte, auf der pro Millimeter mehrere hundert feine Striche gezogen sind. Dies ergibt eine noch gleichmäßigere Aufspaltung nach der Wellenlänge.

Spektrum Das farbige Band, das entsteht, wenn vielfarbiges Licht (d. h. Licht, das aus vielen verschiedenen Farben oder Wellenlängen zusammengesetzt ist) nach seinen verschiedenen Wellenlängen aufgefächert wird. Ein Spektrum wird erzeugt, wenn Licht durch einen engen Spalt tritt. Das farbige Band besteht dann aus einer unendlich großen Zahl von Bildern dieses Spalts, die nach der Wellenlänge nebeneinander angeordnet sind. Ein Spektrum kann kontinuierlich sein (ähnlich einem Regenbogen) – das tritt ein, wenn die Lichtquelle ein leuchtender Körper ist wie etwa die Sonnenoberfläche oder der Glühfaden einer elektrischen Lampe. Spektren von verdünnten Gasen weisen helle Linien (Emissionsspektrum) oder dunkle Linien (Absorptionsspektrum) auf, von denen jede zu einem bestimmten Element des Gases gehört.

Sphärische Aberration Ein Abbildungsfehler von Linsen oder Spiegeln, da das Bild eines Objekts nicht in genau derselben Ebene abgebildet wird. Er kann behoben werden, wenn die optische Oberfläche in eine nichtkugelförmige Gestalt geschliffen wird oder wenn zwei oder mehr optische Komponenten eingesetzt werden, deren Aberrationen einander aufheben.

Spiegelmetall Eine stark reflektierende harte Legierung aus Kupfer und Zinn, oft mit einem Zusatz von Arsen. Bis zu der etwa 1850 gemachten Entdeckung, daß Silber mit chemischen Mitteln auf eine Glasfläche aufgetragen werden kann, wurde es für die Spiegel in Spiegelteleskopen verwendet.

Steady-State-Theorie Eine Theorie aus den 40er Jahren dieses Jahrhunderts von Hermann Bondi und Fred Hoyle, um zu erklären, wie sich das Weltall gleichzeitig ausdehnen und doch im wesentlichen unverändert sein könnte, es also quasi keinen Anfang hätte. Dazu nahmen sie an, daß fortwährend Materie erzeugt wird und so der wachsende Raum zwischen den Galaxien immer ausgefüllt würde. Spätere Untersuchungen haben jedoch deutlich gezeigt, daß das Weltall in einem Urknall vor etwa 20 Milliarden Jahren seinen Anfang gehabt hat (Big-Bang-Theorie).

Stern Ein selbst leuchtender, etwa kugelförmiger gasförmiger Körper, der durch nukleare Reaktionen in seinem Inneren Energie erzeugt. Im Gegensatz dazu ist das Innere eines Planeten nicht heiß genug, um solche Reaktionen in Gang setzen zu können. Seine Oberfläche muß Licht und Wärme von einem nahen Stern beziehen.

Sternbild Der Himmel ist in 88 Phantasiebilder von Sternen eingeteilt, die teilweise mythologische Namen tragen.

Supernova Die Explosion eines Riesensternes, der viele Male so massereich ist wie die Sonne. Ein solcher Stern verbraucht seinen Vorrat an Wasserstoff relativ schnell und wird außerordentlich heiß. Im Kern treten Temperaturen von Hunderten von Millionen Grad auf. Schließlich verdichtet sich das Zentrum, und der entstehende Energiestrom schleudert den größten Teil der Sternmaterie in den Weltraum hinaus. Eine gewisse Zeit lang leuchtet eine Supernova heller als alle Sterne.

Szintillation Das Flimmern des Sternenlichts, das von der Turbulenz der Luft auf dem Lichtweg herrührt. Das Flackern für das bloße Auge wird durch Wirbel warmer und kalter Luft verursacht, die sich in den unteren Schichten der Erdatmosphäre vermischen. Ein ähnlicher Effekt, das interplanetarische Flackern, ist im Bereich der Radiowellen wahrzunehmen; er wird von Materie verursacht, die von der Sonne ausgestoßen wurde und zwischen dem Objekt und dem Beobachter liegt.

Teleskop oder Fernrohr Ein Instrument zur Erzeugung eines hellen und vergrößerten Bildes eines entfernten Gegenstandes. Astronomische Teleskope werden in Refraktoren, bei denen Linsen benutzt werden, um das Licht einzufangen und zu bündeln, und Reflektoren, die dazu Spiegel benutzen, unterschieden. Einige Radioteleskope beruhen ebenfalls auf dem Prinzip des Reflektors und verwenden Schalen aus Metall, um die Strahlung zu sammeln, während andere nur Antennen benutzen, die der Wellenlänge angepaßt sind.

Tierkreis Ein gedachtes Band um den Himmel herum, das etwa 18 Grad breit ist und um die Projektion der Umlaufbahn der Erde, die Ekliptik, liegt. Da die meisten Planetenbahnen und die Mondbahn in fast derselben Ebene liegen wie die Erdbahn, sehen wir die Planeten und den Mond immer im Bereich des Tierkreises. Der Name Tierkreis kommt von einigen Sternbildern in diesem Bereich, die nach Tieren benannt sind: der Stier, der Löwe, der Steinbock und so weiter.

Transit oder **Durchgang** Das Überqueren des Meridians durch einen Himmelskörper infolge der Erdrotation. Die Sonne überquert den Meridian mittags. Eine genaue Bestimmung der Transitzeit eines Sternes, dessen Position am Himmel genau bekannt ist, erlaubt es, Uhren mit der Erdrotation zu vergleichen.

Ultraviolettstrahlung Unsichtbare elektromagnetische Strahlung jenseits des violetten Endes des sichtbaren Spektrums. Die Wellenlänge dieser Strahlung liegt zwischen 0,00004 mm und etwa 0,0004 mm (nahes UV). Wellenlängen kleiner als 0,0003 mm werden von der Atmosphäre absorbiert. Der gesamte Wellenlängenbereich der elektromagnetischen Strahlung reicht von weniger als einem Billionstel eines Millimeters (Gamma-Strahlen) bis zu Tausenden von Metern (Radiowellen).

Umlaufbahn Der Weg, den ein Körper im Raum zurücklegt, der unter dem Einfluß der Schwerkraft eines anderen Körpers steht.

Urknalltheorie (Big-Bang-Theorie) Diese Theorie behauptet, daß das Weltall mit einer Explosion begonnen habe; sie beruht ursprünglich auf der Entdeckung, daß alle Galaxien sich voneinander weg bewegen und vor etwa 20 Milliarden Jahren nahe zusamen gewesen sein müssen.

Veränderliche Sterne, deren Lichtstrahlung sich ändert, weil entweder die Partner eines Doppelsterns sich beim Umlauf gegenseitig verdecken oder weil ihre Leuchtkraft schwankt, wie bei den Cepheiden.

Weißer Zwerg Ein Zustand gegen Ende der Entwicklung eines Sterns. Seine Materie verdichtet sich unter dem Einfluß der Schwerkraft zu einer sehr dichten heißen Kugel, die die Masse eines Sterns wie die Sonne, aber nur den Durchmesser eines mittleren Planeten hat. Der Stern kühlt sich während dieses Stadiums langsam ab und kann schließlich zu einem Neutronenstern werden.

Wellenlänge Der Abstand zweier Maxima bei elektromagnetischen Wellen. Die Wellenlänge des sichtbaren Lichts reicht von 0,0004 mm (violett) bis 0,00075 mm (rot).

Winkelauflösung Der Winkelabstand zwischen zwei Punkten, die ein Fernrohr noch trennen kann. Bei großen Teleskopen verhindert oft das »seeing«, daß das Instrument so gut auflöst, wie es das auf Grund seiner Optik könnte.

Zenit Der Punkt am Himmel, der genau über dem Beobachter liegt.

Zenitteleskop oder **Zenitrohr** Ein Teleskop, das fest in einer vertikalen Ebene aufgestellt ist; mit ihm werden die Positionen von Sternen in der Nähe des Zenits beobachtet. Der Zenit wird für solche Präzisionsmessungen deshalb gewählt, weil die Atmosphäre dort das Bild der Sterne am wenigsten beeinflußt.

Register

Kursiv gesetzte Seitenzahlen weisen auf Abbildungen bzw. Bildlegenden hin.

A

B

I

J

K

L

M

T

U

V

W

Y

Z

Bildnachweis

Abkürzungen:
o = oben, u = unten, M = Mitte,
l = links, r = rechts.

9 (ol, ur): Ann Ronan Picture Library 11 (o): Scala/Prado Madrid (ur): Scala/Bibliothéque National Firenze 12 (ol): Ann Ronan Picture Library 13 (o, u): Lowell Observatory Foto 14 (o): Cooper-Bridgeman Library/De Unger Collection 15: Archiv für Kunst und Geschichte 17 (ol, or, Ml): Archiv für Kunst und Geschichte (Mr): Ann Ronan Picture Library 18 (ol, or): Ann Ronan Picture Library (M): Archiv für Kunst und Geschichte (u): Science Museum/Foto A. C. Cooper 19 (o): Space Frontiers (Mr): Ann Ronan Picture Library 20 (o): Scala/Uffizi Firenze (u): Ann Ronan Picture Library 23 (u): Michael Holford 25 (oM, or): Michael Holford (ur): Cooper-Bridgeman Library 26 (Mr): Cooper-Bridgeman Library (ul): The John Hillelson Agency Ltd/Eric Lessing 28 (ul): BBC Hulton Picture Library 29 (or): Mary Evans Picture Library 30 (Ml): The Mansell Collection 31(ul): Kuratorium des British Museum (ur): Mount Wilson and Las Campanas Observatories Carnegie Institution of Washington 32 (Mr): The Mansell Collection 34 (ul): The Mansell Collection 35: Michael Holford 36 (oM): Ann Ronan Picture Library (ul): Archiv für Kunst und Geschichte 38 (ul): Crown Copyright Science Museum London (uM): Archiv für Kunst und Geschichte (ur): Mary Evans Picture Library 39 (u): Photo Science Museum London 40 (ol): Archiv für Kunst und Geschichte 42–43 (ul): mit Genehmigung des Manchester City Council (or): British Library/Foto Ray Gardner (ul): Archiv für Kunst und Geschichte 44 (ol): The Mansell Collection (ul): Jean-Loup Charmet 48 (ul):National Portrait Gallery London 48-49 (u): Fotmas Index 50 (ol): R. A. S./Foto A. C. Cooper 53 (o): The National Maritime Museum London (u): National Portrait Gallery London 55 (or): Maritime Museum London 56 (or): Hamlyn/National Library of Australia, Canberra 56–57 (M): Hamlyn/The National Maritime Museum London 56 (u): British Library/Foto Ray Gardner 57 (ul): Royal Society/Science Museum London 58 (l): Ann Ronan Picture Library 60 (ol): BBC Hulton Picture Library (oM): Ann Ronan Picture Library (ul): National Portrait Gallery London 60–61 (M): Ann Ronan Picture Library 61 (or): Crown Copyright Science Museum London 63 (r): Ann Ronan Picture Library 64 (rM): Dolland and Aitchison Museum 65 (r): Mount Wilson and Las Campanas Observatories Carnegie Institution of Washington 66 (M): Paul Brierley 67: The National Maritime Museum London 68 (l): R. A. S./Foto A. C. Cooper 69 (o): The National Maritime Museum London 70: Deutsches Museum 71 (oM, ul, ur): Deutsches Museum 74 (l): The Mansell Collection 75 (l): Courtesy the Earl of Rosse (Mr): US Naval Observatory (ur): Foto Science Museum London 76 (l): British Library/Foto Ray Gardner 77 (ur): Foto Science Museum London 78: mit freundlicher Erlaubnis des Earl of Rosse 79 (r): R. A. S./Foto A. C. Cooper 80 (l): Ann Ronan Picture Library 82 (r): The Mansell Collection 84 (l): The Mansell Collection 85 (or): Harvard College Observatory (u): The Mansell Collection 86 (ol): Jean-Loup Charmet (ul): Crown Copyright Science Museum London (ur): Foto Science Museum London 87 (u): Gernsheim Collection Humanities Research Center University of Texas in Austin 88 (l): Jean-Loup Charmet 89 (l): Foto Science Museum London (r, ul): Ann Ronan Picture Library 91 (u): © AURA The Kitt Peak National Observatory (o): Ann Ronan Picture Library 92: British Library/Foto Ray Gardner 97: The Mansell Collection 98: Yerkes Observatory Foto 99: R. A. S./Foto A. C. Cooper 100 (ol): A. I. P. Niels Bohr Library (or, ul): Ann Ronan Picture Library 103 (or): Lick Observatory Foto (ur): Ann Ronan Picture Library 104 (ol): R. A. S./Foto A. C. Cooper (u): Yerkes Observatory Foto 107 (o): Ann Ronan Picture Library 108 (o): Ann Ronan Picture Library (u): Mount Wilson and Las Campanas Observatories Carnegie Institution of Washington 110: Mount Wilson und Las Campanas Observatories Carnegie Institution of Washington 113: Popperfoto 114 (ol): NASA 114–115(M): Mount Wilson and Las Campanas Observatories Carnegie Institution of Washington 116 (ol): Harvard College Observatory 118 (o): Royal Observatory Edinburgh (u): Popperfoto 120 (l): Popperfoto 123 (ol): Mount Wilson and Las Campanas Observatories Carnegie Institution of Washington (or): Dr. R. Spear (u): Michael Maunder 124 (ur): S. P. L/Mount Wilson and Las Campanas Observatories Carnegie Institution of Washington 125 (o): Staatl. Französisches Fremdenverkehrsamt 127: US Naval Observatory 128 (u): Mount Wilson and Las Campanas Observatories Carnegie Institution of Washington 129: Space Frontiers 131 (o): Ann Ronan Picture Library (ur): The Marconi Company Ltd 132 (ol): mit freundlicher Erlaubnis der Bell Laboratories (Ml): National Radio Astronomy Observatory 135 (ol): IWM/E. T. Archive (Ml) Huygens Laboratorium (ul): Sefton Photo Library 136 (ur): CSIRO 137 (Mr): Mullard Radio Astronomy Observatory Cambridge (ur): Professor Boksenberg UCL 139 (or): Keystone Press Agency (u): The Australian Information Service London 140 (ul): Radio Wilson and Las Campanas Observatories Carnegie Institution of Washington (u): The National Maritime Museum London 143 (u): Black Star/Ralph Crane 148 (ol): Novosti Press Agency (ul): The Kitt Peak National Observatory 151: Aspect Picture Library 152 (Ml): Royal Greenwich Observatory 152–153 (or, ur): Professor Boksenberg UCL 154 (o): Keystone Press Agency (u): The John Hillelson Agency Ltd/George Rodger 155 (o): The John Hillelson Agency Ltd/Georg Gerster 156 (ul): Jet Propulsion Laboratory 157 (or, ur): Lick Observatory Foto 158 (u): S. P. L./Royal Observatory Edinburgh 159 (ol): Susan Griggs Agency/Jonathan Blair (ul): The John Hillelson Agency/Georg Gerster 161 (o): Popperfoto (u): U. P. I. 162–163 (u): University of Manchester 164 (o, ul, ur): NASA 165 (ol, ul, ur): NASA (or): S. P. L./NASA 166. British Aerospace 167: Princeton University 168 (o, u): NASA 170 (ol, or): NASA (ur): Smithsonian Institution 172 (ol): NASA (or): Perkin-Elmer Corps/-New Scientist London 176 (u): The Chatterton Astronomy Dept. University of Sydney 177 (o): The Kitt Peak National Observatory 178 (o, M): © AURA The Kitt Peak National Observatory 179 (u): Rutherford and Appleton Laboratories 180 (o): CERGA/R. Futaully (u): The McMath-Hulbert Observatory of E. C. D. Inc. 181 (o): Princeton University 182 (o): NASA (u): Brookhaven National Laboratory 186: Dr. R. D. Joseph 187 (o): Dr. R. Spear (u): Royal Observatory Edinburgh 189 (or): Mount Wilson and Las Campanas Observatories Carnegie Institution of Washington 190 (ul): Mount Wilson and Las Campanas Observatories Carnegie Institution of Washington 193 (or): Popperfoto 195 (Mr): Times Newspapers Ltd (ur): Michael Maunder 196 (u): Michael Maunder 197 (ol): Ben Mayer (u): Popperfoto 199 (o): NASA (u): Royal Observatory Edinburgh 201: Royal Observatory Edinburgh 202 (ul, ur): © AURA The Kitt Peak National Observatory (uM): The Kitt Peak National Observatory 203: © AURA The Kitt Peak National Observatory 205: Dennis di Cicco 208: Lawrence Berkeley Laboratory.

Danksagung

Redaktionsleitung	Lionel Bender
Textredaktion	Nigel Henbest
Redaktionsassistenz	Zuza Vribova
Grafische Gestaltung	Nigel Partridge
Bildrecherchen	Celia Dearing, Anne-Marie Ehrlich
Art Director	Nick Eddison
Herstellung	Kenneth Cowan
Schlußredaktion	Fred Gill

Harrow House Editions möchte hiermit folgenden Personen für die Mitwirkung an diesem Buch danken: Gwynneth Learner und Prof. A. H. Meadows, Peter Laurie, Jane Greening, Sue Gallacher und Nick Jackson.

Künstlerische Mitarbeit
Alle Diagramme und Illustrationen von Graham Marlowe, Folio Artists, mit Ausnahme der Abbildungen auf S. 1, 2–3, 4–5, 6–7 (Nigel Partridge), 39, 78 (Michael Mann Studios), 46–47 (Andy Farmer), 178–179 (Hugh Dixon, Spectrom Artists Ltd.), 184 (Gerry Banks).

Bibliographie

I. Asimov, *Eyes on the Universe. A history of the telescope,* London 1976

F. Becker, *Geschichte der Astronomie,* Mannheim 1980

W. Büdeler, *Faszinierendes Weltall,* Stuttgart 1981

Th. H. Court u. M. v. Rohr, *A history of the development of the telescope from about 1675 to 1830 based on documents in the Court Collection* (3rd paper), in *Transactions of the Optical Society,* Vol. 30, 1928/29, No. 5, S. 207–260

C. A. Crommelin, *Het lenzen slijpen in de 17 eeuw,* Amsterdam 1929

G. Doebel, *Die Sonne,* Stuttgart 1975

M. Gerstenberger, *Astronomie des Alltags,* Stuttgart 1976

O. Heckmann, *Sterne – Kosmos – Weltmodelle,* München 1980

M. Heidelberger, S. Thiessen, *Natur und Erfahrung,* Hamburg 1981

J. Herrmann, *Der Amateurastronom,* Stuttgart 1976

J. Herrmann, *dtv-Atlas zur Astronomie,* München 1973

J. Herrmann, *Großes Lexikon der Astronomie,* Gütersloh 1980

J. S. Hey, *Das Radiouniversum,* Weinheim 1975

H. C. King, *The history of the telescope,* London 1955

W. N. Komarow, *Auf den Spuren des Unendlichen,* Frankfurt 1978

L. Kühn, *Das Milchstraßensystem,* Stuttgart 1978

Meyers Handbuch über das Weltall, Mannheim 1973

G. B. Porta, *De telescopio,* ed. V. Ronchi, Firenze 1962

J. A. Repsold, *Zur Geschichte der astronomischen Messwerkzeuge,* Bd. 1–2, Leipzig 1908–1914

R. Riekher, *Fernrohre und ihre Meister,* Berlin 1957

H. Rohr, *Das Fernrohr für jedermann,* Zürich o. J.

V. Ronchi, *Du »de refractione« au »de telescopio« de G. B. della Porta,* in *Revue d'hist. des sciences,* Bd. 7, 1954, S. 34–59

V. Ronchi, *Il cannocchiale di Galileo e la scienza del seicento,* Torino 1958

E. Rosen, *The naming of the telescope,* New York 1947

G. D. Roth, *Sterne und Planeten,* München 1975

W. Schroeder, *Praktische Astronomie für Sternfreunde,* Stuttgart 1976

R. Schurig, P. Götz, K. Schaifers, *Himmelsatlas (Tabulae caelestes),* Mannheim 1960

R. u. H. Sexl, *Weiße Zwerge – Schwarze Löcher,* Wiesbaden 1977

A. Unsöld, *Der neue Kosmos,* Berlin 1981

A. Van Helden, *The invention of the telescope,* Philadelphia 1977 (= *Transact. of the American Philos. Soc.,* N. S. 67,4)

H. H. Voigt, *Abriß der Astronomie,* Mannheim 1980